단 한 권으로 끝내는
일본어 한자의 벽을 뚫어라

유비컨텐츠

일본어 한자의 벽을 뚫어라
ⓒ유비컨텐츠 2020

펴낸이	봉영아
펴낸곳	유비컨텐츠
디자인	디자인온(카카오톡 ID: 디자이온)
출판등록	2020년 5월 27일 제 2020-000098호
주소	서울특별시 서초구 신반포로 195 반포쇼핑 타운 5동 319호(잠원동)
대표전화	010-9724-1579
전화	02-3477-1579, 591-1579
팩스	02-533-1579
블로그	ubcontents.blog.me
메일	ubcontents@naver.com

1판1쇄 2020년 8월 10일
ISBN 979-11-971237-0-2 (13730)

* 이 책 내용의 일부 또는 전부를 사용하려면 반드시 유비컨텐츠의 동의를 얻어야 합니다.
* 잘못 만들어진 책은 바꿔 드립니다.

값 20000원

사랑하는 일본어 학습자 여러분

다년간의 일본어 학습 현장에서 한자의 벽에 가로막혀 정체와 좌절을 겪는 수많은 학습자를 보아왔습니다. 초급 수업부터 중, 고급 수업에 이르기까지 늘 회화와 문법, 독해의 학습량에 치여 한자를 공들여 설명하지 못하고 학습자에게만 맡겨온 한스러운 안타까움으로 본 교재의 집필을 시작했습니다.

30년 전 초심으로 돌아가 한자 본자의 부수 공부부터 임해 자격증을 취득하였고, 일본어 학습자를 앞에 두고 면대면 수업에 임한다는 심정으로 집필에 응했으며, 지난 수년 침잠해 궁리 끝에 창의를 발견했습니다.

한자는 형태적으로 방괴자(方塊字:네모반듯한 틀 안에 뭉쳐 자리한 글자)로 정사각형 틀 안에 안정적으로 자리해 있고, 의미적으로는 문화와 사상과 철학과 역사를 담아낸 글자입니다. 부수를 540자로 나눈 때도 있었지만, 현재는 214개이며, 단언컨대 모든 한자는 214개의 부수의 조합입니다. 즉, 한자는 1개의 제부수로 이루어진 글자로부터 6, 7개의 부수가 합쳐 이루어진, 그만큼 다양한 형태와 다양한 획수를 지니고 있습니다. 무엇보다 강조하고 싶은 것은 표의문자로 한 음절만으로 세상사를 나타내며 한 글자 한 글자에 인류의 지혜의 소산이 응축되어 있습니다.

한자가 방괴자(方塊字)라는 점에 착안하여 모든 한자를 신빙성 있는 자원 유래에 근거하여 분해한 후, 작은 도형으로 나누고, 다시 네모반듯한 틀 안에 위치와 각도와 배분 등을 고려해 재배치함으로써 학습자의 시각적 이해도를 향상시키도록 도모했습니다. 도형 옆에는 따로 소전체를 넣어 학습자들이 예전 한자의 모습을 확인하면서 좀 더 그림화되어진 한자가 이루어진 배경에 가깝게 다가가도록 했습니다. 도형 아래 부분에 한자가 만들어진 자원 유래 풀이에서도 분해한 한자 조합을 일일이 다시 써넣어 적확하고 타당성 있는 귀결로 이어지도록 했습니다.

절대다수를 차지하는 회의문자와 나머지 형성문자, 상형문자, 지사문자, 가차된 한자를 통일된 방괴자(方塊字)의 도형으로 고안하여, 한자를 하나의 그림을 보듯 상하좌우 배치를 느끼며 각도와 시작점 배분을 친근하고 생동감 있게 감상함으로써 본자의 효율적인 암기를 돕고자 했습니다.

자, 이제 특허출원 한자 학습법으로 시작하면 됩니다. 저와 함께 일본어 한자의 벽을 뚫읍시다. 사랑하는 일본어 학습자 여러분의 건승과 비상을 응원하겠습니다.

와일본어교육원(和日本語敎育院)
봉영아

일러두기

① 2020년 개정 교육한자, 상용한자, 표외한자
② 소전체
③ 한자의 자원 유래 글 풀이
④ 방괴자(方塊字)에 근거한 부수 재배치, 한자 분해도
   (특허출원 10-2020-0083807)
⑤ 부수, 총획, 급수, 학습도 체크 □□□ 표기
⑥ 음독, 훈독
⑦ 표의문자 의미 설명
⑧ 연계 빈출 어휘
⑨ 본자와 부수 조사 표기
⑩ 한자의 벽을 뚫어라, 심화 한자어 수록

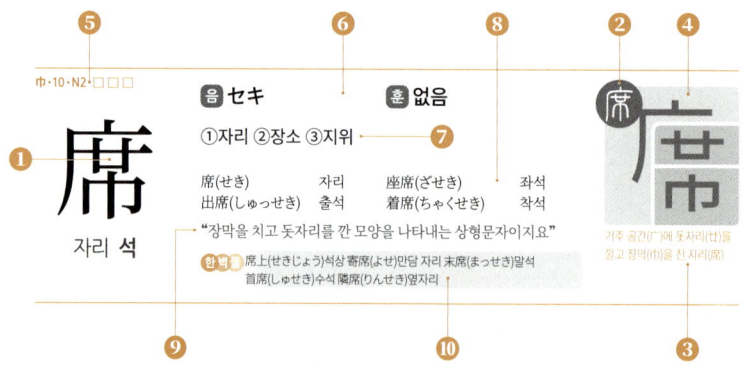

한자 획순 요령

1. 왼쪽에서 오른쪽 순으로 적기
2. 위쪽에서 아래쪽 순으로 적기
3. 가로획에서 세로획 순으로 적기
4. 삐침을 파임보다 먼저 적기
5. 좌우 대칭은 가운데 왼쪽, 오른쪽으로 적기
6. 좌우 점은 좌우 점을 먼저 적기
7. 닫혀 있으면 바깥쪽 안쪽 바깥쪽 순으로 적기
8. 열려 있으면 바깥쪽 안쪽 순으로 적기
9. 꿰뚫은 획은 나중에 적기
10. 받침은 나중에 적기

**부수의 위치
14 도형**

**일본어
한자 약자(略字)
생성 원리**

1. 해서체 본자(本字)의 필획을 줄여 표현
2. 해서체 본자(本字)의 필획을 생략해 표현
3. 해서체 본자(本字)의 한 부분으로 전체를 표현
4. 고자(古字) 중 필획이 적은 것을 선택
5. 성부(聲符)를 필획이 간단한 한자로 대체
6. 성부(聲符)를 필획이 적은 동음자로 대체
7. 속자(俗字), 통자(通字), 이체자(異體字)로 대체
8. 새로운 형태의 글자를 만들어 표현

차 례

일본어 교육한자 1026자

1학년	교육한자 80자	007
2학년	교육한자 160자	027
3학년	교육한자 200자	061
4학년	교육한자 202자	103
5학년	교육한자 193자	145
6학년	교육한자 191자	183

일본어 상용한자 2136자

및 일본어 표외한자 89자 ——— 223

일본어 교육한자
1026

1/학/년/교/육/한/자

一 · 1 · N5 ☐☐☐

一
한 일

음 イチ, イツ　　**훈** ひと

①1, 하나 ②첫째 ③제일 ④오로지

一(いち)　　　1, 일　　　一(ひと)つ　　하나, 한 개
一流(いちりゅう)　일류　　唯一(ゆいいつ)　유일

"가로로 획을 그은 一로 하나, 첫째를 나타내는 상형문자이지요"

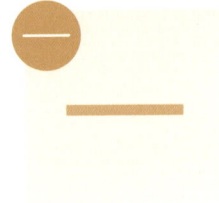

가로로 하나의 획을 그은 모양 (一)에서 하나

한벽쌈

一人(ひとり)	한 명	一昨日(おとといい, いっさくじつ)	그저께	一日(ついたち)	1일
一日(いちにち)	하루	一昨年(おととし, いっさくねん)	재작년	一晩(ひとばん)	하룻밤
一言(ひとこと)	한마디 말	世界一(せかいいち)	세계 최고	一目(ひとめ)	한눈에
一口(ひとくち)	한 입	日本一(にほんいち)	일본 최고	一頃(ひところ)	한때
一息(ひといき)	잠깐 쉼	一休(ひとやす)み	잠깐 쉼	一通(ひととお)り	대강
一筋(ひとすじ)	외골수	一度(いちど)に	일시에	一方(いっぽう)	한 편
一体(いったい)	도대체, 일체	一応(いちおう)	우선	一層(いっそう)	한층 더
一段(いちだん)と	한층 더	一概(いちがい)に	일률적으로	一先(ひとま)ず	일단

右 · 5 · N5 ☐☐☐

오른 우
오른쪽 우

음 ウ, ユウ　　**훈** みぎ

①오른쪽 ②보수

右(みぎ)　　　오른쪽　　　右側(みぎがわ)　오른쪽
左右(さゆう)　좌우　　　　右翼(うよく)　　우익

"부수 口는 입 구이지요"

한벽쌈
右折(うせつ)우회전

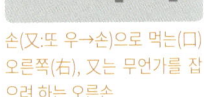

손(又:또 우→손)으로 먹는(口) 오른쪽(右), 또는 무언가를 잡으려 하는 오른손

雨 · 8 · N5 ☐☐☐

비 우

음 ウ　　**훈** あめ, あま

①비

雨(あめ)　　　비　　　雨期(うき)　　　우기
雨天(うてん)　우천　　降雨(こうう)　　강우

"하늘에서 떨어지는 빗줄기 雨로 비를 나타내는 상형문자이지요"

한벽쌈
雨戸(あまど)(비 막는)덧문　雨具(あまぐ)우비　梅雨(つゆ, ばいう)장마
小雨(こさめ)가랑비　時雨(しぐれ)(가을)장마　五月雨(さみだれ)(여름)장마

하늘에서 빗방울이 내리는(雨) 비

円 · 4 · N5 ☐☐☐

둥글 원
화폐 단위 엔

음 エン　　**훈** まる

①둥글다 ②원만 ③화폐 단위

円(まる)　　　원형　　　円(まる)い　　둥글다
円満(えんまん)だ　원만하다　一円(いちえん)　1엔

"円의 부수는 冂 멀경몸이고, 본자(本字)는 圓으로 본자의 부수는 囗 큰입구몸이지요"

에워싼 담(囗:에울 위) 안의 수효(員:인원 원) 둥글다(圓)

1

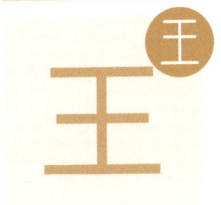

큰 도끼(王)를 지닌 고대 권력의 상징 임금

음 オウ　　　　**훈** 없음

①왕, 임금 ②왕자 ③위인

| 王(おう) | 왕 | 王子(おうじ) | 왕자 |
| 国王(こくおう) | 국왕 | 発明王(はつめいおう) | 발명왕 |

"절대 권력이 되는 큰 도끼 王으로 왕을 나타내는 상형문자이며, 부수는 王 구슬옥으로 玉 구슬 옥을 나타내지요"

한벽풀 王女(おうじょ)공주

王・4・N2 ☐☐☐

王

임금 **왕**

말이 퍼져나가는 입(言)과 혀(一)로 소리(音)

음 オン, イン　　　　**훈** おと, ね

①소리 ②음악 ③(한자)음독

| 音(おと) | 소리 | 音楽(おんがく) | 음악 |
| 音声(おんせい) | 음성 | 音読(おんよ)み | 음독 |

한벽풀 音色(ねいろ)음색 母音(ぼいん)모음 本音(ほんね)진심 弱音(よわね)나약한 소리 足音(あしおと)발소리 物音(ものおと)소리

音・9・N3 ☐☐☐

音

소리 **음**

오목한 대지 표면에서(一) 아랫부분(一)을 나타내어 아래(下)

음 カ, ゲ　　　　**훈** した, しも, もと, さ, お, くだ

①아래, 밑 ②내려가다 ③낮다

| 下(した) | 아래 | 下(もと) | 밑, 하 |
| 下位(かい) | 하위 | 地下(ちか) | 지하 |

一・3・N4 ☐☐☐

下

아래 **하**

한벽풀

下(さ)げる	내리다	下(さ)がる	내려가다	下車(げしゃ)	하차
下(くだ)る	내려가다	下着(したぎ)	속옷	下線(かせん)	밑줄
下心(したごころ)	속마음	下書(したが)き	초고	下手(へた)だ	서툴다
下地(したじ)	밑바탕	下駄(げた)	게타(나막신)	足下(あしもと)	발 밑
下調(したしら)べ	예비 조사	下(お)りる	(탈 것)내리다	川下(かわしも)	하류
下痢(げり)	설사	下町(したまち)	상업 지역	靴下(くつした)	양말
廊下(ろうか)	복도	下火(したび)	한 풀 꺾임	目下(めした)	손아래
真下(ました)	바로 아래	下取(したど)り	신품 살 때 중고품의 값을 처 줌		

불길이 활활 솟아오르는 모습(火)을 본떠 불

음 カ　　　　**훈** ひ, ほ

①불 ②급하다 ③화요일

| 火(ひ) | 불 | 火山(かざん) | 화산 |
| 火急(かきゅう) | 화급 | 火曜日(かようび) | 화요일 |

"활활 타오르는 불길 火로 불을 나타내는 상형문자이지요"

한벽풀 火事(かじ)화재 花火(はなび)불꽃 火影(ほかげ)(등)불빛 火口(かこう)분화구 火花(ひばな)불똥 下火(したび)한 풀 꺾임

火・4・N5 ☐☐☐

불 **화**

⾋·7·N5 ☐☐☐

花

꽃 화

음 カ　　**훈** はな

① 꽃　② 아름답다

| 花(はな) | 꽃 | 花壇(かだん) | 화단 |
| 生花(せいか) | 생화 | 造花(ぞうか) | 조화 |

"부수는 초두머리 ⾋로 풀 초 艸이며, 본자(本字)는 花로 1획이 더 많지요"

한벽 花見(はなみ)꽃구경 花火(はなび)불꽃놀이 花粉(かふん)꽃가루 花嫁(はなよめ)신부 花弁(はなびら)꽃잎 花札(はなふだ)화투 花束(はなたば)꽃다발 火花(ひばな)불똥

새싹과 풀(⾋:초두)의 뜻과 될 화(化)의 음으로 꽃(花)

貝·7·N2 ☐☐☐

貝

조개 패

음 없음　　**훈** かい

① 조개

| 貝(かい) | 조개 | 貝塚(かいづか) | 패총 |
| 貝殻(かいがら) | 조개 껍데기 | 真珠貝(しんじゅがい) | 진주조개 |

"조개를 세로로 세운 貝로 조개, 조가비를 나타내는 상형문자이지요"

한벽 貝価(ばいか)패화

마노 조개와 벌어지는 톱니 모양(貝)을 본떠 조개

⼦·8·N5 ☐☐☐

学

배울 학

음 ガク　　**훈** まな

① 배우다　② 학교　③ 학문

| 学生(がくせい) | 학생 | 学問(がくもん) | 학문 |
| 大学(だいがく) | 대학교 | 学(まな)ぶ | 배우다 |

"본자(本字)는 學이지요"

아이가(子) 서당에서(宀+爻→가르치다) 전수 받으니(臼:깍지낄 국) 배우다(学)

⽓·6·N5 ☐☐☐

気

기운 기

음 キ, ケ　　**훈** 없음

① 기운　② 기체　③ 공기　④ 자연현상

| 気(き) | 기운 | 気体(きたい) | 기체 |
| 空気(くうき) | 공기 | 電気(でんき) | 전기 |

"부수는 ⽓ 기운기엄이고, 본자(本字)는 氣이지요"

한벽 気持(きも)ち기분 気配(けはい)기색 気兼(きが)ね사양 気楽(きらく)だ마음 편하다 気軽(きが)るだ소탈하다 気障(きざ)だ아니꼽다 天気(てんき)날씨 人気(ひとけ)인기척 強気(つよき)강한 마음 根気(こんき)끈기 吐気(はきけ)구역질 湯気(ゆげ)김 本気(ほんき)진심 意気地(いくじ)고집 元気(げんき)だ기운차다

취사(米:쌀 미) 때 올라오는 김과 기운(气:기운 기)으로 기운(氣)

1

九

- 음 キュウ, ク
- 훈 ここの
- ① 9, 아홉 ② 수많다

九(く)	9, 구	九(きゅう)	9, 구
九(ここの)つ	아홉, 9개	九日(ここのか)	9일

"구부린 팔꿈치를 나타내는 상형문자이며, 부수는 乙 새 을이지요"

한벽돌 九死一生(きゅうしいっしょう)구사일생

乙・2・N5 □□□

九
아홉 구

구부린 팔꿈치(九)에서 후에 가차(假借)되어 아홉

休

- 음 キュウ
- 훈 やす
- ① 쉬다 ② 휴식

休(やす)む	쉬다	休(やす)み	휴일, 휴가, 휴식
連休(れんきゅう)	연휴	休学(きゅうがく)	휴학

"부수 亻은 사람 인 人으로 부수명은 인변이지요"

한벽돌 休(やす)める쉬게 하다 休(やす)まる편안해지다 一休(ひとやす)み잠깐 쉼

亻・6・N5 □□□

休
쉴 휴

사람(亻:인변→사람 인)이 나무(木)에 기대어 쉬다(休)

玉

- 음 ギョウ
- 훈 たま
- ① 옥 ② 구슬

玉(ぎょく)	옥	玉(たま)	구슬
目玉(めだま)	눈알	珠玉(しゅぎょく)	주옥

"여러 개의 구슬을 꿴 장신구 玉로 구슬을 나타내는 상형문자이며, 부수는 玉 구슬 옥이지요"

한벽돌 お年玉(としだま)새뱃돈

玉・5・N2 □□□

玉
구슬 옥

여러 개로 가공해(玉) 이은 보석, 구슬

金

- 음 キン, コン
- 훈 かね, かな
- ① 금 ② 금속 ③ 돈 ④ 금요일

金(きん)	금, 금요	金曜日(きんようび)	금요일
金(かね)	쇠, 돈	現金(げんきん)	현금

한벽돌 金型(かながた)금형 金槌(かなづち)쇠망치 黄金(おうごん)황금 集金(しゅうきん)수금

金・8・N5 □□□

金
쇠 금

물건을 만들기 위한 쇠 틀(金) 모양을 본떠 쇠

空

- 음 クウ
- 훈 そら, から, あ
- ① 비다 ② 하늘 ③ 허상 ④ 항공

空(そら)	하늘	空論(くうろん)	공론
空港(くうこう)	공항	空(あ)く	비다

"부수는 穴 구멍 혈이지요"

한벽돌 空(あ)ける비우다 空(から)텅 빔 大空(おおぞら)넓은 하늘

穴・8・N5 □□□

空
빌 공, 하늘 공

공간(穴:구멍 혈)을 만들고자 흙을 다져(工) 비다(空)

11

月 · 4 · N5 □□□

月
달 월

음 ガツ, ゲツ　　**훈** つき

①달 ②~월 ③1개월 ④요일

| 月(つき) | 달 | 今月(こんげつ) | 이번달 |
| 五月(ごがつ) | 5월 | 月曜日(げつようび) | 월요일 |

"초승달을 세로로 세운 月로 달의 모양을 나타내는 상형문자이지요"

한벽쌤 月日(つきひ)세월 月謝(げっしゃ)수업료 月並(つきなみ)진부하다
三日月(みかづき)초승달 五月(さつき)(음력)5월 五月雨(さみだれ)(여름) 장마

대부분의 달은 보름달이 아닌 이지러진(月) 달

犬 · 4 · N3 □□□

犬
개 견

음 ケン　　**훈** いぬ

①개 ②헛되다

| 犬(いぬ) | 개 | 子犬(こいぬ) | 강아지 |
| 愛犬(あいけん) | 애견 | 番犬(ばんけん) | 집 지키는 개 |

"개의 꼬리까지 표현한 옆 모양 犬으로 개를 나타내는 상형문자이지요"

한벽쌤 犬死(いぬじに)개죽음

꼬리를 흔드는 옆 모습(犬)의 개

見 · 7 · N5 □□□

見
볼 견
뵈올 현

음 ケン　　**훈** み

①보다 ②만나다 ③생각

| 見(み)る | 보다 | 会見(かいけん) | 회견 |
| 見学(けんがく) | 견학 | 意見(いけん) | 이견 |

"글자 구성 중 儿은 어진 사람 인으로 머리와 다리를 표현하여 사람을 나타내지요"

사람(儿:어진사람) 눈(目)을 치켜세우고 강조해(見) 보다

한벽쌤

見(み)せる	보여주다	見(み)える	보이다	見物(けんぶつ)	구경
見当(けんとう)	어림짐작	見合(みあ)い	맞선	見舞(みま)い	문안, 문병
見出(みだ)し	표제	見掛(みか)け	외관	見通(みとお)し	전망
見(み)せ物(もの)	구경거리	見晴(みは)らし	전망	見積(みつ)もり	견적
見掛(みか)ける	눈에 띄다	見送(みお)く)る	배웅하다	見合(みあ)わせる	대조하다
見上(みあ)げる	올려다 보다	見直(みなお)す	다시 보다, 재고하다	見計(みはか)らう	가늠하다
見習(みなら)う	본받다	見渡(みわた)す	멀리 바라보다	見落(みお)とす	간과하다
見慣(みな)れる	눈익다	見下(みお)ろす	내려다 보다	見苦(みぐる)しい	흉하다
見事(みごと)だ	훌륭하다	花見(はなみ)	꽃구경	形見(かたみ)	유품
目論見(もくろみ)	계획	謁見(えっけん)	알현		

나뭇가지(산가지)를 엇갈려 놓은(五) 다섯

음 ゴ　　**훈** いつ

① 5, 다섯

| 五(ご) | 5, 오 | 五人(ごにん) | 5명 |
| 五(いつ)つ | 다섯, 5개 | 五日(いつか) | 5일 |

"막대기를 엇갈려 놓은 五로 다섯을 나타내는 상형문자이며, 부수는 二 두 이이지요"

한벽 五月(さつき)(음력)5월 五月晴(さつきば)れ화창한 5월 날씨

二·4·N4 ☐☐☐

五

다섯 오

사람의 입으로 먹거나 말하기 위해 벌린(口) 입

음 コウ, ク　　**훈** くち

① 입 ② 말 ③ 분류 ④ 처음

| 口(くち) | 입 | 口調(くちょう) | 어조 |
| 人口(じんこう) | 인구 | 出口(でぐち) | 출구 |

"크게 벌린 구멍 口로 입, 입구를 나타내는 상형문자이지요"

한벽 甘口(あまくち)단맛 辛口(からくち)매운맛 糸口(いとぐち)실마리
火口(かこう)분화구 蛇口(じゃぐち)수도꼭지

口·3·N5 ☐☐☐

口

입 구

나무 형틀(木)로 죄인을 묶는(交:사귈 교) 기관이자 학교(校)

음 コウ　　**훈** 없음

① 학교 ② 교정 ③ 지휘관

| 校庭(こうてい) | 교정 | 校内(こうない) | 교내 |
| 高校(こうこう) | 고교 | 将校(しょうこう) | 장교 |

木·10·N5 ☐☐☐

학교 교

장인이 왼손(又:또 우)에 공구(工:장인 공)를 쥔 왼쪽(左)

음 サ　　**훈** ひだり

① 왼쪽 ② 좌익

| 左(ひだり) | 왼쪽 | 左側(ひだりがわ) | 좌측 |
| 左右(さゆう) | 좌우 | 左派(さは) | 좌파 |

"부수는 工 장인 공이지요"

한벽 左折(させつ)좌회전

工·5·N5 ☐☐☐

左

왼 좌

숫자 세는 나뭇가지(산가지) 세 개(三) 셋

음 サン　　**훈** み, みっ

① 3, 삼 ② 셋 ③ 많다

| 三(さん) | 3, 삼 | 三(みっ)つ | 셋, 세 개 |
| 三日(みっか) | 3일 | 再三(さいさん) | 여러번 |

한벽 三日月(みかづき)초승달 三味線(しゃみせん)전통 악기

一·3·N5 ☐☐☐

三

석 삼

山·3·N5 ☐☐☐

음 サン　　　**훈** やま

① 산 ② 중요 부분

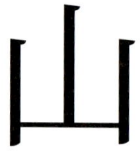
메 산, 뫼 산

| 山(やま) | 산 | 山水(さんすい) | 산수 |
| 山頂(さんちょう) | 산꼭대기 | 火山(かざん) | 화산 |

"봉우리 세 개가 이어진 山으로 산을 나타내는 상형문자이지요"

한벽쏠 山場(やまば)고비 山車(だし)(축제)수레 山腹(さんぷく)산허리

우뚝 솟은 크고 작은 세 봉우리 (山) 메, 산

子·3·N5 ☐☐☐

음 シ, ス　　　**훈** こ

① 아이 ② 씨앗 ③ 남자 ④ 나뉘다

子
아들 자

| 子(こ) | 아이 | 種子(しゅし) | 종자 |
| 利子(りし) | 이자 | 分子(ぶんし) | 분자 |

"포대기에 싼 아이 子로 아들, 아이를 나타내는 상형문자이지요"

한벽쏠 子供(こども)아이 様子(ようす)모습 年子(としご)연년생 迷子(まいご)미아 息子(むすこ)아들 双子(ふたご)쌍둥이 調子(ちょうし)상태 判子(はんこ)도장 扇子(せんす)쥘부채 障子(しょうじ)장지문 梯子(はしご)사다리

큰 머리와 포대기로 싼 몸통의 아이(子) 아들

口·5·N5 ☐☐☐

음 シ　　　**훈** よ, よっ, よん

① 4, 사 ② 넷 ③ 사방

四
넉 사

| 四(よん) | 4 | 四(よっ)つ | 넷, 네 개 |
| 四日(よっか) | 4일 | 四角(しかく) | 사각형 |

"막대기 네 개 四로 넷을 나타내는 상형문자이며, 부수 口은 큰입 구몸이지요"

한벽쏠 四時(よじ)4시 四年(よねん)4년 四円(よえん)4엔 四人(よにん)4명 四字(よじ)4자, 사자 四月(しがつ)4월 四角(しかく)い네모나다

가로로 네 획이 변화된(四) 넉, 넷

糸·6·N2 ☐☐☐

음 シ　　　**훈** いと

① 실 ② 가늘다

糸
실 사

| 糸(いと) | 실 | 綿糸(めんし) | 면사 |
| 生糸(きいと) | 생사 | 絹糸(けんし) | 견사 |

"본자(本字) 絲는 묶은 실타래로 실을 나타내는 상형문자이지요"

한벽쏠 糸口(いとぐち)단서 糸唐辛子(いととうがらし)실고추 毛糸(けいと)털실 麻糸(あさいと)삼실

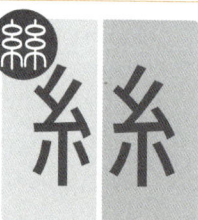
가는 실(糸:가는 실 사)을 여러 겹 포개 겹친 실(絲)

子·6·N3 ☐☐☐

음 ジ　　　**훈** あざ

① 글자 ② 글씨 ③ (마을)구획

글자 자

| 字(じ) | 글자, 글씨 | 字幕(じまく) | 자막 |
| 漢字(かんじ) | 한자 | 英字(えいじ) | 영자 |

한벽쏠 字(あざ)구획명 字引(じびき)옥편 名字(みょうじ)성씨 数字(すうじ)숫자

집(宀:집 면)의 아이(子)를 기르듯 깨우치는 글자(字)

겉귀의 귓바퀴와 귓구멍 귓불 모양(耳)을 본뜬 귀

음 ジ　　　　**훈** みみ

①귀

耳目(じもく) 이목　耳鳴(みみな)り 이명
耳(みみ) 귀　耳鼻咽喉科(じびいんこうか) 이비인후과

"귓바퀴와 귓구멍 귓불을 표현한 耳로 귀를 나타내는 상형문자이지요."

한벽품 初耳(はつみみ)금시초문 耳鼻科(じびか)이비인후과

耳·6·N5 □□□

귀 이

칼로 상하좌우 내리치다가(七) 후에 가차(假借)되어 일곱

음 シチ　　　　**훈** なな, なの

①7, 칠　②일곱

七(しち) 7　七(なな) 7
七(なな)つ 일곱, 7개　七日(なのか) 7일

한벽품 七時(しちじ)7시 七月(しちがつ)7월

一·2·N4 □□□

七

일곱 칠

수레와 수레바퀴(車) 모양을 본떠 수레

음 シャ　　　　**훈** くるま

①차　②탈것　③회전

車(くるま) 차　車内(しゃない) 차내
車軸(しゃじく) 차축　自転車(じてんしゃ) 자전거

"수레와 수레바퀴 車로 차를 나타내는 상형문자이며, 부수 車는 수레 거이지요."

한벽품 車輪(しゃりん)수레바퀴 山車(だし)(축제)수레

車·7·N5 □□□

車

수레 거
수레 차

다섯 손가락과 손(手)의 모양을 본떠 손

음 シュ　　　　**훈** て, た

①손　②자기 것　③방법　④사람

手(て) 손　手段(しゅだん) 수단
入手(にゅうしゅ) 입수　歌手(かしゅ) 가수

"편 다섯 손가락과 손을 표현한 手로 손을 나타내는 상형문자이지요."

手·4·N5 □□□

손 수

한벽품

手紙(てがみ)	편지	人手(ひとで)	일손	手首(てくび)	손목
手当(てあ)て	수당, 처치	手本(てほん)	본보기	手分(てわ)け	분담
手洗(てあら)い	손빨래	手間(てま)	수고	手数(てすう)	수고
手拭(てぬぐ)い	수건	手元(てもと)	수중	手引(てび)き	안내
手入(てい)れ	손질	手前(てまえ)	자기 앞	手錠(てじょう)	수갑
手際(てぎわ)	솜씨	手遅(ておく)れ	때늦음	手振(てぶ)り	손짓
手帳(てちょう)	수첩	手品(てじな)	마술	手回(てまわ)し	손으로 돌림
手掛(てが)かり	단서	手筈(てはず)	준비	手掛(てが)ける	손수 다루다
手伝(てつだ)う	돕다	手頃(てごろ)だ	걸맞다	手近(てぢか)だ	비근하다
切手(きって)	우표	大手(おおて)	대기업	土手(どて)	제방
上手(じょうず)だ	능숙하다	下手(へた)だ	서툴다		

十 · 2 · N4 ☐☐☐

음 ジュウ, ジッ　　**훈** とお, と

① 10　② 충분　③ 많다　④ 십자

| 十(じゅう) | 10 | 十(とお) | 열, 10개 |
| 十日(とおか) | 10일 | 十分(じゅっぷん, じっぷん) | 10분 |

"상하 좌우로 획을 그은 十으로 십을 나타내는 상형문자이지요"

한벽 十分(じゅうぶん)충분 十字架(じゅうじか)십자가
十人十色(じゅうにんといろ)십인십색

열 십

숫자 세는 나뭇가지(산가지)를 세로로 놓고 점 찍어(十) 열

出 · 5 · N5 ☐☐☐

음 シュツ, スイ　　**훈** で, だ

① 나가다　② 꺼내다　③ 떠나다　④ 나타나다

| 出(で)る | 나가다 | 出(だ)す | 꺼내다 |
| 出発(しゅっぱつ) | 출발 | 出現(しゅつげん) | 출현 |

"벗어나는 발 出로 나가다, 출발을 나타내는 상형문자이며, 부수 凵는 위튼입구몸이지요"

한벽 出納(すいとう)출납 出社(しゅっしゃ)출근 出直(でなお)し다시 함 出来事(できごと)사건 出来物(できもの)종기 出会(であ)う(우연히)만나다 出来(でき)る할 수 있다 出来上(できあ)がる완성되다 見出(みだ)し표제 売(う)り出(だ)し발매

날 출

발이 출구로부터 밖을 향해(出) 나다

女 · 3 · N5 ☐☐☐

음 ジョ, ニョ, ニョウ　　**훈** おんな, め

① 여자　② 딸

| 女(おんな) | 계집 | 女性(じょせい) | 여성 |
| 少女(しょうじょ) | 소녀 | 長女(ちょうじょ) | 장녀 |

"무릎을 꿇고 두 손을 모아 앉는 여자 女로 계집, 처녀를 나타내는 상형문자이지요"

한벽 女神(めがみ)여신 女房(にょうぼう)처 女優(じょゆう)여배우 彼女(かのじょ)그녀 王女(おうじょ)공주 海女(あま)해녀 乙女(おとめ)처녀, 소녀 老若男女(ろうにゃくなんにょ)남녀노소

계집 녀(여)
여자 녀(여)

무릎을 꿇고 두 손을 모아 앉는 여자(女) 계집

小 · 3 · N5 ☐☐☐

음 ショウ　　**훈** ちい, こ, お

① 작다　② 사소하다　③ 부족

| 小(ちい)さい | 작다 | 小鳥(ことり) | 작은 새 |
| 小生(しょうせい) | 소생 | 大小(だいしょう) | 대소 |

"옆으로 튀는 작은 파편 小로 작다를 나타내는 상형문자이지요"

한벽 小学校(しょうがっこう)초등학교 小学生(しょうがくせい)초등학생 小切手(こぎって)수표 小遣(こづか)い용돈 小売(こう)り소매 小銭(こぜに)잔돈 小指(こゆび)새끼손가락 小川(おがわ)시내 小豆(あずき)팥 小雨(こさめ)가랑비 小柄(こがら)다몸집이 작다

작을 소

작은 파편이 이리저리 튀어(小) 작다

1

음 ジョウ, ショウ　　**훈** うえ, うわ, かみ, あ, のぼ

①위 ②겉 ③올리다 ④입장

| 上(うえ) | 위 | 上空(じょうくう) | 상공 |
| 上(あ)げる | 올리다 | 上(あ)がる | 올라가다 |

一・3・N5 □□□

上
윗 상
위 상

오목한 대지 표면에서(一) 윗부분(┴)을 나타내어 위(上)

한벽착
上(のぼ)る	오르다	上着(うわぎ)	겉옷, 상의	目上(めうえ)	손윗사람
上達(じょうたつ)	향상	上卿(しょうけい)	(예전)벼슬	上回(うわまわ)る	웃돌다
仕上(しあ)げ	완성	上等(じょうとう)だ	훌륭하다	川上(かわかみ)	상류
仕上(しあ)がり	마무리	上手(じょうず)だ	능숙하다	真上(まうえ)	바로 위
参上(さんじょう)	찾아뵘	健康上(けんこうじょう)	건강상		

음 シン　　**훈** もり

①숲 ②고요

| 森(もり) | 숲 | 森林浴(しんりんよく) | 삼림욕 |
| 森林(しんりん) | 삼림 | | |

木・12・N3 □□□

森
수풀 삼, 숲 삼

나무(木)가 많이 모여 이루어진 숲 수풀(森)

한벽착 森閑(しんかん)쥐죽은 듯 고요함

음 ジン, ニン　　**훈** ひと

①사람 ②타인

| 人(ひと) | 사람, 타인 | 人間(にんげん) | 인간 |
| 人権(じんけん) | 인권 | 老人(ろうじん) | 노인 |

人・2・N5 □□□

人
사람 인

팔과 다리를 내리고 서 있는 옆모습(人)을 본떠 사람

"팔과 다리를 내리고 서 있는 人 사람을 나타내는 상형문자이지요"

한벽착 人目(ひとめ)이목 人事(ひとごと)남의 일 人影(ひとかげ)그림자 人柄(ひとがら)인품 大人(おとな)어른 玄人(くろうと)전문가 素人(しろうと)초심자 仲人(なこうど)중매인 人々(ひとびと)사람들

음 スイ　　**훈** みず

①물 ②액체 ③수요일

| 水(みず) | 물 | 水泳(すいえい) | 수영 |
| 水分(すいぶん) | 수분 | 水曜日(すいようび) | 수요일 |

水・4・N5 □□□

水
물 수

시냇물 위로 빗줄기가 내려(水) 더해지는 물

"시냇물에 비가 내리는 水로 물, 액체를 나타내는 상형문자이지요"

한벽착 水気(みずけ)물기 水滴(すいてき)물방울 水田(すいでん)논

正 바를 정

止・5・N3 □□□

음 セイ, ショウ　　**훈** ただ, まさ

①바르다 ②맞다 ③정식 ④정수

正門(せいもん)	정문	正(ただ)しい	올바르다
正面(しょうめん)	정면	正数(せいすう)	정수

"부수 그칠 지 止는 발과 발가락을 본뜬 글자로 걷는 것을 의미하지요"

한벽 正(まさ)に정말로 正(ただ)す바로잡다 正方形(せいほうけい)정사각형 正味(しょうみ)알맹이 正解(せいかい)정답

성(一:하나 일→성)을 정복차 가는 발걸음(止:그칠 지→발)이 바르다(正)

生 날 생

生・5・N5 □□□

음 セイ, ショウ　　**훈** い, う, お, は, き, なま

①나다 ②살다 ③날것 ④학습자

生命(せいめい)	생명	生活(せいかつ)	생활
生(なま)	날것	生(い)きる	살다

"새싹이 새로 나는 生으로 나다, 돋다를 나타내는 상형문자이지요"

한벽
生(う)む	낳다	生(う)まれる	태어나다	生(は)える	자라다
生徒(せいと)	중고생	生(お)い立(た)ち	성장	生地(きじ)	원단
生身(なまみ)	살아있는 몸	生臭(なまぐさ)い	비린내 나다	生温(なまぬる)い	미온적이다
生意気(なまいき)だ	건방지다	生真面目(きまじめ)だ	고지식하다	生(しょう)じる	발생하다
芝生(しばふ)	잔디	弥生(やよい)	야요이시대		

새싹이 땅 위로 돋아나는(生) 나다

青 푸를 청

青・8・N3 □□□

음 セイ, ショウ　　**훈** あお

①파랗다 ②젊다

青(あお)	파랑	青(あお)い	파랗다
青春(せいしゅん)	청춘	青銅(せいどう)	청동

"본자(本字)는 靑이지요"

한벽 青空(あおぞら)청천 青白(あおじろ)い푸르스름하다 緑青(ろくしょう)녹청색 真(ま)っ青(さお)だ새파랗다

싹트는 초목(生)과 맑은 우물(井)로 푸르다(青)

夕 저녁 석

夕・3・N3 □□□

음 セキ　　**훈** ゆう

①저녁

夕刊(ゆうかん)	석간	夕食(ゆうしょく)	저녁식사
朝夕(あさゆう)	조석	一朝一夕(いっちょういっせき)	일조일석

"달빛이 구름에 가려진 夕으로 저녁, 밤을 나타내는 상형문자이지요"

한벽 夕方(ゆうがた)저녁 무렵 夕飯(ゆうはん)저녁 밥 夕暮(ゆうぐ)れ해질녘 夕焼(ゆうや)け저녁노을 夕日(ゆうひ)석양 夕立(ゆうだち)소나기 夕(ゆう)べ저녁때 七夕(たなばた)칠석

초승달 아래로 어스름히 펼쳐지는 저녁(夕)

벼랑에서 아래로 굴러떨어져 내리는 돌(石)

음 セキ, シャク, コク　　**훈** いし

石・5・N2 □□□

①돌 ②광물

| 石(いし) | 돌 | 百万石(ひゃくまんごく) | 백만석 |
| 石炭(せきたん) | 석탄 | 磁石(じしゃく) | 자석 |

"벼랑 끝에 돌덩이 굴러내리는 石로 돌을 나타내는 상형문자이지요"

돌 석

사람(大:큰 대→人) 옆에서 불(火) 피우니 붉다(赤)

음 セキ, シャク　　**훈** あか

赤・7・N3 □□□

①붉다 ②완전히 ③공산주의 ④갓난

| 赤(あか) | 빨강 | 赤(あか)い | 빨갛다 |
| 赤裸々(せきらら) | 적나라 | 赤化(せっか) | 공산주의화 |

한벽 赤(あか)らめる 붉히다　赤(あか)らむ 붉어지다　赤(あか)ちゃん 갓난아이 赤(あか)ん坊(ぼう) 갓난아이　赤子(あかご) 갓난아이　赤銅(しゃくどう) 적동　赤面(せきめん) 얼굴을 붉힘　真(ま)っ赤(か)だ 새빨갛다

붉을 적

인원수(人)를 나타내려 가로획을 그은(一) 천(千)

음 セン　　**훈** ち

十・3・N5 □□□

①1000, 천 ②수많다

| 千(せん) | 1000, 천 | 千円(せんえん) | 1000엔 |
| 千台(せんだい) | 1000대 | 一千万(いっせんまん) | 천만 |

한벽 千代(ちよ) 영원

일천 천

물줄기가 굽이쳐 흐르는 물길(川) 시내

음 セン　　**훈** かわ

川・3・N5 □□□

①시내 ②강

| 川(かわ) 강 | ~川(がわ) ~강 | 河川(かせん) 하천 |

"물줄기가 굽이쳐 흐르는 川로 시내를 나타내는 상형문자이지요"

한벽 小川(おがわ) 시내　川上(かわかみ) 상류　川下(かわしも) 하류　滝川(たきがわ) 골짜기 급류　天(あま)の川(がわ) 은하(수)　川柳(せんりゅう) 전통 시

내 천

ル・6・N5 ☐☐☐

먼저 선

음 セン　　**훈** さき

①먼저, 앞 ②지난 ③나중 ④상대

| 先(さき) | 먼저 | 先生(せんせい) | 선생님 |
| 先見(せんけん) | 선견 | 先頭(せんとう) | 선두 |

"부수 儿은 사람 인 人으로 부수명은 어진사람인발이지요"

先月(せんげつ)	지난달	先週(せんしゅう)	지난 주	先日(せんじつ)	일전
先方(せんぽう)	상대방	宛先(あてさき)	수신인 주소	先程(さきほど)	앞서
勤(つと)め先(さき)	근무처	勤務先(きんむさき)	근무처	店先(みせさき)	가게앞
指先(ゆびさき)	손가락 끝	取引先(とりひきさき)	거래처	先端(せんたん)	첨단
一先(ひとま)ず	우선

발(止:그칠 지→발)이 사람(儿: 어진 사람 인)보다 먼저(先)

日・6・N3 ☐☐☐

이를 조

음 ソウ, サッ　　**훈** はや

①이르다 ②빠르다

| 早(はや)い | 이르다 | 早朝(そうちょう) | 이른 아침 |
| 早婚(そうこん) | 조혼 | 早速(さっそく) | 즉각 |

 早(はや)める앞당기다 早(はや)まる앞당겨지다 早口(はやくち)말이 빠름 早瀬(はやせ)여울 足早(あしばや)잰 걸음 最早(もはや)이미 素早(すばや)い재빠르다

해(日)가 위에 떠 있는 나무(十) 모양을 본떠 이르다(早)

⺾・9・N2 ☐☐☐

풀 초

음 ソウ　　**훈** くさ

①풀 ②허술 ③시작

| 草(くさ) | 풀 | 草原(そうげん) | 초원 |
| 雑草(ざっそう) | 잡초 | 草案(そうあん) | 초안 |

"본자(本字)는 艸로 부수는 ⺾(艸)로 1획이 더 많지요"

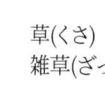 草履(ぞうり)조리(신발) 煙草(たばこ)담배

풀(⺾:초두)의 뜻과 이를 조(早→초)의 음으로 풀(草)

足・7・N5 ☐☐☐

발 족

음 ソク　　**훈** あし, た

①발, 다리 ②걷다 ③충분하다 ④더하다

| 足(あし) | 발, 다리 | 満足(まんぞく) | 만족 |
| 足(た)りる | 충분하다 | 足(た)す | 더하다 |

"무릎부터 발까지 표현한 足으로 발을 나타내는 상형문자이지요"

足(た)る족하다 足首(あしくび)발목 足元(あしもと)발밑 足下(あしもと)발밑 足(た)し算(ざん)덧셈 足早(あしばや)잰 걸음 足袋(たび)버선 補足(ほそく)보충 素足(すあし)맨발 遠足(えんそく)소풍 土足(どそく)신발 신은 채

다리 종아리(口)와 발(止)의 모양(足)을 본떠 발

1

村 — 木·7·N3

음 ソン　　**훈** むら

①(시골)마을

村(むら)	마을	村長(そんちょう)	촌장
農村(のうそん)	농촌	漁村(ぎょそん)	어촌

"소전체에서는 邨이었지요."

두루 모여 있는(木) 씨족집단 (寸:마디 촌→씨족)의 마을(村)

한벽 市町村(しちょうそん)시읍면

마을 촌

大 — 大·3·N4

음 ダイ, タイ　　**훈** おお

①크다 ②많다 ③중요한 ④거의

大(おお)きい	크다	大小(だいしょう)	대소
偉大(いだい)	위대	壮大(そうだい)だ	장대하다

"양팔과 양다리를 벌리고 서 있는 사람 大로 크다, 많다를 나타내는 상형문자이지요"

양팔과 양다리를 벌리고 서 있는 사람 크다(大)

한벽

大人(おとな)	어른	大半(たいはん)	대부분	大空(おおぞら)	넓은 하늘
大筋(おおすじ)	줄거리	大工(だいく)	목수	大臣(だいじん)	장관
大通(おおどおり)	큰 거리	大金(たいきん)	큰 돈	大勢(おおぜい)	많은 사람
大(おお)いに	크게	大変(たいへん)	몹시	大凡(おおよそ)	대강
大方(おおかた)	대개	大和(やまと)	야마토시대	大層(たいそう)	몹시
大人(おとな)しい	차분하다	大震災(だいしんさい)	대지진 재해	大変(たいへん)だ	큰일이다
大(おお)らかだ	대범하다	大嫌(だいきら)いだ	매우 싫어하다	大切(たいせつ)だ	중요하다
大事(だいじ)だ	소중하다	大好(だいす)きだ	매우 좋아하다	大(おお)まかだ	대략이다
大柄(おおがら)だ	몸집이 크다	大丈夫(だいじょうぶ)だ	괜찮다		

큰 대

男 — 田·7·N4

음 ダン, ナン　　**훈** おとこ

①남자 ②아들

男(おとこ)	사내	男性(だんせい)	남성
長男(ちょうなん)	장남	次男(じなん)	차남

밭(田)에서 쟁기질(力)을 하는 노동력의 사내(男)

사내 남

竹 — 竹·6·N2

음 チク　　**훈** たけ

①대

竹(たけ)	대, 대나무	竹馬(ちくば)	죽마
竹林(ちくりん)	대나무숲	爆竹(ばくちく)	폭죽

"두 개의 댓줄기와 댓잎 竹으로 대, 죽간을 나타내는 상형문자이지요"

대의 가느다란 줄기와 댓잎을 모양(竹)을 본떠 대

한벽 竹(たけ)の子(こ)죽순 竹刀(しない)죽도

대 죽
대나무 죽

일본어 한자의 벽을 뚫어라 21

中

l·4·N5 □□□

가운데 **중**

음 チュウ, ジュウ　　**훈** なか

①가운데 ②안 ③사이 ④(시기, 범위)내내

中(なか)	가운데, 안	中心(ちゅうしん)	중심
中間(ちゅうかん)	중간	命中(めいちゅう)	명중

"진지 중앙의 깃발 中으로 가운데를 나타내는 상형문자이지요"

아군 진영에 깃발을 꽂아(中) 나타낸 중앙 가운데

> **한벽章**
>
> | | | | | | |
> |---|---|---|---|---|---|
> | 中身(なかみ) | 알맹이 | 会議中(かいぎちゅう) | 회의중 | 中程(なかほど) | 절반 |
> | 夜中(よなか) | 밤중 | 一日中(いちにちじゅう) | 하루종일 | 真夜中(まよなか) | 한밤중 |
> | 背中(せなか) | 등 | 一年中(いちねんじゅう) | 일년내내 | 連中(れんちゅう) | 한패 |
> | 日中(にっちゅう) | 낮동안 | 世界中(せかいじゅう) | 온세계 | | |

虫

虫·6·N2 □□□

벌레 **충**

음 チュウ　　**훈** むし

①벌레 ②기분 ③비하

虫(むし)	벌레	虫歯(むしば)	충치
昆虫(こんちゅう)	곤충	害虫(がいちゅう)	해충

"본자(本字)는 蟲이지요"

여러 마리의 애벌레(蟲) 모양을 본떠 벌레

> **한벽章**
>
> 弱虫(よわむし)겁쟁이 泣(な)き虫(むし)울보
> 虫(むし)が起(お)きる기분이 들다

町

田·7·N3 □□□

밭두둑 **정**
마을 **정**

음 チョウ　　**훈** まち

①마을 ②읍

町(まち)	마을	市町村(しちょうそん)	시읍면
町人(ちょうにん)	마을사람	町会(ちょうかい)	마을 자치회

> **한벽章**
>
> 下町(したまち)상업 지역

밭(田)의 뜻과 고무래 정(丁)의 음으로 밭두둑 마을(町)

天

大·4·N5 □□□

하늘 **천**

음 テン　　**훈** あめ, あま

①하늘 ②자연 ③위 ④천성

天(てん)	하늘	天然(てんねん)	천연
天才(てんさい)	천재	天職(てんしょく)	천직

> **한벽章**
>
> 天(あめ)하늘 天井(てんじょう)천장 天気(てんき)날씨 天(あま)の川(がわ)은하(수) 天下(あまくだ)り낙하산인사 天辺(てっぺん)꼭대기

사람(大:큰 대→사람) 위(一)에 있는 하늘(天)

경작지와 두둑 사이의 고랑 모습(田)을 본떠 논

음 デン　　　　**훈** た

①논 ②논밭 ③채취 장소

田(た)　　　　논　　　田園(でんえん)　　전원
油田(ゆでん)　유전　　桑田(そうでん)　뽕나무밭

"경작지의 모양을 나타내는 상형문자이며, 일본에서는 주로 논을 나타내지요"

한벽 田植(たう)え모내기 田舎(いなか)시골 水田(すいでん)논
田(た)んぼ논 田畑(たはた)논밭 墾田(こんでん)개간한 땅

田·5·N3 ☐☐☐

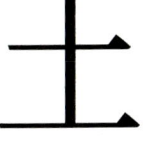

밭 전

땅 위로 둥글게 불룩 솟은(土) 흙덩이 흙

음 ド, ト　　　　**훈** つち

①흙 ②토지 ③지방 ④토요일

土(つち)　　　　흙　　　土地(とち)　　　토지
土曜日(どようび)　토요일　国土(こくど)　　국토

"식물이 흙덩이를 뚫고 나오는 土로 흙을 나타내는 상형문자이지요"

한벽 お土産(みやげ)선물 土手(どて)제방 土足(どそく)신발 신은 채
手土産(てみやげ)방문 선물

土·3·N5 ☐☐☐

土

흙 토

수를 세는 나뭇가지(산가지)를 가로로 두 개(二) 놓아 둘

음 二　　　　**훈** ふた

①2, 이 ②둘 ③다음

二時(にじ)　　2시　　　二(ふた)つ　　　둘, 두 개
二人(ふたり)　두 명　　二次会(にじかい)　이차

"평행으로 막대기 두 개 놓은 二로 둘, 둘째를 나타내는 상형문자이지요"

한벽 二日(ふつか)2일 二十日(はつか)20일 二十歳(はたち)20세

二·2·N5 ☐☐☐

二

두 이

해 주위로 퍼져나가는 빛(日)을 나타내는 해, 날

음 ニチ, ジツ　　　　**훈** ひ, か

①해, 태양 ②낮 ③일본 ④일요일

日(ひ)　　　　해　　　日中(にっちゅう)　낮동안
日記(にっき)　일기　　日曜日(にちようび)　일요일

"해 주변으로 퍼져나가는 빛 日으로 해, 날을 나타내는 상형문자이지요"

日·4·N5 ☐☐☐

日

날 일

한벽

日頃(ひごろ)	평소	十日(とおか)	10일	日付(ひづけ)	날짜
日陰(ひかげ)	음지	日向(ひなた)	양지	日夜(にちや)	주야
日当(ひあたり)	채광	日差(ひざ)し	햇살	日焼(ひや)け	그을음
日取(ひど)り	택일	日々(ひび)	나날	今日(きょう)	오늘
今日(こんにち)	오늘날	明日(あした, あす)	내일	昨日(きのう)	어제
来日(らいにち)	일본방문	明後日(あさって, みょうごにち)	모레	本日(ほんじつ)	금일
元日(がんじつ)	설날	一昨日(おととい, いっさくじつ)	그저께	月日(つきひ)	세월

入·2·N4 ☐☐☐

入

들 입

음 ニュウ　　**훈** い, はい

① 들어가다 ② 넣다

| 入(い)り口(ぐち) | 입구 | 入学(にゅうがく) | 입학 |
| 入(はい)る | 들어가다 | 入(い)れる | 넣다 |

"주거지인 움막에 들어가는 入으로 들다, 빠지다를 나타내는 상형문자이지요"

한벽둥 入(い)る들다 入(い)れ物(もの)용기 入(い)れ歯(ば)틀니
手入(てい)れ손질 参入(さんにゅう)(산업)참가

주거지인 움집의 벌려진 입구(入)를 본떠 들다

年·6·N5 ☐☐☐

年

해 년(연)

음 ネン　　**훈** とし

① 1년 ② 나이

| 年(とし) | 나이 | 年月(ねんげつ) | 연월 |
| 今年(ことし) | 올해 | 青年(せいねん) | 청년 |

한벽둥 年頃(としごろ)적령 年子(としご)연년생 お年玉(としだま)새뱃돈
去年(きょねん)작년 一昨年(おととし, いっさくねん)재작년

많은(千:일천 천) 볏단을(禾:벼화) 수확하는 농사 주기, 해(年)

白·5·N5 ☐☐☐

白

흰 백

음 ハク, ビャク　　**훈** しろ, しら

① 흰색 ② 밝다 ③ 아뢰다

| 白(しろ) | 하양 | 白(しろ)い | 희다 |
| 明白(めいはく) | 명백 | 告白(こくはく) | 고백 |

"촛불의 심지가 타오르며 밝게 빛나는 모습을 나타내는 상형문자이며, 빗대어 희다를 나타내지요"

한벽둥 白(しら)む희어지다 白(しら)ける(분위기)깨다 白髪(しらが)백발
白夜(びゃくや)백야 白状(はくじょう)자백

타오르는 촛불의 심지(白) 모양을 본떠 희다

八·2·N4 ☐☐☐

八

여덟 팔

음 ハチ　　**훈** や, やっ, よう

① 8, 여덟 ② 수많다

| 八(はち) | 8, 팔 | 八(やっ)つ | 여덟, 8개 |
| 八日(ようか) | 8일 | 八百(はっぴゃく) | 800 |

"반으로 나눠지는 모습 八로 후에 여덟으로 가차(假借)된 상형문자이지요"

한벽둥 八百屋(やおや)채소가게 八重(やえ)여러 겹 八方(はっぽう)다방면

사물을 반으로 쪼개다(八)에서 후에 가차(假借)되어 여덟

白·6·N5 ☐☐☐

百

일백 백

음 ヒャク　　**훈** 없음

① 100, 백 ② 수많다

| 百(ひゃく) | 100, 백 | 百科事典(ひゃっかじてん) | 백과사전 |
| 百人(ひゃくにん) | 100명 | 百害(ひゃくがい) | 백해 |

한벽둥 八百屋(やおや)채소가게 八百長(やおちょう)엉터리 승부
百姓(ひゃくしょう)농민

일백(白)의 수를 나타내려 가로 획을 그은(一) 백(百)

사람 가슴에 먹물로 무늬와 글씨 등 문신을 새기니(文) 글, 글월

음 ブン, モン　　**훈** ふみ

①글, 글자 ②문장 ③모양 ④문예

文(ぶん)	문장	文章(ぶんしょう)	문장
文様(もんよう)	문양	文化(ぶんか)	문화

"사람의 가슴에 문신한 文으로 글을 나타내는 상형문자이지요"

한벽돌 文字(もじ)글자 文(ふみ)서한 恋文(こいぶみ)연서
　　　　文通(ぶんつう)편지 왕래 文句(もんく)문구, 불평

文·4·N3 ☐☐☐

글월 문

초목의 줄기와 가지, 뿌리 모양(木)을 본떠 나무

음 ボク, モク　　**훈** き, こ

①나무 ②목재 ③목요일

木(き)	나무	木材(もくざい)	목재
木曜日(もくようび)	목요일	原木(げんぼく)	원목

"초목의 줄기와 가지, 뿌리 木으로 나무를 나타내는 상형문자이지요"

한벽돌 木(こ)の葉(は)나뭇잎 木綿(もめん)무명, 솜 木々(きぎ)나무들
　　　　植木(うえき)분재 並木(なみき)가로수

木·4·N5 ☐☐☐

나무 목

나무 아래(木)에 가로획(一)을 그어 뿌리 근본(本)

음 ホン　　**훈** もと

①근본 ②정식 ③중심 ④서적

本(もと)	근본	本式(ほんしき)	본식
本社(ほんしゃ)	본사	基本(きほん)	기본

한벽돌 本(ほん)책 本棚(ほんだな)책장 本当(ほんとう)사실 本物(ほんもの)진품 本日(ほんじつ)금일 本気(ほんき)진심 本音(ほんね)본심 本場(ほんば)본고장 日本(にほん, にっぽん)일본 手本(てほん)본보기

木·5·N5 ☐☐☐

근본 본

어스름한 저녁(夕)에 식별하려 부르는(口) 이름(名)

음 メイ, ミョウ　　**훈** な

①이름 ②유명하다 ③~분(인원 단위)

名(な)	이름	名物(めいぶつ)	명물
名所(めいしょ)	명소	有名(ゆうめい)だ	유명하다

口·6·N5 ☐☐☐

이름 명

한벽돌

名前(なまえ)	이름	名字(みょうじ)	성씨	名刺(めいし)	명함
名札(なふだ)	명찰	名残(なごり)	자취	名付(なづ)ける	명명하다
名高(なだか)い	유명하다	何名(なんめい)	몇 분	氏名(しめい)	성명
宛名(あてな)	수신인명	題名(だいめい)	제목	仮名(かな)	가나
平仮名(ひらがな)	히라가나	片仮名(かたかな)	가타카나	本名(ほんみょう)	본명

目 · 5 · N5 ☐☐☐

눈 목

음 モク, ボク　　**훈** め, ま

①눈 ②표제 ③목표 ④순서

目(め)	눈	目標(もくひょう)	목표
科目(かもく)	과목	面目(めんぼく)	면목

"눈과 눈동자를 세로로 세운 目으로 눈, 시력을 나타내는 상형문자이지요"

한벽풀

目上(めうえ)	손윗사람	目下(めした)	손아랫사람	目下(もっか)	현재
目方(めかた)	무게	目安(めやす)	기준	目印(めじるし)	표시
目眩(めまい)	현기증	目処(めど)	전망	目論見(もくろみ)	계획
目付(めつき)	눈매	目盛(めもり)	눈금	目覚(めざ)まし	잠을 깸, 자명종시계
目(ま)の当(あ)たり	목전	~目(め)	~째(순서)	目覚(めざ)ましい	눈부시다
目覚(めざ)める	눈뜨다	目指(めざ)す	목표로 하다	役目(やくめ)	역할
一目(ひとめ)	한눈에	一目(いちもく)	일견	真面目(まじめ)だ	성실하다
駄目(だめ)だ	소용없다	人目(ひとめ)	이목		

눈과 눈동자를 세로로 세워(目) 표현한 눈

立 · 5 · N5 ☐☐☐

설 립(입)

음 リツ, リュウ　　**훈** た

①서다 ②성립 ③시작

立(た)つ	서다	立(た)てる	세우다
立志(りっし)	입지	設立(せつりつ)	설립

"지면에 발을 딛고 서 있는 立으로 서다, 임하다를 나타내는 상형문자이지요"

한벽풀 立場(たちば)입장 立(た)ち読(よ)み책은 안 사고 읽는 행위 立(た)ち上(あ)がる일어서다 立(た)ち止(ど)まる멈추어 서다 立派(りっぱ)だ멋지다 建立(こんりゅう)(사원)건립 献立(こんだて)메뉴

팔다리를 벌리고 당당히 땅 위에 서 있으니(立) 서다

力 · 2 · N3 ☐☐☐

힘 력(역)

음 リョク, リキ　　**훈** ちから

①힘 ②힘쓰다

力(ちから)	힘	力作(りきさく)	역작
能力(のうりょく)	능력	努力(どりょく)	노력

"힘을 써서 밭을 가는 농기구 力으로 힘을 나타내는 상형문자이지요"

한벽풀 力士(りきし)스모 선수 力持(ちからも)ち장사 力強(ちからづよ)い힘세다

밭을 가는 농기구(力) 모양을 본떠 근육 작용, 역량을 나타내는 힘

林 · 8 · N3 ☐☐☐

수풀 림(임)

음 リン　　**훈** はやし

①수풀

林(はやし)	수풀	林業(りんぎょう)	임업
山林(さんりん)	산림	原始林(げんしりん)	원시림

한벽풀 松林(まつばやし)소나무숲

나무(木)와 나무(木)를 겹쳐 세워 우거진 수풀(林)

음 ロク　　　　**훈** む, むっ, むい

① 6, 육　② 여섯

| 六(ろく) | 6 | 六(むっ)つ | 여섯, 6개 |
| 六日(むいか) | 6일 | 六枚(ろくまい) | 6장 |

한벽들 六(む)つ6, (오전, 오후)6시경 六回(ろっかい)6회

八·4·N5 □□□

六

여섯 륙(육)

지붕(亠:돼지해머리) 밑 허름함(八)이 후에 가차(假借)되어 여섯(六)

---

2 / 학 / 년 / 교 / 육 / 한 / 자

음 イン　　　　**훈** ひ

① 끌다　② (사전)찾다　③ 물러나다　④ (책임)지다

| 引用(いんよう) | 인용 | 引(ひ)く | 당기다 |
| 引力(いんりょく) | 인력 | 索引(さくいん) | 색인 |

"부수는 弓 활 궁이지요"

弓·4·N3 □□□

引

끌 인

사람이 활시위(弓)를 잡아당기니(l :뚫을 곤) 끌다(引)

한벽들

引退(いんたい)	은퇴	引責(いんせき)	인책	引(ひ)ける	기가 죽다
引(ひ)き出(だ)し	서랍, 인출	引(ひ)き出(だ)す	인출하다	引(ひ)っ越(こ)す	이사하다
引(ひ)き返(かえ)す	되돌아가다	引(ひ)き止(と)める	만류하다	引(ひ)っ込(こ)む	쑥 들어가다
引(ひ)っ張(ぱ)る	잡아당기다	引(ひ)き籠(こ)もる	두문불출하다	字引(じびき)	옥편
取引(とりひき)	거래	取引先(とりひきさき)	거래처	籤引(くじびき)	제비뽑기
手引(てび)き	인도함	強引(ごういん)だ	억지로 하다		

음 ウ　　　　**훈** は, はね

① 깃털　② 날개　③ ~마리(새 단위)

| 羽(はね) | 날개 | 羽毛(うもう) | 깃털 |
| 羽音(はおと) | 날개소리 | 一羽(いちわ) | 1마리(새, 토끼) |

"새의 두 날개의 깃대와 깃털을 나타내는 상형문자이며, 본자(本字)는 羽이지요"

한벽들 羽根(はね)(기계)날개 羽織(はおり)전통 의상

羽·6·N2 □□□

羽

깃 우
날개 우

새의 두 날개의 깃대와 깃털 모양(羽)을 본떠 깃, 날개

음 ウン　　　　**훈** くも

① 구름

| 雲(くも) | 구름 | 雲海(うんかい) | 운해 |
| 暗雲(あんうん) | 암운 | 層雲(そううん) | 층운 |

한벽들 雨雲(あまぐも)비구름 綿雲(わたぐも)뭉게구름

雨·12·N2 □□□

雲

구름 운

공기중 물방울(雨)의 뜻과 이를 운(云)의 음으로 구름(雲)

口·13·N2 ☐☐☐

동산 원

음 エン　　　　**훈** その

① 공원　② 동산　③ 교육시설

園芸(えんげい)　원예　　公園(こうえん)　공원
花園(はなぞの)　화원　　幼稚園(ようちえん)　유치원

"부수는 囗 큰입구몸이지요"

공간(囗:에울 위) 안 넉넉한(袁: 옷 길 원) 장소 동산(園)

辶·13·N3 ☐☐☐

멀 원

음 エン, オン　　**훈** とお

① 멀다　② 오래되다

遠(とお)く　　먼곳　　遠(とお)い　　멀다
遠洋(えんよう)　원양　　永遠(えいえん)　영원

"부수는 辶는 책받침으로 辵 쉬엄쉬엄 갈 착이며, 본자(本字)는 遠이지요"

한벽쯤 遠慮(えんりょ)사양 遠方(えんぽう)먼 곳 遠足(えんそく)소풍
久遠(くおん)영원 遠回(とおまわ)り우회함

길(辶→辵:쉬엄쉬엄 갈 착)이 늘어져(袁:옷 길 원) 멀다(遠)

イ·7·N5 ☐☐☐

어찌 하

음 カ　　　　**훈** なに, なん

① 무엇　② 모르는 것

何(なん)　무엇　　何(なに)　무엇
何枚(なんまい)　몇 장　　幾何学(きかがく)　기하학

"봇짐을 맨 사람 모습을 나타내는 상형문자이지요"

한벽쯤 何故(なぜ)왜 何分(なにぶん)아무쪼록 何卒(なにとぞ)부디
何気(なにげ)ない아무렇지 않다 何々(なになに)무엇무엇

봇짐(可)을 맨 사람(亻:인변)에서 후에 가차(假借)되어 어찌(何)

禾·9·N2 ☐☐☐

과목 과

음 カ　　　　**훈** 없음

① 과목　②(생물)분류　③ 죄

科目(かもく)　과목　　理科(りか)　이과
ばら科(か)　장미과　　前科(ぜんか)　전과

벼(禾:벼 화)의 품질을 바가지(斗: 말 두)로 퍼서 가능하니 과목(科)

夂·10·N3 ☐☐☐

여름 하

음 カ, ゲ　　　**훈** なつ

① 여름

夏(なつ)　여름　　夏期(かき)　하기
夏至(げし)　하지　　盛夏(せいか)　성하

"부수 夂는 뒤져올 치로 발을 뒤로 향한 걸음을 나타내지요"
"본자(本字)의 부수는 夊로 천천히 걸을 쇠이지요"

한벽쯤 真夏(まなつ)한여름 初夏(しょか)초여름

탈을 쓰고(頁:머리 혈) 걷다(夂: 천천히 걸을 쇠)에서 가차(假借)되어 여름(夏)

음 カ, ケ　　**훈** いえ, や

宀·10·N3 □□□

①집 ②가족 ③혈통 ④전문가

家(いえ)	집	家族(かぞく)	가족
武家(ぶけ)	무가	画家(がか)	화가

"부수 宀은 집 면으로 지붕과 두 개의 기둥이 있는 집으로 주거, 사는 공간을 나타내지요."

한벽 家内(かない)아내 家賃(やちん)집세 家主(やぬし)집주인
家来(けらい)가신, 부하 実家(じっか)본가, 친정 母家(おもや)안채

家
집 가

가옥(宀:집 면)에서 가축(豕:돼지 시)을 키우는 집(家)

음 カ　　**훈** うた

欠·14·N3 □□□

①노래 ②시조

歌(うた)	노래	歌(うた)う	부르다
歌手(かしゅ)	가수	歌謡(かよう)	가요

"부수 欠 이지러질 결은 본자(本字)로는 입을 크게 벌려 하품하는 모습인 하품 흠이라고도 하지요."

한벽 和歌(わか)전통 시가 短歌(たんか)전통 시

歌
노래 가

노래(哥:노래 가) 부르려 입을 크게 벌리니(欠:하품 흠) 노래(歌)

음 ガ, カク　　**훈** 없음

田·8·N3 □□□

①그림 ②계획 ③구역 ④획수

画家(がか)	화가	映画(えいが)	영화
計画(けいかく)	계획	画数(かくすう)	획수

"본자(本字)는 畫이며, 그을 획의 경우는 劃이기도 하지요."

한벽 動画(どうが)동영상

画
그림 화
그을 획

붓(聿:붓 율)으로 화선지(田) 위에 획(一)을 그리니 그림(畫)

음 カイ, エ　　**훈** まわ

口·6·N3 □□□

①돌다 ②되돌리다 ③횟수

回(まわ)る	돌다	回(まわ)す	돌리다
回想(かいそう)	회상	二回(にかい)	두 번

한벽 回(まわ)り道(みち)우회로 回向(えこう)(불교)명복 빔 今回(こんかい)이번 遠回(とおまわ)り우회 転回(てんかい)회전 身形(みなり)옷차림 身(み)の回(まわ)り신변 後回(あとまわ)し뒷전 手回(てまわ)し손으로 돌림 根回(ねまわ)し사전교섭 ねじ回(まわ)し나사돌리개

回
돌아올 회
돌 회

빙글빙글 회오리치며(囗, 口) 도는 모습(回)으로 돌아오다, 돌다

人・6・N5 ☐☐☐

모일 회
만날 회

음 カイ, エ　　**훈** あ

①만나다 ②모임 ③깨닫다

| 会社(かいしゃ) | 회사 | 会議(かいぎ) | 회의 |
| 会話(かいわ) | 회화 | 会(あ)う | 만나다 |

"본자(本字)는 會이며, 음식을 담은 그릇을 나타내는 상형문자이지요."

한벽 会得(えとく)터득 一期一会(いちごいちえ)일기일회

뚜껑(스:삼합 집→뚜껑)과 받침(曰:가로 왈)을 갖춘 찬합으로 모이다(會)

氵・9・N3 ☐☐☐

바다 해

음 カイ　　**훈** うみ

①바다 ②펼쳐지다

| 海(うみ) | 바다 | 海岸(かいがん) | 해안 |
| 海辺(うみべ) | 해변 | 雲海(うんかい) | 운해 |

"부수 氵은 물 수 水로 부수명은 삼수변, 또는 물수변이며, 본자는 海이지요."

한벽 海女(あま)해녀 海原(うなばら)창해

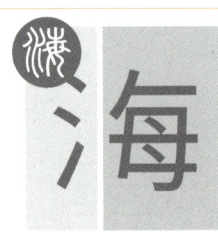

물(氵:물 수 변)의 어머니(每:매양 매→어미)인 바다(海)

糸・12・N2 ☐☐☐

그림 회

음 カイ, エ　　**훈** 없음

①그림 ②그리다

| 絵(え) | 그림 | 油絵(あぶらえ) | 유화 |
| 絵画(かいが) | 회화 | 挿絵(さしえ) | 삽화 |

"본자(本字)는 繪이지요"

한벽 絵本(えほん)그림책 絵(え)の具(ぐ)그림물감 絵捜(えさが)し그림 찾기 浮世絵(うきよえ)전통 판화

실(糸:가는 실 사)의 뜻과 모일 회(會)의 음으로 그림(繪)

夕・5・N4 ☐☐☐

바깥 외

음 ガイ, ゲ　　**훈** そと, ほか, はず

①밖, 바깥 ②떼다 ③그 외 ④외국

| 外(そと) | 밖 | 外出(がいしゅつ) | 외출 |
| 外国(がいこく) | 외국 | 外来(がいらい) | 외래 |

한벽 外(はず)す떼다 外(はず)れる벗겨지다 外(ほか)그 외 外科(げか)외과 外人(がいじん)외국인 外車(がいしゃ)외제차 外方(そっぽ)딴 쪽

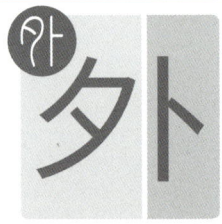

유사시 저녁(夕)에 점치는(卜:점 복) 예외 상황에서 바깥(外)

角・7・N2 ☐☐☐

뿔 각

음 カク　　**훈** かど, つの

①각, 각도 ②모서리 ③뿔

| 角(かど) | 모서리 | 角度(かくど) | 각도 |
| 三角(さんかく) | 삼각 | 鈍角(どんかく) | 둔각 |

"동물의 뾰족한 뿔 角로 뿔, 모퉁이를 나타내는 상형문자이지요"

한벽 角(つの)뿔 四(よ)つ角(かど)사거리 街角(まちかど)길모퉁이 方角(ほうがく)방향

동물의 뾰족한 뿔과 무늬 모양(角)을 본떠 뿔

큰북(白:흰 백→큰 북) 작은북(幺:작을 요) 받침(木)으로 즐겁다, 음악(樂)

음 ガク, ラク　　**훈** たの

① 즐겁다 ② 음악

| 楽器(がっき) | 악기 | 音楽(おんがく) | 음악 |
| 楽(たの)しい | 즐겁다 | 楽(らく)だ | 편안하다 |

"본자(本字)는 樂이지요"

한벽 楽(たの)しむ 즐기다　神楽(かぐら) 전통 무악　文楽(ぶんらく) 전통 인형극

木・13・N3 ☐☐☐

楽
즐길 락(낙)
음악 악

물(氵) 흐르듯 몸(舌:혀 설→몸)이 원활히 흐르니 살다(活)

음 カツ　　**훈** 없음

① 살리다 ② 생활 ③ 생생

| 活用(かつよう) | 활용 | 活躍(かつやく) | 활약 |
| 生活(せいかつ) | 생활 | 復活(ふっかつ) | 부활 |

氵・9・N2 ☐☐☐

活
살 활

문(門:문 문)의 틈새 사이를 비추어오는 빛(日) 사이(間)

음 カン, ケン　　**훈** あいだ, ま

① 사이 ② 방 ③ 세상 ④ ~칸(방 단위)

| 間(あいだ) | 사이 | 間隔(かんかく) | 간격 |
| 時間(じかん) | 시간 | 人間(にんげん) | 인간 |

한벽 間(ま)간격　間柄(あいだがら)인간관계　間違(まちがい)잘못　間違(まちが)える 잘못하다　間違(まちが)う 잘못되다　世間(せけん)세상　居間(いま)거실　一間(ひとま)방 한 칸　客間(きゃくま)객실　隙間(すきま)틈　仲間(なかま)동료　合間(あいま)간격　手間(てま)수고　間々(まま)가끔, 때때로

門・12・N5 ☐☐☐

間
사이 간

사람(人) 팔을 내리고 앞으로 구부리니(丸) 둥글다

음 ガン　　**훈** まる

① 동그라미 ② 둥글다 ③ 공

| 丸(まる) | 동그라미 | 丸(まる)い | 둥글다 |
| 丸薬(がんやく) | 환약 | 弾丸(だんがん) | 탄환 |

"앞으로 구르는 모습의 상형문자이며, 부수는 、점 주이지요"

한벽 丸(まる)める 둥글리다　丸太(まるた)통나무　日(ひ)の丸(まる)일장기

丶・3・N4 ☐☐☐

丸
둥글 환

산세(山)가 가파른 곳(嚴:엄할 엄)의 벼랑 바위(巖)

음 ガン　　**훈** いわ

① 바위 ② 암석

| 岩(いわ) | 바위 | 岩石(がんせき) | 암석 |
| 岩盤(がんばん) | 암반 | 溶岩(ようがん) | 용암 |

"바위산 모양의 상형문자이며, 본자(本字)는 巖이지요"

한벽 岩山(いわやま)바위산

山・8・N2 ☐☐☐

岩
바위 암

頁・18・N3

顔
낯 안, 얼굴 안

음 ガン　　**훈** かお

① 얼굴　② 색채

| 顔(かお) | 얼굴 | 顔色(かおいろ) | 안색 |
| 洗顔(せんがん) | 세안 | 顔料(がんりょう) | 안료 |

한벽홈 笑顔(えがお)웃는 얼굴 顔付(かおつ)き얼굴 생김새

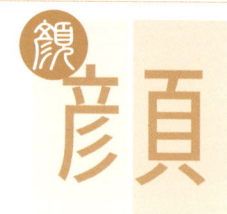

머리(頁:머리 혈)의 뜻과 선비 언(彦→안)의 음으로 낯, 얼굴(顔)

氵・7・N1

汽
물 끓는 김 기
김 기

음 キ　　**훈** 없음

① 김　② 끓다

| 汽車(きしゃ) | 기차 | 汽船(きせん) | 기선 |
| 汽笛(きてき) | 기적 | 汽缶(きかん) | 기관 |

증기(氵)의 뜻과 기운 기(气)의 음으로 물 끓는 김(汽)

言・10・N2

記
기록할 기

음 キ　　**훈** しる

① 적다　② 기록　③ 외우다　④ 표시

| 記者(きしゃ) | 기자 | 記憶(きおく) | 기억 |
| 日記(にっき) | 일기 | 暗記(あんき) | 암기 |

한벽홈 記章(きしょう)기장 記(しる)す기록하다

말한 바(言)를 자신(己:몸 기)의 머리 속에 일일이 기록하다(記)

巾・10・N3

帰
돌아갈 귀

음 キ　　**훈** かえ

① 돌아가다　② (결론)짓다　③ 따르다

| 帰(かえ)る | 돌아가다 | 帰国(きこく) | 귀국 |
| 帰納(きのう) | 귀납 | 帰化(きか) | 귀화 |

"부수는 巾 수건 건으로 옷감, 포목, 휘장을 나타내지요. 본자(本字)는 歸이고, 본자의 부수는 止이지요"

한벽홈 帰宅(きたく)귀가 帰依(きえ)귀의 帰(かえ)す돌려보내다

부인이(婦→帚:비 추) 남편을 따라(自:追) 가니(止:그칠 지) 돌아가다(歸)

弓・3・N1

弓
활 궁

음 キュウ　　**훈** ゆみ

① 활

| 弓(ゆみ) | 활 | 弓道(きゅうどう) | 궁도 |
| 弓術(きゅうじゅつ) | 궁술 | 弓形(ゆみがた) | 활모양 |

"구부러진 활과 활시위 弓으로 활을 나타내는 상형문자이지요"

한벽홈 弓矢(ゆみや)활과 화살

구부러진 활과 활시위 모양(弓)을 그대로 본떠 활

牛 · 4 · N3 □□□

소의 양쪽 뿔과 큰 머리 모양(牛)을 그대로 본떠 소

음 ギュウ　　**훈** うし

① 소

| 牛(うし) | 소 | 牛乳(ぎゅうにゅう) | 우유 |
| 肉牛(にくぎゅう) | 육우 | 牧牛(ぼくぎゅう) | 목우 |

"뿔 달린 소머리 牛로 소를 나타내는 상형문자이지요"

한벽쑝 牛肉(ぎゅうにく)소고기 牛丼(ぎゅうどん)소고기덮밥 牛酪(ぎゅうらく)버터 子牛(こうし)송아지 和牛(わぎゅう)일본 소 雌牛(めうし)암소 雄牛(おうし)수소 牡牛(おうし)수소

牛
소 우

魚 · 11 · N4 □□□

머리와 몸통 꼬리(魚)를 세로로 그려 물고기

음 ギョ　　**훈** うお, さかな

① 생선 ② 물고기

| 魚(さかな) | 생선 | 魚(うお) | 물고기 |
| 魚市場(うおいちば) | 생선시장 | 稚魚(ちぎょ) | 치어 |

"물고기 머리와 몸통 꼬리를 세로로 세운 魚으로 상형문자이지요"

한벽쑝 魚座(うおざ)물고기자리 魚介類(ぎょかいるい)어패류 雑魚(ざこ)잡어 金魚(きんぎょ)금붕어 太刀魚(たちうお)갈치 焼(や)き魚(ざかな)생선구이 干(ほ)し魚(ざかな)말린 생선 魚釣(さかなつり)り낚시

魚
물고기 어
고기 어

亠 · 8 · N3 □□□

기둥 위에 큰 누각(亠:돼지해머리)을 갖춘 서울(京)

음 キョウ, ケイ　　**훈** 없음

① 수도 ② 교토(京都)

| 京都(きょうと) | 교토 | 上京(じょうきょう) | 상경 |
| 東京(とうきょう) | 동경 | 京阪神(けいはんしん) | 교토, 오사카, 고베 |

"기둥 위에 큰 누각을 세운 京으로 서울, 도읍을 나타내는 상형문자이지요"

京
서울 경

弓 · 11 · N3 □□□

강하다(彊:굳셀 강)의 생략형(弘:넓을 홍)에 벌레(虫:벌레 훼)의 생명력 강하다(強)

음 キョウ, ゴウ　　**훈** つよ, し

① 강하다 ② 강요 ③ 약간 많다

| 強(つよ)い | 강하다 | 強力(きょうりょく) | 강력 |
| 強化(きょうか) | 강화 | 強盗(ごうとう) | 강도 |

한벽쑝 強(つよ)める 강하게 하다 強(つよ)まる 강해지다 強(し)いる 강요하다 強気(つよき)강한 마음 強引(ごういん)だ억지로이다 勉強(べんきょう)공부 十万円強(きょう)10만 엔보다 약간 많음

強
강할 강

攵 · 11 · N3 □□□

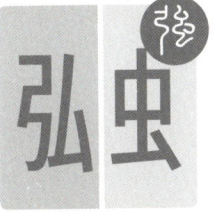

배우도록(爻:점괘 효→배우다의 의미) 아이(子)를 채근하여(攵:등글월문) 가르치다(敎)

음 キョウ　　**훈** おし, おそ

① 가르치다 ② 가르침

| 教(おし)える | 가르치다 | 教育(きょういく) | 교육 |
| 教師(きょうし) | 교사 | 仏教(ぶっきょう) | 불교 |

"부수는 攵등글월문으로 칠 복 攵을 나타내며, 본자(本字)는 教이지요"

한벽쑝 教(おそ)わる 가르침 받다

教
가르칠 교

辶・7・N3 □□□

近
가까울 근

음 キン　　**훈** ちか

①가깝다 ②최근 ③친근

近(ちか)い	가깝다	近(ちか)く	근처
近所(きんじょ)	근처	最近(さいきん)	최근

"본자(本字)는 近이지요"

한벽著 近所(きんじょ)이웃 近眼(きんがん)근시 近頃(ちかごろ)근래 近付(ちかづ)ける가까이 하다 近付(ちかづ)く다가오다 近寄(ちかよ)る접근하다 間近(まぢか)だ(시간, 거리)가깝다 手近(てぢか)だ비근하다

길(辶)을 나누고(斤) 줄이니 가깝다(近)

儿・5・N3 □□□

兄
형 형

음 ケイ, キョウ　　**훈** あに

①형, 오빠 ②연장자

兄(あに)	형, 오빠	お兄(にい)さん	형, 오빠
兄弟(きょうだい)	형제, 남매	諸兄(しょけい)	제형

한벽著 父兄(ふけい)학부형 從兄弟(いとこ)사촌 義兄(ぎけい)매형, 형부 兄貴(あにき)형님

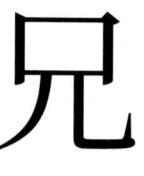

하늘을 향해(口) 축문을 읽는 맏이(儿:어진 사람 인) 형(兄)

彡・7・N2 □□□

形
모양 형

음 ケイ, ギョウ　　**훈** かた, かたち

①모양 ②형태 ③본뜨다

形(かたち)	모양	形式(けいしき)	형식
地形(ちけい)	지형	人形(にんぎょう)	인형

한벽著 形見(かたみ)유품 手形(てがた)어음 身形(みなり)옷차림

두 방패(幵:평평할 견)의 형태(彡:터럭 삼→털)가 비슷한 모양(形)

言・9・N3 □□□

計
셀 계

음 ケイ　　**훈** はか

①세다 ②계량 ③계획

計算(けいさん)	계산	計(はか)る	헤아리다
設計(せっけい)	설계	計画(けいかく)	계획

한벽著 計(はか)らう조처하다

말(言)로 되뇌어 열(十)까지 헤아리고 세다(計)

儿・4・N3 □□□

元
으뜸 원

음 ゲン, ガン　　**훈** もと

①시작 ②근원 ③우두머리 ④아래

元(もと)	원래	元来(がんらい)	원래
元首(げんしゅ)	원수	根元(こんげん)	근원

한벽著 元日(がんじつ)설날 元旦(がんたん)설날 아침 元々(もともと)원래 元気(げんき)だ기운차다 足元(あしもと)발밑 手元(てもと)수중

사람(儿)의 머리(二)를 빗대어 시작되는 으뜸(元)

입(口)에서 소리가 퍼져나가니 (辛:매울 신→나팔) 말씀(言)

음 ゲン, ゴン　　**훈** い, こと

①말 ②말하다 ③언어

言(い)う	말하다	言葉(ことば)	말, 언어
言語(げんご)	언어	伝言(でんごん)	전언

한벽 言(い)い訳(わけ)변명 言伝(ことづて)전갈 言葉遣(ことばづか)い말투 言付(ことづ)ける전달하다 言(い)い付(つ)ける분부하다 一言(ひとこと)한 마디 片言(かたこと)서투른 말

말씀 언　言·7·N4 □□□

기슭(厂:기슭 엄) 사이로 물길 (泉:샘 천)이 나니 언덕(原)

음 ゲン　　**훈** はら

①들, 벌판 ②원인

原(はら)	들	原因(げんいん)	원인
原則(げんそく)	원칙	草原(そうげん)	초원

"기슭에 물길이 시작되는 原으로 언덕을 나타내는 상형문자이지요"

한벽 原形(げんけい)원형, 본래 原型(げんけい)원형(틀) 野原(のはら)들판 河原(かわら)강가 모래밭 海原(うなばら)창해

언덕 원　厂·10·N2 □□□

왼쪽의 나무기둥과 오른쪽에 외짝 문을 단 집(戸)

음 コ　　**훈** と

①문 ②집

戸(と)	문	戸数(こすう)	호수
戸別(こべつ)	호별	戸籍(こせき)	호적

"외짝문 한 짝 戸로 집, 입구를 나타내는 상형문자이며, 본자(本字)는 戶이지요"

한벽 戸棚(とだな)찬장 戸締(とじ)まり문단속 戸惑(とまど)う어리둥절하다 雨戸(あまど)(비 막는)덧문 一戸建(いっこだ)て단독주택 井戸(いど)우물 網戸(あみど)방충망 納戸(なんど)옷방

집 호　戸·4·N2 □□□

예전 전쟁의 무기(十:열 십→방패) 이야기(口)로 예, 옛날(古)

음 コ　　**훈** ふる

①옛날 ②오래되다 ③낡다

古代(こだい)	고대	古典(こてん)	고전
古(ふる)い	오래되다	中古(ちゅうこ)	중고

예 고　口·5·N5 □□□

절구질하는 절굿공이(午)에서 후에 가차(假借)되어 낮(午)

ゴ　　없음

①낮 ②점심

午前(ごぜん)	오전	午後(ごご)	오후
正午(しょうご)	정오	端午(たんご)	단오

"절구질하는 절굿공이 午로 후에 낮으로 가차(假借)된 상형문자 이지요"

한벽 午睡(ごすい)낮잠 丙午(ひのえうま)병오년

낮 오　十·4·N4 □□□

彳·9·N4 □□□

뒤 후

음 ゴ, コウ　　**훈** うしろ, のち
　　　　　　　　　　あと, おく

① 뒤　② 나중　③ 늦다

| 後(うし)ろ | 뒤 | 後(あと) | 뒤, 후 |
| 後世(こうせい) | 후세 | 最後(さいご) | 마지막 |

"부수 彳은 자축거릴 척으로 두인변이라고도 하지요"

한벽著

後(のち)	나중	後程(のちほど)	추후	後回(あとまわ)し	뒷전
後(おく)れる	뒤지다	後始末(あとしまつ)	뒤처리	後(うし)ろ楯(だて)	후원자
明後日(あさって, みょうごにち)	모레	明明後日(しあさって)	글피	結婚後(けっこんご)	결혼 후

노예가 뒤처져(夂:뒤져올 치) 천천히(幺) 걸으니(彳:자축거릴 척) 뒤(後)

言·14·N4 □□□

말씀 어

음 ゴ　　**훈** かた

① 말　② 이야기　③ 말하다

| 語学(ごがく) | 어학 | 語源(ごげん) | 어원 |
| 国語(こくご) | 국어 | 語(かた)る | 이야기하다 |

한벽著 物語(ものがたり)이야기 物語(ものがた)る이야기하다
季語(きご)계절용어 漢語(かんご)한자 어휘

말하다(言)의 뜻과 나 오(吾→어)의 음으로 말, 말씀(語)

工·3·N3 □□□

장인 공

음 コウ, ク　　**훈** 없음

① 장인　② 만들다

| 工場(こうじょう) | 공장 | 工事(こうじ) | 공사 |
| 細工(さいく) | 세공 | 漆工(しっこう) | 칠공 |

"달구라는 흙을 다지는 도구 工로 장인을 나타내는 상형문자이지요"

한벽著 工夫(くふう)궁리 大工(だいく)목수

흙을 단단히 다져 쓰임새 많은 벽돌을 만드는 장인(工)

八·4·N1 □□□

공평할 공

음 コウ　　**훈** おおやけ

① 공공　② 바르다　③ 보편　④ 귀인

| 公(おおやけ) | 공공 | 公平(こうへい) | 공평 |
| 公式(こうしき) | 공식 | 主人公(しゅじんこう) | 주인공 |

매사(厶:사사 사)에 치우침 없이 공정히 나눠(八) 공평하다(公)

황제(黃:누를 황→황제)가 거주(广:집 엄)할 정도로 넓다(廣)

음 コウ　　　**훈** ひろ

①넓다 ②넓히다 ③퍼뜨리다

| 広(ひろ)い | 넓다 | 広場(ひろば) | 광장 |
| 広告(こうこく) | 광고 | 広域(こういき) | 광역 |

"부수는 广 집 엄으로 한쪽에만 기둥을 세운 집을 나타내며, 본자(本字)는 廣이지요"

한벽番 広報(こうほう)홍보 広言(こうげん)호언 広間(ひろま)넓은 방 広(ひろ)める넓히다 広(ひろ)まる넓어지다 広(ひろ)げる펼치다 広(ひろ)がる퍼지다 広々(ひろびろ)널찍한 背広(せびろ)양복 広漠(こうばく)넓고 아득함 幅広(はばひろ)い폭넓다

広 넓을 광

다리를 엇갈리게 꼬고 앉은 모습(交)으로 교차하다, 사귀다

음 コウ　　　**훈** まじ, ま, か

①사귀다 ②섞이다 ③바꾸다

| 交際(こうさい) | 교제 | 交通(こうつう) | 교통 |
| 交替(こうたい) | 교체 | 社交(しゃこう) | 사교 |

"다리를 엇갈리게 꼬고 앉은 사람 交으로 사귀다, 엇갈리다를 나타내는 상형문자이지요"

한벽番 交番(こうばん)파출소 交互(こうご)번갈아 交(まじ)える섞다 交(まじ)わる섞이다 交(ま)ぜる섞다 交(ま)ざる섞이다 交(ま)じる섞이다 交(か)わす주고받다

交 사귈 교

사람(儿)의 위로 밝은 빛(火)이 환하니 빛(光)

음 コウ　　　**훈** ひか

①빛 ②경치 ③명예 ④시간

| 光(ひかり) | 빛 | 光(ひか)る | 빛나다 |
| 光年(こうねん) | 광년 | 日光(にっこう) | 일광 |

한벽番 光熱費(こうねつひ)전기 가스료 光栄(こうえい)영광 稲光(いなびかり)번개 陽光(ようこう)햇빛

光 빛 광

노인(耂:늙을로엄→老)이 공교하고(丂) 깊이 생각하다(考)

음 コウ　　　**훈** かんが

①생각하다 ②고찰

| 考(かんが)える | 생각하다 | 考慮(こうりょ) | 고려 |
| 考察(こうさつ) | 고찰 | 思考(しこう) | 사고 |

"노인이 깊이 헤아리는 考로 생각, 고려를 나타내는 상형문자이며, 부수 耂은 늙은 로 老로 늙은로엄이지요"

考 생각할 고

行・6・N5 □□□

다닐 **행**, 갈 **행**

음 コウ, ギョウ, アン　　**훈** い, ゆ, おこな

①가다 ②행하다 ③퍼지다 ④행렬

行(い)く	가다	行動(こうどう)	행동
旅行(りょこう)	여행	行(おこな)う	행하다

"상하좌우 사방으로 뻗은 사거리 行으로 다니다, 가다를 나타내는 상형문자이지요"

한벽 行(ゆ)く가다 行列(ぎょうれつ)행렬 行間(ぎょうかん)행간 行方(ゆくえ)행방 行儀(ぎょうぎ)예의범절 行(ゆ)き違(ちが)い엇갈림 行脚(あんぎゃ)답사 東京行(とうきょうゆ)き도쿄행 売(う)れ行(ゆ)き팔림새

상하좌우 사방으로 뻗은 사거리(行)를 본떠 다니다

高・10・N4 □□□

높을 **고**

음 コウ　　**훈** たか

①높다 ②비싸다 ③고급 ④강함

高(たか)い	높다, 비싸다	高校(こうこう)	고교
高級(こうきゅう)	고급	高揚(こうよう)	고양

"건축물의 지붕과 전망대 종각 高로 높다, 크다를 나타내는 상형문자이지요"

한벽 高騰(こうとう)앙등 高(たか)める높이다 高(たか)まる높아지다 声高(こわだか)큰 목소리 売上高(うりあげだか)매상액 円高(えんだか)엔고 名高(なだか)い유명하다

건축물이 지붕과 전망대를 높게 갖추니(高) 높다

黄・11・N2 □□□

누를 **황**

음 コウ, オウ　　**훈** き, こ

①노랗다 ②노랑

黄色(きいろ)	노랑	黄色(きいろ)い	노랗다
黄金(こがね, おうごん)	황금	硫黄(いおう)	유황

"임금의 허리춤 장신구 패옥 黃으로 노랗다를 나타내는 상형문자이며, 본자(本字)는 黃이지요"

한벽 黄土(こうど)황토 黄緑(きみどり)연두 黄身(きみ)노른자

허리에 차는 장신구 황금색 패옥(黄)에서 노랗다

口・6・N3 □□□

합할 **합**

음 ゴウ, ガッ, カッ　　**훈** あ

①합하다 ②합치다 ③합치

合(あ)う	(사이즈)맞다	合(あ)わせる	합치다
合格(ごうかく)	합격	合理(ごうり)	합리

한벽 合(あ)わす합치다 合戦(かっせん)합전 合併(がっぺい)합병 合図(あいず)신호 合間(あいま)간격 合点(がってん)수긍 見合(みあ)い맞선 場合(ばあい)경우 具合(ぐあい)상태 都合(つごう)형편 割合(わりあい)비율 割合(わりあい)に비교적 歌合戦(うたがっせん)노래 대항전 話(はな)し合(あ)う서로 이야기하다

뚜껑(스·삼합 집→뚜껑)과 그릇(口)을 한데 모아 하나로 합하다(合)

계곡 사이로 물이 흐르는(八+八) 골(口), 골짜기(谷)

| 음 コク | 훈 たに |

①골 ②골짜기

| 谷(たに) | 골 | 谷間(たにま) | 골짜기 |
| 渓谷(けいこく) | 계곡 | 峡谷(きょうこく) | 협곡 |

谷·7·N2 □□□

골 곡, 계곡 곡

영역(口:에울 위) 내 창을 들고 경계하는 지역(或) 나라(國)

| 음 コク | 훈 くに |

①나라 ②일본 ③고향

| 国(くに) | 나라, 고향 | 国語(こくご) | 국어 |
| 国民(こくみん) | 국민 | 韓国(かんこく) | 한국 |

"부수 口은 큰입구몸이며, 본자(本字)는 國이지요"

한벽 国連(こくれん)국제연합 国々(くにぐに)나라들 島国(しまぐに)섬나라 南国(なんごく)남국 米国(べいこく)미국

口·8·N5 □□□

나라 국

죄인과 포로 얼굴에 먹물로 문신을 가한 모습(黒)을 본떠 검다

| 음 コク | 훈 くろ |

①검다 ②나쁘다

| 黒(くろ) | 검정 | 黒(くろ)い | 검다 |
| 黒板(こくばん) | 칠판 | 暗黒(あんこく) | 암흑 |

"먹물 문신, 혹은 검게 그을린 아궁이 黒으로 검다, 나쁘다를 나타내는 상형문자이며, 본자(本字)는 黑이지요"

한벽 黒字(くろじ)흑자 黒星(くろぼし)검은 점, 패배 大黒柱(だいこくばしら)대들보 黒幕(くろまく)흑막

黒·11·N3 □□□

검을 흑

입(口→스)에 음식을 머금다(一)에서 후에 가차(假借)되어 이제(今)

| 음 コン, キン | 훈 いま |

①지금 ②이 ③금방

| 今(いま) | 지금 | 今週(こんしゅう) | 이번 주 |
| 今月(こんげつ) | 이번 달 | 古今(こきん) | 고금 |

한벽 今度(こんど)이번 今回(こんかい)이번 今日(きょう)오늘 今日(こんにち)오늘날 今年(ことし)올해 今晩(こんばん)오늘 밤 今夜(こんや)오늘 밤 今朝(けさ)오늘 아침 今更(いまさら)새삼스레

人·4·N5 □□□

이제 금

땅속을 뚫고 올라오는 새싹(才)을 빗대어 능력과 재주

| 음 サイ | 훈 없음 |

①재주 ②재능 ③능력자 ④~세(나이 단위)

| 才能(さいのう) | 재능 | 天才(てんさい) | 천재 |
| 秀才(しゅうさい) | 수재 | 11才(さい) | 11살 |

"땅속을 뚫고 올라오는 새싹 才으로 재주를 나타내는 상형문자이며, 부수 扌은 손 수 手로 재방변이지요"

한벽 才覚(さいかく)재치, 기지 二十才(はたち)20세

扌·3·N2 □□□

재주 재

糸·11·N2 □□□

細
가늘 세

음 サイ　　　**훈** ほそ, こま

① 가늘다 ② 작다 ③ 자세

細(ほそ)い	가늘다	細心(さいしん)	세심
詳細(しょうさい)	상세	零細(れいさい)	영세

한벽 細工(さいく)세공 細(ほそ)る가늘어지다 細(こま)かい잘다 細(こま)かだ자세하다 亜細亜(あじあ)아시아 心細(こころぼそ)い불안하다

머리(田:밭 전→정수리)에서 나오는 기운이 실(糸) 같이 가늘다(細)

亻·7·N3 □□□

作
지을 작

음 サク, サ　　　**훈** つく

① 만들다 ② 행동

作(つく)る	만들다	作成(さくせい)	작성
動作(どうさ)	동작	製作(せいさく)	제작

한벽 作家(さっか)작가 作物(さくもつ)농작물 作法(さほう)예의범절 作製(せいせい)제작

사람(亻:인변)이 잠깐(乍:잠깐 사) 바느질하듯 수월히 짓다(作)

竹·14·N2 □□□

算
셈 산

음 サン　　　**훈** 없음

① (수)세다 ② 계산

算数(さんすう)	산수	算式(さんしき)	산식
計算(けいさん)	계산	予算(よさん)	예산

한벽 算盤(そろばん)주판 暗算(あんざん)암산 足(た)し算(ざん)덧셈 引(ひ)き算(ざん)뺄셈 掛(か)け算(ざん)곱셈 割(わ)り算(ざん)나눗셈

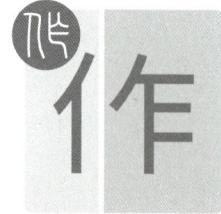

대(⺮:대죽머리→竹)로 만든 도구(目→도구) 들고(廾:손 맞잡을 공) 셈하다(算)

止·4·N2 □□□

止
그칠 지

음 シ　　　**훈** と

① 그치다 ② 멈추다 ③ 중지

止(と)める	세우다	中止(ちゅうし)	중지
禁止(きんし)	금지	廃止(はいし)	폐지

"발걸음이 멈춘 발 止로 그치다, 멈추다를 나타내는 상형문자이지요"

한벽 止(と)まる멈추다 止(や)む그치다 止(や)める그만두다

발뒤꿈치에서 발가락까지인 발(止)로 발걸음을 멈추고 그치다

巾·5·N3 □□□

市
저자 시

음 シ　　　**훈** いち

① 시장 ② 마을 ③ 시

市場(いちば)	시장	市内(しない)	시내
市長(しちょう)	시장님	都市(とし)	도시

"부수 수건 건 巾은 옷감, 포목, 휘장을 나타내지요"

한벽 魚市(うおいち)생선시장 魚市場(うおいちば)생선시장 植木市(うえきいち)분재시장 市井(しせい)항간 市町村(しちょうそん)시읍면

지붕(亠:돼지해머리) 아래 천막(巾)을 늘어뜨린 시장, 저자(市)

화살 깃과 화살촉 모양(矢)을 그대로 본떠 화살

음 シ　　**훈** や

① 화살 ② 살

矢(や)　　　화살　　矢印(やじるし)　　화살표
一矢(いっし)　1촉　　弓矢(ゆみや)　　활과 화살

"화살을 세로로 세운 矢로 화살을 나타내는 상형문자이지요"

한벽쯤 矢面(やおもて)진두, 집중포화 矢先(やさき)활촉

矢・5・N1 □□□

矢
화살 시

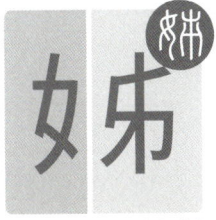

딸(女) 가지기를 꺼려(朿:꺾일 자) 많은 여자 중 손윗누이(姉)

음 シ　　**훈** あね

① 누나, 언니

姉(あね)　　　　언니, 누나　　姉妹(しまい)　　　　자매
お姉(ねえ)さん　누나, 언니　　姉妹校(しまいこう)　자매교

女・8・N3 □□□

姉
손윗누이 자

머리(田:밭 전→정수리)와 마음(心:마음 심)으로 헤아리니 생각(思)

음 シ　　**훈** おも

① 생각하다 ② 사고

思(おも)う　　생각하다　　思考(しこう)　　　사고
意思(いし)　　의사　　　　思(おも)い出(だ)す　생각해내다

한벽쯤 思(おも)い付(つ)き착상 思(おも)い出(で)추억 思(おも)い付(つ)く착안하다 思(おも)い込(こ)む깊이 마음먹다 思(おも)い悩(なや)む괴로워하다 思(おも)い巡(めぐ)らす여러모로 생각하다 不思議(ふしぎ)だ불가사의하다

心・9・N3 □□□

思
생각 사

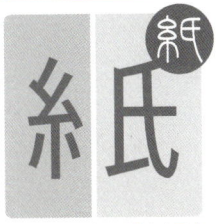

천을 만드는 가는 실(糸)의 뜻과 성씨 씨(氏→지)의 음으로 종이(紙)

음 シ　　**훈** かみ

① 종이 ② 용지 ③ 신문

紙(かみ)　　　종이　　紙面(しめん)　　　　지면
用紙(ようし)　용지　　新聞紙(しんぶんし)　신문지

한벽쯤 紙屑(かみくず)종이휴지 手紙(てがみ)편지 紙切(かみき)れ조잇조각 折(お)り紙(がみ)종이접기 張(は)り紙(がみ)벽보 紙芝居(かみしばい)그림연극

糸・10・N2 □□□

紙
종이 지

토지(土)를 법도(寸:마디 촌)에 따라 관리하는 관청, 절(寺)

음 ジ　　**훈** てら

① 절

寺(てら)　　　　절　　　寺院(じいん)　　사원
山寺(やまでら)　산사　　禅寺(ぜんでら)　선종 사찰

한벽쯤 ~寺(じ)~사(절 이름) 寺子屋(てらこや)서당 寺参(てらまい)り사찰참배 尼寺(あまでら)여승 절

寸・6・N2 □□□

寺
절 사

自·6·N3 ☐☐☐

自
스스로 자

음 ジ, シ　　**훈** みずか

①자신 ②스스로 ③자연히

| 自身(じしん) | 자신 | 自動(じどう) | 자동 |
| 自然(しぜん) | 자연 | 独自(どくじ) | 독자 |

"스스로 숨을 쉬는 코 自로 스스로, 자기를 나타내는 상형문자이지요"

한벽 自分(じぶん)자신 自供(じきょう)자백 自己流(じこりゅう)본인 방식 自(みずか)ら스스로 自(おの)ずから저절로

코의 정면 앞모습(自)을 본떠 자신의 중심이 되어 스스로

日·10·N4 ☐☐☐

時
때 시

음 ジ　　**훈** とき

①때 ②시간 ③당시 ④~시(시간 단위)

| 時(とき) | 때 | 時間(じかん) | 시간 |
| 当時(とうじ) | 당시 | 一時(いちじ) | 1시 |

한벽 時計(とけい)시계 時折(ときおり)때때로 時雨(しぐれ)가을장마 時間割(じかんわり)시간표 時々(ときどき)때때로 寸時(すんじ)촌각

규칙적인 해(日)의 뜻과 절 사(寺→시)의 음으로 때(時)

宀·9·N3 ☐☐☐

室
집 실

음 シツ　　**훈** むろ

①집 ②방 ③가게

| 室内(しつない) | 실내 | 教室(きょうしつ) | 교실 |
| 会議室(かいぎしつ) | 회의실 | 皇室(こうしつ) | 황실 |

"부수 宀 집 면은 주거, 사는 공간을 나타내지요"

한벽 室(むろ)암실 氷室(ひむろ, ひょうしつ)빙고 和室(わしつ)다다미 방 個室(こしつ)개인 방 控(ひか)え室(しつ)대기실

집(宀:집 면) 안에 자리한 방에 이르니(至) 실내, 집(室)

礻·7·N5 ☐☐☐

社
모일 사

음 シャ　　**훈** やしろ

①신전 ②모임 ③회사

| 社会(しゃかい) | 사회 | 社交(しゃこう) | 사고 |
| 神社(じんじゃ) | 신사 | 会社(かいしゃ) | 회사 |

"부수 礻는 보일시변으로, 보일 시 示이며, 본자(本字)는 祉이지요"

한벽 社(やしろ)신사 出社(しゅっしゃ)출근

토지(土) 신에게 제사(示:보일 시→제단) 드려 모이다(社)

弓·10·N3 ☐☐☐

弱
약할 약

음 ジャク　　**훈** よわ

①약하다 ②어리다 ③약간 적다

| 弱(よわ)い | 약하다 | 弱点(じゃくてん) | 약점 |
| 弱(よわ)める | 약화시키다 | 弱(よわ)まる | 약해지다 |

"본자(本字)는 弱이지요"

한벽 弱(よわ)る약해지다 弱虫(よわむし)겁쟁이 弱気(よわき)나약함 弱音(よわね)나약한 말 弱年(じゃくねん)젊은 나이 十万円弱(じゃく)10만 엔보다 약간 적음

활시위(弓)가 느슨해져 부드럽고(羽:깃 우) 약하다(弱)

동물의 눈(目)과 털 달린 옆모습(首)을 본떠 머리

음 シュ　　　**훈** くび

① 머리 ② 목 ③ 처음 ④ 자수

| 首(くび) | 목 | 首都(しゅと) | 수도 |
| 首脳(しゅのう) | 수뇌 | 自首(じしゅ) | 자수 |

"동물의 눈과 뿔 머리 首로 머리, 우두머리를 나타내는 상형문자이지요"

한벽 首飾(くびかざ)り목걸이 首輪(くびわ)목걸이 首尾(しゅび)머리와 꼬리 手首(てくび)손목 足首(あしくび)발목 不首尾(ふしゅび)실패

首・9・N3 □□□

首
머리 수

곡식(禾:벼 화)을 베어서 말리는(火) 추수하는 가을(秋)

음 シュウ　　　**훈** あき

① 가을 ② 1년

| 秋(あき) | 가을 | 秋季(しゅうき) | 추계 |
| 晩秋(ばんしゅう) | 늦은 가을 | 千秋(せんしゅう) | 천추 |

禾・9・N3 □□□

秋
가을 추

회전하는(辶)의 뜻과 주(周:두루 주)의 음으로 주일(週)

음 シュウ　　　**훈** 없음

① 일주일 ② 주간

| 週日(しゅうじつ) | 주일 | 週末(しゅうまつ) | 주말 |
| 週刊誌(しゅうかんし) | 주간지 | 今週(こんしゅう) | 이번 주 |

"본자(本字)는 週이지요"

한벽 先週(せんしゅう)지난주 先々週(せんせんしゅう)지지난 주 再来週(さらいしゅう)다다음 주

辶・11・N5 □□□

週
주일 주

햇살(日)을 받으며 새싹(艸:풀초)이 기운차게 피어나는 봄(春)

음 シュン　　　**훈** はる

① 봄 ② 춘기 ③ 청춘

| 春(はる) | 봄 | 春季(しゅんき) | 춘계 |
| 新春(しんしゅん) | 신춘 | 青春(せいしゅん) | 청춘 |

한벽 春一番(はるいちばん)꽃샘추위 暮春(ぼしゅん)늦봄 春宵(しゅんしょう)봄밤

日・9・N3 □□□

春
봄 춘

붓(聿:붓 율)으로 말씀(曰:가로 왈→말씀)을 받아 적으니 글(書)

음 ショ　　　**훈** か

① 쓰다 ② 글 ③ 서적

| 書(か)く | 쓰다 | 書面(しょめん) | 서면 |
| 書店(しょてん) | 서점 | 読書(どくしょ) | 독서 |

"부수는 日 가로 왈로 입에서 나오는 말소리의 기운이지요"

한벽 書道(しょどう)서예 書物(しょもつ)서적 書(か)取(と)り받아쓰기 書留(かきとめ)등기 辞書(じしょ)사전 清書(せいしょ)정서 下書(したが)き초고

日・10・N5 □□□

書
글 서

小·4·N5 ☐☐☐

少
적을 소

음 ショウ　　　　**훈** すく, すこ

① 적다 ② 어리다

少(すこ)し　　조금, 잠깐　　少(すく)ない　　적다
少年(しょうねん)　소년　　年少(ねんしょう)　연소

"사방으로 튀는 작은 파편 少로 적다를 나타내는 상형문자이지요"

한벽 少々(しょうしょう)잠시

네 개의 파편으로 이리저리 흩어지는 모습(少)을 본떠 적다

土·12·N3 ☐☐☐

場
마당 장

음 ジョウ　　　　**훈** ば

① 장소 ② 장면 ③ 철

場所(ばしょ)　　장소　　場面(ばめん)　　장면
工場(こうじょう)　공장　　球場(きゅうじょう)　구장

한벽 場(ば)자리, 장소 場合(ばあい)경우 来場(らいじょう)내방 本場(ほんば)본고장 役場(やくば)관청 相場(そうば)시세 夏場(なつば)여름철

볕(昜:볕 양)이 잘 드는 땅(土)에 제단을 마련하니 마당(場)

色·6·N2 ☐☐☐

色
빛 색

음 ショク, シキ　　**훈** いろ

① 색깔 ② 모습

色(いろ)　　　색깔　　色彩(しきさい)　色채
金色(きんいろ)　금색　　特色(とくしょく)　특색

"남녀가 부둥켜 성적 관계를 맺는 色으로 빛, 색, 정욕을 나타내는 상형문자이지요"

한벽 色々(いろいろ)여러가지 景色(けしき)경치 声色(こわいろ)음색 茶色(ちゃいろ)갈색 茶色(ちゃいろ)い갈색이다 暮色(ぼしょく)황혼 十人十色(じゅうにんといろ)십인십색

남녀(ク:사람)가 부둥켜(巴:꼬리 파→뻗은 손) 달아오르니 빛(色)

食·9·N4 ☐☐☐

食
먹을 식
밥 식

음 ショク, ジキ　　**훈** く, た

① 먹다 ② 일식, 월식 ③ 좀 먹다

食(た)べる　　먹다　　食事(しょくじ)　식사
食堂(しょくどう)　식당　　飲食(いんしょく)　음식

"음식의 식기와 덮개 食으로 먹다, 밥을 나타내는 상형문자이며, 부수 食은 밥 식이지요"

한벽 食物(しょくもつ)음식물 食(た)べ放題(ほうだい)음식 무한정 리필 食(く)う먹다 食(く)らう먹고 살다 食(く)い違(ちが)う어긋나다 昼食(ちゅうしょく)점심식사 断食(だんじき)단식 和食(わしょく)일식

먹을 것을 담는 식기를 본떠 음식을 먹다(食)

피가 품어져 나오는 심장 모양(心)을 본떠 생각, 마음

음 シン　　　**훈** こころ

① 마음 ② 정신 ③ 심장 ④ 중심

心(こころ)　　마음　　心理(しんり)　　심리
心臓(しんぞう)　심장　　核心(かくしん)　핵심

"피가 도는 심장 心으로 마음, 생각을 나타내는 상형문자이지요"

한벽 心配(しんぱい)　걱정　　心地(ここち)　기분　　心掛(こころが)け　마음가짐
心掛(こころが)ける　유의하다　心当(こころあ)たり　짐작　心得(こころえ)　소양
心得(こころえ)る　이해하다　心中(しんじゅう)　동반 자살　心強(こころづよ)い　든든하다
感心(かんしん)　감탄　　用心(ようじん)　조심　　下心(したごころ)　속마음

心 · 4 · N3 □□□

心
마음 심

나무(木)를 잘라(斤) 만든 땔감(辛:매울 신→땔나무)이 새롭다(新)

음 シン　　　**훈** あたら, あら, にい

① 새롭다 ② 싱싱하다

新(あたら)しい　새롭다　　新製品(しんせいひん)　신제품
新人(しんじん)　　신인　　新鮮(しんせん)だ　　신선하다

한벽 新幹線(しんかんせん)고속 철도 新芽(しんめ)새싹 新妻(にいづま)새댁
新(あら)ただ새롭다 新潟県(にいがたけん)니이가타현

斤 · 13 · N4 □□□

新
새 신

세심히 나무(木) 돌보는(見) 뜻과 매울 신(辛→친)의 음으로 친하다(親)

음 シン　　　**훈** おや, した

① 부모 ② 친척 ③ 친하다

親(おや)　　　　부모　　親切(しんせつ)だ　친절하다
親族(しんぞく)　친척　　両親(りょうしん)　　부모님

한벽 親友(しんゆう)친한 친구 親類(しんるい)친척 親指(おやゆび)엄지손가락 親分(おやぶん)우두머리 親(した)しい친하다

見 · 16 · N3 □□□

親
친할 친

변방(鄙:더러울 비→몹)까지 영역(口:에울 위)을 그린 지도 그림(圖)

음 ズ, ト　　　**훈** はか

① 그림 ② 도형 ③ 계획

図形(ずけい)　도형　　図書館(としょかん)　도서관
地図(ちず)　　지도　　意図(いと)　　　　　의도

"본자(本字)는 圖이지요"

한벽 図(ず)도형 図星(ずぼし)핵심 図(はか)る도모하다 図々(ずうずう)しい
뻔뻔하다 指図(さしず)지시 合図(あいず)신호 掛(か)け図(ず)괘도

口 · 7 · N3 □□□

図
그림 도

女·13·N2 ☐☐☐

数
셈 수
셈할 수

음 スウ, ス **훈** かず, かぞ

① (수)세다 ② 몇 ③ 운명

| 数(かず) | 수 | 数(かぞ)える | 세다 |
| 数人(すうにん) | 수명 | 数年(すうねん) | 수년 |

"본자(本字)는 數이지요"

한벽 数字(すうじ)숫자 数珠(じゅず)염주 数寄屋(すきや)다실 数奇屋(すきや)다실 人数(にんずう)인원수 偶数(ぐうすう)짝수 奇数(きすう)홀수 手数(てすう)수고

산가지(爻:등글월 문→막대기)를 겹쳐서(婁:끌 누) 수를 셈 하다(數)

西·6·N5 ☐☐☐

西
서녘 서

음 セイ, サイ **훈** にし

① 서쪽 ② 서양

| 西(にし) | 서쪽 | 西洋(せいよう) | 서양 |
| 西欧(せいおう) | 서구 | 東西南北(とうざいなんぼく) | 동서남북 |

"새의 둥지를 나타내는 西로 후에 서녘으로 가차(假借)된 상형문자이며, 본자(本字)의 부수는 덮을아 襾이지요"

한벽 西暦(せいれき)서기 西日(にしひ)석양 関西(かんさい)서일본

나뭇가지로 지은 새 둥지(西)에서 후에 가차(假借)되어 서녘

士·7·N3 ☐☐☐

声
소리 성

음 セイ, ショウ **훈** こえ, こわ

① 목소리 ② 평판 ③ 소문

| 声(こえ) | 목소리 | 声楽(せいがく) | 성악 |
| 音声(おんせい) | 음성 | 名声(めいせい) | 명성 |

"본자(本字)는 聲이며, 본자의 부수는 耳이지요"

한벽 声色(こわいろ)음색 声高(こわだか)큰 목소리 大音声(だいおんじょう)큰 목소리 鳴(な)き声(ごえ)(동물)우는 소리 泣(な)き声(ごえ)(사람)우는 소리 叫(さけ)び声(ごえ)외치는 소리 涙声(なみだごえ)울먹이는 목소리

악기(声:소리 성→아악기) 두드려(殳:칠 수) 들리는(耳) 소리(聲)

日·9·N2 ☐☐☐

星
별 성

음 セイ, ショウ **훈** ほし

① 별 ② 세월 ③ 목표 ④ 승부

| 星(ほし) | 별 | 衛星(えいせい) | 위성 |
| 将星(しょうせい) | 장성 | 恒星(こうせい) | 항성 |

한벽 星座(せいざ)별자리 明星(みょうじょう)샛별 図星(ずぼし)핵심 黒星(くろぼし)검은 점, 패배 星霜(せいそう)세월 遊星(ゆうせい)유성 暁星(ぎょうせい)샛별

새싹이 피어나듯(生) 펼쳐지는 밤하늘의 성좌(日:날 일→별) 별(星)

晴

음 セイ　　**훈** は

① 개다 ② (기분)풀다

| 晴(は)れる | 개이다 | 晴天(せいてん) | 맑은 하늘 |
| 快晴(かいせい) | 쾌청 | 晴(は)らす | (기분)풀다 |

"본자(本字)는 晴이지요"

한벽쑴 晴(は)れ着(ぎ)나들이옷 見晴(みは)らし전망 五月晴(さつきば)れ화창한 5월 날씨 素晴(すば)らしい훌륭하다

日·12·N2 □□□

晴 갤 청

해(日)가 드러나는 맑은 날의 뜻과 푸를 청(青)의 음으로 맑게 개다(晴)

切

음 セツ, サイ　　**훈** き

① 자르다 ② 절실히 ③ 모든

| 切(き)る | 자르다 | 切断(せつだん) | 절단 |
| 切実(せつじつ)だ | 절실하다 | 一切(いっさい) | 일체 |

한벽쑴 切(き)れる잘리다 切符(きっぷ)표 切手(きって)우표 切(き)れ目(め)잘린 곳 切(き)っ掛(か)け계기 小切手(こぎって)수표 踏切(ふみきり)건널목 仕切(しき)り칸막이 区切(くぎ)り단락 区切(くぎ)る단락 나누다 大切(たいせつ)だ중요하다

刀·4·N3 □□□

切 끊을 절 / 온통 체

칼(刀:칼 도)로 베어 자르니(七: 일곱 칠→내리치다) 끊다(切)

雪

음 セツ　　**훈** ゆき

① 눈 ② 씻어내다

| 雪(ゆき) | 눈 | 雪国(ゆきぐに) | 설국 |
| 万年雪(まんねんゆき) | 만년설 | 雪辱(せつじょく) | 설욕 |

한벽쑴 雪崩(なだれ)눈사태 大雪(おおゆき)폭설 吹雪(ふぶき)눈보라 初雪(はつゆき)첫눈 雪渓(せっけい)만년설 산골짜기

雨·11·N2 □□□

雪 눈 설

내리는 빗줄기(雨)를 빗자루(彐: 비 혜→크)로 쓸어 담는 눈(雪)

船

음 セン　　**훈** ふね, ふな

① 배 ② 선박

| 船(ふね) | 배 | 船室(せんしつ) | 선실 |
| 造船(ぞうせん) | 조선 | 旅客船(りょかくせん) | 여객선 |

한벽쑴 船便(ふなびん)배편 船旅(ふなたび)선편 여행

舟·11·N2 □□□

船 배 선

물을 따라 굽이쳐 내려가는(㕣: 늪 연→沿:물 따라갈 연) 배(舟) 큰 배(船)

線

음 セン　　**훈** 없음

① 선 ② 경계

| 線(せん) | 선 | 線路(せんろ) | 선로 |
| 路線(ろせん) | 노선 | 水平線(すいへいせん) | 수평선 |

한벽쑴 下線(かせん)밑줄 線香(せんこう)향 緯線(いせん)위도선 垂線(すいせん)수직선 新幹線(しんかんせん)고속 철도 琴線(きんせん)거문고 줄 目線(めせん)눈길, 시선

糸·15·N2 □□□

線 줄 선

실패에 감긴 실(糸:가는 실 사)처럼 끝없이 흐르는(泉) 줄(線)

일본어 한자의 벽을 뚫어라 47

刂·9·N5 ☐☐☐

앞 전

음 ゼン　　훈 まえ

①앞 ②이전 ③할당

| 前(まえ) | 앞 | 前後(ぜんご) | 전후 |
| 以前(いぜん) | 이전 | 紀元前(きげんぜん) | 기원전 |

한벽좀 "부수 刂은 칼 도 刀로 칼등과 칼날을 세로로 세운 선칼도지요"

한벽좀 前歯(まえば)앞니 前売(まえう)り예매 前置(まえお)き서두 前払(まえばら)い선불 名前(なまえ)이름 建(た)て前(まえ)표면상 방침 腕前(うでまえ)솜씨 出前(でまえ)주문 배달 一人前(いちにんまえ)한 사람 몫 手前(てまえ)자기 앞 寸前(すんぜん)직전 板前(いたまえ)요리사 真(ま)ん前(まえ)바로 앞 錠前(じょうまえ)자물쇠

배(月→배)가 앞으로 앞서나가듯(止→발) 나눈(刂:선 칼 도) 앞(前)

糸·11·N2 ☐☐☐

짤 조

음 ソ　　훈 く, くみ

①짜다 ②조직

| 組(くみ) | 반, 한 쌍 | 組(く)む | 짜다 |
| 組織(そしき) | 조직 | 組成(そせい) | 조성 |

한벽좀 番組(ばんぐみ)프로그램 組(く)み合(あ)わせる조합하다 組(く)み立(た)てる조립하다 仕組(しく)み구조

베(糸)를 짜는 뜻과 도마 조(且: 또 차이기도 함)의 음으로 짜다(組)

走·7·N3 ☐☐☐

달릴 주

음 ソウ　　훈 はし

①달리다 ②도주

| 走(はし)る | 달리다 | 走行(そうこう) | 주행 |
| 競走(きょうそう) | 경쟁 | 逃走(とうそう) | 도주 |

한벽좀 師走(しわす, しはす)섣달, 12월 ご馳走(ちそう)진수성찬

사지(土→사람)를 휘두르며 부지런히 박차고(止→발) 달리다(走)

夕·6·N4 ☐☐☐

많을 다

음 タ　　훈 おお

①많다

| 多(おお)い | 많다 | 多数(たすう) | 다수 |
| 雑多(ざった) | 잡다 | 多用(たよう)だ | 다양하다 |

고기(肉) 위에 고기(肉)를 겹쳐 수량이 넘치니 많다(多)

大·4·N3 ☐☐☐

클 태

음 タイ, タ　　훈 ふと

①크다 ②굵다 ③제일 ④귀하다

| 太陽(たいよう) | 태양 | 太鼓(たいこ) | 큰북 |
| 太(ふと)い | 굵다 | 太古(たいこ) | 태고 |

한벽좀 太(ふと)る살찌다 太子(たいし)태자 肉太(にくぶと)굵은 글씨 太刀(たち)도검

큰 것(大)에 점(丶:점 주)을 더해 매우 심하게 크다(太)

体

음 タイ, テイ　　**훈** からだ

① 몸 ② 형태 ③ 한 덩어리

| 体(からだ) | 몸 | 体育(たいいく) | 체육 |
| 全体(ぜんたい) | 전체 | 天体(てんたい) | 천체 |

"본자(本字)는 體이며, 본자의 부수는 骨 뼈 골이지요"

한벽풍 体付(からだつ)き몸매 世間体(せけんてい)체면 体裁(ていさい)외양 体調(たいちょう)컨디션 重体(じゅうたい)중태 一体(いったい)도대체, 일체

イ・7・N3 □□□

体
몸 체

뼈(骨:뼈 골)를 포함하여 모든 (豊:풍성할 풍) 살과 장기 몸(體)

台

음 ダイ, タイ　　**훈** 없음

① 높고 평평한 곳 ② 토대 ③ ~대(기계 단위) ④ 태풍

| 台頭(たいとう) | 대두 | 舞台(ぶたい) | 무대 |
| 土台(どだい) | 토대 | 展望台(てんぼうだい) | 전망대 |

"본자(本字)는 臺이며, 본자의 부수는 至 이를 지이지요"

한벽풍 台所(だいどころ)부엌 台本(だいほん)대본 3台(さんだい)3대 台無(だいな)し영망이 됨 台風(たいふう)태풍

口・5・N3 □□□

台
대 대, 토대 대
태풍 태

높은 건축물(高)처럼 높은 곳에 이르니(至:이를 지) 대, 토대(臺)

地

음 チ, ジ　　**훈** 없음

① 땅 ② 장소 ③ 입장 ④ 천

| 地下(ちか) | 지하 | 地方(ちほう) | 지방 |
| 地位(ちい) | 지위 | 土地(とち) | 토지 |

한벽풍 地元(じもと)고장 生地(きじ)원단 布地(ぬのじ)천 意地(いじ)고집 意地悪(いじわる)だ심술궂다 下地(したじ)밑바탕 心地(ここち)기분 心地(ここち)よい상쾌하다 居心地(いごこち)거주하는 기분 乗(の)り心地(ごこち)승차감

土・6・N3 □□□

地
따 지
땅 지

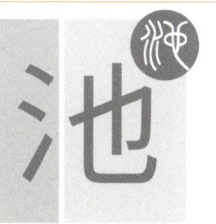

흙(土)과 물(也:어조사 야→물 주전자)이 있는 땅(地)

池

음 チ　　**훈** いけ

① 연못 ② 저장고

| 池(いけ) | 연못 | 電池(でんち) | 전지 |
| 貯水池(ちょすいち) | 저수지 | 古池(ふるいけ) | 오래된 연못 |

氵・6・N3 □□□

池
못 지

물(氵)이 흘러나오거나 담겨 있으니(也→물 주전자) 못(池)

知

음 チ　　**훈** し

① 알다 ② 알림 ③ 지혜

| 知(し)る | 알다 | 知人(ちじん) | 지인 |
| 知識(ちしき) | 지식 | 通知(つうち) | 통지 |

한벽풍 知(し)り合(あ)い지인 知(し)り合(あ)う서로 알다 承知(しょうち)알아들음 旧知(きゅうち)구면 察知(さっち)헤아려 앎 知己(ちき)지인 知見(ちけん)식견

矢・8・N3 □□□

知
알 지

화살(矢)이 나는 것처럼 거침없이 말(口)을 하니 알다(知)

茶

⺾·9·N3 ☐☐☐

음 チャ, サ　　**훈** 없음

① 차 ② 차나무 ③ 갈색

| お茶(ちゃ) | 차 | 茶道(さどう, ちゃどう) | 다도 |
| 紅茶(こうちゃ) | 홍차 | 緑茶(りょくちゃ) | 녹차 |

"본자(本字)는 茶이며, 부수는 ⺾(艸)로 1획이 더 많지요."

한벽 茶碗(ちゃわん)밥공기 茶(ちゃ)の間(ま)다실 茶(ちゃ)の湯(ゆ)다도 茶色(ちゃいろ)갈색 茶色(ちゃいろ)い갈색이다 喫茶店(きっさてん)찻집 麦茶(むぎちゃ)보리차 無茶(むちゃ)터무니없다

차나무(⺾:초두)의 뜻과 남을 여(余→佘→차)의 음으로 차(茶)

昼

日·9·N3 ☐☐☐

음 チュウ　　**훈** ひる

① 낮, 점심 ② 정오

| 昼(ひる) | 낮 | 昼御飯(ひるごはん) | 점심밥 |
| 昼間(ひるま) | 낮동안 | 昼夜(ちゅうや) | 주야 |

"본자(本字)는 晝이지요."

한벽 昼食(ちゅうしょく)중식 昼寝(ひるね)낮잠 昼飯(ひるめし)점심밥

글(聿) 공부하기에 좋은 해(日)가 뜬(一) 정오 낮(晝)

長

長·8·N5 ☐☐☐

음 チョウ　　**훈** なが

① 길다 ② 연장자 ③ 우두머리 ④ 뛰어나다

| 長(なが)い | 길다 | 長女(ちょうじょ) | 장녀 |
| 長寿(ちょうじゅ) | 장수 | 会長(かいちょう) | 회장 |

"머리를 길게 기르고 지팡이 들어 긴 것을 나타내는 상형문자이며, 부수 長은 긴 장이지요."

한벽 長所(ちょうしょ)장점 長方形(ちょうほうけい)직사각형 特長(とくちょう)특장점 長々(ながなが)장황하게 長江(ちょうこう)긴 강 塾長(じゅくちょう)사감 冗長(じょうちょう)다장황하다 八百長(やおちょう)엉터리 승부

머리를 길게 기르고 지팡이 든 노인 모습(長)을 본떠 길다

鳥

鳥·11·N3 ☐☐☐

음 チョウ　　**훈** とり

① 새

| 鳥(とり) | 새 | 小鳥(ことり) | 작은 새 |
| 鳥類(ちょうるい) | 조류 | 野鳥(やちょう) | 들새 |

"새의 깃과 머리, 몸통 모양을 나타내는 상형문자이지요."

한벽 鳥居(とりい)신사 앞 조형물 渡(わた)り鳥(どり)철새 焼(や)き鳥(とり)닭 꼬치

새의 깃과 머리, 몸통의 옆모습(鳥)을 그대로 본떠 새

朝

月·12·N3 ☐☐☐

음 チョウ　　**훈** あさ

① 아침 ② 조정

| 朝(あさ) | 아침 | 朝刊(ちょうかん) | 조간 |
| 朝夕(あさゆう) | 조석 | 王朝(おうちょう) | 왕조 |

"부수 달 월 月은 달, 개월, 시기를 나타내지요"

한벽 朝日(あさひ)아침해 今朝(けさ)오늘 아침

아직 지지 않은 달(月) 초목(⺾:초두) 사이 뜨는 해(日) 아침(朝)

바른(十) 눈(目)으로 숨은 것
(乚:숨을 은)까지 보다, 곧다(直)

음 チョク, ジキ　　**훈** ただ, なお

①곧다 ②고치다 ③순번

直線(ちょくせん)	직선	直前(ちょくぜん)	직전
直(なお)す	고치다	率直(そっちょく)だ	솔직하다

한벽쿵 直(す)ぐ바로 真(ま)っ直(す)ぐ곧장 直(なお)る고쳐지다 直(ただ)ちに즉각 正直(しょうじき)だ정직하다 当直(とうちょく)당직 仲直(なかなお)り화해 出直(でなお)し처음부터 다시 힘 やり直(なお)す다시 하다

目・8・N2 ☐☐☐

直
곧을 직

종(甬:길 용→종)의 텅 빈 속처럼 길(辶)이 뚫려 통하다(通)

음 ツウ, ツ　　**훈** とお, かよ

①통하다 ②다니다 ③알리다 ④~통(편지 단위)

通(とお)る	통하다	通知(つうち)	통지
通路(つうろ)	통로	通(かよ)う	다니다

"본자(本字)는 通이지요"

한벽쿵 通(とお)り길거리 通(とお)す통하게 하다 通(つう)じる통하다 通夜(つや)(장례식)밤샘 一通(いっつう)1통 文通(ぶんつう)펜팔 中国通(ちゅうごくつう)중국 전문가 一通(ひととお)り대강 人通(ひとどお)り왕래 見通(みとお)し전망 大通(おおどお)り큰 거리 風通(かぜとお)し통풍

辶・10・N3 ☐☐☐

通
통할 통

나무토막에 줄을 감고 노는 모습(弟)을 빗대어 순번이 아래인 아우

음 テイ, ダイ, デ　　**훈** おとうと

①남동생 ②제자

弟(おとうと)	남동생	兄弟(きょうだい)	형제, 남매
弟子(でし)	제자	師弟(してい)	사제

弓・7・N3 ☐☐☐

弟
아우 제

저자를 차지하고(占:점칠 점) 자리한 집(广:집 엄) 가게(店)

음 テン　　**훈** みせ

①가게 ②점포

店(みせ)	가게	店員(てんいん)	점원
店長(てんちょう)	점장	書店(しょてん)	서점

"한쪽에만 기둥을 세운 가게의 모양을 나타내는 상형문자이지요"

한벽쿵 店頭(てんとう)점포 앞 店先(みせさき)가게앞 喫茶店(きっさてん)찻집 店屋(みせや)상점

广・8・N5 ☐☐☐

店
가게 점

얼룩덜룩(黑:검을 흑) 거북 배딱지(占:점칠 점)에 드러나는 점(點)

음 テン　　**훈** 없음

①점, 표시 ②문제점 ③점수 ④(불)붙이다

点(てん)	점	点線(てんせん)	점선
点火(てんか)	점화	採点(さいてん)	채점

"본자(本字)는 點이며, 부수 灬은 불 화 火를 나타내며, 부수명은 연화 발이지요"

한벽쿵 点々(てんてん)점점 句点(くてん)마침표 読点(とうてん)쉼표 句読点(くとうてん)구두점 氷点下(ひょうてんか)영하 合点(がってん)수긍

灬・9・N2 ☐☐☐

点
점 점

雨・13・N5 □□□

電
번개 전

- 음 デン
- 훈 없음

① 전기 ② 전철

電気(でんき)	전기	電子(でんし)	전자
発電(はつでん)	발전	家電(かでん)	가전

한벽亨 電柱(でんちゅう)전신주 電卓(でんたく)전자계산기 電鈴(でんれい)초인종 終電(しゅうでん)막차 懐中電灯(かいちゅうでんとう)손전등

비(雨)가 내리는 가운데 번쩍 내리치는(申:펼 신) 번개(電)

刀・2・N1 □□□

刀
칼 도

- 음 トウ
- 훈 かたな

① 칼 ② 검

刀(かたな) 칼　刀剣(とうけん) 도검　日本刀(にほんとう) 일본도

"칼자루와 칼등과 칼날인 칼의 모양을 나타내는 상형문자이지요."

한벽亨 太刀(たち)도검 竹刀(しない)죽도 太刀魚(たちうお)갈치 剃刀(かみそり)면도칼 小刀(こがたな)작은 칼

윗부분인 칼자루와 칼등과 칼날의 모양(刀)을 본뜬 칼

夂・5・N3 □□□

冬
겨울 동

- 음 トウ
- 훈 ふゆ

① 겨울

冬(ふゆ)	겨울	冬季(とうき)	동계
冬眠(とうみん)	동면	春夏秋冬(しゅんかしゅうとう)	춘하추동

"본자(本字)의 부수는 얼 동, 이수변 冫이지요."

한벽亨 真冬(まふゆ)한겨울

세밑(夂:뒤져올 치→연말)에 추위(冫:얼음 빙)로 마무리하는 겨울(冬)

⺌・6・N2 □□□

当
마땅 당

- 음 トウ
- 훈 あ

① 들어맞다 ② 지금 ③ 겸양

当(あ)たる	들어맞다	当番(とうばん)	당번
当日(とうじつ)	당일	当選(とうせん)	당선

"부수 ⺌는 작을 소 小의 다른 형태이며, 본자(本字)는 當, 본자의 부수는 田이지요."

한벽亨 当(あ)てる맞히다 当社(とうしゃ)저희 회사 当人(とうにん)당사자 見当(けんとう)어림짐작 本当(ほんとう)사실 弁当(べんとう)도시락 日当(ひあ)たり채광 手当(てあて)수당,처치

균형 잡힘(田→대등하다) 뜻과 오히려 상(尚→당)의 음으로 마땅하다(當)

木・8・N2 □□□

東
동녘 동

- 음 トウ
- 훈 ひがし

① 동쪽 ② 동양

東(ひがし)	동쪽	東京(とうきょう)	동경
東洋(とうよう)	동양	東北(とうほく)	동북

"나무에 매단 봇짐을 나타낸 상형문자에서 가차(假借)되어 동녘 이지요."

한벽亨 東側(ひがしがわ)동쪽 関東(かんとう)동일본 東欧(とうおう)동유럽

위아래를 묶은 보자기 모양(東)을 본뜬 봇짐이었다가 후에 동쪽, 동녘

음 トウ	훈 こた

①대답 ②(문제)풀다

| 答(こた)え | 대답 | 答(こた)える | 대답하다 |
| 答案(とうあん) | 답안 | 解答(かいとう) | 해답 |

한벽突 問答(もんどう)문답 返答(へんとう)응답

竹·12·N3 ☐☐☐

答
대답 답

죽간(⺮:대죽머리→竹)으로 편지를 주고 그것에 맞추니(合) 대답(答)

음 トウ, ズ, ト	훈 あたま, かしら

①머리 ②우두머리 ③근처 ④~마리(큰 동물 단위)

| 頭(あたま) | 머리 | 頭痛(ずつう) | 두통 |
| 頭脳(ずのう) | 두뇌 | 先頭(せんとう) | 선두 |

한벽突 音頭(おんど)선창 頭(かしら)우두머리 頭文字(かしらもじ)머리글자 店頭(てんとう)점포 앞 毛頭(もうとう)조금도 巻頭(かんとう)권두

頁·16·N3 ☐☐☐

頭
머리 두

드높은 곳(頁) 제기 그릇(豆:콩 두→제기 그릇)으로 정수리 머리(頭)

음 ドウ	훈 おな

①같다 ②함께

| 同(おな)じだ | 같다 | 同時(どうじ) | 동시 |
| 同一(どういつ) | 동일 | 共同(きょうどう) | 공동 |

한벽突 同(おな)じ年(とし)동갑 ~同士(どうし)~끼리 同様(どうよう)だ마찬가지이다

口·6·N3 ☐☐☐

同
한가지 동, 같을 동

무릇 모두(凡:무릇 범) 같은 이야기(口)를 하니 한가지(同)

음 ドウ, トウ	훈 みち

①길 ②정도 ③방법 ④종교

| 道(みち) | 길 | 道徳(どうとく) | 도덕 |
| 道具(どうぐ) | 도구 | 茶道(さどう, ちゃどう) | 다도 |

"본자(本字)는 道이지요"

한벽突 道順(みちじゅん)길 순서 道端(みちばた)길가 道理(どうり)で어쩐지 書道(しょどう)서예 神道(しんとう)일본 고유 종교 歩道(ほどう)인도 歩道橋(ほどうきょう)육교 近道(ちかみち)지름길 回(まわ)り道(みち)우회로

·12·N5 ☐☐☐

道
길 도

정신(首:머리 수) 차려 바르게 가는(辶) 길(道)

음 ドク, トク, トウ	훈 よ

①읽다 ②낭독

| 読(よ)む | 읽다 | 読書(どくしょ) | 독서 |
| 読者(どくしゃ) | 독자 | 朗読(ろうどく) | 낭독 |

"본자(本字)는 讀이지요"

한벽突 読解(どっかい)독해 読本(とくほん)독본 読経(どきょう)독경 読点(とうてん)쉼표 句読点(くとうてん)구두점

言·14·N4 ☐☐☐

読
읽을 독

물건을 팔기(賣:팔 매) 위해 중얼중얼 읊고(言) 읽다(讀)

冂·4·N2 □□□

안 내

음 ナイ, ダイ　　**훈** うち

① 안 ② 속

| 内(うち) | 안 | 内側(うちがわ) | 안쪽 |
| 内部(ないぶ) | 내부 | 室内(しつない) | 실내 |

"본자(本字)는 內이며, 본자의 부수는 入이지요"

한벽書 内緒(ないしょ)비밀 内気(うちき)だ내성적이다 家内(かない)아내 境内(けいだい)(사찰)경내 屋内(おくない)실내 宮内庁(くないちょう)왕실 사무관청 身内(みうち)가족과 친척

집(冂:멀 경→가옥)에 들어가듯(入) 안으로 드는 안(內)

十·9·N5 □□□

남녘 남

음 ナン, ナ　　**훈** みなみ

① 남쪽

| 南(みなみ) | 남쪽 | 南側(みなみがわ) | 남쪽 |
| 南国(なんごく) | 남국 | 南北(なんぼく) | 남북 |

"악기 종 모양을 나타내는 상형문자에서 가차(假借)되어 남녘이지요"

한벽書 南無(なむ)나무(불교)

악기로 사용하던 종(南)에서 후에 가차(假借)되어 남녘

肉·6·N3 □□□

고기 육

음 ニク　　**훈** 없음

① 고기 ② 과육 ③ 몸

| 肉(にく) | 고기 | 肉類(にくるい) | 육류 |
| 果肉(かにく) | 과육 | 肉親(にくしん) | 육신 |

"고깃덩어리에 칼집을 내 저민 고기 모양을 나타내는 상형문자이지요"

한벽書 肉屋(にくや)정육점 肉太(にくぶと)굵은 글씨 牛肉(ぎゅうにく)소고기 鶏肉(とりにく)닭고기 豚肉(ぶたにく)돼지고기 焼(や)き肉(にく)불고기 皮肉(ひにく)얄궂다, 빈정거리다

고깃덩어리에 칼집을 내 저민 모양(肉)을 그대로 본떠 고기

馬·10·N2 □□□

말 마

음 バ　　**훈** うま, ま

① 말

| 馬(うま) | 말 | 馬車(ばしゃ) | 마차 |
| 乗馬(じょうば) | 승마 | 競馬(けいば) | 경마 |

"말의 모양을 나타내는 상형문자이지요"

한벽書 子馬(こうま)망아지 馬子(まご)마부 荷馬(にうま)짐말 駄馬(だば)짐말 匹馬(ひつば)한 필의 말 馬鹿(ばか)바보 馬鹿(ばか)だ어리석다 馬鹿馬鹿(ばかばか)しい매우 어리석다 馬鹿(ばか)らしい어리석다

말의 긴 얼굴과 갈기, 몸통, 네 발 모습(馬)을 본떠 말

売

사들인 물건을(買:살 매) 값을 받고 넘기려고 내놓으니(出→士) 팔다(賣)

음 バイ　　**훈** う

① 팔다　② 유명

売(う)る　　팔다　　売店(ばいてん)　매점
売買(ばいばい)　매매　　販売(はんばい)　판매

"본자(本字)는 賣이지요"

한벽 売(う)れる잘 팔리다 売(う)り上(あ)げ매상 売(う)れ行(ゆ)き팔림새 売(う)り切(き)れ매진 売(う)り切(き)れる매진되다 売(う)り出(だ)し발매 売(う)れっ子(こ)인기인 商売(しょうばい)장사 特売(とくばい)특별판매 小売(こう)り소매

士・7・N3 □□□

팔 매

買

재물(貝:조개 패→화폐)을 그물(罒→网:그물 망)에 담아 사다(買)

음 バイ　　**훈** か

① 사다

買(か)う　　사다　　買(か)い物(もの)　장보기
売買(ばいばい)　매매　　購買(こうばい)　구매

貝・12・N5 □□□

買
살 매

麦

곧은 줄기와 잎사귀, 꼿꼿한 이삭 모양(麥)을 본떠 보리

음 バク　　**훈** むぎ

① 보리

麦(むぎ)　　보리　　麦茶(むぎちゃ)　보리차
麦芽(ばくが)　맥아　　小麦(こむぎ)　밀

"보리의 모양을 나타내는 상형문자이고, 본자(本字)는 麥이며, 본자의 부수는 麥이지요"

麦・7・N2 □□□

麦
보리 맥

半

소(牛)를 정확히 양분하듯(八) 가르니 반(半)

음 ハン　　**훈** なか

① 반　② 어중간　③ 대체로

半(はん)　　반　　半年(はんとし, はんねん)　반년
半島(はんとう)　반도　　半径(はんけい)　반경

"본자(本字)는 半이지요"

한벽 半分(はんぶん)절반 半(なか)ば중반 半端(はんぱ)어중간하다
中途半端(ちゅうとはんぱ)어중간하다 大半(たいはん)대부분

十・5・N5 □□□

半
반 반

番

밭(田)에 난 발자국(禾:분별할 변→짐승 발자국)으로 오고 간 순서를 아니 차례(番)

음 バン　　**훈** 없음

① 차례　② 당번　③ 망보다

番号(ばんごう)　번호　　一番(いちばん)　1번, 가장
当番(とうばん)　당번　　順番(じゅんばん)　순서

한벽 番組(ばんぐみ)TV프로그램 番犬(ばんけん)집 지키는 개 交番(こうばん)파출소 留守番(るすばん)부재중 집을 지킴 春一番(はるいちばん)꽃샘추위

田・12・N2 □□□

차례 번

父 · 4 · N4 □□□

아비 부

음 フ　　　**훈** ちち

① 아버지

| 父(ちち) | 아버지 | お父(とう)さん | 아버지 |
| 父親(ちちおや) | 부친 | 父母(ふぼ) | 부모 |

"도끼를 들고 진두지휘하는 아버지 모습을 나타내는 상형문자이지요"

한벽동 父兄(ふけい)학부형 祖父(そふ)할아버지 伯父(おじ)백부 叔父(おじ)숙부 岳父(がくふ)장인

도끼를 손(又:또 우→손)에 들고 진두지휘하는 아비(父)

風 · 9 · N3 □□□

바람 풍

음 フウ, フ　　　**훈** かぜ, かざ

① 바람 ② 풍조 ③ 취향 ④ 소문

| 風(かぜ) | 감기 | 風力(ふうりょく) | 풍력 |
| 風習(ふうしゅう) | 풍습 | 風潮(ふうちょう) | 풍조 |

"봉황의 날갯짓과 돛을 나타내어 추상적인 바람을 나타내는 상형문자이지요"

한벽동 風邪(かぜ)감기 お風呂(ふろ)목욕, 욕탕 風呂敷(ふろしき)보자기 風通(かぜとお)し통풍 風刺(ふうし)풍자 風車(かざぐるま)팔랑개비 風情(ふぜい)운치 昔風(むかしふう)고풍 洋風(ようふう)서양풍 和風(わふう)일본식 貿易風(ぼうえきふう)무역풍

봉황 날갯짓에서 바람에 민감한 돛(凡:무릇 범)과 벌레(虫)로 바람(風)

刀 · 4 · N5 □□□

나눌 분

음 ブン, フン, ブ　　　**훈** わ

① 나누다 ② 분량 ③ ~분 ④ 비율 단위

| 分(わ)かる | 알다 | 分量(ぶんりょう) | 분량 |
| 当分(とうぶん) | 당분간 | 五分(ごふん) | 5분 |

사물을 등분(八) 나누어 반듯하게 잘라(刀:칼 도) 나누다(分)

한벽동

分(わ)ける	나누다	分(わ)かれる	갈라지다	申(もう)し分(ぶん)	더할 나위, 할 말
分(わ)かつ	가르다	自分(じぶん)	자신	使(つか)い分(わ)け	사용 구분
半分(はんぶん)	절반	十分(じゅうぶん)	충분	何分(なにぶん)	아무쪼록
充分(じゅうぶん)	충분	親分(おやぶん)	우두머리	三分(さんぶん)の一(いち)	$\frac{1}{3}$
子分(こぶん)	부하	八分(はちぶ)	8할	十分(じゅっぷん, じっぷん)	10분
手分(てわ)け	분담				

耳 · 14 · N5 □□□

들을 문

음 ブン, モン　　　**훈** き

① 듣다 ② 평판, 소문

| 聞(き)く | 듣다 | 聞(き)こえる | 들리다 |
| 見聞(けんぶん) | 견문 | 新聞(しんぶん) | 신문 |

한벽동 聞(き)き取(と)り청취

문(門:문 문)을 통해 들려오는 소리를 귀(耳)로 듣다(聞)

벼의 이삭과 낟알 달린 모양 (米)을 그대로 본떠 쌀

음 ベイ, マイ　　**훈** こめ

① 쌀 ② 미국

| 米(こめ) | 쌀 | 白米(はくまい) | 백미 |
| 玄米(げんまい) | 현미 | 精米(せいまい) | 정미 |

"벼의 이삭과 낟알 달린 쌀 모양을 나타내는 상형문자이지요"

한벽을 米国(べいこく)미국 日米(にちべい)미일 渡米(とべい)도미 米俵(こめだわら)쌀가마니

米·6·N2 □□□

쌀 미

왼발(止) 오른발(止) 한 발자국씩 나아가니 걷다(步)

음 ホ, ブ, フ　　**훈** ある, あゆ

① 걸음 ② 걷다 ③ 비율

| 歩(ある)く | 걷다 | 歩幅(ほはば) | 보폭 |
| 徒歩(とほ) | 도보 | 散歩(さんぽ) | 산책 |

"본자(本字)는 步이지요"

한벽을 歩合(ぶあい)비율 歩道(ほどう)인도 歩道橋(ほどうきょう)육교 歩(ふ)장기 말(졸) 歩(あゆ)む(추상적)걷다

止·8·N3 □□□

걸음 보

다소곳이 앉아 가슴을 내밀어 (母) 아이를 양육하는 어미

음 ボ　　**훈** はは

① 어머니 ② 근원 ③ 모국

| 母(はは) | 어머니 | 母親(ははおや) | 모친 |
| 母国(ぼこく) | 모국 | 祖母(そぼ) | 할머니 |

"아이를 양육하는 어미의 모양을 나타내는 상형문자이며, 본자(本字)의 부수는 毋 말무이지요"

한벽을 お母(かあ)さん어머니 伯母(おば)백모 叔母(おば)숙모 乳母(うば)유모 母家(おもや)안채 母屋(おもや)안채

母·4·N3 □□□

어미 모

소가 끄는 쟁기(方)를 맞추니 모, 방향

음 ホウ　　**훈** かた

① 방향 ② 방법 ③ 사각형 ④ 분

| 方法(ほうほう) | 방법 | 方向(ほうこう) | 방향 |
| 方式(ほうしき) | 방식 | 地方(ちほう) | 지방 |

"소가 끄는 쟁기를 맞추는 방향을 나타내는 상형문자이지요"

한벽을 方(ほう)쪽, 편 方(かた)분 方角(ほうがく)방향 方々(かたがた)분들 一方(いっぽう)한편 両方(りょうほう)양쪽 行方(ゆくえ)행방 味方(みかた)아군 外方(そっぽ)딴 쪽 他方(たほう)다른 한편 遠方(えんぽう)먼곳 目方(めかた)무게 正方形(せいほうけい)정사각형 長方形(ちょうほうけい)직사각형 大方(おおかた)대체로

方·4·N3 □□□

모 방

北

ヒ・5・N5 □□□

북녘 북
달아날 배

음 ホク　　　　**훈** きた

①북쪽 ②달아나다

北(きた) 　 북　　北緯(ほくい) 　 북위
東北(とうほく)　동북　　敗北(はいぼく)　패배

"등을 맞대고 선 두 사람 모습을 나타내는 상형문자이지요"

한벽 北欧(ほくおう)북유럽

두 사람(ㅑ+匕)이 등 뒤를 맞대고 다른 쪽을 바라보니 북녘(北)

毎

母・6・N5 □□□

매양 매

음 マイ　　　　**훈** 없음

①매번

毎日(まいにち)　매일　　毎朝(まいあさ)　매일아침
毎年(まいねん, まいとし)　매년　　毎月(まいげつ, まいつき)　매월

"본자(本字)는 毎이지요"

한벽 毎度(まいど)매번

비녀(ㄧ)를 꽂은 결혼한 여자(母)는 한결같이 늘, 매양(毎)

妹

女・8・N3 □□□

누이 매
손아래 누이 매

음 マイ　　　　**훈** いもうと

①여동생

妹(いもうと) 　 여동생　　妹(いもうと)さん 여동생분
姉妹(しまい)　자매

한벽 弟妹(ていまい)남동생과 여동생

아직은 미숙(未: 아닐 미)한 손 아랫누이(女) 누이(妹)

万

一・3・N5 □□□

일만 만

음 マン, バン　　　　**훈** 없음

①10000, 1만 ②무수하다 ③모두

一万(いちまん)　만　　万国(ばんこく)　만국
万年雪(まんねんゆき)　만년설　　万全(ばんぜん)　만전

"본자(本字)는 萬이며, 본자의 부수는 초두머리 ⺿이지요"

전갈의 모양(⺿+禹: 긴꼬리원숭이 우)에서 후에 가차(假借)되어 일만(萬)

明

日・8・N3 □□□

밝을 명

음 メイ, ミョウ　　　　**훈** あ, あか, あき

①밝다 ②명백 ③현명 ④다음

明(あか)るい　밝다　　明示(めいじ)　명시
明暗(めいあん)　명암　　賢明(けんめい)だ현명하다

한벽 明(あ)くる~다음~ 明日(あした, あす, みょうにち)내일 明後日(あさって, みょうごにち)모레 明星(みょうじょう)샛별 夜明(よあ)け동틀녘 明(あ)け方(がた)새벽 明明後日(しあさって)글피 明(あ)かり밝은 빛 明(あ)ける(날)새다 明(あき)らかだ분명하다 明(あか)らむ불그스름해지다 明(あ)く열리다 明(あ)かす밝히다

해(日)와 달(月)을 모두 더해 명료하니 밝다(明)

수탉(鳥)의 울음소리(口)를 빗대어 울다(鳴)

음 メイ　　**훈** な

① 울다 ② 울리다

悲鳴(ひめい)　비명　　耳鳴(みみな)り　이명
鳴(な)る　울리다　　鳴(な)き声(ごえ)　(동물)우는 소리

한벽송 鳴(な)く(동물)울다 鳴(な)らす울리다

鳥·14·N2 ☐☐☐

울 명

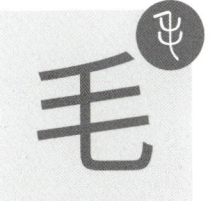
굵을 긴 털과 짧은 깃털 모양(毛)을 본떠 동물의 터럭, 털

음 モウ　　**훈** け

① 털 ② 세밀 ③ (작물)맺다

毛(け)　털　　毛布(もうふ)　모포, 담요
毛皮(けがわ)　모피　　不毛(ふもう)　불모

"굵을 긴 털과 짧은 깃털인 터럭, 털의 모양을 나타내는 상형문자이지요"

한벽송 毛糸(けいと)털실 毛頭(もうとう)조금도 羽毛(うもう)깃털
髪(かみ)の毛(け)머리카락 縮(ちぢ)れ毛(げ)곱슬머리

毛·4·N2 ☐☐☐

터럭 모
털 모

양쪽 기둥에 각기 한 짝씩 달아 출입하는 대문(門) 문

음 モン　　**훈** かど

① 문 ② 분야 ③ 문하생 ④ 가문

門(もん)　문　　専門(せんもん)　전문
家門(かもん)　가문　　門閥(もんばつ)　문벌

"양쪽 기둥에 단 대문의 모양을 나타내는 상형문자이지요"

한벽송 門(かど)문 門人(もんじん)문하생 門出(かどで)집 떠남 門松(かどまつ)소나무 대나무 장식물 門限(もんげん)통금시간 門扉(もんぴ)문짝 楼門(ろうもん)누각

門·8·N3 ☐☐☐

문 문

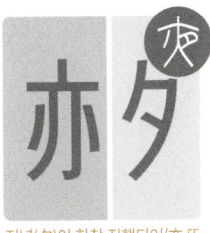
저녁(夕)이 한창 진행되어(亦:또 역→겨드랑이) 깜깜한 밤(夜)

음 ヤ　　**훈** よ, よる

① 밤

夜(よる)　밤　　夜間(やかん)　야간
深夜(しんや)　심야　　昼夜(ちゅうや)　주야

한벽송 夜中(よなか)밤중 夜更(よふ)け한밤 夜更(よふ)かし밤샘 夜具(やぐ)침구 夜明(よあ)け새벽 今夜(こんや)오늘밤 真夜中(まよなか)한밤중
昨夜(ゆうべ)어젯밤 日夜(にちや)주야 真夜中(まよなか)한밤중

夕·8·N3 ☐☐☐

밤 야

마을(里)의 뜻과 나 여(予→야)의 음으로 들(野)

음 ヤ　　**훈** の

① 들 ② 민간 ③ 범위

野(の)　들　　野球(やきゅう)　야구
野党(やとう)　야당　　視野(しや)　시야

한벽송 野原(のはら)들판 野良(のら)들 野良猫(のらねこ)길고양이
野郎(やろう)녀석 野菊(のぎく)들국화 野猿(やえん)야생 원숭이

里·11·N3 ☐☐☐

들 야

又·4·N5 ☐☐☐

벗 우

음 ユウ　　　　**훈** とも

①벗, 친구 ②우애

| 友(とも) | 벗 | 友情(ゆうじょう) | 우정 |
| 友好(ゆうこう) | 우호 | 級友(きゅうゆう) | 급우 |

한벽 友達(ともだち)친구 友人(ゆうじん)친구 親友(しんゆう)친한 친구 盟友(めいゆう)동지 旧友(きゅうゆう)옛친구 僚友(りょうゆう)동료

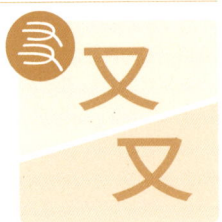
사이 좋게 나란히 두 손(又:또 우→손)을 맞잡고 있는 벗(友)

用·5·N3 ☐☐☐

쓸 용

음 ヨウ　　　　**훈** もち

①사용하다 ②작용 ③일

| 用途(ようと) | 용도 | 活用(かつよう) | 활용 |
| 作用(さよう) | 작용 | 用(もち)いる | 사용하다 |

"나무통 모양으로 쓰는 것을 나타내는 상형문자이지요"

한벽 用事(ようじ)볼일 用心(ようじん)조심 用意(ようい)준비 不用意(ふようい)다부주의하다 器用(きよう)다손재주 있다

나무로 만든 통의 모양(用)을 빗대어 부리고 쓰다

日·18·N3 ☐☐☐

빛날 요

음 ヨウ　　　　**훈** 없음

①요일

| 曜日(ようび) | 요일 | 月曜日(げつようび) | 월요일 |
| 日曜(にちよう) | 일요 | 何曜日(なんようび) | 무슨 요일 |

"본자(本字)는 曜이지요"

밝은 해(日)의 뜻과 꿩 적(翟→요)의 음으로 빛나다(曜)

木·7·N5 ☐☐☐

올 래(내)

음 ライ　　　　**훈** く, きた

①오다 ②지금까지 ③앞으로

| 来(く)る | 오다 | 来年(らいねん) | 내년 |
| 従来(じゅうらい) | 종래 | 未来(みらい) | 미래 |

"본자(本字)는 來이지요"

한벽 来日(らいにち)방일 来場(らいじょう)내방 来(きた)る~오는~ 家来(けらい)가신 出来事(できごと)사건 再来年(さらいねん)내후년 再来月(さらいげつ)다다음 달 再来週(さらいしゅう)다다음 주 出来(でき)る가능하다 出来上(できあ)がる완성되다

단단한 보리 줄기 모양(來)에서 후에 가차(假借)되어 오다

里·7·N1 ☐☐☐

마을 리(이)

음 リ　　　　**훈** さと

①고향 ②도정

| 里(さと) | 촌락 | 古里(ふるさと) | 고향 |
| 郷里(きょうり) | 향리 | 里程(りてい) | 이정 |

"농작지가 있는 마을 모양을 나타내는 상형문자이지요"

농작지(田)와 흙(土)이 있는 일정 구역의 마을(里)

理

音 リ　　훈 없음

①이유 ②다스리다 ③이과

理由(りゆう)　이유　　理事(りじ)　이사
理系(りけい)　이과계　修理(しゅうり)　수리

한벽돌 理屈(りくつ)도리, 이치 道理(どうり)で어쩐지

玉·11·N3 □□□

理

다스릴 리(이)

구슬(玉)을 다듬는 뜻과 마을 리(里)의 음으로 다스리다(理)

話

音 ワ　　훈 はな

①이야기 ②이야기하다

会話(かいわ)　회화　　話題(わだい)　화제
話(はなし)　이야기　話(はな)す　이야기하다

한벽돌 話(はな)し合(あ)い의논 世話(せわ)신세, 돌봄 笑(わら)い話(ばなし)우스개

言·13·N5 □□□

話

말씀 화

말(言)을 잘 맺고 끊어(舌:막을 괄→舌:혀 설) 이야기, 말씀(話)

3/학/년/교/육/한/자

惡

音 アク, オ　　훈 わる

①나쁘다 ②악 ③싫다 ④미워하다

悪(わる)い　나쁘다　悪人(あくにん)　악인
嫌悪(けんお)　혐오　憎悪(ぞうお)　증오

"본자(本字)는 惡이지요"

한벽돌 悪口(わるくち)욕 悪者(わるもの)악인 悪戯(いたずら)장난 悪気(わるぎ)악의 悪寒(おかん)오한 好悪(こうお)호불호 良(よ)し悪(あ)し선악 決(き)まり悪(わる)い 쑥스럽다

心·11·N3 □□□

悪

악할 악
미워할 오

사면이 막힌 집(亞:버금 아→요새) 안의 닫힌 마음(心) 악하다(惡)

安

音 アン　　훈 やす

①편안 ②간단 ③싸다

安心(あんしん)　안심　平安(へいあん)　평안
安(やす)い　싸다　安(やす)らぐ　평온해지다

"부수 집 면 宀은 주거, 사는 공간을 나타내지요"

한벽돌 安売(やすう)り염매 安値(やすね)염가 格安(かくやす)대폭 할인 目安(めやす)목표 円安(えんやす)엔저

宀·6·N4 □□□

安

편안 안

집 안(宀:집 면)에 여자(女)가 머물러 편안하다(安)

暗

音 アン　　훈 くら

①어둡다 ②암흑 ③조용히 ④둔하다

暗(くら)い　어둡다　明暗(めいあん)　명암
暗記(あんき)　암기　暗算(あんざん)　암산

한벽돌 薄暗(うすぐら)い어두컴컴하다 暗愚(あんぐ)바보 真(ま)っ暗(くら)だ깜깜하다 無暗(むやみ)に무턱대고

日·13·N3 □□□

暗

어두울 암

빛(日)이 없고 소리(音)만 들리니 어둡다(暗)

医

匚・7・N3

의원 의

음 イ　　**훈** 없음

①의원 ②의사

| 医師(いし) | 의사 | 医学(いがく) | 의학 |
| 外科医(げかい) | 외과의사 | 歯科医(しかい) | 치과의사 |

"부수는 匚은 상자 방으로 튼입구몸이라고도 하며, 본자(本字)는 醫로, 본자의 부수는 酉이지요"

한벽着 医者(いしゃ)의사 歯医者(はいしゃ)치과(의사) 漢方医(かんぽうい)한의사

앓는(殳:앓는 소리 예) 사람을 소독(酉:닭 유→술)하는 의원(醫)

委

女・8・N2

맡길 위

음 イ　　**훈** ゆだ

①맡기다 ②자세

| 委員(いいん) | 위원 | 委任(いにん) | 위임 |
| 委託(いたく) | 위탁 | 委(ゆだ)ねる | 위임하다 |

한벽着 委細(いさい)상세한 내용

농작물(禾:벼 화) 관리를 여자(女)에게 전담하여 맡기다(委)

意

心・13・N3

뜻 의

음 イ　　**훈** 없음

①의미 ②뜻 ③생각

| 意味(いみ) | 의미 | 意見(いけん) | 의견 |
| 意外(いがい) | 의외 | 決意(けつい) | 결의 |

한벽着 意地(いじ)고집 意気込(いきご)む분발하다 意地悪(いじわる)だ심술궂다
用意(ようい)준비 有意義(ゆういぎ)だ값지다 得意(とくい)だ능숙하다

마음(心:마음 심)의 소리(音)가 울려 퍼지는 생각, 뜻(意)

育

月・8・N2

기를 육

음 イク　　**훈** そだ, はぐく

①기르다 ②자라다

| 育成(いくせい) | 육성 | 教育(きょういく) | 교육 |
| 育(そだ)てる | 기르다 | 育(そだ)つ | 자라다 |

"부수 月는 고기 肉을 나타내며 육달월이지요"

한벽着 育(はぐく)む키우다

아이가 잉태되는 모습(子)과 몸(月:육달월→육체)으로 기르다(育)

員

口・10・N3

인원 원
관원 원

음 イン　　**훈** 없음

①수 ②인원

| 員数(いんすう) | 인원수 | 社員(しゃいん) | 사원 |
| 定員(ていいん) | 정원 | 満員(まんいん) | 만원 |

솥(貝→鼎:솥 정) 위에 둥근 것(口)에서 후에 가차(假借)되어 인원(員)

언덕(阝→阜:언덕 부) 위에 제대로(完) 잘 지은 집(院)

음 イン　　　**훈** 없음

①주요 건물 ②사원

院長(いんちょう)　원장　　病院(びょういん)　병원
寺院(じいん)　사원　　棋院(きいん)　기원

"왼쪽에 위치하는 부수 阝는 언덕 부 阜로 좌부방이지요"

阝·10·N3 ☐☐☐

院
집 원

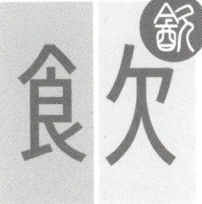

입을 크게 벌리고(欠:하품 흠) 마실 것을 마시다(飮)

음 イン　　　**훈** の

①마시다 ②삼키다

飲食(いんしょく)　음식　　飲用(いんよう)　음용
飲(の)む　마시다　　飲(の)み物(もの)　음료수

"부수 食은 밥 식 食으로 밥식변이며, 본자(本字)는 飮이지요"
"소전체에서는 왼편에 먹을 식이 아닌 닭 유 酉로 표기했었지요"

食·12·N4 ☐☐☐

飲
마실 음

군대(軍)가 짐을 꾸려 옮기니 (辶) 나르다(運)

음 ウン　　　**훈** はこ

①옮기다 ②움직이다 ③운

運転(うんてん)　운전　　運動(うんどう)　운동
運(はこ)ぶ　옮기다　　運命(うんめい)　운명

"본자(本字)는 運이지요"

辶·12·N3 ☐☐☐

運
옮길 운
나를 운

물(氵)에서 오랫동안(永) 자맥질하니 헤엄치다(泳)

음 エイ　　　**훈** およ

①헤엄 ②수영

泳(およ)ぐ　헤엄치다　　水泳(すいえい)　수영
背泳(はいえい)　배영　　遊泳(ゆうえい)　유영

氵·8·N2 ☐☐☐

泳
헤엄칠 영

파발(睪:엿볼 역→감시하며 공문 보냄) 시에 말(馬)을 갈아타는 장소 역(驛)

음 エキ　　　**훈** 없음

①역 ②정류장

駅(えき)　역　　駅前(えきまえ)　역전
駅員(えきいん)　역원　　駅名(えきめい)　역명

"본자(本字)는 驛이지요"

한벽톡 駅弁(えきべん)역 도시락

馬·14·N4 ☐☐☐

駅
역 역

일본어 한자의 벽을 뚫어라 **63**

大・5・N2 ☐☐☐

央
가운데 앙

음 オウ　　**훈** 없음

① 가운데 ② 중심

中央(ちゅうおう) 중앙　震央(しんおう) 진앙

사람(大) 머리에 형틀(冂:멀 경→형틀)을 씌우니 가운데(央)

木・15・N2 ☐☐☐

横
가로 횡

음 オウ　　**훈** よこ

① 가로 ② 제멋대로

横(よこ) 가로, 옆　横断(おうだん) 횡단
横行(おうこう) 횡행　縦横(じゅうおう) 종횡

"본자(本字)는 橫이지요."

한벽서 横綱(よこづな)스모 최고 등급 横文字(よこもじ)외래어 横書(よこが)き가로쓰기 横切(よこぎ)る가로지르다

가로로 끼운 빗장(木)의 뜻과 누를 황(黃→횡)의 음으로 가로(横)

尸・9・N3 ☐☐☐

屋
집 옥

음 オク　　**훈** や

① 집 ② 가게

家屋(かおく) 가옥　屋上(おくじょう) 옥상
屋外(おくがい) 옥외　屋内(おくない) 실내

"부수 尸는 주검시로 무릎 굽혀 누운 주검, 또는 단순히 굽은 모양을 나타내기도 하지요"

한벽서 屋根(やね)지붕 屋敷(やしき)저택 本屋(ほんや)책방 薬屋(くすりや)약국 肉屋(にくや)정육점 八百屋(やおや)채소가게 問屋(とんや)도매상 店屋(みせや)상점 居酒屋(いざかや)민속주점 酒屋(さかや)주류판매점

사람이 누워(尸:주검 시→누운 사람) 머무는(至) 집(屋)

氵・12・N2 ☐☐☐

温
따뜻할 온

음 オン　　**훈** あたた

① 따뜻하다 ② 온기 ③ 온화 ④ 중요시

温(あたた)かい 따뜻하다　温度(おんど) 온도
温泉(おんせん) 온천　気温(きおん) 기온

"본자(本字)는 溫이지요."

한벽서 温存(おんぞん)소중히 보존 温(あたた)める데우다 温(あたた)まる데워지다 温(あたた)かだ따뜻하다 生温(なまぬる)い미온적이다

증기(氵) 이는 욕조(皿)에 몸을(囚:가둘 수→사람) 넣으니 따뜻하다(温)

匕・4・N2 ☐☐☐

化
될 화

음 カ, ケ　　**훈** ば

① 변하다 ② 변화

化学(かがく) 화학　化粧(けしょう) 화장
変化(へんか) 변화　文化(ぶんか) 문화

한벽서 化(ば)かす호리다 化(ば)ける둔갑하다 化繊(かせん)화학섬유 権化(ごんげ)화신 劇化(げきか)격화, 극화

두 사람(亻)이 서로 엇갈려(匕:비수 비→사람) 변하다, 되다(化)

어깨에 짐(⺿:초두)을 매다(何)에서 메다(荷)

음 カ　　**훈** に

① 짐 ② 메다 ③ 맡다

| 荷(に) | 짐 | 荷重(かじゅう) | 하중 |
| 出荷(しゅっか) | 출하 | 入荷(にゅうか) | 입하 |

"본자(本字)는 荷로, 부수는 ⺿(艸)로 1획이 더 많지요"

한벽 荷物(にもつ)짐 荷造(にづく)り짐 꾸림 荷馬(にうま)짐말 荷札(にふだ)짐표 重荷(おもに)무거운 짐

⺿·10·N2 ☐☐☐

荷
멜 하
짐 하

경작지(田) 사이에 끼어(介:낄 개) 있는 경계, 지경(界)

음 カイ　　**훈** 없음

① 경계 ② 세계 ③ 무리

| 世界(せかい) | 세계 | 境界(きょうかい) | 경계 |
| 視界(しかい) | 시계 | 業界(ぎょうかい) | 업계 |

한벽 界隈(かいわい)부근

田·9·N3 ☐☐☐

界
지경 계

양손으로(开:평평할 견→廾:손 맞잡을 공)문빗장(門)을 열다(開)

음 カイ　　**훈** あ, ひら

① 열다 ② 시작

| 開(あ)ける | 열다 | 開(あ)く | 열리다 |
| 開放(かいほう) | 개방 | 展開(てんかい) | 전개 |

한벽 開祖(かいそ)창시자 開(ひら)く(모임)열다, 열리다 開(ひら)ける열리다

門·12·N3 ☐☐☐

開
열 개

다듬은 돌(阝:좌부방→돌)의 뜻과 모두 개(皆→계)의 음으로 섬돌(階)

음 カイ　　**훈** 없음

① 계단 ② 계층 ③ ~층(층 단위)

| 階段(かいだん) | 계단 | 階級(かいきゅう) | 계급 |
| 階層(かいそう) | 계층 | 四階(よんかい) | 4층 |

"한자 왼쪽에 위치하는 부수 阝는 언덕 부 阜로 좌부방이지요"

阝·12·N2 ☐☐☐

階
섬돌 계
계단 계

집(宀:집 면)에 풀(⺿:초두)덮은 이(人) 몸이 얼어(冫) 차갑다(寒)

음 カン　　**훈** さむ

① 춥다 ② 쌀쌀하다 ③ 쇠퇴

| 寒(さむ)い | 춥다 | 寒帯(かんたい) | 한대 |
| 寒気(さむけ) | 한기 | 耐寒(たいかん) | 내한 |

"부수 집 면 宀은 주거, 사는 공간을 나타내지요"

한벽 寒村(かんそん)한촌 悪寒(おかん)오한 寒(さむ)がりや추위를 잘 타는 사람

宀·12·N3 ☐☐☐

寒
찰 한
추울 한

感 느낄 감
心・13・N2

음 カン **훈** 없음

① 느끼다 ② 감각

| 感情(かんじょう) | 감정 | 感想(かんそう) | 감상 |
| 感(かん)じる | 느끼다 | 実感(じっかん) | 실감 |

한벽 感心(かんしん)감탄 感泣(かんきゅう)감읍 感冒(かんぼう)감기 感無量(かんむりょう)감개무량하다

모조리(咸:다 함) 마음(心)을 통해 느끼다(感)

漢 한나라 한
氵・13・N3

음 カン **훈** 없음

① 중국 ② 남자

| 漢字(かんじ) | 한자 | 漢文(かんぶん) | 한문 |
| 漢方(かんぽう) | 한방 | 痴漢(ちかん) | 치한 |

"본자(本字)는 漢이지요"

한벽 漢和(かんわ)중일 漢語(かんご)한자 어휘 漢方医(かんぽうい)한의사 悪漢(あっかん)악한 門外漢(もんがいかん)문외한 酔漢(すいかん)취객

진흙(堇:진흙 근) 평야 옆의 물 이름(氵) 한수에서 한나라(漢)

館 집 관
食・16・N3

음 カン **훈** やかた

① 회관 ② 관청

| 館長(かんちょう) | 관장 | 旅館(りょかん) | 여관 |
| 図書館(としょかん) | 도서관 | 映画館(えいがかん) | 영화관 |

"본자(本字)는 館이지요"

한벽 館(やかた)숙소

높은 곳에 지어진 식사 자리(食)도 겸하는 관사(官) 집(館)

岸 언덕 안
山・8・N2

음 ガン **훈** きし

① 언덕 ② 물가

| 海岸(かいがん) | 해안 | 沿岸(えんがん) | 연안 |
| 岸(きし) | 물가 | 接岸(せつがん) | 접안 |

한벽 河岸(かし)물가 湖岸(こがん)호숫가 彼岸(ひがん)일본 절기 湾岸(わんがん)만의 연안 岸壁(がんぺき)물가 벼랑

산(山) 기슭(厂:기슭 엄)의 뜻과 방패 간(干→안)의 음으로 언덕(岸)

起 일어날 기
走・10・N3

음 キ **훈** お

① 일어나다 ② 시작

| 起(お)きる | 일어나다 | 起立(きりつ) | 기립 |
| 起床(きしょう) | 기상 | 提起(ていき) | 제기 |

한벽 起(お)こる발생하다 起(お)こす일으키다 起点(きてん)출발점 縁起(えんぎ)재수 縁起物(えんぎもの)길조 비는 물건

아이(己:몸 기→웅크린 몸)가 걸음(走)을 떼려 일어나다(起)

음 キ, ゴ　　　훈 없음

①기약하다 ②기일 ③기대

期間(きかん)　기간　　期限(きげん)　기한
期待(きたい)　기대　　時期(じき)　　시기

"부수 달 월 月은 달, 개월, 시기를 나타내지요."

한벽音 最期(さいご)임종 予期(よき)예상 一期一会(いちごいちえ)일기일회

月・12・N4 ☐☐☐

期

기약할 기

주기적으로 뜨는 달(月)의 뜻과 그 기(其)의 음으로 기약하다(期)

 음 キャク, カク　　　훈 없음

①손님 ②상대 ③사람

お客(きゃく)さん　손님　　客体(きゃくたい)　객체
乗客(じょうきゃく)　승객　　剣客(けんかく)　　검객

"부수 집 면 宀은 주거, 사는 공간을 나타내지요."

한벽音 客間(きゃくま)응접실 客観的(きゃっかんてき)객관적이다 来客(らいきゃく)내방객 旅客機(りょかくき)여객기 旅客船(りょかくせん)여객선 お客様(きゃくさま)고객님

宀・9・N2 ☐☐☐

客

손 객

집(宀:집 면)에 발을 들여놓는(各:각각 각→발걸음) 손, 손님(客)

 음 キュウ　　　훈 きわ

①연구 ②극도로

究明(きゅうめい)　규명　　研究(けんきゅう)　연구
追究(ついきゅう)　추구　　探究(たんきゅう)　탐구

한벽音 究極(きゅうきょく)궁극 究(きわ)める깊이 연구하다

穴・7・N3 ☐☐☐

究

연구할 구

암흑(穴:구멍 혈)에서 더듬어(九→구부린 팔) 찾아 궁리, 연구하다(究)

 음 キュウ　　　훈 いそ

①갑자기 ②서두르다 ③빠르다

急(きゅう)に　　급히　　急(いそ)ぐ　　서두르다
急行(きゅうこう)　급행　　特急(とっきゅう)　특급

한벽音 急遽(きゅうきょ)급히 急逝(きゅうせい)급사 至急(しきゅう)매우 급함 準急(じゅんきゅう)준급행 열차 宅急便(たっきゅうびん)택배

心・9・N4 ☐☐☐

急

급할 급

남을 붙잡아야(급:꼴 추→及:미칠 급→붙잡다) 하니 마음(心)이 급하다(急)

 음 キュウ　　　훈 없음

①등급 ②수준 ③반

級友(きゅうゆう)　급우　　高級(こうきゅう)　고급
上級(じょうきゅう)　상급　　二級(きゅう)　　2급

"본자(本字)는 級이지요."

한벽音 特級(とっきゅう)특급

糸・9・N1 ☐☐☐

級

등급 급

계단(糸→阜:언덕 부)을 따라 오르내리듯(及:미칠 급) 차등 있는 등급(級)

宮
집 궁
宀·10·N1 □□□

음 キュウ, グウ, ク　**훈** みや

① 궁전　② 신사

宮殿(きゅうでん)	궁전	宮(みや)	신사
宮廷(きゅうてい)	궁정	竜宮(りゅうぐう)	용궁

"부수 집 면 宀은 주거, 사는 공간을 나타내지요."

한벽 宮内庁(くないちょう)왕실 사무관청 神宮(じんぐう)일왕 신사

여러 채(呂:등뼈 려→집)의 번듯한 집(宀)을 소유한 궁궐, 집(宮)

球
공 구
王·11·N2 □□□

음 キュウ　**훈** たま

① 공　② 원형　③ 구기

珠(たま)	공	球場(きゅうじょう)	구장
野球(やきゅう)	야구	地球(ちきゅう)	지구

한벽 球茎(きゅうけい)식물 알줄기 卓球(たっきゅう)탁구

둥근 구슬(玉) 같은 공의 뜻과 구할 구(求)의 음으로 공(球)

去
갈 거
ム·5·N3 □□□

음 キョ, コ　**훈** さ

① 가다　② 떠나다　③ 제거

過去(かこ)	과거	去(さ)る	떠나다
除去(じょきょ)	제거	撤去(てっきょ)	철거

한벽 去年(きょねん)작년

사람(土→大:큰 대)이 문밖(ム:사사 사→口)으로 나서서 가니 떠나다(去)

橋
다리 교
木·16·N2 □□□

음 キョウ　**훈** はし

① 다리

橋(はし)	다리	石橋(いしばし)	돌다리
鉄橋(てっきょう)	철교	架橋(かきょう)	가교

한벽 橋渡(はしわた)し중개 架(か)け橋(はし)가교 歩道橋(ほどうきょう)육교 桟橋(さんばし)선창

나무(木) 재질로 만들어 높게(喬:높을 교) 걸친 다리(橋)

業
업 업
木·13·N3 □□□

음 ギョウ, ゴウ　**훈** わざ

① 일　② 생활　③ 소행　④ (불교)업

業績(ぎょうせき)	업적	休業(きゅうぎょう)	휴업
作業(さぎょう)	작업	職業(しょくぎょう)	직업

"종과 석경을 매단 악기를 나타내는 상형문자이지요."

한벽 業(わざ)행위 仕業(しわざ)소행 悪業(あくごう)업보 所業(しょぎょう)나쁜 소행 因業(いんごう)완고함, 냉정함

악기 틀에 종과 석경을 매단 모습(業)을 본떠 이어나가는 직업, 업

측정용 자(曲) 모양을 그대로 본떠 바르지 않고 구부러지다

음	キョク	훈	ま

① 굽다 ② 음악

| 曲(ま)げる | 구부리다 | 曲(ま)がる | 구부러지다 |
| 曲線(きょくせん) | 곡선 | 婉曲(えんきょく) | 완곡 |

"굽는 측정용 자 모양을 나타내는 상형문자이지요"

한벽돌: 曲技(きょくぎ)곡예 기술 湾曲(わんきょく)활처럼 굽음

日・6・N2 □□□

曲
굽을 곡

장기판(尺:자 척→판) 위로 말(口)이 얹어져 있는 판(局)

음	キョク	훈	없음

① 구역 ② 상황 ③ 끝

| 局部(きょくぶ) | 국부 | 結局(けっきょく) | 결국 |
| 政局(せいきょく) | 정국 | 終局(しゅうきょく) | 종국 |

한벽돌: 郵便局(ゆうびんきょく)우체국

尸・7・N2 □□□

局
판 국

금(金)이 되기 이전에 그친(艮:그칠 간) 광물인 은(銀)

음	ギン	훈	없음

① 은 ② 돈 ③ 은색

| 銀(ぎん) | 은 | 銀色(ぎんいろ) | 은색 |
| 銀行(ぎんこう) | 은행 | 銀河(ぎんが) | 은하 |

"글자 구성 중 艮은 그칠 간으로 눈을 뒤로 돌려 외면하는 사람을 나타내지요"

金・14・N3 □□□

銀
은 은

선반(匚:상자 방→선반)에 사발(品:물건 품)을 올려 구분하다(區)

음	ク	훈	없음

① 구분 ② 구역 ③ ~구(행정구역)

| 区域(くいき) | 구역 | 区別(くべつ) | 구별 |
| 区間(くかん) | 구간 | ~区(く) | ~구 |

"본자(本字)는 區이지요"

한벽돌: 区役所(くやくしょ)구청 区切(くぎ)り단락 区切(くぎ)る단락을 짓다

匚・4・N3 □□□

区
구분할 구, 구역 구

맛이 쓴 풀(艹:초두)의 뜻과 예 고(古)의 음으로 쓰다(苦)

음	ク	훈	くる, にが

① 괴롭다 ② 쓰다

| 苦痛(くつう) | 고통 | 苦難(くなん) | 고난 |
| 苦(くる)しい | 괴롭다 | 苦(にが)い | 쓰다 |

"본자(本字)는 苦로, 부수는 艹(艸)로 1획이 더 많지요"

한벽돌: 苦(くる)しめる괴롭히다 苦(くる)しむ괴로워하다 苦(くる)しみ괴로움 苦労(くろう)고생 苦味(にがみ)쓴맛 苦情(くじょう)불평 苦笑(くしょう)쓴웃음 苦渋(くじゅう)쓰고 떫음 苦汁(くじゅう)쓴 즙 苦手(にがて)다 서툴다 滅茶苦茶(めちゃくちゃ)엉망진창이다 無茶苦茶(むちゃくちゃ)다 형편없다 見苦(みぐる)しい흉하다

艹・8・N2 □□□

苦
쓸 고, 괴로울 고

八·8·N2 □□□

具 갖출 구

음 グ　　**훈** 없음

① 갖추다 ② 구비 ③ 도구

具備(ぐび)　구비　具体的(ぐたいてき)だ　구체적이다
家具(かぐ)　가구　道具(どうぐ)　도구

"본자(本字)는 具이지요"

한벽쓸 具合(ぐあい)상태 具(そな)える구비하다 具(そな)わる구비되다
雨具(あまぐ)우비 文房具(ぶんぼうぐ)문구 絵(え)の具(ぐ)그림물감
夜具(やぐ)침구 敬具(けいぐ)편지 맺음말

제사 드리려 솥을(鼎:솥 정→貝) 올리니(廾:손 맞잡을 공) 갖추다(具)

口·7·N2 □□□

君 임금 군

음 クン　　**훈** きみ

① 군주 ② 군자 ③ 손아래 사람

君主(くんしゅ)　군주　名君(めいくん)　명군
諸君(しょくん)　제군　君(きみ)　자네

권력의 지팡이를 잡고 휘두르는 (尹:다스릴 윤) 손(口), 임금(君)

亻·9·N2 □□□

係 맬 계

음 ケイ　　**훈** かか, かかり

① 관계 ② 연결 ③ 담당

係(かかり)　담당(자)　係長(かかりちょう)　계장
関係(かんけい)　관계　連係(れんけい)　연계

한벽쓸 係累(けいるい)계루, 얽맴 係(かか)る관계되다 ~係(がかり)~담당

사람(亻:인변) 사이에 실타래(系)처럼 이어서 묶어 매다(係)

車·12·N3 □□□

軽 가벼울 경

음 ケイ　　**훈** かる, かろ

① 가볍다 ② 경솔 ③ 경시

軽(かる)い　가볍다　軽量(けいりょう)　경량
軽視(けいし)　경시　軽率(けいそつ)　경솔

"본자(本字)는 輕이지요"

한벽쓸 軽々(かるがる)しい경솔하다 軽(かろ)やかだ가볍다 気軽(きがる)だ
소탈하다 手軽(てがる)だ손쉽다

실이 수월히 지나듯(巠:물줄기 경→방직) 수레(車)가 가볍다(軽)

血·6·N2 □□□

血 피 혈

음 ケツ　　**훈** ち

① 피 ② 혈통 ③ 격렬

血(ち)　피　血液(けつえき)　혈액
血統(けっとう)　혈통　輸血(ゆけつ)　수혈

"피를 담은 제사 그릇 모양을 나타내는 상형문자이지요"

한벽쓸 鼻血(はなぢ)코피 吐血(とけつ)각혈

동물 피를 담은 제사 그릇(皿) 위에 묻어있는 피(血)

물길(氵)을 터놓아(夬:터놓을 쾌) 안전한 강의 흐름을 결단하다(決)

음 ケツ **훈** き

①정하다 ②단호히 ③찢어지다

決(き)める 결정하다 決(き)まる 결정되다
決行(けっこう) 결행 解決(かいけつ) 해결

한벽쌤 決壊(けっかい)터져 무너짐 決(き)まり悪(わる)い 쑥스럽다

氵·7·N2 □□□

決
결단할 **결**

돌(石)을 갈아 다듬어 평평하게(幵:평평할 견) 닦으니 갈다(研)

음 ケン **훈** と

①갈다 ②닦다 ③연구

研究(けんきゅう) 연구 研修(けんしゅう) 연수
研磨(けんま) 연마 研(と)ぐ (칼)갈다

"본자(本字)는 硏이지요"

石·9·N3 □□□

研
갈 **연**

머리를 베어 거꾸로(首를 뒤집으니 県) 매다니(系:이어맬 계) 매달다(縣)

음 ケン **훈** 없음

①43현(행정구역)

県庁(けんちょう) 현청 県内(けんない) 현내
県立(けんりつ) 현립 ~県(けん) ~현

"본자(本字)는 縣이며, 본자의 부수는 系이지요"

目·9·N3 □□□

県
고을 **현**

집 안(广:집 엄)에 수레(車)나 마차를 넣어두는 곳집 창고(庫)

음 コ, ク **훈** 없음

①곳집 ②창고

車庫(しゃこ) 차고 冷蔵庫(れいぞうこ) 냉장고
金庫(きんこ) 금고 文庫(ぶんこ) 문고

한벽쌤 庫裏(くり)절 부엌

广·10·N2 □□□

庫
곳집 **고**

넓은 못(氵) 호수의 뜻과 턱 밑살 호(胡)의 음으로 호수(湖)

음 コ **훈** みずうみ

①호수

湖(みずうみ) 호수 湖畔(こはん) 호반
湖面(こめん) 호수면 湖水(こすい) 호수

한벽쌤 湖岸(こがん)호숫가 湖沼(こしょう)호수와 늪

氵·12·N2 □□□

湖
호수 **호**

口·6·N2 □□□

向
향할 향

음 コウ　　**훈** む

①향하다 ②방향

| 向(む)かう | 향하다 | 向(む)こう | 맞은편 |
| 方向(ほうこう) | 방향 | 動向(どうこう) | 동향 |

"집의 외곽과 창틀 모양을 나타내는 상형문자이지요"

한벽著 向(む)ける 향하게 하다 向(む)く 향하다 向(む)かい 건너편 南向(みなみむ)き 남향 ~向(む)き 취향 ~向(む)け 대상 日向(ひなた)양지 前向(まえむ)きだ 전향적이다 回向(えこう)(불교)명복 빎

집의 외곽과 창문 모습(向)을 그대로 본떠 창을 내어 향하다

十·8·N2 □□□

幸
다행 행

음 コウ　　**훈** さいわ, さち, しあわ

①다행 ②행복

| 幸運(こううん) | 행운 | 幸福(こうふく) | 행복 |
| 幸(さいわ)いだ | 다행스럽다 | 幸(しあわ)せだ | 행복하다 |

"죄수의 수갑과 쇠사슬 모양을 나타내는 상형문자이지요"

한벽著 幸(さち)행복 幸甚(こうじん)다행

죄수의 수갑과 쇠사슬(幸)을 본떠 죄수를 가두어 안도를 느끼니 다행, 행복

氵·12·N2 □□□

港
항구 항

음 コウ　　**훈** みなと

①항구 ②공항

| 港(みなと) | 항구 | 開港(かいこう) | 개항 |
| 空港(くうこう) | 공항 | 貿易港(ぼうえきこう) | 무역항 |

한벽著 港町(みなとまち)항구마을 漁港(ぎょこう)어항

물가(氵) 주변의 사람들이 모여 사는 마을(巷:거리 항) 항구(巷)

口·5·N2 □□□

号
이름 호

음 ゴウ　　**훈** 없음

①이름 ②신호 ③외치다 ④번호

| 年号(ねんごう) | 연호 | 信号(しんごう) | 신호 |
| 号令(ごうれい) | 호령 | 番号(ばんごう) | 번호 |

"본자(本字)는 號이며, 본자의 부수는 虎 범의 문제 호 이지요"

한벽著 号泣(ごうきゅう)소리 높여 욺

호랑이(虎범 호)울음처럼 큰 소리로(号:부를 호) 외치는 이름(號)

木·10·N2 □□□

根
뿌리 근

음 コン　　**훈** ね

①뿌리 ②근본 ③끈기

| 根(ね) | 뿌리 | 根本(こんぽん) | 근본 |
| 根元(こんげん) | 근원 | 根底(こんてい) | 근저 |

한벽著 根気(こんき)끈기 根回(ねまわ)し 사전교섭 大根(だいこん)무 屋根(やね)지붕 羽根(はね)(기계)날개 垣根(かきね)울타리

나무(木)의 땅밑(艮:그칠 간→아랫부분)에 박혀 있는 뿌리(根)

제단(示:보일 시→제단)에 고기(肉)를 바치니(又:또 우→손) 제사(祭)

음 サイ　　　**훈** まつ

① 제사　② 축제

祭(まつ)り	축제, 제사	文化祭(ぶんかさい)	문화제
祭典(さいてん)	제전	学園祭(がくえんさい)	학교 축제

한벽 祭(まつ)る제사 지내다 祭日(さいじつ)제삿날 雛祭(ひなまつ)り히나 축제(3월 3일)

示·11·N2 □□□

祭

제사 제

음식을 담는 그릇 모양(皿)을 옆에서 본떠 그릇

음 없음　　　**훈** さら

① 그릇　② 접시

小皿(こざら)	작은 접시	皿洗(さらあら)い	설거지
皿(さら)	그릇	取(と)り皿(ざら)	음식 덜어 담는 접시

"음식을 담는 그릇의 모양을 나타내는 상형문자이지요"

한벽 灰皿(はいざら)재떨이

皿·5·N2 □□□

皿

그릇 명

문무 선비(士:선비 사)가 벼슬(亻→관리)을 달고 임금을 섬기다(仕)

음 シ, ジ　　　**훈** つか

① 행하다　② 섬기다

仕事(しごと)	일	奉仕(ほうし)	봉사
給仕(きゅうじ)	급사, 사환	仕(つか)える	섬기다

한벽 仕事(しごと)일 仕方(しかた)방법 仕様(しよう)방법 仕業(しわざ)소행 仕組(しく)み구조 仕掛(しか)け장치 仕上(しあ)げ완성 仕上(しあ)がり마무리 仕来(しきた)り관습 仕舞(しま)い끝 仕切(しき)り칸막이 仕掛(しか)ける장치하다 仕立(した)てる마련하다 仕上(しあ)げる완성하다 仕上(しあ)がる완성되다 仕舞(しま)う마치다

亻·5·N3 □□□

仕

섬길 사

시신(歹:뼈 앙상할 알) 옆에서 애도(匕:비수 비→人)하니 죽다(死)

음 シ　　　**훈** し

① 죽다　② 죽음　③ 필사적

死(し)ぬ	죽다	死亡(しぼう)	사망
死語(しご)	사어	必死(ひっし)	필사

"부수 歹은 뼈 앙상할 알로, 죽을사변이라고도 하지요"

한벽 殉死(じゅんし)따라 죽음 飢(う)え死(じ)に아사 溺(おぼ)れ死(じ)に익사 犬死(いぬじ)に개죽음

歹·6·N3 □□□

死

죽을 사

관리(吏:관리 리)직을 맡은 이(亻:인변)가 일을 시키고 부리다(使)

음 シ　　　**훈** つか

① 사용하다　② 대리인

使(つか)う	사용하다	使用(しよう)	사용
大使(たいし)	대사	天使(てんし)	천사

"부수 亻은 사람 인 人으로 부수명은 인 변이지요"

한벽 使(つか)い方(かた)사용법 使(つか)い道(みち)용도 使(つか)い分(わ)け사용 구분 使(つか)い捨(す)て일회용

亻·8·N3 □□□

使

부릴 사
하여금 사

始

女·8·N3 □□□

- 음 シ
- 훈 はじ

①비롯하다 ②시작

| 始(はじ)める | 시작하다 | 始(はじ)まる | 시작되다 |
| 開始(かいし) | 개시 | 年始(ねんし) | 연시 |

한벽 始(はじ)め시작 始(はじ)めて비로소 始終(しじゅう)시종 始発(しはつ)첫차 終始(しゅうし)시종 始末(しまつ)사정, 처리 後始末(あとしまつ)뒤처리

비로소 시

어미(女)의 양분(台:별 태→ㅂ+口:수저로 먹이다)으로 비로소 시작하다(始)

指

扌·9·N2 □□□

- 음 シ
- 훈 ゆび, さ

①가리키다 ②손가락

| 指(ゆび) | 손가락 | 指摘(してき) | 지적 |
| 指(さ)す | 가리키다 | 薬指(くすりゆび) | 약지 |

한벽 指輪(ゆびわ)반지 指図(さしず)지시 指先(ゆびさき)손가락 끝 指差(ゆびさ)す손가락질하다 親指(おやゆび)엄지손가락 人指(ひとさ)し指(ゆび)집게손가락 中指(なかゆび)중지 小指(こゆび)새끼손가락 目指(めざ)す목표로 하다

가리킬 지
손가락 지

손가락과 손(扌:재방변)의 뜻과 뜻 지(旨)의 음으로 가리키다(指)

歯

歯·12·N2 □□□

- 음 シ
- 훈 は

①이 ②톱니

| 歯(は) | 이 | 歯科(しか) | 치과 |
| 歯科医(しかい) | 치과의사 | 虫歯(むしば) | 충치 |

"이의 모양을 나타내는 상형문자이며, 부수 歯는 이 치, 본자는 齒이지요"

한벽 歯医者(はいしゃ)치과(의사) 歯磨(はみが)き양치 歯磨(はみが)き粉(こ)치약 歯車(はぐるま)톱니바퀴 歯止(はど)め제어장치 前歯(まえば)앞니 奥歯(おくば)어금니 入(い)れ歯(ば)틀니

이 치

가지런한 윗니와 아랫니와 그 움직임(止)을 본떠 이(歯)

詩

言·13·N1 □□□

- 음 シ
- 훈 없음

①시

| 詩(し) | 시 | 詩人(しじん) | 시인 |
| 詩集(ししゅう) | 시집 | 漢詩(かんし) | 한시 |

한벽 詩的(してき)だ시적이다 詩抄(ししょう)시 선집 唐詩(とうし)당나라 시 詩仙(しせん)시선

시 시

절(寺)에서 말(言)로 읊조리며 읽는 시(詩)

次

欠·6·N3 □□□

- 음 ジ, シ
- 훈 つ, つぎ

①다음 ②순서 ③잇다

| 次(つぎ) | 다음 | 次女(じじょ) | 차녀 |
| 目次(もくじ) | 목차 | 次(つ)ぐ | 뒤를 잇다 |

한벽 次第(しだい)순서 ~次第(しだい)~하는 즉시 ~次第(しだい)~나름 次第(しだい)에 점차적으로 次々(つぎつぎ)잇따라 相次(あいつ)いで잇따라 相次(あいつ)ぐ잇따르다 漸次(ぜんじ)점차 逐次(ちくじ)차차 二次会(にじかい)이차

버금 차

입 벌리고(欠) 침 튀기며(二) 비방하다(次)에서 후에 가차(假借)되어 버금

🔊 ジ, ズ　　　　🔊 こと

① 일 ② 사건 ③ 행위

| 事(こと) | 일 | 事故(じこ) | 사고 |
| 事件(じけん) | 사건 | 刑事(けいじ) | 형사 |

"주술 도구를 들고 일하는 모습을 나타내는 상형문자이며, 부수 亅은 갈고리궐이지요"

일 사

J·8·N3 □□□

손에 주술 도구를 드는(事) 사관 모습을 빗대어 직업, 일

한벽 事

事柄(ことがら)	사항	仕事(しごと)	일	返事(へんじ)	답변, 답장
火事(かじ)	화재	用事(ようじ)	볼일	出来事(できごと)	사건
物事(ものごと)	세상사	好事家(こうずか)	호사가	大事(だいじ)だ	소중하다
無事(ぶじ)だ	무사하다	私事(わたくしごと)	사삿일	悩(なや)み事(ごと)	고민거리
心配事(しんぱいごと)	걱정거리	考(かんが)え事(ごと)	걱정거리	見事(みごと)だ	훌륭하다

🔊 ジ　　　　🔊 も

① 들다 ② 가지다 ③ 유지

| 持(も)つ | 들다, 가지다 | 持続(じぞく) | 지속 |
| 支持(しじ) | 지지 | 維持(いじ) | 유지 |

"부수 扌은 손 수 手로 부수명은 재방 변이지요"

가질 지

扌·9·N3 □□□

관청(寺:절 사, 관청 시)에서 공무를 잘 유지하니(扌) 가지다(持)

한벽 持(も)ち主(ぬし) 소유주　持(も)ち切(き)り 소문이 자자함　気持(きも)ち 기분　金持(かねも)ち 부자　力持(ちから)ち 장사　把持(はじ) 꽉 쥠　受(う)け持(も)つ 담당하다　持(も)ち帰(かえ)る 가지고 돌아가다

🔊 シキ　　　　🔊 없음

① 행사 ② 방법 ③ 법식

| 式(しき) | 식 | 式典(しきてん) | 식전 |
| 正式(せいしき) | 정식 | 結婚式(けっこんしき) | 결혼식 |

법 식

弋·6·N2 □□□

규격 지키는 장인(工)의 뜻과 주살 익(弋→식)의 음으로 법(式)

한벽 和式(わしき) 일본 스타일　洋式(ようしき) 서양식　葬式(そうしき) 장례식

🔊 ジツ　　　　🔊 み, みの

① (열매)맺다 ② 실제 ③ 진실

| 実(み) | 열매 | 実(みの)る | 열매 맺다 |
| 実際(じっさい) | 실제 | 真実(しんじつ) | 진실 |

"본자(本字)는 實이지요"

열매 실

宀·8·N2 □□□

집(宀:집 면)에 경작지와 재물(貫:꿸 관→田+貝)을 만드니 열매(貫)

한벽 実家(じっか) 본가, 친정　実(みの)り 열매

写

冖·5·N3 ☐☐☐

베낄 사

음 シャ　　**훈** うつ

① 베끼다 ② 묘사 ③ 사진

写真(しゃしん)　사진　　写(うつ)す　베끼다
写(うつ)る　　찍히다　　写本(しゃほん)　사본

"본자(本字)는 寫이지요"

까치가(鳥(舄):까치 석) 둥지(宀:집 면) 나뭇가지를 옮기니 베끼다(寫)

者

耂·8·N3 ☐☐☐

놈 자
사람 자

음 シャ　　**훈** もの

① 사람 ② 지칭

者(もの)　　　자　　　　記者(きしゃ)　　기자
学者(がくしゃ)　학자　　第三者(だいさんしゃ)　제3자

"본자(本字)는 者이지요"

나무(耂:늙을로엄→나무) 즙을 먹다(白:흰 백→口)에서 가차(假借)되어 놈, 사람(者)

한벽용

医者(いしゃ)　　　의사　　歯医者(はいしゃ)　치과(의사)　役者(やくしゃ)　배우
猛者(もさ)　　　　맹자　　亡者(もうじゃ)　　망자　　　　芸者(げいしゃ)　게이샤
易者(えきしゃ)　　역술인　儒者(じゅしゃ)　　유학자　　　忍者(にんじゃ)　간첩
武者(むしゃ)　　　무사　　若者(わかもの)　　젊은이　　　悪者(わるもの)　악인
裏切(うらぎ)り者(もの)　배신자　掛(か)かり者(もの)　담당자　よそ者(もの)　타관사람
達者(たっしゃ)だ　능숙하다

主

丶·5·N3 ☐☐☐

주인 주
임금 주

음 シュ, ス　　**훈** ぬし, おも

① 주인 ② 중심

主(おも)に　　　주로　　主人(しゅじん)　남편, 주인
主要(しゅよう)　주요　　民主(みんしゅ)　민주

촛대와 심지 모양(丶:점 주)에서 후에 가차(假借)되어 주인, 임금(主)

한벽용 主(おも)だ주되다 藩主(はんしゅ)영주 斎主(さいしゅ)제사 주체자 亭主(ていしゅ)집 주인 坊主(ぼうず)중, 사내아이 家主(やぬし)집주인 持(も)ち主(ぬし)소유주 雇(やと)い主(ぬし)고용주 飼(か)い主(ぬし) 기르는 사람 神主(かんぬし)신관

守

宀·6·N2 ☐☐☐

지킬 수

음 シュ, ス　　**훈** まも, も

① 지키다 ② 막다

守備(しゅび)　　수비　　保守(ほしゅ)　　보수
守(まも)る　　　지키다　厳守(げんしゅ)　엄수

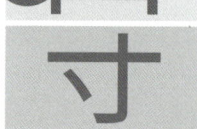

집(宀:집 면)을 손을 써서(寸:마디 촌→잡다) 다스리니 지키다(守)

한벽용 守(まも)り부적 守(も)り돌보미 子守(こも)り아이 돌보미 留守(るす)부재 留守番(るすばん)부재중 집을 지킴 天守閣(てんしゅかく)성의 망루

승리의 증명으로 적군의 귀(耳)를 손(又:또 우→손)으로 잡아 가지다(取)

음 シュ　　　**훈** と

又・8・N2 □□□

① 가지다 ② 취하다

| 取(と)る | 잡다, 취하다 | 取材(しゅざい) | 취재 |
| 取得(しゅとく) | 취득 | 摂取(せっしゅ) | 섭취 |

한벽을 取引(とりひき)거래 取(と)り入(い)れる받아들이다 取(と)り上(あ)げる 집어 들다 取(と)り替(か)える교환하다 取(と)り扱(あつか)う취급하다 取(と)り締(し)まる단속하다 取(と)り消(け)す취소하다 聞(き)き取(と)り 청취 書(か)き取(と)り받아쓰기 日取(ひど)り택일 下取(したど)り신품 살 때 중고품의 값을 쳐 줌 位取(くらいど)り자릿수 정함 段取(だんど)り일의 순서

取

가질 취
취할 취

술(氵)과 술병(酉:닭 유→술) 모양을 본떠 술자리, 술(酒)

음 シュ　　　**훈** さけ, さか

酉・10・N2 □□□

① 술

| 酒(さけ) | 술 | 酒宴(しゅえん) | 주연 |
| 飲酒(いんしゅ) | 음주 | 洋酒(ようしゅ) | 양주 |

한벽을 酒屋(さかや)주류판매점 酒場(さかば)술집 酒蔵(さかぐら)술 창고 居酒屋(いざかや)민속주점 お神酒(みき)신전에 올리는 술 梅酒(うめしゅ)매실주 升酒(ますざけ)됫술 醸酒(じょうしゅ)양조

酒

술 주

선상(冖:덮을 멱→배)에서 손(爫:손톱조머리)과 손(又)으로 받다(受)

음 ジュ　　　**훈** う

又・8・N2 □□□

① 받다 ② 받아들이다

| 受(う)ける | 받다 | 受験(じゅけん) | 수험 |
| 受賞(じゅしょう) | 수상 | 授受(じゅじゅ) | 수수 |

한벽을 享受(きょうじゅ)누림 受(う)かる합격하다 受(う)け身(み)수동 受(う)け付(つ)ける접수하다 受(う)け入(い)れる받아들이다 受(う)け持(も)つ담당하다 受(う)け取(と)る수령하다

受

받을 수

강과 모래톱과 삼각주 모양(州)을 본떠 고을

음 シュウ　　　**훈** す

川・6・N2 □□□

① 고을 ② 대륙 ③ 모래톱

| アジア州(しゅう) | 아시아주 | 三角州(さんかくす) | 삼각주 |
| 州(す) | 모래톱 | ニューヨーク州(しゅう) | 뉴욕주 |

"강과 모래톱과 삼각주를 지닌 고을의 모양을 나타내는 상형문자이지요"

한벽을 本州(ほんしゅう)혼슈(일본 지명) 欧州(おうしゅう)유럽

州

고을 주

뚜껑 있는 그릇(合합할 합→그릇)에 무언가를 손(扌)으로 줍다(拾)

음 シュウ, ジュウ　　　**훈** ひろ

扌・9・N2 □□□

① 줍다 ② 10

| 拾(ひろ)う | 줍다 | 拾得(しゅうとく) | 습득 |
| 収拾(しゅうしゅう) | 수습 | 拾万(じゅうまん) | 10만 |

拾

주을 습, 열 십

終 — 마칠 종

糸・11・N3 □□□

- 음: シュウ
- 훈: お

① 마치다 ② 끝나다 ③ 죽다

終(お)わる	끝나다	終(おわ)り	끝
終了(しゅうりょう)	종료	最終(さいしゅう)	최종

한벽음 終電(しゅうでん)막차 終始(しゅうし)시종 終(お)える마치다

실(糸)로 매듭을 묶어 마무리(冬: 겨울 동→마무리)하니 마치다 (終)

習 — 익힐 습

羽・11・N3 □□□

- 음: シュウ
- 훈: なら

① 익히다 ② 배우다 ③ 관습

習(なら)う	배우다	学習(がくしゅう)	학습
習得(しゅうとく)	습득	慣習(かんしゅう)	관습

"본자(本字)는 習이지요"

새가 날갯짓(羽)하며 매일매일(白→日) 나는 것을 익히다(習)

集 — 모을 집

隹・12・N3 □□□

- 음: シュウ
- 훈: あつ, つど

① 모으다 ② 모임 ③ 모음집

集会(しゅうかい)	집회	文集(ぶんしゅう)	문집
集(あつ)める	모으다	集(あつ)まる	모이다

한벽음 集(つど)う모이다 集(つど)い회합 集金(しゅうきん)수금

나무(木) 위에 새(隹:새 추)를 모으다(集)

住 — 살 주

イ・7・N3 □□□

- 음: ジュウ
- 훈: す

① 살다 ② 거주

住所(じゅうしょ)	주소	住宅(じゅうたく)	주택
住(す)む	살다	移住(いじゅう)	이주

한벽음 住(す)まい사는 곳 住(す)まう살다

사람(イ:인변)이 주인(主)이 되어 거주하니 살다(住)

重 — 무거울 중

里・9・N3 □□□

- 음: ジュウ, チョウ
- 훈: え, おも, かさ

① 무겁다 ② 중후 ③ 중요 ④ 중첩

重(おも)い	무겁다	体重(たいじゅう)	체중
重病(じゅうびょう)	중병	尊重(そんちょう)	존중

한벽음 重(かさ)ねる겹치다 重(かさ)なる겹쳐지다 重箱(じゅうばこ)찬합 重体(じゅうたい)중태 重宝(ちょうほう)편리함 重荷(おもに)무거운 짐 一重(ひとえ)홑겹 二重(ふたえ)이중 幾重(いくえ)몇 겹 八重(やえ)여러 겹

짐을 동여매어(東:동녘 동→짐) 지고 가니(人) 무겁다(重)

音 シュク　　　훈 やど　　　宀·11·N2 ☐☐☐

① 묵다 ② 숙박 ③ 예전부터

宿題(しゅくだい)　숙제　　宿泊(しゅくはく)　숙박
下宿(げしゅく)　하숙　　宿命(しゅくめい)　숙명

한벽 宿(やど)숙소 宿(やど)す머물게 하다 宿(やど)る머물다

집안에(宀:집 면) 침상을 깔고
(百:일백 백) 누워(亻:인변) 자다
(宿)

宿
잘 숙

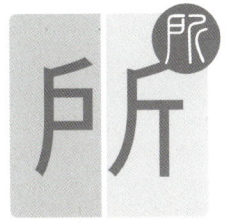

音 ショ　　　훈 ところ　　　戸·8·N3 ☐☐☐

① 장소 ② 관청 ③ 소유

所(ところ)　　장소　　場所(ばしょ)　　장소
所属(しょぞく)　소속　　所得(しょとく)　소득

한벽 所謂(いわゆる)소위 所々(ところどころ)여기저기 台所(だいどころ)부엌
長所(ちょうしょ)장점 短所(たんしょ)단점 近所(きんじょ)근방 役所(や
くしょ)관청 余所(よそ)딴 곳 余所見(よそみ)한눈 팖

도끼(斤)로 치는 소리(戸:집 호
→소)에서 후에 가차(假借)되어
바, 장소(所)

所
바 소

音 ショ　　　훈 あつ　　　日·12·N3 ☐☐☐

① 덥다 ② 더위 ③ 여름

暑(あつ)い　　덥다　　避暑(ひしょ)　　피서
大暑(たいしょ)　대서　　酷暑(こくしょ)　혹서

"본자(本字)는 暑이지요"

한벽 暑中見舞(しょちゅうみまい)서중문안 炎暑(えんしょ)혹서
猛暑(もうしょ)혹서 蒸(む)し暑(あつ)い무덥다

이글거리는 태양으로(日:날 일)
땀이 흘러나오니(者:놈 자→흘
러내리다) 덥다(暑)

暑
더울 서

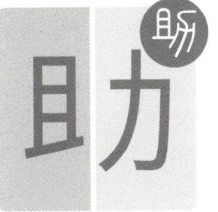

音 ジョ　　　훈 たす, すけ　　　力·7·N2 ☐☐☐

① 돕다 ② 구하다

助言(じょげん)　조언　　助手(じょしゅ)　조수
援助(えんじょ)　원조　　助(たす)ける　살리다

한벽 助(たす)かる살아나다 助(すけ)っ人(と)조력자 手助(てだす)け수발

공을 알리는 비석(且:또 차→돌)
을 세우려 힘 쓰니(力) 돕다(助)

助
도울 조

音 ショウ　　　훈 없음　　　日·9·제외 ☐☐☐

① 밝다 ② 소화시대

昭和(しょうわ)　　　　　일본 연호, 1926년~1989년
昭和時代(しょうわじだい)　쇼와시대
昭和元年(しょうわがんねん)　쇼와 원년

밝은 해(日)의 뜻과 부를 소(召)
의 음으로 밝다(昭)

昭
밝을 소

消

氵·10·N2 □□□

음 ショウ　　**훈** き, け

① 끄다 ② 사라지다 ③ 소극적

消化(しょうか)　소화　　解消(かいしょう)　해소
消(き)える　　사라지다　消(け)す　　없애다

"본자(本字)는 消이지요"

한벽 消極的(しょうきょくてき)だ소극적이다 消(け)しゴム지우개
打(う)ち消(け)す부정하다 取(と)り消(け)す취소하다

사라질 소
끌 소

물(氵)이 물방울 되어 잘게(肖:닮을 초, 꺼질 초) 흩어지니 사라지다(消)

商

口·11·N2 □□□

음 ショウ　　**훈** あきな

① 장사 ② 상업 ③ 나눗셈의 몫

商店(しょうてん)　상점　　貿易商(ぼうえきしょう)　무역상
商人(しょうにん)　상인　　商(あきな)う　장사하다

한벽 商売(しょうばい)장사 商社(しょうしゃ)무역회사 商(しょう)몫 卸(おろ)し商(しょう)도매상

장사 상

이리저리 속을 파헤쳐(章→辛:매울 신) 살피니(冏:빛날 경) 장사(商)

章

立·11·N2 □□□

음 ショウ　　**훈** 없음

① 글 ② 문장 ② 문서

文章(ぶんしょう)　문장　　楽章(がくしょう)　악장
序章(じょしょう)　서장　　勲章(くんしょう)　훈장

글 장

문신 도구(辛→立:설 립)와 문신할 곳을(十→早:이를 조) 나타내어 글(章)

勝

力·12·N2 □□□

음 ショウ　　**훈** か, まさ

① 이기다 ② 뛰어나다

勝(か)つ　　이기다　　勝利(しょうり)　승리
勝負(しょうぶ)　승부　　優勝(ゆうしょう)　우승

"본자(本字)는 勝이지요"

한벽 勝(まさ)る낫다 勝手(かって)だ멋대로이다

이길 승

임금이(朕:나 짐→임금) 힘(力)을 발휘하니 이기다(勝)

乗

丿·9·N3 □□□

음 ジョウ　　**훈** の

① 타다 ② 곱하다 ③ 이용

乗(の)る　　타다　　乗車(じょうしゃ)　승차
乗客(じょうきゃく)　승객　便乗(びんじょう)　편승

"부수 丿은 삐침별이며, 본자(本字)는 乘이지요"

한벽 乗(の)り心地(ごこち)승차감 乗除(じょうじょ)곱셈과 나눗셈 乗艇(じょうてい)승선 乗(の)せる태우다 乗数(じょうすう)승수 乗(の)り換(か)える갈아타다 乗(の)り越(こ)す못 내리고 더 가다 乗(の)り遅(おく)れる차를 놓치다 乗(の)り間違(まちが)える잘못 타다

탈 승

사람이(人) 탈것에(木:나무 목) 오르니(舛→北:북녘 북) 타다(乗)

나무(木)를 잘 자라도록 곧게 (直:곧을 직) 묻으니 심다(植)

음 ショク　　　　**훈** う

① 심다 ② 식민지

植(う)える　　심다　　植物(しょくぶつ)　　식물
移植(いしょく)　이식　　植民地(しょくみんち)　식민지

한벽돌 植(う)わる심어지다 植木(うえき)분재 田植(たう)え모내기
鉢植(はちう)え화분에 심음 誤植(ごしょく)미스프린팅

木・12・N2 □□□

심을 식

번개가 내리치는 모습(申)을 빗대어 아뢰다

음 シン　　　　**훈** もう

① 아뢰다 ② 신고

申(もう)す　　아뢰다　　申請(しんせい)　　신청
申告(しんこく)　신고　　上申(じょうしん)　　상신

"번개가 내리치는 모습을 나타내는 상형문자이지요"

한벽돌 申(もう)し分(ぶん)더할 나위, 할말 申(もう)し訳(わけ)변명 申(もう)し出
(で)る스스로 말하다 申(もう)し込(こ)む신청하다 申(もう)し上(あ)げる
아뢰다, 말씀드리다

田・5・N2 □□□

납 신
아뢸 신

아이를 배어 배가 부른 여자 옆 모습(身)을 본떠 몸

음 シン　　　　**훈** み

① 몸 ② 자신 ③ 알맹이 ④ 입장

身体(しんたい)　신체　　全身(ぜんしん)　전신
出身(しゅっしん)　출신　　独身(どくしん)　독신

"아이를 배어 배가 부른 여자 모습을 나타내는 상형문자이지요"

한벽돌
身(み)	몸	身内(みうち)	가족과 친척	身形(みなり)	옷차림
身(み)の上(うえ)	신상	身(み)の回(まわ)り	신변	身辺(しんぺん)	신변
身柄(みがら)	신병	身振(みぶ)り	몸짓	身丈(みたけ)	옷길이
身代金(みのしろきん)	몸값	身近(みぢか)だ	몸에 가깝다	刺身(さしみ)	생선회
中身(なかみ)	알맹이	生身(なまみ)	살아있는 몸	受(う)け身(み)	수동
黄身(きみ)	노른자				

身・7・N2 □□□

몸 신

번개가 치듯(申) 무소불위한 받드는(示) 귀신, 신(神)

음 シン, ジン　　　**훈** かみ, かん, こう

① 신 ② 정신 ③ 영험

神(かみ)　　신　　神童(しんどう)　신동
神話(しんわ)　신화　　精神(せいしん)　정신

"부수 ネ는 보일 시 示로 보일시변이며, 본자(本字)는 神이지요"

한벽돌 神様(かみさま)하느님 神社(じんじゃ)신사 神宮(じんぐう)일왕 신사
神主(かんぬし)신관 神道(しんとう)신도 神楽(かぐら)전통 무악 お神酒
(みき)신전에 올리는 술 神々(こうごう)しい성스럽다 女神(めがみ)여신

ネ・9・N4 □□□

귀신 신

目・10・N3 □□□

真
참 진

음 シン　　　　**훈** ま

①진실 ②자연 그대로

真実(しんじつ)　진실　　写真(しゃしん)　사진
真心(まごころ)　진심　　真相(しんそう)　진상

"본자(本字)는 眞이지요"

제사용 솥(鼎:솥 정)과 수저(匕:비수 비→수저)를 빗대어 진실하고 참됨(眞)

한벽술

真夏(まなつ)　한여름　　真冬(まふゆ)　한겨울　　真上(まうえ)　바로 위
真似(まね)　흉내　　真紅(しんく)　진홍색　　真夜中(まよなか)　한밤중
真(ま)っ直(す)ぐ　곧장　　真(ま)っ先(さき)　맨 앞　　真(ま)ん前(まえ)　바로 앞
真(ま)っ二(ぷた)つ　두 동강이　　真(ま)っ白(しろ)い　새하얗다　　真(ま)っ白(しろ)だ　새하얗다
真(ま)っ黒(くろ)い　새까맣다　　真(ま)っ黒(くろ)だ　새까맣다　　真(ま)っ赤(か)だ　새빨갛다
真(ま)っ青(さお)だ　새파랗다　　真(ま)っ暗(くら)だ　컴컴하다　　真(ま)ん丸(まる)い　아주 둥글다
真剣(しんけん)だ　진지하다　　真面目(まじめ)だ　성실하다　　生真面目(きまじめ)だ　고지식하다
真似(まね)る　흉내 내다

氵・11・N2 □□□

深
깊을 심

음 シン　　　　**훈** ふか

①깊다 ②심오 ③진하다

深(ふか)い　깊다　　深海(しんかい)　심해
深夜(しんや)　심야　　深刻(しんこく)だ　심각하다

한벽술 深(ふか)める 깊게하다 深(ふか)まる 깊어지다 深浅(しんせん)깊고 얕음
深緑(しんりょく)짙은 녹색 深厚(しんこう)깊고 두터움 情(なさ)け深(ぶか)い인정이 많다 欲深(よくぶか)い욕심이 많다

물(氵)이 점점(罙:점점 미) 아래로 내려가니 깊다(深)

辶・11・N3 □□□

進
나아갈 진

음 シン　　　　**훈** すす

①나아가다 ②오르다 ③드리다

進(すす)める　나아가게 하다　　進(すす)む　나아가다
進行(しんこう)　진행　　昇進(しょうしん)　승진

"본자(本字)는 進이지요"

한벽술 進上(しんじょう)진상 進呈(しんてい)진상 精進(しょうじん)정진
精進料理(しょうじんりょうり)사찰 음식

새(隹:새 추)가 앞으로 날아가듯(辶) 나아가다(進)

一・5・N3 □□□

世
인간 세
세상 세

음 セイ, セ　　　　**훈** よ

①세상 ②일생 ③시대

世界(せかい)　세계　　世代(せだい)　세대
世紀(せいき)　세기　　後世(こうせい)　후세

"나뭇가지와 잎과 새순 모양을 나타내는 상형문자이지요"

한벽술 世話(せわ)신세, 돌봄 お世辞(せじ)겉치레 말 世間(せけん)세상 世論(せろん, よろん)여론 世(よ)の中(なか)세상 世間体(せけんてい)체면 浮世絵(うきよえ)전통 판화

나뭇가지와 잎, 새순 모양(世)으로 한 생애에서 인간, 세상

바르게(正) 묶도록(束) 채근하니 (攵:등글월문) 가지런하다(正)

음 セイ　　**훈** ととの

① 가지런하다 ② 정돈

| 整理(せいり) | 정리 | 調整(ちょうせい) | 조정 |
| 整(ととの)える | 정돈하다 | 整(ととの)う | 정돈되다 |

女·16·N1 □□□

整
가지런할 정

날이(日:날 일) 이어져 흘러가니(巛:내 천) 오래된 지난날, 예(昔)

음 セキ, シャク　　**훈** むかし

① 옛날

| 昔(むかし) | 옛날 | 昔話(むかしばなし) | 옛날이야기 |
| 大昔(おおむかし) | 태고 | 昔風(むかしふう) | 고풍 |

한벽 今昔(こんじゃく)지금과 옛날 昔日(せきじつ)옛날

日·8·N2 □□□

昔
예 석

끼워 맞추듯(入) 흠이 없는 옥(玉)으로 온전하다(全)

음 ゼン　　**훈** まった, すべ

① 모두 ② 완전

| 全部(ぜんぶ) | 전부 | 完全(かんぜん) | 완전 |
| 全然(ぜんぜん) | 전혀 | 健全(けんぜん)だ | 건전하다 |

"본자(本字)는 全이지요"

한벽 全快(ぜんかい)완쾌 全幅(ぜんぷく)전체너비 全(すべ)て모두 全(まった)く완전히, 전혀

人·6·N2 □□□

全
온전 전

나무(木) 상태를 자세히 바라보고(目) 마주하니 서로(相)

음 ソウ, ショウ　　**훈** あい

① 서로 ② 모습 ③ 계속 ④ 장관

| 相談(そうだん) | 상담 | 相互(そうご) | 상호 |
| 真相(しんそう) | 진상 | 首相(しゅしょう) | 수상 |

한벽 相撲(すもう)스모 相手(あいて)상대 相違(そうい)차이 相場(そうば)시세 相性(あいしょう)궁합 相棒(あいぼう)짝 相殺(そうさい)상쇄 相似(そうじ)서로 닮음 相変(あいか)わらず변함없이 相次(あいつ)ぐ잇따르다 相応(ふさわ)しい어울리다 険相(けんそう)험악한 인상

目·9·N2 □□□

相
서로 상

불을(丵:불씨 선)→咲(关:웃을 소) 들고 배웅하니(辶:책받침) 보내다(送)

음 ソウ　　**훈** おく

① 보내다 ② 전송

| 送(おく)る | 보내다 | 送金(そうきん) | 송금 |
| 送別(そうべつ) | 송별 | 発送(はっそう) | 발송 |

"본자(本字)는 送이지요"

한벽 送料(そうりょう)배송료 送(おく)り仮名(がな)한자 사이의 가나 見送(みおく)る배웅하다

辶·9·N3 □□□

送
보낼 송

想

心·13·N2 □□□

생각 상

음 ソウ, ソ **훈** 없음

① 생각 ② 상상

想像(そうぞう)	상상	感想(かんそう)	감상
理想(りそう)	이상	構想(こうそう)	구상

한벽差 愛想(あいそ, あいそう)붙임성 片想(かたおも)い짝사랑 夢想(むそう)공상 可哀想(かわいそう)だ불쌍하다

자신의 마음(心)을 자세히 상대하여(相) 헤아리니 생각(想)

息

心·10·N2 □□□

쉴 식

음 ソク **훈** いき

① (숨)쉬다 ② 숨 ③ 살다 ④ 태어난 것

息(いき)	숨	消息(しょうそく)	소식
子息(しそく)	자식	棲息(せいそく)	서식

한벽差 息子(むすこ)아들 息吹(いぶき)숨결 利息(りそく)이자 一息(ひといき)잠깐 쉼 吐息(といき)한숨 溜(た)め息(いき)한숨

코(自:스스로 자→코)와 심장(心)으로 호흡하니 숨 쉬다(息)

速

辶·10·N2 □□□

빠를 속

음 ソク **훈** はや, すみ

① 빠르다 ② 속도

速(はや)い	빠르다	速度(そくど)	속도
速報(そくほう)	속보	加速(かそく)	가속

"본자(本字)는 速이지요"

한벽差 速(はや)さ속도 速(はや)める빠르게 하다 速(はや)まる빨라지다 速(すみ)やかだ신속하다 敏速(びんそく)민첩하고 빠름 早速(さっそく)즉각

발목 고름을 동여매고(束:묶을 속)속히 가니(辶) 빠르다(速)

族

方·11·N3 □□□

겨레 족

음 ゾク **훈** 없음

① 가족 ② 친척 ③ 겨레

家族(かぞく)	가족	民族(みんぞく)	민족
氏族(しぞく)	씨족	皇族(こうぞく)	황족

한벽差 親族(しんぞく)친족 姻族(いんぞく)인척

깃발(㫃)이 나부끼는 (㫃:나부낄 언) 푯말 아래 하나의 겨레(族)

他

亻·5·N3 □□□

다를 타

음 タ **훈** ほか

① 다른 ② 그 외

他人(たにん)	타인	他国(たこく)	타국
他(ほか)	그 외	自他(じた)	자타

한벽差 他方(たほう)다른 한편 他薦(たせん)남이 추천함

나와 다른(它:다를 타→也:어조사 야) 사람(亻) 타인, 다르다(他)

打

음 ダ　　**훈** う

① 치다 ② 강조

| 打者(だしゃ) | 타자 | 打(う)つ | 치다 |
| 打開(だかい) | 타개 | 安打(あんだ) | 안타 |

"부수 扌은 손 수 手로 부수명은 재방 변이지요"

한벽 値打(ねう)ち 값어치 仕打(しう)ち 처사 犠打(ぎだ) 희생타 打(う)ち消(け)す 부정하다 打(う)ち合(あ)わせる 미리 협상하다

扌·5·N2 □□□

칠 타

손(扌)으로 못(丁:고무래 정→연장)을 내리치니 치다(打)

対

음 タイ, ツイ　　**훈** 없음

① 대하다 ② 마주하다 ③ 한 쌍

| 対(たい)する | 대하다 | 対立(たいりつ) | 대립 |
| 対戦(たいせん) | 대전 | 反対(はんたい) | 반대 |

"본자(本字)는 對이지요"

한벽 対(つい)쌍 一対(いっつい)한쌍

寸·7·N2 □□□

대할 대
마주볼 대

촛대(丵:풀 무성할 착→촛대)를 들고(寸:마디 촌→잡다) 대하다(對)

待

음 タイ　　**훈** ま

① 기다리다 ② 대접

| 待(ま)つ | 기다리다 | 待遇(たいぐう) | 대우 |
| 期待(きたい) | 기대 | 招待(しょうたい) | 초대 |

한벽 待(ま)ち合(あ)わせる 만날 약속하다 待(ま)ち望(のぞ)む 몹시 기다리다
待(ま)ち遠(どお)しい 오래 기다리다

彳·9·N3 □□□

기다릴 대

관청(寺:절 사, 관청 시)에 가서 (彳:자축거릴 척) 기다리다(待)

代

음 ダイ　　**훈** か, よ, しろ

① 대신하다 ② 한 세대 ③ 연령

| 代表(だいひょう) | 대표 | 代金(だいきん) | 대금 |
| 十代(じゅうだい) | 10대 | 代(か)える | 대신하다 |

한벽 代償(だいしょう)대가 代(か)わる 교대되다 千代(ちよ)영원 代物(しろもの)상품, 인물 身代金(みのしろきん)몸값 苗代(なわしろ)못자리

亻·5·N3 □□□

대신할 대

사람(亻)이 끈(弋:주살 익→말뚝)으로 연결하니 대신하다(代)

第

음 ダイ　　**훈** 없음

① 차례 ② 순번 ③ 시험

| 第一(だいいち) | 제일 | 第一歩(だいいっぽ) | 제일보 |
| 及第(きゅうだい) | 급제 | 落第(らくだい) | 낙제 |

한벽 次第(しだい)순서 ~次第(しだい)~하는 즉시 ~次第(しだい)~나름
次第(しだい)に 점차적으로

竹·11·N1 □□□

차례 제

나무에 줄을 감은 모습(⺮+弟)을 본떠 순서나 차례(第)

題 제목 제
頁·18·N3 □□□

음 ダイ　　**훈** 없음

① 제목 ② 표제 ③ 문제

題材(だいざい)	제재	話題(わだい)	화제
宿題(しゅくだい)	숙제	問題(もんだい)	문제

한벽쌤 題名(だいめい)제목 食(た)べ放題(ほうだい)음식 무한정 리필 飲(の)み放題(ほうだい)음료 무한정 리필 題(だい)제목

바른(是:옳을 시) 얼굴(頁:머리 혈)이 되듯 글의 시작 제목(題)

炭 숯 탄
火·9·N2 □□□

음 タン　　**훈** すみ

① 숯 ② 석탄 ③ 탄소

炭(すみ)	숯	炭鉱(たんこう)	탄광
石炭(せきたん)	석탄	木炭(もくたん)	목탄

한벽쌤 炭俵(すみだわら)숯가마니 炭坑(たんこう)석탄갱 塊炭(かいたん)덩어리 석탄

산(山)의 나무를 기슭(厂:기슭 엄)에서 불 지펴(火) 만든 숯(炭)

短 짧을 단
矢·12·N3 □□□

음 タン　　**훈** みじか

① 짧다 ② 부족

短(みじか)い	짧다	長短(ちょうたん)	장단
短期(たんき)	단기	短時間(たんじかん)	단시간

한벽쌤 短所(たんしょ)단점 短歌(たんか)전통 시 短大(たんだい)전문대학 短艇(たんてい)보트 短気(たんき)다성미가 급하다

투호 통(豆:콩 두→통)에 화살(矢) 던지는 거리처럼 짧다(短)

談 말씀 담
言·15·N2 □□□

음 ダン　　**훈** 없음

① 이야기 ② 대화

談話(だんわ)	담화	談合(だんごう)	담합
相談(そうだん)	상담	会談(かいだん)	회담

한벽쌤 冗談(じょうだん)농담 縁談(えんだん)혼담 示談(じだん)합의 閑談(かんだん)여담

불꽃(炎)이 이는 것처럼 열성을 다하여 의견 나누니(言) 말씀(談)

着 붙을 착/입을 착
羊·12·N3 □□□

음 チャク, ジャク　　**훈** き, つ

① 붙다 ② 입다 ③ 도착 ④ 착수

着(つ)く	도착하다	着(き)る	입다
着席(ちゃくせき)	착석	到着(とうちゃく)	도착

"본자(本字)는 부수는 目이지요"

한벽쌤 着物(きもの)기모노 着々(ちゃくちゃく)착착 着(き)せる입히다 着(つ)ける대다 着替(きが)える갈아입다 着飾(きかざ)る꾸며 입다 上着(うわぎ)겉옷, 상의 下着(したぎ)속옷 肌着(はだぎ)내의 水着(みずぎ)수영복 執着(しゅうちゃく)집착 厚着(あつぎ)두껍게 입음 薄着(うすぎ)얇게 입음 寝間着(ねまき)잠옷 晴(は)れ着(ぎ)나들이옷 胴着(どうぎ)방한용 속옷 落(お)ち着(つ)く안정되다

글자 조합과는 관계없이 나타날 저(著)에서 나무즙 밑 붙다(着)

쏟아서 담는 물(氵)의 뜻과 주인 주(主)의 음으로 물 붓다(注)

음 チュウ　**훈** そそ

①붓다 ②주목 ③주석

注意(ちゅうい)　주의　　注射(ちゅうしゃ)　주사
注文(ちゅうもん)　주문　発注(はっちゅう)　발주

한벽 注釈(ちゅうしゃく)주석 注(そそ)ぐ따르다 注(つ)ぐ붓다

氵·8·N3 □□□

부을 **주**

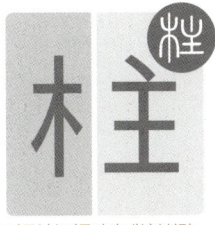

나무(木) 기둥과 촛대(主)처럼 중심을 잡아주는 기둥(柱)

음 チュウ　**훈** はしら

①기둥 ②중심

柱(はしら)　　　기둥　　円柱(えんちゅう)　원주
支柱(しちゅう)　지주　　電柱(でんちゅう)　전봇대

한벽 柱石(ちゅうせき)주축 大黒柱(だいこくばしら)대들보
霜柱(しもばしら)서릿발

木·9·N2 □□□

기둥 **주**

논밭의 흙을 고르고 곡식을 모으고 펴는 고무래, 장정(丁)

음 チョウ, テイ　**훈** 없음

①네 번째 간지 ②서적 종이 ③마을 단위

甲乙丙丁(こうおつへいてい)　갑을병정　壮丁(そうてい)　장정
三丁目(さんちょうめ)　　　　3가　　　落丁(らくちょう)　낙장

"흙을 고르고 곡식을 모으는 고무래의 모양을 나타내는 상형문자이지요."

한벽 包丁(ほうちょう)식칼 丁寧(ていねい)だ정중하다 丁重(ていちょう)だ정중하다 装丁(そうてい)책 인쇄

一·2·N3 □□□

丁

장정 **정**
고무래 **정**

천(巾)이나 피륙을 길게(長) 늘어 내리뜨린 천막 휘장 장막(帳)

음 チョウ　**훈** 없음

①장막 ②장부

帳簿(ちょうぼ)　　장부　　日記帳(にっきちょう)　일기장
通帳(つうちょう)　통장　　覚(おぼ)え帳(ちょう)　비망록

한벽 帳面(ちょうめん)장부 蚊帳(かや)모기장 手帳(てちょう)수첩
台帳(だいちょう)대장, 원부 几帳面(きちょうめん)だ꼼꼼하다

巾·11·N1 □□□

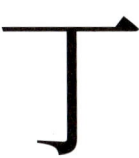

장막 **장**

다듬어진 밭(周:두루 주→둘레)처럼 말(言)로 고르다(調)

음 チョウ　**훈** しら, ととの

①조사 ②정돈 ③조정 ④상태

調(しら)べる　　　알아보다　調査(ちょうさ)　　조사
調整(ちょうせい)　조정　　　順調(じゅんちょう)だ　순조롭다

한벽 調(ととの)える조정하다 調(ととの)う가지런해지다 調子(ちょうし)상태
体調(たいちょう)컨디션 下調(したしら)べ예비 조사 好調(こうちょう)
순조로움 不調(ふちょう)だ상태가 나쁘다 絶好調(ぜっこうちょう)최상의 컨디션 失調(しっちょう)조화를 잃음

言·15·N2 □□□

고를 **조**

追

辶·9·N2 ☐☐☐

음 ツイ　　**훈** お

①쫓다 ②따르다 ③소급 ④추가

| 追(お)う | 쫓다 | 追放(ついほう) | 추방 |
| 追加(ついか) | 추가 | 追伸(ついしん) | 추신 |

"본자(本字)는 追이지요"

한벽 追及(ついきゅう)뒤쫓음, 추궁 追(お)い掛(か)ける뒤쫓아 가다
追(お)い付(つ)く따라붙다 追(お)い越(こ)す앞지르다

기슭으로(阜→𠂤:퇴) 뒤를 밟으니(辶:책받침) 쫓다(追)

쫓을 추
따를 추

定

宀·8·N2 ☐☐☐

음 テイ, ジョウ　　**훈** さだ

①정하다 ②규정 ③안정

| 定員(ていいん) | 정원 | 定食(ていしょく) | 정식 |
| 定価(ていか) | 정가 | 安定(あんてい) | 안정 |

"부수 집 면 宀은 주거, 사는 공간을 나타내지요"

한벽 定(さだ)める정하다 定(さだ)まる정해지다 定(さだ)かだ분명하다 定休日(ていきゅうび)정기휴일 勘定(かんじょう)계산 定規(じょうぎ)자 定礎(ていそ)주춧돌을 놓음 案(あん)の定(じょう)예상대로

성(宀:집 면)을 향해 바르게(正) 나아가기로 정하다(定)

정할 정

庭

广·10·N2 ☐☐☐

음 テイ　　**훈** にわ

①뜰 ②정원 ③집안

| 庭(にわ) | 뜰, 마당 | 庭園(ていえん) | 정원 |
| 家庭(かてい) | 가정 | 校庭(こうてい) | 교정 |

계단을 오를만한(廷:조정 정) 큰 집(广:집 엄)에 있는 뜰, 마당(庭)

뜰 정, 마당 정

笛

竹·11·N1 ☐☐☐

음 テキ　　**훈** ふえ

①피리

| 笛(ふえ) | 피리 | 汽笛(きてき) | 기적 |
| 鼓笛(こてき) | 고적 | 口笛(くちぶえ) | 휘파람 |

대(竹:대죽머리)의 구멍을 뚫어 길게(由:말미암을 유→대롱) 만든 피리(笛)

피리 적

鉄

金·13·N2 ☐☐☐

음 テツ　　**훈** 없음

①철 ②딱딱하고 강함 ③철도

| 鉄(てつ) | 철 | 鉄人(てつじん) | 철인 |
| 国鉄(こくてつ) | 국철 | 地下鉄(ちかてつ) | 지하철 |

"본자(本字)는 鐵이지요"

한벽 鉄砲(てっぽう)총포 鉄棒(てつぼう)철봉 鉄棒(かなぼう)쇠몽둥이
鉄腕(てつわん)무쇠 팔 私鉄(してつ)민간 철도 鍛鉄(たんてつ)연철

쇠(金)의 뜻과 강한 강도의 질(戜)의 음으로 쇠(鐵)

쇠 철

실을 감는 물레(專:오로지 전→방추) 돌리는(車) 데서 구르다(轉)

음 テン　　**훈** ころ

① 구르다 ② 바뀌다 ③ 돌다

転職(てんしょく)	전직	運転(うんてん)	운전
自転車(じてんしゃ)	자전거	回転(かいてん)	회전

"본자(本字)는 轉이지요"

한벽동 転(ころ)ぶ넘어지다 転(ころ)がす굴리다 転(ころ)がる구르다 転(ころ)げる구르다 転校(てんこう)전학 転居(てんきょ)이사 転回(てんかい)회전 転(てん)じる바뀌다 転々(てんてん)전전 機転(きてん)기지 流転(るてん)윤회

転 구를 전　車·11·N3

사람(者)이 옹기종기 모여사는 중심 고을(阝:우부방) 도읍(都)

음 ト, ツ　　**훈** みやこ

① 도읍 ② 수도 ③ 모두 ④ 동경

都(みやこ)	서울	都会(とかい)	도시
首都(しゅと)	수도	東京都(とうきょうと)	동경도

"한자 오른쪽에 위치하는 부수 阝는 고을 읍 邑으로 우부 방이며, 본자(本字)는 都이지요."

한벽동 都合(つごう)형편 都度(つど)그때마다 都道府県(とどうふけん)행정구역 都内(とない)동경내 都民(とみん)동경 도민 都庁(とちょう)동경 도청

都 도읍 도　阝·11·N3

공간(广:집 엄)을 돌멩이(廿:스물 입→돌)로 던져(又:또 우→손) 측량하는 법도(度)

음 ド, ト, タク　　**훈** たび

① 횟수 ② 척도 ③ 규정 ④ 도량

度量(どりょう)	도량	一度(いちど)	한 번, 1도
速度(そくど)	속도	度(たび)	횟수

한벽동

度胸(どきょう)	배짱	度合(どあ)い	정도	度忘(どわす)れ	깜박 잊음
度量衡(どりょうこう)	도량형	度々(たびたび)	종종	一度(いちど)に	일시에
今度(こんど)	이번	法度(はっと)	법령	支度(したく)	채비
都度(つど)	그때마다	再度(さいど)	다시금	尺度(しゃくど)	척도
幾度(いくたび)	몇 번	鮮度(せんど)	신선도	毎度(まいど)	매번

度 법도 도/헤아릴 탁　广·9·N3

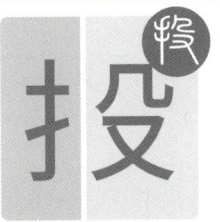

손으로(扌) 제기 그릇(殳:칠 수→豆) 두드리니(殳) 던지다(投)

음 トウ　　**훈** な

① 던지다 ② 붓다 ③ 만나다

投手(とうしゅ)	투수	投(な)げる	던지다
投資(とうし)	투자	投票(とうひょう)	투표

한벽동 投網(とあみ)투망 投降(とうこう)투항

投 던질 투　扌·7·N2

豆 · 7 · N1 ☐☐☐
콩 두

- 음 トウ, ズ
- 훈 まめ

①콩

| 豆(まめ) | 콩 | 大豆(だいず) | 대두콩 |
| 豆腐(とうふ) | 두부 | 豆乳(とうにゅう) | 두유 |

"신에게 바치는 제기 그릇을 나타내는 상형문자이지요"

한벽룡 小豆(あずき)팥 枝豆(えだまめ)풋콩 納豆(なっとう)낫토

신에게 바치는 제기 그릇(豆)에서 후에 가차(假借)되어 콩

山 · 10 · N2 ☐☐☐
섬 도

- 음 トウ
- 훈 しま

①섬

| 島(しま) | 섬 | 半島(はんとう) | 반도 |
| 列島(れっとう) | 열도 | 無人島(むじんとう) | 무인도 |

한벽룡 島国(しまぐに)섬나라 島々(しまじま)섬들 小島(こじま)작은 섬
諸島(しょとう)여러 섬 孤島(ことう)외딴 섬

융기되어 바다 위로 불룩 솟은 (鳥:새 조) 높은 지반(山:뫼 산) 섬(島)

氵 · 12 · N2 ☐☐☐
끓을 탕

- 음 トウ
- 훈 ゆ

①끓이다 ②뜨거운 물 ③목욕탕 ④온천

| 湯(ゆ) | 뜨거운 물 | 熱湯(ねっとう) | 열탕 |
| 茶(ちゃ)の湯(ゆ) | 다도 | 湯(ゆ)の町(まち) | 온천 마을 |

한벽룡 湯気(ゆげ)김 湯飲(ゆの)み엽잔 銭湯(せんとう)대중목욕탕
湯船(ゆぶね)욕조 湯加減(ゆかげん)탕 온도

햇볕이(昜:볕 양) 이글이글 작열하듯 물(氵)이 끓다(湯)

癶 · 12 · N2 ☐☐☐
오를 등

- 음 トウ, ト
- 훈 のぼ

①오르다 ②외출 ③등재

| 登(のぼ)る | 오르다 | 登場(とうじょう) | 등장 |
| 登校(とうこう) | 등교 | 登録(とうろく) | 등록 |

"부수 癶는 걸을 발로, 걸어가는 발을 나타내며 필발머리라고도 하지요"

한벽룡 山登(やまのぼ)り등산 登山(とざん)등반

제기(豆:콩 두→제기)를 들고 제단으로 걸어(癶:걸을 발) 오르다(登)

竹 · 12 · N2 ☐☐☐
무리 등

- 음 トウ
- 훈 ひと

①무리 ②동등 ③등급

| 等価(とうか) | 등가 | 平等(びょうどう) | 평등 |
| 高等(こうとう) | 고등 | 劣等(れっとう) | 열등 |

한벽룡 等(ひと)しい동등하다 かばん等(とう)가방 등
上等(じょうとう)だ훌륭하다

관청(寺:절 사, 관청 시)에서 문서(⺮→죽간)를 나눠주니 등급, 무리(等)

음 ドウ　　**훈** うご

①움직이다 ②행동

| 動(うご)く | 움직이다 | 動物(どうぶつ) | 동물 |
| 自動(じどう) | 자동 | 行動(こうどう) | 행동 |

한벽 動(うご)かす움직이게 하다

力·11·N3 □□□

動
움직일 동

음 ドウ　　**훈** わらべ

①아이 ②아동

| 童話(どうわ) | 동화 | 童謠(どうよう) | 동요 |
| 兒童(じどう) | 아동 | 神童(しんどう) | 신동 |

한벽 童(わらべ)동자 童歌(わらべうた)동요 童貞(どうてい)동정

立·12·N2 □□□

童
아이 동

눈을 찔러(辛+木→立) 구속하는 노예에서 후에 가차(假借)되어 아이(童)

음 ノウ　　**훈** 없음

①농사 ②농작

| 農業(のうぎょう) | 농업 | 農家(のうか) | 농가 |
| 農地(のうち) | 농지 | 酪農(らくのう) | 낙농 |

"부수 辰은 별 진이지요"

辰·13·N2 □□□

農
농사 농

절기(辰:별 진)의 흐름을 읽어 경작(曲→田)하는 농사(農)

음 ハ　　**훈** なみ

①파도 ②물결 ③파동

| 波(なみ) | 파도, 물결 | 波浪(はろう) | 파랑 |
| 音波(おんぱ) | 음파 | 電波(でんぱ) | 전파 |

한벽 津波(つなみ)해일 浦波(うらなみ)밀려드는 파도 鯨波(げいは)큰 파도

氵·8·N2 □□□

波
물결 파

가죽(皮)을 벗겨내듯 요동치는 (氵) 진동 물결, 파도(波)

음 ハイ　　**훈** くば

①나누다 ②조합 ③짝

| 配(くば)る | 나눠주다 | 配達(はいたつ) | 배달 |
| 配合(はいごう) | 배합 | 分配(ぶんぱい) | 분배 |

"부수 酉는 술병을 나타내는 닭 유이지요"

한벽 配偶者(はいぐうしゃ)배우자 配信(はいしん)정보, 데이터 전송
心配(しんぱい)걱정 気配(けはい)기색

酉·10·N2 □□□

配
나눌 배
짝 배

술(酉:닭 유)이 익는 것을 굽어 살피듯(己) 고르는 짝(配)

倍
イ·10·N2

음 バイ　　**훈** 없음

①두 배 ②배가

| 倍(ばい) | 2배 | 数倍(すうばい) | 수배 |
| 倍率(ばいりつ) | 배율 | 倍数(ばいすう) | 배수 |

곱 배

사람(イ)을 배신하고 부정(音:침 부→否:아닐 부)하면 돌아오는 곱, 배(倍)

箱
竹·15·N2

음 없음　　**훈** はこ

①상자

| 箱(はこ) | 상자 | ごみ箱(ばこ) | 쓰레기통 |
| 本箱(ほんばこ) | 책장 | 筆箱(ふでばこ) | 필통 |

한벽 巣箱(すばこ)새집 箸箱(はしばこ)수저통 重箱(じゅうばこ)찬합

상자 상

재질이 대죽(⺮)인 뜻과 서로 상(相)의 음으로 상자(箱)

畑
田·9·N2

음 없음　　**훈** はた, はたけ

①밭

| 畑(はたけ) | 밭 | 畑仕事(はたけしごと) | 밭농사 |
| 田畑(たはた) | 논밭 | 松畑(まつばたけ) | 소나무밭 |

"일본 고유한자(和製漢字)인 국자(国字)이지요"

화전 전

불(火)과 경작지(田)를 결합하여 밭을 나타내니 화전(畑)

発
癶·9·N3

음 ハツ, ホツ　　**훈** 없음

①나서다 ②발하다 ③퍼지다

| 発売(はつばい) | 발매 | 発表(はっぴょう) | 발표 |
| 出発(しゅっぱつ) | 출발 | 発病(はつびょう) | 발병 |

"본자(本字)는 發이지요"

한벽 発足(ほっそく)발족 発作(ほっさ)발작 発端(ほったん)발단 始発(しはつ)첫차 発奮(はっぷん)분발 発(た)つ떠나다 利発(りはつ)だ영리하다

필 발

활(弓)에 화살을 겨누어(癶:걸을 발→又+矢) 쏘니(殳) 펴다(發)

反
又·4·N2

음 ハン, ホン, タン　　**훈** そ

①되돌리다 ②반대 ③거스르다

| 反面(はんめん) | 반면 | 反対(はんたい) | 반대 |
| 反論(はんろん) | 반론 | 違反(いはん) | 위반 |

한벽 反応(はんのう)반응 反(はん)する반하다 反(そ)らす휘게 하다 反(そ)る휘다 反物(たんもの)옷감 謀反(むほん)반역

돌이킬 반
돌아올 반

사물(厂:기슭 엄→물건)을 손(又:또 우→손)으로 뒤집으니 돌이키다(反)

불룩 솟은 흙덩이(土)의 뜻과 돌이킬 반(反→판)의 음으로 언덕(坂)

음 ハン　　**훈** さか

①언덕 ②사면

| 坂(さか) | 언덕 | 坂道(さかみち) | 비탈길 |
| 上(のぼ)り坂(ざか) | 오르막 | 下(くだ)り坂(ざか) | 내리막 |

한벽을 坂路(はんろ)언덕길

土・7・N2 ☐☐☐

언덕 판
비탈 판

나뭇조각(木)의 뜻과 돌이킬 반(反→판)의 음으로 널, 널빤지(板)

음 ハン, バン　　**훈** いた

①판자

| 板(いた) | 판자 | 看板(かんばん) | 간판 |
| 黒板(こくばん) | 흑판 | 鉄板(てっぱん) | 철판 |

한벽을 板前(いたまえ)요리사 胸板(むないた)앞가슴 まな板(いた)도마 板塀(いたべい)널판장

木・8・N2 ☐☐☐

板

널 판

잡은 짐승의 가죽을 손으로 벗기는 모습(皮)을 본떠 가죽

음 ヒ　　**훈** かわ

①가죽 ②껍질 ③표면

| 皮(かわ) | 가죽 | 皮革(ひかく) | 피혁 |
| 皮膚(ひふ) | 피부 | 表皮(ひょうひ) | 표피 |

"짐승의 가죽을 손으로 벗기는 모습을 나타내는 상형문자이지요"

한벽을 皮肉(ひにく)얄궂다, 빈정거리다 毛皮(けがわ)모피

皮・5・N2 ☐☐☐

皮

가죽 피

평소의 평온 상태가 아닌(非:아닐 비) 마음(心)에서 슬프다(悲)

음 ヒ　　**훈** かな

①슬프다 ②슬퍼하다

| 悲(かな)しい | 슬프다 | 悲鳴(ひめい) | 비명 |
| 悲劇(ひげき) | 비극 | 悲惨(ひさん) | 비참 |

한벽을 悲憤(ひふん)비분 悲(かな)しみ슬픔 悲(かな)しむ슬퍼하다

心・12・N2 ☐☐☐

悲

슬플 비

사람 머리(大)에 상서로운 양 뿔과 깃(羊)을 더하니 아름답다(美)

음 ビ　　**훈** うつく

①아름답다 ②훌륭하다 ③칭송

| 美(うつく)しい | 아름답다 | 美容(びよう) | 미용 |
| 美人(びじん) | 미인 | 美術(びじゅつ) | 미술 |

한벽을 美麗(びれい)다아름답고 곱다 褒美(ほうび)포상 優美(ゆうび)다우아하고 아름답다 賛美(さんび)찬미 賛美歌(さんびか)찬송가 華美(かび)다화려하고 아름답다

羊・9・N2 ☐☐☐

아름다울 미

鼻・14・N2 ☐☐☐

코 비

음 ビ　　**훈** はな

①코

鼻(はな)　　코　　耳鼻咽喉科(じびいんこうか)　이비인후과
鼻音(びおん)　비음　鼻孔(びこう)　　　　　　비강

"코와 신체를 연결하여 나타내는 상형문자이며, 부수 鼻는 코 비이지요"

한벽 鼻水(はなみず)콧물 鼻血(はなぢ)코피 耳鼻科(じびか)이비인후과

코를 뜻하던 자(自)와 신체를 연결하여(畀:줄 비) 코(鼻)

竹・12・N2 ☐☐☐

붓 필

음 ヒツ　　**훈** ふで

①붓 ②(글)쓰다

筆(ふで)　　　붓　　筆順(ひつじゅん)　　필순
鉛筆(えんぴつ)　연필　随筆(ずいひつ)　　　수필

한벽 筆箱(ふでばこ)필통

대죽(⺮) 몸통에 깃털을 단 기구(聿:붓 율)를 드니 붓(筆)

水・5・N2 ☐☐☐

얼음 빙

음 ヒョウ　　**훈** こおり, ひ

①얼음 ②얼다

氷(こおり)　　　얼음　　氷山(ひょうざん)　　빙산
砕氷(さいひょう)　쇄빙　流氷(りゅうひょう)　유빙

"얼어 실금이 간 얼음의 모양을 나타내는 상형문자이지요"

한벽 氷点下(ひょうてんか)영하 氷雨(ひさめ)우박 氷室(ひむろ, ひょうしつ)빙고 氷水(こおりみず)얼음물 かき氷(ごおり)팥빙수 霧氷(むひょう)얼음

물(水)이 얼어 실금(冫)이 간 모양(氷)을 그대로 본떠 얼음

衣・8・N2 ☐☐☐

겉 표

음 ヒョウ　　**훈** あらわ, おもて

①겉 ②나타나다 ③표 ④문서

表(おもて)　　　표면　　表面(ひょうめん)　표면
表(ひょう)　　　표　　　辞表(じひょう)　　사표

한벽 表(あらわ)す나타내다 表(あらわ)れる나타나다 表(あらわ)れ표출 表裏(ひょうり)안팎 表向(おもてむ)き표면상 裏表(うらおもて)안팎 ~回表(かいおもて)~회초

털(毛)로 만든 겉옷인 외투(衣)에서 겉(表)

禾・9・N2 ☐☐☐

분초 초

음 ビョウ　　**훈** 없음

①1분 ②아주 짧은 시간

秒(びょう)　　　초　　　五秒(ごびょう)　　5초
秒針(びょうしん)　초침　秒速(びょうそく)　초속

한벽 寸秒(すんびょう)짧은 시간

낱알(禾:벼 화) 껍질과 동강인 작은(少) 까끄라기 분초(秒)

| 음 ビョウ, ヘイ | 훈 や, やまい | 疒·10·N3 □□□ |

① 병 ② 병들다

病院(びょういん) 병원　　病室(びょうしつ) 병실
発病(はつびょう) 발병　　心臓病(しんぞうびょう) 심장병

"부수 疒은 병들어 침상에 누운 사람을 나타내며 아픔, 통증, 질환을 나타내는 병들 녁이지요"

한벽쑤 病(やまい)병환 病気(びょうき)병 気(びょうき)だ아프다 病(や)む앓다
病巣(びょうそう)병소 仮病(けびょう)꾀병 臆病(おくびょう)겁이 많다

병 병

병들어 침상에 누운 (疒:병들 녁)
뜻과 남녘 병(丙)의 음으로 병(病)

| 음 ヒン | 훈 しな | 口·9·N3 □□□ |

① 물건 ② 품질 ③ 품성

品(しな) 물건　　品質(ひんしつ) 품질
品性(ひんせい) 품성　　新製品(しんせいひん) 신제품

한벽쑤 品物(しなもの)물건 手品(てじな)마술 産直品(さんちょくひん)산지직송품 逸品(いっぴん)우수한 물건 上品(じょうひん)だ고상하다 下品(げひん)だ천박하다

물건 품

여러 개의 그릇(口+口+口)이
가지런히 놓이니 물건(品)

| 음 フ | 훈 ま, お | 貝·9·N4 □□□ |

① 지다 ② (짐)지다 ③ 마이너스

負(ま)ける 지다　　負担(ふたん) 부담
負債(ふさい) 부채　　勝負(しょうぶ) 승부

질 부

한벽쑤 負(ま)けん気(き)오기 負(ま)かす이기다 負(お)う짐 지다 負(ふ)마이너스 背負(せお)う짊어지다

사람이(人→⺈) 등 위에 재물을
(貝:조개 패) 매고 다니니 지다(負)

| 음 ブ | 훈 없음 | 阝·11·N2 □□□ |

① 나누다 ② 부분 ③ ~부(신문 부수)

部品(ぶひん) 부품　　部分(ぶぶん) 부분
全部(ぜんぶ) 전부　　幹部(かんぶ) 간부

"오른쪽에 위치하는 부수 阝는 고을 읍 邑 우부방이지요"

한벽쑤 部屋(へや)방 一部(いちぶ)일부, 1부 腰部(ようぶ)허리 부분

떼 부

군락을 이룬 고을(阝:우부방→
고을)의 뜻과 침 부(音)의 음으로 떼(部)

| 음 フク | 훈 없음 | 月·8·N3 □□□ |

① 옷 ② 복종 ③ 마시다 ④ 견디다

服(ふく) 옷　　服装(ふくそう) 복장
服従(ふくじゅう) 복종　　衣服(いふく) 의복

한벽쑤 服用(ふくよう)복용 克服(こくふく)극복 服役(ふくえき)복역 一服(いっぷく)한 모금, 잠깐 쉼 洋服(ようふく)옷 和服(わふく)일본 옷

옷 복

배(月:달 월→舟)로 죄 진 사람
(卩)을 옮기다(又:또 우)에서 복종, 옷(服)

福 — 복 복

ネ·13·N2 □□□

- **음** フク
- **훈** 없음

① 복 ② 행복 ③ 복음

福(ふく)	복	福音(ふくいん)	복음
祝福(しゅくふく)	축복	幸福(こうふく)	행복

"본자(本字)는 福이지요"

한벽 福豆(ふくまめ)복콩

제사(示:보일 시) 드려(畐:가득할 복→술항아리) 구하는 복(福)

物 — 물건 물

牛·8·N3 □□□

- **음** ブツ, モツ
- **훈** もの

① 물건 ② 생물 ③ 약간 ④ 사람

物(もの)	물건	生物(せいぶつ)	생물
物件(ぶっけん)	물건	傑物(けつぶつ)	걸물

"부수 牛 는 가축을 나타내며 牛 소 우이지요"

한벽

物事(ものごと)	세상사	物語(ものがたり)	이야기	物音(ものおと)	소리
物置(ものおき)	헛간	物差(ものさ)し	척도	物凄(ものすご)い	굉장하다
果物(くだもの)	과일	荷物(にもつ)	짐	見物(けんぶつ)	구경
着物(きもの)	기모노	本物(ほんもの)	진품	偽物(にせもの)	가짜
好物(こうぶつ)	좋아하는 음식	私物(しぶつ)	사유물	書物(しょもつ)	서적
食物(しょくもつ)	음식	作物(さくもつ)	농작물	獲物(えもの)	포획물
供物(くもつ)	공물	忘(わす)れ物(もの)	잊은 물건	落(お)とし物(もの)	분실물
焼(や)き物(もの)	도기류	編(あ)み物(もの)	편물	見(み)せ物(もの)	구경거리
干(ほ)し物(もの)	말린 것	物好(ものず)きだ	호기심 많다	物騒(ぶっそう)だ	뒤숭숭하다

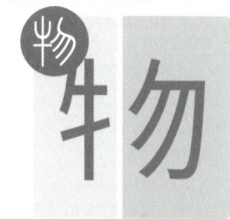

귀한 소(牛)를 도축하는 모습(勿: 말 물→도축)을 빗대어 물건(物)

平 — 평평할 평

干·5·N2 □□□

- **음** ヘイ, ビョウ
- **훈** たい, ひら

① 평평하다 ② 온화 ③ 보통

平野(へいや)	평야	平日(へいじつ)	평일
平和(へいわ)	평화	公平(こうへい)	공평

"소리가 고르게 퍼지는 평평한 모양을 나타내는 상형문자이며, 본자(本字)는 平이지요"

한벽 平仮名(ひらがな)히라가나 平等(びょうどう)평등 平癒(へいゆ)완치 平成(へいせい)일본 연호 平(ひら)たい 평평하다 平気(へいき)だ태연하다

악기(干:방패 간→악기) 소리가 고르게 퍼져가니(八) 평평하다(平)

返 — 돌이킬 반

辶·7·N2 □□□

- **음** ヘン
- **훈** かえ

① 되돌리다 ② 값다 ③ 대답

返(かえ)す	되돌리다	返(かえ)る	되돌아오다
返品(へんぴん)	반품	返送(へんそう)	반송

"본자(本字)는 返이지요"

한벽 返事(へんじ)답변, 답장 返済(へんさい)변제 返金(へんきん)돈을 갚음 返答(へんとう)응답 返却(へんきゃく)반환 宙返(ちゅうがえ)り공중회전 引(ひ)き返(かえ)す되돌아가다 繰(く)り返(かえ)す반복하다 裏返(うらがえ)す뒤집다

사물을 뒤집어(反:돌이킬 반) 되돌리니(辶) 돌이키다(返)

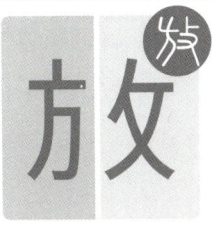

| 음 ベン | 훈 없음 |

カ·10·N3 ☐☐☐

① 힘쓰다 ② 근면

勉学(べんがく)　면학　　勤勉(きんべん)　근면

"본자(本字)는 勉로 1획이 더 적지요"

한벽 勉強(べんきょう)공부 勉強机(べんきょうづくえ)공부 책상

勉
힘쓸 면

관모(免:면할 면→투구)를 쓴 관리가 애쓰니(力) 힘쓰다(勉)

| 음 ホウ | 훈 はな |

攵·8·N2 ☐☐☐

① 놓아주다 ② 해방 ③ 방치

放火(ほうか)　방화　　放出(ほうしゅつ)　방출
開放(かいほう)　개방　　追放(ついほう)　추방

한벽 放棄(ほうき)포기 放(はな)す놓아주다 放(はな)れる놓이다 放(はな)つ놓다 放(ほう)る방치하다 食(た)べ放題(ほうだい)음식 무한정 리필 飲(の)み放題(ほうだい)음료 무한정 리필

放
놓을 방

바깥으로 내치다(攵:등글월문)의 뜻과 모 방(方)의 음으로 놓다(放)

| 음 ミ | 훈 あじ |

口·8·N3 ☐☐☐

① 맛 ② 맛보다 ③ 알맹이 ④ 음미

味(あじ)　　맛　　　味覚(みかく)　미각
意味(いみ)　의미　　興味(きょうみ)　흥미

한벽 味(あじ)わう맛보다 味方(みかた)아군 味噌(みそ)된장 正味(しょうみ)알맹이 苦味(にがみ)쓴맛 旨味(うまみ)감칠맛 渋味(しぶみ)떫은 맛, 고상함 滋味(じみ)깊은 맛, 깊은 인상 賞味期限(しょうみきげん)유통기한 三味線(しゃみせん)전통 악기

味
맛 미

입(口)으로 느끼는 맛의 뜻과 아닐 미(未)의 음으로 맛(味)

| 음 メイ, ミョウ | 훈 いのち |

口·8·N2 ☐☐☐

① 목숨 ② 명령 ③ 숙명 ④ 과녁

命(いのち)　　목숨　　命令(めいれい)　명령
命中(めいちゅう)　명중　　運命(うんめい)　운명

한벽 寿命(じゅみょう)수명 懸命(けんめい)だ열심이다
一生懸命(いっしょうけんめい)열심히

목숨 명

관청(스:삼합 집→관아)에서 무릎 꿇고(卩:병부 절) 임금의 영(口) 받으니 목숨(命)

面・9・N2 □□□

낯 면

음 メン **훈** おも, おもて, つら

① 얼굴 ② 가면 ③ 표면 ④ 방향

| 面会(めんかい) | 면회 | 面接(めんせつ) | 면접 |
| 仮面(かめん) | 가면 | 反面(はんめん) | 반면 |

"눈을 중심으로 낯, 얼굴의 모양을 나타내는 상형문자이지요"

사람의 눈을 중심으로 한 얼굴 모양(面)을 본떠 낯

한벽쌤

面(おも)	얼굴	面(つら)	낯	面(おもて)	면
面影(おもかげ)	옛날 모습	面倒(めんどう)だ	귀찮다	面白(おもしろ)い	재미있다
面持(おももち)	표정, 안색	面相(めんそう)	용모	斜面(しゃめん)	경사면
凹面(おうめん)	오목면	凸面(とつめん)	볼록면	矢面(やおもて)	진두, 집중포화
帳面(ちょうめん)	장부	真面目(まじめ)だ	성실하다	赤面(せきめん)	얼굴을 붉힘
当面(とうめん)	당분간	生真面目(きまじめ)だ	고지식하다	工面(くめん)	자금 마련
面(めん)する	마주 보다	几帳面(きちょうめん)だ	꼼꼼하다		

口・11・N3 □□□

물을 문

음 モン **훈** と, とん

① 묻다 ② 방문 ③ 도매

| 問題(もんだい) | 문제 | 訪問(ほうもん) | 방문 |
| 学問(がくもん) | 학문 | 問(と)う | 묻다 |

문(門)의 왕래를 통해 소식과 안부를 물으니(口) 묻다(問)

한벽쌤 問(と)い질문 問屋(とんや)도매상 卸(おろ)し問屋(とんや)도매상 問答(もんどう)문답 糾問(きゅうもん)날카롭게 따져 물음 問(と)い合(あ)わせる문의하다

イ・7・N2 □□□

부릴 역

음 ヤク, エキ **훈** 없음

① 역할 ② 부리다 ③ 임원 ④ 배우

| 役割(やくわり) | 역할 | 兵役(へいえき) | 병역 |
| 主役(しゅやく) | 주역 | 服役(ふくえき) | 복역 |

몽둥이(殳:칠 수)로 사람(彳:자축거릴 척→イ)을 부리다(役)

한벽쌤 役目(やくめ)역할 役者(やくしゃ)배우 役場(やくば)관청 役職(やくしょく)관리직 役員(やくいん)임원 役所(やくしょ)관공서 区役所(くやくしょ)구청 市役所(しやくしょ)시청 役立(やくだ)つ도움이 되다

⧺・16・N3 □□□

약 약

음 ヤク **훈** くすり

① 약 ② 약품 ③ 화약

| 薬(くすり) | 약 | 薬品(やくひん) | 약품 |
| 火薬(かやく) | 화약 | 丸薬(がんやく) | 환약 |

"본자(本字)는 藥이지요"

약초(⧺:초두)로 지어 몸을 다시 편안하게 해주니(樂) 약(藥)

한벽쌤 薬屋(くすりや)약국 薬缶(やかん)주전자 薬指(くすりゆび)약지 薬剤師(やくざいし)약사

촛불과 촛대 잔을 그대로 본떠 (由) 환하게 밝히니 말미암다

음 ユ, ユウ, ユイ　　**훈** よし

①유래 ②이유 ③경유

| 由来(ゆらい) | 유래 | 理由(りゆう) | 이유 |
| 事由(じゆう) | 사유 | 経由(けいゆ) | 경유 |

"촛불과 촛대로 환하게 밝히는 모습을 나타내는 상형문자이지요"

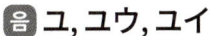 由緒(ゆいしょ)유서 由(よし)연유

田·5·N2 □□□

말미암을 유

진액(氵)이 원활히 흐르는 등불 잔(由)으로 기름(油)

음 ユ　　**훈** あぶら

①기름

| 油(あぶら) | 기름 | 油絵(あぶらえ) | 유화 |
| 油田(ゆでん) | 유전 | 石油(せきゆ) | 석유 |

한벽著 油断(ゆだん)방심

氵·8·N2 □□□

油

기름 유

손(又:또 우→손)으로 고기(肉)를 드니 가지고 있다(有)

음 ユウ, ウ　　**훈** あ

①있다 ②가지다

| 有料(ゆうりょう) | 유료 | 有能(ゆうのう) | 유능 |
| 有名(ゆうめい)だ | 유명하다 | 所有(しょゆう) | 소유 |

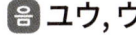 有(あ)る있다 有(ゆう)する가지다 有無(うむ)유무 有頂天(うちょうてん)매우 기뻐함 有(あ)り様(さま)모습 有意義(ゆういぎ)だ값지다

月·6·N3 □□□

有

있을 유

깃발(㫃:깃발 유)을 들고 길(辶)을 떠나니 놀다(遊)

음 ユウ, ユ　　**훈** あそ

①놀다 ②돌아다니다

| 遊(あそ)ぶ | 놀다 | 遊園地(ゆうえんち) | 유원지 |
| 遊星(ゆうせい) | 유성 | 遊覧(ゆうらん) | 유람 |

"본자(本字)는 遊이지요"

한벽著 遊説(ゆうぜい)유세 遊山(ゆさん)산에 놀러감

辶·12·N2 □□□

遊

놀 유

의심 많고 사려 깊은 코끼리(象)의 뜻과 나 여(予→예)의 음으로 미리(豫)

음 ヨ　　**훈** 없음

①미리 ②천천히 ③나(고어)

| 予約(よやく) | 예약 | 予定(よてい) | 예정 |
| 予報(よほう) | 예보 | 猶予(ゆうよ) | 유예 |

"부수는 갈고리궐 亅이지요"
"본자(本字)는 豫이며, 본자의 부수는 돼지 시 豕이지요"

한벽著 予(よ)나 予期(よき)예상

亅·4·N2 □□□

予

미리 예
나 여

羊 · 6 · N1 ☐☐☐

羊
양 양

음 ヨウ　　**훈** ひつじ

①양

| 羊(ひつじ) | 양 | 羊毛(ようもう) | 양모 |
| 羊皮(ようひ) | 양피 | 綿羊(めんよう) | 면양 |

"양의 두 뿔과 얼굴 모양을 나타내는 상형문자이지요"

한벽쌤 羊酪(ようらく)양젖제품 子羊(こひつじ)어린양

양의 두 뿔과 얼굴 생김새(羊)를 그대로 본떠 양

氵 · 9 · N3 ☐☐☐

洋
큰바다 양

음 ヨウ　　**훈** 없음

①해양 ②큰 바다 ③세계 ④서양

| 洋食(ようしょく) | 양식 | 海洋(かいよう) | 해양 |
| 遠洋(えんよう) | 원양 | 東洋(とうよう) | 동양 |

한벽쌤 洋服(ようふく)옷 洋風(ようふう)서양풍 洋式(ようしき)서양식 洋室(ようしつ)서양식 방

무리 지어 다니는 양(羊)의 뜻과 물줄기(氵)로 큰 바다(洋)

⺾ · 12 · N2 ☐☐☐

葉
잎 엽

음 ヨウ　　**훈** は

①잎 ②시대

| 葉(は) | 잎 | 木(こ)の葉(は) | 나뭇잎 |
| 葉書(はがき) | 엽서 | 中葉(ちゅうよう) | 중엽기 |

"본자(本字)는 葉으로, 부수는 ⺾(艸)로 1획이 더 많지요"

한벽쌤 言葉(ことば)말 紅葉(もみじ, こうよう)단풍 若葉(わかば)새싹 枝葉(えだは)가지와 잎 双葉(ふたば)떡잎 絵葉書(えはがき)그림 엽서 落(お)ち葉(ば)낙엽 枯(か)れ葉(は)고엽

나무에 새순(枼:나뭇잎 엽→世+木)이 올라오고 풀(⺾)이 나니 잎(葉)

阝 · 12 · N2 ☐☐☐

陽
볕 양

음 ヨウ　　**훈** 없음

①볕, 해 ②밝다 ③(전기)양극

| 陽性(ようせい) | 양성 | 陽暦(ようれき) | 양력 |
| 太陽(たいよう) | 태양 | 陽(ひ) | 해 |

"왼쪽에 위치하는 부수 阝는 언덕 부 阜로 좌부방이지요"

한벽쌤 陽射(ひざ)し햇살 陽光(ようこう)햇빛 陽気(ようき)だ쾌활하다

언덕(阝:좌부방) 위 제단에 비치는(昜:볕 양) 볕(陽)

様

음 ヨウ **훈** さま

木・14・N2

①모양 ②형식 ③존경

| 様式(ようしき) | 양식 | 様(さま) | 모습 |
| 模様(もよう) | 모양 | 文様(もんよう) | 문양 |

"본자(本字)는 様이지요"

사물(木)의 뜻에 강이 길 양(羕)의 음으로 열매, 모양(様)

様 모양 양

한벽
様子(ようす)	모습	様々(さまざま)だ	다양하다	仕様(しよう)	방법
同様(どうよう)だ	마찬가지이다	神様(かみさま)	하느님	王様(おうさま)	임금님
皆様(みなさま)	여러분	奥様(おくさま)	사모님	お客様(きゃくさま)	고객님
殿様(とのさま)	영주님	姫様(ひめさま)	공주님	仏様(ほとけさま)	부처님
有(あ)り様(さま)	모습	逆様(さかさま)	반대	何名様(なんめいさま)	몇 분
一様(いちよう)に	한결같이

落

음 ラク **훈** お

艹・12・N2

①떨어지다 ②정리

| 落(お)ちる | 떨어지다 | 落(お)とす | 떨어뜨리다 |
| 落第(らくだい) | 낙제 | 段落(だんらく) | 단락 |

"본자(本字)는 落으로, 부수는 艹(艸)로 1획이 더 많지요"

비(雨)가 흩어져(各:각각 각) 내리니 나뭇잎(艹:초두)이 떨어지다(落)

落 떨어질 락(낙)

한벽 落下(らっか)낙하 落成(らくせい)준공 落丁(らくちょう)낙장 落(お)ち葉(ば)낙엽 落(おと)し物(もの)분실물 落(お)とし穴(あな)함정 落(お)ち着(つ)く안정되다 落(お)ち込(こ)む침울해하다 崩落(ほうらく)붕괴 厄落(やくお)とし액막이 見落(みお)とす간과하다

流

음 リュウ, ル **훈** なが

氵・10・N2

①흐르다 ②퍼지다 ③방법

| 流行(りゅうこう) | 유행 | 一流(いちりゅう) | 일류 |
| 上流(じょうりゅう) | 상류 | 流(なが)れる | 흐르다 |

어린아이(㐬:깃발 류)가 물살(氵)에 내려가니 흐르다(流)

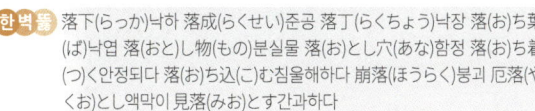

流 흐를 류(유)

한벽 流産(りゅうざん)유산 流転(るてん)윤회 流布(るふ)유포 流(なが)す흘려보내다 流(なが)し개수대 流(なが)れ시내, 흐름 自己流(じこりゅう)본인 방식 渓流(けいりゅう)시냇물

旅

음 リョ **훈** たび

方・10・N3

①여행

| 旅行(りょこう) | 여행 | 旅(たび) | 여행 |
| 旅館(りょかん) | 여관 | 旅券(りょけん) | 여권 |

"본자(本字)는 旅이지요"

전쟁으로 깃발(㫃:나부낄 언)을 좇으니(从:좇을 종) 나그네(旅)

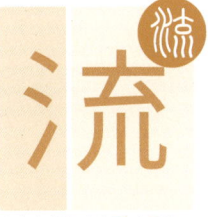 

旅 나그네 려(여)

両

一・6・N2 ☐☐☐

두 량(양)

음 リョウ   **훈** 없음

①양쪽 ②차량

両親(りょうしん) 양친 両立(りょうりつ) 양립
両側(りょうがわ) 양측 車両(しゃりょう) 차량

"멍에와 고삐를 모양을 나타내는 상형문자이며, 본자(本字)는 兩이지요"

한벽 両方(りょうほう)양쪽 両手(りょうて)양손 両替(りょうがえ)환전

말과 소의 등에 얹던 멍에와 고삐(兩)를 본떠 둘, 두

緑

糸・14・N2 ☐☐☐

푸를 록(녹)

음 リョク, ロク   **훈** みどり

①녹색

緑(みどり) 녹색 緑茶(りょくちゃ) 녹차
緑青(ろくしょう) 녹청 新緑(しんりょく) 신록

"본자(本字)는 綠이지요"

천(糸:가는 실 사)에 색을 새기고 (彔:새길 록) 물들이니푸르다(綠)

礼

ネ・5・N2 ☐☐☐

예도 례(예)

음 レイ, ライ   **훈** 없음

①예법 ②절 ③사례

お礼(れい) 감사 인사(선물) 礼儀(れいぎ) 예의
失礼(しつれい) 실례 目礼(もくれい) 목례

"본자(本字)는 禮이지요"

한벽 礼状(れいじょう)감사편지 礼賛(らいさん)예찬 御礼(おんれい)사례

제단(示:보일 시)에 예(豊:풍성할 풍, 예도 례)를 갖추니 예도(禮)

列

リ・6・N2 ☐☐☐

벌일 렬(열)

음 レツ   **훈** 없음

①벌리다 ②열 ③많다

列(れつ) 열 列島(れっとう) 열도
列国(れっこく) 열국 隊列(たいれつ) 대열

죽은 뼛조각(歹:뼈 앙상할 알)을 수습해(刂:선 칼도) 벌이다(列)

練

糸・14・N2 ☐☐☐

익힐 련(연)

음 レン   **훈** ね

①익히다 ②반죽 ③단련

練習(れんしゅう) 연습 訓練(くんれん) 훈련
熟練(じゅくれん) 숙련 老練(ろうれん) 노련

"본자(本字)는 練이지요"

한벽 練(ね)る반죽하다, 누이다

실(糸:가는 실 사)을 잘 가리듯 (柬:가릴 간) 솜씨 있게 익히다 (練)

걸어가고(足:발족변) 돌아오는 (各:각각 각→도착) 곳이 되는 길(路)

음	ロ	훈	じ

①길 ②방향

| 路線(ろせん) | 노선 | 道路(どうろ) | 도로 |
| 線路(せんろ) | 선로 | 進路(しんろ) | 진로 |

"부수足은 발 족 足으로 발족변이지요"

한벽쏭 家路(いえじ)귀로 針路(しんろ)나아갈 길 坂路(はんろ)언덕길

足·13·N2 □□□

路
길 로(노)

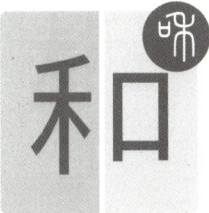

소리(口→龠:피리 약)의 뜻과 벼 화(禾)의 음으로 화하다(和)

음	ワ, オ	훈	やわ, なご

①조화 ②화합 ③누그러지다 ④일본

| 和合(わごう) | 화합 | 温和(おんわ) | 온화 |
| 平和(へいわ) | 평화 | 講和(こうわ) | 강화 |

口·8·N2 □□□

화할 화

한벽쏭
和(なご)やかだ	온화하다	和(なご)む	온화해지다	和(やわ)らげる	부드럽게 하다
和(やわ)らぐ	누그러지다	和風(わふう)	일본풍	和英(わえい)	일영
和製(わせい)	일제	和文(わぶん)	일본 문장	和服(わふく)	일본 옷
和室(わしつ)	다다미 방	和牛(わぎゅう)	일본 소	和歌(わか)	전통 시가
和菓子(わがし)	전통 과자	英和(えいわ)	영일	漢和(かんわ)	한자와 일본어
日和(ひより)	날씨	大和(やまと)	야마토시대	昭和(しょうわ)	일본 연호
令和(れいわ)	일본 연호				

4/학/년/교/육/한/자

가슴(爫+冖+夂→旡:목맬 기→심장)의 마음(心)에서 우러나오는 사랑(愛)

음	アイ	훈	없음

①사랑하다 ②애정

| 愛(あい) | 사랑 | 愛(あい)する | 사랑하다 |
| 愛情(あいじょう) | 애정 | 恋愛(れんあい) | 연애 |

한벽쏭 愛人(あいじん)불륜 상대 愛想(あいそ, あいそう)붙임성 愛嬢(あいじょう)따님 可愛(かわい)い귀엽다 可愛(かわい)らしい사랑스럽다

心·13·N1 □□□

愛
사랑 애

앉아서(安:편안 안→앉다) 일을 보는 나무(木)로 만든 책상(案)

음	アン	훈	없음

①고안 ②착안

| 案内(あんない) | 안내 | 名案(めいあん) | 명안 |
| 提案(ていあん) | 제안 | 議案(ぎあん) | 의안 |

한벽쏭 案外(あんがい)의외 案(あん)の定(じょう)예상대로 案(あん)じる염려하다

木·10·N1 □□□

案
책상 안

人・5・N3 □□□

以
써 이

음 イ　　**훈** 없음

① 이래 ② 시작점

以上(いじょう)　이상　　以下(いか)　이하
以前(いぜん)　이전　　以内(いない)　이내

한벽 以降(いこう)이후 以(もっ)て연유로

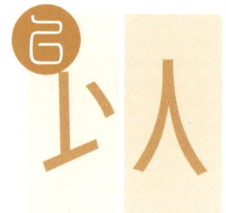

사람(人)이 도구를 쓰는 모습(以)을 빗대어 연유, ~써

衣・6・N2 □□□

衣
옷 의

음 イ　　**훈** ころも

① 옷 ② 의상

衣服(いふく)　의복　　衣類(いるい)　의류
衣装(いしょう)　의상　　衣食住(いしょくじゅう) 의식주

"좌우로 여며 입는 윗옷의 모양을 나타내는 상형문자이지요"

한벽 衣(ころも)옷 衣替(ころもが)え동복 하복 갈아입음 浴衣(ゆかた)유카타
衣鉢(いはつ)가사와 바리때 胴衣(どうい)조끼 僧衣(そうい)승려 옷

좌우로 여며 입는 저고리 윗옷 모양을 본떠 옷(衣)

イ・7・N2 □□□

位
자리 위

음 イ　　**훈** くらい

① 장소 ② 신분 ③ (숫자)자릿수

位置(いち)　위치　　地位(ちい)　지위
王位(おうい)　왕위　　順位(じゅんい)　순위

한벽 位取(くらいど)り자릿수 정함 從三位(じゅさんみ)종삼품

사람(イ:인변)이 팔다리를 쭉 뻗고(立) 서 있으니 자리(位)

⺾・9・제외 □□□

茨
지붕 일 자

음 없음　　**훈** いばら

① 가시나무 ② 가시밭

茨(いばら)　가시나무　　茨(いばら)の道(みち)　가시밭길

"본자(本字)는 茨로, 부수는 ⺾(艸)로 1획이 더 많지요"

한벽 茨城県(いばらきけん)이바라키

풀(⺾)의 뜻과 버금 차(次→자)의 음으로 가시나무(茨)

卩・6・N2 □□□

印
도장 인

음 イン　　**훈** しるし

① 도장 ② 표시 ③ 인쇄 ④ 인도

印象(いんしょう)　인상　　印刷(いんさつ)　인쇄
印(しるし)　표시　　調印(ちょういん)　조인

"부수 卩은 병부절이지요"

한벽 印(いん)도장 朱印(しゅいん)인주 押印(おういん)날인 目印(めじるし)
표시 矢印(やじるし)화살표 米印(こめじるし)기호 ※

손(⺥:손톱조머리)으로 누르니(卩:병부 절) 도장(印)

꽃부리(艹:초두)의 뜻과 가운데 앙(央→영)의 음으로 꽃부리, 뛰어나다(英)

| 음 | エイ | 훈 | 없음 |

①뛰어나다 ②영어 ③영국

英語(えいご) 영어　　英才(えいさい) 영재
英雄(えいゆう) 영웅　　英字(えいじ) 영자

"본자(本字)는 英으로, 부수는 艹(艸)로 1획이 더 많지요"

한벽著 英国(えいこく)영국 英会話(えいかいわ)영어회화 英和(えいわ)영일 英傑(えいけつ)영웅호걸 和英(わえい)일영 俊英(しゅんえい)뛰어나고 빼어남

艹·8·N3 □□□

英
꽃부리 **영**
뛰어날 **영**

막대(木) 위(冖:덮을 멱→감싸다) 밝은 햇불(火+火)로 영화(榮)

| 음 | エイ | 훈 | さか, は |

①영화 ②번영 ③명예

栄光(えいこう) 영광　　栄養(えいよう) 영양
栄(さか)える 번영하다　繁栄(はんえい) 번영

"본자(本字)는 榮이지요"

한벽著 栄冠(えいかん)영예의 관 栄(は)える 돋보이다 光栄(こうえい)영광 見栄(みえ)허세 見栄(みば)え볼품 좋음

木·9·N2 □□□

栄
영화 **영**

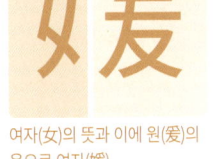

여자(女)의 뜻과 이에 원(爰)의 음으로 여자(媛)

| 음 | エン | 훈 | 없음 |

①계집 ②재원

媛(ひめ) 여성　　才媛(さいえん) 재원

"본자(本字)는 媛이지요"

한벽著 愛媛県(えひめけん)에히메현

女·12·제외 □□□

媛
여자 **원**

소금밭(鹵:소금밭 로)에서 채취해 가공하니(監:볼 감) 식용 소금(鹽)

| 음 | エン | 훈 | しお |

①소금 ②염분 ③염소

塩(しお) 소금　　塩分(えんぶん) 염분
塩酸(えんさん) 염산　食塩(しょくえん) 식염

"본자(本字)는 鹽이며, 본자의 부수는 소금밭 로 鹵이지요"

한벽著 塩気(しおけ)소금기 塩味(しおあじ)짠맛 塩(しお)ラーメン야채라면 塩焼(しおやき)소금구이 塩辛(しおから)젓갈 塩漬(しおづけ)소금절임 塩辛(しおから)い짜다

土·13·N2 □□□

塩
소금 **염**

산(山)의 뜻과 그물 망(网→강)의 음으로 산등성이(岡)

| 음 | コウ | 훈 | おか |

①언덕 ②산등성이

岡(おか) 구릉

한벽著 静岡県(しずおかけん)시즈오카현 岡山県(おかやまけん)오카야마현 福岡県(ふくおかけん)후쿠오카현

山·8·N1 □□□

岡
산등성이 **강**

亻·15·N2 □□□	음 オク	훈 없음	
億 억 억	①억 ②많은 수 億(おく) 억 億兆(おくちょう) 억조	億万(おくまん) 억만 一億(いちおく) 1억	사람(亻)이 마음의 소리, 여러 생각을 하니(意:뜻 의) 억(億)

力·5·N2 □□□	음 カ	훈 くわ	
加 더할 가	①더하다 ②가입 ③캐나다 加速(かそく) 가속 参加(さんか) 참가 한벽著 加(か)캐나다 加減(かげん)정도 加(くわ)わる더해지다 いい加減(かげん)だ엉터리이다	加入(かにゅう) 가입 加(くわ)える 더하다	힘(力)을 쓰는 수고를 격려(口)하니 수확을 더하다(加)

木·8·N2 □□□	음 カ	훈 は	
果 실과 과 과실 과	①과일 ②이룩한 것 ③과연 ④끝 果実(かじつ) 과실 結果(けっか) 결과 한벽著 果物(くだもの)과일 果(は)たす완수하다 果(は)てる끝나다 果(は)て끝 果(は)たして과연 因果(いんが)인과 ~果(は)てる완전히 ~하다	果肉(かにく) 과육 効果(こうか) 효과	나무(木)에 열매(田→열매)가 맺힌 모양을 본떠 실과, 과실(果)

貝·11·N2 □□□	음 カ	훈 없음	
貨 재물 화	①돈 ②재물 貨幣(かへい) 화폐 通貨(つうか) 통화 한벽著 硬貨(こうか)동전 銅貨(どうか)동전	貨物(かもつ) 화물 雑貨(ざっか) 잡화	화폐(貝:조개 패→화폐)가 될만한(化:될 화) 재화, 재물(貨)

言·15·N2 □□□	음 カ	훈 없음	
課 과정 과 공부할 과	①과정 ②할당 ③부서 課題(かだい) 과제 日課(にっか) 일과	課長(かちょう) 과장 経理課(けいりか) 경리과	말과 글(言)로 열매(果)를 일구어내니 성과, 공부, 과정(課)

⁺⁺·8·N1 □□□

芽

싹 아

음 ガ　　**훈** め

① 싹 ② 기원

| 芽(め) | 싹 | 発芽(はつが) | 발아 |
| 麦芽(ばくが) | 맥아 | 芽生(めば)える | 싹트다 |

"본자(本字)는 芽로, 부수는 ⁺⁺(艸)로 1획이 더 많지요"

한벽 新芽(しんめ)새싹

지면을 뚫고(牙:어금니 아→뚫다) 땅 위로 싹(⁺⁺)트니 싹(芽)

貝·12·N1 □□□

賀

하례할 하

음 ガ　　**훈** 없음

① 축하 ② 하례

| 年賀(ねんが) | 연하 | 祝賀(しゅくが) | 축하 |
| 謹賀(きんが) | 근하 | 慶賀(けいが) | 경하 |

한벽 賀状(がじょう)연하장 年賀状(ねんがじょう)연하장 恭賀(きょうが)근하 謹賀(きんが)근하

경사에 재물(貝:조개 패→화폐)을 더하니(加:더할 가) 축하, 하례(賀)

女·7·N2 □□□

改

고칠 개

음 カイ　　**훈** あらた

① 고치다 ② 검사

| 改善(かいぜん) | 개선 | 改造(かいぞう) | 개조 |
| 改札(かいさつ) | 개찰 | 改(あらた)める | 고치다 |

한벽 改姓(かいせい)성을 바꿈 改(あらた)まる고쳐지다 改(あらた)めて다시금 改(あらた)まって정색을 하고

어린아이(己:몸 기)를 다그쳐(攵:등글월문) 바르게 고치다(改)

木·11·N2 □□□

械

기계 계

음 カイ　　**훈** 없음

① 기계

| 機械(きかい) | 기계 | 器械(きかい) | (숫자판)기계 |

나무(木)로 만든 적을 물리치는 장치(戒)로 기계(械)

宀·10·N2 □□□

害

해할 해

음 ガイ　　**훈** 없음

① 손해 ② 망치다

| 害虫(がいちゅう) | 해충 | 損害(そんがい) | 손해 |
| 有害(ゆうがい) | 유해 | 殺害(さつがい) | 살해 |

한벽 障害(しょうがい)장애 阻害(そがい)저해 害(がい)する방해하다

집안(宀:집 면) 불화(丰:예쁠 봉→흉기)로 말다툼(口)하니 해하다(害)

街

行・12・N1 □□□

음 ガイ, カイ　　**훈** まち

① 거리 ② 길거리 ③ 번화가

街頭(がいとう)	가두	街路樹(がいろじゅ)	가로수
街(まち)	번화가	住宅街(じゅうたくがい)	주택가

한벽쌤 街角(まちかど)길모퉁이 街灯(がいとう)가로등 街道(かいどう)길거리

거리 가

사거리 길(行:다닐 행)이 갖춰진 지면(土+土)으로 거리(街)

各

口・6・N2 □□□

음 カク　　**훈** おのおの

① 각각 ② 각자

各地(かくち)	각지	各自(かくじ)	각자
各人(かくじん)	각사람	各国(かっこく)	각국

한벽쌤 各々(おのおの)각각

각각 각
각자 각

집의 입구(口)에 제각기 다다른(夂:뒤져올 치) 모습에서 각각(各)

覚

見・12・N2 □□□

음 カク　　**훈** おぼ, さ

① 깨닫다 ② 느낌 ③ 기억

覚悟(かくご)	각오	感覚(かんかく)	감각
自覚(じかく)	자각	覚(おぼ)える	외우다

"본자(本字)는 覺이지요."

한벽쌤 覚(さ)ます깨우치다 覚(さ)める깨다 覚(おぼ)え帳(ちょう)비망록 臭覚(しゅうかく)후각 目覚(めざ)まし잠을 깸 目覚(めざ)まし時計(とけい)자명종시계

깨달을 각

배움을 얻고(學) 직접 보니(見) 비로소 깨우쳐 깨닫다(覺)

潟

氵・15・N1 □□□

음 없음　　**훈** かた

① 개펄

潟(かた)	개펄	干潟(ひがた)	간석지
~潟(かた)	만		

한벽쌤 新潟県(にいがたけん)니이가타현

개펄 석

갯가(氵)의 뜻과 까치 석(舄)의 음으로 개펄(潟)

完

宀・7・N2 □□□

음 カン　　**훈** 없음

① 완전 ② 끝내다

完成(かんせい)	완성	完了(かんりょう)	완료
完全(かんぜん)だ	완전하다	未完(みかん)	미완

완전할 완

사람 머리(元:으뜸 원→사람 머리)처럼 집(宀:집 면)이 완전하다(完)

높은 언덕(阜:언덕 부) 관청(宀: 집 면)에서 하사하는 벼슬(官)

음 カン　　**훈** 없음

① 공공기관 ② (신체)기관

官庁(かんちょう)　관청　　官僚(かんりょう)　관료
官省(かんしょう)　관청　　警官(けいかん)　경관

한벽쌤 尉官(いかん)위관 器官(きかん)생체 기관 五官(ごかん)다섯 감각 기관

宀・8・N2 ☐☐☐

官
벼슬 관

대죽(竹)으로 만든 악기의 뜻과 벼슬 관(官)의 음으로 대롱(管)

음 カン　　**훈** くだ

① 대롱 ② 관 ③ 주관

管(かん)　관　　管理(かんり)　관리
血管(けっかん)　혈관　　金管(きんかん)　금관

한벽쌤 管(くだ)대롱, 관 管掌(かんしょう)관장, 주관 気管(きかん)기관지 鋼管(こうかん)강철 관

竹・14・N2 ☐☐☐

管
대롱 관
주관할 관

문(門)의 빗장(丱:쌍상투 관→잠금장치)과 열쇠(絲→열쇠 꾸러미)로 맺어지는 관계(關)

음 カン　　**훈** かか, せき

① 관계 ② 연결 ③ 출입구

関係(かんけい)　관계　　関節(かんせつ)　관절
玄関(げんかん)　현관　　税関(ぜいかん)　세관

"본자(本字)는 關이지요"

한벽쌤 関(かか)わる관계되다 関(かか)わり관련 関東(かんとう)동일본 関西(かんさい)서일본 関(かん)する관련하다 関(せき)관문 大関(おおぜき)스모 등급 関取(せきとり)스모 등급

門・14・N2 ☐☐☐

関
관계할 관
빗장 관

눈이 큰 황새(雚:황새 관)와 보다(見)의 뜻을 더해 보다(觀)

음 カン　　**훈** 없음

① 주시 ② 견해 ③ 모습

観客(かんきゃく)　관객　　観察(かんさつ)　관찰
景観(けいかん)　경관　　人生観(じんせいかん)　인생관

"본자(本字)는 觀이지요"

見・18・N2 ☐☐☐

観
볼 관

샘물이 샘 솟듯(原:근원 원) 점점 지식(頁:머리 혈)을 원하다(願)

음 ガン　　**훈** ねが

① 원하다 ② 바라다 ③ 빌다

願書(がんしょ)　원서　　念願(ねんがん)　염원
志願(しがん)　지원　　願(ねが)う　원하다

한벽쌤 願(ねが)い원함, 부탁 願(ねが)い事(ごと)바람 願望(がんぼう)소원 懇願(こんがん)간절히 원함

頁・19・N2 ☐☐☐

願
원할 원

岐

山・7・N1 ☐☐☐

갈림길 기

음 キ　　**훈** 없음

① 갈라지다 ② 갈림길

岐路(きろ)　　기로　　分岐点(ぶんきてん)　분기점
多岐(たき)　　여러 갈래로 나뉨

한벽룡 岐阜県(ぎふけん)기후현

산봉우리(山)의 뜻과 지탱할 지(支→기)의 음으로 갈림길(岐)

希

巾・7・N2 ☐☐☐

바랄 희

음 キ　　**훈** 없음

① 바라다 ② 희귀

希望(きぼう)　희망　　希少(きしょう)　희소
希薄(きはく)　희박　　古希(こき)　　고희(70세)

공(爻:점괘 효→자수 모양)이 들어간 귀하고 비싼 천(巾:수건 건)을 바라다(希)

季

子・8・N2 ☐☐☐

계절 계

음 キ　　**훈** 없음

① 계절 ② 시기

季節(きせつ)　계절　　秋季(しゅうき)　추계
冬季(とうき)　동계　　雨季(うき)　　우기

한벽룡 季語(きご)계절용어 四季(しき)사계절

어린 풀(子)이 벼(禾:벼 화)가 되다(季)에서 후에 가차(假借)되어 계절

旗

方・14・N1 ☐☐☐

기 기

음 キ　　**훈** はた

① 기 ② 깃발

旗手(きしゅ)　기수　　旗(はた)　　　깃발
国旗(こっき)　국기　　校旗(こうき)　학교기

깃발이 날리는(㫃:나부낄 언) 뜻과 그 기(其)의 음으로 기, 깃발(旗)

器

口・15・N1 ☐☐☐

그릇 기

음 キ　　**훈** うつわ

① 그릇 ② 도구 ③ 재능 ④ 생체기관

器(うつわ)　　그릇　　器具(きぐ)　　기구
容器(ようき)　용기　　楽器(がっき)　악기

"본자(本字)는 噐이지요"

한벽룡 器械(きかい)(숫자판)기계 器官(きかん)생체 기관 器用(きよう)だ손재주 있다 炊飯器(すいはんき)전기밥솥

개고기(犬)를 여러 몫(口+口+口+口)으로 나누는 그릇(器)

음 キ 　 훈 はた 　 木·16·N2 ☐☐☐

①틀 ②기구 ③중요점 ④비행기

| 機械(きかい) | 기계 | 機能(きのう) | 기능 |
| 機長(きちょう) | 기장 | 危機(きき) | 위기 |

한벽뚫 機(はた)베틀 機転(きてん)기지 機嫌(きげん)기분

나무(木)로 만든 씨실 날실을 뽑는 기구(幾) 베틀, 틀(機)

機
틀 기

음 ギ 　 훈 없음 　 言·20·N2 ☐☐☐

①의논 ②회의 ③의견

| 議案(ぎあん) | 의안 | 議題(ぎだい) | 의제 |
| 会議(かいぎ) | 회의 | 協議(きょうぎ) | 협의 |

한벽뚫 議論(ぎろん)논의 不思議(ふしぎ)다불가사의하다

제사장(義:옳을 의→양머리 장식)이 신에게 여쭈니(言) 의논하다(議)

議
의논할 의

음 キュウ 　 훈 もと 　 氺·7·N2 ☐☐☐

①구하다 ②찾다

| 求人(きゅうじん) | 구인 | 求職(きゅうしょく) | 구직 |
| 要求(ようきゅう) | 요구 | 求(もと)める | 구하다 |

"깃털이 달린 털가죽을 나타내는 상형문자이며, 부수 氺는 아래 물수로 물 수 水의 다른 표기이지요."

한벽뚫 購求(こうきゅう)구하여 삼

옷(衣)에 깃털이 달려 있는 귀한 털가죽 옷(求)을 구하다

求
구할 구

음 キュウ 　 훈 な 　 氵·8·N1 ☐☐☐

①울다

| 泣(な)く | 울다 | 泣(な)かせる | 울리다 |
| 泣(な)ける | 눈물이 나오다 | 感泣(かんきゅう) | 감읍 |

한벽뚫 泣(な)き声(ごえ)(사람)우는 소리 泣(な)き虫(むし)울보
泣(な)き面(つら)우는 얼굴 号泣(ごうきゅう)소리 높여 욺

눈물(氵)을 흘리며 마냥 서서(立:설 립→선 모습) 울다(泣)

泣
울 읍

음 キュウ 　 훈 없음 　 糸·12·N2 ☐☐☐

①주다 ②제공 ③급료

| 給食(きゅうしょく) | 급식 | 支給(しきゅう) | 지급 |
| 供給(きょうきゅう) | 공급 | 給料(きゅうりょう) | 급료 |

실(糸:가는 실 사)을 합해(合:합할 합) 실타래를 만드니 주다(給)

給
줄 급

手·10·N1 □□□

들 거

음 キョ　　**훈** あ

①들다 ②천거 ③열거 ④거행

挙手(きょしゅ)　거수　　挙(あ)げる　들다
選挙(せんきょ)　선거　　列挙(れっきょ)　열거

"본자(本字)는 擧이지요"

한벽쌤 挙(あ)がる오르다 挙行(きょこう)거행 挙措(きょそ)행동거지

손(手)으로 아이(与:어조사 여→아이)를 마주(舁:마주들 여) 들다(挙)

氵·14·N2 □□□

고기 잡을 어

음 ギョ, リョウ　　**훈** 없음

①(물고기)잡다 ②어업

漁業(ぎょぎょう)　어업　　漁船(ぎょせん)　어선
漁村(ぎょそん)　어촌　　漁港(ぎょこう)　어항

한벽쌤 漁師(りょうし)어부 漁(りょう)어업 ~漁(りょう)~잡이
豊漁(ほうりょう)풍어, 대어

물(氵)에서 물고기(魚)를 사냥하니 고기 잡다(漁)

八·6·N2 □□□

한가지 공
함께 공

음 キョウ　　**훈** とも

①함께

共同(きょうどう)　공동　　共有(きょうゆう)　공유
共感(きょうかん)　공감　　共済(きょうさい)　공제

"그릇을 정성껏 들고 가는 모습을 나타내는 상형문자이지요"

한벽쌤 共演(きょうえん)공동 공연 共催(きょうさい)공동 주최 共(とも)에 더불어
共稼(ともかせ)ぎ맞벌이 共働(ともばたら)き맞벌이

두 손으로 제물을 정성껏 바치는 모습(共)을 본떠 한마음으로 함께, 한가지

十·8·N4 □□□

화할 협
도울 협

음 キョウ　　**훈** 없음

①돕다 ②협의

協力(きょうりょく)　협력　　協会(きょうかい)　협회
協定(きょうてい)　협정　　妥協(だきょう)　타협

많은 힘(力+力+力)을 합치고 모으니(十) 화하고 돕다(協)

金·19·N1 □□□

거울 경

음 キョウ　　**훈** かがみ

①거울 ②유리

鏡(かがみ)　거울　　望遠鏡(ぼうえんきょう)　망원경
鏡台(きょうだい)　경대　　顕微鏡(けんびきょう)　현미경

한벽쌤 鏡餅(かがみもち)공물 떡 眼鏡(めがね)안경
凹面鏡(おうめんきょう)오목거울

비치는 청동류 금속(金)의 뜻과 다할 경(竟)의 음으로 거울(鏡)

| 음 キョウ, ケイ | 훈 きそ, せ |

① 경쟁 ② 다투다

競争(きょうそう) 경쟁　競技(きょうぎ) 경기
競馬(けいば) 경마　競(きそ)う 겨루다

한벽 競(せ)る 다투다

두 노예(立+兄→辛+儿:문신 새긴 노예)가 서로 다투다(競)

立·20·N2

競
다툴 경

| 음 キョク, ゴク | 훈 きわ |

① 극치 ② 정점

極端(きょくたん) 극단　極度(きょくど) 극도
極楽(ごくらく) 극락　南極(なんきょく) 남극

한벽 究極(きゅうきょく) 궁극　極(きわ)める 한도에 이르다　極(きわ)まる 지극하다　極(きわ)み 극치　極意(ごくい) 비법　積極的(せっきょくてき) 적극적이다 ~極(きわ)まる 지극히 ~하다　~極(きわ)まりない 지극히 ~하다

나무(木)처럼 큰 몸집(亟:빠를 극→거인)으로 다하다(極)

木·12·N2

極
다할 극
극진할 극

| 음 없음 | 훈 くま |

① 곰

熊(くま) 곰　北極熊(ほっきょくぐま) 북극곰
子熊(こぐま) 새끼곰　白熊(しろくま) 백곰

한벽 熊本県(くまもとけん) 구마모토현　熊手(くまで) 갈퀴

곰(能)의 모습의 상형문자에 불빛이 곱게 빛나다(灬)를 더해 곰(熊)

灬·14·N1

熊
곰 웅

| 음 クン | 훈 없음 |

① 가르치다 ② (한자)훈독

訓練(くんれん) 훈련　訓戒(くんかい) 훈계
訓令(くんれい) 훈령　教訓(きょうくん) 교훈

한벽 訓読(くんどく) 훈독　訓読(くんよ)み 훈독

시내(川:내 천)처럼 이치에 맞는 말씀(言)으로 가르치다(訓)

言·10·N2

訓
가르칠 훈

| 음 グン | 훈 없음 |

① 군사 ② 부대

軍隊(ぐんたい) 군대　陸軍(りくぐん) 육군
空軍(くうぐん) 공군　敵軍(てきぐん) 적군

한벽 軍需(ぐんじゅ) 군수　軍曹(ぐんそう) 중사

진영을 짜고 (冖:덮을 멱) 전차(車)로 무장하니 군사(軍)

車·9·N2

軍
군사 군

郡
고을 군

阝·10·N1 □□□

음 グン　　**훈** 없음

①고을 ②군(행정구역)

| 郡(ぐん) | 군 | 郡部(ぐんぶ) | 군부 |
| 郡県(ぐんけん) | 군과 현 | 郡民(ぐんみん) | 군민 |

"오른쪽에 위치하는 부수 阝는 고을 읍 邑으로 우부방이지요"

군주(君)가 다스리는 마을(阝:우부방→고을) 성읍 고을(郡)

群
무리 군

羊·13·N2 □□□

음 グン　　**훈** む, むら

①무리 ②(무리)짓다

| 群集(ぐんしゅう) | 군집 | 群衆(ぐんしゅう) | 군중 |
| 群島(ぐんとう) | 군도 | 抜群(ばつぐん) | 발군 |

한벽 群(む)れ무리 群(む)れる무리 짓다 群(むら)がる군집하다

지팡이 들고(君:임금 군→지팡이) 양 떼(羊)를 모니 무리(群)

径
지름길 경
길 경

彳·8·N1 □□□

음 ケイ　　**훈** 없음

①지름 ②직선 ③샛길

| 径(けい) | 지름 | 半径(はんけい) | 반경 |
| 直径(ちょっけい) | 직경 | 口径(こうけい) | 구경, 원 지름 |

"본자(本字)는 徑이지요"

실이 지나는(巠:물줄기 경→방직) 길(彳:자축거릴 척) 지름길(徑)

景
볕 경

日·12·N2 □□□

음 ケイ　　**훈** 없음

①경치 ②경기 ③경품

| 景気(けいき) | 경기 | 景品(けいひん) | 경품 |
| 光景(こうけい) | 광경 | 風景(ふうけい) | 풍경 |

한벽 景色(けしき)경치 叙景(じょけい)자연 경치를 나타냄

높은 건물(京:서울 경→누각) 위에 해(日)가 내리쬐니 볕(景)

芸
재주 예

艹·7·N2 □□□

음 ゲイ　　**훈** 없음

①재주 ②기술

| 芸術(げいじゅつ) | 예술 | 芸能(げいのう) | 예능 |
| 工芸(こうげい) | 공예 | 園芸(えんげい) | 원예 |

"본자(本字)는 藝이지요"

한벽 芸者(げいしゃ)게이샤 隠(かく)し芸(げい)숨은 재주

초목(艹)과 땅(云:이를 운→土)을 가꾸는 기술(埶:심을 예) 재주(藝)

숨이 부족한 하품과 흠 많다에서 부족하다, 이지러지다(欠)

음 ケツ　　**훈** か

① 이지러지다　② 부족　③ 결여

| 欠席(けっせき) | 결석 | 欠員(けついん) | 결원 |
| 欠陥(けっかん) | 결함 | 欠(か)ける | 부족하다 |

"본자(本字)로는 입을 크게 벌려 하품하는 모습인 하품 흠 欠이라고도 하지요"

한벽 欠伸(あくび)하품 欠(か)く부족하다 欠(か)かす빠뜨리다

欠·4·N2 ☐☐☐

欠
이지러질 **결**

실(糸:가는 실 사)을 매듭 지으니(吉:길할 길→신위) 맺다(結)

음 ケツ　　**훈** むす, ゆ

① 매듭짓다　② 완성　③ 굳건

| 結婚(けっこん) | 결혼 | 結局(けっきょく) | 결국 |
| 結果(けっか) | 결과 | 妥結(だけつ) | 타결 |

한벽 結(むす)ぶ맺다 結(むす)び매듭 結(むす)び付(つ)ける결부하다 結(むす)び付(つ)き유대 結(ゆ)う묶다 結(ゆ)わえる매다 結構(けっこう)상당히 結構(けっこう)だ괜찮다

糸·12·N1 ☐☐☐

結
맺을 **결**

길(廴:길게 걸을 인)을 설계해(聿:붓 율) 세우다(建)

음 ケン, コン　　**훈** た

① 세우다　② (의견)내다

| 建設(けんせつ) | 건설 | 建築(けんちく) | 건축 |
| 再建(さいけん) | 재건 | 建(た)てる | 짓다 |

"부수 廴은 길게 걸을 인으로 민책받침이지요"

한벽 建立(こんりゅう)사원 건립 建議(けんぎ)건의 建(た)て前(まえ)표면상 방침 建(た)つ지어지다 一戸建(いっこだ)て단독주택

廴·9·N3 ☐☐☐

建
세울 **건**

몸(亻:인변)을 곧추세우듯(建) 튼튼하고 굳세다(健)

음 ケン　　**훈** すこ

① 건강하다　② 굳세다　③ 왕성히

| 健康(けんこう) | 건강 | 健在(けんざい) | 건재 |
| 健全(けんぜん)だ | 건전하다 | 穏健(おんけん) | 온건 |

한벽 健児(けんじ)건아 健(すこ)やかだ건강하다

亻·11·N1 ☐☐☐

健
굳셀 **건**

말(馬)을 검증하는 뜻과 다 첨(僉→험)의 음으로 시험(験)

음 ケン, ゲン　　**훈** 없음

① 시험　② 시도　③ 효험

| 試験(しけん) | 시험 | 経験(けいけん) | 경험 |
| 体験(たいけん) | 체험 | 受験(じゅけん) | 수험 |

"본자(本字)는 驗이지요"

馬·18·N3 ☐☐☐

験
시험 **험**

固 (굳을 고)

口·8·N2

음 コ　　**훈** かた

① 굳다 ② 단단하다 ③ 원래

固(かた)い	단단하다	固体(こたい)	고체
固有(こゆう)	고유	固形(こけい)	고형

한벽쌤 固(かた)める굳히다 固(かた)まる굳다 強固(きょうこ)だ강고하다 固唾(かたず)마른 침 固(かた)まり덩어리 確固(かっこ)たる확고하다

성벽(口:에울 위)이 오래도록 (古) 견고하니 굳다(固)

功 (공 공)

力·5·N1

음 コウ, ク　　**훈** 없음

① 공 ② 공적

功労(こうろう)	공로	功績(こうせき)	공적
功徳(くどく)	공덕	成功(せいこう)	성공

한벽쌤 功(いさお)공로 奏功(そうこう)성공

흙을 다지는 도구(工)로 힘(力)을 쓰니 공로, 공(功)

好 (좋을 호)

女·6·N3

음 コウ　　**훈** この, す

① 좋아하다 ② 좋다 ③ 선호

好(す)きだ	좋아하다	好意(こうい)	호의
愛好(あいこう)	애호	友好(ゆうこう)	우호

한벽쌤 好(この)む선호하다 好(この)み취향 好物(こうぶつ)좋아하는 음식 好事家(こうずか)호사가 好(す)き嫌(きら)い호불호 好調(こうちょう)だ순조롭다 好(す)き好(ず)き각자 취향이 다름 好(す)く좋아하다 嗜好(しこう)기호 格好(かっこう)모습 大好(だいす)きだ매우 좋아하다 物好(ものず)きだ호기심 많다

어미(女→母)가 아이(子)를 마주하고 바라보니 좋다(好)

香 (향기 향)

香·9·N2

음 コウ, キョウ　　**훈** か, かお

① 향기 ② 향내

香水(こうすい)	향수	香料(こうりょう)	향료
香(かお)り	향기	香(かお)る	향기 나다

한벽쌤 香(か)향기 香(きょう)장기 용어 香辛(こうしん)신 香炉(こうろ)향로 香華(こうげ)신께 바치는 향과 꽃 線香(せんこう)향 芳香(ほうこう)방향 香川県(かがわけん)카가와현

벼(禾)를 먹는 입(曰)으로 생명을 유지해주는 밥맛이 향기롭다(香)

候 (기후 후)

亻·10·N4

음 コウ　　**훈** そうろう

① 기후 ② 묻다 ③ ~이옵니다

候補(こうほ)	후보	兆候(ちょうこう)	징후
気候(きこう)	기후	悪天候(あくてんこう)	악천후

한벽쌤 天候(てんこう)기후 斥候(せっこう)척후, 정찰

사람(亻)의 안부를 묻는 뜻과 제후 후(侯)의 음으로 기후(候)

탈곡기(庚:별 경→탈곡기)로 곡식(米)을 도정하니 편안(康)

음 コウ   **훈** 없음

① 편안 ② 건강

健康(けんこう) 건강   小康(しょうこう) 소강

广・11・N1 □□□

康
편안 **강**

왼쪽(左)에 위치하는 사람(亻)으로 보좌하고 돕다(佐)

음 サ   **훈** たす, すけ

① 돕다 ② 군대 계급명

補佐(ほさ)   보좌

한벽돌 大佐(たいさ)대령 中佐(ちゅうさ)중령 佐官(さかん)영관(소령, 중령, 대령) 王佐(おうさ)왕을 보좌함 佐賀県(さがけん)사가현

亻・7・N1 □□□

佐
도울 **좌**

麥
左

왼손(左)으로 보리 쭉정이(麥)를 쥐어 온전한 것과 다르다(差)

음 サ   **훈** さ

① 차이 ② 내밀다

差(さ)   차   差異(さい)   차이
時差(じさ)   시차   格差(かくさ)   격차

한벽돌 差(さ)す내밀다 差(さ)し上(あ)げる드리다 差(さ)し引(ひ)く공제하다 差(さ)し支(つか)える지장을 주다 差(さ)し入(い)れる차입하다 差(さ)し込(こ)む끼워 넣다 物差(ものさ)し척도 較差(かくさ)최대와 최소의 차이 日差(ひざ)し햇살 指差(ゆびさ)す가리키다

エ・10・N2 □□□

差
다를 **차**

먹을 수 있는 풀(艹:초두)을 손으로 캐니(采:캘 채) 나물(菜)

음 サイ   **훈** な

① 나물 ② 푸성귀 ③ 반찬

野菜(やさい)   야채   菜食(さいしょく)   채식
菜(な)   풀   お菜(さい)   반찬

"본자(本字)는 菜로, 부수는 艹(艸)로 1획이 더 많지요"

한벽돌 白菜(はくさい)배추 青菜(あおな)푸성귀 総菜(そうざい)반찬

艹・11・N3 □□□

菜
나물 **채**

감투(曰:가로 왈→冃)를 잡다(取)에서 감투 쓴 관직이 으뜸 가장(最)

음 サイ   **훈** もっと

① 가장 ② 제일

最高(さいこう)   최고   最初(さいしょ)   최초
最後(さいご)   마지막   最小(さいしょう)   최소

한벽돌 最(もっと)も제일 最寄(もよ)り가장 가까움 最中(さいちゅう, さなか)한창 最早(もはや)이미 最期(さいご)임종 最良(さいりょう)가장 좋음

曰・12・N2 □□□

最
가장 **최**

土・11・제외 □□□

埼
갑 기

육지 끝(土)의 뜻과 기이할 기(奇)의 음으로 갑, 곶(埼)

음 없음　　**훈** さい, さき

①갑 ②곶

埼(さき)　　곶

한벽 埼玉県(さいたまけん)사이타마현

木・7・N2 □□□

材
재목 재

새싹처럼 싱싱한 재질(才)인 나무(木)이니 재목(材)

음 ザイ　　**훈** 없음

①재목 ②원료 ③능력자

材料(ざいりょう) 재료　　材木(ざいもく) 목재
教材(きょうざい) 교재　　人材(じんざい) 인재

한벽 逸材(いつざい)뛰어난 인재 鋼材(こうざい)강철 가공품
杉材(すぎざい)삼목재 機材(きざい)기계와 자재

山・11・제외 □□□

崎
험할 기

험준한 산(山)의 뜻과 기이할 기(奇)의 음으로 험하다(崎)

음 없음　　**훈** さき

①험하다 ②해중 산부리

崎(さき)　곶　　~崎(ざき)　산부리

한벽 長崎県(ながさきけん)나가사키현 宮崎県(みやざきけん)미야자키현

日・9・N2 □□□

昨
어제 작

매우 짧은 사이(乍:잠깐 사)에 지나가버린 날(日) 어제(昨)

음 サク　　**훈** 없음

①어제 ②전날 ③예전

昨日(きのう) 어제　　昨日(さくじつ) 어제
昨年(さくねん) 작년　　昨今(さっこん) 요즘

한벽 昨夜(ゆうべ)어젯밤 昨夕(ゆうべ)저녁때 夕(ゆう)べ저녁때 昨春(さくしゅん)작년 봄 昨夏(さくか)작년 여름 昨秋(さくしゅう)작년 가을 昨冬(さくとう)작년 겨울 一昨日(おととい, いっさくじつ)그제께 一昨年(おととし, いっさくねん)재작년

木・5・N2 □□□

札
편지 찰

나무 표찰(木)의 뜻과 새 을(乙→찰)의 음으로 편지(札)

음 サツ　　**훈** ふだ

①표 ②팻말 ③지폐

札(さつ) 지폐　　札(ふだ) 표
入札(にゅうさつ) 입찰　　改札(かいさつ) 개찰

한벽 立(た)て札(ふだ)팻말 札束(さつたば)지폐 다발 名札(なふだ)명찰 花札(はなふだ)화투 荷札(にふだ)짐 千円札(せんえんさつ)1000엔 지폐

음 サツ　　　**훈** す

リ・8・N2 □□□

①인쇄 ②쇄신

| 刷(す)る | 인쇄하다 | 刷新(さっしん) | 쇄신 |
| 印刷(いんさつ) | 인쇄 | 手刷(てず)り | 손으로 찍어냄 |

쓸다(刷:쓸 쇄→刷)의 왼쪽 부분과 칼(リ)로 먹물을 쓸고 바르니 인쇄하다(刷)

刷

인쇄할 **쇄**

음 サツ　　　**훈** 없음

宀・14・N2 □□□

①살피다 ②헤아리다

| 警察(けいさつ) | 경찰 | 観察(かんさつ) | 관찰 |
| 診察(しんさつ) | 진찰 | 察(さっ)する | 헤아리다 |

 察知(さっち)헤아려 앎

집(宀:집 면)에서 제사(祭:제사 제) 지내는 모습으로 정성껏 살피다(察)

察

살필 **찰**

음 サン　　　**훈** まい

ム・8・N2 □□□

①참배 ②찾아뵙다 ③참고 ④3

| 参加(さんか) | 참가 | 参考(さんこう) | 참고 |
| 参照(さんしょう) | 참조 | 参拝(さんぱい) | 참배 |

"영수증 등에서 첨삭의 혼란을 막고자 기입용 숫자 삼, 三을 나타내며, 본자(本字)는 參이지요."

 参(まい)る(삼가)가다, (삼가)오다 参入(さんにゅう)산업 참가 参上(さんじょう)뵈러 감 参禅(さんぜん)참선 参千(さんせん)3000 参議院(さんぎいん)참의원 お参(まい)り참배 神社参(じんじゃまい)り신사 참배 墓参(はかまい)り성묘 寺参(てらまい)り사찰 참배

사람이(人) 장식(㐱:덥을 루) 꾸며(彡:터럭 삼) 참여하다(参)

参

참여할 **참**
석 **삼**

음 サン　　　**훈** う, うぶ

生・11・N3 □□□

①낳다 ②출산 ③생산

| 産業(さんぎょう) | 산업 | 産地(さんち) | 산지 |
| 生産(せいさん) | 생산 | 財産(ざいさん) | 재산 |

 産(う)む생산하다 産(う)まれる생기다 産着(うぶぎ)배내옷 産休(さんきゅう)출산휴가 産直品(さんちょくひん)산지직송품 お土産(みやげ)선물 手土産(てみやげ)방문 선물 流産(りゅうざん)유산 初産(ういざん)초산

움트고 돋아나고 태어나는(生:날 생) 뜻과 선비 언(彦→彦(그림, 페이지에 그렸으니 그려주세요)→산)의 음으로 낳다(産)

産

낳을 **산**

女·12·N2 □□□

散
흩을 산

음 サン　**훈** ち

①흩뜨리다 ②제멋대로

散策(さんさく)　산책　　散乱(さんらん)　산란
解散(かいさん)　해산　　分散(ぶんさん)　분산

한벽쌤 散歩(さんぽ)산책 散(ち)る(꽃)지다 散(ち)らし전단지 散(ち)らす흩뜨리다 散(ち)らかす어지르다 散(ち)らかる흩어지다 散々(さんざん)몹시, 호되게

마을 치듯(枞:흩어지다 산) 고기(肉)를 쳐서(攵) 흩뜨리니 흩다(散)

歹·10·N2 □□□

残
남을 잔

음 ザン　**훈** のこ

①남다 ②심하다

残業(ざんぎょう)　잔업　　残額(ざんがく)　잔액
残酷(ざんこく)　잔혹　　残(のこ)る　남다

"본자(本字)는 殘이지요"

한벽쌤 残(のこ)す남기다 残念(ざんねん)だ유감이다 残高(ざんだか)잔고 残暑(ざんしょ)늦더위 残暑見舞(ざんしょみまい)늦더위 문안 인사 名残(なごり)자취

뼈(歹:뼈 앙상할 알)를 창(戈)으로 들쑤셔(戋:해칠 잔) 남다(殘)

氏·4·N1 □□□

氏
성씨 씨

음 シ　**훈** うじ

①성씨 ②존칭

氏族(しぞく)　씨족　　某氏(ぼうし)　모씨
氏(うじ)　성, 가문　　~氏(し)　~씨

"나무가 뿌리 내린 모양을 나타내는 상형문자이지요"

한벽쌤 氏名(しめい)성함

나무가 굽이져 뿌리 내린 모습(氏)을 빗대어 혈통을 잇는 성씨

口·5·제외 □□□

司
맡을 사

음 シ　**훈** 없음

①맡다 ②관장

司会(しかい)　사회　　司法(しほう)　사법
司令(しれい)　사령　　上司(じょうし)　상사

한벽쌤 行司(ぎょうじ)스모 심판 寿司(すし)초밥

구부리고(㇇) 구멍(口)을 들여다보고 간파해 맡다(司)

言·13·N1 □□□

試
시험 시

음 シ　**훈** こころ, ため

①시험 ②시도

試験(しけん)　시험　　入試(にゅうし)　입시
試(こころ)みる　시도하다　　試(ため)す　시도하다

검증하고 시험하는(言) 뜻과 법식(式→시)의 음으로 시험(試)

음 ジ, ニ   **훈** 없음

①아이 ②자식 ③젊은 남자

| 児童(じどう) | 아동 | 小児科(しょうにか) | 소아과 |
| 育児(いくじ) | 육아 | 幼児(ようじ) | 유아 |

"본자(本字)는 兒이지요"

한벽 稚児(ちご)어린이 乳児(にゅうじ)젖먹이

児 아이 아

머리 숨구멍이 채 닫히지 않은 (臼:절구 구→아이 머리) 사람 (儿) 아이(兒)

음 ジ, チ   **훈** おさ, なお

①다스리다 ②치료

| 政治(せいじ) | 정치 | 治安(ちあん) | 치안 |
| 治療(ちりょう) | 치료 | 治(なお)す | 치료하다 |

한벽 治(なお)る치료되다 治(おさ)める다스리다 治(おさ)まる다스려지다

治 다스릴 치

먹여 살리려(台:별 태→수저로 먹여줌) 물길(氵)을 다스리다(治)

음 ジ   **훈** 없음

①영양 ②풍부해지다

| 滋養(じよう) | 자양 | 滋強(じきょう) | 자강 |

한벽 滋味(じみ)깊은 맛, 깊은 인상 滋賀県(しがけん)시가현

滋 불을 자

농사 짓는 물(氵)의 뜻과 무성할 자(茲)의 음으로 불다(滋)

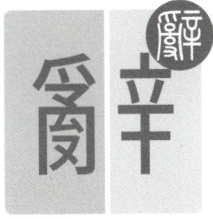

음 ジ   **훈** や

①말 ②글 ②그만두다

| 辞典(じてん) | 사전 | 辞退(じたい) | 사퇴 |
| 辞意(じい) | 사의 | 弔辞(ちょうじ) | 조사 |

"본자(本字)는 辭이지요"

한벽 辞書(じしょ)사전 辞(や)める사직하다 お世辞(せじ)겉치레 말 お辞儀(じぎ)허리 숙여 절함 悼辞(とうじ)조사 措辞(そじ)말 표현

辞 말씀 사

문제(辛:어지러울 난)를 풀어 해결하니(辛→司:맡을 사) 말씀(辭)

음 없음   **훈** しか, か

①사슴

| 鹿(しか) | 사슴 | 鹿(か)の子(こ) | 새끼 사슴 |
| 馬鹿(ばか) | 바보 | 馬鹿(ばか)だ | 어리석다 |

"사슴의 뿔과 몸집을 나타낸 상형문자이지요"

한벽 馬鹿馬鹿(ばかばか)しい매우 어리석다 馬鹿(ばか)らしい어리석다 鹿児島県(かごしまけん)가고시마현 馴鹿(じゅんろく)순록

鹿 사슴 록(녹)

사슴의 뿔과 뛰어다니는 모습(鹿)을 본떠 사슴

失

大・5・N2 ☐☐☐

잃을 실

음 シツ　　**훈** うしな

①실수 ②잃다 ③잃어버리다

失礼(しつれい)　실례　　失敗(しっぱい)　실패
過失(かしつ)　　과실　　失(うしな)う　　잃어버리다

"손에서 무언가가 떨어지는 모습을 나타내는 상형문자이지요"

한벽songshushu 遺失物(いしつぶつ)유실물 忘失(ぼうしつ)잃어버려 분실

손(手)에서 무언가가 떨어지는 모습을 본떠 놓쳐서 잃다(失)

借

イ・10・N3 ☐☐☐

빌 차
빌릴 차

음 シャク　　**훈** か

①빌리다

借(か)りる　　　빌리다　　借用(しゃくよう)　차용
貸借(たいしゃく)　대차　　賃借(ちんしゃく)　임차

한벽songshushu 借(か)り빌림 借金(しゃっきん)빚 借家(しゃくや)셋집
借款(しゃっかん)차관 拝借(はいしゃく)삼가 빌림 又借(またがり)り전차

다른 사람(イ)에게 음식(昔:예 석→腊:포 석)을 빌리다(借)

種

禾・14・N2 ☐☐☐

씨 종

음 シュ　　**훈** たね

①씨 ②씨앗 ③종

種(たね)　　　씨앗　　種類(しゅるい)　종류
品種(ひんしゅ)　품종　　人種(じんしゅ)　인종

한벽songshushu 種々(しゅじゅ)갖가지 種苗(しゅびょう)씨앗과 모종 甲種(こうしゅ)갑종

볏씨(禾:벼 화)가 든(重:무거울 중→봇짐장수) 씨, 씨앗(種)

周

口・8・N2 ☐☐☐

두루 주

음 シュウ　　**훈** まわ

①주위 ②일주 ③널리 퍼지다

周(まわ)り　　　주위　　周辺(しゅうへん)　주변
周囲(しゅうい)　주위　　周期(しゅうき)　　주기

"논밭의 도랑과 둘레를 나타내는 상형문자이지요"

한벽songshushu 周旋(しゅうせん)주선 周知(しゅうち)두루 앎 円周(えんしゅう)원주,원둘레 一周忌(いっしゅうき)(사후)1주기

논밭의 도랑과 둘레 등 구역 정리된 모습(周)을 본떠 두루

祝

ネ・9・N2 ☐☐☐

빌 축

음 シュク, シュウ　　**훈** いわ

①빌다 ②축하

お祝(いわ)い　　축하　　祝(いわ)う　　축하하다
祝賀(しゅくが)　축하　　祝典(しゅくてん)　축전

"본자(本字)는 祝이지요"

한벽songshushu 祝詞(のりと)축문 祝儀(しゅうぎ)축의금 祝宴(しゅくえん)축하연

제단(示:보일 시) 앞에서 축문을 읽으니(兄:형 형) 빌다(祝)

물(川:내 천)이 위(頁:머리 혈)에서 아래로 흐르니 순하다(順)

음 ジュン　　**훈** 없음

① 따르다　② 순조롭다　③ 순서

| 順位(じゅんい) | 순위 | 順序(じゅんじょ) | 순서 |
| 順調(じゅんちょう)だ | 순조롭다 | 筆順(ひつじゅん) | 필순 |

한벽 順番(じゅんばん)순서 手順(てじゅん)수순 道順(みちじゅん)길 순서 恭順(きょうじゅん)순종 順々(じゅんじゅん)차례차례

頁・12・N2 ☐☐☐

順
순할 순

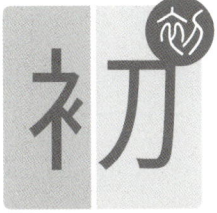

옷(ネ:옷의변)을 지으려고 천을 칼(刀:칼 도)로 끊으니 처음(初)

음 ショ　　**훈** はじ, はつ, うい, そ

① 처음　② 초　③ 첫

| 初期(しょき) | 초기 | 初旬(しょじゅん) | 초순 |
| 初(はじ)め | 초 | 最初(さいしょ) | 최초 |

한벽 初夏(しょか)초여름 初恋(はつこい)첫사랑 初耳(はつみみ)금시초문 初夢(はつゆめ)새해 첫 꿈 初雪(はつゆき)첫눈 初霜(はつしも)첫서리 初産(ういざん)초산 ~初(そ)める~시작하다 書(か)き初(ぞ)め새해 휘호

刀・7・N2 ☐☐☐

初
처음 초

나무(木)의 뜻과 공평할 공(公→송)의 음으로 소나무(松)

음 ショウ　　**훈** まつ

① 소나무

| 松(まつ) | 소나무 | 松葉(まつば) | 솔잎 |
| 松林(まつばやし) | 소나무숲 | 青松(せいしょう) | 청송 |

한벽 門松(かどまつ)소나무 대나무 장식물 松原(まつばら)소나무 벌판 松畑(まつばたけ)소나무밭 松(まつ)の葉(は)솔잎

木・8・N1 ☐☐☐

松
소나무 송

눈웃음(^^→눈웃음)을 짓는 아이(夭:어릴 요)로 웃음(笑)

음 ショウ　　**훈** わら, え

① 웃다　② 비웃다

| 笑(わら)う | 웃다 | 笑(わら)い | 웃음 |
| 苦笑(くしょう) | 쓴웃음 | 談笑(だんしょう) | 담소 |

한벽 笑顔(えがお)웃는 얼굴 笑(え)みこぼれる미소 笑(え)む미소 짓다 笑(わら)われる비웃음 당하다 笑(わら)い話(ばなし)우스개 微笑(ほほえ)み미소 微笑(ほほえ)む미소 짓다 微笑(ほほえ)ましい훈훈하다

竹・10・N2 ☐☐☐

笑
웃음 소

밝고 크게(昌:창성할 창) 노래 부르니(口) 부르다(唱)

음 ショウ　　**훈** となえ

① 노래　② 부르다

| 合唱(がっしょう) | 합창 | 提唱(ていしょう) | 제창 |
| 復唱(ふくしょう) | 복창 | 唱(とな)える | 외치다 |

한벽 斉唱(せいしょう)제창, 다같이 큰소리로 외침

口・11・N1 ☐☐☐

唱
부를 창

火·12·N2 ☐☐☐

焼
사를 소

- 음 ショウ
- 훈 や

①(불)사르다 ②굽다 ③타다

| 焼(や)く | 굽다 | 焼失(しょうしつ) | 소실 |
| 燃焼(ねんしょう) | 연소 | 全焼(ぜんしょう) | 전소 |

"본자(本字)는 燒이지요"

한벽着 焼(や)ける구워지다 焼(や)き物(もの)도자기 焼(や)き肉(にく)불고기 焼(や)き鳥(とり)닭 꼬치 焼(や)き魚(ざかな)생선구이 焼(や)き芋(いも)군고구마 卵焼(たまごや)き달걀부침 日焼(ひや)け그을음 塩焼(しおや)き소금구이 夕焼(ゆうや)け저녁노을

쌓아 둔 나무장작(堯:요임금 요→나무장작)을 불(火) 사르다(燒)

灬·13·N2 ☐☐☐

照
비칠 조

- 음 ショウ
- 훈 て

①비치다 ②조명 ③대조

| 照明(しょうめい) | 조명 | 照会(しょうかい) | 조회 |
| 参照(さんしょう) | 참조 | 対照(たいしょう) | 대조 |

한벽着 照(て)らす비추다 照(て)る비치다 照(て)れる수줍어하다 照(て)れ臭(くさ)い겸연쩍다 照合(しょうごう)확인 대조

밝게 비추는(灬→火) 뜻과 밝을 소(昭→조)의 음으로 비치다(照)

土·9·N2 ☐☐☐

城
재 성, 성 성

- 음 ジョウ
- 훈 しろ

①성

| 城(しろ) | 성 | 城壁(じょうへき) | 성벽 |
| 城郭(じょうかく) | 성곽 | 築城(ちくじょう) | 축성 |

한벽着 城下(じょうか)성 아래 城下町(じょうかまち)성 주변 마을 城跡(しろあと)옛 성터 城内(じょうない)성내 ~城(じょう)~성 牙城(がじょう)아성

흙(土)을 다져 만든 장벽으로 에워싸져 이룬(成) 재(城)

糸·15·N1 ☐☐☐

縄
노끈 승

- 음 ジョウ
- 훈 なわ

①새끼 ②노끈

| 縄(なわ) | 새끼, 노끈 | 縄跳(なわと)び | 줄넘기 |
| 自縄(じじょう) | 자승 | | |

"본자(本字)는 繩이지요"

한벽着 縄文(じょうもん)새끼줄 무늬 縄張(なわば)り세력권 しめ縄(なわ)금줄 沖縄県(おきなわけん)오키나와현

실타래(糸)를 묶는 뜻과 파리 승(蠅)의 음으로 비벼 꼰 노끈(繩)

臣·7·N2 ☐☐☐

臣
신하 신

- 음 シン, ジン
- 훈 없음

①신하 ②부하

| 臣下(しんか) | 신하 | 忠臣(ちゅうしん) | 충신 |
| 家臣(かしん) | 가신 | 君臣(くんしん) | 군신 |

"눈을 크게 치켜 뜬 모습을 나타내는 상형문자이지요"

한벽着 大臣(だいじん)장관

눈을 크게 치켜 뜬 옆모습(臣)으로 주군을 섬기는 신하

음 シン　　**훈** 없음

① 믿다 ② 진실 ③ 알림

信用(しんよう) 신용　　信号(しんごう) 신호
自信(じしん) 자신　　信(しん)じる 믿다

한벽 妄信(もうしん)옳지 못한 것을 믿음 逓信(ていしん)체신, 우편

イ・9・N2 □□□

믿을 신

사람(イ)의 말씀(言)이 거짓이 없으니 믿다(信)

음 セイ, ジョウ　　**훈** い

① 우물 ② 항간

井(い) 우물　　市井(しせい) 시정, 항간
油井(ゆせい) 유정

"땅을 파고 흙으로 벽을 다진 모양을 나타낸 상형문자이지요"

한벽 井戸(いど)우물 天井(てんじょう)천장 福井県(ふくいけん)후쿠이현

二・4・N1 □□□

우물 정

물을 긷기 위해 땅을 파고 흙으로 벽을 다진 우물(井)

음 セイ, ジョウ　　**훈** な

① 이루다 ② 성립 ③ 자라다

成立(せいりつ) 성립　　成功(せいこう) 성공
完成(かんせい) 완성　　作成(さくせい) 작성

한벽 平成(へいせい)일본 연호 成就(じょうじゅ)성취 成(な)り行(ゆ)き경위 成(な)す이루다 成(な)る이루어지다 成(な)り立(た)つ성립하다 醸成(じょうせい)양조, 조성 落成(らくせい)준공

戈・6・N2 □□□

이룰 성

창(戊:창 모)과 못(丁)으로 적을 제압하니 이루다(成)

음 セイ, ショウ　　**훈** かえり, はぶ

① 덜다 ② 살피다 ③ 기관 ④ 수도

省略(しょうりゃく) 생략　　反省(はんせい) 반성
官省(かんしょう) 관청　　帰省(きせい) 귀성

한벽 省(かえり)みる돌이켜보다 省(はぶ)く생략하다 外務省(がいむしょう)외무부 文部科学省(もんぶかがくしょう)교육부 ~省(しょう)~부

目・9・N4 □□□

덜 생, 살필 성

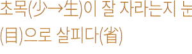
초목(少→生)이 잘 자라는지 눈(目)으로 살피다(省)

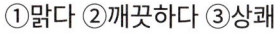

음 セイ, ショウ　　**훈** きよ

① 맑다 ② 깨끗하다 ③ 상쾌

清潔(せいけつ)だ 청결하다　　清(きよ)い 맑다
清算(せいさん) 청산　　清掃(せいそう) 청소

"본자(本字)는 淸이지요"

한벽 清(きよ)める맑게 하다 清(きよ)まる맑아지다 清水(しみず)맑은 물 清書(せいしょ)정서 清浄(しょうじょう)청정 清澄(せいちょう)맑고 깨끗함 清々(すがすが)しい상쾌하다 粛清(しゅくせい)숙청

氵・11・N2 □□□

맑을 청

물(氵) 옆에 핀 푸른(靑:푸를 청) 초록 녹음으로 맑다(淸)

青·14·N2 ☐☐☐

고요할 정

음 セイ, ジョウ　　훈 しず

①조용하다 ②고요하다

静(しず)かだ　　조용하다　　安静(あんせい)　　안정
冷静(れいせい)だ　냉정하다　　静脈(じょうみゃく)　정맥

"본자(本字)는 靜이며, 본자의 부수는 靑이지요"

한벽 静(しず)める진정시키다 静(しず)まる진정되다 静粛(せいしゅく)정숙
静寂(せいじゃく)고요

青 爭

다툼(爭:다툴 쟁)이 끝나고 차분해지니(靑) 고요하다(靜)

巾·10·N2 ☐☐☐

자리 석

음 セキ　　훈 없음

①자리 ②장소 ③지위

席(せき)　　　자리　　座席(ざせき)　　좌석
出席(しゅっせき)　출석　　着席(ちゃくせき)　착석

"장막을 치고 돗자리를 깐 모양을 나타내는 상형문자이지요"

한벽 席上(せきじょう)석상 寄席(よせ)만담 자리 末席(まっせき)말석
首席(しゅせき)수석 隣席(りんせき)옆자리

거주 공간(广)에 돗자리(廿)를 깔고 장막(巾)을 친 자리(席)

禾·16·N2 ☐☐☐

쌓을 적

음 セキ　　훈 つ

①쌓다 ②크기 ③곱셈 값

積(つ)む　　　쌓다　　積載(せきさい)　적재
面積(めんせき)　면적　　容積(ようせき)　용적

한벽 積(つ)もる쌓이다 積(せき)곱셈 값 積極的(せっきょくてき)だ적극적이다
見積(みつ)もり견적

볏단(禾:벼 화)을 빚(責:빚 채) 갚아야 하듯이 쌓다(積)

扌·7·N2 ☐☐☐

꺾을 절

음 セツ　　훈 お

①꺾다 ②접다 ③시절

折(お)る　　　접다　　折衝(せっしょう)　절충
骨折(こっせつ)　골절　　屈折(くっせつ)　굴절

한벽 折(お)れる접히다 ~折(おり)~때 折(おり)紙(がみ)종이접기 右折(うせつ)
우회전 左折(させつ)좌회전 時折(ときおり)때때로

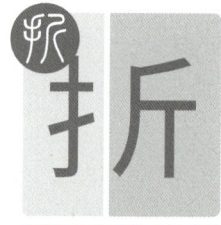

도끼(斤:도끼 근)를 들어(扌:재방변) 사물을 꺾다(折)

竹·13·N1 ☐☐☐

마디 절

음 セツ, セチ　　훈 ふし

①마디 ②음절 ③절제

節約(せつやく)　절약　　季節(きせつ)　　계절
音節(おんせつ)　음절　　調節(ちょうせつ)　조절

"본자(本字)는 節이지요"

한벽 お節料理(せちりょうり)정월음식 節(ふし)마디 節目(ふしめ)마디
節句(せっく)절기 節倹(せっけん)절약

대죽(⺮)을 구부려 나누니(卽:곧 즉→무릎 꿇음) 마디(節)

입 벌리고(兌:기쁠 태→웃는 모습) 이야기하니(言) 말씀(說)

음 セツ, ゼイ　　**훈** と

① 설명 ② 이야기 ③ 의견

説明(せつめい)　설명　　小説(しょうせつ)　소설
社説(しゃせつ)　사설　　説(と)く　설명하다

"본자(本字)는 説이지요"

한벽 説諭(せつゆ)설교 演説(えんぜつ)연설 遊説(ゆうぜい)유세
憶説(おくせつ)억설 高説(こうせつ)남의 학설

言・14・N3

説
말씀 설
달랠 세

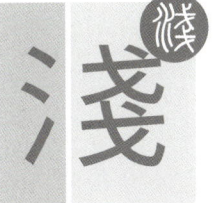

얕은 물(氵)의 뜻과 쌓일 전,해칠 잔(戔:→천)의 음으로 얕다(淺)

음 セン　　**훈** あさ

① 얕다 ② 천박 ③ 담백

浅(あさ)い　얕다　　浅海(せんかい)　얕은 바다
浅薄(せんぱく)だ　천박하다　深浅(しんせん)　깊고 얕음

"본자(本字)는 淺이지요"

한벽 浅(あさ)ましい한심스럽다 浅瀬(あさせ)얕은 여울

氵・9・N2

浅
얕을 천

돌팔매(單:홑 단→투석)와 창(戈:창 과)을 던지니 싸움(戰)

음 セン　　**훈** いくさ, たたか

① 싸우다 ② 전쟁 ③ 전율

戦争(せんそう)　전쟁　　戦力(せんりょく)　전력
観戦(かんせん)　관전　　戦(たたか)う　싸우다

"본자(本字)는 戰이지요"

한벽 戦前(せんぜん)1941년 전 戦後(せんご)1945년 후 戦(いくさ)전쟁 戦慄(せんりつ)전율 戦災(せんさい)전쟁 재해 宣戦(せんせん)전쟁 선포 合戦(かっせん)합전 紅白戦(こうはくせん)청백전

戈・13・N2

戦
싸움 전

사람(巽:유순할 손)을 보내려(辶) 가리니 고르다(選)

음 セン　　**훈** えら

① 고르다 ② 선거

選(えら)ぶ　고르다　　選挙(せんきょ)　선거
入選(にゅうせん)　입선　当選(とうせん)　당선

"본자(本字)는 選이지요"

한벽 選択肢(せんたくし)선다형 답 抽選(ちゅうせん)추첨 推選(すいせん)추천

辶・15・N2

選
가릴 선, 고를 선

개고기(犬+月) 굽다(灬)에서 후에 가차(假借)되어 그러하다(然)

음 ゼン, ネン　　**훈** 없음

① 그러할 ② 그럴싸하다

自然(しぜん)　자연　　当然(とうぜん)　당연
天然(てんねん)　천연　　突然(とつぜん)　돌연

한벽 全然(ぜんぜん)전혀 依然(いぜん)として여전히 歴然(れきぜん)분명함 悠然(ゆうぜん)침착하고 여유 있음 寂然(せきぜん)조용하고 쓸쓸함

灬・12・N2

然
그럴 연

争

J・6・N2 □□□

- 음 ソウ
- 훈 あらそ

①다투다 ②싸우다

| 争議(そうぎ) | 쟁의 | 競争(きょうそう) | 경쟁 |
| 戦争(せんそう) | 전쟁 | 論争(ろんそう) | 논쟁 |

"본자(本字)는 爭이며, 본자의 부수는 손톱조머리 爫이지요."

한벽 争(あらそ)う다투다

다툴 쟁

소뿔을 당겨(爫+又) 겨루니(亅: 갈고리 궐) 다투다(争)

倉

人・10・N1 □□□

- 음 ソウ
- 훈 くら

①곳집 ②창고

| 倉庫(そうこ) | 창고 | 穀倉(こくそう) | 곡창 |
| 倉(くら) | 곳간 | 船倉(ふなぐら) | 선창 |

"외닫이 문 곳집 모양을 나타내는 상형문자이지요."

곳집 창

외닫이(戶:집 호) 문(口)으로 된 창고(人→움막) 곳집(倉)

巣

木・11・제외 □□□

- 음 ソウ
- 훈 す

①보금자리 ②소굴

| 巣(す) | 보금자리 | 巣箱(すばこ) | 새집 |
| 卵巣(らんそう) | 난소 | 病巣(びょうそう) | 병소 |

"본자(本字)는 巢이고, 본자의 부수는 개미허리 巛이지요. 새집의 모양을 나타내는 상형문자이지요."

한벽 巣立(すだ)つ보금자리를 떠나다 空(あ)き巣(す)빈집, 빈집털이

새집 소

새(巛:내 천→새)의 나무(木) 위 보금자리(田)인 새집(巣)

束

木・7・N2 □□□

- 음 ソク
- 훈 たば

①다발 ②묶다

| 束(たば) | 다발 | 束縛(そくばく) | 속박 |
| 約束(やくそく) | 약속 | 結束(けっそく) | 결속 |

한벽 束(つか)の間(ま)잠깐 동안 束(たば)ねる묶다 札束(さつたば)지폐 다발 花束(はなたば)꽃다발

묶을 속

나무(木) 여러 개를 끈(口)으로 동여매어 묶다(束)

側

イ・11・N2 □□□

- 음 ソク
- 훈 がわ

①곁 ②한쪽 면

| 側(そば) | 곁 | 側面(そくめん) | 측면 |
| 右側(みぎがわ) | 오른쪽 | 外側(そとがわ) | 바깥쪽 |

한벽 側近(そっきん)측근 側(かわ)쪽, 측 ~側(かわ)~쪽, ~측 裏側(うらがわ)뒷쪽 縁側(えんがわ)툇마루

곁 측

제단에 바치는 솥(則:법 칙→鼎)의 옆 사람(イ:인변) 곁(側)

음 ゾク　　　　**훈** つづ

① 잇다 ② 계속

続編(ぞくへん)　속편　　持続(じぞく)　지속
接続(せつぞく)　접속　　続(つづ)ける　계속하다

"본자(本字)는 續이지요"

한벽돌▶ 続々(ぞくぞく)속속히 続(つづ)く계속되다 手続(てつづ)き수속

糸·13·N2 □□□

続
이을 속

끊임없이(糸:가는 실 사) 파는(賣) 것을 계속하니 잇다(續)

음 ソツ　　　　**훈** 없음

① 마치다 ② 갑자기 ③ 병사

卒業(そつぎょう)　졸업　　卒倒(そっとう)　졸도
脳卒中(のうそっちゅう)　뇌졸중　兵卒(へいそつ)　병졸

한벽돌▶ 高卒(こうそつ)고졸 大卒(だいそつ)대졸 何卒(なにとぞ)부디

十·8·N2 □□□

卒
마칠 졸

무늬(十→ノ:삐침 별) 옷을(衣:옷 의) 입힌 관노, 병사(卒)

음 ソン　　　　**훈** まご

① 손주 ② 혈통

孫(まご)　손주　　孫娘(まごむすめ)　손녀
子孫(しそん)　자손　　嫡孫(ちゃくそん)　적손

子·10·N2 □□□

孫
손자 손

명주실 잇듯(系:이을 계) 아들(子)이 후손 되니 손자(孫)

음 タイ　　　　**훈** お, おび

① 띠 ② 휴대 ③ 띠다

帯(おび)　허리띠　　温帯(おんたい)　온대
熱帯(ねったい)　열대　　携帯(けいたい)　휴대

"본자(本字)는 帶이며, 허리 장식 옷고름을 나타내는 상형문자이지요"

한벽돌▶ 帯(お)びる띠다 包帯(ほうたい)붕대

巾·10·N2 □□□

帯
띠 대

허리에 둘러매는 패물 달린 허리띠(巾:수건 건) 모습(帯)을 본뜬 띠

음 タイ　　　　**훈** 없음

① 무리 ② 대열

隊列(たいれつ)　대열　　隊員(たいいん)　대원
軍隊(ぐんたい)　군대　　艦隊(かんたい)　함대

"왼쪽에 위치하는 부수 阝는 언덕 부 阜로 좌부방이며, 본자(本字)는 隊이지요"

한벽돌▶ 兵隊(へいたい)병사 縦隊(じゅうたい)종대 横隊(おうたい)횡대

阝·12·N1 □□□

隊
무리 대

언덕(阝:좌부방) 아래 사람(㒸:멧돼지 수→人) 대오 무리(隊)

達

辶·12·N2 □□□

통달할 달

- 음 タツ
- 훈 없음

①통달하다 ②도달

達人(たつじん)	달인	達筆(たっぴつ)	달필
到達(とうたつ)	도달	配達(はいたつ)	배달

"본자(本字)는 達이지요"

한벽훈 達磨(だるま)오뚝이 達(たつ)する도달하다 達者(たっしゃ)だ능숙하다 友達(ともだち)친구 上達(じょうたつ)향상

양(羍:어린 양 달)이 다닐 정도로 길(辶)이 통하니 통달하다(達)

単

十·9·N1 □□□

홑 단

- 음 タン
- 훈 없음

①홑, 홀로 ②단순 ③단위

単一(たんいつ)	단일	単語(たんご)	단어
単独(たんどく)	단독	簡単(かんたん)だ	간단하다

"본자(本字)는 單이며, 새총류 돌팔매를 나타내는 상형문자이지요"

한벽훈 単身赴任(たんしんふにん)단신부임 単純(たんじゅん)だ단순하다

사냥감과 대적하는 돌팔매 모양(單)을 본떠 홀로, 홑

置

罒·13·N2 □□□

둘 치

- 음 チ
- 훈 お

①두다 ②놓다 ③처리

置(お)く	두다, 놓다	位置(いち)	위치
設置(せっち)	설치	装置(そうち)	장치

"부수 罒는 그물 망 网으로 그물망머리이지요"

한벽훈 物置(ものおき)헛간 前置(まえお)き서두 箸置(はしお)き젓가락 받침 据(す)え置(お)き거치 拘置(こうち)구치 措置(そち)조치 廃藩置県(はいはんちけん)폐번치현

놓아주는(罒:그물 망) 뜻과 곧을 직(直→치)의 음으로 두다(置)

仲

イ·6·N2 □□□

버금 중

- 음 チョウ
- 훈 なか

①인간 관계 ②정중앙

仲(なか)	인간 사이	仲介(ちゅうかい)	중개
仲直(なかなお)り	화해	仲良(なかよ)し	단짝

한벽훈 仲間(なかま)동료 仲人(なこうど)결혼중매인

사람(イ:인변)의 중간(中)에서 중재하니 가운데 버금(仲)

沖

氵·7·N1 □□□

화할 충

- 음 チュウ
- 훈 おき

①먼바다 ②충적

沖(おき)	먼바다	沖合(おきあい)	난바다 쪽
沖積(ちゅうせき)	충적	沖天(ちゅうてん)	충천

한벽훈 沖縄県(おきなわけん)오키나와현

물(氵)의 뜻과 가운데 중(中→충)의 음으로 먼바다, 난바다(沖)

점칠 때 운수 보던 거북의 배딱지의 무늬, 억조(兆)

음 チョウ　　**훈** きざ　　ル·6·N2 ☐☐☐

① 조　② 징조

| 兆(ちょう) | 조 | 兆(きざ)す | 징조가 보이다 |
| 兆(きざ)し | 징조 | 億兆(おくちょう) | 억조 |

"거북의 배딱지 무늬 모양을 나타내는 상형문자이지요"

한벽풀 兆候(ちょうこう)징후

兆
억조 **조**
조짐 **조**

신분(亻:인변)이 아래(氐:근본 저)이므로 낮다(低)

음 テイ　　**훈** ひく　　イ·7·N3 ☐☐☐

① 낮다

| 低(ひく)い | 낮다 | 低温(ていおん) | 저온 |
| 低音(ていおん) | 저음 | 高低(こうてい) | 고저 |

한벽풀 低(ひく)める낮추다 低(ひく)まる낮아지다 低迷(ていめい)침체

低
낮을 **저**

공간(广:집 엄)의 아랫부분(氐:근본 저)으로 밑(底)

음 テイ　　**훈** そこ　　广·8·N2 ☐☐☐

① 밑　② 밑바닥

| 底(そこ) | 바닥 | 底辺(ていへん) | 저변 |
| 海底(かいてい) | 해저 | 徹底(てってい) | 철저 |

한벽풀 どん底(ぞこ)밑바닥 到底(とうてい)도저히 根底(こんてい)근저, 밑바탕

底
밑 **저**

선명한 해(白→日)의 뜻과 구기 작(勺→적)의 음으로 과녁(的)

음 テキ　　**훈** まと　　白·8·N2 ☐☐☐

① 과녁　② 확실　③ ~답다

| 的(まと) | 과녁 | 目的(もくてき) | 목적 |
| 標的(ひょうてき) | 표적 | 詩的(してき)だ | 시적이다 |

한벽풀 的確(てきかく)だ적확하다 健康的(けんこうてき)だ건강에 신경 쓰다 ~的(てき)だ~적이다

的
과녁 **적**

대죽으로 엮은 죽간(冊:책 책)을 받드니(廾:손 맞잡을 공) 사회규범 법(典)

음 テン　　**훈** 없음　　八·8·N1 ☐☐☐

① 서적　② 본보기　③ 식전

| 典型(てんけい) | 전형 | 古典(こてん) | 고전 |
| 式典(しきてん) | 식전 | 辞典(じてん) | 사전 |

典
법 **전**

伝
전할 전 (イ・6・N2)

- 음: デン
- 훈: つた

①전하다 ②계속되다 ③전기

| 伝(つた)える | 전하다 | 伝統(でんとう) | 전통 |
| 伝染(でんせん) | 전염 | 宣伝(せんでん) | 선전 |

"본자(本字)는 傳이지요"

한벽著 伝(つた)わる 전해지다 伝(つた)う 잇다 伝言(でんごん) 전언 手伝(てつだ)う 돕다 言伝(ことづて) 전갈

사람(イ:인변)이 바삐 알리니(專:오로지 전→방추) 전하다(傳)

徒
무리 도 (イ・10・N2)

- 음: ト
- 훈: 없음

①무리 ②사람 ③무위

| 徒歩(とほ) | 도보 | 生徒(せいと) | 중고생 |
| 信徒(しんと) | 신도 | 暴徒(ぼうと) | 폭도 |

한벽著 徒手(としゅ)맨손 徒労(とろう)헛수고 教徒(きょうと)신자 ~徒(と)~사람

발(走→止) 내디디며 길(イ:자축거릴 척→土) 가는 무리(徒)

努
힘쓸 노 (カ・7・N2)

- 음: ド
- 훈: つと

①힘쓰다 ②애쓰다

| 努力(どりょく) | 노력 | 努(つと)める | 힘쓰다 |
| 努(つと)めて | 애써서 | | |

노예(奴:노예 노)가 부지런히 힘을 다하니(力) 힘쓰다(努)

灯
등 등 / 등잔 등 (火・6・N2)

- 음: トウ
- 훈: ひ

①등 ②등불

| 灯台(とうだい) | 등대 | 灯油(とうゆ) | 등유 |
| 電灯(でんとう) | 전등 | 蛍光灯(けいこうとう) | 형광등 |

"본자(本字)는 燈이며, 소전체로는 鐙이었지요"

한벽著 灯(ひ)불빛 街灯(がいとう)가로등 灯火(ともしび)등불 行灯(あんどん)사방등 提灯(ちょうちん)초롱 懐中電灯(かいちゅうでんとう)손전등

제단을 오를 때(登:오를 등) 밝히는 불(火)로 등, 등잔(燈)

働
일할 동 / 굼닐 동 (イ・13・N3)

- 음: ドウ
- 훈: はたら

①일하다 ②작용

| 労働(ろうどう) | 노동 | 稼働(かどう) | 가동 |
| 働(はたら)き | 활동, 작용 | 働(はたら)く | 일하다 |

"일본 고유한자(和製漢字)인 국자(国字)이지요"

한벽著 共働(ともばたら)き 맞벌이 働(はたら)き盛(ざか)り 한창 일할 때 働(はたら)き者(もの) 일꾼 働(はたら)き掛(か)ける 작용하다

사람(イ:인변)이 구부렸다 일으켰다(動) 굼닐어 일하다(働)

관청(寺:절 사, 관청 시)에서 사용하는 소(牛)로 특별하다(特)

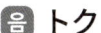

| 음 | トク | 훈 | 없음 |

①특별하다 ②특히

特別(とくべつ)だ 특별하다　特色(とくしょく) 특색
特徴(とくちょう) 특징　独特(どくとく) 독특

한벽* 特長(とくちょう)특장점 特売(とくばい)특별판매 特急(とっきゅう)특별급행 열차 特赦(とくしゃ)특별사면

牛·10·N3 □□□

特
특별할 특

곧은(直) 마음(心)으로 살아가니(彳:자축거릴 척) 덕(德)

| 음 | トク | 훈 | 없음 |

①덕 ②도덕 ③효험

德目(とくもく) 덕목　道徳(どうとく) 도덕
美徳(びとく) 미덕　仁徳(じんとく) 인덕

"본자(本字)는 德이지요"

한벽* 功徳(くどく)공덕 淑徳(しゅくとく)여성의 미덕

彳·14·N1 □□□

德
큰 덕
덕 덕

참나무과(木) 교목(厉:갈 려→상수리나무 모양)으로 상수리나무(栃)

| 음 | 없음 | 훈 | とち |

①칠엽수 ②도치기현

栃(とち)の木(き)　칠엽수

한벽* 栃木県(とちぎけん)도치기현

木·9·제외 □□□

栃
상수리나무 회

제단에(示:보일 시) 바치는 과실인 능금나무(木→大)에서 어찌(奈)

| 음 | ナ | 훈 | 없음 |

①어떠한 ②나라(지명)

奈落(ならく) 나락　奈良朝(ならちょう) 나라 조정
奈良時代(ならじだい) 나라 시대

한벽* 奈良県(ならけん)나라현

大·8·N1 □□□

奈
어찌 나

나무(木)의 뜻과 이로울 리(利)의 음으로 배나무(梨)

| 음 | リ | 훈 | なし |

①배

梨(なし) 배　梨(なし)の木(き) 배나무

한벽* 山梨県(やまなしけん)야마나시현

木·11·N1 □□□

梨
배나무 리(이)

熱

灬·15·N2 ☐☐☐

더울 열

- 음 ネツ
- 훈 あつ

①열 ②뜨겁다 ③몰두

熱(ねつ)	열	熱帯(ねったい)	열대
熱中(ねっちゅう)	열중	熱(あつ)い	뜨겁다

> 한벽쌤 熱(あつ)さ더위 熱中症(ねっちゅうしょう)열사병 熱湯(ねっとう)열탕 熱狂(ねっきょう)열광 光熱費(こうねつひ)전기 가스료

싹 트는(埶:심을 예) 불(火)의 기세로 뜨겁고 덥다(熱)

念

心·8·N2 ☐☐☐

생각 념(염)

- 음 ネン
- 훈 없음

①사고하다 ②낭독하다

念願(ねんがん)	염원	念頭(ねんとう)	염두
記念(きねん)	기념	信念(しんねん)	신념

> 한벽쌤 念仏(ねんぶつ)염불 祈念(きねん)기원 丹念(たんねん)정성 懸念(けねん)걱정 残念(ざんねん)だ유감이다

말하지 않고(今:이제 금→입을 막음) 마음(心)에 있는 생각(念)

敗

攵·11·N2 ☐☐☐

패할 패

- 음 ハイ
- 훈 やぶ

①패하다 ②실패

敗北(はいぼく)	패배	敗者(はいしゃ)	패자
失敗(しっぱい)	실패	勝敗(しょうはい)	승패

> 한벽쌤 敗(やぶ)れる대패하다 腐敗(ふはい)부패

제사 솥(貝→鼎:솥 정)이 깨지니(攵:등글월문) 패하다(敗)

梅

木·10·N1 ☐☐☐

매화 매

- 음 バイ
- 훈 うめ

①매화 ②장마

梅(うめ)	매화	梅酒(うめしゅ)	매실주
梅干(うめぼ)し	매실절임		

"본자(本字)는 楳이지요"

> 한벽쌤 梅雨(つゆ,ばいう)장마 梅雨入(つゆい)り장마철에 들어감 梅雨明(つゆあ)け장마가 걷힘

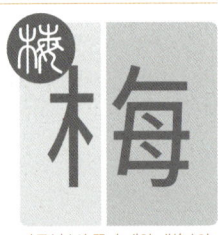

나무(木)의 뜻과 매양 매(每)의 음으로 매화(梅)

博

十·12·N1 ☐☐☐

넓을 박

- 음 ハク, バク
- 훈 없음

①폭넓다 ②얻다 ③도박

博愛(はくあい)	박애	博物館(はくぶつかん)	박물관
該博(がいはく)	해박	博士(はくし,はかせ)	박사

"본자(本字)는 愽이지요"

> 한벽쌤 博(はく)する얻다 賭博(とばく)도박

넓게(十:열 십→꽉 참) 물레를 돌리니(尃:펼 부) 넓다(博)

언덕(阝)의 뜻과 돌이킬 반(反→
판)의 음으로 언덕(阪)

| 음 | ハン | 훈 | 없음 |

① 언덕 ② 오사카

阪(さか) 고개

"왼쪽에 위치하는 부수 阝는 언덕 부 阜로 좌부방이며, 본자(本字)로는 언덕 판 坂과 동자이지요."

한벽돌 大阪府(おおさかふ)오사카부 大阪弁(おおさかべん)오사카 방언 阪神(はんしん)오사카와 고베 京阪神(けいはんしん)교토, 오사카, 고베

阝·7·N1

언덕 판

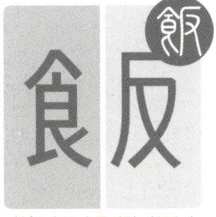

밥(食)의 뜻과 돌이킬 반(反)의
음으로 밥(飯)

| 음 | ハン | 훈 | めし |

① 밥 ② 식사

ご飯(はん) 밥 飯(めし) 밥
夕飯(ゆうはん) 저녁밥 残飯(ざんぱん) 잔반

"본자(本字)는 飯이지요."

한벽돌 昼飯(ひるめし)점심밥 昼御飯(ひるごはん)점심밥 夕御飯(ゆうごはん)저녁밥 晩御飯(ばんごはん)저녁밥 朝御飯(あさごはん)아침밥 赤飯(せきはん)팥밥 炊飯器(すいはんき)전기밥솥

食·12·N3
飯
밥 반

새가 힘차게 날갯짓하는 모습
(飛)을 본떠 날다

| 음 | ヒ | 훈 | と |

① 날다 ② 근거 없다

飛(と)ぶ 날다 飛(と)ばす 날리다
飛行機(ひこうき) 비행기 飛躍(ひやく) 비약

"새가 날개를 벌려 날갯짓하는 모습을 나타내는 상형문자이지요."

한벽돌 飛(と)び込(こ)む 뛰어들다 飛(と)び出(だ)す 뛰어나가다 蹴飛(けと)ばす 걷어차다

飛·9·N2
飛
날 비

물을 푸는 두레박 모양(必)에서
후에 가차(假借)되어 반드시

| 음 | ヒツ | 훈 | かなら |

① 반드시

必(かなら)ず 반드시 必要(ひつよう)だ 필요하다
必死(ひっし) 필사 必修(ひっしゅう) 필수

"물이 들어찬 두레박 모양을 나타내는 상형문자이지요."

한벽돌 必(かなら)ずしも반드시(부정형과 사용) 必須(ひっす)필수 必須科目(ひっすかもく)필수과목 必需(ひつじゅ)필수 必需品(ひつじゅひん)필수품

心·5·N2

반드시 필

불똥(火→示:보일 시) 튀듯 가
볍게 나는(㶚+臼→覀:덮을 아)
종이, 표(票)

| 음 | ヒョウ | 훈 | 없음 |

① 표 ② 쪽지

投票(とうひょう) 투표 開票(かいひょう) 개표
票決(ひょうけつ) 표결 伝票(でんぴょう) 전표

示·11·N1

표 표

木・15・N2 □□□

표할 **표**

음 ヒョウ　　**훈** 없음

① 표시　② 표하다

| 標準(ひょうじゅん) | 표준 | 標語(ひょうご) | 표어 |
| 目標(もくひょう) | 목표 | 商標(しょうひょう) | 상표 |

한벽쓸 標識(ひょうしき)표지

표식 나무(木)의 뜻과 표 표(票)의 음으로 표하다(標)

一・4・N3 □□□

아닐 **부**
아닐 **불**

음 フ, ブ　　**훈** 없음

① 부정　② 안 좋다

| 不安(ふあん) | 불안 | 不正(ふせい) | 부정 |
| 不幸(ふこう) | 불행 | 不倫(ふりん) | 불륜 |

"꽃의 암술대 씨방 모양을 나타낸 상형문자로 꽃이 없음을 나타내지요"

한벽쓸 不詳(ふしょう)미상 不審(ふしん)확실하지 않음 不首尾(ふしゅび)실패 不思議(ふしぎ)だ불가사의하다 不作法(ぶさほう)무례 不向(ふむ)きだ부적합하다 不調(ふちょう)だ상태가 나쁘다 不用意(ふようい)だ부주의하다 不真面目(ふまじめ)だ불성실하다

꽃의 암술대 씨방만을 나타내어 꽃과 꽃술이 떨어져 없으므로 아니다(不)

大・4・N2 □□□

지아비 **부**

음 フ, フウ　　**훈** おっと

① 남편　② 남자　③ 근로자

| 夫(おっと) | 남편 | 夫婦(ふうふ) | 부부 |
| 漁夫(ぎょふ) | 어부 | 夫人(ふじん) | 부인, 사모님 |

"머리를 묶은 지아비의 모습을 나타내는 상형문자이지요"

한벽쓸 夫妻(ふさい)부부 工夫(くふう)궁리 大丈夫(だいじょうぶ)だ괜찮다 丈夫(じょうぶ)だ튼튼하다

성인이 되어 머리를 땋아 묶은 (一) 사내(大) 지아비(夫)

イ・5・N2 □□□

부칠 **부**

음 フ　　**훈** つ

① 붙이다　② 부여하다

| 付録(ふろく) | 부록 | 交付(こうふ) | 교부 |
| 寄付(きふ) | 기부 | 添付(てんぷ) | 첨부 |

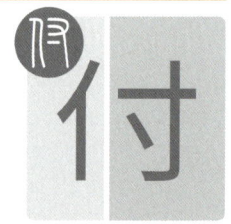

사람(イ:인변)에게 건네니(寸:마디 촌→손) 주다, 부치다(付)

한벽쓸

付(つ)ける	붙이다	付(つ)く	붙다	付随(ふずい)	부수
付(つ)き合(あ)う	사귀다	日付(ひづけ)	날짜	目付(めつき)	눈매
顔付(かおつき)	얼굴 생김새	体付(からだつき)	몸매	片付(かたづ)ける	치우다
受(う)け付(つ)ける	접수하다	傷付(きずつ)ける	상처 입히다	名付(なづ)ける	명명하다
近付(ちかづ)ける	가까이 하다	言付(ことづ)ける	전갈하다	言(い)い付(つ)ける	분부하다
思(おも)い付(つ)く	착안하다	追(お)い付(つ)く	따라붙다	結(むす)び付(つ)ける	결부하다

건물(广:집 엄)에 사무 맡은 물건을 모아 두니(付) 관청 마을(府)

음	フ	훈	없음		广·8·N2

①관청 ②행정구역 ③중심지

府庁(ふちょう) 부청 政府(せいふ) 정부
総理府(そうりふ) 총리부 幕府(ばくふ) 막부

한벽 都道府県(とどうふけん)행정구역 首府(しゅふ)수도 大阪府(おおさかふ)오사카부 京都府(きょうとふ)교토부

府 마을 부
관청 부

조금 높은 비탈진 곳에 흙더미가 쌓여 있는 모습(阜)으로 언덕

음	フ	훈	없음		阜·8·제외

①언덕 ②구릉

阜偏(こざとへん) 좌부방

"흙더미가 쌓여 있는 언덕 모양을 나타낸 상형문자이지요"

한벽 岐阜県(ぎふけん)기후현

阜 언덕 부

집(宀:집 면) 안에 재물이 가득하니(畐:가득할 복) 부자(富)

음	フ, フウ	훈	と, とみ		宀·12·N2

①부 ②풍부

富(とみ) 부 富貴(ふうき) 부귀
貧富(ひんぷ) 빈부 豊富(ほうふ)だ 풍부하다

한벽 富裕(ふゆう)부유 富(と)む풍부하다 ~に富(と)む~이/가 풍부하다

富 부자 부

다 찬 항아리(畐:가득할 복)를 나누니(刂) 버금가다(副)

음	フク	훈	없음		刂·11·N2

①버금 ②따르다

副業(ふくぎょう) 부업 副作用(ふくさよう) 부작용
副賞(ふくしょう) 부상 副社長(ふくしゃちょう) 부사장

副 버금 부

무기(斤:도끼 근)를 양손에 든(廾:손 맞잡을 공) 병사(兵)

음	ヘイ, ヒョウ	훈	없음		八·7·N2

①병사 ②전쟁

兵士(へいし) 병사 兵器(へいき) 병기
兵役(へいえき) 병역 騎兵(きへい) 기병

한벽 兵隊(へいたい)군대 兵糧(ひょうろう)군량 兵舎(へいしゃ)병영 募兵(ぼへい)모병 閲兵(えっぺい)열병

兵 병사 병

別

リ·7·N3 ☐☐☐

다를 별
나눌 별

음 ベツ　　**훈** わか

① 헤어지다 ② 나누다 ③ 다른 ④ 특별

別途(べっと)　별도　　別荘(べっそう)　별장
区別(くべつ)　구별　　別(わか)れる　헤어지다

한벽 別(べつ)に별로 別々(べつべつ)따로따로 別棟(べつむね)별동
鑑別(かんべつ)감별 惜別(せきべつ)석별

뼈(另:헤어질 령)를 발라내는(刂:선 칼도) 장례 의식으로 나누다(別)

辺

辶·5·N2 ☐☐☐

가 변

음 ヘン　　**훈** あた, べ

① 주위 ② 변두리 ③ 끝

辺(あた)り　주변　　周辺(しゅうへん)　주변
海辺(うみべ)　해변　　底辺(ていへん)　저변

"본자(本字)는 邊이지요"

한벽 身辺(しんぺん)신변 浜辺(はまべ)바닷가 水辺(みずべ)물가
天辺(てっぺん)꼭대기 炉辺(ろへん)화롯가

코(自)와 입(穴→內)의 거리(方) 같은 길(辶)로 가장자리 가(邊)

変

夂·9·N2 ☐☐☐

변할 변

음 ヘン　　**훈** か

① 변하다 ② 특이

変化(へんか)　변화　　不変(ふへん)　불변
変(か)える　바꾸다　　変(か)わる　바뀌다

"본자(本字)는 變이며, 본자의 부수는 言이지요"

한벽 変人(へんじん)괴짜 変遷(へんせん)변천 相変(あいか)わらず변함없이
大変(たいへん)몹시 大変(たいへん)だ큰일이다 一変(いっぺん)완전히 바뀜

실이 꼬인(䜌:어지러울 련) 것이 바로잡히니(攵:등글월문) 변하다(變)

便

イ·9·N3 ☐☐☐

편할 편
똥오줌 변

음 ベン, ビン　　**훈** たよ

① 편리 ② 타다 ③ 소식 ④ 용변

便利(べんり)だ　편리하다　便宜(べんぎ)　편의
郵便(ゆうびん)　우편　　大便(だいべん)　대변

한벽 便(たよ)り소식 便乗(びんじょう)편승 便秘(べんぴ)변비 便箋(びんせん)편지지 交通(こうつう)の便(びん)교통편 航空便(こうくうびん)항공편 船便(ふなびん)배편 郵便局(ゆうびんきょく)우체국 宅急便(たっきゅうびん)택배

사람(亻)이 불편함을 고치니(更:고칠 경) 용변(便) 편하다(便)

태아(巳:뱀 사→태아)를 두르고 감싸니(勹:쌀 포) 싸다(包)

음 ホウ　　**훈** つつ

① 싸다 ② 포장

包装(ほうそう) 포장　　包囲(ほうい) 포위
包括(ほうかつ) 포괄　　包(つつ)む 싸다

"부수 勹는 무언가를 감싸는 손으로 쌀포몸이며, 본자(本字)는 包이지요"

한벽쌤 包丁(ほうちょう)식칼 包帯(ほうたい)붕대 小包(こづつ)み소포

勹·5·N2 ☐☐☐

包

쌀 포

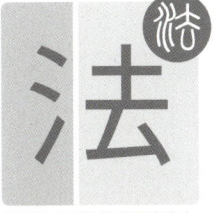

물(氵)이 흐르듯 올바르게 지나니(去:갈 거) 규범 관습 법(法)

음 ホウ, ハッ, ホッ　　**훈** 없음

① 법 ② 방법 ③ (불교)가르침

法(ほう) 법　　法律(ほうりつ) 법률
不法(ふほう) 불법　　司法(しほう) 사법

한벽쌤 法度(はっと)법령 法曹(ほうそう)법조 憲法(けんぽう)헌법 仏法(ぶっぽう)불교 가르침 遵法(じゅんぽう)준법 作法(さほう)예의범절 不作法(ふさほう)무례 製法(せいほう)제조법 寸法(すんぽう)치수

氵·8·N2 ☐☐☐

法

법 법

보름달에(月:달 월) 파수 보는(壬:북방 임) 뜻과 망할 망(亡)의 음으로 바라다(望)

음 ボウ, モウ　　**훈** のぞ

① 바라다 ② 기대 ③ 평판

希望(きぼう) 희망　　望遠鏡(ぼうえんきょう) 망원경
志望(しぼう) 지망　　望(のぞ)む 바라다

한벽쌤 望(のぞ)ましい바람직하다 待(ま)ち望(のぞ)む몹시 기다리다 人望(じんぼう)인망 名望(めいぼう)명망 待望(たいぼう)기다리고 바람 大望(たいぼう, たいもう)큰 희망 願望(がんぼう)소원 要望(ようぼう)간절히 바람 眺望(ちょうぼう)조망

月·11·N2 ☐☐☐

望

바랄 망

가축(牛)을 회초리 치며 다스리니(攵:등글월문) 치다(牧)

음 ボク　　**훈** まき

① (가축)치다 ② 목장

牧場(ぼくじょう) 목장　　牧師(ぼくし) 목사
牧畜(ぼくちく) 목축　　放牧(ほうぼく) 방목

한벽쌤 牧(まき)목장 牧場(まきば)목장 牧牛(ぼくぎゅう)목우

牛·8·N1 ☐☐☐

牧

칠 목

나무(木)의 끝부분(一)을 길게 나타내어 끝(末)

음 マツ, バツ　　**훈** すえ

① 끝, 말 ② 하찮다 ③ 가루

末期(まっき) 말기　　末日(まつじつ) 말일
週末(しゅうまつ) 주말　　年末(ねんまつ) 연말

한벽쌤 末(すえ)끝, 마지막 末(すえ)っ子(こ)막내 末(まつ)말 末席(まっせき)말석 末尾(まつび)말미 始末(しまつ)사정, 처리 後始末(あとしまつ)뒤처리 巻末(かんまつ)권말 歳末(さいまつ)연말 粉末(ふんまつ)분말 粗末(そまつ)だ허술하고 나쁘다

木·5·N2 ☐☐☐

末

끝 말

氵·12·N2 ☐☐☐

찰 만

음 マン　　　　**훈** み

①차다 ②충만 ③모두

満足(まんぞく)　만족　　満員(まんいん)　만원
充満(じゅうまん)　충만　　円満(えんまん)だ　원만하다

"본자(本字)는 滿이지요"

한벽着 満(み)たす 채우다 満(み)ちる 차다 満腹(まんぷく)배가 가득 満喫(まんきつ)만끽 満塁(まんるい)만루 満月(まんげつ)보름달 満悦(まんえつ)만족하여 기뻐함

물(氵)이 가득 찬 항아리(滿:평평할 만)로 차다(滿)

木·5·N2 ☐☐☐

아닐 미

음 ミ　　　　**훈** 없음

①아직 ②부정

未来(みらい)　미래　　未定(みてい)　미정
未知(みち)　미지　　未満(みまん)　미만

한벽着 未踏(みとう)미답 未詳(みしょう)미상 未遂(みすい)미수 未曽有(みぞう)미증유

무성한(一) 나무(木)에서 후에 가차(假借)되어 아니다(未)

氏·5·N3 ☐☐☐

백성 민

음 ミン　　　　**훈** たみ

①일반인 ②민간

民族(みんぞく)　민족　　民間(みんかん)　민간
住民(じゅうみん)　주민　　市民(しみん)　시민

"눈을 찌른 노예, 백성의 모습을 나타내는 상형문자이지요"

한벽着 民(たみ)백성 都民(とみん)동경 도민 難民(なんみん)난민 庶民(しょみん)서민

송곳으로 눈을 찌르는 모습(民)을 본떠 노예, 백성

灬·12·N2 ☐☐☐

없을 무

음 ム, ブ　　　　**훈** な

①없다 ②~않다(부정)

無事(ぶじ)だ　무사하다　　無理(むり)だ　무리다
無知(むち)　무지　　有無(うむ)　유무

제사장이 깃을 들고(舞) 춤추다 (灬) 가차(假借)되어 없다(無)

한벽着
無(ない)　없다　　ご無沙汰(ぶさた)　격조　　無造作(むぞうさ)だ　대수롭지 않다
無暗(むやみ)に　무턱대고　　無駄(むだ)だ　헛되다　　無邪気(むじゃき)だ　순진무구하다
無口(むくち)だ　과묵하다　　無用(むよう)　쓸모 없음　　無茶(むちゃ)だ　터무니 없다
皆無(かいむ)　전무　　台無(だいな)し　영망이 됨　　感無量(かんむりょう)だ　감개무량하다

음 ヤク　　**훈** 없음　　糸·9·N2 ☐☐☐

① 약속 ② 요약 ③ 절약 ④ 대략

| 約束(やくそく) | 약속 | 予約(よやく) | 예약 |
| 節約(せつやく) | 절약 | 約(やく) | 약, 대략 |

한벽좀 約款(やっかん)약관 婚約(こんやく)약혼 倹約(けんやく)검약 仮契約(かりけいやく)가계약

실타래(糸:가는 실 사)의 뜻과 구기작(勺→약)의 음으로 맺다(約)

約
맺을 약

음 ユウ　　**훈** いさ　　力·9·N2 ☐☐☐

① 용감하다 ② 용맹

| 勇気(ゆうき) | 용기 | 勇敢(ゆうかん)だ | 용감하다 |
| 勇士(ゆうし) | 용사 | 勇猛(ゆうもう) | 용맹 |

한벽좀 勇(いさ)ましい용감하다 勇(いさ)む기운이 솟다 勇姿(ゆうし)용감한 자태 勇名(ゆうめい)용감한 명성 蛮勇(ばんゆう)만용

쇠북 종(甬:길 용→종)을 힘들여(力) 드는 용기로 날래다(勇)

勇
날랠 용

음 ヨウ　　**훈** い, かなめ　　西·9·N2 ☐☐☐

① 요점 ② 필요 ③ 요구

| 要約(ようやく) | 요약 | 重要(じゅうよう)だ | 중요하다 |
| 要点(ようてん) | 요점 | 必要(ひつよう)だ | 필요하다 |

"부수 覀는 서녘 서 西이며, 허리에 손을 얹은 여자 모습을 나타내는 상형문자이지요"
"본자의 부수는 襾 덮을 아이지요.

한벽좀 要(かなめ)요점 要(よう)するに요컨대 要(い)る필요하다 要(よう)する필요로 하다 要望(ようぼう)간절히 바람 要綱(ようこう)요강 撮要(さつよう)개요 枢要(すうよう)중요 부분

허리에 손을 얹은 여자의 모습(要)에서 중요 부위 요긴하다

要
요긴할 요

음 ヨウ　　**훈** やしな　　食·15·N1 ☐☐☐

① 기르다 ② 양육

| 養成(ようせい) | 양성 | 養育(よういく) | 양육 |
| 教養(きょうよう) | 교양 | 栄養(えいよう) | 영양 |

한벽좀 養(やしな)う기르다 養殖(ようしょく)양식 養蚕(ようさん)양잠 供養(くよう)공양 孝養(こうよう)효도 봉양 扶養(ふよう)부양 婿養子(むこようし)데릴사위 滋養(じよう)자양

양(羊:양 양)을 먹이니(食:먹을 식) 기르다(養)

養
기를 양

음 ヨク　　**훈** あ　　氵·10·N2 ☐☐☐

① 목욕 ② 뒤집어쓰다

| 浴室(よくしつ) | 욕실 | 浴槽(よくそう) | 욕조 |
| 入浴(にゅうよく) | 입욕 | 海水浴(かいすいよく) | 해수욕 |

한벽좀 浴(あ)びる뒤집어쓰다 浴(あ)びせる끼얹다 浴衣(ゆかた)유카타 森林浴(しんりんよく)삼림욕

골짜기(谷:골짜기 곡)의 계곡 물(氵)로 목욕하다(浴)

浴
목욕할 욕

リ・7・N2 ☐☐☐

利
이할 리(이)
이로울 리(이)

음 リ　　**훈** き

① 이롭다 ② 이익 ② 재빠르다

利用(りよう)　이용　　利益(りえき)　이익
有利(ゆうり)　유리　　勝利(しょうり)　승리

한벽률 利(き)く잘 발휘하다 利息(りそく)이자 利口(りこう)다 영리하다 利発(りはつ)다 영리하다 左利(ひだりき)き왼손잡이 舍利(しゃり)사리 砂利(じゃり)자갈

벼(禾:벼 화)를 베는 칼(刂:선 칼 도)로 예리하고 이롭다(利)

阝・11・N2 ☐☐☐

陸
뭍 륙(육)

음 リク　　**훈** 없음

① 뭍, 육지 ② 연속

陸(りく)　육지　　陸軍(りくぐん)　육군
大陸(たいりく)　대륙　　上陸(じょうりく)　상륙

"왼쪽에 위치하는 부수 阝는 언덕 부 阜로 좌부방이지요"

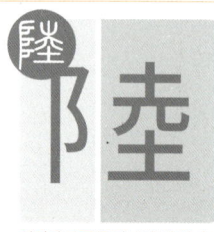

언덕과 구릉(阝:좌부방)에 땅과 산(坴:언덕 륙)으로 뭍(陸)

艮・7・N2 ☐☐☐

良
어질 량(양)
좋을 량(양)

음 リョウ　　**훈** よ

① 어질다 ② 선량 ③ 뛰어나다

良心(りょうしん)　양심　　良書(りょうしょ)　양서
改良(かいりょう)　개량　　良(よ)い　좋다

"긴 집채 회랑 모양을 나타내는 상형문자이지요"

한벽률 良(い)い좋다 良(よ)し悪(あ)し선악 仲良(なかよ)し단짝 野良(のら)들

건물을 연결하는 회랑에서 후에 가차(假借)되어 어질다(良)

斗・10・N3 ☐☐☐

料
헤아릴 료(요)

음 リョウ　　**훈** 없음

① 헤아리다 ② 요금 ③ 재료

料理(りょうり)　요리　　料金(りょうきん)　요금
有料(ゆうりょう)　유료　　材料(ざいりょう)　재료

한벽률 料亭(りょうてい)요리점 送料(そうりょう)배송료 肥料(ひりょう)비료 染料(せんりょう)염료 塗料(とりょう)도료

곡식(米)을 푸거나 담는 국자(斗:말 두)로 헤아리다(料)

里・12・N2 ☐☐☐

量
헤아릴 량(양)

음 リョウ　　**훈** はか

① 양 ② (무게)재다 ③ 크기

量(りょう)　양　　量産(りょうさん)　양산
大量(たいりょう)　대량　　分量(ぶんりょう)　분량

한벽률 酌量(しゃくりょう)참작 感無量(かんむりょう)다 감개무량하다 量(はか)る측량하다

가마니(里→東) 위의 깔대기(旦:아침 단→口)로 헤아리다(量)

| 음 リン | 훈 わ | 車・15・N2 □□□ |

①바퀴 ②둘레 ③~송이(꽃 단위)

輪(わ) 고리, 바퀴   年輪(ねんりん) 연륜, 나이테
輪郭(りんかく) 윤곽   一輪(いちりん) 한 송이

한벽돌 輪禍(りんか)교통사고 指輪(ゆびわ)반지 首輪(くびわ)목걸이 内輪(うちわ)집안 車輪(しゃりん)수레바퀴

바퀴 륜(윤)

수레(車)를 굴러가게 하는 둥근(侖:둥글 륜) 바퀴(輪)

| 음 ルイ | 훈 たぐい | 頁・18・N2 □□□ |

①무리 ②종류 ③닮다

類型(るいけい) 유형   類似(るいじ) 유사
人類(じんるい) 인류   種類(しゅるい) 종류

"본자(本字)는 類이지요"

한벽돌 類(たぐ)い유례 親類(しんるい)친척 藻類(そうるい)수초류 魚介類(ぎょかいるい)어패류 獣類(じゅうるい)짐승류 芋類(いもるい)감자류

무리 류(유)

비슷한(頪:엇비슷할 뢰) 생김새의 개(犬) 무리(類)

| 음 レイ | 훈 없음 | 人・5・N2 □□□ |

①명령 ②훌륭하다 ③공경

命令(めいれい) 명령   法令(ほうれい) 법령
号令(ごうれい) 호령   訓令(くんれい) 훈령

한벽돌 令和(れいわ)일본 연호 令名(れいめい)명성 令嬢(れいじょう)따님 令夫人(れいふじん)영부인

하여금 령(영)

관청(亼:삼합 집→관아)에 나가 무릎 꿇고(卩) 받드니 하여금 명령(令)

| 음 レイ | 훈 つめ, ひ, さ | 冫・7・N2 □□□ |

①차갑다 ②냉정

冷房(れいぼう) 냉방   冷蔵庫(れいぞうこ) 냉장고
冷(つめ)たい 차갑다   寒冷(かんれい) 한랭

"부수 冫는 얼 동 凍을 나타내며, 부수명은 얼 동, 이수변이지요"

한벽돌 冷(ひ)やす식히다 冷(ひ)える식다 冷(ひ)やかす차게 하다 冷(さ)ます식히다 冷(さ)める식다 冷(ひ)や냉수 冷(ひ)や汗(あせ)식은땀 冷酷(れいこく)냉혹 冷静(れいせい)냉정하다

찰 랭(냉)

명(令)을 내리는 주군의 모습(冫:얼음 빙)이 차다(冷)

| 음 レイ | 훈 たと | 亻・8・N2 □□□ |

①예, 비유 ②평소대로

例(れい) 예   例題(れいだい) 예제
前例(ぜんれい) 전례   例(たと)えば 예를 들면

한벽돌 例(たと)え비유 例(たと)える비유하다 範例(はんれい)범례 凡例(はんれい)일러두기 恒例(こうれい)항례

법식 례(예)

사람(亻:인변)을 나누어(列:벌일 렬) 차례를 매기니 법식(例)

辶·10·N2 ☐☐☐

連

잇닿을 **련**(연)
이을 **련**(연)

음 レン　　**훈** つ, つら

①잇다 ②연결 ③데리고 가다

| 連休(れんきゅう) | 연휴 | 連絡(れんらく) | 연락 |
| 連載(れんさい) | 연재 | 関連(かんれん) | 관련 |

"본자(本字)는 連이지요"

한벽룡 連(つら)ねる늘어놓다 連(つら)なる줄지어 있다 連(つ)れる데리다 連(つ)れて行(い)く데리고 가다 連(つ)れて来(く)る데리고 오다 国連(こくれん)국제연합 連中(れんちゅう)한패 連邦(れんぽう)연방 連携(れんけい)연계 連峰(れんぽう)이어진 산봉우리

실어(車) 날리(辶) 이어져 맞닿으니 잇닿다(連)

老·6·N2 ☐☐☐

老

늙을 **로**(노)

음 ロウ　　**훈** お, ふ

①늙다 ②노련

| 老人(ろうじん) | 노인 | 老年(ろうねん) | 노년 |
| 老練(ろうれん) | 노련 | 老衰(ろうすい) | 노쇠 |

"긴 머리에 지팡이를 짚은 노인의 모습을 나타내는 상형문자이지요"

한벽룡 老(お)いる늙다 老(ふ)ける늙다 老若男女(ろうにゃくなんにょ)남녀노소 老舗(しにせ)노포 海老(えび)새우

긴 머리에 지팡이를 짚고 허리가 굽으니(老) 늙다

力·7·N2 ☐☐☐

労

일할 **로**(노)

음 ロウ　　**훈** 없음

①노동 ②일하다

| 労働(ろうどう) | 노동 | 労役(ろうえき) | 노역 |
| 過労(かろう) | 과로 | 疲労(ひろう) | 피로 |

"본자(本字)는 勞이지요"

한벽룡 労力(ろうりょく)힘쓰는 노력 労務(ろうむ)노무 苦労(くろう)고생 慰労(いろう)위로 功労(こうろう)공로

밤(冖:덮을 멱→어둠)에 불 밝히고(火+火) 힘써(力) 일하다(勞)

金·16·N2 ☐☐☐

録

기록할 **록**(녹)

음 ロク　　**훈** 없음

①기록 ②기입

| 録音(ろくおん) | 녹음 | 録画(ろくが) | 녹화 |
| 記録(きろく) | 기록 | 登録(とうろく) | 등록 |

"본자(本字)는 錄이지요"

한벽룡 抄録(しょうろく)초록(필요한 곳만 뽑아씀)

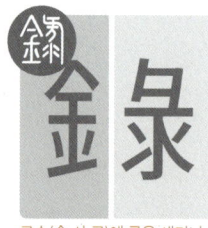

금속(金:쇠 금)에 글을 새기니(彔:새길 록) 기록하다(錄).

5/학/년/교/육/한/자

흙(土)을 덮고 내리찍으니(厭:싫을 염→개가 배부른 모습) 누르다(壓)

음 アツ　　**훈** 없음

土·5·N2 ☐☐☐

① 누르다 ② 압도

圧力(あつりょく)　압력　　圧勝(あっしょう)　압승
気圧(きあつ)　　기압　　血圧(けつあつ)　혈압

"본자(本字)는 壓이지요"

한벽 圧縮(あっしゅく)압축 圧搾(あっさく)압착 抑圧(よくあつ)억압
鎮圧(ちんあつ)진압 弾圧(だんあつ)탄압

圧
누를 **압**

성을 지키려고(韋:다룬 가죽 위) 장벽(囗:에울 위)으로 에워싸다(圍)

음 イ　　**훈** かこ

口·7·N2 ☐☐☐

① 에워싸다 ② 둘레

周囲(しゅうい)　주위　　囲(かこ)む　둘러싸다
範囲(はんい)　범위　　包囲(ほうい)　포위

"본자(本字)는 圍이지요"

한벽 囲(かこ)う둘러싸다 囲(かこ)い둘러쌈 胸囲(きょうい)가슴 둘레
雰囲気(ふんいき)분위기

囲
에워쌀 **위**

모종(禾:벼 화)을 옮겨심는 뜻과 많을 다(多→이)의 음으로 옮기다(移)

음 イ　　**훈** うつ

禾·11·N2 ☐☐☐

① 옮기다 ② 이동

移転(いてん)　이전　　移住(いじゅう)　이주
移植(いしょく)　이식　　転移(てんい)　전이

한벽 移(うつ)す옮기다 移(うつ)る이동하다

移
옮길 **이**

침상(囗:에울 위)에 누워(大) 이유를 생각하니 인하다(因)

음 イン　　**훈** よ

口·6·N2 ☐☐☐

① 원인 ② 지금대로 따르다

因習(いんしゅう)　인습　　因縁(いんねん)　인연
原因(げんいん)　원인　　勝因(しょういん)　승인

한벽 因果(いんが)인과 因(よ)る기인하다 因循(いんじゅん)인습(진보적이지 않음) 因業(いんごう)완고함, 냉정함

因
인할 **인**

큰 물줄기가 굽이쳐 흐르는 모습(永)을 그대로 본떠 길다

음 エイ　　**훈** なが

水·5·N2 ☐☐☐

① 길다 ② 영원

永遠(えいえん)　영원　　永住(えいじゅう)　영주
永久(えいきゅう)　영구　　永続(えいぞく)　영속

"물줄기가 흐르는 모습을 나타내는 상형문자이지요"

한벽 永(なが)い영원하다 末永(すえなが)く영원토록

永
길 **영**

営 경영할 영
- 口・12・N2
- 음: エイ
- 훈: いとな
- ①경영 ②영위 ③건축

営業(えいぎょう)	영업	経営(けいえい)	경영
運営(うんえい)	운영	陣営(じんえい)	진영

"본자(本字)는 營이며, 본자의 부수는 火이지요"

한벽훈 営(いとな)む영위하다 営造(えいぞう)건축 営繕(えいぜん)건물 신축, 수리 屯営(とんえい)주둔 군영

건물(宮:집 궁)에서 밤에 불을 켜고(火+火) 관리하니 경영(営)

衛 지킬 위
- 行・16・N1
- 음: エイ
- 훈: 없음
- ①지키다 ②막다

衛生(えいせい)	위생	衛星(えいせい)	위성
防衛(ぼうえい)	방위	守衛(しゅえい)	수위

"본자(本字) 衛는 형태는 동일하지만 획수가 1획 더 적지요"

사방(行:다닐 행)으로 호위(韋:다룬 가죽 위→수호)하니 지키다(衛)

易 바꿀 역 / 쉬울 이
- 日・8・N2
- 음: エキ, イ
- 훈: やさ
- ①바꾸다 ②교역 ③쉽다

貿易(ぼうえき)	무역	易(やさ)しい	쉽다
安易(あんい)だ	안이하다	容易(ようい)だ	용이하다

한벽훈 易者(えきしゃ)역술인 辟易(へきえき)질려서 물러남

그릇(日)을 기울여 무언가를 쏟는(勿) 모습(易)을 빗대어 쉽다, 바꾸다

益 더할 익
- 皿・10・N1
- 음: エキ, ヤク
- 훈: 없음
- ①더하다 ②이익

有益(ゆうえき)	유익	利益(りえき)	이익
実益(じつえき)	실익	純益(じゅんえき)	순익

"본자(本字)는 益이지요"

한벽훈 益虫(えきちゅう)유익충 御利益(ごりやく)부처의 은혜

물(水)이 그릇(皿:그릇 명) 위로 넘치니 더하다(益)

液 진 액
- 氵・11・N2
- 음: エキ
- 훈: 없음
- ①액체 ②진액

液体(えきたい)	액체	液化(えきか)	액화
血液(けつえき)	혈액	溶液(ようえき)	용액

한벽훈 液状(えきじょう)액상 粘液(ねんえき)점액

액체(氵)의 뜻과 밤 야(夜→액)의 음으로 진액(液)

물(氵)이 퍼지는 뜻과 셋째 지지 인(寅→연)의 음으로 펴다(演)

음 エン　　**훈** 없음

①(의견)펴다 ②연기

| 演技(えんぎ) | 연기 | 演劇(えんげき) | 연극 |
| 演奏(えんそう) | 연주 | 講演(こうえん) | 강연 |

한벽쌤 演説(えんぜつ)연설 演壇(えんだん)연단 演戯(えんぎ)연희 演(えん)じる말다, 연기하다 共演(きょうえん)공동 공연

氵・14・N2 □□□

演
펼 연

매(雁:매 응)를 길들이고 마음(心)을 다스리니 응하다(應)

음 オウ　　**훈** こた

①응하다 ②상대 ③어울리다

| 応対(おうたい) | 응대 | 応援(おうえん) | 응원 |
| 応急(おうきゅう) | 응급 | 対応(たいおう) | 대응 |

"본자(本字)는 應이지요"

한벽쌤 応(こた)える응하다 応(おう)じる부응하다 応諾(おうだく)수락 応酬(おうしゅう)응수 一応(いちおう)우선 反応(はんのう)반응 相応(ふさわ)しい어울리다 相応(そうおう)걸맞다

心・7・N1 □□□

応
응할 응

향하는 바로 진행해(止+王→主:주인 주) 가니(彳:자축거릴 척) 가다(往)

음 オウ　　**훈** 없음

①가다 ②예전

| 往復(おうふく) | 왕복 | 往来(おうらい) | 왕래 |
| 往診(おうしん) | 왕진 | 往年(おうねん) | 왕년 |

한벽쌤 往生(おうじょう)극락왕생 往々(おうおう)이따금

彳・8・N1 □□□

往
갈 왕

나무(木)의 뜻과 어린아이 영(嬰→앵)의 음으로 앵두, 벚나무(櫻)

음 オウ　　**훈** さくら

①앵두 ②벚나무

| 桜(さくら) | 벚꽃 | 桜花(おうか) | 벚꽃 |
| 桜桃(おうとう) | 버찌 | 夜桜(よざくら) | 밤 벚꽃 |

"본자(本字)는 櫻이지요"

木・10・N1 □□□

桜
앵두 앵

농요(丁:곡괭이 모양+口:입 구) 노래하다(可)에서 가차(假借) 되어 옳다

음 カ　　**훈** 없음

①옳다 ②허락 ③가능

| 可(か) | 가 | 可能(かのう) | 가능 |
| 許可(きょか) | 허가 | 認可(にんか) | 인가 |

한벽쌤 可否(かひ)가부 可愛(かわい)い귀엽다 可愛(かわい)らしい사랑스럽다 可哀想(かわいそう)だ불쌍하다

口・5・N2 □□□

可
옳을 가

イ・6・N1 ☐☐☐

仮
거짓 가

음 カ, ケ　　**훈** かり

①거짓 ②가령 ③빌리다

| 仮定(かてい) | 가정 | 仮説(かせつ) | 가설 |
| 仮面(かめん) | 가면 | 仮(かり)に | 가령 |

"본자(本字)는 假이지요"

한벽쌤 仮寝(かりね)선잠 仮病(けびょう)꾀병 仮名(かな)일본 문자 平仮名(ひらがな)히라가나 片仮名(かたかな)가타카나 仮契約(かりけいやく)가계약 仮採用(かりさいよう)임시 채용

빌려주는(叚:빌 가) 사람(イ)으로 진짜가 아닌 임시, 거짓(假)

イ・8・N1 ☐☐☐

価
값 가

음 カ　　**훈** あたい

①값 ②값어치

| 価格(かかく) | 가격 | 価値(かち) | 가치 |
| 物価(ぶっか) | 물가 | 定価(ていか) | 정가 |

"본자(本字)는 價이지요"

한벽쌤 価(あたい)값 販価(はんか)판매가 貝価(ばいか)패화 等価(とうか)등가 廉価(れんか)염가 頒価(はんか)실비

사람(イ:인변) 간에 값(賈:값 가)을 쳐주고 받으니 값(價)

氵・8・N2 ☐☐☐

河
물 하, 강 하

음 カ　　**훈** かわ

①강 ②큰 강

| 河(かわ) | 큰 강 | 河川(かせん) | 하천 |
| 山河(さんが) | 산하 | 銀河(ぎんが) | 은하 |

한벽쌤 河畔(かはん)강가 河原(かわら)강가 모래밭 河岸(かし)물가

큰 물줄기(氵)의 뜻과 옳을 가(可→하)의 음으로 물, 강(河)

辶・12・N2 ☐☐☐

過
지날 과

음 カ　　**훈** す, あやま

①지나다 ②과하다 ③과오

| 過去(かこ) | 과거 | 過程(かてい) | 과정 |
| 過失(かしつ) | 과실 | 超過(ちょうか) | 초과 |

"본자(本字)는 過이지요"

한벽쌤 過剰(かじょう)과잉 過褒(かほう)과찬 過(す)ごす지내다 過(す)ぎる지나가다 過(あやま)つ그르치다 過(あやま)ち과오

길(辶)을 지나가는 뜻과 가를 과(咼)의 음으로 지나다(過)

忄・7・N2 ☐☐☐

快
쾌할 쾌

음 カイ　　**훈** こころよ

①상쾌하다 ②빠르다

| 快晴(かいせい) | 쾌청 | 快感(かいかん) | 쾌감 |
| 快速(かいそく) | 쾌속 | 痛快(つうかい) | 통쾌 |

"부수 忄은 마음 심 心을 나타내며, 부수명은 심방변이지요"

한벽쌤 快(こころよ)い상쾌하다 快活(かいかつ)쾌활 全快(ぜんかい)완쾌 愉快(ゆかい)유쾌 爽快(そうかい)상쾌

마음(忄:심방변)을 터놓으니(夬:터놓을 쾌) 시원하고 쾌하다(快)

解

음 カイ, ゲ　　**훈** と

①풀다 ②해명 ③해체

| 解決(かいけつ) | 해결 | 解答(かいとう) | 해답 |
| 理解(りかい) | 이해 | 誤解(ごかい) | 오해 |

한벽 解毒(げどく)해독 解釈(かいしゃく)해석 解析(かいせき)분석 解(と)かす 녹이다 解(と)く풀다 解(と)ける풀리다 弁解(べんかい)변명 正解(せいかい)정답 了解(りょうかい)양해, 이해

角·13·N2 □□□

解
풀 해

소(牛)를 해체하려 칼(刀)로 뼈(角) 바르니 풀다(解)

格

음 カク, コウ　　**훈** 없음

①격식 ②규정 ③때리다

| 格差(かくさ) | 격차 | 価格(かかく) | 가격 |
| 合格(ごうかく) | 합격 | 体格(たいかく) | 체격 |

한벽 格闘(かくとう)격투 格好(かっこう)모습 格子(こうし)격자 格安(かくやす)대폭 할인 昇格(しょうかく)승격 破格(はかく)파격 適格(てきかく)だ적격하다

木·10·N2 □□□

格
격식 격

잘 다듬은 나무(木)의 뜻과 각각 각(各→격)의 음으로 격식(格)

確

음 カク　　**훈** たし

①굳다 ②확실 ③확인

| 確(たし)かだ | 확실하다 | 確実(かくじつ) | 확실 |
| 確認(かくにん) | 확인 | 明確(めいかく) | 명확 |

한벽 確(たし)かめる확인하다 確(たし)か분명 確固(かっこ)たる확고한 的確(てきかく)だ적확하다

石·15·N2 □□□

確
굳을 확

단단한 돌(石)과 지조의 상징 두루미(隺:두루미 학)로 굳다(確)

額

음 ガク　　**훈** ひたい

①이마 ②금액 ③액자

| 額(がく) | 금액 | 額(ひたい) | 이마 |
| 半額(はんがく) | 반액 | 差額(さがく) | 차액 |

한벽 額縁(がくぶち)액자 総額(そうがく)총액 巨額(きょがく)거액

頁·18·N2 □□□

額
이마 액
금액 액

이마(頁:머리 혈)의 뜻과 손님 객(客→액)의 음으로 이마(額)

刊

음 カン　　**훈** 없음

①간행 ②출간 ③신문

| 刊行(かんこう) | 간행 | 新刊(しんかん) | 신간 |
| 朝刊(ちょうかん) | 조간 | 夕刊(ゆうかん) | 석간 |

한벽 日刊(にっかん)일간 週刊(しゅうかん)주간 月刊(げっかん)월간 季刊(きかん)계간 既刊(きかん)이미 발간됨

刂·5·N2 □□□

刊
새길 간

평평하게(干:방패 간→刊:평평할 견) 조각하니(刂) 새기다(刊)

幹 · 13 · N1 □□□

幹 줄기 간

- 음 カン
- 훈 みき
- ① 줄기 ② 중심부

| 幹部(かんぶ) | 간부 | 幹事(かんじ) | 간사 |
| 語幹(ごかん) | 어간 | 主幹(しゅかん) | 주간 |

한벽 幹(みき)줄기 新幹線(しんかんせん)고속 철도

줄기 식물(干:방패 간→기둥) 사이 해(軑:햇살 빛날 간)로 줄기(幹)

忄 · 14 · N2 □□□

慣 익숙할 관

- 음 カン
- 훈 な
- ① 습관 ② 관습

| 慣(な)れる | 익숙해지다 | 慣習(かんしゅう) | 관습 |
| 慣用(かんよう) | 관용 | 習慣(しゅうかん) | 습관 |

한벽 慣(ならす)見慣(みな)れる눈에 익다 聞(き)慣(な)れる귀에 익다 住(す)み慣(な)れる오래 살아 정들다

마음(忄)에 꿰듯(貫:꿸 관) 자리 잡아 새겨지니 익숙하다(慣)

目 · 11 · N1 □□□

眼 눈 안

- 음 ガン, ゲン
- 훈 まなこ
- ① 눈 ② 수준

| 眼科(がんか) | 안과 | 眼目(がんもく) | 안목 |
| 開眼(かいげん) | 개안 | 血眼(ちまなこ) | 혈안 |

한벽 眼(まなこ)눈알 眼鏡(めがね)안경 近眼(きんがん)근시 隻眼(せきがん)외눈 眼孔(がんこう)눈 구멍

눈과 눈동자(艮:그칠 간→눈)로 보는(目) 기관 눈(眼)

糸 · 9 · N1 □□□

紀 벼리 기

- 음 キ
- 훈 없음
- ① 연대 ② 규정 ③ (순서)밟다

| 紀元(きげん) | 기원 | 紀行(きこう) | 기행 |
| 世紀(せいき) | 세기 | 風紀(ふうき) | 풍기 |

한벽 芳紀(ほうき)방년

시초가 되는 실(糸:가는 실 사)의 뜻과 몸 기(己)의 음으로 벼리(紀)

土 · 11 · N2 □□□

基 터 기

- 음 キ
- 훈 もと, もとい
- ① 기초 ② 토대 ③ ~기(대형 기계)

| 基本(きほん) | 기본 | 基金(ききん) | 기금 |
| 基準(きじゅん) | 기준 | 基盤(きばん) | 기반 |

한벽 基(もと)기초 基(もとい)토대 ~基(き)~기 基(もと)に토대로 基礎(きそ)기초

흙(土)을 고르고 퍼서(其:그 기→키 도구) 세우니 기초, 터(基)

집에(宀:집 면) 몸을 기대어 의지하며 지내니(奇:기이할 기) 부치다(寄)

음 キ　　　　　　**훈** よ

①기대다 ②더불어 살다 ③제공

寄付(きふ)　　　기부　　寄生(きせい)　　기생
寄贈(きぞう)　　기증　　寄(よ)る　　　　다가가다, 들르다

한벽돌 寄席(よせ)만담 자리 寄宿舎(きしゅくしゃ)기숙사 寄稿(きこう)기고 寄(よ)せる밀려오다 寄(よ)り掛(か)かる기대다 寄(よ)り添(そ)う다가붙다 年寄(としよ)り어르신 最寄(もよ)り가장 가까움 数寄屋(すきや)다실 近寄(ちかよ)る접근하다 立(た)ち寄(よ)る들르다 片寄(かたよ)る치우치다

寄　부칠 기

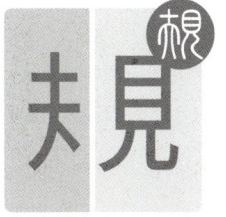

어른(夫:지아비 부→상투 튼 남자)으로 보는(見) 안목 법(規)

음 キ　　　　　　**훈** 없음

①규정 ②본보기 ③자

規則(きそく)　　규칙　　規制(きせい)　　규제
規格(きかく)　　규격　　法規(ほうき)　　법규

한벽돌 規準(きじゅん)본보기 規範(きはん)규범 定規(じょうぎ)자

規　법 규

무대(口) 위에 악기(壴:악기 이름 주)를 올리니 흥겹고 기쁘다(喜)

음 キ　　　　　　**훈** よろこ

①기쁘다 ②기뻐하다

喜(よろこ)ぶ　　기뻐하다　喜色(きしょく)　희색
喜劇(きげき)　　희극　　　歓喜(かんき)　　환희

한벽돌 喜(よろこ)び기쁨 大喜(おおよろこ)び크게 기뻐함 喜劇(きげき)희극 喜寿(きじゅ)희수, 77세

喜　기쁠 희

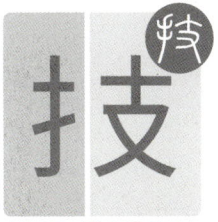

손(扌)으로 나뭇가지를 잡고(支:지탱할 지) 솜씨 부리니 재주(技)

음 ギ　　　　　　**훈** わざ

①재주 ②솜씨 ③경기

技術(ぎじゅつ)　기술　　技巧(ぎこう)　　기교
競技(きょうぎ)　경기　　特技(とくぎ)　　특기

한벽돌 技(わざ)기법 曲技(きょくぎ)곡예 기술

技　재주 기

양 머리(羊)를 단 의장용 창(我:나 아)으로 상서롭고 옳다(義)

음 ギ　　　　　　**훈** 없음

①옳다 ②의로움 ③의의 ④대신

義務(ぎむ)　　　의무　　義理(ぎり)　　　의리
意義(いぎ)　　　의의　　正義(せいぎ)　　정의

"부수는 양 양 羊을 나타내는 ⺷이며, 본자(本字)의 부수는 羊이지요"

한벽돌 義兄(ぎけい)매형, 형부 義足(ぎそく)의족 義手(ぎしゅ)의수 義憤(ぎふん)의분 狭義(きょうぎ)좁은 의미 有意義(ゆういぎ)뜻깊다

옳을 의

辶・9・N2 ☐☐☐

逆
거스를 역

음 ギャク   **훈** さか

① 반대 ② 거스르다

逆行(ぎゃっこう)	역행	逆転(ぎゃくてん)	역전
逆(ぎゃく)に	반대로	逆(ぎゃく)だ	반대되다

"본자(本字)는 逆이지요"

한벽着 逆(さか)らう 거스르다 逆境(ぎゃっきょう)역경 逆様(さかさま)반대로 됨
逆立(さかだ)ち 물구나무서기 逆賊(ぎゃくぞく)역적

거꾸로 뒤집어(屰:거스를 역) 길을 가니(辶) 거스르다(逆)

ノ・3・N2 ☐☐☐

久
오랠 구

음 キュウ, ク   **훈** ひさ

① 오래되다 ② 길다

永久(えいきゅう)	영구	耐久(たいきゅう)	내구
恒久(こうきゅう)	항구	悠久(ゆうきゅう)	유구

한벽着 久(ひさ)しい 오래되다 久(ひさ)しぶり 오래간만 久々(ひさびさ)오래간만
久遠(くおん)영원

뜸(丶)을 뜨는 누운 사람(ク) 옆모습(久)으로 오래 기다리니 오래다

日・5・N2 ☐☐☐

旧
예 구

음 キュウ   **훈** 없음

① 옛날 ② 오래되다 ③ 음력

旧友(きゅうゆう)	옛친구	旧暦(きゅうれき)	음력
旧姓(きゅうせい)	예전 성	復旧(ふっきゅう)	복구

"둥지 위 부엉이 모습의 상형문자이며, 본자(本字)는 舊로, 본자의 부수는 臼이지요"

한벽着 旧知(きゅうち)구면 旧正月(きゅうしょうがつ)구정
旧盆(きゅうぼん)음력 백중맞이

둥지(臼:절구 구) 위 부엉이(萑:풀 많을 추)에서 가차(假借)되어 옛날, 예(舊)

攵・11・N1 ☐☐☐

救
구원할 구

음 キュウ   **훈** すく

① 구하다 ② 살리다 ③ 구원

救助(きゅうじょ)	구조	救援(きゅうえん)	구원
救出(きゅうしゅつ)	구출	救急車(きゅうきゅうしゃ)	구급차

한벽着 救(すく)う 구하다 救(すく)い 구제 救護(きゅうご)구호

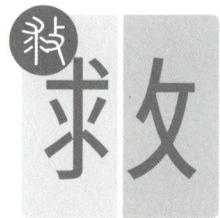

나뭇가지(攵:등글월 문)를 내밀어 구하니(求) 구조, 구원하다(救)

尸・8・N2 ☐☐☐

居
살 거

음 キョ   **훈** い

① 있다 ② 거하다

居住(きょじゅう)	거주	住居(じゅうきょ)	주거
別居(べっきょ)	별거	同居(どうきょ)	동거

한벽着 居(い)る(사람)있다 居間(いま)거실 居心地(いごこち)거주하는 기분 鳥居(とりい)신사 앞 조형물 芝居(しばい)연극 居眠(いねむ)り 앉아서 졺 居酒屋(いざかや)민속주점 転居(てんきょ)이사 皇居(こうきょ)일왕 거처 穴居(けっきょ)동굴

사람(尸:주검 시→앉은 사람)이 의자(古:예 고)에 거하니 살다(居)

| 음 キョ | 훈 ゆる | 言·11·N2 □□□ |

①허락 ②용서

許可(きょか) 허가　許諾(きょだく) 허락
免許(めんきょ) 면허　許(ゆる)す 허락하다, 용서하다

許
허락할 허

말로 허락하는 뜻(言)과 낮 오(午→허)의 음으로 허락하다(許)

| 음 キョウ, ケイ | 훈 さかい | 土·14·N2 □□□ |

①경계 ②장소 ③지경

境界(きょうかい) 경계　境地(きょうち) 경지
心境(しんきょう) 심경　国境(こっきょう) 국경

한벽 境(さかい)경계 境目(さかいめ)갈림길 境遇(きょうぐう)처지
境内(けいだい)사찰 경내 佳境(かきょう)가경

境
지경 경
경계 경

영토(土)의 끝이 다하는(竟:다할 경) 한계 지경, 경계(境)

| 음 キン | 훈 없음 | 土·7·N2 □□□ |

①동일 ②균등

均一(きんいつ) 균일　均衡(きんこう) 균형
均等(きんとう) 균등　平均(へいきん) 평균

한벽 均分(きんぶん)균등히 분배

均
고를 균

땅(土)이 굴곡 없이 평평하게 고르니(勻:고를 균) 고르다(均)

| 음 キン | 훈 없음 | 示·13·N2 □□□ |

①금하다 ②가두다 ③금기

禁止(きんし) 금지　禁煙(きんえん) 금연
禁酒(きんしゅ) 금주　監禁(かんきん) 감금

한벽 禁(きん)じる금하다 禁猟(きんりょう)사냥 금지 禁忌(きんき)금기
拘禁(こうきん)구금

禁
금할 금

수풀(林) 옆 제사(示:보일 시→제단) 드리니 삼가고 금하다(禁)

| 음 ク | 훈 없음 | 口·5·N1 □□□ |

①글귀 ②구절

句(く) 구　慣用句(かんようく) 관용구
語句(ごく) 어구　文句(もんく) 문구, 불평

한벽 句点(くてん)마침표 句読点(くとうてん)구두점 句切(くぎ)り단락
節句(せっく)절기 俳句(はいく)전통 단형시

句
글귀 구

말뚝(口)을 휘감아(勹:쌀 포→끈) 끈이 뒤섞이듯 여러 말소리 글귀(句)

型

土·9·N2

모형 형

음 ケイ   **훈** かた

① 형태 ② 분류 ③ 틀

新型(しんがた) 신형   典型(てんけい) 전형
体型(たいけい) 체형   類型(るいけい) 유형

한벽 型(かた)틀, 거푸집 A型(がた)A형 金型(かながた)금형
鋳型(いがた)거푸집

흙 거푸집(土)의 뜻과 형벌 형(刑)의 음으로 모형(型)

経

糸·11·N2

지날 경
글 경

음 ケイ, キョウ   **훈** へ

① 지나다 ② 날실 ③ 다스리다 ④ 경전

経済(けいざい) 경제   経営(けいえい) 경영
経度(けいど) 경도   経典(きょうてん) 경전

"본자(本字)는 經이지요"

한벽 經緯(けいい)경위 経(へ)る지나가다 読経(どきょう)독경

실(糸) 엮어 베 짜서(巠:물줄기 경→베틀) 다스리니 지나다(經)

潔

氵·15·N1

깨끗할 결

음 ケツ   **훈** いさぎよ

① 깨끗하다 ② 결백

清潔(せいけつ) 청결   簡潔(かんけつ) 간결
不潔(ふけつ) 불결   潔(いさぎよ)い 결백하다

"본자(本字)는 潔이지요"

한벽 潔白(けっぱく)결백 潔癖(けっぺき)결벽 潔斎(けっさい)목욕재계

샘물(氵) 같이 깨끗하니 (絜:깨끗할 결) 깨끗하다(潔)

件

亻·6·N2

물건 건
사건 건

음 ケン   **훈** 없음

① 물건 ② 사항 ③ 사건

件数(けんすう) 건수   事件(じけん) 사건
用件(ようけん) 용건   物件(ぶっけん) 물건

사람(亻)에게 귀중한 재산인 소(牛)를 나누는 일로 물건, 사건(件)

険

阝·11·N2

험할 험

음 ケン   **훈** けわ

① 위험 ② 험하다

険悪(けんあく) 험악   危険(きけん)だ 위험하다
保険(ほけん) 보험   冒険(ぼうけん) 모험

"왼쪽에 위치하는 부수 阝는 언덕 부 阜로 좌부방이며, 본자(本字)는 險이지요"

한벽 険(けわ)しい험하다 険相(けんそう)험악한 인상 険阻(けんそ)지세가 험함

낭떠러지(阝:좌부방)의 뜻과 다첨(僉→㑒)의 음으로 험하다(險)

음 ケン	훈 없음	木·12·N1

① 검사 ② 조사

検査(けんさ) 검사 検出(けんしゅつ) 검출
検討(けんとう) 검토 点検(てんけん) 점검

"본자(本字)는 檢이지요"

한벽쌤 探検(たんけん)탐험 検尿(けんにょう)검뇨 検疫(けんえき)검역
検閲(けんえつ)검열

検 검사할 검

서갑(木) 속 증서(僉:다 첨→함께 목소리를 냄)로 옳고 그름을 검사하다(検)

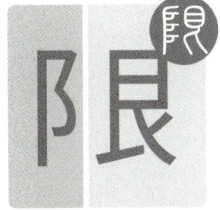

음 ゲン	훈 かぎ	阝·9·N2

① 한하다 ② 한정

限定(げんてい) 한정 限界(げんかい) 한계
制限(せいげん) 제한 期限(きげん) 기한

"왼쪽에 위치하는 부수 阝는 언덕 부 阜로 좌부방이지요"

한벽쌤 限(かぎ)る한정하다 ~限(かぎ)り-한 ~限(かぎ)りだ-한량없다
門限(もんげん)통금시간 際限(さいげん)한도

限 한할 한

언덕(阝:좌부방)이 있어 보는(艮:그칠 간→외면) 것이 못 미치니 한하다(限)

음 ゲン	훈 あらわ	王·11·N2

① 나타나다 ② 현재

現在(げんざい) 현재 現代(げんだい) 현대
現象(げんしょう) 현상 再現(さいげん) 재현

한벽쌤 現像(げんぞう)(필름)현상 現状(げんじょう)현재상태 現(あらわ)す드러내다 現(あらわ)れる드러나다

現 나타날 현

옥(玉)을 바라보니(見) 비로소 그 빛이 나타나다(現)

음 ゲン	훈 へ	氵·12·N2

① 덜다 ② 빼다 ③ 줄이다

減少(げんしょう) 감소 減点(げんてん) 감점
増減(ぞうげん) 증감 削減(さくげん) 삭감

한벽쌤 減(へ)らす줄이다 減(へ)る줄다 加減(かげん)정도
逓減(ていげん)차례로 덜어감

減 덜 감

줄어드는 물(氵)의 뜻과 다 함(咸→감)의 음으로 덜다(減)

음 コ	훈 ゆえ	攵·9·N1

① 연고 ② 오래되다 ③ 고인 ④ 고의

故障(こしょう) 고장 故意(こい) 고의
故郷(こきょう) 고향 事故(じこ) 사고

한벽쌤 故(ゆえ)に고로 何故(なぜ)왜

故 연고 고

예전(古)부터의 습관대로(攵:등글월문→전쟁사) 하니 연고(故)

亻·10·N2 ☐☐☐

個

낱 개

음 コ　　　　**훈** 없음

①낱개 ②(작은 물건)단위

個人(こじん)　개인　　個性(こせい)　개성
個別(こべつ)　개별　　三個(さんこ)　3개

한벽음 個室(こしつ)개인 방 個々(ここ)개개 個々人(ここじん)개개인

사람(亻) 수의 뜻과 굳을 고(固→개)의 음으로 낱, 낱개(個)

言·20·N1 ☐☐☐

護

도울 호

음 ゴ　　　　**훈** 없음

①돕다 ②지키다

護衛(ごえい)　호위　　保護(ほご)　보호
弁護(べんご)　변호　　救護(きゅうご)　구호

"본자(本字)는 護로 ⺾에서 1획이 더 많지요"

한벽음 看護婦(かんごふ)간호원 介護(かいご)간호 擁護(ようご)옹호

말(言)로 보살피니(蒦:자 확→풀숲에서 새 잡음) 돕다(護)

力·8·N1 ☐☐☐

効

본받을 효

음 コウ　　　　**훈** き

①효과 ②도움이 되다

効果(こうか)　효과　　効能(こうのう)　효능
効力(こうりょく)　효력　　有効(ゆうこう)　유효

"본자(本字)는 效이지요"

한벽음 効(き)く효과가 있다 効(き)き目(め)효과 奏効(そうこう)효력이 나타남

사람(交:사귈 교→앉은 사람)이 회초리(攵:등글월문) 들고 가르치니 본받다(効)

厂·9·N4 ☐☐☐

厚

두터울 후

음 コウ　　　　**훈** あつ

①두껍다 ②(마음)담기다 ③뻔뻔스럽다

厚生(こうせい)　후생　　厚(あつ)い　두껍다
温厚(おんこう)　온후　　濃厚(のうこう)　농후

한벽음 厚着(あつぎ)두껍게 입음 厚意(こうい)온정 厚顔(こうがん)뻔뻔스러움 厚(あつ)かましい뻔뻔스럽다 深厚(しんこう)깊고 두터움

기슭(厂:기슭 엄) 아래 돌 절구통(曰+子)으로 두텁다(厚)

耒·10·N2 ☐☐☐

耕

밭갈 경

음 コウ　　　　**훈** たがや

①(밭)갈다 ②경작

耕作(こうさく)　경작　　耕地(こうち)　농경지
農耕(のうこう)　농경　　耕(たがや)す　경작하다

쟁기질하여(耒:쟁기 뢰) 논밭을 구획 내니(井:우물 정) 밭을 갈다(耕)

| 음 コウ | 훈 없음 | 舟·10·N2 □□□ |

①항해

航海(こうかい) 항해　　航空(こうくう) 항공
航路(こうろ) 항로　　帰航(きこう) 귀항

航
배 **항**
물 건널 **항**

배(舟)에 오르는(亢:오를 항) 모습으로 물 건너니 배(航)

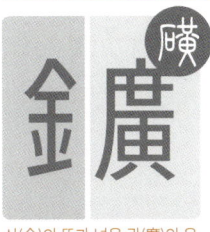

| 음 コウ | 훈 없음 | 金·13·N2 □□□ |

①쇠 ②쇳돌 ③광석

鉱山(こうざん) 광산　　鉱石(こうせき) 광석
金鉱(きんこう) 금광　　炭鉱(たんこう) 탄광

"본자(本字)는 鑛이며, 소전체로는 礦이었지요."

한벽 鉱泉(こうせん)광천 溶鉱炉(ようこうろ)용광로 採鉱(さいこう)채광

鉱
쇳돌 **광**

쇠(金)의 뜻과 넓을 광(廣)의 음으로 쇳돌(鑛)

| 음 コウ | 훈 かま | 木·14·N2 □□□ |

①얽다 ②구조 ③상관

構成(こうせい) 구성　　構想(こうそう) 구상
構造(こうぞう) 구조　　構(かま)う 상관하다

한벽 構(かま)える자세를 취하다 構(かま)い구조 結構(けっこう)상당히
結構(けっこう)だ괜찮다 お構(かま)いなし개의치 않음

構
얽을 **구**

나무(木)로 얼기설기 묶어 골격을 짜니(冓:짤 구) 얽다(構)

| 음 コウ, キョウ | 훈 おこ | 臼·16·N1 □□□ |

①일어나다 ②흥하다 ③재미

興味(きょうみ) 흥미　　興奮(こうふん) 흥분
復興(ふっこう) 부흥　　余興(よきょう) 여흥

한벽 興(おこ)す일으키다 興(おこ)る일어나다 興業(こうぎょう)흥업 興行(こうぎょう)흥업 興隆(こうりゅう)융성 即興(そっきょう)즉흥 振興(しんこう)진흥 不興(ふきょう)흥이 깨짐 興(きょう)じる흥겨워하다

興
일 **흥**

그릇을 함께(同:한가지 동) 드니(舁:마주들 여) 성하여 일다(興)

| 음 コウ | 훈 없음 | 言·17·N2 □□□ |

①강의 ②해설 ③화해 ④강구

講義(こうぎ) 강의　　講演(こうえん) 강연
講師(こうし) 강사　　受講(じゅこう) 수강

한벽 講読(こうどく)강독 講和(こうわ)강화 講(こう)じる강구하다

講
욀 **강**
익힐 **강**

말(言)로 이야기를 엮어(冓:짤 구) 읊조리니 외다(講)

口・7・N2 ☐☐☐

告
고할 고

음 コク　　**훈** つ

①고하다 ②알리다 ③고소

| 告白(こくはく) | 고백 | 告訴(こくそ) | 고소 |
| 広告(こうこく) | 광고 | 報告(ほうこく) | 보고 |

한벽풀 告(つ)げる고하다 戒告(かいこく)징계

제단에 소(牛)를 바쳐 신에게 복을 비니(口) 고하다(告)

氵・11・N4 ☐☐☐

混
섞을 혼

음 コン　　**훈** ま, こ

①섞다 ②혼잡

| 混同(こんどう) | 혼동 | 混乱(こんらん) | 혼란 |
| 混雑(こんざつ) | 혼잡 | 混(こ)む | 혼잡하다 |

한벽풀 混(ま)ぜる섞다 混(ま)じる섞이다 混(ま)ざる섞이다 混迷(こんめい)혼미 混紡(こんぼう)혼방

물길(氵)에 다른 것이 들어가니 (昆:맏 곤→뒤섞이다) 섞다(混)

木・9・N2 ☐☐☐

査
조사할 사

음 サ　　**훈** 없음

①조사 ②조사원

| 査察(ささつ) | 사찰 | 調査(ちょうさ) | 조사 |
| 検査(けんさ) | 검사 | 探査(たんさ) | 탐사 |

한벽풀 査証(さしょう)비자 巡査(じゅんさ)경찰 審査(しんさ)심사

유용한 목재(木) 찾는 뜻과 또 차(且→사)의 음으로 조사하다(査)

冂・6・N2 ☐☐☐

再
두 재

음 サイ, サ　　**훈** ふたた

①다시 ②다시금

| 再会(さいかい) | 재회 | 再生(さいせい) | 재생 |
| 再婚(さいこん) | 재혼 | 再現(さいげん) | 재현 |

"물고기가 수면 위로 오르는 모습을 나타내는 상형문자이지요"

한벽풀 再(ふたた)び재차 再来年(さらいねん)내후년 再来月(さらいげつ)다다음 달 再来週(さらいしゅう)다다음 주 再三(さいさん)여러 번 再度(さいど)재차

물고기가 수면 위로 오르는 모습(再)을 본떠 다시, 두

火・7・N1 ☐☐☐

災
재앙 재

음 サイ　　**훈** わざわ

①재앙 ②재해

| 災害(さいがい) | 재해 | 災難(さいなん) | 재난 |
| 火災(かさい) | 화재 | 天災(てんさい) | 천재 |

한벽풀 災(わざわ)い재앙 災厄(さいやく)재액 災禍(さいか)재화 戦災(せんさい)전쟁 재해 震災(しんさい)지진 재해 大震災(だいしんさい)대지진 재해

홍수(巛:내 천)와 화재(火:불 화)로 천재지변 닥치니 재앙(災)

머리카락을(屮) 만질 수 있는 (又:또 우→손) 여자(女) 아내(妻)

음 サイ　　**훈** つま

①아내

| 妻(つま) | 아내 | 愛妻家(あいさいか) | 애처가 |
| 妻子(さいし) | 처자 | 亡妻(ぼうさい) | 죽은 아내 |

한벽 夫妻(ふさい)부부 人妻(ひとづま)유부녀 新妻(にいづま)새댁

女·8·N2 ☐☐☐

妻
아내 처

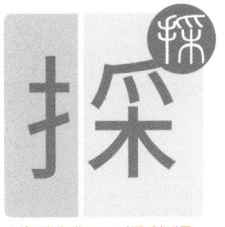

손(扌:재방변)으로 나무 열매를 따니(采:캘 채) 캐다(採)

음 サイ　　**훈** と

①캐다 ②취하다 ③채용

| 採点(さいてん) | 채점 | 採用(さいよう) | 채용 |
| 採血(さいけつ) | 채혈 | 採択(さいたく) | 채택 |

"본자(本字)는 采이며, 본자의 부수는 爫이지요"

한벽 採(と)る뽑다 採鉱(さいこう)채광 採掘(さいくつ)채굴 伐採(ばっさい)벌채

扌·11·N2 ☐☐☐

採
캘 채

맞닿은 언덕(阝:좌부방)의 뜻과 제사 제(祭)의 음으로 사이, 즈음(際)

음 サイ　　**훈** きわ

①즈음 ②사이 ③끝, 가 ④만나다

| 実際(じっさい) | 실제 | 国際(こくさい) | 국제 |
| 交際(こうさい) | 교제 | ~際(さい) | ~때 |

"왼쪽에 위치하는 부수 阝는 언덕 부 阜로 좌부방이지요"

한벽 際(さい)する즈음하다 際(きわ)가장자리 際限(さいげん)한도 窓際(まどぎわ)창가 間際(まぎわ)직전 手際(てぎわ)솜씨 分際(ぶんざい)분수, 주제

阝·14·N2 ☐☐☐

際
즈음 제
가 제

땅(土) 위로 새싹이 돋아나니 (才:재주 재→새싹) 있다(在)

음 ザイ　　**훈** あ

①있다 ②존재 ③시골

| 在宅(ざいたく) | 재택 | 在学(ざいがく) | 재학 |
| 存在(そんざい) | 존재 | 現在(げんざい) | 현재 |

한벽 在(あ)る(사물)있다 在日(ざいにち)재일(교포) 在住(ざいじゅう)머무러 삶 在勤(ざいきん)재직 在郷(ざいごう)재향 介在(かいざい)개재 近在(きんざい)근교 滞在(たいざい)체류 駐在(ちゅうざい)주재

土·6·N2 ☐☐☐

在
있을 재

손수 일구어(才:재주 재) 얻은 재산(貝:조개 패) 재물(財)

음 ザイ, サイ　　**훈** 없음

①재물 ②보물

| 財産(ざいさん) | 재산 | 財源(ざいげん) | 재원 |
| 財界(ざいかい) | 재계 | 資財(しざい) | 자재 |

한벽 財布(さいふ)지갑 財閥(ざいばつ)재벌

貝·10·N2 ☐☐☐

財
재물 재

罪

罒·13·N2 ☐☐☐

음 ザイ　**훈** つみ

① 죄 ② 악행

| 罪(つみ) | 죄 | 罪名(ざいめい) | 죄명 |
| 有罪(ゆうざい) | 유죄 | 犯罪(はんざい) | 범죄 |

한벽 冤罪(えんざい)억울한 죄 謝罪(しゃざい)사죄

옳지 않은 짓(非)을 한 이를 잡으니(罒:그물 망) 허물(罪)

殺

殳·10·N2 ☐☐☐

음 サツ, サイ, セツ　**훈** ころ

① 죽이다 ② 없애다 ③ 강조

| 殺人(さつじん) | 살인 | 殺(ころ)す | 죽이다 |
| 殺害(さつがい) | 살해 | 自殺(じさつ) | 자살 |

"본자(本字)는 殺이지요"

한벽 殺生(せっしょう)살생 殺到(さっとう)쇄도 殺風景(さっぷうけい)살풍경
相殺(そうさい)상쇄 殴殺(おうさつ)때려 죽임 忙殺(ぼうさつ)몹시 바쁨

죽일 살
빠를 쇄

짐승 목에 칼 꽂고(杀:죽일 살) 몽둥이(殳:칠 수)를 더하니 죽이다(殺)

雜

隹·14·N2 ☐☐☐

음 ザツ, ゾウ　**훈** 없음

① 섞이다 ② 하찮다 ③ 조잡

| 雑誌(ざっし) | 잡지 | 雑談(ざつだん) | 잡담 |
| 雑貨(ざっか) | 잡화 | 複雑(ふくざつ)だ | 복잡하다 |

"본자(本字)는 雜이지요"

한벽 雑木(ぞうき)잡목 雑煮(ぞうに)일본 떡국 雑魚(ざこ)잡어 雑巾(ぞうきん)걸레 雑(ざつ)だ엉성하다 粗雑(そざつ)だ조잡하다

섞일 잡

여러 색이 뒤섞인(衣:옷 의→색동옷) 새 무리(集) 한데 들어 섞이다(雜)

酸

酉·14·N1 ☐☐☐

음 サン　**훈** す

① 시다 ② 산소 ③ 애처롭다

| 酸(さん) | 산 | 酸素(さんそ) | 산소 |
| 酸味(さんみ) | 신맛 | 胃酸(いさん) | 위산 |

한벽 辛酸(しんさん)온갖 고초 硫酸(りゅうさん)황산 酢酸(さくさん)초산

실 산

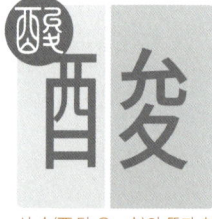

신 술(酉:닭 유→술)의 뜻과 천천히 걷는 준(夋 모양→산)의 음으로 시다(酸)

贊

貝·15·N2 ☐☐☐

음 サン　**훈** 없음

① 돕다 ② 칭찬

| 賛成(さんせい) | 찬성 | 賛美(さんび) | 찬미 |
| 称賛(しょうさん) | 칭찬 | 絶賛(ぜっさん) | 절찬 |

"본자(本字)는 贊이지요"

한벽 賛否(さんぴ)찬반 賛美歌(さんびか)찬송가 礼賛(らいさん)예찬

도울 찬

재물(貝:조개 패→화폐)을 가지고 나아가니(兟:나아갈 신) 돕다(贊)

사람 허리에 무기 찬 모습(士)을 빗대어 문무관 선비

음 シ　　　　**훈** 없음

①남자 ②무사 ③자격자

| 兵士(へいし) | 병사 | 武士(ぶし) | 무사 |
| 紳士(しんし) | 신사 | 弁護士(べんごし) | 변호사 |

"허리에 무기 찬 문무관 선비 모습을 나타내는 상형문자이지요"

한벽음 修士(しゅうし)석사 博士(はくし, はかせ)박사 力士(りきし)스모 선수 ~同士(どうし)~끼리

士·3·N1 □□□

선비 사

대나무 가지(十)를 쥔 손(又:또 우→손)으로 지탱하다(支)

음 シ　　　　**훈** ささ

①가지 ②지탱하다 ③지급 ④지장

| 支社(ししゃ) | 지사 | 支店(してん) | 지점 |
| 支出(ししゅつ) | 지출 | 収支(しゅうし) | 수지 |

"대나무 가지 쥔 손 모양 상형문자이며, 부수 支는 지탱할 지이지요"

한벽음 支(ささ)える지탱하다 支度(したく)채비 支柱(しちゅう)받침대 支払(しはら)う지불하다 差(さ)し支(つか)える지장을 주다

支·4·N2 □□□

지탱할 지

손에(又:또 우→손) 주술 도구(中) 모습(史)을 빗대어 사관, 사기

음 シ　　　　**훈** 없음

①역사 ②기록

| 史料(しりょう) | 사료 | 世界史(せかいし) | 세계사 |
| 歴史(れきし) | 역사 | 日本史(にほんし) | 일본사 |

口·5·N2 □□□

史

사기 사

가고자(士:선비 사→之:갈 지) 하는 마음(心)으로 뜻(志)

음 シ　　　　**훈** こころざ, こころざし

①뜻 ②뜻을 두다

| 志望(しぼう) | 지망 | 志願(しがん) | 지원 |
| 志向(しこう) | 지향 | 意志(いし) | 의지 |

한벽음 志(こころざし)뜻 志(こころざ)す뜻을 두다 立志(りっし)입지 篤志家(とくしか)독지가

心·7·N1 □□□

뜻 지

나무(木)의 원줄기에서 갈라져 나오니(支) 가지(枝)

음 シ　　　　**훈** えだ

①가지 ②갈래

| 枝(えだ) | 가지 | 枝葉(えだは) | 가지와 잎 |
| 枝葉(しよう) | 지엽 | 枝道(えだみち) | 샛길 |

한벽음 枝豆(えだまめ)풋콩 枝折(しお)り서표 小枝(こえだ)작은 가지 樹枝(じゅし)나뭇가지

木·8·N2 □□□

枝

가지 지

일본어 한자의 벽을 뚫어라 **161**

巾·10·N2 □□□

師
스승 사

음 シ　　　　**훈** 없음

①스승 ②전문인 ③군대

| 師団(しだん) | 사단 | 教師(きょうし) | 교사 |
| 医師(いし) | 의사 | 講師(こうし) | 강사 |

한벽 師走(しわす, しはす)섣달, 12월 師匠(ししょう)스승 師弟(してい)사제 漁師(りょうし)어부 薬剤師(やくざいし)약사 猟師(りょうし)사냥꾼 詐欺師(さぎし)사기꾼

제자(阝:좌부방→군중)를 불러 모아 두르고(帀:두를 잡) 가르치니 스승(師)

貝·13·N2 □□□

資
재물 자

음 シ　　　　**훈** 없음

①본전 ②자질

| 資金(しきん) | 자금 | 資格(しかく) | 자격 |
| 投資(とうし) | 투자 | 融資(ゆうし) | 융자 |

침(次:버금 차→침 튀겨 말하다)을 흘리며 탐하니(貝:조개 패) 재물(資)

食·13·N1 □□□

飼
기를 사

음 シ　　　　**훈** か

①기르다 ②먹이다

| 飼育(しいく) | 사육 | 飼料(しりょう) | 사료 |
| 飼(か)う | 사육하다 | 飼(か)い主(ぬし) | 기르는 사람 |

"본자(本字)는 飼이지요."

먹이를 먹이는(食) 뜻과 맡을 사(司)의 음으로 기르다(飼)

示·5·N2 □□□

示
보일 시

음 ジ, シ　　　　**훈** しめ

①보이다 ②시사

| 示唆(しさ) | 시사 | 指示(しじ) | 지시 |
| 展示(てんじ) | 전시 | 示(しめ)す | 가리키다 |

"제사 지내는 제단의 모양을 나타내는 상형문자이지요."

한벽 示談(じだん)합의 掲示(けいじ)게시 啓示(けいじ)계시 誇示(こじ)과시

신에게 바치는 제단의 모습(示)을 그대로 본떠 보이다

亻·7·N2 □□□

似
닮을 사

음 ジ　　　　**훈** に

①닮다

| 似(に)る | 닮다 | 類似(るいじ) | 유사 |
| 似合(にあ)う | 어울리다 | 似通(にかよ)う | 빼닮다 |

한벽 疑似(ぎじ)유사 相似(そうじ)서로 닮음 酷似(こくじ)매우 닮음 真似(まね)흉내 真似(まね)る 흉내 내다

닮은 사람(亻:인변)의 뜻과 써 이(以→사)의 음으로 닮다(似)

음 シキ　　　　**훈** 없음

① 알다 ② 식견 ③ 표시

| 識見(しきけん) | 식견 | 知識(ちしき) | 지식 |
| 常識(じょうしき) | 상식 | 認識(にんしき) | 인식 |

한벽돌 識者(しきしゃ)지식인 標識(ひょうしき)표지 鑑識(かんしき)감식

言·19·N2 □□□

識
알 식

말(言)로 종족(戠:찰흙 시→깃발)을 식별하니 알다(識)

음 シツ, シチ, チ　　　　**훈** 없음

① 질 ② 질문 ③ 검소 ④ 전당물

| 質(しつ) | 질 | 物質(ぶっしつ) | 물질 |
| 性質(せいしつ) | 성질 | 品質(ひんしつ) | 품질 |

한벽돌 質屋(しちや)전당포 質疑(しつぎ)질의 質朴(しつぼく)다질박하다 質素(しっそ)다검소하다 人質(ひとじち)인질 言質(げんち)언질

貝·15·N3 □□□

質
바탕 질

도끼(斦:모탕 은)를 맡기고 그에 맞는 재물(貝:조개 패→화폐)을 빌리니 바탕(質)

음 シャ　　　　**훈** 없음

① 집 ② 건물 ③ 사리

| 校舍(こうしゃ) | 교사 | 駅舎(えきしゃ) | 역사 |
| 庁舎(ちょうしゃ) | 청사 | 寄宿舎(きしゅくしゃ) | 기숙사 |

"본자(本字)는 舍이며, 본자의 부수는 舌이지요"

한벽돌 舎利(しゃり)사리 田舎(いなか)시골 兵舎(へいしゃ)병영 畜舎(ちくしゃ)축사

人·8·N1 □□□

舎
집 사

받침대와 기둥을 세우고(舌) 지붕(人)을 씌우니 집(舍)

음 シャ　　　　**훈** あやま

① 사례 ② 사과 ③ 거절

| 謝礼(しゃれい) | 사례 | 謝罪(しゃざい) | 사죄 |
| 感謝(かんしゃ) | 감사 | 謝(あやま)る | 사과하다 |

한벽돌 謝恩(しゃおん)사은 月謝(げっしゃ)수업료 陳謝(ちんしゃ)사과하고 용서 빎

言·17·N1 □□□

謝
사례할 사

양손(言→내민 양손)으로 물건(射:쏠 사)을 건네니 사례하다(謝)

음 ジュ　　　　**훈** さず

① 주다 ② 수여

| 授業(じゅぎょう) | 수업 | 授受(じゅじゅ) | 수수 |
| 教授(きょうじゅ) | 교수 | 伝授(でんじゅ) | 전수 |

한벽돌 授(さず)ける하사하다 授(さず)かる주시다

扌·11·N1 □□□

授
줄 수

손(扌)으로 배에서 내리는 물건(受:받을 수)을 베풀어 주다(授)

亻·10·N1 □□□

修
닦을 수

음 シュウ, シュ　　**훈** おさ

① 수양　② 정돈하다

修学(しゅうがく)　수학　　修正(しゅうせい)　수정
修理(しゅうり)　수리　　研修(けんしゅう)　연수

한벽 修士(しゅうし)석사 修繕(しゅうぜん)수선 修飾(しゅうしょく)수식 修行(しゅぎょう)수행 修(おさ)める수양하다 修(おさ)まる닦아지다 履修(りしゅう)이수

피땀(彡:터럭 삼→털)이 흐르도록 회초리로 다스리니(攸:바 유) 닦다(修)

辶·8·N2 □□□

述
펼 술

음 ジュツ　　**훈** の

① 진술　② 기술

述語(じゅつご)　술어　　記述(きじゅつ)　기술
口述(こうじゅつ)　구술　　述(の)べる　진술하다

"본자(本字)는 述이지요"

한벽 述懐(じゅっかい)술회 叙述(じょじゅつ)서술 詳述(しょうじゅつ)상술 陳述(ちんじゅつ)진술

재주(朮:차조 출→손재주)를 넓게 펼치니(辶) 펴다(述)

行·11·N2 □□□

術
재주 술

음 ジュツ　　**훈** 없음

① 재주　② 방법　③ 전술

技術(ぎじゅつ)　기술　　美術館(びじゅつかん)　미술관
芸術(げいじゅつ)　예술　　話術(わじゅつ)　화술

한벽 仁術(じんじゅつ)인술 弓術(きゅうじゅつ)궁술 戦術(せんじゅつ)전술

재주(朮:차조 출→손재주)를 이리저리(行:다닐 행) 펼치니 솜씨 있는 재주(術)

氵·13·N2 □□□

準
준할 준

음 ジュン　　**훈** 없음

① 기준　② 갖추다　③ 다음　④ 천칭

準備(じゅんび)　준비　　準決勝(じゅんけっしょう)　준결승
基準(きじゅん)　기준　　標準(ひょうじゅん)　표준

한벽 準急(じゅんきゅう)준급행 열차 準(じゅん)じる준하다 規準(きじゅん)본보기 水準器(すいじゅんき)수평기

새(隼:송골매 준)가 물 위(氵)를 비추어 곧게 따르니 준하다(準)

广·7·N1 □□□

序
차례 서

음 ジョ　　**훈** 없음

① 차례　② 순서　③ 첫머리

序文(じょぶん)　서문　　序列(じょれつ)　서열
順序(じゅんじょ)　순서　　秩序(ちつじょ)　질서

뻗은 토담(广:집 엄)의 뜻과 나 여(予→서)의 음으로 차례(序)

음 ショウ　　**훈** まね

才·8·N2

① 부르다 ② 초대 ③ 초래

招待(しょうたい) 초대　　招集(しょうしゅう) 소집
招請(しょうせい) 초청　　招来(しょうらい) 초래

한벽 招(まね)く 초대하다 招(まね)き猫(ねこ) 초복 고양이
招聘(しょうへい) 초빙

招 부를 초

제사(登:오를 등→제단 오르다) 때 사실을 소상히 고하니(言) 증거(證)

음 ショウ　　**훈** 없음

言·12·N1

① 증거

証人(しょうにん) 증인　　証言(しょうげん) 증언
証書(しょうしょ) 증서　　保証(ほしょう) 보증

"본자(本字)는 證이지요"

한벽 査証(さしょう) 비자

証 증거 증

제사(登:오를 등→제단 오르다) 때 사실을 소상히 고하니(言) 증거(證)

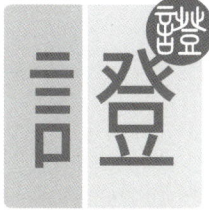

음 ショウ, ゾウ　　**훈** 없음

豕·12·N2

① 코끼리 ② 형상

象(ぞう) 코끼리　　象牙(ぞうげ) 상아
印象(いんしょう) 인상　　現象(げんしょう) 현상

"코가 큰 코끼리의 모양을 나타내는 상형문자이지요"

한벽 象徴(しょうちょう) 상징 抽象(ちゅうしょう) 추상

象 코끼리 상

코가 큰 코끼리의 옆모습(象)을 그대로 본떠 코끼리

음 ショウ　　**훈** 없음

貝·15·N2

① 상 ② 칭찬 ③ 감상

賞(しょう) 상　　賞状(しょうじょう) 상장
受賞(じゅしょう) 수상　　鑑賞(かんしょう) 감상

한벽 賞味期限(しょうみきげん) 유통기한 賞与金(しょうよきん) 보너스
懸賞(けんしょう) 현상 ~賞(しょう) ~상

賞 상줄 상

집 안(尚:오히려 상→집과 창문)에 재물(貝)이 느니 상(賞)

음 ジョウ　　**훈** 없음

木·7·N1

① 체계 ② 조리 ③ 조약

条件(じょうけん) 조건　　条約(じょうやく) 조약
条項(じょうこう) 조항　　信条(しんじょう) 신조

"본자(本字)는 條이지요"

한벽 箇条書(かじょうが)き 조목별로 씀 第九条(だいきゅうじょう) 제9조

条 가지 조

나뭇가지(木)로 다스리니(攸:바 유) 조항, 조목, 가지(條)

165

状

犬・7・N2 □□□

음 ジョウ　　훈 없음

①모양 ②문서

状態(じょうたい)　상태　　症状(しょうじょう)　증상
実状(じつじょう)　실상　　年賀状(ねんがじょう)　연하장

"본자(本字)는 狀이지요"

한벽著 現状(げんじょう)현재 상태 礼状(れいじょう)감사편지 賀状(がじょう)연하장 白状(はくじょう)자백 訴状(そじょう)소송장 免状(めんじょう)면장 液状(えきじょう)액상 塊状(かいじょう)덩어리진 모양 粒状(りゅうじょう)알맹이 모양 弧状(こじょう)반달 모양

형상 상
문서 장

나뭇조각(爿:조각 널 장)으로 개(犬)의 모양을 만드니 형상(狀)

常

巾・11・N2 □□□

음 ジョウ　　훈 つね, とこ

①항상 ②보통

常識(じょうしき)　상식　　常(つね)に　항상
日常(にちじょう)　일상　　通常(つうじょう)　보통

한벽著 非常(ひじょう)に굉장히 非常口(ひじょうぐち)비상구 常夏(とこなつ)늘 여름임 常軌(じょうき)상도 尋常(じんじょう)예사스러움 恒常(こうじょう)항상

떳떳할 상
항상 상

옷(尙:오히려 상→치마)으로 두르던 천(巾:수건 건)을 늘 입으니 항상(常)

情

忄・11・N2 □□□

음 ジョウ, セイ　　훈 なさ

①정 ②정취 ③모습

情(じょう)　정　　　　友情(ゆうじょう)　우정
情報(じょうほう)　정보　人情(にんじょう)　인정

"본자(本字)는 情이지요"

한벽著 情(なさ)け정 情緒(じょうちょ)정서 風情(ふぜい)운치 叙情(じょじょう)서정 苦情(くじょう)불평 情(なさ)けない정떨어지다 情(なさ)け深(ふか)い정이 많다 無情(むじょう)매정함 強情(ごうじょう)고집이 셈

뜻 정

거짓 없이 맑은 (青:푸를 청) 마음(忄:심방변)으로 정, 뜻(情)

織

糸・18・N1 □□□

음 ショク, シキ　　훈 お

①짜다 ②직물

織(お)る　짜다　　綿織物(めんおりもの)　면직물
織物(おりもの)　직물　組織(そしき)　조직

한벽著 織女(しょくじょ)직녀 羽織(はおり)전통 의상

짤 직

실(糸:가는 실 사)을 엉키게 하니(戠:찰흙 시) 직물을 짜다(織)

職

耳・18・N2 □□□

음 ショク　　훈 없음

①일 ②직업

職業(しょくぎょう)　직업　就職(しゅうしょく)　취직
天職(てんしょく)　천직　辞職(じしょく)　사직

한벽著 職人(しょくにん)장인 役職(やくしょく)관리직 汚職(おしょく)권력 남용 殉職(じゅんしょく)순직 免職(めんしょく)면직

직분 직

귀(耳)로 올바른 소리(音)를 잘 듣고 새기니(戈:창 과) 직분(職)

나뭇가지(未:아닐 미→가지 많은 나무)를 솎아내어(刂) 형태를 절제하다(制)

음 セイ　　**훈** 없음

①절제 ②제도 ③제압 ④만들다

| 制度(せいど) | 제도 | 制作(せいさく) | (무형)제작 |
| 制限(せいげん) | 제한 | 規制(きせい) | 규제 |

한벽둥 制御(せいぎょ)제어 制覇(せいは)제패 抑制(よくせい)억제 制(せい)する 지배하다

リ・8・N2 □□□

制
절제할 제

마음(忄)에서 피어나는(生:날 생→태어나다) 됨됨이 성품(性)

음 セイ, ショウ　　**훈** 없음

①성품 ②성격 ③성별

| 性格(せいかく) | 성격 | 性別(せいべつ) | 성별 |
| 性能(せいのう) | 성능 | 酸性(さんせい) | 산성 |

한벽둥 相性(あいしょう)궁합 根性(こんじょう)근성 軟性(なんせい)연성 悟性(ごせい)지성 惰性(だせい)타성 無性(むしょう)に무턱대고

忄・8・N2 □□□

性
성품 성

올바르게(正) 바로잡아 다스리니(攵:등글월문) 실현되는 정사(政)

음 セイ, ショウ　　**훈** まつりごと

①정치 ②정사

| 政治(せいじ) | 정치 | 政府(せいふ) | 정부 |
| 政局(せいきょく) | 정국 | 行政(ぎょうせい) | 행정 |

한벽둥 政(まつりごと)정사 摂政(せっしょう)섭정 憲政(けんせい)헌정 藩政(はんせい)영주 정치 施政(しせい)시정 帝政(ていせい)제정

攵・9・N2 □□□

政
정사 정

나무를 심어(埶:심을 예) 힘차게(力) 자라나니 형세(勢)

음 セイ　　**훈** いきお

①기세 ②모습

| 勢力(せいりょく) | 세력 | 姿勢(しせい) | 자세 |
| 態勢(たいせい) | 태세 | 情勢(じょうせい) | 정세 |

한벽둥 勢(いきお)い기세 大勢(おおぜい)많은 사람 大勢(たいせい)대세

力・13・N2 □□□

勢
형세 세

깨끗하게(靑:푸를 청) 도정한 곡식(米), 깨끗하다(精)

음 セイ, ショウ　　**훈** 없음

①깨끗하다 ②정밀 ③정신

| 精神(せいしん) | 정신 | 精米(せいまい) | 정미 |
| 精通(せいつう) | 정통 | 精密(せいみつ)だ | 정밀하다 |

"본자(本字)는 精이지요"

한벽둥 精巧(せいこう)정교 精髓(せいずい)정수, 진수 精粋(せいすい)가장 순수하고 좋은 부분 精鋭(せいえい)정예 精魂(せいこん)정혼, 심혈 精進(しょうじん)정진 精進料理(しょうじんりょうり)사찰 음식 精々(せいぜい)기껏해야 丹精(たんせい)정성 不精(ぶしょう)귀찮아 함

米・14・N2 □□□

精
정할 정
깨끗할 정

衣·14·N1 ☐☐☐

製
지을 제

음 セイ　　**훈** 없음

① 제작 ② 만들다

製作(せいさく)　　(유형)제작　　新製品(しんせいひん)　신제품
製造(せいぞう)　　제조　　　　　韓国製(かんこくせい)　한국제

한벽쌤 製法(せいほう)제조법 製鋼(せいこう)제강 製糖(せいとう)제당 製靴(せいか)제화 作製(さくせい)제작 和製(わせい)일제 私製(しせい)사제 革製(かわせい)가죽제품

옷(衣)을 다듬어(制:절제할 제) 만들듯 물건을 짓다(製)

禾·12·N2 ☐☐☐

税
세금 세

음 ゼイ　　**훈** 없음

① 세금

税金(ぜいきん)　세금　　税関(ぜいかん)　세관
課税(かぜい)　　과세　　免税(めんぜい)　면세

"본자(本字)는 稅이지요"

한벽쌤 ~税(ぜい)~세 税込(ぜいこ)み 세금 포함 納税(のうぜい)납세 賦税(ふぜい)세금 부과 租税(そぜい)조세 徴税(ちょうぜい)세금 징수

나라에 진상하는 곡식(禾:벼 화)의 뜻과 기쁠 태(兌→세)의 음으로 세금(税)

貝·11·N2 ☐☐☐

責
꾸짖을 책

음 セキ　　**훈** せ

① 꾸짖다 ② 책임

責任(せきにん)　책임　　責務(せきむ)　　책무
重責(じゅうせき)중책　　引責(いんせき)　인책

한벽쌤 責(せ)める 꾸짖다 責罰(せきばつ)꾸짖어 벌함

가시(朿:가시 자) 돋친 재물(貝)로 못 갚으면 꾸짖다(責)

糸·17·N2 ☐☐☐

績
길쌈 적

음 セキ　　**훈** 없음

① 방적 ② 성적

成績(せいせき)　성적　　実績(じっせき)　실적
業績(ぎょうせき)업적　　功績(こうせき)　공적

한벽쌤 紡績(ぼうせき)방적

실(糸:가는 실 사)을 뽑는 뜻과 꾸짖을 책(責→적)의 음으로 길쌈(績)

扌·11·N2 ☐☐☐

接
이을 접
접할 접

음 セツ　　**훈** つ

① 잇다 ② 접근 ③ 접하다

接続(せつぞく)　접속　　接近(せっきん)　접근
接待(せったい)　접대　　面接(めんせつ)　면접

한벽쌤 接(せっ)する 접하다 接(つ)ぐ 이어 붙이다 接岸(せつがん)접안 密接(みっせつ)밀접 隣接(りんせつ)인접

여종(妾:첩 첩)이 가까이서 손수 다루니(扌:재방변) 접하다(接)

設

포획물을 들고(殳:칠 수) 잔치(言→술병) 벌이니 베풀다(設)

음 セツ　　**훈** もう

① 설치　② 마련하다

設立(せつりつ)	설립	新設(しんせつ)	신설
建設(けんせつ)	건설	創設(そうせつ)	창설

한벽돌 架設(かせつ)가설 埋設(まいせつ)매설 併設(へいせつ)병설 敷設(ふせつ)부설 施設(しせつ)시설 設(もう)ける 마련하다

言·11·N2 □□□

設 베풀 설

絶

실의(糸:가는 실 사) 마디를(刀→巴:꼬리 파) 나누니(刀:칼 도) 끊다(絶)

음 ゼツ　　**훈** た

① 끊다　② 없어지다　③ 뛰어넘다

絶望(ぜつぼう)	절망	絶賛(ぜっさん)	절찬
謝絶(しゃぜつ)	사절	断絶(だんぜつ)	단절

한벽돌 絶叫(ぜっきょう)절규 絶滅(ぜつめつ)절멸 絶壁(ぜっぺき)절벽 絶好調(ぜっこうちょう)최상의 컨디션 絶佳(ぜっか)뛰어나게 아름다움 絶(た)えず 끊임없이 絶(た)つ 끊다 絶(た)やす 끊어지게 하다 絶(た)える 끊어지다 途絶(とだ)える 두절되다

糸·12·N2 □□□

絶 끊을 절

祖

비석(且:또 차→비석)을 차려 제사(示:보일 시) 지내니 조상, 할아비(祖)

음 ソ　　**훈** 없음

① 조상　② 조부모　③ 처음　④ 혈통

祖父(そふ)	할아버지	祖母(そぼ)	할머니
先祖(せんぞ)	선조	元祖(がんそ)	원조

"본자(本字)는 祖이지요"

한벽돌 祖先(そせん)조상 開祖(かいそ)창시자

ネ·9·N2 □□□

祖 할아비 조

素

방적(糸:가는 실 사)한 실을 내려뜨리니(垂:드리울 수) 갓 뽑은 본디(素)

음 ソ, ス　　**훈** 없음

① 본디　② 바탕　③ 있는 그대로

素質(そしつ)	소질	元素(げんそ)	원소
要素(ようそ)	요소	平素(へいそ)	평소

한벽돌 素足(すあし)맨발 素顔(すがお)맨얼굴 素肌(すはだ)맨몸 素性(すじょう)가문, 태생 素人(しろうと)초심자 素早(すばや)い 재빠르다 素晴(すば)らしい 훌륭하다 素直(すなお)다 순수하다 素敵(すてき)다 멋지다 窒素(ちっそ)질소 酵素(こうそ)효소 質素(しっそ)다 검소하다

糸·10·N1 □□□

素 본디 소 흴 소

総

여러 가닥을 묶는(糸:가는 실 사) 뜻과 바쁠 총(悤)의 음으로 모두, 다(總)

음 ソウ　　**훈** 없음

① 모든　② 거느리다　③ 종합

総会(そうかい)	총회	総額(そうがく)	총액
総務(そうむ)	총무	総理(そうり)	총리

"본자(本字)는 總이지요"

한벽돌 総菜(そうざい)반찬 総督(そうとく)총독 総合(そうごう)종합. 総(そう)じて 대체로

糸·14·N2 □□□

総 다 총 거느릴 총

辶·10·N2 ☐☐☐

造
지을 조

음 ゾウ　　　　**훈** つく

① 짓다 ② 제조

造形(ぞうけい)　조형　　造船(ぞうせん)　조선
木造(もくぞう)　목조　　創造(そうぞう)　창조

"본자(本字)는 造이지요"

한벽　造幣(ぞうへい)조폐 造(つく)る짓다 荷造(にづく)り짐 꾸림 模造(もぞう)
모조 濫造(らんぞう)마구 만듦 醸造(じょうぞう)양조 鋳造(ちゅうぞう)
주조 営造(えいぞう)건축 無造作(むぞうさ)だ대수롭지 않다

造
배를 짓는(辶→宀+舟) 뜻과 알
릴 고(告→조)의 음으로 짓다
(造)

イ·14·N2 ☐☐☐

像
모양 상

음 ゾウ　　　　**훈** 없음

① 모양 ② 형상

映像(えいぞう)　영상　　画像(がぞう)　화상, 영상
想像(そうぞう)　상상　　銅像(どうぞう)　동상

한벽　現像(げんぞう)(필름)현상 仏像(ぶつぞう)불상 偶像(ぐうぞう)우상
肖像(しょうぞう)초상 塑像(そぞう)찰흙 등으로 만든 상

예전에 서식하던 코끼리(象)를
후대인(イ)이 상상하니 모양(像)

土·14·N2 ☐☐☐

増
더할 증

음 ゾウ　　　　**훈** ふ, ま

① 더하다 ② 증가

増加(ぞうか)　증가　　増大(ぞうだい)　증대
急増(きゅうぞう)　급증　　増(ふ)える　늘어나다

"본자(本字)는 增이지요"

한벽　増(ふ)やす늘리다 増(ま)す늘다 激増(げきぞう)격증, 급증
漸増(ぜんぞう)점증, 점점 증가 逓増(ていぞう)점차 늚

흙(土) 위에 흙을 켜켜이 더하
니(曾:일찍 증→겹치다) 더하다
(増)

刂·9·N2 ☐☐☐

則
법칙 칙

음 ソク　　　　**훈** 없음

① 규칙 ② 규정

規則(きそく)　규칙　　法則(ほうそく)　법칙
原則(げんそく)　원칙　　校則(こうそく)　교칙

한벽　則(そく)する입각하다 則(のっと)る준거하다

則
제단에 바치는 솥(貝→鼎)과 신
성한 칼(刂:선 칼도)로 법칙(則)

氵·12·N2 ☐☐☐

測
헤아릴 측

음 ソク　　　　**훈** はか

① (길이, 넓이)재다 ② 측량 ③ 추측

測定(そくてい)　측정　　測量(そくりょう)　측량
予測(よそく)　예측　　測(はか)る　측정하다

한벽　憶測(おくそく)억측

물(氵)의 양을 기준(則:법칙 칙)
에 맞추어 헤아리다(測)

벌레(蜀:애벌레 촉)가 꼬리(尾:꼬리 미) 흔들며 떼 지어 달려드니 무리(屬)

음 ゾク　　　**훈** 없음

①붙다 ②따르다 ③무리

| 所属(しょぞく) | 소속 | 付属(ふぞく) | 부속 |
| 帰属(きぞく) | 귀속 | 金属(きんぞく) | 금속 |

"본자(本字)는 屬이지요"

한벽 属(ぞく)する속하다 属国(ぞっこく)속국 附属(ふぞく)부속

尸·12·N1 □□□

属

붙일 속
무리 속

밧줄(玄:검을 현→실타래)을 꼬아 잡아당기니(十) 거느리다(率)

음 ソツ, リツ　　　**훈** ひき

①비율 ②이끌다 ③솔직 ④경솔

| 率直(そっちょく) | 솔직 | 比率(ひりつ) | 비율 |
| 倍率(ばいりつ) | 배율 | 統率(とうそつ) | 통솔 |

"실타래를 꼬아 잡아당기는 모습을 나타내는 상형문자이지요"

한벽 率(ひき)いる거느리다 ~率(りつ)~률(율) 軽率(けいそつ)だ경솔하다

玄·11·N1 □□□

率

비율 률(율)
거느릴 솔

손(扌:재방변)으로 사람 수(員:관원 원→인원)를 줄이니 덜다(損)

음 ソン　　　**훈** そこ

①덜다 ②줄다 ③손상

| 損失(そんしつ) | 손실 | 損害(そんがい) | 손해 |
| 損傷(そんしょう) | 손상 | 破損(はそん) | 파손 |

한벽 損(そん)손해 損(そこ)ねる손상하다 損(そこ)なう손상하다 損得(そんとく)이익과 손해 損耗(そんもう)닳아 없어짐 大損(おおぞん)큰 손해

扌·13·N2 □□□

損

덜 손

남에게 작용하여(代:대신할 대→亻+戈) 재물(貝:조개 패)을 빌리다(貸)

음 タイ　　　**훈** か

①빌려주다 ②빌리다 ③대여

| 貸(か)す | 빌려주다 | 貸借(たいしゃく) | 대차 |
| 貸与(たいよ) | 대여 | 賃貸(ちんたい) | 임대 |

"일본에서는 주로 빌려주다의 의미로 사용되지요"

한벽 貸(か)し빌려 줌 貸家(かしや)셋집 貸間(かしま)셋집 貸(か)し出(だ)し대출 貸(か)し切(き)り전세 又貸(またが)し다시 빌려줌

貝·12·N3 □□□

貸

빌릴 대
꿀 대

곰(能:능할 능→곰)의 우람차고 웅장한 기개(心:마음 심) 모습(態)

음 タイ　　　**훈** 없음

①모습 ②자세

| 態度(たいど) | 태도 | 態勢(たいせい) | 태세 |
| 形態(けいたい) | 형태 | 状態(じょうたい) | 상태 |

한벽 姿態(したい)자태 擬態(ぎたい)흉내 醜態(しゅうたい)추태

心·14·N1 □□□

態

모습 태

일본어 한자의 벽을 뚫어라 **171**

부수·획수·급수	음	훈
口·6·N2 □□□	ダン, トン	없음

둥글 단

①둥글다 ②덩어리 ③모임

団結(だんけつ) 단결 団地(だんち) 단지
集団(しゅうだん) 집단 劇団(げきだん) 극단

"본자(本字)는 團이지요"

한벽돌 団扇(うちわ)둥근 부채 団塊(だんかい)단괴 団(だん)らん단란 布団(ふとん)이불 座布団(ざぶとん)방석 師団(しだん)사단

구역(囗:에울 위) 내 물레(專:오로지 전→방추) 같이 뭉치니 둥글다(團)

斤·11·N2 □□□	ダン	ことわ, た

끊을 단

①끊다 ②단정하다 ③거절

断定(だんてい) 단정 断絶(だんぜつ) 단절
中断(ちゅうだん) 중단 判断(はんだん) 판단

"본자(本字)는 斷이지요"

한벽돌 断(だん)じて단연코 断(ことわ)る거절하다 断(た)つ끊다 断食(だんじき)단식 断層(だんそう)단층 断然(だんぜん)단호 裁断(さいだん)재단 診断(しんだん)진단 遮断(しゃだん)차단 油断(ゆだん)방심

이어진 실타래(㡭:이을 계)를 도끼(斤)로 가르니 끊다(斷)

竹·16·N2 □□□	チク	きず

쌓을 축

①건축 ②쌓다

築城(ちくじょう) 축성 建築(けんちく) 건축
新築(しんちく) 신축 築(きず)く 쌓다

한벽돌 築山(つきやま)정원에 돌을 쌓아 만든 산

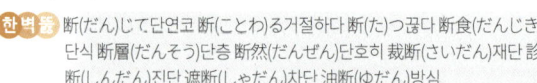
나무틀(木)에 흙을 담아 다져 쌓으니(筑:쌓을 축) 쌓다(築)

貝·12·N2 □□□	チョ	없음

쌓을 저

①쌓다 ②저축

貯金(ちょきん) 저금 貯蓄(ちょちく) 저축
貯蔵(ちょぞう) 저장 貯水(ちょすい) 저수

재물(貝:조개 패→화폐)을 저장하니(宁:뜰 저) 쌓다(貯)

弓·11·제외 □□□	チョウ	は

베풀 장

①뻗다 ②뻗어나다 ③주장

出張(しゅっちょう) 출장 主張(しゅちょう) 주장
緊張(きんちょう) 긴장 張(は)る 뻗어나다

한벽돌 張(は)り紙(がみ)벽보 膨張(ぼうちょう)팽창 誇張(こちょう)과장 欲張(よくば)り욕심꾸러기 頑張(がんば)る힘내다 威張(いば)る뽐내다 引(ひ)っ張(ぱ)る잡아당기다 突(つ)っ張(ぱ)る버티다

활(弓:활 궁)을 쏘아 화살이 길게(長:길 장) 뻗치니 베풀다(張)

음 テイ　　**훈** 없음　　イ・11・N2 □□□

① 머무르다

停止(ていし)　정지　　停車(ていしゃ)　정차
停留(ていりゅう)　정류　停滞(ていたい)　정체

한벽着 免停(めんてい)면허정지 バス停(てい)버스정류장

停
머무를 정

사람(亻:인변)이 정자(亭:정자 정)에 들르니 머무르다(停)

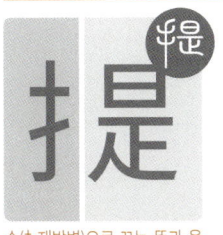

음 テイ　　**훈** さ　　扌・12・N1 □□□

① 끌다 ② 내밀다 ③ 들다

提案(ていあん)　제안　　提供(ていきょう)　제공
提言(ていげん)　제언　　前提(ぜんてい)　전제

한벽着 提(さ)げる손에 들다 提携(ていけい)제휴 提唱(ていしょう)제창 提灯(ちょうちん)초롱 手提(てさ)げ손가방

提
끌 제

손(扌:재방변)으로 끄는 뜻과 옳을 시(是→제)의 음으로 끌다(提)

음 テイ　　훈 ほど　　禾・12・N2 □□□

① 한도 ② 정도 ③ 도정

程度(ていど)　정도　　日程(にってい)　일정
過程(かてい)　과정　　規定(きてい)　규정

"본자(本字)는 程이지요"

한벽着 程(ほど)한도,정도 里程(りてい)이정 ~課程(かてい)~과정 後程(のちほど)추후에 先程(さきほど)앞서 中程(なかほど)절반쯤

程
한도 정
길 정

곡식(禾:벼 화) 무게를 재는(呈:드릴 정→재다) 정도 한도(程)

음 テキ　　훈 없음　　辶・14・N2 □□□

① 맞다 ② 들어맞다 ③ 적합

適応(てきおう)　적응　　適性(てきせい)　적성
適当(てきとう)　적당　　適切(てきせつ)だ　적절하다

"본자(本字)는 適이지요"

한벽着 適(てき)する알맞다 適宜(てきぎ)だ적당하다 適格(てきかく)だ적격하다

適
맞을 적

도정(辶)을 정하는 뜻과 밑동 적(啇)의 음으로 맞이하다(適)

음 トウ　　훈 す　　糸・12・N1 □□□

① 거느리다 ② 통솔 ③ 계통

統一(とういつ)　통일　　統合(とうごう)　통합
伝統(でんとう)　전통　　大統領(だいとうりょう)　대통령

한벽着 統(す)べる통괄하다 統轄(とうかつ)통할

統
거느릴 통

실마리(糸) 푸는 뜻과 찰 충(充→통)의 음으로 거느리다(統)

堂

土·11·N3

집 당

음 ドウ　　**훈** 없음

① 집 ② 신전 ③ 훌륭한 모습

食堂(しょくどう)　식당　　講堂(こうどう)　강당
本堂(ほんどう)　본당　　殿堂(でんどう)　전당

한벽음 堂々(どうどう)당당히

집터(土)를 잡고 올리니(尚:오히려 상→집) 규모가 큰 집(堂)

銅

金·14·N2

구리 동

음 ドウ　　**훈** 없음

① 구리 ② 동

銅(どう)　구리, 동　　銅像(どうぞう)　동상
銅銭(どうせん)　동전　　青銅(せいどう)　청동

한벽음 銅貨(どうか)동전 赤銅(しゃくどう)적동 銅(どう)メダル동메달

적동색 금속(金)의 뜻과 한가지 동(同)의 음으로 구리(銅)

導

寸·15·N2

인도할 도

음 ドウ　　**훈** みちび

① 이끌다 ② 인도 ③ 전달

導入(どうにゅう)　도입　　指導(しどう)　지도
誘導(ゆうどう)　유도　　導(みちび)く　인도하다

사람의 도리(道:길 도)로 이끄니 (寸:마디 촌→손) 인도하다(導)

得

彳·11·N2

얻을 득

음 トク　　**훈** え, う

① 얻다 ② 유리 ③ 깨닫다

得点(とくてん)　득점　　習得(しゅうとく)　습득
所得(しょとく)　소득　　得(え)る　얻다

한벽음 得意(とくい)득이 得意(とくい)だ능숙하다 得意先(とくいさき)단골 得策(とくさく)상책 得(う)る얻다 損得(そんとく)이익과 손해 了得(りょうとく)납득 会得(えとく)터득 心得(こころえ)소양 心得(こころえ)る이해하다

재물(貝)을 쥐는(寸:마디 촌→손) 일(彳:자축거릴 척) 얻다(得)

毒

母·8·N2

독 독

음 ドク　　**훈** 없음

① 독

毒(どく)　독　　毒薬(どくやく)　독약
毒舌(どくぜつ)　독설　　消毒(しょうどく)　소독

"본자(本字)는 毒이며, 본자의 부수는 말 무 毋이지요"

한벽음 毒蛇(どくじゃ)독사 劇毒(げきどく)맹독 解毒(げどく)해독

사람을 상하게 하는(毒:음란할 애) 해로운 풀이니 (艹:초두머리) 독(毒)

獨

- **음** ドク
- **훈** ひと
- 犭·9·N1

① 홀로 ② 독일

| 独身(どくしん) | 독신 | 独自(どくじ) | 독자 |
| 独立(どくりつ) | 독립 | 孤独(こどく) | 고독 |

"부수 犭는 개 견 犬으로 개사슴록변이며, 본자(本字)는 獨이지요"

한벽: 独(ひと)り홀로 独(ひと)りでに저절로 独(ひと)り言(ごと)독백 独裁(どくさい)독재 独奏(どくそう)독주 独語(どくご)독일어

한 마리 개(犭:개사슴록변)의 뜻과 애벌레 촉(蜀→독)의 음으로 홀로(獨)

独
홀로 독

任

- **음** ニン
- **훈** まか
- 亻·6·N2

① 맡기다 ② 임명 ③ 소임

| 任務(にんむ) | 임무 | 責任(せきにん) | 책임 |
| 担任(たんにん) | 담임 | 任(まか)せる | 맡기다 |

한벽: 任(まか)す맡기다 赴任(ふにん)부임 委任(いにん)위임 就任(しゅうにん)취임

사람(亻) 등의 봇짐(壬:북방 임→보따리)을 빗대어 맡기다(任)

任
맡길 임

燃

- **음** ネン
- **훈** も
- 火·16·N2

① 불타다 ② 불태우다

| 燃料(ねんりょう) | 연료 | 燃焼(ねんしょう) | 연소 |
| 可燃(かねん) | 가연 | 燃(も)える | 불타다 |

한벽: 燃(も)やす불태우다 燃(も)す태우다

불(火)로 그을려 개고기 먹으니 (然:그러할 연) 불 타다(燃)

燃
탈 연

能

- **음** ノウ
- **훈** 없음
- 月·10·N2

① 능력 ② 작용 ③ 노(전통 가면극)

| 能力(のうりょく) | 능력 | 能率(のうりつ) | 능률 |
| 可能(かのう) | 가능 | 才能(さいのう) | 재능 |

"곰의 모습의 상형문자에서 가차(假借)되어 능하다이지요"

한벽: 能(のう)전통 가면극 能吏(のうり)유능한 관리 芸能(げいのう)예능 効能(こうのう)효능

곰의 형상(能)을 나타내다가 후에 가차(假借)되어 능하다

能
능할 능

破

- **음** ハ
- **훈** やぶ
- 石·10·N2

① 깨뜨리다 ② 파격 ③ 이룩하다

| 破壊(はかい) | 파괴 | 破産(はさん) | 파산 |
| 破格(はかく) | 파격 | 読破(どくは) | 독파 |

한벽: 破(やぶ)る깨다 破(やぶ)れる찢어지다 破棄(はき)파기 走破(そうは)주파 喝破(かっぱ)갈파 踏破(とうは)답파 撃破(げきは)격파

돌(石)로 쪼아 동물 가죽(皮)을 벗기니 깨뜨리다(破)

破
깨뜨릴 파

犯 (범할 범) 犭·5·N2

음 ハン　　**훈** おか

① 범하다

| 犯罪(はんざい) | 범죄 | 犯人(はんにん) | 범인 |
| 防犯(ぼうはん) | 방범 | 犯(おか)す | 범하다 |

한벽 真犯人(しんはんにん)진범 侵犯(しんぱん)침범

맹수(犭:개사슴록변)가 사람을 쓰러뜨리니(㔾:병부 절→무릎 꿇은 사람) 범하다(犯)

判 (판단할 판) 刂·7·N2

음 ハン, バン　　**훈** 없음

① 판단 ② (구분)짓다 ③ 도장 ④ 종이 크기

| 判断(はんだん) | 판단 | 判明(はんめい) | 판명 |
| 批判(ひはん) | 비판 | 裁判(さいばん) | 재판 |

"본자(本字)는 判이지요"

한벽 判子(はんこ)도장 評判(ひょうばん)좋은 평판 審判(しんぱん)심판 A判(ばん)A판

날카롭게(刂:선 칼도) 여러 방면(半:반 반)으로 나누니 판단하다(判)

版 (판목 판) 片·8·N2

음 ハン　　**훈** 없음

① 인쇄 ② 판목 ③ 박아내다

| 版(はん) | 판목 | 版画(はんが) | 판화 |
| 版権(はんけん) | 판권 | 出版(しゅっぱん) | 출판 |

한벽 鉛版(えんばん)납판 凹版(おうはん)오목판 凸版(とっぱん)볼록판 謄写版(とうしゃばん)등사판

나뭇조각(片:조각 편)의 뜻과 돌이킬 반(反→판)의 음으로 판자, 판목(版)

比 (견줄 비) 比·4·N2

음 ヒ　　**훈** くら

① 견주다 ② 비교 ③ 비율

| 比較(ひかく) | 비교 | 比率(ひりつ) | 비율 |
| 対比(たいひ) | 대비 | 比(くら)べる | 비교하다 |

"두 사람을 견주는 모습을 나타내는 상형문자이지요"

한벽 背比(せいくら)べ키 재기

오른쪽을 향해 선 두 사람(比)으로 비교하고 견주다

肥 (살찔 비) 月·8·N1

음 ヒ　　**훈** こ, こえ

① 살찌다 ② 비옥 ③ 비만

| 肥料(ひりょう) | 비료 | 肥満(ひまん) | 비만 |
| 肥沃(ひよく) | 비옥 | 肥(こ)える | 살찌다 |

한벽 肥(こ)やし거름 肥(こえ)비료 肥(こ)やす살찌게 하다 施肥(せひ)거름 주기

고기(月:육달 월)를 당기는(巴:꼬리 파→손 내밀다) 모습으로 살찌다(肥)

새의 두 날개가 반대쪽을 향해 엇갈린 모습(非)을 본떠 등지다, 아니다

음 ヒ　　　　　　**훈** 없음

①아니다 ②부정 ③비난

| 非常(ひじょう) | 비상 | 非公式(ひこうしき) | 비공식 |
| 非行(ひこう) | 비행 | 非難(ひなん) | 비난 |

"새의 두 날개가 엇갈린 모습을 나타내는 상형문자이지요"

한벽 非凡(ひぼん)비범 非常(ひじょう)に굉장히 非常(ひじょう)だ대단하다
是非(ぜひ)옳고 그름, 부디

非·8·N2 □□□

非
아닐 비

모은(弗:아닐 불→모아놓은 나뭇짐) 재물(貝:조개 패)을 쓰다 (費)

음 ヒ　　　　　　**훈** つい

①소비 ②비용

| 費用(ひよう) | 비용 | 会費(かいひ) | 회비 |
| 消費(しょうひ) | 소비 | 費(つい)やす | 소비하다 |

한벽 費(つい)える허비되다 出費(しゅっぴ)지출 浪費(ろうひ)낭비
冗費(じょうひ)낭비

貝·12·N2 □□□

費
쓸 비

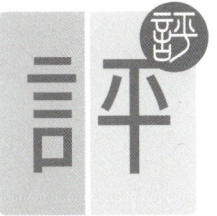

화살(矢)을 화살통(用)에 갖춘 사람(イ:인변)으로 갖추다(備)

음 ビ　　　　　　**훈** そな

①갖추다 ②지키다

| 備品(びひん) | 비품 | 準備(じゅんび) | 준비 |
| 具備(ぐび) | 구비 | 予備(よび) | 예비 |

한벽 備(そな)える대비하다 備(そな)わる갖추어지다
不備(ふび)충분히 갖추지 않음

イ·12·N2 □□□

備
갖출 비

치우치지 않고 고르게(平:평평할 평) 말하니(言) 평하다(評)

음 ヒョウ　　　　**훈** 없음

①평하다 ②비평

| 評論(ひょうろん) | 평론 | 評価(ひょうか) | 평가 |
| 批評(ひひょう) | 비평 | 好評(こうひょう) | 호평 |

한벽 評判(ひょうばん)좋은 평판 評決(ひょうけつ)평결 寸評(すんぴょう)촌평

言·12·N1 □□□

評
평할 평

재물(貝:조개 패→화폐)을 쪼개어 나누니(分:나눌 분) 가난하다 (貧)

음 ヒン, ビン　　**훈** まず

①가난하다 ②적다

| 貧困(ひんこん) | 빈곤 | 貧富(ひんぷ) | 빈부 |
| 貧血(ひんけつ) | 빈혈 | 貧(まず)しい | 가난하다 |

한벽 貧乏(びんぼう)だ가난하다

貝·11·N2 □□□

貧
가난할 빈

布 베 포, 펼 포
巾·5·N2 □□□

음 フ　　　**훈** ぬの

①옷감 ②펴다 ③널리 알리다

| 布(ぬの) | 직물 | 布告(ふこく) | 포고 |
| 毛布(もうふ) | 담요, 모포 | 分布(ぶんぷ) | 분포 |

한벽着 布地(ぬのじ)천 布団(ふとん)이불 布教(ふきょう)포교, 전도 座布団(ざぶとん)방석 財布(さいふ)지갑 塗布(とふ)도포 頒布(はんぷ)반포 敷布(しきふ)시트 流布(るふ)유포 昆布(こんぶ)다시마

손(又:또 우→손)으로 베(巾:수건 건)를 두드리니 베, 펴다(布)

婦 며느리 부
女·11·N2 □□□

음 フ　　　**훈** 없음

①아내 ②여자

| 婦人(ふじん) | 부인 | 主婦(しゅふ) | 주부 |
| 夫婦(ふうふ) | 부부 | 新婦(しんぷ) | 신부 |

한벽着 妊婦(にんぷ)임신부 寡婦(かふ)과부 看護婦(かんごふ)간호원

빗자루(帚:비 추)를 들고 집안을 가꾸는 여자(女)로 아내, 며느리(婦)

武 호반 무, 굳셀 무
止·8·N2 □□□

음 ブ, ム　　　**훈** 없음

①호반 ②무사

| 武力(ぶりょく) | 무력 | 武器(ぶき) | 무기 |
| 武士(ぶし) | 무사 | 武家(ぶけ) | 무사 가문 |

한벽着 武者(むしゃ)무사 武勲(ぶくん)무훈 尚武(しょうぶ)무예를 숭상함

창(戈)을 휘두르며 움직이는(止:그칠 지→발) 굳센 무사, 호반(武)

復 회복할 복, 다시 부
彳·12·N2 □□□

음 フク　　　**훈** 없음

①되돌리다 ②다시 ③회복

| 復習(ふくしゅう) | 복습 | 復活(ふっかつ) | 부활 |
| 回復(かいふく) | 회복 | 往復(おうふく) | 왕복 |

한벽着 復興(ふっこう)부흥 復旧(ふっきゅう)복구 復唱(ふくしょう)복창 復讐(ふくしゅう)복수

원래의 길(彳:자축거릴 척)로 돌아오니(复:회복할 복) 회복하다(復)

複 겹칠 복
衤·14·N2 □□□

음 フク　　　**훈** 없음

①겹치다 ②복제

| 複数(ふくすう) | 복수 | 複製(ふくせい) | 복제 |
| 複雑(ふくざつ)だ | 복잡하다 | 重複(じゅうふく) | 중복 |

"부수 衤는 옷의 衣를 나타내며, 옷의변이지요"

옷(衤:옷의변)을 중복되게(复:다시 부) 입으니 겹치다(複)

| 음 ブツ | 훈 ほとけ | イ・4・N2 |

① 불교 ② 불상 ③ 부처

仏教(ぶっきょう) 불교　　仏像(ぶつぞう) 불상
仏殿(ぶつでん) 불전　　念仏(ねんぶつ) 염불

"본자(本字)는 佛이지요"

한벽동 仏(ほとけ)부처 仏様(ほとけさま)부처님 仏閣(ぶっかく)불각 仏法(ぶっぽう)불교 가르침 神仏(しんぶつ)신령과 부처

仏
부처 불

| 음 フン | 훈 こ, こな | 米・10・N2 |

① 가루 ② 분

粉末(ふんまつ) 분말　　粉(こな) 가루
粉砕(ふんさい) 분쇄　　小麦粉(こむぎこ) 밀가루

한벽동 粉々(こなごな)산산조각 花粉(かふん)꽃가루 歯磨(はみが)き粉(こ)치약 汁粉(しるこ)단팥죽

곡식(米:쌀 미)을 잘게 부수니 (分:나눌 분) 가루(粉)

粉
가루 분

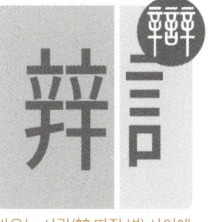

| 음 ヘン | 훈 あ | 糸・15・N2 |

① 엮다 ② 짜다 ③ 편집 ④ 작품

編成(へんせい) 편성　　編集(へんしゅう) 편집
長編(ちょうへん) 장편　　続編(ぞくへん) 속편

"본자(本字)는 編이지요"

한벽동 編(あ)む짜다 編(あ)み物(もの)편물 短編(たんぺん)단편

죽간(扁:넓적할 편→册)을 줄지어 매니(糸:가는 실 사) 엮다(編)

編
엮을 편

| 음 ベン | 훈 없음 | 廾・5・N1 |

① 논하다 ② 분별 ③ 구분판 ④ 방언

弁護(べんご) 변호　　弁論(べんろん) 변론
弁済(べんさい) 변제　　雄弁(ゆうべん) 웅변

"弁 고깔 변의 부수 廾은 스물입발이지요"

"말씀 변의 본자(本字)는 辯, 부수는 辛이며, 분별할 변의 본자(本字)는 辨, 부수는 辛이며, 외씨 판의 본자(本字)는 瓣, 부수는 瓜이지요"

한벽동 弁当(べんとう)도시락 弁解(べんかい)변명 弁償(べんしょう)변상 弁済(べんさい)말 재간 駅弁(えきべん)역도시락 花弁(はなびら)꽃잎 大阪弁(おおさかべん)오사카 방언 調整弁(ちょうせいべん)조정판 勘弁(かんべん)용서함 駄弁(だべん)쓸데없는 잡담

싸우는 사람(弄:따질 변) 사이에서 대변하니 말씀(辯)

弁
고깔　변
말씀　변
분별할　변
외씨　판

保

イ・9・N1

음 ホ　　훈 たも

①지키다 ②유지 ③떠맡다

保存(ほぞん) 보존　　保証(ほしょう) 보증
確保(かくほ) 확보　　保(たも)つ 유지하다

지킬 보

사람(イ)이 아이(呆:어리석을 매 →子)를 업으니 지키다(保)

墓

土・13・N1

음 ボ　　훈 はか

①무덤 ②묘

墓(はか) 무덤　　墓地(ぼち) 묘지
墓石(ぼせき) 묘석　　墳墓(ふんぼ) 분묘

"본자(本字)는 묘로 1획이 더 많지요"

한벽 墓碑(ぼひ)묘비 墓穴(ぼけつ)무덤 陵墓(りょうぼ)능과 묘 墓前(ぼぜん) 무덤 앞 墓参(はかまい)り 성묘

무덤 묘

땅속(土:흙 토)에 묻혀 없는(莫: 없을 막) 존재가 되니 무덤(墓)

報

土・12・N2

음 ホウ　　훈 むく

①알리다 ②갚다

報告(ほうこく) 보고　　報道(ほうどう) 보도
情報(じょうほう) 정보　　予報(よほう) 예보

한벽 報酬(ほうしゅう)보수 報恩(ほうおん)보은 吉報(きっぽう)좋은 소식 朗報(ろうほう)낭보 悪報(あくほう)나쁜 소식 凶報(きょうほう)불길한 소식 誤報(ごほう)오보 広報(こうほう)홍보 報(むく)いる 보답하다 報(ほう)じる 보도하다, 보답하다

갚을 보 / 알릴 보

죄인을(幸:다행 행) 결박해(又: 또 우) 굴복시키니(卩:병부 절) 갚다(報)

豊

・13・N2

음 ホウ　　훈 ゆた

①풍부하다 ②풍작

豊(ゆた)かだ 풍요롭다　　豊富(ほうふ) 풍부
豊作(ほうさく) 풍작　　豊漁(ほうりょう) 풍어

풍년 풍

제단(豆:콩 두→그릇) 위에 제물(曲:굽을 곡→제물)이 풍성하니 풍년(豊)

防

阝・7・N2

음 ボウ　　훈 ふせ

①막다 ②방지

防止(ぼうし) 방지　　防水(ぼうすい) 방수
防犯(ぼうはん) 방범　　予防(よぼう) 예방

"왼쪽에 위치하는 부수 阝는 언덕 부 阜로 좌부방이지요"

한벽 防(ふせ)ぐ 막다 防疫(ぼうえき)방역 防衛(ぼうえい)방위 防波堤(ぼうはてい)방파제 堤防(ていぼう)제방

막을 방

쟁기(方:모 방→쟁기)로 둑(阝: 좌부방)을 쌓으니 막다(防)

| 貿 | 음 ボウ | 훈 없음 | 貝·12·N2 ☐☐☐ |

① 교환 ② 무역

貿易(ぼうえき) 무역　　貿易商(ぼうえきしょう) 무역상
貿易風(ぼうえきふう) 무역풍　貿易港(ぼうえきこう) 무역항

문호를 열고(卯:토끼 묘→빗장을 열다) 재물(貝)을 바꾸니 무역(貿)

貿 무역할 무

| 暴 | 음 ボウ, バク | 훈 あば | 日·15·N2 ☐☐☐ |

① 사납다 ② 폭로 ③ (도)넘다

暴力(ぼうりょく) 폭력　　暴徒(ぼうと) 폭도
暴風(ぼうふう) 폭풍　　乱暴(らんぼう)だ 난폭하다

[한벽쌓] 暴(あば)く 폭로하다　暴(あば)れる 날뛰다　暴露(ばくろ) 폭로
暴騰(ぼうとう) 폭등

햇볕(日+出)이 곡식을 말릴 수 있게(卄+米) 사납게(暴) 내리쬐다

暴 사나울 폭 / 사나울 포

| 脈 | 음 ミャク | 훈 없음 | 月·10·N1 ☐☐☐ |

① 맥박 ② 맥락

脈(みゃく) 맥　　脈拍(みゃくはく) 맥박
山脈(さんみゃく) 산맥　文脈(ぶんみゃく) 문맥

"본자(本字)는 脈이지요"

물결(派)이 퍼지듯 몸(月→몸)의 혈관이 이어진 줄기(脈)

脈 줄기 맥

| 務 | 음 ム | 훈 つと | 力·11·N2 ☐☐☐ |

① 힘쓰다 ② 책무

公務員(こうむいん) 공무원　義務(ぎむ) 의무
責務(せきむ) 책무　　総務(そうむ) 총무

[한벽쌓] 務(つと)める 역할을 맡다　務(つと)まる 감당하다　庶務(しょむ) 서무
執務(しつむ) 집무　債務(さいむ) 채무　労務(ろうむ) 노무

힘(力)을 가해 정성 다하니(敄:힘쓸 무) 힘쓰다(務)

務 힘쓸 무

| 夢 | 음 ム | 훈 ゆめ | 夕·13·N2 ☐☐☐ |

① 꿈 ② 희망

夢(ゆめ) 꿈　　夢遊病(むゆうびょう) 몽유병
夢想(むそう) 공상　夢幻(むげん) 몽환

"본자(本字)는 夢으로 1획이 더 많지요"

[한벽쌓] 夢中(むちゅう)だ 열중하다　夢路(ゆめじ) 꿈길　初夢(はつゆめ) 새해 첫 꿈

저녁(夕)에 침상(一)에 들어 잠드니(卄+目:눈꺼풀과 눈) 꿈(夢)

夢 꿈 몽

迷

辶・9・N2 ☐☐☐

미혹할 미

음 メイ **훈** まよ

① 헤매다 ② 폐

迷信(めいしん) 미신　　迷路(めいろ) 미로
混迷(こんめい) 혼미　　迷(まよ)う 헤매다

"본자(本字)는 迷이지요"

한벽쌤 迷子(まいご)미아 迷惑(めいわく)폐 迷妄(めいもう)미혹 低迷(ていめい)침체

곡식(米)이 흩어지는 것처럼 길(辶)을 잃으니 미혹하다(迷)

綿

糸・14・N2 ☐☐☐

솜 면

음 メン **훈** わた

① 솜 ② 면 ③ 면밀

木綿(もめん) 면직물　　綿織物(めんおりもの) 면직물
綿(わた) 솜, 목화　　綿密(めんみつ)だ 면밀하다

한벽쌤 綿羊(めんよう)면양 綿棒(めんぼう)면봉 綿糸(めんし)면사 綿雲(わたぐも)뭉게구름 綿菓子(わたがし)솜사탕 棉飴(わたあめ)솜사탕

명주실(糸:가는 실 사) 흰 섬유질(帛:비단 백→흰 천)로 솜(綿)

輸

車・16・N2 ☐☐☐

보낼 수

음 ユ **훈** 없음

① 보내다 ② 수송

輸入(ゆにゅう) 수입　　輸出(ゆしゅつ) 수출
輸血(ゆけつ) 수혈　　運輸(うんゆ) 운수

한벽쌤 密輸(みつゆ)밀수

수레(車)와 나무 배(兪:점점 유→나무 배)로 실어 보내다(輸)

余

人・7・N2 ☐☐☐

남을 여
나 여

음 ヨ **훈** あま

① 남다 ② 나머지 ③ 나

余裕(よゆう) 여유　　余分(よぶん) 여분
余(あま)る 남다　　余(あま)り 나머지

"나무 위 오두막 모양의 상형문자이며, 남을 여의 본자(本字)는 餘이지요"

한벽쌤 余(よ)나 余(あま)す남기다 余暇(よか)여가 余韻(よいん)여운 余興(よきょう)여흥 余所(よそ)딴 곳 余所見(よそみ)한눈 팖 余計(よけい)쓸데없다 剰余(じょうよ)잉여

나무 위에 지은 오두막(余)에서 후에 가차(假借)되어 남다

容

宀・10・N2 ☐☐☐

얼굴 용

음 ヨウ **훈** 없음

① 모습 ② 담다 ③ 허락 ④ 용이

容器(ようき) 용기　　美容院(びよういん) 미용실
内容(ないよう) 내용　　容易(ようい)だ 용이하다

한벽쌤 容疑(ようぎ)용의 容姿(ようし)용모와 자태 容赦(ようしゃ)용서 寛容(かんよう)관용 概容(がいよう)개요 従容(しょうよう)침착함

집(宀:집 면) 안에 둔 용기(谷:골짜기 곡→항아리)로 담다, 얼굴(容)

| 음 リャク | 훈 없음 |

田·11·N2 ☐☐☐

①생략 ②계략 ③뺏다

略語(りゃくご) 약어, 준말 略奪(りゃくだつ) 약탈
省略(しょうりゃく) 생략 簡略(かんりゃく) 간략

한벽章 戦略(せんりゃく)전략 攻略(こうりゃく)공략 侵略(しんりゃく)침략

略
간략할 **략**(약)
다스릴 **략**(약)

논밭(田)을 각각(各) 구분하다에서 후에 다스리다, 간략하다(略)

| 음 リュウ, ル | 훈 と |

田·10·N2 ☐☐☐

①머무르다 ②체류

留学(りゅうがく) 유학 停留(ていりゅう) 정류
滞留(たいりゅう) 체류 拘留(こうりゅう) 구류

한벽章 留(と)める고정시키다 留(と)まる붙박이다 留意(りゅうい)유의 留守(るす)부재중 留守番(るすばん)부재중 집을 지킴 書留(かきとめ)등기 우편

留
머무를 **류**(유)

논밭(田)과 지지 유(卯:토끼 묘로 도→류)의 음으로 머무르다(留)

| 음 リョウ | 훈 없음 |

頁·14·N2 ☐☐☐

①거느리다 ②차지하다 ③요점

領土(りょうど) 영토 領空(りょうくう) 영공
要領(ようりょう) 요령 大統領(だいとうりょう)

한벽章 領域(りょういき)영역 綱領(こうりょう)강령 宰領(さいりょう)감독

領
거느릴 **령**(영)

영(令:하여금 령)을 받는 신하(頁:머리 혈→조아리다)로 거느리다(領)

| 음 レキ | 훈 없음 |

止·14·N2 ☐☐☐

①지나다 ②확실

歴史(れきし) 역사 歴代(れきだい) 역대
履歴(りれき) 이력 学歴(がくれき) 학력

"본자(本字)는 歷이지요"

한벽章 歴然(れきぜん)분명함 遍歴(へんれき)편력

歴
지날 **력**(역)

기슭(厂)의 수풀(木→禾:벼 화)을 걸으니(止) 지나다(歷)

6/학/년/교/육/한/자

| 음 イ | 훈 없음 |

月·9·N2 ☐☐☐

①위 ②위장

胃(い) 위 胃炎(いえん) 위염
胃酸(いさん) 위산 胃癌(いがん) 위암

"부수 月는 고기 肉을 나타내며 육달월이지요"

胃
밥통 위

소화(田)시키는 신체 기관(月:육달 월→몸) 밥통(胃)

異 다를 이

田·11·N1 ☐☐☐

- 음: イ
- 훈: こと

①다르다 ②이상

異常(いじょう)	이상	異議(いぎ)	이의
異論(いろん)	이론	差異(さい)	차이

한벽 異(こと)なる다르다 異邦人(いほうじん)이방인 異動(いどう)인사 이동 特異(とくい)특이 驚異(きょうい)경이

가면(田:밭 전) 쓴 기이한 사람(共:한가지 공)으로 다르다(異)

遺 남길 유

辶·15·N1 ☐☐☐

- 음: イ, ユイ
- 훈: 없음

①남기다 ②유기

遺産(いさん)	유산	遺伝(いでん)	유전
遺骨(いこつ)	유골	遺失物(いしつぶつ)	유실물

"본자(本字)는 遺이지요"

한벽 遺言(ゆいごん)유언 遺跡(いせき)유적 遺恨(いこん)원한

길(辶)에 남겨지니(貴:귀할 귀 →떨어뜨리다) 남기다(遺)

域 지경 역

土·11·N2 ☐☐☐

- 음: イキ
- 훈: 없음

①지경 ②경계 ③범위

域内(いきない)	역내	地域(ちいき)	지역
区域(くいき)	구역	流域(りゅういき)	유역

한벽 域外(いきがい)역외 広域(こういき)광역 領域(りょういき)영역

성 주변에서 창을 들고 지키는 (或:혹시 혹) 지역(土) 지경(域)

宇 집 우

宀·6·N2 ☐☐☐

- 음: ウ
- 훈: 없음

①집 ②하늘

宇宙(うちゅう)	우주	宇宙人(うちゅうじん)	우주인
宇宙船(うちゅうせん)	우주선	宇宙飛行士(うちゅうひこうし)	우주비행사

집(宀:집 면)의 지붕과 처마 모양(于:어조사 우)에서 집(宇)

映 비칠 영

日·9·N3 ☐☐☐

- 음: エイ
- 훈: うつ, は

①비치다 ②빛나다 ③상영

映画(えいが)	영화	映像(えいぞう)	영상
反映(はんえい)	반영	上映(じょうえい)	상영

한벽 映(うつ)す비추다 映(うつ)る비치다 映(は)える빛나다

해(日)가 하늘의 중앙(央)에서 밝게 비치다(映)

| 음 エン | 훈 の | 辶·8·N2 □□□ |

① 늘이다 ② 길게 하다 ③ 연기

延長(えんちょう) 연장 延期(えんき) 연기
延(の)びる 늘어나다 遅延(ちえん) 지연

"본자(本字)는 延이며, 획수가 1획 더 적지요"

한벽돌 延(の)ばす늘이다 延(の)べる펴다 延(の)べ합계

걷는(止→발) 걸음(廴:길게 걸을 인)이 느려지니(丿:삐침 별) 늘이다(延)

延
늘일 연

| 음 エン | 훈 そ | 氵·8·N1 □□□ |

① (물)따라가다 ② (쭉)따르다

沿岸(えんがん) 연안 沿海(えんかい) 연해
沿革(えんかく) 연혁 沿(そ)う 따라가다

물길(氵)이 따라가다 멈추어 이르니(㕣:늪 연) 물 따라가다(沿)

沿
물 따라갈 연
따를 연

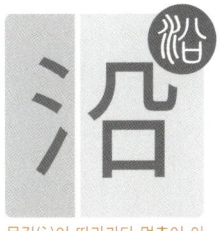

| 음 オン | 훈 없음 | 心·10·제외 □□□ |

① 은혜 ② 은사 ③ 혜택

恩(おん) 은혜 恩恵(おんけい) 은혜
謝恩(しゃおん) 사은 報恩(ほうおん) 보은

한벽돌 恩賜(おんし)임금께 받은 물건 恩赦(おんしゃ)특별 사면 恩返(おんがえ)し보은 恩着(おんき)せがましい생색내다 忘恩(ぼうおん)망은

의지(因:인할 인→의지)가 되는 사랑의 혜택(心) 은혜(恩)

恩
은혜 은

| 음 ガ | 훈 わ, われ | 戈·7·N1 □□□ |

① 나 ② 자신 ③ 우리

我(われ) 나 自我(じが) 자아
無我(むが) 무아 我(われ) 나

"삼지창 모양의 상형문자이지요"

한벽돌 我(わ)が国(くに)우리나라 我(わ)が家(や)우리 집 我(わ)が子(こ)우리 아이 我(わ)が校(こう)우리 학교 我(われ)ら우리 我々(われわれ)우리 怪我(けが)부상 我慢(がまん)참음

칼날 세 개인 삼지창이었다가 후에 가차(假借)되어 나(我)

我
나 아

| 음 カイ | 훈 はい | 火·6·N2 □□□ |

① 재

灰(はい) 재 火山灰(かざんばい) 화산재
灰色(はいいろ) 회색 石灰(せっかい) 석회

"본자(本字)는 灰이지요"

한벽돌 灰皿(はいざら)재떨이

다 타고(火) 그러모아 만져지는 (ナ→又) 가루 재(灰)

灰
재 회

일본어 한자의 벽을 뚫어라 **185**

拡

扌·8·N1 ☐☐☐

음 カク　　**훈** 없음

① 넓히다 ② 펼치다

| 拡大(かくだい) | 확대 | 拡張(かくちょう) | 확장 |
| 拡充(かくじゅう) | 확충 | 拡散(かくさん) | 확산 |

"본자(本字)는 擴이지요"

넓힐 확

손(扌:재방변)으로 한정된 넓이(廣:넓을 광)를 늘이니 넓히다(擴)

革

革·9·N2 ☐☐☐

음 カク　　**훈** かわ

① 가죽 ② 고치다

| 革(かわ) | 가죽 | 革新(かくしん) | 혁신 |
| 革命(かくめい) | 혁명 | 変革(へんかく) | 변혁 |

"가죽을 벗겨 무두질해 말리는 모습을 나타내는 상형문자이지요"

한벽쌤 革製(かわせい)가죽제품 革靴(かわぐつ)가죽신발 皮革(ひかく)피혁 沿革(えんかく)연혁 吊革(つりかわ)(가죽)손잡이

가죽 혁

동물의 가죽을 벗겨 무두질해 말리는 모습(革)을 본떠 가죽

閣

門·14·N1 ☐☐☐

음 カク　　**훈** 없음

① 누각 ② 내각

| 閣僚(かくりょう) | 각료 | 内閣(ないかく) | 내각 |
| 入閣(にゅうかく) | 입각 | 仏閣(ぶっかく) | 불각 |

한벽쌤 天守閣(てんしゅかく)성의 망루 楼閣(ろうかく)누각

집 각

문(門)을 열고 걸어야 입구에 다다르니(各) 규모가 큰 집(閣)

割

刂·12·N2 ☐☐☐

음 カツ　　**훈** わ, わり, さ

① 나누다 ② 베다 ③ 1할, 10%

| 割引(わりびき) | 할인 | 役割(やくわり) | 역할 |
| 分割(ぶんかつ) | 분할 | 3割(わり) | 30% |

한벽쌤 割(わ)る나누다 割(わ)れる갈라지다 割(さ)く가르다 割合(わりあい)비율 割合(わりあい)に비교적 割(わ)り算(ざん)나눗셈 時間割(じかんわり)시간표 割(わ)り箸(ばし)나무젓가락 割(わ)り当(あ)てる할당하다 割(わ)り込(こ)む새치기하다

벨 할

집에서 큰소리로 다투어(害:해할 해) 해를 가하니(刂:선 칼도) 베다(割)

株

木·10·N1 ☐☐☐

음 없음　　**훈** かぶ

① 그루 ② 주식

| 株(かぶ) | 그루 | 株式(かぶしき) | 주식 |
| 株主(かぶぬし) | 주주 | 株券(かぶけん) | 주권, 주식 |

한벽쌤 切(き)り株(かぶ)그루터기 ~株(かぶ)~그루

그루 주

나무(木) 밑동의 뜻과 붉을 주(朱)의 음으로 그루(株)

干
방패 간

적의 공격을 막는 나무 무기(干) 모양을 그대로 본떠 방패

음 カン　　**훈** ほ, ひ

干･3･N2 □□□

①관계 ②마르다 ③간지 ④손잡이

干渉(かんしょう)　간섭　　干潮(かんちょう)　간조
欄干(らんかん)　난간　　干(ほ)す　말리다

"나무 무기인 방패 모양을 나타내는 상형문자이지요"

한벽 干(ひ)る마르다 干潟(ひがた)간석지 干拓(かんたく)간척 干(ほ)し物(もの)말린 것 干(ほ)し魚(ざかな)말린 생선 干物(ひもの)건어물 物干(ものほ)し빨래 말림 梅干(うめぼ)し매실절임 十干(じっかん)십간, 천간 若干(じゃっかん)약간

巻
책 권

죽간(釆:분별할 변→죽간)을 손으로(廾:손 맞잡을 공) 꿰매어 마니(㔾) 책(巻)

음 カン　　**훈** ま, まき

己･9･N2 □□□

①말다 ②감다 ③서적

巻頭(かんとう)　권두　　巻末(かんまつ)　권말
上巻(じょうかん)　상권　　巻(ま)く　감다

"본자(本字)는 卷이며, 본자의 부수는 병부 절 㔾이지요"

한벽 巻物(まきもの)두루마리 下巻(げかん)하권 巻(ま)き寿司(ずし)롤초밥 寝巻(ねま)き 襟巻(えりまき)목도리 竜巻(たつまき)회오리바람 渦巻(うずま)き소용돌이

看
볼 간

눈(目)에 손을(手) 가져다 대고 자세히 살피니 보다(看)

음 カン　　**훈** 없음

目･9･N1 □□□

①보다 ②돌보다

看病(かんびょう)　간병　　看護(かんご)　간호
看板(かんばん)　간판　　看破(かんぱ)　간파

簡
대쪽 간
간략할 간

눈(目)에 손을(手) 가져다 대고 자세히 살피니 보다(看)

음 カン　　**훈** 없음

竹･18･N2 □□□

①대쪽 ②서간 ③간략

簡略(かんりゃく)　간략　　簡単(かんたん)だ　간단하다
簡素(かんそ)　간소　　簡潔(かんけつ)　간결

한벽 書簡(しょかん)편지

危
위태할 위

절벽 아래로 구르는(厄:재앙 액) 사람으로(人→⺈) 위태하다(危)

음 キ　　**훈** あぶ, あや

㔾･6･N2 □□□

①위태하다 ②위험

危(あぶ)ない　위험하다　　危険(きけん)だ　위험하다
危機(きき)　위기　　安危(あんき)　안위

한벽 危(あや)ぶむ위험스럽게 여기다 危(あや)うい위태롭다 危篤(きとく)위독

机

木・6・N2 ☐☐☐

음 キ　　**훈** つくえ

① 책상

机(つくえ) 책상　　勉強机(べんきょうづくえ) 공부책상
机上(きじょう) 탁상

책상 궤

나무 상(木)의 뜻과 안석 궤(几)의 음으로 책상(机)

揮

扌・12・N1 ☐☐☐

음 キ　　**훈** 없음

① 휘두르다 ② 발휘

揮発(きはつ) 휘발　　揮毫(きごう) 휘호
指揮(しき) 지휘　　発揮(はっき) 발휘

휘두를 휘

손(扌)으로 지휘하여 군대(軍:군사 군)를 부리니 휘두르다(揮)

貴

貝・12・N1 ☐☐☐

음 キ　　**훈** たっと, とうと

① 귀하다 ② 귀하 ③ 존경

貴社(きしゃ) 귀사　　貴重(きちょう)だ 귀중하다
貴族(きぞく) 귀족　　貴金属(ききんぞく) 귀금속

한벽돌 貴(とうと)ぶ공경하다 貴(たっと)ぶ공경하다 貴(とうと)い귀중하다 貴(たっと)い귀중하다 貴賓(きひん)귀빈 騰貴(とうき)등귀 珍貴(ちんき)진귀 兄貴(あにき)형님

귀할 귀

흙(土)을 매만져(臼) 경각의 재물(貝:조개 패)을 나누니 귀하다(貴)

疑

疋・14・N2 ☐☐☐

음 ギ　　**훈** うたが

① 의심하다

疑問(ぎもん) 의문　　容疑(ようぎ) 용의
質疑(しつぎ) 질의　　疑(うたが)う 의심하다

"부수 疋는 장딴지와 발을 나타내며 발 소이지요"

한벽돌 疑似(ぎじ)유사 疑惑(ぎわく)의혹 懐疑(かいぎ)회의

의심할 의

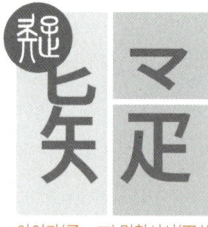
아이가(子→マ) 멈춰서서(疋:발소) 주저하니(矢→고개 갸웃거리다) 의심하다(疑)

吸

口・6・N2 ☐☐☐

음 キュウ　　**훈** す

① 들이마시다 ② 흡수

吸収(きゅうしゅう) 흡수　　吸(す)う 들이마시다
吸入(きゅうにゅう) 흡입　　呼吸(こきゅう) 호흡

"본자(本字)는 吸이며, 본자의 획수는 1획 더 많은 7획이지요"

한벽돌 吸(す)い殻(がら)담배꽁초

마실 흡

숨을 들이마셔(口) 몸속으로 미치게(及:미칠 급) 하니 마시다(吸)

자신(亻)을 바치는 뜻과 한가지
공(共)의 음으로 이바지하다(供)

음 キョウ, ク　　**훈** そな, とも

① 바치다　② 수행　③ 설명

供給(きょうきゅう)	공급	提供(ていきょう)	제공
供(そな)える	바치다	供(とも)	수행, 종자

한벽돌 供(きょう)する제공하다 供養(くよう)공양 供物(くもつ)공물
子供(こども)아이 自供(じきょう)자백

亻·8·N2 ☐☐☐

供
이바지할 공

감싸고 품는(勹:오랑캐 흉→품
다) 신체 기관(月→몸) 가슴(胸)

음 キョウ　　**훈** むね, むな

① 가슴　② 생각

胸(むね)	가슴	胸部(きょうぶ)	흉부
胸襟(きょうきん)	흉금	胸中(きょうちゅう)	흉중

한벽돌 胸囲(きょうい)가슴 둘레 胸板(むないた)앞가슴 度胸(どきょう)배짱

月·10·N2 ☐☐☐

胸
가슴 흉

두 사람이 음식을 가운데 두고
마주 앉은 정다운 시골(郷)

음 キョウ, ゴウ　　**훈** 없음

① 시골　② 향토

郷土(きょうど)	향토	郷愁(きょうしゅう)	향수
故郷(こきょう)	고향	帰郷(ききょう)	귀향

"오른쪽에 위치하는 부수 阝는 고을 읍 邑으로 우부방이며, 본자
(本字)는 鄕이지요"

阝·11·N1 ☐☐☐

郷
시골 향

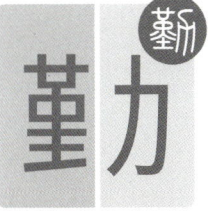

진흙 땅(堇:진흙 근)을 쟁기질
(力) 하니 부지런하다(勤)

음 キン, ゴン　　**훈** つと

① 부지런하다　② 근무

勤務(きんむ)	근무	勤労(きんろう)	근로
勤勉(きんべん)	근면	勤(つと)める	근무하다

"본자(本字)는 勤이지요"

한벽돌 勤(つと)め先(さき)근무처 勤倹(きんけん)근검 勤行(ごんぎょう)독경
皆勤(かいきん)개근

力·12·N2 ☐☐☐

勤
부지런할 근

대(竹)의 섬유질처럼 희고 질긴
(力) 기관(月)으로 힘줄(筋)

음 キン　　**훈** すじ

① 힘줄　② 줄거리　③ 요원

筋肉(きんにく)	근육	筋力(きんりょく)	근력
筋(すじ)	힘줄	鉄筋(てっきん)	철근

한벽돌 筋道(すじみち)사리, 조리 筋書(すじがき)줄거리 大筋(おおすじ)줄거
리 粗筋(あらすじ)개요 一筋(ひとすじ)외골수 本筋(ほんすじ)본론 消息
筋(しょうそくすじ)소식통 政府筋(せいふすじ)정부 소식통

竹·12·N1 ☐☐☐

筋
힘줄 근

系

糸·7·N1 ☐☐☐

음 ケイ　　훈 없음

① 잇다　② 계열

系統(けいとう)　계통　　系列(けいれつ)　계열
系譜(けいふ)　계보　　家系(かけい)　가계

한벽률 文系(ぶんけい)문과계 理系(りけい)이과계

이어맬 계
이을 계

실타래(糸:가는 실 사) 움켜잡으니(ノ:삐침 별) 이어매다(系)

敬

攵·12·N2 ☐☐☐

음 ケイ　　훈 うやま

① 공경

敬語(けいご)　경어　　敬意(けいい)　경의
敬称(けいしょう)　경칭　　尊敬(そんけい)　존경

"본자(本字)는 敬으로, ++에서 1획이 더 많지요"

한벽률 敬(うやま)う공경하다 敬具(けいぐ)편지 맺음말 崇敬(すうけい)존경하고 사모함 失敬(しっけい)실례, 버릇없음

공경 경

예를 갖추도록(苟:진실로 구→귀 세운 개) 채근(攵)하니 공경하다(敬)

警

言·19·N1 ☐☐☐

음 ケイ　　훈 없음

① 경계　② 단속

警官(けいかん)　경관　　警察(けいさつ)　경찰
警告(けいこく)　경고　　警備(けいび)　경비

"본자(本字)는 警으로, 1획이 더 많지요"

한벽률 警鐘(けいしょう)경종 警戒(けいかい)경계 市警(しけい)시 경찰청 道警(どうけい)홋카이도 경찰청 同警(どうけい)같은 경찰청

깨우칠 경

말(言)로 주의를 주니(敬:공경할 경→경계하다) 깨우치다(警)

劇

刂·15·N2 ☐☐☐

음 ゲキ　　훈 없음

① 연극　② 심하다　③ 극단적

劇(げき)　극　　劇団(げきだん)　극단
演劇(えんげき)　연극　　喜劇(きげき)　희극

한벽률 劇化(げきか)극화, 극화 劇甚(げきじん)극심 劇毒(げきどく)맹독 劇的(げきてき)극적이다 時代劇(じだいげき)사극 寸劇(すんげき)촌극 剣劇(けんげき)검극

심할 극

맹수(虍:원숭이 거→범과 멧돼지)가 극렬하게(刂) 싸우니 정도가 심하다(劇)

激

氵·16·N1 ☐☐☐

음 ゲキ　　훈 はげ

① 격하다　② 격렬

激動(げきどう)　격동　　激戦(げきせん)　격전
激励(げきれい)　격려　　感激(かんげき)　감격

한벽률 激(はげ)しい심하다 激増(げきぞう)급증 激甚(げきじん)극심 激烈(げきれつ)격렬 刺激(しげき)자극 憤激(ふんげき)격분

격할 격

물살(氵)이 휘몰아치니(敫:노래할 교→몽둥이 휘두르다) 격하다(激)

자연 발생적인 동굴에 마련한 움막인 굴, 구멍(穴)

음 ケツ　　**훈** あな

① 굴　② 구멍

| 穴(あな) | 구멍 | 落(お)とし穴(あな) | 함정 |
| 穴場(あなば) | 노른자위 땅 | 穴堀(あなほり) | 구멍을 팜 |

"안쪽으로 깊게 파여 있는 동굴 입구를 나타내는 상형문자이지요"

한벽書 洞穴(どうけつ)동굴　洞穴(ほらあな)동굴　墓穴(ぼけつ)무덤　穴居(けっきょ)동굴

穴・5・N1 ☐☐☐

穴
굴 혈
구멍 혈

분명한(刀) 표식(釆:분별할 변→ 짐승 발자국)을 떠받드니(廾) 문서(券)

음 ケン　　**훈** 없음

① 문서　② 표

| 券(けん) | 권 | 定期券(ていけん) | 정기권 |
| 旅券(りょけん) | 여권 | 証券(しょうけん) | 증권 |

"본자(本字)는 劵이지요"

한벽書 食券(しょっけん)식권　株券(かぶけん)주식

刀・8・N2 ☐☐☐

券
문서 권

누에(肙:장구벌레 연)가 뽑아내는 실(糸:가는 실 사) 비단(絹)

음 ケン　　**훈** きぬ

① 비단　② 견직물

| 絹(きぬ) | 비단 | 絹物(きぬもの) | 견직물 |
| 絹糸(けんし) | 견사 | 人絹(じんけん) | 인견 |

糸・13・N1 ☐☐☐

絹
비단 견

나무(木)에 기운차게 자리한 황새(雚:황새 관)로 권세(權)

음 ケン, ゴン　　**훈** 없음

① 권세　② 권리　③ 임시

| 権利(けんり) | 권리 | 権力(けんりょく) | 권력 |
| 権限(けんげん) | 권한 | 人権(じんけん) | 인권 |

"본자(本字)는 權이지요"

한벽書 ~権(けん)~권　権化(ごんげ)화신　権柄(けんぺい)권세로 누름　棄権(きけん)기권　越権(えっけん)월권　債権(さいけん)채권　覇権(はけん)패권

木・15・N2 ☐☐☐

権
권세 권

휘장(宀+丰) 밑에서 마음(心)을 쏟아 살펴보니(目) 헌법, 법(憲)

음 ケン　　**훈** 없음

① 헌법

| 憲法(けんぽう) | 헌법 | 憲政(けんせい) | 헌정 |
| 憲章(けんしょう) | 헌장 | 違憲(いけん) | 위헌 |

心・16・N1 ☐☐☐

憲
법 헌

氵·13·N1 □□□

근원 **원**

음 ゲン　　　　　**훈** みなもと

①근원 ②원천

源流(げんりゅう)　원류　　源泉(げんせん)　원천
水源(すいげん)　　수원　　起源(きげん)　　기원

한벽훈 源(みなもと)기원 桃源(とうげん)도원

샘물이 샘 솟는(原:근원 원) 수원(氵) 근원(源)

女·17·제외 □□□

엄할 **엄**

음 ゲン, ゴン　　**훈** きび, おごそ

①엄하다 ②심하다 ③엄숙하다

厳(きび)しい　　심하다　　厳正(げんせい)　엄정
厳守(げんしゅ)　엄수　　　威厳(いげん)　　위엄

"본자(本字)는 嚴이며, 본자의 부수는 입 구 口이지요"

한벽훈 厳(おごそ)かだ엄숙하다 厳粛(げんしゅく)엄숙 尊厳(そんげん)존엄
荘厳(そうごん)장엄 冷厳(れいげん)냉엄

권세(敢:감히 감)가 험한(厂:기슭 엄) 말(口+口)을 내뱉으니 엄하다(厳)

己·3·N1 □□□

몸 **기**

음 コ, キ　　　**훈** おのれ

①몸 ②자신

自己(じこ)　　자기　　利己(りこ)　　　이기
克己(こっき)　극기　　自己流(じこりゅう)　본인 방식

"구부린 몸의 모양을 나타내는 상형문자이지요"

한벽훈 己(おのれ)자기 자신 知己(ちき)지인 己惚(うぬぼ)れる자만하다

웅크리고 구부린 몸 모습(己)을 그대로 본떠 몸

口·8·N2 □□□

부를 **호**

음 コ　　　　　**훈** よ

①부르다 ②호칭 ③호흡

呼(よ)ぶ　　　부르다　　呼吸(こきゅう)　호흡
呼応(こおう)　호응　　　呼称(こしょう)　호칭

한벽훈 呼(よ)び名(な)통명 呼(よ)び鈴(りん)초인종 呼(よ)び声(ごえ)부르는 소리
呼(よ)び捨(す)て경칭을 떼고 부름 呼(よ)び掛(か)ける호소하다 呼(よ)び
出(だ)す호출하나

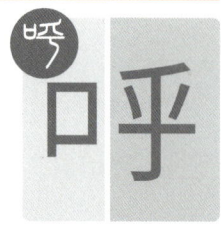

내쉬는 숨(口)의 뜻과 어조사 호(乎)의 음으로 부르다(呼)

言·14·N2 □□□

그르칠 **오**

음 ゴ　　　　　**훈** あやま

①그르치다 ②오류

誤解(ごかい)　오해　　誤差(ごさ)　오차
誤報(ごほう)　오보　　錯誤(さくご)　착오

"본자(本字)는 誤이지요"

한벽훈 誤(あやま)る그르치다 誤植(ごしょく)미스프린팅

기울어(吳:나라이름 오→기울어지다) 잘못된 말(言)로 그르치다(誤)

음 コウ　　**훈** 없음

① 왕 ② 황후

| 皇后(こうごう) | 황후 | 皇太后(こうたいごう) | 황태후 |
| 王后(おうこう) | 왕비 | 后(きさき) | 왕비 |

口・6・N4 □□□

왕후 후
임금 후

조아린 몸(尸:주검 시)의 뜻과 입 구(口→후)의 음으로 왕후(后)

음 コウ　　**훈** 없음

① 효도 ② 효행

| 孝(こう) | 효도 | 孝行(こうこう) | 효행 |
| 孝子(こうし) | 효자 | 不孝(ふこう) | 불효 |

한벽 孝養(こうよう)효도 봉양 親孝行(おやこうこう)효도, 효자

子・7・N1 □□□

孝

효도 효

자식(子:아들 자)이 조상(耂:늙을로엄)과 더불어 섬기며 지내니 효도(孝)

음 コウ, オウ　　**훈** 없음

① 임금 ② 일왕

| 皇室(こうしつ) | 황실 | 皇帝(こうてい) | 황제 |
| 皇太子(こうたいし) | 황태자 | 皇后(こうごう) | 황후 |

"불 켜진 촛대 모양을 나타내는 상형문자이지요"

한벽 皇居(こうきょ)일왕 거처 皇族(こうぞく)황제의 친척 天皇(てんのう)일왕

白・9・N1 □□□

皇

임금 황

불 켜진 촛대(白+王)에서 후에 가차(假借)되어 임금(皇)

음 コウ, ク　　**훈** べに, くれない

① 주홍색

| 紅茶(こうちゃ) | 홍차 | 紅一点(こういってん) | 홍일점 |
| 紅潮(こうちょう) | 홍조 | 真紅(しんく) | 진홍색 |

한벽 紅(くれない)주홍색 紅葉(もみじ, こうよう)단풍 紅白戦(こうはくせん) 청백전 紅唇(こうしん)붉은 입술과 흰 이 口紅(くちべに)립스틱

糸・9・N2 □□□

紅

붉을 홍

실(糸:가는 실 사)에 붉게 색을 입히니(工:장인 공→가공) 붉다(紅)

음 コウ　　**훈** お, ふ

① 내리다 ② 항복

| 降雨(こうう) | 강우 | 降水(こうすい) | 강수 |
| 降(お)りる | 내리다 | 降(ふ)る | (눈, 비)내리다 |

"왼쪽에 위치하는 부수 阝는 언덕 부 阜로 좌부방이지요"

한벽 降(お)ろす내려주다 降伏(こうふく)항복 降服(こうふく)항복 降参(こうさん)항복, 굴복 以降(いこう)이후 投降(とうこう)투항

阝・10・N2 □□□

降

내릴 강
항복할 항

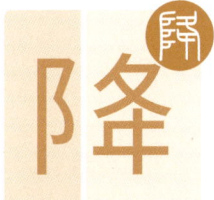

언덕(阝:좌부방)에서 발을 아래를 향하여 내려오니(夅:내릴 강) 내리다(降)

金·16·N1 □□□

鋼
강철 강

- **음** コウ
- **훈** はがね

① 강철

鋼(はがね)	강철	鋼管(こうかん)	강철 관
鉄鋼(てっこう)	철강	製鋼(せいこう)	제강

"소전체에서는 剛으로 나타냈지요"

한벽쌤 鋼材(こうざい)강철 가공

강인하고 굳센(金) 산세(岡:산 등성이 강)를 빗대어 강철(鋼)

刂·8·N2 □□□

刻
새길 각

- **음** コク
- **훈** きざ

① 새기다 ② 썰다 ③ 심하다 ④ 때

刻印(こくいん)	각인	彫刻(ちょうこく)	조각
時刻(じこく)	시각	遅刻(ちこく)	지각

한벽쌤 刻(きざ)む새기다, 썰다 刻々(こっこく)시시각각 寸刻(すんこく)촌각 瞬刻(しゅんこく)순간 深刻(しんこく)だ심각하다

돼지(亥:돼지 해)를 칼(刂:선 칼 도)로 벗겨 다루니 새기다(刻)

禾·14·N1 □□□

穀
곡식 곡

- **음** コク
- **훈** 없음

① 곡식 ② 곡물

穀物(こくもつ)	곡물	穀類(こくるい)	곡류
穀倉(こくそう)	곡창	五穀(ごこく)	오곡

"본자(本字)는 穀이지요"

곡물(禾:벼 화)의 낟알(殼:껍질 각)을 벗기니 곡식(穀)

骨·10·N2 □□□

骨
뼈 골

- **음** コツ
- **훈** ほね

① 뼈 ② 뼈대

骨(ほね)	뼈	骨折(こっせつ)	골절
骨格(こっかく)	골격	遺骨(いこつ)	유골

한벽쌤 骨子(こっし)골자 骨髄(こつずい)골수 背骨(せぼね)척추뼈 鎖骨(さこつ)쇄골

위가 좁고 아래가 넓은 골격(冎)에 살점(月)을 더해 뼈(骨)

口·7·N2 □□□

困
곤할 곤

- **음** コン
- **훈** こま

① 곤란하다 ② 난처하다

困(こま)る	곤란하다	困難(こんなん)だ	곤란하다
困惑(こんわく)	곤혹	貧困(ひんこん)	빈곤

한벽쌤 困窮(こんきゅう)곤궁

구역(口:에울 위) 내 경계에 나무(木)가 있으니 곤하다(困)

돌(石)로 이루어진 뜻과 모래 사(沙)의 음으로 모래(砂)

음 サ, シャ　　**훈** すな

①모래

| 砂(すな) | 모래 | 砂漠(さばく) | 사막 |
| 砂丘(さきゅう) | 사구 | 土砂(どしゃ) | 토사 |

한벽돌 砂糖(さとう)설탕 砂利(じゃり)자갈 砂浜(すなはま)모래사장

石·9·N2 □□□

砂

모래 사

거주지(广:집 엄) 내에 앉는(坐:앉을 좌) 곳이니 자리(座)

음 ザ　　**훈** すわ

①자리잡다 ②모임 ③극장

| 座席(ざせき) | 좌석 | 座(すわ)る | 앉다 |
| 講座(こうざ) | 강좌 | 正座(せいざ) | 정좌 |

한벽돌 座(ざ)자석, 지위 座右(ざゆう)の銘(めい)좌우명 座禅(ざぜん)좌선 座礁(ざしょう)좌초 座敷(ざしき)객실 座布団(ざぶとん)방석 星座(せいざ)별자리 歌舞伎座(かぶきざ)가부키극장 即座(そくざ)に즉석에서

广·10·N2 □□□

座

자리 좌

강(氵)을 건너는 뜻과 가지런할 제(齊)의 음으로 건너다(濟)

음 サイ　　**훈** す

①끝내다 ②해결 ③건지다

| 経済(けいざい) | 경제 | 共済(きょうさい) | 공제 |
| 決済(けっさい) | 결제 | 救済(きゅうさい) | 구제 |

"본자(本字)는 濟이지요"

한벽돌 済(す)ます끝내다 済(す)ませる끝내다 済(す)む끝나다 ~済(ず)み~해결, 완료 返済(へんさい)변제 百済(くだら)백제

氵·11·N2 □□□

済

건널 제

치수에 맞게 옷(衣)을 자르니 (戈:자를 재) 옷 마르다(裁)

음 サイ　　**훈** た, さば

①(옷감)자르다 ②재판 ③모습

| 裁判(さいばん) | 재판 | 裁断(さいだん) | 재단 |
| 独裁(どくさい) | 독재 | 裁縫(さいほう) | 재봉 |

한벽돌 裁(た)つ재단하다 裁(さば)く재판하다 体裁(ていさい)체면

衣·12·N1 □□□

裁

옷마를 재

대죽(⺮:대죽머리)으로 만든 채찍(朿:가시 자)으로 해결책을 짜니 꾀(策)

음 サク　　**훈** 없음

①꾀 ②책략

| 策(さく) | 계획 | 策動(さくどう) | 책동 |
| 対策(たいさく) | 대책 | 政策(せいさく) | 정책 |

한벽돌 失策(しっさく)실책 別策(べっさく)다른 책략 ~策(さく)~대책 得策(とくさく)상책

竹·12·N1 □□□

策

꾀 책

冂·5·N2 □□□

책 책

음 サツ, サク　　**훈** 없음

① 책　② ~권(서적 단위)

別冊(べっさつ)	별책	冊子(さっし)	소책
何冊(なんさつ)	몇 권	一冊(いっさつ)	한 권

"죽간 책 모양을 나타내는 상형문자이지요"

 冊数(さっすう)권수 小冊子(しょうさっし)소책자

대죽을 길게 잘라 이어 붙인 죽간 모양(冊)을 그대로 본떠 책

虫·10·N1 □□□

누에 잠

음 サン　　**훈** かいこ

① 누에

蚕(かいこ)	누에	蚕食(さんしょく)	잠식
養蚕(ようさん)	양잠	蚕室(さんしつ)	누에 치는 방

"본자(本字)는 蠶이지요"

 蚕糸(さんし)잠사, 생사 蚕業(さんぎょう)양잠업

누에나방의 애벌레(虫)의 뜻과 일찍이 참(朁→잠)의 음으로 누에(蠶)

至·6·N1 □□□

이를 지

음 シ　　**훈** いた

① 이르다　② 지극히

至(いた)る	이르다	冬至(とうじ)	동지
夏至(げし)	하지	乃至(ないし)	내지

"화살이 지면에 이르는 모양을 나타내는 상형문자이지요"

 至急(しきゅう)매우 급함 至(いた)る所(ところ)도처에 至(いた)って지극히

화살(矢)이 지면을 향해 아래로 꽂힌 모습(至)을 빗대어 이르다

禾·7·N3 □□□

사사 사
사사로울 사

음 シ　　**훈** わたし, わたくし

① 나　② 저　③ 개인　④ 은밀히

私(わたし)	나	私立(しりつ)	사립
私有(しゆう)	사유	公私(こうし)	공사

 私(わたくし)저 私物(しぶつ)사유물 私用(しよう)사사로운 일 私鉄(してつ)민간 철도 私邸(してい)사저 私製(しせい)사제 私塾(しじゅく)사설 보습학원 私淑(ししゅく)본뜨기로 배움 私語(しご)소곤거림 私事(わたくしごと)사삿일 私(わたし)ども저희들

곡식(禾:벼 화)의 소유주가 자신(厶:사사 사)으로 사사로우니 사사(私)

女·9·N3 □□□

모양 자

음 シ　　**훈** すがた

① 모습　② 자태

姿(すがた)	모습	姿勢(しせい)	자세
姿態(したい)	자태		

 容姿(ようし)용모와 자태 雄姿(ゆうし)웅장한 자태

여자(女)에게 잔소리(次버금 차→침 튀기다)하여 자태 갖추게 하니 모양(姿)

지켜보다(見)의 뜻과 보일 시(示)의 음으로 보다(視)

음 シ　　**훈** 없음

① 보다 ② 응시 ③ 여기다

| 視力(しりょく) | 시력 | 視線(しせん) | 시선 |
| 重視(じゅうし) | 중시 | 監視(かんし) | 감시 |

"본자(本字)는 視이지요"

한벽 巡視(じゅんし)순찰 仰視(ぎょうし)우러러봄 凝視(ぎょうし)응시
透視(とうし)투시 環視(かんし)두루 봄

見・11・N1 □□□

視 볼 시

명령(言)을 내려 소임을 맡기도록(司:맡을 사) 하니 말, 글(詞)

음 シ　　**훈** 없음

① 말 ② 글 ③ 가사

| 名詞(めいし) | 명사 | 動詞(どうし) | 동사 |
| 歌詞(かし) | 가사 | 作詞(さくし) | 작사 |

한벽 詞(し)말 祝詞(のりと)축문 冠詞(かんし)관사

言・12・N2 □□□

詞 말 사 / 글 사

마음과 뜻(志:뜻 지)을 말하여(言:말씀 언) 기록하다(誌)

음 シ　　**훈** 없음

① 기록 ② 잡지

| 誌面(しめん) | 지면 | 週刊誌(しゅうかんし) | 주간지 |
| 雑誌(ざっし) | 잡지 | 誌上(しじょう) | 잡지 지면 |

言・14・N2 □□□

誌 기록할 지

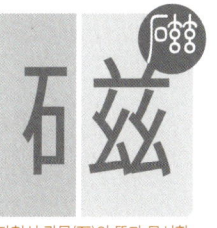

자철석 광물(石)의 뜻과 무성할 자(玆)의 음으로 자석(磁)

음 ジ　　**훈** 없음

① 자석 ② 자기

| 磁石(じしゃく) | 자석 | 磁力(じりょく) | 자력 |
| 磁器(じき) | 자기 | 磁針(じしん) | 자침 |

石・14・N1 □□□

磁 자석 자

몸(身)을 다하여 화살(寸:마디 촌→矢)을 당기니 쏘다(射)

음 シャ　　**훈** い

① 쏘다 ② 맞추다

| 射程(しゃてい) | 사정 | 発射(はっしゃ) | 발사 |
| 注射(ちゅうしゃ) | 주사 | 反射(はんしゃ) | 반사 |

한벽 射(い)る쏘다 日射病(にっしゃびょう)일사병 陽射(ひざ)し햇살
噴射(ふんしゃ)분사

寸・10・N2 □□□

射 쏠 사

捨 버릴 사
扌・11・N2 □□□

음 シャ **훈** す

① 버리다 ② 포기

捨(す)てる	버리다	取捨(しゅしゃ)	취사
喜捨(きしゃ)	희사	四捨五入(ししゃごにゅう)	반올림

"본자(本字)는 捨이지요"

한벽 呼(よ)び捨(す)て경칭을 떼고 부름 使(つか)い捨(す)て일회용

집(舍:집 사)을 손에서 놓으니(扌:재방변) 버리다(捨)

尺 자 척
尸・4・N1 □□□

음 シャク **훈** 없음

① 자 ② 척도 ③ 길이 단위

尺(しゃく)	길이, 자	尺度(しゃくど)	척도
尺八(しゃくはち)	퉁소	指尺(ゆびしゃく)	뼘

"사람 발 길이를 나타내는 상형문자이지요"

사람(人)의 발 길이(一)인 20~30 센티미터 정도인 한 척(尺)

若 같을 약
艹・8・N2 □□□

음 ジャク, ニャク **훈** わか, も

① 젊다 ② 미숙하다 ③ 약간 ④ 또는

若干(じゃっかん)	약간	若(わか)い	젊다
若年(じゃくねん)	젊은층	老若男女(ろうにゃくなんにょ)	남녀노소

"본자(本字)는 若으로, 부수는 艹(艸)로 1획이 더 많지요"

한벽 若(も)しくは혹은 若者(わかもの)젊은이 若葉(わかば)새싹 若冠(じゃっかん)젊은 나이 若人(わこうど)젊은이 若々(わかわか)しい젊고 싱싱하다 傍若無人(ぼうじゃくぶじん)방약무인

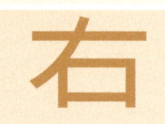

나물(艹:초두) 캐다(右→따다)에서 가차(假借)되어 같다, 만약, 젊다(若)

樹 나무 수
木・16・N1 □□□

음 ジュ **훈** 없음

① 나무 ② 수목

樹木(じゅもく)	수목	樹立(じゅりつ)	수립
樹林(じゅりん)	수림	街路樹(がいろじゅ)	가로수

한벽 樹枝(じゅし)나뭇가지

나무(木)의 뜻과 세울 주(尌→수)의 음으로 나무(樹)

収 거둘 수
又・4・N2 □□□

음 シュウ **훈** おさ

① 거두다 ② 수입 ③ 줄어들다

収入(しゅうにゅう)	수입	収拾(しゅうしゅう)	수습
領収(りょうしゅう)	영수	吸収(きゅうしゅう)	흡수

"본자(本字)는 收이지요"

한벽 収(おさ)める거두다 収(おさ)まる수습되다 収縮(しゅうしゅく)수축 収賄(しゅうわい)수뢰 押収(おうしゅう)압수 徴収(ちょうしゅう)징수 撤収(てっしゅう)철수

줄로 포박된(丩:얽힐 구) 이를 치니(攵:등글월문) 거두다(收)

| 음 シュウ, ソウ | 훈 없음 | 宀·8·N1 □□□ |

① 종교 ② 종가

宗教(しゅうきょう) 종교　　宗派(しゅうは) 종파
宗家(そうけ) 종가　　禅宗(ぜんしゅう) 선종

한벽술 宗匠(そうしょう)예능 선생

제사(示:보일 시→제단)를 지내는 집(宀:집 면으로) 으뜸인 마루(宗)

宗
마루 종

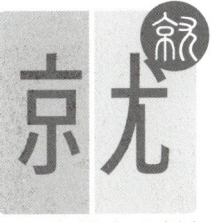

| 음 シュウ, ジュ | 훈 つ | 尤·12·N1 □□□ |

① 나아가다 ② 착수 ③ 취직

就職(しゅうしょく) 취직　　就業(しゅうぎょう) 취업
就任(しゅうにん) 취임　　就(つ)く 취직하다

"부수 尤은 절름발이 왕이지요"

한벽술 成就(じょうじゅ)성취 就(つ)ける 취임시키다

높은 곳(京:서울 경)으로 나아가 (尤:더욱 우) 이루니 나아가다(就)

就
나아갈 취

| 음 シュウ, シュ | 훈 없음 | 血·12·N1 □□□ |

① 무리 ② 군중

衆生(しゅじょう) 중생　　大衆(たいしゅう) 대중
群衆(ぐんしゅう) 군중　　聴衆(ちょうしゅう) 청중

"본자(本字)는 衆이지요"

한벽술 衆寡(しゅうか)많음과 적음 중과 衆議院(しゅうぎいん)중의원

대낮에(日→血:피 혈) 여럿이 (人+人+人→衆:무리 중) 모이니 무리(衆)

衆
무리 중

| 음 ジュウ, ショウ, ジュ | 훈 したが | 彳·10·N1 □□□ |

① 좇다 ② 따르다 ③ 종사

従事(じゅうじ) 종사　　従業(じゅうぎょう) 종업
服従(ふくじゅう) 복종　　従(したが)う 따르다

"본자(本字)는 從이지요"

한벽술 従(したが)える따르게 하다 従来(じゅうらい)종래 従兄弟(いとこ)사촌
従姉妹(いとこ)사촌 자매 従者(じゅうしゃ)종인 従容(しょうよう)침착함
従三位(じゅさんみ)종삼품 侍従(じじゅう)시종

앞사람을 좇아(从:좇을 종) 길 (彳)을 걸으니(止→발) 좇다(從)

従
좇을 종

| 음 ジュウ | 훈 たて | 糸·16·N1 □□□ |

① 세로 ② 멋대로

縦(たて) 세로　　縦断(じゅうだん) 종단
縦横(じゅうおう) 종횡　　放縦(ほうじゅう) 방종

"본자(本字)는 縱이지요"

한벽술 縦書(たてが)き세로쓰기 縦隊(じゅうたい)종대 操縦(そうじゅう)조종

베틀의 날실(糸:가는 실 사)을 좇으니(從:좇을 종) 세로(縱)

縦
세로 종

縮

糸・17・N4 ☐☐☐

음 シュク　　**훈** ちぢ

① 줄이다　② 축소

縮小(しゅくしょう)　축소　　圧縮(あっしゅく)　압축
短縮(たんしゅく)　단축　　収縮(しゅうしゅく)　수축

한벽 縮(ちぢ)める줄이다 縮(ちぢ)まる줄어들다 縮(ちぢ)む줄어들다 縮(ちぢ)れる주름이 지다 縮(ちぢ)れ毛(げ)곱슬머리 緊縮(きんしゅく)긴축 伸縮(しんしゅく)신축 恐縮(きょうしゅく)황공함

줄일 축

실(糸:가는 실 사)을 짧게 하는 뜻과 잘 숙(宿→축)의 음으로 줄이다(縮)

熟

灬・15・N1 ☐☐☐

음 ジュク　　**훈** う

① 익다　② 숙성　③ 숙지

熟語(じゅくご)　숙어　　熟練(じゅくれん)　숙련
熟眠(じゅくみん)　숙면　　円熟(えんじゅく)　원숙

한벽 熟(う)れる익다 熟睡(じゅくすい)숙면

익을 숙

불(灬)에 익힌(孰:누구 숙→익다) 제물(熟)에서 가차(假借)되어 익다

純

糸・10・N2 ☐☐☐

음 ジュン　　**훈** 없음

① 순수하다　② 순진하다

純粋(じゅんすい)　순수　　純益(じゅんえき)　순익
純真(じゅんしん)　순진　　単純(たんじゅん)だ　단순하다

순수할 순

비단(糸:가는 실 사)이 흠 없으니(屯:진 칠 둔→새싹) 순수하다(純)

処

几・5・N2 ☐☐☐

음 ショ　　**훈** 없음

① 장소　② 원래대로　③ 처리

処理(しょり)　처리　　処分(しょぶん)　처분
対処(たいしょ)　대처　　善処(ぜんしょ)　선처

"부수 几는 안석 궤이며, 본자(本字)는 處이며, 본자의 부수는 虍는 범의 문채 호이지요"

한벽 処罰(しょばつ)처벌 在処(ありか)소재 目処(めど)전망

곳 처

범(虎)이 기대고 앉은(処:곳 처→冖→止→탁자 옆 다리) 곳(處)

署

罒・13・N2 ☐☐☐

음 ショ　　**훈** 없음

① 관청　② 서명

署長(しょちょう)　서장　　署名(しょめい)　서명
部署(ぶしょ)　부서　　警察署(けいさつしょ)　경찰서

"본자(本字)는 署이지요"

마을 서
관청 서

관아(罒:그물 망)의 뜻과 놈 자(者→서)의 음으로 마을, 관청(署)

음 ショ　　　**훈** 없음　　　言·15·N2 □□

① 많은 ② 여러

諸国(しょこく)　여러 나가　諸君(しょくん)　여러분
諸島(しょとう)　제도　　　諸般(しょはん)　제반

"본자(本字)는 諸이지요"

한벽 諸兄(しょけい)여러분

여러 말(言:말씀 언)의 뜻과 놈자(者→제)의 음으로 모두(諸)

諸
모두 제

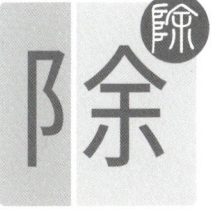

음 ジョ, ジ　　　**훈** のぞ　　　阝·10·N2 □□

① 덜다 ② 없애다 ③ 나눗셈

除外(じょがい)　제외　　除去(じょきょ)　제거
解除(かいじょ)　해제　　削除(さくじょ)　삭제

"왼쪽에 위치하는 부수 阝는 언덕 부 阜로 좌부방이지요"

한벽 除(のぞ)く없애다 除幕(じょまく)제막 掃除(そうじ)청소 控除(こうじょ)
공제 駆除(くじょ)구제 乗除(じょうじょ)곱셈과 나눗셈

높은 집(余:나 여→나무 위 집)에 오르며 돌계단(阝:좌부방)이 주니 덜다(除)

除
덜 제

음 ショウ　　　**훈** うけたまわ　　　手·8·N2 □□

① 받아들이다 ② 계승

承諾(しょうだく)　승낙　　承服(しょうふく)　승복
継承(けいしょう)　계승　　伝承(でんしょう)　전승

한벽 承(うけたまわ)る삼가 듣다 承知(しょうち)알아들음
了承(りょうしょう)승낙

스승(巳:병부 절→웃어른)을 손(手)으로 받드니(廾+廾) 잇다(承)

承
이을 승

음 ショウ　　　**훈** 없음　　　寸·10·N2 □□

① 장수 ② 장차

将来(しょうらい)　장래　　将軍(しょうぐん)　장군
主将(しゅしょう)　주장　　大将(たいしょう)　대장

"본자(本字)는 將이지요"

한벽 将棋(しょうぎ)장기 将星(しょうせい)장성 准将(じゅんしょう)준장

평상(爿:조각 널 장)을 드는(寸:마디 촌→손) 몸집(月) 장수(將)

将
장수 장

음 ショウ　　　**훈** きず, いた　　　イ·13·N1 □□

① 상처 ② 흠집

傷(きず)　　상처, 흠집　傷害(しょうがい)　상해
損傷(そんしょう)　손상　　重傷(じゅうしょう)　중상

한벽 傷付(きずつ)ける상처 입히다 傷付(きずつ)く상처 입다 傷(いた)める
손상하다 傷(いた)む손상되다 擦(す)り傷(きず)찰과상

사람(イ:인변)이 화살(矢)을 맞아 나는 열로(昜:볕 양) 다치다(傷)

傷
다칠 상

ß・14・N1 □□□	음 ショウ	훈 さわ	

막을 장

①막다 ②차단

故障(こしょう) 고장　保障(ほしょう) 보장
支障(ししょう) 지장　障(さわ)る 지장이 있다

"왼쪽에 위치하는 부수 ß는 언덕 부 阜로 좌부방이지요"

한벽쌤 障害(しょうがい)장애 障子(しょうじ)장지문 耳障(みみざわ)り귀에 거슬림 肌触(はだざわ)り감촉 気障(きざ)だ아니꼽다

전진을 가로막는(ß:좌부방) 뜻과 글 장(章)의 음으로 막다(障)

⁺⁺・13・N2 □□□	음 ジョウ	훈 む	

蒸
찔 증

①찌다 ②찜

蒸気(じょうき) 증기　蒸発(じょうはつ) 증발
蒸(む)す 찌다　水蒸気(すいじょうき) 수증기

"본자(本字)는 烝으로, 부수는 ⁺⁺(艸)로 1획이 더 많지요"

한벽쌤 蒸(む)れる뜸들다 蒸(む)らす뜸이다 蒸(む)し暑(あつ)い부덥다

음식을 김(⁺⁺:초두)이 피어오르도록(烝:김 오를 증) 찌다(蒸)

金・10・N2 □□□	음 シン	훈 はり	

針
바늘 침

①바늘 ②침 ③방침

針(はり) 침, 바늘　秒針(びょうしん) 초침
指針(ししん) 지침　方針(ほうしん) 방침

"소전체에서는 鍼이었지요"

한벽쌤 針仕事(はりしごと)바느질 針金(はりがね)철사 針路(しんろ)나아갈 길 磁針(じしん)자침

쇠(金:쇠 금)를 이용하여 가시 침(十→바늘)을 만드니 바늘(針)

イ・4・N1 □□□	음 ジン, ニ	훈 없음	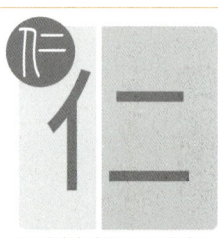

仁
어질 인

①어질다

仁愛(じんあい) 인애　仁徳(じんとく) 인덕
仁術(じんじゅつ) 인술　仁義(じんぎ) 인의

두 사람(イ:인변+二:두 이)이 붙어 친하게 지내니 어질다(仁)

土・8・N1 □□□	음 スイ	훈 た	

垂
드리울 수

①드리우다 ②늘어지다 ③가르쳐주시다

垂直(すいちょく) 수직　垂(た)らす 늘어뜨리다
垂(た)れ 늘어뜨림　垂(た)れる 드리워지다

"늘어진 가지와 잎 모양을 나타내는 상형문자이지요"

한벽쌤 垂範(すいはん)수범 垂(た)れ幕(まく)현수막 垂線(すいせん)수직선

초목의 곧은 줄기에 늘어진 가지와 잎 모양(垂)을 본떠 드리우다

손으로 미는(扌:재방변) 뜻과 새 추(隹)의 음으로 밀다(推)

음 スイ　　**훈** お

① 밀다 ② 추대 ③ 추리

推理(すいり)　추리　　推測(すいそく)　추측
類推(るいすい)　유추　　推(お)す　헤아리다

한벽동 推選(すいせん)추천 推奬(すいしょう)추천하여 장려 推量(すいりょう)추측 推(お)し薦(すす)める추천하다 推敲(すいこう)퇴고

扌·11·N1 □□□

推
밀 추, 밀 퇴

손에서(又) 맥박이 뛰는 손목까지의 길이 마디(寸)

음 スン　　**훈** 없음

① 마디 ② 길이 ③ 짧은 순간

寸刻(すんこく)　촌각　　寸志(すんし)　촌지
寸劇(すんげき)　촌극　　寸評(すんぴょう)　촌평

"손에서 손목까지를 나타내는 상형문자이지요"

한벽동 寸法(すんぽう)치수 寸前(すんぜん)직전 寸秒(すんびょう)짧은 시간 寸時(すんじ)촌각 一寸(いっすん)한 치 寸陰(すんいん)촌음

寸·3·N1 □□□

寸
마디 촌

원정(成:이룰 성)을 앞두고 기원하려 제물 담으니(皿:그릇 명) 성하다(盛)

음 セイ, ジョウ　　**훈** さか, も

① 성하다 ② 왕성 ③ 담다

盛大(せいだい)　성대　　盛(さか)んだ　번성하다
繁盛(はんじょう)　번성　　隆盛(りゅうせい)　융성

한벽동 盛(さか)り한창때 盛(も)る담다 盛(さか)る번창하다 盛夏(せいか)성하, 한여름 盛装(せいそう)꾸밈 입음 盛(も)り上(あ)がる고조되다 男盛(おとこ)ざか)り남자의 한창 때 女盛(おんなざか)り여자로서의 한창 때 働(はたら)き盛(ざか)り한창 일할 때 目盛(めも)り눈금

皿·11·N1 □□□

盛
성할 성

말(口)에 귀 기울이는(耳) 사람(壬:천간 임→人)으로 성인(聖)

음 セイ　　**훈** 없음

① 성인 ② 숭고 ③ 초월자

聖人(せいじん)　성인　　聖書(せいしょ)　성서
楽聖(がくせい)　악성　　聖(せい)なる~　성스러운~

"본자(本字)는 聖이지요"

耳·13·N1 □□□

聖
성인 성

참되게 말(言:말씀 언)을 갖추어(成:이룰 성) 하니 정성(誠)

음 セイ　　**훈** まこと

① 정성 ② 진심

誠意(せいい)　성의　　誠実(せいじつ)　성실
忠誠(ちゅうせい)　충성　　誠(まこと)に　진심으로

言·13·N1 □□□

誠
정성 성

舌 · 6 · N1 □□□
舌
혀 설

음 ゼツ　　　**훈** した

①혀 ②말하다

| 舌(した) | 혀 | 舌戦(ぜっせん) | 설전 |
| 筆舌(ひつぜつ) | 필설 | 毒舌(どくぜつ) | 독설 |

"혀와 타액이 분비되는 모습을 나타내는 상형문자이지요"

한벽 舌禍(ぜっか)구설수 猫舌(ねこじた)뜨거운 것을 잘 못 먹음 弁舌(べんぜつ)변설, 언변

혀와 혓바닥, 타액이 분비되는 모습(舌)을 본떠 혀

宀 · 9 · N1 □□□
宣
베풀 선

음 セン　　　**훈** 없음

①베풀다 ②선전

| 宣言(せんげん) | 선언 | 宣伝(せんでん) | 선전 |
| 宣告(せんこく) | 선고 | 宣教(せんきょう) | 선교 |

한벽 宣戦(せんせん)전쟁 선포 宣誓(せんせい)선서

궁궐 지붕(宀:집 면)과 건축물을 지니니(亘:뻗칠 긍) 베풀다(宣)

寸 · 9 · N2 □□□
専
오로지 전

음 セン　　　**훈** もっぱ

①오로지 ②전문 ③혼자 하다

| 専門(せんもん) | 전문 | 専攻(せんこう) | 전공 |
| 専念(せんねん) | 전념 | 専制(せんせい) | 전제 |

"본자(本字)는 專이지요"

한벽 専(もっぱ)ら오로지 専門学校(せんもんがっこう)전문학원

손으로 방추(車→방추모양)에 실을 계속 감으니(寸:마디 촌) 오로지(専)

水 · 9 · N2 □□□
泉
샘 천

음 セン　　　**훈** いずみ

①샘 ②샘물

| 泉(いずみ) | 샘 | 温泉(おんせん) | 온천 |
| 源泉(げんせん) | 원천 | 鉱泉(こうせん) | 광천 |

"솟아나는 샘물 모습을 나타내는 상형문자이지요"

암석의 틈 사이로 솟아나는 샘물 모습(泉)을 본떠 샘

氵 · 9 · N3 □□□
洗
씻을 세

음 セン　　　**훈** あら

①씻다 ②빨다

| 洗濯(せんたく) | 세탁 | 洗(あら)う | 씻다 |
| 洗顔(せんがん) | 세안 | 洗剤(せんざい) | 세제 |

한벽 お手洗(てあら)い화장실 手洗(てあら)い손빨래 御手洗(みたらし)신사의 손 씻는 곳 皿洗(さらあら)い설거지

물(氵)을 사용해 발을 씻어내니 (先:먼저 선→人+足) 씻다(洗)

음	セン	훈	そ, し

木·9·N1 □□□

① 물들다 ② 전염

染色(せんしょく) 염색　　染料(せんりょう) 염료
汚染(おせん) 오염　　伝染(でんせん) 전염

한벽 染(そ)める 물들이다 染(そ)まる 물들다 染(し)みる 스며들다 染(し)み 얼룩

나무(木)에서 추출한 염료(氵)로 색을 입히니(九→팔뚝) 물들다(染)

染
물들 염

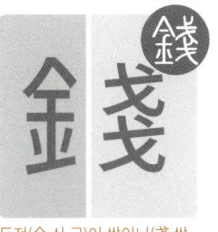

음	セン	훈	ぜに

金·14·N1 □□□

① 돈

金銭(きんせん) 금전　　銅銭(どうせん) 동전

"본자(本字)는 錢이지요"

한벽 銭湯(せんとう) 대중목욕탕 小銭(こぜに) 잔돈

동전(金:쇠 금)이 쌓이니(戔:쌓일 전, 해칠 잔) 돈(銭)

銭
돈 전

음	ゼン	훈	よ

口·12·N1 □□□

① 착하다 ② 선 ③ 사이좋게 하다

善良(ぜんりょう) 선량　　善処(ぜんしょ) 선처
改善(かいぜん) 개선　　親善(しんぜん) 친선

한벽 善(ぜん)선 善(よ)い 착하다 偽善(ぎぜん) 위선 慈善(じぜん) 자선

양(羊)처럼 온순하고 말씨(口:입 구)도 부드러워 착하다(善)

善
착할 선

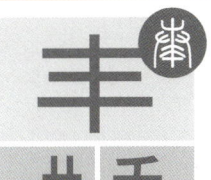

음	ソウ	훈	かな

大·9·N1 □□□

① 연주 ② 드리다

奏者(そうしゃ) 연주자　　演奏(えんそう) 연주
合奏(がっそう) 합주　　独奏(どくそう) 독주

한벽 奏効(そうこう) 효력이 나타남 奏功(そうこう) 성공 奏(かな)でる 연주하다 吹奏楽(すいそうがく) 취주악

약초(丰:예쁠 봉)를 받치듯(廾) 음악(天:어릴 요→교태)을 아뢰다(奏)

奏
아뢸 주

음	ソウ	훈	まど

穴·11·N2 □□□

① 창 ② 창문 ③ 교실

窓(まど) 창문　　窓側(まどがわ) 창측
車窓(しゃそう) 차창　　同窓(どうそう) 동창

"창틀과 창살 창 모양을 나타내는 상형문자이지요"

한벽 窓枠(まどわく) 창틀 窓際(まどぎわ) 창가

창틀(穴)과 창살(心:마음 심) 창(ム:사사 사) 모양(窓)을 본뜬 창

窓
창 창

創 비롯할 창

- リ・12・N1
- **음** ソウ
- **훈** つく
- ①비롯하다 ②흠집

創造(そうぞう)	창조	創立(そうりつ)	창립
創作(そうさく)	창작	独創(どくそう)	독창

한벽률 創(つく)る창조하다 銃創(じゅうそう)총상

싸움(刂:선 칼도)이 나는 뜻과 곳 집 창(倉)의 음으로 비롯하다(創)

装 꾸밀 장

- 衣・12・N2
- **음** ソウ, ショウ
- **훈** よそお
- ①꾸미다 ②치장 ③장치

装置(そうち)	장치	装飾(そうしょく)	장식
服装(ふくそう)	복장	衣装(いしょう)	의상

"본자(本字)는 裝이지요"

한벽률 装(よそお)う치장하다 装丁(そうてい)책 인쇄 盛装(せいそう)꾸며 입음
包装(ほうそう)포장 舗装(ほそう)포장(도로) 軽装(けいそう)간편히 입음

단장(壯:장할 장→화장대+치장)하고 입으니(衣) 꾸미다(裝)

層 층 층

- 尸・14・N2
- **음** ソウ
- **훈** 없음
- ①층계 ②겹치다

層(そう)	층	高層(こうそう)	고층
階層(かいそう)	계층	断層(だんそう)	단층

"본자(本字)는 層이지요"

한벽률 一層(いっそう)한층 더 大層(たいそう)몹시 層雲(そううん)안개구름
~層(そう)~층

집(尸:주검 시→가옥)이 상하로 겹쳐 있으니(曾:일찍 증→겹치다) 층(層)

操 잡을 조

- 扌・16・N1
- **음** ソウ
- **훈** みさお, あやつ
- ①잡다 ②지조 ③조종 ④구사

操作(そうさ)	조작	操縦(そうじゅう)	조종
体操(たいそう)	체조	操(あやつ)る	구사하다

한벽률 操(みさお)지조 貞操(ていそう)정조

나무 위 지저귀는 새(喿:울 소)를 잡으니(扌:재방변) 잡다(操)

蔵 감출 장

- 艹・15・N2
- **음** ゾウ
- **훈** くら
- ①감추다 ②간수 ③곳간

蔵書(ぞうしょ)	장서	冷蔵庫(れいぞうこ)	냉장고
所蔵(しょぞう)	소장	内蔵(ないぞう)	내장

"본자(本字)는 藏이지요"

한벽률 蔵(くら)곳간 酒蔵(さかぐら)술 창고 埋蔵(まいぞう)매장 貯蔵(ちょぞう)저장 無尽蔵(むじんぞう)무진장

노예(臧:착할 장→소경 노예)가 풀숲(艹)에 숨으니 감추다(藏)

몸(月:육달 월→몸) 속 감추어진 (藏:감출 장) 장기, 오장(臟)

음 ゾウ　　**훈** 없음

月・19・N2 ☐☐☐

① 오장 ② 장기

臟器(ぞうき)　　장기　　肝臟(かんぞう)　　간장
心臟(しんぞう)　심장　　腎臟(じんぞう)　　신장

"본자(本字)는 臟이지요"

한벽 脾臟(ひぞう)비장 肺臟(はいぞう)폐 内臟(ないぞう)내장

臟
오장 장

아이(子)의 안녕(才:재주 재→ 새싹)을 물으니 생존해 있다(存)

음 ソン, ゾン　　**훈** 없음

子・6・N2 ☐☐☐

① 존재 ② 있다 ③ 생각

存在(そんざい)　존재　　存続(そんぞく)　존속
保存(ほぞん)　　보존　　依存(いぞん, いそん)　의존

한벽 蔵(くら)곳간 酒蔵(さかぐら)술 창고 埋蔵(まいぞう)매장 貯蔵(ちょぞう)
저장 無尽蔵(むじんぞう)무진장

存
있을 존

잘 익은 술(酋:묵은 술 추)을 바치니(寸:마디 촌) 높다(尊)

음 ソン　　**훈** たっと, とうと

寸・12・N2 ☐☐☐

① 높다 ② 귀하다 ③ 존경

尊重(そんちょう)　존중　　尊敬(そんけい)　존경
自尊(じそん)　　　자존　　尊厳(そんげん)　존엄

"본자(本字)는 尊이지요"

한벽 尊(とうと)ぶ존경하다 尊(たっと)ぶ존경하다 尊(とうと)い존귀하다
尊(たっと)い존귀하다 尊崇(そんすう)깊이 존경함

尊
높을 존

머리를 돌리고(艮:그칠 간) 되돌아가니(辶) 물러나다(退)

음 タイ　　**훈** しりぞ

辶・9・N2 ☐☐☐

① 물러나다 ② 그만두다 ③ 쇠퇴

退院(たいいん)　퇴원　　退職(たいしょく)　퇴직
後退(こうたい)　후퇴　　衰退(すいたい)　　쇠퇴

"본자(本字)는 退이지요"

한벽 退(しりぞ)ける물리치다 退(しりぞ)く물러나다 退社(たいしゃ)퇴근, 퇴사
退却(たいきゃく)퇴각 退屈(たいくつ)だ지루하다 引退(いんたい)은퇴
隠退(いんたい)은거 撃退(げきたい)격퇴

退
물러날 퇴

집(宀:집 면)의 뜻과 부탁할 탁 (乇→택)의 음으로 집(宅)

음 タク　　**훈** 없음

宀・6・N2 ☐☐☐

① 집 ② 댁 ③ 상대

お宅(たく)　　댁　　　宅地(たくち)　　택지
自宅(じたく)　자택　　在宅(ざいたく)　재택

한벽 お宅(たく)댁, 당신 宅急便(たっきゅうびん)택배 帰宅(きたく)귀가
邸宅(ていたく)저택

宅
댁 댁, 집 택

207

担
扌·8·N2 ☐☐☐
멜 담

음 タン　　**훈** かつ, にな

① 메다 ② (책임)떠맡다

担任(たんにん) 담임　　担当(たんとう) 담당
負担(ふたん) 부담　　担(にな)う 짊어지다

"본자(本字)는 擔이지요"

한벽 担(かつ)ぐ메다 担架(たんか)들것

사람(扌→人) 등에 보따리(詹:이를 첨→봇짐)를 얹으니 메다(擔)

探
扌·11·N2 ☐☐☐
찾을 탐

음 タン　　**훈** さが, さぐ

① 찾다 ② 구하다 ③ 탐구

探(さが)す 찾다　　探査(たんさ) 탐사
探険(たんけん) 탐험　　探求(たんきゅう) 탐구

한벽 探(さぐ)る뒤지다 探検(たんけん)탐험 探訪(たんぼう)탐방 探偵(たんてい)탐정

횃불 들고 동굴에 들어가(罙:점점 미) 뒤지니(扌) 찾다(探)

誕
言·15·N1 ☐☐☐
낳을 탄

음 タン　　**훈** 없음

① 낳다 ② 탄생

誕生(たんじょう) 탄생　　誕生日(たんじょうび) 생일
生誕(せいたん) 탄생　　お誕生日(たんじょうび) 생신

"본자(本字)의 획수는 1획 더 작지요"

말(言:말씀 언)을 늘이고(延:끌 연) 만들어내니 낳다(誕)

段
殳·9·N2 ☐☐☐
층계 단

음 ダン　　**훈** 없음

① 층계 ② 단락 ③ 등급 ④ 점점

段階(だんかい) 단계　　段落(だんらく) 단락
手段(しゅだん) 수단　　階段(かいだん) 계단

한벽 段取(だんど)り일의 순서, 절차 段々(だんだん)점점 一段(いちだん)と한층 더 値段(ねだん)값, 가격 普段(ふだん)평소

돌을 두드려(殳:칠 수) 깎아(乍→돌조각) 만드니 층계(段)

暖
日·13·N1 ☐☐☐
따뜻할 난(란)

음 ダン　　**훈** あたた

① 따뜻하다 ② 온난

暖房(だんぼう) 난방　　暖流(だんりゅう) 난류
温暖(おんだん) 온난　　暖(あたた)かい 따뜻하다

"본자(本字)는 煖이지요"
"소전체에서는 煖이었지요"

한벽 暖炉(だんろ)난로 暖(あたた)める따뜻하게 하다 暖(あたた)まる따뜻해지다 暖(あたた)かだ따뜻하다 寒暖(かんだん)한란

나뭇가지(爰:이에 원→건네다)를 넣어 불(日→火)을 지피니 따뜻하다(暖)

음 チ　　**훈** ね, あたい

① 가격 ② 가치 ③ 값어치 ④ 수치

価値(かち)　　가치　　値(ね)　　값
値(あたい)　　값어치　　数値(すうち)　　수치

한벽 値(あたい)する가치가 있다 値段(ねだん)값, 가격 値打(ねう)ち값어치 値上(ねあ)げ가격 인상 値下(ねさ)げ가격 인하 値引(ねび)き가격 할인 安値(やすね)염가 平均値(へいきんち)평균치

곧장(直) 만날만한 유의미한 사람(亻:인변)이니 값어치, 값(値)

値
값 치

음 チュウ　　**훈** 없음

① 하늘 ② 공중

宇宙(うちゅう)　　우주　　宇宙船(うちゅうせん)　　우주선
宙(ちゅう)　　하늘　　宙返(ちゅうがえ)り　　공중회전

집(宀:집 면)을 떠받치는 기둥에 보를 얹으니(由→ 마룻대와 들보) 집(宙)

宙
집 주

음 チュウ　　**훈** 없음

① 충심 ② 충성

忠告(ちゅうこく)　　충고　　忠誠(ちゅうせい)　　충성
忠臣(ちゅうしん)　　충신　　忠実(ちゅうじつ)だ　　충실하다

한벽 忠僕(ちゅうぼく)충복

중심(中:가운데 중)이 바로 서 있는 마음가짐(心)으로 충성(忠)

忠
충성 충

음 チョ　　**훈** あらわ, いちじる

① 저술 ② 나타나다 ③ 현저

著者(ちょしゃ)　　저자　　著作(ちょさく)　　저작
著名(ちょめい)　　저명　　名著(めいちょ)　　명저

"본자(本字)는 著이지요"

한벽 著(あら)わす저술하다 著(いちじる)しい현저하다
顕著(けんちょ)だ현저하다

우거진 수풀(艹:초두)의 뜻과 놈 자(者→저)의 음으로 나타나다(著)

著
나타날 저

음 チュウ　　**훈** 없음

① 관청

庁舎(ちょうしゃ)　　청사　　官庁(かんちょう)　　관청
府庁(ふちょう)　　부청　　気象庁(きしょうちょう)　　기상청

"본자(本字)는 廳이지요"

한벽 県庁(けんちょう)현청 都庁(とちょう)동경 도청
宮内庁(くないちょう)왕실 사무관청

귀 기울여(聽:들을 청) 의논하는 곳(广:집 엄)으로 관청(廳)

庁
관청 청

頂

頁 · 11 · N2 □□□

정수리 정

- **음** チョウ
- **훈** いただ, いただき

① 정수리 ② 받들다

頂上(ちょうじょう)	정상	頂点(ちょうてん)	정점
山頂(さんちょう)	산꼭대기	登頂(とうちょう)	등정

한벽 頂(いただ)く받자옵다 頂(いただき)꼭대기 頂戴(ちょうだい)삼가 받음 有頂天(うちょうてん)매우 기뻐함

이마(頁:머리 혈)의 뜻과 고무래 정(丁)의 음으로 정수리(頂)

腸

月 · 13 · N1 □□□

창자 장

- **음** チョウ
- **훈** 없음

① 창자 ② 장

大腸(だいちょう)	대장	小腸(しょうちょう)	소장
胃腸(いちょう)	위장	盲腸(もうちょう)	맹장

음식으로 몸(月→몸)에 영양 보내는(昜:볕 양→퍼지다) 창자(腸)

潮

氵 · 15 · N1 □□□

밀물 조
조수 조

- **음** チョウ
- **훈** しお

① 밀물 ② 조수 ③ 시류

潮流(ちょうりゅう)	조류	満潮(まんちょう)	만조
干潮(かんちょう)	간조	風潮(ふうちょう)	풍조

한벽 潮(しお)조수 潮時(しおどき)물때 潮風(しおかぜ)바닷바람 思潮(しちょう)사조 渦潮(うずしお)소용돌이 치는 조수

새날(朝:아침 조)이 밝아오듯 밀려오는 물(氵)로 밀물(潮)

賃

貝 · 13 · N1 □□□

품삯 임

- **음** チン
- **훈** 없음

① 품삯 ② 대금

賃金(ちんぎん)	임금	賃貸(ちんたい)	임대
賃借(ちんしゃく)	임차	運賃(うんちん)	운임

한벽 賃上(ちんあ)げ임금 인상 賃下(ちんさ)げ임금 인하 賃借人(ちんしゃくにん)임차인 家賃(やちん)집세 電車賃(でんしゃちん)전차 요금

일 해주고(任:맡길 임→봇짐 맨 이) 받는(貝→화폐) 품삯(賃)

痛

疒 · 12 · N2 □□□

아플 통

- **음** ツウ
- **훈** いた

① 아프다 ② 크게

痛(いた)い	아프다	痛感(つうかん)	통감
頭痛(ずつう)	두통	苦痛(くつう)	고통

한벽 痛(いた)める아프게 하다 痛(いた)む아프다 痛惜(つうせき)통석 痛恨(つうこん)통한 腹痛(はらいた, ふくつう)복통 腰痛(ようつう)요통 鎮痛(ちんつう)진통

병상(疒:병들 녁)에서 통증으로(甬:길 용→고통) 아프다(痛)

뿌리(啇:밑동 적) 박힌 한을 갚으려(攵:등글월문) 대적하다(敵)

음 テキ	훈 かたき	女·15·N1

① 적 ② 적군 ③ 필적

| 敵(てき) | 적 | 敵軍(てきぐん) | 적군 |
| 天敵(てんてき) | 천적 | 匹敵(ひってき) | 필적 |

한벽률 敵(かたき)적 敵国(てっこく)적국 敵陣(てきじん)적진
敵機(てっき)적 비행기 素敵(すてき)だ멋지다

敵
대적할 적

선반(尸)에 도자기(工)를 늘어놓고 옷(衣)을 펼치니 펴다(展)

음 テン	훈 없음	尸·10·N1

① 펴다 ② 전개 ③ 전시

| 展開(てんかい) | 전개 | 展望(てんぼう) | 전망 |
| 展示(てんじ) | 전시 | 発展(はってん) | 발전 |

한벽률 親展(しんてん)수신인이 직접 개봉

展
펼 전

법도(寸:마디 촌→법도)를 갖춘 말(言)로 상대를 치다(討)

음 トウ	훈 う	言·10·N1

① 치다 ② 토벌 ③ 숙고

| 討論(とうろん) | 토론 | 討議(とうぎ) | 토의 |
| 討(う)つ | 치다 | 検討(けんとう) | 검토 |

한벽률 討伐(とうばつ)토벌

討
칠 토

집(尚:오히려 상→집) 불 지피는 (黑→아궁이 불) 일가로 무리(黨)

음 トウ	훈 없음	儿·10·N2

① 무리 ② 정당

| 党員(とういん) | 당원 | 党派(とうは) | 당파 |
| 政党(せいとう) | 정당 | 与党(よとう) | 여당 |

"본자(本字)는 黨이며, 본자의 부수는 黑이지요"

党
무리 당

엿기름 맥아(米)의 뜻과 당나라 당(唐)의 음으로 엿, 사탕(糖)

음 トウ	훈 없음	米·16·N1

① 엿 ② 당분

| 糖分(とうぶん) | 당분 | 製糖(せいとう) | 제당 |
| 果糖(かとう) | 과당 | 麦芽糖(ばくがとう) | 맥아당 |

"본자(本字)는 糖이지요"

한벽률 砂糖(さとう)설탕 糖尿(とうにょう)당뇨

糖
엿 당, 엿 탕

屆
尸・8・N2 ☐☐☐
이를 계

음 없음　　**훈** とどく

① 이르다 ② 배달 ③ 신고

届(とど)け　신고　　届(とど)け出(で)　신고서
届(とど)く　닿다　　届(とど)ける　신고하다, 배달하다

"본자(本字)는 屆이지요"

한벽통 届(とど)け先(さき)보낼 곳 出生届(しゅっしょうとどけ)출생신고
婚姻届(こんいんとどけ)혼인신고

영혼이 승천하는(尸) 뜻과 흙덩이 괴(出→계)의 음으로 이르다(届)

難
隹・18・N2 ☐☐☐
어려울 난

음 ナン　　**훈** かた, むずか

① 어렵다 ② 곤란하다 ③ 재앙 ④ 비난

難民(なんみん)　난민　　難(むずか)しい　어렵다
非難(ひなん)　비난　　困難(こんなん)だ　곤란하다

"본자(本字)는 難이지요"

한벽통 難(かた)い어렵다 難詰(なんきつ)힐난 盗難(とうなん)도난
遭難(そうなん)조난 災難(さいなん)재난

진흙에 빠진 새(隹)의 뜻과 진흙 근(堇→난)의 음으로 어렵다(難)

乳
乚・8・N2 ☐☐☐
젖 유

음 ニュウ　　**훈** ちち, ち

① 젖 ② 유방

乳房(ちぶさ)　유방　　牛乳(ぎゅうにゅう)　우유
母乳(ぼにゅう)　모유　　豆乳(とうにゅう)　두유

"부수 乚은 새 乙의 변형 모습이며, 본자(本字)는 乳이며, 본자의 부수는 새 乙이지요"

한벽통 乳(ちち)젖 乳母(うば)유모 乳兒(にゅうじ)젖먹이 搾乳(さくにゅう)착유

가슴에(乙:새 을) 안고(孚:미쁠 부→잡다) 아이를 먹이니 젖(乳)

認
言・14・N2 ☐☐☐
알 인

음 ニン　　**훈** みと

① 인정 ② 인지

認可(にんか)　인가　　認識(にんしき)　인식
確認(かくにん)　확인　　否認(ひにん)　부인

"본자(本字)는 認이지요"

한벽통 認(みと)める인정하다 是認(ぜにん)시인

말(言)을 분별하여 나누니(忍: 참을 인→刃:칼날 인) 알다(認)

納
糸・10・N1 ☐☐☐
들일 납

음 ノウ, トウ, ナッ, ナ, ナン　　**훈** おさ

① 들이다 ② 거두다 ③ 납부

納入(のうにゅう)　납입　　納得(なっとく)　납득
納税(のうぜい)　납세　　出納(すいとう)　출납

한벽통 納(おさ)める납부하다 納(おさ)まる납입되다 納屋(なや)헛간 納戸(なんど)옷방 納豆(なっとう)낫토 納棺(のうかん)입관 奉納(ほうのう)봉납 滞納(たいのう)체납

실(糸:가는 실 사)의 속까지 물들(內→들이다) 듯 들이다(納)

머리(甾→정수리와 기운)의 두뇌 부분(月:육달 월→몸) 골, 뇌수(腦)

음 ノウ　　　**훈** 없음

①뇌 ②정신

| 脳(のう) | 뇌 | 脳裏(のうり) | 뇌리 |
| 脳波(のうは) | 뇌파 | 頭脳(ずのう) | 두뇌 |

"본자(本字)는 腦이지요"

한벽 脳天(のうてん)정수리 脳髄(のうずい)뇌수 脳卒中(のうそっちゅう)뇌졸중 首脳(しゅのう)수뇌

月・11・N2 ☐☐☐

골 뇌
뇌수 뇌

물길(氵)이 여러 지류로 갈라지니(辰:갈래 파) 갈래(派)

음 ハ　　　**훈** 없음

①갈래 ②나뉘다 ③파견

| 派生(はせい) | 파생 | 派遣(はけん) | 파견 |
| 特派(とくは) | 특파 | 反対派(はんたいは) | 반대파 |

"본자(本字)는 派이지요"

한벽 派閥(はばつ)파벌 派手(はで)다 화려하다 右派(うは)우파 左派(さは)좌파 宗派(しゅうは)종파 党派(とうは)당파 立派(りっぱ)다 멋지다

氵・9・N1 ☐☐☐

갈래 파

곡식(麥:보리 맥)을 바치며 양손(手) 모아 드리는 절(拜)

음 ハイ　　　**훈** おが

①절하다 ②합장 ③겸양

| 拝謁(はいえつ) | 배알 | 参拝(さんぱい) | 참배 |
| 崇拝(すうはい) | 숭배 | 礼拝(れいはい) | 예배 |

"본자(本字)는 拜이지요"

한벽 拝(おが)む 拝見(はいけん)삼가 봄 拝啓(はいけい)편지 첫머리 글 拝借(はいしゃく)삼가 빌림

扌・8・N2 ☐☐☐

拝

절 배

두 사람이 등지듯(北:북녘 북) 신체(月:육달 월→몸) 뒷면 등(背)

음 ハイ　　　**훈** せ, せい, そむ

①등 ②키 ③등지다 ④배반

| 背(せ) | 등, 키 | 背(せい) | 키 |
| 背泳(はいえい) | 배영 | 背景(はいけい) | 배경 |

한벽 背(そむ)ける 외면하다 背(そむ)く 등지다 背中(せなか)등 背広(せびろ)양복 背骨(せぼね)척추뼈 背丈(せたけ)키 背比(せいくら)べ키 재기 背負(せお)う 짊어지다 背反(はいはん)배반

月・9・N2 ☐☐☐

背

등 배

신체(月:육달 월→몸) 폐의 모양(市→폐)을 본떠 허파(肺)

음 ハイ　　　**훈** 없음

①허파 ②폐

| 肺(はい) | 허파, 폐 | 肺炎(はいえん) | 폐렴 |
| 肺癌(はいがん) | 폐암 | 肺活量(はいかつりょう) | 폐활량 |

"본자(本字)의 肺는 획수가 1획 더 적은 8획이지요"

月・9・N1 ☐☐☐

肺

허파 폐

俳

亻·10·N1 ☐☐☐

배우 배

음 ハイ **훈** 없음

① 하이쿠(俳句) ② 배우

俳優(はいゆう)	배우	俳句(はいく)	전통 단형시
俳人(はいじん)	하이쿠 작가	俳名(はいめい)	하이쿠 작가 필명

광대(亻:인변)의 뜻과 아닐 비(非)의 음으로 배우(俳)

班

王·10·N1 ☐☐☐

나눌 반

음 ハン **훈** 없음

① 나누다 ② 반 ③ 지위

班長(はんちょう)	반장	班別(はんべつ)	반별
班員(はんいん)	반원	研究班(けんきゅうはん)	연구반

증표인 쌍옥(玉+玉)을 나누어(刀:칼 도) 가지니 나누다(班)

晩

日·12·N2 ☐☐☐

늦을 만

음 バン **훈** 없음

① 밤 ② 늦다

晩(ばん)	밤	晩秋(ばんしゅう)	늦가을
晩婚(ばんこん)	만혼	晩鐘(ばんしょう)	만종

한벽 今晩(こんばん)오늘 밤 翌晩(よくばん)다음날 밤 晩年(ばんねん)노년 晩酌(ばんしゃく)저녁 반주 一晩(ひとばん)하룻밤

날(日)이 저무는 뜻과 면할 면(免→만)의 음으로 늦다(晩)

否

口·7·N2 ☐☐☐

아닐 부

음 ヒ **훈** いな

① 아니다 ② 부정

否決(ひけつ)	부결	否定(ひてい)	부정
否認(ひにん)	부인	拒否(きょひ)	거부

한벽 否(いな)む거절하다 否(いな)めない부정할 수 없다 安否(あんぴ)안부 可否(かひ)옳고 그름 賛否(さんぴ)찬반

지면 아래(不)에 있어 옳지 않아 부정하니(口) 아니다(否)

批

扌·7·N1 ☐☐☐

비평할 비

음 ヒ **훈** 없음

① 비평 ② 비판

批評(ひひょう)	비평	批判(ひはん)	비판
批准(ひじゅん)	비준		

한벽 批点(ひてん)평점 批正(ひせい)비판하여 고침

바로잡는(扌:재방변) 뜻과 비교할 비(比)의 음으로 비평하다(批)

신(示:보일 시)의 뜻과 반드시 필(必→비)의 음으로 숨기다(祕)

- **음** ヒ
- **훈** ひ

① 숨기다 ② 정체

| 秘書(ひしょ) | 비서 | 秘密(ひみつ) | 비밀 |
| 神秘(しんぴ) | 신비 | 秘(ひ)める | 숨기다 |

"본자(本字)는 祕이며, 본자의 부수는 示이지요."

한벽 便秘(べんぴ)변비

禾・10・N1 ☐☐☐

秘
숨길 비

나누는 사람(イ)의 뜻과 겉 표(表)의 음으로 나누어 주다(俵)

- **음** ヒョウ
- **훈** たわら

① 섬 ② 가마니

| 俵(たわら) | 섬, 가마니 | 炭俵(すみだわら) | 숯가마니 |
| 土俵(どひょう) | 씨름판 | 米俵(こめだわら) | 쌀가마니 |

イ・10・N1 ☐☐☐

俵
나누어 줄 표

가운데(复:돌아갈 복→불룩 나온 배) 신체(月→몸) 배(腹)

- **음** フク
- **훈** はら

① 배 ② 마음속 ③ 생각

| お腹(なか) | 배 | 腹痛(はらいた, ふくつう) | 복통 |
| 腹案(ふくあん) | 복안 | 腹膜(ふくまく) | 복막 |

한벽 腹(はら)배 腹立(はらだ)ち화냄 切腹(せっぷく)할복 満腹(まんぷく)배가 가득 참 山腹(さんぷく)산허리

月・13・N2 ☐☐☐

腹
배 복

새(隹)가 야생(田)으로 돌아가려 날갯짓(大→衣) 떨치다(奮)

- **음** フン
- **훈** ふる

① 떨치다 ② 분기하다

| 奮発(ふんぱつ) | 분발 | 奮闘(ふんとう) | 분투 |
| 奮戦(ふんせん) | 분전 | 興奮(こうふん) | 흥분 |

한벽 奮(ふる)う떨치다 奮迅(ふんじん)분기 発奮(はっぷん)분발

大・16・N1 ☐☐☐

奮
떨칠 분

두 사람이 함께 옆으로 서 있으니(立+立) 나란히(竝)

- **음** ヘイ
- **훈** なみ, なら

① 늘어서다 ② ~및 ③ 보통

| 並行(へいこう) | 병행 | 並列(へいれつ) | 병렬 |
| 並(なら)ぶ | 늘어서다 | 並(なら)べる | 나열하다 |

"본자(本字)는 竝이며, 본자의 부수는 立이지요."

한벽 並(なみ)중간 並(なら)びに및 並木(なみき)가로수 軒並(のきなみ)집집마다, 일제히 人並(ひとな)み남들처럼 月並(つきなみ)진부하다

一・8・N2 ☐☐☐

並
나란히 병

阝·10·N1 □□□

대궐섬돌 폐

음 ヘイ　　**훈** 없음

①대궐섬돌(궁전 계단) ②천자

陛下(へいか)　　폐하

"왼쪽에 위치하는 부수 阝는 언덕 부 阜로 좌부방이지요"

대궐의 층계(阝)의 뜻과 섬돌 비(坒→폐)의 음으로 대궐섬돌(陛)

門·11·N2 □□□

閉
닫을 폐

음 ヘイ　　**훈** し, と

①닫다 ②잠그다 ③그만두다

閉会(へいかい)　폐회　　閉店(へいてん)　폐점
閉(し)める　　닫다　　閉(し)まる　　닫히다

한벽툴 閉(と)ざす 잠그다 閉(と)じる 감다 閉鎖(へいさ)폐쇄
閉口(へいこう)질림

대문(門)에 빗장(才:재주 재)을 걸어 잠그니 닫다(閉)

片·4·N2 □□□

片
조각 편

음 ヘン　　**훈** かた

①조각 ②한 쪽 ③불완전

片(かた)　　조각　　片道(かたみち)　편도
破片(はへん)　파편　　断片(だんぺん)　단편

"나무 조각의 모양을 나타내는 상형문자이지요"

나무를 세로로 양분하여 자른 오른쪽 모양(片)을 본떠 조각

한벽툴
片仮名(かたかな)	가타카나	片付(かたづ)ける	정리하다	片付(かたづ)く	정리되다
片寄(かたよ)る	치우치다	片思(かたおも)い	짝사랑	片想(かたおも)い	짝사랑
片恋(かたこい)	짝사랑	片言(かたこと)	서투른 말	片目(かため)	한쪽 눈
片手(かたて)	한쪽 손	片隅(かたすみ)	한쪽 구석	一片(いっぺん)	한 조각

衤·12·N2 □□□

補
기울 보

음 ホ　　**훈** おぎな

①보충 ②메우다 ③견습

補充(ほじゅう)　보충　　補給(ほきゅう)　보급
補償(ほしょう)　보상　　候補(こうほ)　　후보

한벽툴 補(おぎな)う 보충하다 補足(ほそく)보충 補佐(ほさ)보좌

옷(衤:옷의변)을 꿰매는 뜻과 클 보(甫)의 음으로 기울다(補)

暮

음 ボ **훈** く

日·14·N2 □□□

①(날)저물다 ②연말 ③생활 ③(세월)보내다

| 暮(くら)す | 생활하다 | 暮(く)らし | 생활 |
| 暮(く)れ | 연말 | 暮(く)れる | (하루, 한 해)저물다 |

"본자(本字)는 暮로 1획이 더 많지요"

한벽着 歳暮(せいぼ)연말(선물) 夕暮(ゆうぐ)れ해질녘 暮色(ぼしょく)황혼 暮夜(ぼや)밤, 야반 暮春(ぼしゅん)늦봄 一人暮(ひとりぐら)し독신 생활 独(ひと)り暮(ぐら)し독신 생활

해(日)가 내려와 풀숲에 사라지니(莫:없을 막) 저물다(暮)

暮 저물 모

宝

음 ホウ **훈** たから

宀·8·N2 □□□

①보배 ②돈

| 宝(たから) | 보물 | 宝石(ほうせき) | 보석 |
| 宝庫(ほうこ) | 보고 | 七宝(しっぽう) | 칠보 |

"본자(本字)는 寶이지요"

한벽着 宝物(たからもの)보물 宝籤(たからくじ)복권 重宝(ちょうほう)편리함

집(宀) 항아리(缶:장군 부)에 재물(玉+貝)이 가득하니 보배(寶)

宝 보배 보

訪

음 ホウ **훈** おとず, たず

言·11·N2 □□□

①찾아가다 ②방문

| 訪問(ほうもん) | 방문 | 訪日(ほうにち) | 방일 |
| 探訪(たんぼう) | 탐방 | 訪(たず)ねる | 방문하다 |

한벽着 訪(おとず)れる(추상적)방문하다

의견(言:말씀 언)을 물으러 이곳저곳(方:모 방)을 찾다(訪)

訪 찾을 방

亡

음 ボウ, モウ **훈** な

亠·3·N2 □□□

①망하다 ②잃다 ③도망 ④죽다

| 亡国(ぼうこく) | 망국 | 亡命(ぼうめい) | 망명 |
| 逃亡(とうぼう) | 도망 | 死亡(しぼう) | 사망 |

"끝부분이 뭉뚝한 칼날 모양을 나타내는 상형문자이지요"

한벽着 亡(な)くす여의다 亡(な)くなる돌아가시다 亡(な)い죽다 亡妻(ぼうさい) 죽은 아내 亡(な)き父(ちち)돌아가신 아버지 滅亡(めつぼう)멸망

칼날의 끝부분이 부러져 뭉뚝해진 모양(亡)을 본떠 망하다

亡 망할 망

忘

음 ボウ **훈** わす

心·7·N2 □□□

①잊다 ②잊어버리다

| 忘(わす)れる | 잊다 | 忘(わす)れ物(もの) | 잊은 물건 |
| 忘恩(ぼうおん) | 망은 | 忘却(ぼうきゃく) | 망각 |

한벽着 忘年会(ぼうねんかい)연말모임 忘失(ぼうしつ)잃어버려 분실 度忘(どわす)れ깜박 잊음 物忘(ものわす)れ건망증

생각하던 마음(心:마음 심)이 없어지니(亡:망할 망) 잊다(忘)

忘 잊을 망

棒
木·12·N2 □□□
막대 봉

- 음: ボウ
- 훈: 없음

①막대 ②막대기

棒(ぼう)	막대기	鉄棒(てつぼう)	철봉
綿棒(めんぼう)	면봉	棒(ぼう)グラフ	막대그래프

한벽著 泥棒(どろぼう)도둑 鉄棒(かなぼう)쇠몽둥이 相棒(あいぼう)짝, 동료
棒縞(ぼうじま)세로 무늬

나무 막대기(木)의 뜻과 받들 봉(奉)의 음으로 막대(棒)

枚
木·8·N2 □□□
낱 매

- 음: マイ
- 훈: 없음

①매수 ②~장(종이 단위)

枚数(まいすう)	장수	一枚(いちまい)	한 장
何枚(なんまい)	몇 장		

나무 막대기(木)의 뜻과 칠 복(攴(攵:등글월문)→매)의 음으로 낱(枚)

幕
巾·13·N1 □□□
장막 막

- 음: マク, バク
- 훈: 없음

①장막 ②휘장 ③막부

字幕(じまく)	자막	暗幕(あんまく)	암막
開幕(かいまく)	개막	除幕式(じょまくしき)	제막식

"본자(本字)는 幕로 1획이 더 많지요"

한벽著 幕府(ばくふ)막부 黒幕(くろまく)흑막 内幕(うちまく)내막
垂(た)れ幕(まく)현수막

천(巾:수건 건)을 덮어 어둡게 가리니(莫:없을 막) 장막(幕)

密
宀·11·N1 □□□
빽빽할 밀

- 음: ミツ
- 훈: 없음

①빽빽하다 ②몰래

密接(みっせつ)	밀접	密輸(みつゆ)	밀수
秘密(ひみつ)	비밀	綿密(めんみつ)だ	면밀하다

한벽著 密偵(みってい)간첩 濃密(のうみつ)농밀 粗密(そみつ)밀도
疎密(そみつ)밀도 精密(せいみつ)だ정밀하다

산림(山)이 우거진 뜻과 잠잠할 밀(宓)의 음으로 빽빽하다(密)

盟
皿·13·N1 □□□
맹세 맹

- 음: メイ
- 훈: 없음

①맹세

盟主(めいしゅ)	맹주	同盟(どうめい)	동맹
連盟(れんめい)	연맹	加盟(かめい)	가맹

한벽著 盟友(めいゆう)동지

밝은 곳(明)에서 술을 담아 마시며(皿:그릇 명) 다짐하니 맹세(盟)

나무 틀(木)의 뜻과 없을 막, 저물 모(莫)의 음으로 본뜨다(模)

음 モ, ボ　　　**훈** 없음

木·14·N1 ☐☐☐

① 본뜨다 ② 본, 틀 ③ 뒤지다

| 模様(もよう) | 모양 | 模型(もけい) | 모형 |
| 模造(もぞう) | 모조 | 規模(きぼ) | 규모 |

"본자(本字)는 模로 1획이 더 많지요"

한벽 模擬(もぎ)모의 模範(もはん)모범

模
본뜰 모

말(言)을 통하게 하는 뜻과 엿볼 역(睪)의 음으로 번역하다(譯)

음 ヤク　　　**훈** わけ

言·11·N1 ☐☐☐

① 번역 ② 사정

| 翻訳(ほんやく) | 번역 | 通訳(つうやく) | 통역 |
| 直訳(ちょくやく) | 직역 | 訳(わけ) | 이유, 사정 |

"본자(本字)는 譯이지요"

한벽 訳(やく)す번역하다 訳(やく)する번역하다 抄訳(しょうやく)초역 内訳(うちわけ)내역 言(い)い訳(わけ)변명 申(もう)し訳(わけ)변명, 드릴 말씀

訳
번역할 역

郵

성(阝:우부방→고을)의 전갈을 변방(垂:드리울 수→변방)으로 보내니 우편(郵)

음 ユウ　　　**훈** 없음

阝·11·N2 ☐☐☐

① 우편

| 郵便(ゆうびん) | 우편 | 郵便局(ゆうびんきょく) | 우체국 |

"오른쪽에 위치하는 부수 阝는 고을 읍 邑으로 우부방이지요"

郵
우편 우

사람(亻)이 느긋하게 움직이니(憂:근심 우→느릿한 걸음) 넉넉하다(優)

음 ユウ　　　**훈** すぐ, やさ

亻·17·N2 ☐☐☐

① 뛰어나다 ② 우아하다 ③ 특별히

| 優(やさ)しい | 상냥하다 | 優勝(ゆうしょう) | 우승 |
| 優秀(ゆうしゅう) | 우수 | 俳優(はいゆう) | 배우 |

한벽 優(すぐ)れる우수하다 優劣(ゆうれつ)우열 優雅(ゆうが)우아 優越(ゆうえつ)우월 優美(ゆうび)だ우아하고 아름답다 女優(じょゆう)여배우

優
넉넉할 우

편한 얼굴(頁:머리 혈)과 미리 예(予)의 음으로 맡기다(預)

음 ヨ　　　**훈** あず

頁·13·N2 ☐☐☐

① 맡기다 ② 미리

| 預金(よきん) | 예금 | 預(あず)ける | 맡기다 |
| 預(あず)かる | 맡다 | 預(あず)かり | 보관 |

한벽 預言(よげん)(기독교)예언

預
맡길 예
미리 예

幺・5・N2 ☐☐☐

幼
어릴 유

음 ヨウ　　**훈** おさな

① 어리다　② 유치

幼年(ようねん)	유년	幼稚園(ようちえん)	유치원
幼児(ようじ)	유아	幼(おさな)い	어리다

한벽 幼(おさな)なじみ소꿉동무

일하는 힘(力:힘 력)이 적고 작으니(幺:작을 요) 어리다(幼)

欠・11・N2 ☐☐☐

欲
하고자 할 욕

음 ヨク　　**훈** ほ, ほっ

① 바라다　② 탐내다　③ 욕심

欲(よく)	욕심	意欲(いよく)	의욕
食欲(しょくよく)	식욕	欲(ほ)しい	원하다

한벽 欲求(よっきゅう)욕구 欲張(よくば)り욕심꾸러기 欲深(よくぶか)い욕심이 많다 欲(ほっ)する바라다

계곡 물(谷)마시러 과하게 입 벌리니(欠:하품 흠) 하고자 하다(欲)

羽・11・N2 ☐☐☐

翌
다음날 익

음 ヨク　　**훈** 없음

① 다음　② 익일

翌日(よくじつ)	익일	翌朝(よくあさ)	다음날 아침
翌年(よくとし)	이듬해	翌晩(よくばん)	다음날 밤

"본자(本字)는 翌이며, 본자의 부수는 羽이지요"

한벽 翌朝(よくちょう)다음날 아침 翌年(よくねん)이듬해 翌々日(よくよくじつ)다음다음 해 翌々(よくよく)다음다음

두 날개가 가세하는(羽:깃 우) 뜻과 설 립(立→익)의 음으로 다음날(翌)

し・7・N2 ☐☐☐

乱
어지러울 란(난)

음 ラン　　**훈** みだ

① 흩뜨리다　② 무턱대고　③ 혼란

乱立(らんりつ)	난립	乱暴(らんぼう)だ	난폭하다
内乱(ないらん)	내란	混乱(こんらん)だ	혼란하다

"본자(本字)는 亂이지요"

한벽 狂乱(きょうらん)광란 騒乱(そうらん)소란 錯乱(さくらん)착란 散乱(さんらん)산란 乱(みだ)す어지럽히다 乱(みだ)れる흐트러지다

엉킨 실타래(𤔔→실타래모양)에 도구(乙:새 을→도수)를 쓰니 어지럽다(亂)

ㅁ・7・N2 ☐☐☐

卵
알 란(난)

음 ラン　　**훈** たまご

① 알　② 계란, 닭걀

卵(たまご)	계란	卵子(らんし)	난자
卵巣(らんそう)	난소	鶏卵(けいらん)	계란

"나무에 매달린 알의 모양을 나타내는 상형문자이지요"

한벽 卵焼(たまごや)き달걀부침

나무의 줄기와 풀잎에 매달린 산란한 알 모습(卵)을 본떠 알

음 ラン　　**훈** 없음

見・17・N1 ☐☐☐

① 보다 ② 보시다

閲覧(えつらん) 열람　　観覧(かんらん) 관람
遊覧(ゆうらん) 유람　　展覧会(てんらんかい) 전시회

"본자(本字)는 覽이지요"

한벽쌤 ご覧(らん)보심 ご覧(らん)になる보시다

覽

볼 람(남)

눈을 뜨고(監:볼 감) 이리저리 자세히 보니(見) 보다(覽)

음 リ　　**훈** うら

衣・13・N2 ☐☐☐

① 속 ② 안 ③ 뒷쪽 ④ 동안

裏面(りめん) 이면　　裏(うら) 뒷면, 안쪽
脳裏(のうり) 뇌리　　成功裏(せいこうり) 성공리

"속 리(이) 裡의 이체자(異體字)이지요"

한벽쌤 裏側(うらがわ)뒷쪽 裏山(うらやま)뒷산 裏表(うらおもて)안팎 裏口(うらぐち)뒷문 裏腹(うらはら)정반대임 裏返(うらがえ)す뒤집다 裏切(うらぎ)る배신하다 ~回裏(かいうら)~회말 表裏(ひょうり)안팎

裏

속 리(이)

옷(衣)의 안쪽 부분과 마을 내(里) 거주하니 속(裏)

음 リツ, リチ　　**훈** 없음

彳・9・N2 ☐☐☐

① 법칙 ② 규정 ③ 운율

律動(りつどう) 율동　　法律(ほうりつ) 법률
規律(きりつ) 규율　　韻律(いんりつ) 운율

한벽쌤 律師(りっし)승려 律儀(りちぎ)꿋꿋하다 戒律(かいりつ)계율 旋律(せんりつ)선율 一律(いちりつ)に일률적으로

律

법칙 률(율)

붓을 쥐고(聿:붓 율) 법을 공포하니(彳:자축거릴 척) 법칙(律)

음 リン　　**훈** のぞ

臣・18・N1 ☐☐☐

① 임하다 ② 면하다 ③ 군림

臨時(りんじ) 임시　　臨床(りんしょう) 임상
臨(のぞ)む 임하다　　君臨(くんりん) 군림

臨

임할 림(임)

임전하기 전 술잔을(品:물건 품) 구부려 들여다보니(臥:누울 와) 임하다(臨)

음 ロウ　　**훈** ほが

月・10・N4 ☐☐☐

① 밝다 ② 명랑 ③ 낭랑

朗読(ろうどく) 낭독　　朗報(ろうほう) 낭보
晴朗(せいろう) 청랑　　明朗(めいろう) 명랑

"본자(本字)는 朗이지요"

한벽쌤 朗(ほが)らかだ명랑하다 朗々(ろうろう)낭랑 朗吟(ろうぎん)소리내어 읊음 朗詠(ろうえい)시를 낭랑히 읊는 것

朗

밝을 랑(낭)

밝은 달빛의 뜻(月)과 어질 량(良→랑)의 음으로 밝다(朗)

言·15·N2 ☐☐☐

논할 론(논)

음 ロン　　　훈 없음

①논하다 ②논의

論文(ろんぶん)　논문　　論争(ろんそう)　논쟁
言論(げんろん)　언론　　異論(いろん)　이론

한벽 論(ろん)じる논하다 概論(がいろん)개론 論拠(ろんきょ)논거 議論(ぎろん)논의 口論(こうろん)말다툼 世論(せろん, よろん)여론 興論(よろん)여론 目論見(もくろみ)계획

죽간을 둥글게 말듯(侖:둥글 륜) 의견(言)을 논하다(論)

일본어 상용한자
2136

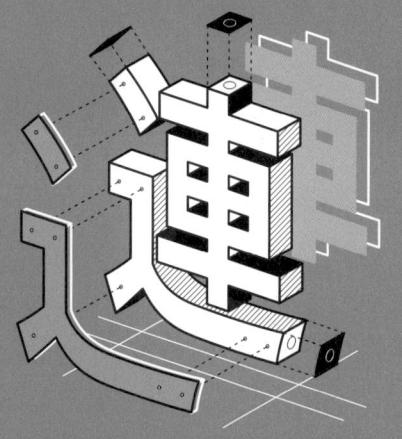

日·13·N1 □□□	틈 가	음 カ	훈 ひま	①여유 ②틈 ③휴식
暇	暇(ひま) 틈, 여유 暇(ひま)だ 한가하다 休暇(きゅうか) 휴가 余暇(よか) 여가			**한벽돌** 暇潰(ひまつぶ)し심심풀이 賜暇(しか)나라에서 관리에게 주는 휴가

木·9·N1 □□□	시렁 가	음 カ	훈 か	①걸치다 ②가설하다 ③선반
架	架設(かせつ) 가설 架橋(かきょう) 가교 架空(かくう) 가공 書架(しょか) 서가			**한벽돌** 架(か)ける걸치다 架(か)かる가설되다 架(か)け橋(はし)가교 担架(たんか)들것 十字架(じゅうじか)십자가

禾·15·N1 □□□	심을 가	음 カ	훈 かせ	①돈 벌다 ②가동하다
稼	稼業(かぎょう) 가업 稼働(かどう) 가동 稼(かせ)ぐ 벌다 稼(かせ)ぎ 돈 벌이			**한벽돌** 共稼(ともかせ)ぎ맞벌이 出稼(でかせ)ぎ원정 돈벌이 나감

女·13·N1 □□□	시집갈 가	음 カ	훈 よめ, とつ	①시집가다 ②덮어씌우다
嫁	嫁(よめ) 며느리 嫁入(よめい)り 시집 감 転嫁(てんか) 전가 嫁(とつ)ぐ 시집가다			**한벽돌** 花嫁(はなよめ)신부

イ·8·N1 □□□	아름다울 가	음 カ	훈 없음	①아름답다 ②좋다
佳	佳人(かじん) 미인 佳境(かきょう) 가경 佳景(かけい) 가경 佳作(かさく) 가작			**한벽돌** 絶佳(ぜっか) 경치가 뛰어나게 아름다움

⺿·8·제외 □□□	가혹할 가	음 カ	훈 없음	①가혹하다 ②엄격하다
苛	苛酷(かこく) 가혹 苛烈(かれつ) 가열		"본자(本字)는 苛로, 부수는 ⺿(艸)로 1획이 더 많지요"	**한벽돌** 苛政(かせい)학정 苛法(かほう)가혹한 법 苛立(いらだ)つ초조해하다

脚

月・11・N1

다리 각 | 음 キャク, キャ | 훈 あし | ①다리 ②토대 ③걸음 속도

脚本(きゃくほん) 각본
脚色(きゃくしょく) 각색
失脚(しっきゃく) 실각
脚(あし) (신체)다리

> 한 벽 뚫
> 脚光(きゃっこう)각광 脚立(きゃたつ)접는 사다리 馬脚(ばきゃく)마각 行脚(あんぎゃ)답사 立脚(りっきゃく)입각 雨脚(あまあし)빗발

却

卩・7・N1

물리칠 각 | 음 キャク | 훈 없음 | ①물리치다 ②되돌리다 ③도리어

却下(きゃっか) 각하
忘却(ぼうきゃく) 망각
退却(たいきゃく) 퇴각
焼却(しょうきゃく) 소각

> 한 벽 뚫
> 返却(へんきゃく)반환 冷却(れいきゃく)냉각 償却(しょうきゃく)(감가)상각 却(かえ)って도리어

殼

殳・11・N1

껍질 각 | 음 カク | 훈 から | ①껍질 ②외피

殻(から) 껍질, 껍데기
地殻(ちかく) 지각
甲殻(こうかく) 갑각
外殻(がいかく) 외각

"본자(本字)는 殼이지요"

> 한 벽 뚫
> 貝殻(かいがら)조개 껍데기 吸(す)い殻(がら)꽁초 抜(ぬ)け殻(がら)허물

肝

月・7・N1

간 간 | 음 カン | 훈 きも | ①간 ②진심 ③중요

肝(かん) 간
肝臓(かんぞう) 간장
肝炎(かんえん) 간염
肝胆(かんたん) 간담

> 한 벽 뚫
> 肝(きも)간 肝要(かんよう)긴요 肝試(きもだめ)し담력 시험 肝銘(かんめい)명심 肝心(かんじん)だ중요하다

懇

心・17・N1

간절할 간 | 음 コン | 훈 ねんご | ①간절 ②마음을 담다 ③공손

懇談(こんだん) 간담
懇切(こんせつ) 간절
懇願(こんがん) 간원
懇(ねんご)ろだ 공손하다

> 한 벽 뚫
> 懇篤(こんとく)친절하고 도타움 懇親(こんしん)친목 懇望(こんもう)열망

墾

土・16・N1

개간할 간 | 음 コン | 훈 없음 | ①개간하다 ②경작하다

開墾(かいこん) 개간
墾田(こんでん) 개간한 경지

| 女·9·제외 □□□ | 간사할 **간** | 음 カン | 훈 かしま | ①간사하다 ②간음 ③떠들썩하다 |

姦

姦淫(かんいん) 간음
強姦(ごうかん) 강간

"상용한자 외의 표외한자(表外漢字)인 인명한자(人名漢字)이지요"

한벽용: 姦(かしま)しい떠들썩하다

| 氵·11·N1 □□□ | 목마를 **갈** | 음 カツ | 훈 かわ | ①마르다 ②갈증나다 |

渇

渇望(かつぼう) 갈망
枯渇(こかつ) 고갈
渇(かわ)く 목마르다
渇(かつ) 갈증

"본자(本字)는 渴이지요"

한벽용: 渇水(かっすい)물이 마름 飢渇(きかつ)굶주림과 목마름

| 口·11·N1 □□□ | 꾸짖을 **갈** | 음 カツ | 음 없음 | ①꾸짖다 ②위협 |

喝

喝破(かっぱ) 갈파
喝采(かっさい) 갈채
一喝(いっかつ) 일갈
恐喝(きょうかつ) 공갈

"본자(本字)는 喝이지요"

| 衤·13·N1 □□□ | 갈색 **갈** | 음 カツ | 훈 없음 | ①갈색 |

褐

褐色(かっしょく) 갈색
褐炭(かったん) 갈탄
茶褐色(ちゃかっしょく) 다갈색
褐(かつ) 갈색

"본자(本字)는 褐이지요"

| ⺾·12·제외 □□□ | 칡 **갈** | 음 カツ | 훈 くず | ①칡 ②덩굴풀 |

葛

葛(くず) 칡
葛藤(かっとう) 갈등

"본자(本字)는 葛로, 부수는 ⺾(艸)로 1획이 더 많지요"

| 甘·5·N2 □□□ | 달 **감** | 음 カン | 훈 あま | ①달다 ②무르다 |

甘

甘言(かんげん) 감언
甘味(かんみ) 감미
甘(あま)い 달다
甘(あま)える 응석 부리다

한벽용: 甘(あま)やかす응석 부리게 하다 甘受(かんじゅ)감수 甘口(あまくち)단맛이 돎 甘酒(あまざけ)단술 甘辛(あまから)い달고 짭짤하다 甘酸(あまず)っぱい새콤달콤하다

皿·15·제외	볼 감	음 カン	훈 없음	①지켜보다 ②단속하다
監	監督(かんとく) 감독 監査(かんさ) 감사 監視(かんし) 감시 監察(かんさつ) 감찰			**한벽돌** 監禁(かんきん)감금 監獄(かんごく)감옥 收監(しゅうかん)수감 舍監(しゃかん)사감

金·23·N1	거울 감	음 カン	훈 かんが	①거울 ②본보기 ③분별하다
鑑	鑑賞(かんしょう) 감상 鑑定(かんてい) 감정 印鑑(いんかん) 인감 年鑑(ねんかん) 연감			**한벽돌** 鑑(かんが)みる감안하여 판단하다 鑑識(かんしき)감식 図鑑(ずかん)도감

女·12·N1	감히 감	음 カン	훈 없음	①과감히 ②일부러
敢	敢行(かんこう) 감행 勇敢(ゆうかん) 용감 果敢(かかん) 과감 敢然(かんぜん) 감연, 과감			**한벽돌** 敢闘(かんとう)용감히 싸움 敢(あ)えて감히, 굳이

糸·11·N1	감색 감	음 コン	훈 없음	①짙은 청색 ②감색
紺	紺(こん) 감색 紺色(こんいろ) 감색 紺青(こんじょう) 감청 紺屋(こんや, こうや) 염색집			**한벽돌** 紺地(こんじ)감색 천 紫紺(しこん)자주빛을 띤 감색 濃紺(のうこん)짙은 감색

土·12·N1	견딜 감	음 カン	훈 た	①견디다 ②참다
堪	堪忍(かんにん) 참고 견딤 堪能(かんのう) 뛰어남 堪(た)える 견디다			**한벽돌** 堪能(たんのう)뛰어남 堪能(たんのう)する만족히 하다

力·11·N1	헤아릴 감	음 カン	훈 없음	①헤아리다 ②육감
勘	勘(かん) 육감 勘案(かんあん) 감안 勘違(かんちが)い 착각			**한벽돌** 勘定(かんじょう)계산 勘弁(かんべん)용서함 勘当(かんどう)의절 割(わ)り勘(かん)각자 부담

憾

忄·16·N1 □□□

섭섭할 감 | 음 カン | 훈 없음 | ①섭섭하다 ②유감스럽다

遺憾(いかん) 유감

甲

田·5·N1 □□□

갑옷 갑 | 음 コウ, カン | 훈 없음 | ①갑 ②첫째 천간 ③딱지

甲(こう) 갑
甲乙(こうおつ) 갑을
甲種(こうしゅ) 갑종
甲板(かんぱん) 갑판

한벽울
甲殻(こうかく)갑각 手(て)の甲(こう)손등 亀甲(きっこう)거북 등딱지 装甲車(そうこうしゃ)장갑차

岬

山·8·제외 □□□

곶 갑 | 음 없음 | 훈 みさき | ①곶 ②갑

岬(みさき) 곶, 갑
~岬(みさき) ~곶

江

氵·6·N1 □□□

강 강 | 음 コウ | 훈 え | ①강 ②후미

江河(こうが) 강하
江湖(こうこ) 강호
長江(ちょうこう) 긴 강
~江(こう) ~강

한벽울
江畔(こうはん)강변 江上(こうじょう)강 위 江戸(えど)에도 入(い)り江(え)후미, 물길이 굽어진 곳

剛

刂·10·N1 □□□

굳셀 강 | 음 ゴウ | 훈 없음 | ①굳세다 ②강건하다

剛健(ごうけん) 강건
剛直(ごうちょく) 강직
剛力(ごうりき) 강력
金剛(こんごう) 금강석

한벽울
剛気(ごうき)의지가 굳세고 용감 剛球(ごうきゅう)강속구 剛腹(ごうふく)배짱이 좋고 도량이 넓음

綱

糸·14·N1 □□□

벼리 강 | 음 コウ | 훈 つな | ①밧줄 ②요강

綱(つな) 밧줄
綱領(こうりょう) 강령
要綱(ようこう) 요강
大綱(たいこう) 대강

한벽울
綱目(こうもく)대략적인 구분 綱紀(こうき)기강 綱引(つなひ)き줄다리기 横綱(よこづな)스모 최고 등급

白·9·N2 □□□	다 개	음 カイ	훈 みな	①모두 ②전부
皆	皆(みな) 모두 皆(みんな) 모두 皆様(みなさま) 여러분 皆勤(かいきん) 개근			**한벽돌** 皆無(かいむ)전무 皆目(かいもく)전혀

竹·14·N1 □□□	낱 개	음 カ	훈 없음	①한 개 ②낱개
箇	箇所(かしょ) 장소 何箇所(なんかしょ) 몇 군데 何箇月(なんかげつ) 몇 개월			**한벽돌** 箇条(かじょう)항목 箇条書(かじょうがき)항목별로 씀

人·4·N2 □□□	낄 개	음 カイ	훈 없음	①중개 ②돕다 ③단단한 딱지
介	介入(かいにゅう) 개입 介在(かいざい) 개재 紹介(しょうかい) 소개 仲介(ちゅうかい) 중개			**한벽돌** 介抱(かいほう)간호 介護(かいご)간호 媒介(ばいかい)매개 一介(いっかい)일개 魚介類(ぎょかいるい)어패류 厄介(やっかい)딱성가시다

木·14·N1 □□□	대개 개	음 ガイ	훈 없음	①대체 ②기개
概	概念(がいねん) 개념 概要(がいよう) 개요 概論(がいろん) 개론 大概(たいがい) 대개 "본자(本字)는 槪이지요"			**한벽돌** 概容(がいよう)개요 概括(がいかつ)개괄 一概(いちがい)に일률적으로 気概(きがい)기개 概(おおむ)ね대강, 대체로

忄·13·N1 □□□	슬퍼할 개	음 ガイ	훈 없음	①분개하다 ②애통하다
慨	慨嘆(がいたん) 개탄 感慨(かんがい) 감개 憤慨(ふんがい) 분개 "본자(本字)는 慨이지요"			**한벽돌** 慨然(がいぜん)분개하는 모습

⺾·13·제외 □□□	덮을 개	음 ガイ	훈 ふた	①덮다 ②뚜껑 ③추측하다
蓋	蓋(ふた) 뚜껑 蓋然(がいぜん) 개연 蓋然性(がいぜんせい) 연성 口蓋(こうがい) 구개		"본자(本字)는 蓋로, 부수는 ⺾(艸)로 1획이 더 많지요"	**한벽돌** 頭蓋骨(ずがいこつ)두개골

日·7·N2 ☐☐☐	다시 갱, 고칠 경	음 コウ	훈 さら, ふ	①다시 ②고치다 ③밤이 깊어지다

更新(こうしん) 갱신
更生(こうせい) 갱생
更迭(こうてつ) 경질
変更(へんこう) 변경

한벽돌 更(さら)に더욱더 更(ふ)ける밤이 깊어지다 更(ふ)かす밤늦게까지 자지 않다 夜更(よふけ)야심 夜更(よふかし)밤늦게까지 자지 않음 今更(いまさら)새삼스레 殊更(ことさら)짐짓 尚更(なおさら)더 한층

土·7·N1 ☐☐☐	구덩이 갱	음 コウ	훈 없음	①구멍 ②구덩이

坑内(こうない) 갱내
坑道(こうどう) 갱도
坑(こう) 구덩이
坑夫(こうふ) 갱부, 광부

한벽돌 炭坑(たんこう)석탄갱 廃坑(はいこう)폐광

工·5·N2 ☐☐☐	클 거	음 キョ	훈 없음	①크다 ②많다 ③뛰어나다

巨大(きょだい) 거대
巨人(きょじん) 거인
巨額(きょがく) 거액
巨木(きょぼく) 거목

한벽돌 巨匠(きょしょう)거장 巨星(きょせい)거성 巨利(きょり)큰 이익

扌·8·제외 ☐☐☐	막을 거	음 キョ	훈 こば	①막다 ②거절하다

拒否(きょひ) 거부
拒絶(きょぜつ) 거절
抗拒(こうきょ) 항거
拒(こば)む 거부하다

한벽돌 拒止(きょし)방어 峻拒(しゅんきょ)엄정한 태도로 거절

足·12·N1 ☐☐☐	상거할 거	음 キョ	훈 없음	①거리 ②떨어지다

距離(きょり) 거리
長距離(ちょうきょり) 장거리
短距離(たんきょり) 단거리
射距離(しゃきょり) 사정거리

扌·8·N1 ☐☐☐	근거 거	음 キョ, コ	훈 よ	①기대다 ②근거

拠点(きょてん) 거점
根拠(こんきょ) 근거
論拠(ろんきょ) 논거
証拠(しょうこ) 증거

"본자(本字)는 據이지요"

한벽돌 拠出(きょしゅつ)거출, 갹출 本拠(ほんきょ)근거 拠(よ)る근거하다

据

扌・11・N1 □□□

의거할 거　음 없음　훈 す　①설치하다 ②고정하다

据(す)える　붙박다
据(す)わる　자리 잡고 움직이지 않다
据(す)え置(お)き　거치
据(す)え膳(ぜん)　음식상

한 벽 돌
見据(みす)える 응시하다　置(お)き据(す)える 설치하다

裾

衤・13・제외 □□□

옷자락 거　음 없음　훈 すそ　①옷자락 ②기슭

裾(すそ)　옷자락
山(やま)の裾(すそ)　산기슭
裾前(すそまえ)　앞자락
裾分(すそわ)け　얻은 물건을 나눔

乾

乙・11・N2 □□□

마를 건　음 カン　훈 かわ　①마르다

乾燥(かんそう)　건조
乾杯(かんぱい)　건배
乾電池(かんでんち)　건전지
乾(かわ)く　마르다

한 벽 돌
乾(かわ)かす 말리다　乾期(かんき)건기　乾季(かんき)건기　乾湿(かんしつ)건습　乾物(かんぶつ)마른 식품

巾

巾・3・제외 □□□

수건 건　음 キン　훈 없음　①수건 ②천 조각

巾着(きんちゃく)　주머니
頭巾(ずきん)　두건
雑巾(ぞうきん)　걸레
布巾(ふきん)　행주

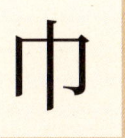

鍵

金・17・N1 □□□

열쇠 건　음 ケン　훈 かぎ　①열쇠 ②건반

鍵(かぎ)　열쇠
鍵穴(かぎあな)　열쇠 구멍
鍵盤(けんばん)　건반
白鍵(はっけん)　흰 건반

傑

イ・13・N1 □□□

음 뛰어날 걸　음 ケツ　훈 없음　①뛰어나다 ②영웅

傑作(けっさく)　걸작
傑出(けっしゅつ)　걸출
豪傑(ごうけつ)　호걸
女傑(じょけつ)　여걸

한 벽 돌
英傑(えいけつ)영웅호걸　傑物(けつぶつ)훌륭한 인물

乙·3·제외 □□□ 乞	빌 걸 乞(こ)う 物乞(ものご)い 雨乞(あまご)い	음 없음 빌다 구걸 기우	훈 こ	①빌다 ②조르다
イ·10·N1 □□□ 倹	검소할 검 倹約(けんやく) 倹素(けんそ) 勤倹(きんけん) 節倹(せっけん)	음 ケン 검약 검소 근검 절검, 절약	훈 없음 "본자(本字)는 儉이지요"	①절약 ②검소하다
リ·10·N1 □□□ 剣	칼 검 剣道(けんどう) 剣劇(けんげき) 剣術(けんじゅつ) 刀剣(とうけん)	음 ケン 검도 검극 검술 도검	훈 つるぎ "본자(本字)는 劍이지요"	①칼 ②베다 한벽돌 剣(つるぎ)양날 검 剣客(けんかく)검객 短剣(たんけん)단도 真剣(しんけん)だ진지하다
心·16·N1 □□□ 憩	쉴 게 休憩(きゅうけい) 憩(いこ)い 憩(いこ)う 小憩(しょうけい)	음 ケイ 휴게 휴식 휴식하다 소게, 잠깐 쉼	훈 いこ	①쉬다 ②휴식하다
扌·11·N1 □□□ 掲	높이 들 게 掲揚(けいよう) 掲示(けいじ) 掲載(けいさい) 掲(かか)げる	음 ケイ 게양 게시 게재 내걸다	훈 かか "본자(本字)는 揭이지요"	①내걸다 ②글 싣다 한벽돌 再掲(さいけい)다시 게시함 別掲(べっけい)따로 게시함
手·15·N1 □□□ 撃	칠 격 撃破(げきは) 撃退(げきたい) 攻撃(こうげき) 打撃(だげき)	음 ゲキ 격파 격퇴 공격 타격	훈 う "본자(本字)는 擊이지요"	①치다 ②격파 한벽돌 撃(う)つ공격하다 撃滅(げきめつ)격멸 撃墜(げきつい)격추 排撃(はいげき)배격 襲撃(しゅうげき)습격 砲撃(ほうげき)포격 挟撃(きょうげき)협공

隔

阝·13·N1 □□□

사이 뜰 격　음 カク　훈 へだ　①사이를 떼다 ②벌리다

隔離(かくり) 격리
隔週(かくしゅう) 격주
間隔(かんかく) 간격
遠隔(えんかく) 원격

> 한벽을
> 隔(へだ)てる사이를 떼다 隔(へだ)たる사이가 떨어지다

肩

月·8·N2 □□□

어깨 견　음 ケン　훈 かた　①어깨 ②직위

肩(かた) 어깨
肩章(けんしょう) 견장
肩書(かたが)き 직함
比肩(ひけん) 비견

> 한벽을
> 肩車(かたぐるま)목말 肩身(かたみ)체면 肩代(かたが)わり대신 떠안음 肩凝(かたこ)り어깨 결림 強肩(きょうけん)힘이 센 어깨 路肩(ろかた)갓길

堅

土·12·N1 □□□

굳을 견　음 ケン　훈 かた　①견고하다 ②견실하다

堅(かた)い 견고하다
堅固(けんご) 견고
堅持(けんじ) 견지
中堅(ちゅうけん) 중견

> 한벽을
> 堅実(けんじつ)견실 手堅(てがた)い 견실하다

遣

辶·13·N1 □□□

보낼 견　음 ケン　훈 つか　①파견하다 ②작용하다

派遣(はけん) 파견
小遣(こづか)い 용돈
遣(つか)う 보내다
遣(つか)わす 파견하다

"본자(本字)는 遣이지요"

> 한벽을
> 遣外(けんがい)외국 파견 遣唐使(けんとうし)견당사 先遣(せんけん)먼저 파견 仮名遣(かなづか)い가나 표기법 言葉遣(ことばづか)い말투 心遣(こころづか)い마음 씀씀이 駄遣(むだづか)い낭비

繭

艹·18·N1 □□□

고치 견　음 ケン　훈 まゆ　①누에고치

繭(まゆ) 누에고치
繭糸(けんし) 견사

"본자(本字)는 繭으로, 부수는 艹(艸)로 1획이 더 많지요"

兼

八·10·N1 □□□

겸할 겸　음 ケン　훈 か　①겸하다 ②앞서

兼業(けんぎょう) 겸업
兼職(けんしょく) 겸직
兼用(けんよう) 겸용
兼任(けんにん) 겸임

> 한벽을
> 兼(か)ねる겸하다 兼備(けんび)겸비 気兼(きが)ね사양 兼題(けんだい)미리 낸 시의 제목

"본자(本字)는 兼이지요"

言·17·N1 ☐☐☐

謙

겸손할 겸 **음** ケン **훈** 없음 ①겸손하다 ②공손하다

謙遜(けんそん)	겸손
謙虚(けんきょ)	겸허
謙譲(けんじょう)	겸양
謙譲語(けんじょうご)	겸양어

한 벽 돌
謙(へりくだ)る자신을 낮추다

"본자(本字)는 謙이지요"

金·18·N1 ☐☐☐

鎌

낫 겸 **음** 없음 **훈** かま ①낫

鎌(かま)   낫

"본자(本字)는 鎌이지요"

石·12·N2 ☐☐☐

硬

굳을 경 **음** コウ **훈** かた ①단단하다 ②딱딱하다 ③완고

硬度(こうど)	경도
強硬(きょうこう)	강경
硬(かた)い	단단하다
硬質(こうしつ)	경질

한 벽 돌
硬貨(こうか)동전 硬派(こうは)강경파 硬化(こうか)경화, 딱딱해짐

イ·13·N2 ☐☐☐

傾

기울 경 **음** ケイ **훈** かたむ ①기울어지다 ②경사지다

傾向(けいこう)	경향
傾斜(けいしゃ)	경사
傾聴(けいちょう)	경청
傾倒(けいとう)	경도

한 벽 돌
傾(かたむ)ける기울이다 傾(かたむ)く기울어지다 左傾(さけい)좌경 右傾(うけい)우경

日·7·N2 ☐☐☐

更

고칠 경, 다시 갱 **음** コウ **훈** さら, ふ ①다시 ②고치다 ③밤이 깊어지다

更新(こうしん)	갱신
更生(こうせい)	갱생
更迭(こうてつ)	경질
変更(へんこう)	변경

한 벽 돌
更(さら)に더욱더 更(ふ)ける밤이 깊어지다 更(ふ)かす밤늦게까지 자지 않다 夜更(よふ)け야심 夜更(よふ)かし밤늦게까지 자지 않음 今更(いまさら)새삼스레 殊更(ことさら)짐짓 尚更(なおさら)더 한층

魚·19·N1 ☐☐☐

鯨

고래 경 **음** ゲイ **훈** くじら ①고래 ②크다

| 鯨(くじら) | 고래 |
| 捕鯨(ほげい) | 포경 |

한 벽 돌
鯨波(げいは)큰 파도 鯨油(げいゆ)고래 기름 鯨肉(げいにく)고래 고기

茎

艹・8・N1 ☐☐☐

줄기 경 | 음 ケイ | 훈 くき | ①초목 줄기 ②기둥

- 茎(くき) 줄기
- 球茎(きゅうけい) 식물 알줄기
- 地下茎(ちかけい) 땅속줄기
- 歯茎(はぐき) 잇몸

"본자(本字)는 莖이지요"

慶

心・15・N1 ☐☐☐

경사 경 | 음 ケイ | 훈 없음 | ①경사 ②기뻐하다

- 慶賀(けいが) 경하
- 慶祝(けいしゅく) 경축
- 慶事(けいじ) 경사
- 慶弔(けいちょう) 경조사

한벽돌 大慶(たいけい)매우 경사스러움

驚

馬・22・N1 ☐☐☐

놀랄 경 | 음 キョウ | 훈 おどろ | ①놀라다 ②소동

- 驚(おどろ)く 놀라다
- 驚異(きょうい) 경이
- 驚嘆(きょうたん) 경탄
- 驚愕(きょうがく) 경악

한벽돌 驚(おどろ)かす놀라게 하다 一驚(いっきょう)깜짝 놀람 喫驚(きっきょう)깜짝 놀람

頃

頁・11・N1 ☐☐☐

잠깐 경 | 음 없음 | 훈 ころ | ①즈음, 무렵 ②한때

- 頃(ころ) 즈음
- ~頃(ごろ) ~경, 쯤
- 一頃(ひところ) 한때
- 近頃(ちかごろ) 근경, 근래

한벽돌 頃日(けいじつ)요즘 頃合(ころあ)い적기 今頃(いまごろ)지금쯤 年頃(としごろ)적령기 日頃(ひごろ)평소 手頃(てごろ)だ능력에 알맞다

憬

忄・15・제외 ☐☐☐

깨달을 경 | 음 ケイ | 훈 없음 | ①동경하다

- 憧憬(どうけい) 동경
- 憧憬(しょうけい) 동경

梗

木・11・제외 ☐☐☐

막힐 경, 줄기 경 | 음 コウ | 훈 없음 | ①막히다 ②줄기

- 梗塞(こうそく) 경색
- 脳梗塞(のうこうそく) 뇌경색
- 心筋梗塞(しんきんこうそく) 심근경색

한벽돌 梗概(こうがい)대강의 줄거리

大·9·N1 ☐☐☐	맺을 계	음 ケイ	훈 ちぎ	①계약 ②맺다
契	契約(けいやく) 계약 契機(けいき) 계기 黙契(もっけい) 묵계 契(ちぎ)る 연을 맺다		"본자(本字)는 契이지요"	

戈·7·N1 ☐☐☐	경계할 계	음 カイ	훈 いまし	①경계하다 ②단속하다
戒	戒律(かいりつ) 계율 警戒(けいかい) 경계 訓戒(くんかい) 훈계 懲戒(ちょうかい) 징계		한벽돌 戒(いまし)める 훈계하다 戒心(かいしん)경계심 戒告(かいこく)징계 戒厳(かいげん)계엄	

糸·13·N1 ☐☐☐	이을 계	음 ケイ	훈 つ	①잇다 ②계승하다
継	継続(けいぞく) 계속 継承(けいしょう) 계승 中継(ちゅうけい) 중계 後継(こうけい) 후계		"본자(本字)는 繼이지요"	한벽돌 継(つ)ぐ잇다 継母(けいぼ)계모 継嗣(けいし)후계자 継起(けいき)잇따라 일어남 跡継(あとつ)ぎ후계, 후계자 後継(あとつ)ぎ후계, 후계자

氵·11·N1 ☐☐☐	시내 계	음 ケイ	훈 없음	①시내 ②계곡
渓	渓谷(けいこく) 계곡 渓流(けいりゅう) 시냇물 雪渓(せっけい) 만년설 산골짜기		"본자(本字)는 溪이지요"	

鳥·19·N1 ☐☐☐	닭 계	음 ケイ	훈 にわとり	①닭
鶏	鶏(にわとり) 닭 鶏卵(けいらん) 계란 養鶏(ようけい) 양계 闘鶏(とうけい) 투계		"본자(本字)는 鷄이지요"	한벽돌 鶏肉(けいにく)닭고기 鶏小屋(にわとりごや)닭장

口·11·N1 ☐☐☐	열 계	음 ケイ	훈 없음	①열다 ②펼치다 ③말씀드리다
啓	啓示(けいじ) 계시 謹啓(きんけい) 근계, 편지첫머리 글 啓発(けいはつ) 계발 啓蒙(けいもう) 계몽		"본자(本字)는 啓이지요"	한벽돌 拝啓(はいけい)삼가 아룁니다 (편지 첫머리 글)

稽

禾・15・제외 ☐☐☐

상고할 **계**　음 ケイ　훈 없음　①견주어 고찰하다 ②지체

稽留(けいりゅう)　계류
稽古(けいこ)　(예능 등)학습

한벽돌
滑稽(こっけい)익살맞다

枯

木・9・N2 ☐☐☐

마를 **고**　음 コ　훈 か　①초목이 마르다 ②쇠하다

枯死(こし)　고사
枯渇(こかつ)　고갈
枯(か)れる　초목이 마르다
枯(か)れ木(き)　고목

한벽돌
枯(か)らす(초목)말리다 枯(か)れ葉(は)고엽 木枯(こが)らし초겨울 찬바람 栄枯(えいこ)번영과 쇠퇴

稿

禾・15・N1 ☐☐☐

볏집 **고**　음 コウ　훈 없음　①원고 ②초고

稿料(こうりょう)　고료, 원고료
原稿(げんこう)　원고
投稿(とうこう)　투고
草稿(そうこう)　초고

한벽돌
稿本(こうほん)초고
寄稿(きこう)기고

顧

頁・21・N1 ☐☐☐

돌아볼 **고**　음 コ　훈 かえり　①돌아보다 ②신경 쓰다

顧客(こきゃく)　고객
顧問(こもん)　고문
回顧(かいこ)　회고
顧(かえり)みる　되돌아보다

한벽돌
愛顧(あいこ)사랑하여 돌보아 줌
顧慮(こりょ)배려

雇

隹・12・N2 ☐☐☐

품 팔 **고**　음 コ　훈 やと　①고용하다

雇用(こよう)　고용
解雇(かいこ)　해고
雇(やと)う　고용하다
雇(やと)い人(にん)　고용인

한벽돌
雇(やと)い主(ぬし)고용주 日雇(ひやと)い날품팔이

孤

子・9・제외 ☐☐☐

외로울 **고**　음 コ　훈 없음　①외롭다 ②혼자

孤独(こどく)　고독
孤立(こりつ)　고립
孤児(こじ)　고아
遺孤(いこ)　유고, 고아

한벽돌
孤峰(こほう)외따로이 떨어진 산봉우리 孤島(ことう)외딴 섬

鼓・13・N1 □□□	북 고	음 コ	훈 つづみ	①북 ②격려하다
鼓	鼓動(こどう) 고동 鼓膜(こまく) 고막 鼓笛(こてき) 고적 鼓吹(こすい) 고취		"부수 鼓는 북 고이지요"	한벽쓸 鼓(つづみ)북, 장구 鼓舞(こぶ)고무, 격려하여 기세를 돋움 舌鼓(したつづみ)입맛을 다심 太鼓(たいこ)큰북

扌・9・N1 □□□	칠 고	음 ゴウ	훈 없음	①치다 ②고문하다
拷	拷問(ごうもん) 고문			

尸・5・N1 □□□	꽁무니 고	음 없음	훈 しり	①엉덩이 ②꼬리
尻	尻(しり) 엉덩이 尻尾(しっぽ) 꼬리			한벽쓸 尻餅(しりもち)엉덩방아 尻馬(しりうま)덩달아 함 尻込(しりご)み뒷걸음칠 目尻(めじり)눈꼬리 言葉尻(ことばじり)말꼬리

月・8・제외 □□□	넓적다리 고	음 コ	훈 また	①넓적다리 ②가랑이
股	股(また) 넓적다리, 대퇴 股関節(こかんせつ) 고관절 股間(こかん) 고간, 사타구니			한벽쓸 大股(おおまた)보폭이 큼 小股(こまた)보폭이 좁음 二股(ふたまた)두 갈래

金・16・제외 □□□	막을 고	음 コ	훈 없음	①가두다
錮	禁錮(きんこ) 금고			

口・5・제외 □□□	두드릴 고	음 コウ	훈 たた	①두드리다
叩	叩(たた)く 두드리다 叩(たた)き売(う)り 투매, 덤핑 袋叩(ふくろだた)き 뭇매		"상용한자 외의 표외한자 (表外漢字)인 인명한자 (人名漢字)이지요"	

哭

口·10·제외 □□□ 　울 곡　音 コク　訓 な　①울다 ②통곡

| 哭(な)く | 울다 |
| 慟哭(どうこく) | 통곡 |

"상용한자 외의 표외한자(表外漢字)인 인명한자(人名漢字)이지요"

滑

氵·13·N1 □□□ 　익살스러울 골, 미끄러울 활　音 カツ, コツ　訓 すべ, なめ　①미끄럽다 ②익살스럽다

滑走(かっそう)	활주
滑降(かっこう)	활강
円滑(えんかつ)	원활
潤滑(じゅんかつ)	윤활

한벽풀
滑(すべ)る미끄러지다 滑(なめ)らかだ매끄럽다 滑稽(こっけい)だ익살맞다

恭

忄·10·N1 □□□ 　공손할 공　音 キョウ　訓 うやうや　①공손하다 ②삼가다

恭敬(きょうけい)	공경하여 축하
恭賀新年(きょうがしんねん)	공하신년
恭(うやうや)しい	공손하다
恭順(きょうじゅん)	공순, 순종

"부수 ⺗은 밑 마음심으로 心의 다른 형태이지요"

孔

子·4·N1 □□□ 　구멍 공　音 コウ　訓 없음　①구멍 ②공자

孔子(こうし)	공자
気孔(きこう)	기공
鼻孔(びこう)	비공
瞳孔(どうこう)	동공

한벽풀
眼孔(がんこう)안공, 눈 구멍

貢

貝·10·N1 □□□ 　바칠 공　音 コウ, ク　訓 みつ　①바치다 ②공물

貢献(こうけん)	공헌
公租(こうそ)	공조, 조세
朝貢(ちょうこう)	조공
貢(みつ)ぐ	공물을 바치다

한벽풀
貢(みつ)ぎ物(もの)공물 年貢(ねんぐ)해마다 바치던 공물

攻

攵·7·N1 □□□ 　칠 공　音 コウ　訓 せ　①공격하다 ②연구하다

攻撃(こうげき)	공격
攻略(こうりゃく)	공략
攻勢(こうせい)	공세
専攻(せんこう)	전공

한벽풀
攻(せ)める공격하다 侵攻(しんこう)침공

일본어 한자의 벽을 뚫어라 **239**

心·10·N2 ☐☐☐	두려울 **공**	음 キョウ	훈 おそ	①두렵다 ②염려하다	
恐	恐怖(きょうふ) 공포 恐慌(きょうこう) 공황 恐竜(きょうりゅう) 공룡 恐喝(きょうかつ) 공갈			한벽돌 恐(おそ)ろしい두렵다 恐(おそ)れる 무서워하다 恐縮(きょうしゅく)황송, 황공 恐(おそ)れ入(い)る송구스러워 하다	

扌·11·N1 ☐☐☐	당길 **공**	음 コウ	훈 ひか	①줄이다 ②당기다 ③소송	
控	控除(こうじょ) 공제 控訴(こうそ) 공소, 항소 控(ひか)える 삼가다, 앞두다			한벽돌 控(ひか)え室(しつ)대기실 控(ひか)え目(め)삼가고 소극적	

艹·11·N2 ☐☐☐	과자 **과**	음 カ	훈 없음	①과자	
菓	お菓子(かし) 과자 銘菓(めいか) 명과 製菓(せいか) 제과 茶菓(さか) 다과		"본자(本字)는 菓로, 부수는 艹(艸)로 1획이 더 많지요"	한벽돌 和菓子(わがし)전통 과자 綿菓子(わたがし)솜사탕	

言·13·제외 ☐☐☐	자랑할 **과**	음 コ	훈 ほこ	①자랑하다 ②과시하다	
誇	誇大(こだい) 과대 誇示(こじ) 과시 誇張(こちょう) 과장 誇(ほこ)る 자랑하다				

宀·14·N1 ☐☐☐	적을 **과**	음 カ	훈 없음	①적다 ②과부	
寡	寡黙(かもく) 과묵 寡婦(かふ) 과부 寡占(かせん) 과점 寡少(かしょう) 과소, 아주 적음			한벽돌 寡聞(かぶん)견문이 좁음 衆寡(しゅうか)많음과 적음 多寡(たか)많고 적음	

金·17·N1 ☐☐☐	노구솥 **과**	음 없음	훈 なべ	①냄비	
鍋	鍋(なべ) 냄비 鍋料理(なべりょうり) 냄비요리 鉄鍋(てつなべ) 쇠 냄비 土鍋(どなべ) 질 냄비				

둘레 곽

阝·11·N1 ☐☐☐

음 カク　　**훈** 없음　　①둘레 ②성곽

- 輪郭(りんかく) 윤곽
- 外郭(がいかく) 외곽
- 城郭(じょうかく) 성곽
- 胸郭(きょうかく) 흉곽

꿸 관

貝·11·N1 ☐☐☐

음 カン　　**훈** つらぬ　　①꿰뚫다

- 貫通(かんつう) 관통
- 貫禄(かんろく) 관록
- 貫徹(かんてつ) 관철
- 一貫(いっかん) 일관

> **한벽돌** 貫(つらぬ)く 꿰뚫다

갓 관

冖·9·N1 ☐☐☐

음 カン　　**훈** かんむり　　①갓, 관 ②성인

- 冠詞(かんし) 관사
- 冠(かんむり) 관
- 王冠(おうかん) 왕관
- 弱冠(じゃっかん) 약관

> **한벽돌** 冠者(かんじゃ)젊은 남성 冠省(かんしょう)전문을 생략함 冠婚葬祭(かんこんそうさい)관혼상제 栄冠(えいかん)영예의 관 月桂冠(げっけいかん)월계관 戴冠式(たいかんしき)대관식

너그러울 관

宀·13·N1 ☐☐☐

음 カン　　**훈** 없음　　①너그럽다

- 寬大(かんだい) 관대
- 寬容(かんよう) 관용

"본자(本字)는 寬이지요"

항목 관

欠·12·N1 ☐☐☐

음 カン　　**훈** 없음　　①항목 ②정성 ③낙관

- 定款(ていかん) 정관
- 約款(やっかん) 약관
- 借款(しゃっかん) 차관
- 落款(らっかん) 낙관, 작가서명

> **한벽돌** 款待(かんたい)친절히 정성껏 대접

두레박 관

缶·6·N2 ☐☐☐

음 カン　　**훈** 없음　　①깡통 ②양철통

- 缶(かん) 깡통
- 空(あ)き缶(かん) 빈 깡통
- 缶詰(かんづめ) 통조림
- 缶切(かんき)り 깡통 따개

"본자(本字)는 罐이지요"

> **한벽돌** 薬缶(やかん)주전자 汽缶(きかん)보일러

| 木·12·N1 | 널 관 | 음 カン | 훈 없음 | ①관 |

棺(かん) 관
納棺(のうかん) 입관
出棺(しゅっかん) 출관
石棺(せっかん) 석관

한벽돌: 棺桶(かんおけ)관

| l·7·제외 | 꿸 관 | 음 カン | 훈 くし | ①꼬치 ②관통 |

串(くし) 꼬치
串柿(くしがき) 곶감

| 扌·9·N1 | 묶을 괄 | 음 カツ | 훈 없음 | ①묶다 ②괄호 |

括弧(かっこ) 괄호
一括(いっかつ) 일괄
包括(ほうかつ) 포괄
概括(がいかつ) 개괄

한벽돌: 括約(かつやく)괄약 一括払(いっかつばら)い일시불 括(くく)る묶다

| 竹·12·제외 | 오늬 괄 | 음 カツ | 훈 はず | ①예정, 분명 |

筈(はず) 예정, ~터, ~리

"상용한자 외의 표외한자(表外漢字)인 인명한자(人名漢字)이지요"

| 扌·7·N1 | 미칠 광 | 음 キョウ | 훈 くる | ①미치다 ②애호가 ③망가지다 |

狂乱(きょうらん) 광란
熱狂(ねっきょう) 열광
発狂(はっきょう) 발광
狂(くる)う 미치다

한벽돌: 狂(くる)おしい미칠 듯하다 狂言(きょうげん)전통 희극 狂奔(きょうほん)광분 狂喜(きょうき)몹시 기뻐함

| 扌·11·N2 | 걸 괘 | 음 없음 | 훈 か, かかり | ①걸치다 ②담당하다 |

掛(か)ける 걸다
掛(かかり) 담당
掛(か)かり者(もの) 담당자
掛(か)かる 걸리다

한벽돌: 掛(か)け図(ず)괘도 掛(か)け軸(じく)족자 掛(か)け算(ざん)곱셈 掛(か)け売(う)り외상 판매 切(き)っ掛(か)け계기 手掛(てが)かり단서 仕掛(しか)け장치 心掛(こころが)け마음가짐 腰掛(こしか)け결상

壊
土·16·N1 ☐☐☐
무너질 괴
음 カイ **훈** こわ ①부수다 ②망가뜨리다

壊滅(かいめつ) 괴멸
破壊(はかい) 파괴
壊(こわ)す 부수다
壊(こわ)れる 부서지다

"본자(本字)는 壞이지요"

한벽동 壞血病(かいけつびょう)괴혈병 決壞(けっかい)터져 무너짐 倒壞(とうかい)무너짐

怪
忄·8·N1 ☐☐☐
괴이할 괴
음 カイ **훈** あや ①수상하다 ②괴이하다

怪談(かいだん) 괴담
怪物(かいぶつ) 괴물
怪獣(かいじゅう) 괴수
妖怪(ようかい) 요괴

한벽동 怪(あや)しい수상하다 怪(あや)しむ수상히 여기다 怪我(けが)부상 怪力(かいりき)괴력 怪奇(かいき)괴기

塊
土·13·N1 ☐☐☐
흙덩이 괴
음 カイ **훈** かたまり ①흙덩이 ②덩어리

塊(かたまり) 덩어리
金塊(きんかい) 금괴
団塊(だんかい) 단괴
塊状(かいじょう) 괴상, 덩어리진 모양

한벽동 塊炭(かいたん)덩어리 석탄 塊根(かんこん)덩이뿌리

拐
扌·8·N1 ☐☐☐
후릴 괴
음 カイ **훈** 없음 ①후리다 ②유괴하다

誘拐(ゆうかい) 유괴

"본자(本字)는 拐이지요"

郊
阝·9·N2 ☐☐☐
들 교
음 コウ **훈** 없음 ①들 ②문 밖

郊外(こうがい) 교외
近郊(きんこう) 근교

較
車·13·N2 ☐☐☐
견줄 교
음 カク **훈** 없음 ①견주다 ②비교하다

比較(ひかく) 비교
比較的(ひかくてき)だ 비교적이다

한벽동 較差(かくさ)최대와 최소의 차이 較差(こうさ)최대와 최소의 차이

일본어 한자의 벽을 뚫어라 **243**

工·5·N1 ☐☐☐	공교할 교	음 コウ	훈 たく	①교묘하다 ②능숙하다

巧

巧(たく)み 　　교묘함
巧妙(こうみょう) 　교묘
技巧(ぎこう) 　　기교
精巧(せいこう) 　정교

한벽돌
巧拙(こうせつ)잘하고 못함

矢·17·N1 ☐☐☐	바로잡을 교	음 キョウ	훈 た	①바로잡다

矯

矯正(きょうせい) 　교정
矯(た)める 　바로잡다

한벽돌
奇矯(ききょう)괴이하고 기발함

糸·12·N1 ☐☐☐	목맬 교	음 コウ	훈 しぼ, し	①매다 ②묶다 ③비틀어짜다

絞

絞殺(こうさつ) 　교살
絞首(こうしゅ) 　교수
絞(し)める 　졸라매다
絞(し)まる 　단단히 죄이다

한벽돌
絞(しぼ)る쥐어짜다
お絞(しぼ)り물수건

口·15·제외 ☐☐☐	깨물 교	음 없음	훈 か	①깨물다 ②씹다

嚙

嚙(か)む씹다

"상용한자 외의 표외한자(表外漢字)인 인명한자(人名漢字)이며, 본자(本字)는 嚙이지요."

一·5·N1 ☐☐☐	언덕 구	음 キュウ	훈 おか	①언덕 ②구릉

丘

丘(おか) 　　언덕
丘陵(きゅうりょう) 　구릉
砂丘(さきゅう) 　사구

貝·17·N1 ☐☐☐	살 구	음 コウ	훈 없음	①사다 ②구입하다

購

購入(こうにゅう) 　구입
購買(こうばい) 　구매
購読(こうどく) 　구독
購求(こうきゅう) 　구구, 구하여 삼

欠·8·N2 □□□	구라파 **구**	음 オウ	훈 없음	①유럽
欧	欧米(おうべい) 구미, 유럽과 미국 西欧(せいおう) 서유럽 東欧(とうおう) 동유럽 北欧(ほくおう) 북유럽		"본자(本字)는 歐이지요"	한벽을 欧州(おうしゅう)유럽주 欧亜(おうあ)유럽과 아시아 欧文(おうぶん)로마자 渡欧(とおう)유럽으로 감

馬·14·N1 □□□	몰 **구**	음 ク	훈 か	①달리다 ②내몰다
駆	駆使(くし) 구사 駆動(くどう) 구동 駆除(くじょ) 구제 先駆(せんく) 선구		"본자(本字)는 驅이지요"	한벽을 駆(か)ける달리다 駆(か)る몰다 駆(か)け足(あし)달음박질 駆(か)け付(つ)ける내달리다 駆逐(くちく)구축 疾駆(しっく)질주

扌·8·N1 □□□	잡을 **구**	음 コウ	훈 없음	①잡다 ②구애되다
拘	拘束(こうそく) 구속 拘留(こうりゅう) 구류 拘置(こうち) 구치 拘禁(こうきん) 구금			한벽을 拘(こだわ)る구애되다 拘(こだわ)り고집, 구애됨

殳·8·N1 □□□	때릴 **구**	음 オウ	훈 なぐ	①때리다
殴	殴打(おうだ) 구타 殴殺(おうさつ) 때려 죽임 殴(なぐ)る 때리다		"본자(本字)는 毆이지요"	

忄·11·제외 □□□	두려워할 **구**	음 グ	훈 없음	①두려워하다
惧	危惧(きぐ) 위구, 염려하고 두려워함		"본자(本字)는 懼이지요"	

臼·6·제외 □□□	절구 **구**	음 キュウ	훈 うす	①절구 ②맷돌
臼	臼(うす) 절구 石臼(いしうす) 돌절구 臼歯(きゅうし) 어금니 脱臼(だっきゅう) 탈구		"부수 臼는 절구 구이지요"	

溝

氵·13·N1 ☐☐☐   도랑 **구**   음 コウ   훈 みぞ   ①도랑 ②개천

溝(みぞ)	도랑, 개천
海溝(かいこう)	해구
排水溝(はいすいこう)	배수구
下水溝(げすいこう)	하수구

勾

ク·4·제외 ☐☐☐   굽을 구, 올가미 **구**   음 コウ   훈 없음   ①구류 ②굽다

勾留(こうりゅう)	구류, 구금
勾配(こうばい)	경사, 구배

駒

馬·15·N1 ☐☐☐   망아지 **구**   음 없음   훈 こま   ①망아지 ②장기 말

駒(こま)	망아지, 말
手駒(てごま)	장기 말

垢

土·9·제외 ☐☐☐   때 **구**   음 コウ, ク   훈 あか   ①때

垢(あか)	때
垢擦(あかす)り	때밀이
無垢(むく)	무구, 청정함

"상용한자 외의 표외한자(表外漢字)인 인명한자(人名漢字)이지요"

鷗

鳥·22·제외 ☐☐☐   갈매기 **구**   음 없음   훈 かもめ   ①갈매기

鷗(かもめ)	갈매기

"상용한자 외의 표외한자(表外漢字)인 인명한자(人名漢字)이며, 鴎로도 표기하지요"

昆

日·8·N1 ☐☐☐   맏 **곤**   음 コン   훈 없음   ①곤충 ②다시마

昆虫(こんちゅう)	곤충
昆布(こんぶ)	다시마

菊

艹・11・N1 □□□

국화 **국** | 음 キク | 훈 없음 | ①국화

菊(きく) 국화
残菊(ざんぎく) 잔국
白菊(しらぎく) 흰 국화
菊花(きっか) 국화

"본자(本字)는 菊로, 부수는 艹(艸)로 1획이 더 많지요."

한벽돌
野菊(のぎく)들국화
春菊(しゅんぎく)쑥갓

屈

尸・8・N1 □□□

굽힐 **굴** | 음 クツ | 훈 없음 | ①구부리다 ②패하다 ③복종

屈服(くっぷく) 굴복
屈折(くっせつ) 굴절
屈指(くっし) 굴지
不屈(ふくつ) 불굴

한벽돌
理屈(りくつ)이치 屈辱(くつじょく)굴욕 偏屈(へんくつ)성질이 비뚤어짐 窮屈(きゅうくつ)답답하다 退屈(たいくつ)지루하다

掘

扌・11・N2 □□□

팔 **굴** | 음 クツ | 훈 ほ | ①파다 ②캐다

掘進(くっしん) 굴진
発掘(はっくつ) 발굴
採掘(さいくつ) 채굴
掘(ほ)る 파다

한벽돌
掘削(くっさく)굴착

堀

土・11・N1 □□□

굴 **굴** | 음 없음 | 훈 ほり | ①도랑 ②해자 ③파다

堀(ほり) 도랑, 수로
外堀(そとぼり) 바깥 해자
内堀(うちぼり) 선 안쪽 해자
穴堀(あなほり) 구멍을 팜

한벽돌
堀端(ほりばた)도랑가 堀江(ほりえ) 땅을 파서 만든 강 釣(つ)り堀(ぼり) 유료 낚시터

窟

穴・13・제외 □□□

굴 **굴** | 음 クツ | 훈 없음 | ①굴

巣窟(そうくつ) 소굴
洞窟(どうくつ) 동굴

窮

穴・15・N1 □□□

다할 **궁**, 궁할 **궁** | 음 キュウ | 훈 きわ | ①한도에 이르다 ②궁하다 ③지극히

窮地(きゅうち) 궁지
窮乏(きゅうぼう) 궁핍
困窮(こんきゅう) 곤궁
貧窮(ひんきゅう) 빈궁

한벽돌
窮(きわ)める 지극히 다하다 窮(きわ)まる 지극히 이르다 窮屈(きゅうくつ)거북하다

勸

力 · 13 · N1 □□□

권할 **권** 　**음** カン　　**훈** すす　　①권하다 ②권유하다

勧告(かんこく) 권고
勧誘(かんゆう) 권유
勧奨(かんしょう) 권장
勧(すす)める 권유하다

"본자(本字)는 勸이지요"

圈

口 · 12 · N1 □□□

우리 **권**　**음** ケン　　**훈** 없음　　①범위 ②구역

圏内(けんない) 권내
圏外(けんがい) 권외
首都圏(しゅとけん) 수도권
大気圏(たいきけん) 대기권

"본자(本字)는 圈이지요"

한 벽 돌
北極圏(ほっきょくけん)북극권 熱帯圏(ねったいけん)열대권

拳

手 · 10 · 제외 □□□

주먹 **권**　**음** ケン　　**훈** こぶし　　①주먹

拳(こぶし) 주먹
拳闘(けんとう) 권투
拳法(けんぽう) 권법
鉄拳(てっけん) 무쇠 주먹

"본자(本字)는 拳이지요"

軌

車 · 9 · N1 □□□

바퀴 자국 **궤**　**음** キ　　**훈** 없음　　①바퀴 자국 ②굴레

軌道(きどう) 궤도
軌跡(きせき) 궤적
狭軌(きょうき) 협궤
常軌(じょうき) 상궤, 상식

한 벽 돌
無軌道(むきどう)생각, 행동에 방향과 규칙이 없음

潰

氵 · 15 · 제외 □□□

무너질 **궤**　**음** カイ　　**훈** つぶ　　①으깨다 ②헐다

潰瘍(かいよう) 궤양
潰(つぶ)す 으깨다
潰(つぶ)れる 찌부러지다
暇潰(ひまつぶ)し 심심풀이

鬼

鬼 · 10 · N1 □□□

귀신 **귀**　**음** キ　　**훈** おに　　①귀신 ②특출나다

鬼(おに) 도깨비
鬼才(きさい) 귀재
餓鬼(がき) 아귀, 개구쟁이
悪鬼(あっき) 악귀

"부수 鬼는 귀신 귀이지요"

亀 · 11 · N1 ☐☐☐

거북 귀, 터질 균 **음** キ **훈** かめ ①거북 ②터지다

亀(かめ)	거북
亀甲(きっこう)	거북 등딱지
亀鑑(きかん)	귀감
亀裂(きれつ)	균열

"부수 亀는 거북 귀이며, 본자(本字)는 龜이지요"

叫 · 口 · 6 · N2 ☐☐☐

부르짖을 규 **음** キュウ **훈** さけ ①부르짖다

叫喚(きょうかん)	규환
絶叫(ぜっきょう)	절규
叫(さけ)ぶ	외치다
叫(さけ)び	외침

糾 · 糸 · 9 · N1 ☐☐☐

얽힐 규 **음** キュウ **훈** 없음 ①얽히다 ②따지다

糾明(きゅうめい)	규명
糾弾(きゅうだん)	규탄
紛糾(ふんきゅう)	분규
糾問(きゅうもん)	규문, 따져 물음

菌 · ⺾ · 11 · N1 ☐☐☐

버섯 균 **음** キン **훈** 없음 ①세균 ②버섯

菌(きん)	균
細菌(さいきん)	세균
病菌(びょうきん)	병균
殺菌(さっきん)	살균

"본자(本字)는 菌으로, 부수는 ⺾(艸)로 1획이 더 많지요"

한 벽돌 더
菌類(きんるい)균류, 버섯류 黴菌(ばいきん)세균 保菌(ほきん)보균

亀 · 11 · N1 ☐☐☐

터질 균, 거북 귀 **음** キ **훈** かめ ①거북 ②균열

亀(かめ)	거북
亀甲(きっこう)	거북 등딱지
亀鑑(きかん)	귀감
亀裂(きれつ)	균열

"본자(本字)는 龜이지요"

克 · 儿 · 7 · N1 ☐☐☐

이길 극 **음** コク **훈** か ①극복 ②이기다 ③충분히

克服(こくふく)	극복
克明(こくめい)	극명
克己(こっき)	극기
相克(そうこく)	상극

한 벽돌 더
超克(ちょうこく)곤란을 극복함

阝·13·제외 □□□	틈 극	음 ゲキ	훈 すき	①틈 ②간격
隙	隙(すき) 隙間(すきま) 間隙(かんげき) 空隙(くうげき)	틈 틈, 겨를 간극 공극, 틈		

斤·4·N1 □□□	근 근	음 キン	훈 없음	①무게 단위
斤	斤(きん) 一斤(いっきん) 斤量(きんりょう)	근 한 근, 600그램 근량		

言·17·N1 □□□	삼갈 근	음 キン	훈 つつし	①삼가다 ②조심하다
謹	謹賀(きんが) 謹慎(きんしん) 謹(つつし)む 謹呈(きんてい)	근하 근신 삼가다 근정, 삼가 드림	한벽을 "본자(本字)는 謹이지요"	謹啓(きんけい)근계, 편지 첫머리 글 謹聴(きんちょう)삼가 들음

イ·13·제외 □□□	겨우 근	음 キン	훈 わず	①겨우 ②약간
僅	僅(わず)か 僅(わず)かだ 僅少(きんしょう) 僅差(きんさ)	불과 근소하다 근소 근소한 차이		

金·16·N1 □□□	비단 금	음 キン	훈 にしき	①비단 ②아름답다
錦	錦(にしき) 錦鯉(にしきごい) 錦繍(きんしゅう) 錦秋(きんしゅう)	비단 비단잉어 자수 비단 단풍 든 가을		

王·12·제외 □□□	거문고 금	음 キン	훈 こと	①거문고
琴	琴(こと) 木琴(もっきん) 風琴(ふうきん) 鉄琴(てっきん)	거문고 목금, 실로폰 풍금 철금	한벽을	琴線(きんせん)거문고 줄

襟

ネ・18・N1 ☐☐☐

옷깃 금 | 음 キン | 훈 えり | ①옷깃 ②마음속

- 襟(えり) 옷깃
- 胸襟(きょうきん) 흉금
- 襟巻(えりまき) 목도리
- 襟首(えりくび) 목덜미

한벽룔 襟度(きんど)도량 開襟(かいきん)깃을 헤쳐 젖힘, 마음을 털어놓음

及

丿・3・N1 ☐☐☐

미칠 급 | 음 キュウ | 훈 およ | ①미치다 ②합격 ③및

- 及第(きゅうだい) 급제
- 普及(ふきゅう) 보급
- 言及(げんきゅう) 언급
- 及(およ)ぶ 미치다

한벽룔 及(およ)ぼす미치게 하다 ~及(およ)び~및 追及(ついきゅう)뒤쫓음, 추궁 波及(はきゅう)파급

扱

扌・6・N1 ☐☐☐

거둘 급 | 음 없음 | 훈 あつか | ①다루다 ②취급하다

- 扱(あつか)い 취급
- 扱(あつか)う 다루다
- 扱(あつか)い 취급
- 取(と)り扱(あつか)う 취급하다

肯

月・8・N2 ☐☐☐

즐길 긍 | 음 コウ | 훈 없음 | ①즐기다 ②긍정하다

- 肯定(こうてい) 긍정
- 首肯(しゅこう) 수긍

企

人・6・제외 ☐☐☐

꾀할 기 | 음 キ | 훈 くわだ | ①계획 ②기획 ③꾀하다

- 企画(きかく) 기획
- 企業(きぎょう) 기업
- 企図(きと) 기도
- 企(くわだ)てる 꾀하다

幾

幺・12・N2 ☐☐☐

몇 기 | 음 キ | 훈 いく | ①몇 ②어느 ③기하학

- 幾何(きか) 기하
- 幾何学(きかがく) 기하학
- 幾(いく)つ 몇 개
- 幾度(いくど) 몇 번

한벽룔 幾多(いくた)수많이 幾重(いくえ)몇 겹 幾度(いくたび)몇 번 幾分(いくぶん)어느 정도

부수·획수·급수	훈음	음	훈	뜻
食·10·N1 □□□	주릴 기	キ	う	①굶주리다 ②흉작

飢

飢餓(きが) 기아
飢渴(きかつ) 기갈
飢饉(ききん) 기근
飢(う)える 굶주리다

"본자(本字)는 飢이지요"

한벽쿨
飢(う)え死(じ)に아사

| 大·8·N1 □□□ | 기특할 기, 기이할 기 | キ | 없음 | ①기특 ②기이 ③불완전 |

奇

奇跡(きせき) 기적
奇妙(きみょう) 기묘
怪奇(かいき) 괴기
好奇心(こうきしん) 호기심

한벽쿨
奇数(きすう)홀수 奇襲(きしゅう)기습 奇抜(きばつ)기발 奇矯(ききょう)괴이하고 기발함 数奇屋(すきや)다실 珍奇(ちんき)진기 猟奇(りょうき)엽기

| 心·7·N1 □□□ | 꺼릴 기 | キ | い | ①꺼리다 ②기일 |

忌

忌避(きひ) 기피
忌日(きじつ) 기일
忌中(きちゅう) 기중
禁忌(きんき) 금기

한벽쿨
忌(い)む꺼리다 忌(い)まわしい꺼림직하다 忌(い)み言葉(ことば)꺼리는 말 一周忌(いっしゅうき)사후 1주기 回忌(かいき)해마다 돌아오는 제삿날

| 礻·8·N2 □□□ | 빌 기 | キ | いの | ①빌다 ②기도 |

祈

祈願(きがん) 기원
祈祷(きとう) 기도
祈(いの)り 기도
祈(いの)る 기도하다

"본자(本字)는 祈이지요"

한벽쿨
祈念(きねん)기원

| 无·10·N1 □□□ | 이미 기 | キ | すで | ①이미 ②이전 |

既

既成(きせい) 기성
既婚(きこん) 기혼
既製(きせい) 기성
既存(きそん) 기존

"부수 无(旡)는 숨 막힐 기로, 既에서 자주 사용되어 이미기방이라고도 하며, 본자(本字)는 既이지요"

한벽쿨
既(すで)に이미 既知(きち)이미 알려짐 既刊(きかん)이미 발간됨

| 月·6·N2 □□□ | 살갗 기 | 없음 | はだ | ①피부 ②표면 ③기질 |

肌

肌(はだ) 피부
肌色(はだいろ) 살색
肌身(はだみ) 살갗
肌触(はだざわ)り 촉감

한벽쿨
肌着(はだぎ)내의 肌寒(はださむ)い으스스 춥다 素肌(すはだ)맨몸 鳥肌(とりはだ)소름 職人肌(しょくにんはだ)장인 기질

石·13·N1	바둑 기	음 ゴ	훈 없음	①바둑

碁

- 碁(ご) — 바둑
- 碁石(ごいし) — 바둑돌
- 碁盤(ごばん) — 바둑판
- 囲碁(いご) — 바둑

한벽돌: 賭碁(かけご)내기 바둑

木·12·N1	바둑 기	음 キ	훈 없음	①바둑 ②장기

棋

- 棋士(きし) — 바둑 기사
- 棋院(きいん) — 바둑 기원
- 棋譜(きふ) — 기보, 대국 기록
- 将棋(しょうぎ) — 장기

한벽돌: 棋聖(きせい)바둑, 장기의 대가

木·13·N1	버릴 기	음 キ	훈 없음	①버리다 ②포기하다

棄

- 棄権(きけん) — 기권
- 棄却(ききゃく) — 기각
- 破棄(はき) — 파기
- 廃棄(はいき) — 폐기

한벽돌: 放棄(ほうき)포기 自棄酒(やけざけ)홧술 自暴自棄(じぼうじき)자포자기

馬·18·N1	말탈 기	음 キ	훈 없음	①말 타다 ②기병

騎

- 騎手(きしゅ) — 기수
- 騎士(きし) — 기사
- 騎兵(きへい) — 기병
- 騎馬(きば) — 기마

한벽돌: 騎乗(きじょう)승마

欠·12·N1	속일 기	음 ギ	훈 あざむ	①속이다 ②경시하다

欺

- 詐欺(さぎ) — 사기
- 詐欺師(さぎし) — 사기꾼
- 欺瞞(ぎまん) — 기만
- 欺(あざむ)く — 속이다

イ·6·제외	재간 기	음 キ, ギ	훈 없음	①재주 ②기예

伎

- 技芸(ぎげい) — 기예
- 歌舞伎(かぶき) — 일본 전통극
- 歌舞伎座(かぶきざ) — 가부키 극장

	漢字	訓	音	훈	뜻
田·15·제외	畿	경기 기	음 キ	훈 없음	①近畿지역

近畿(きんき) 긴키지역
近畿地方(きんきちほう) 긴키지역

"近畿地方은 本州의 중서부에 위치하지요"

	漢字	訓	音	훈	뜻
糸·15·N1	緊	긴할 긴	음 キン	훈 없음	①단단히 죄다 ②엄격하다

緊張(きんちょう) 긴장
緊密(きんみつ) 긴밀
緊急(きんきゅう) 긴급
緊迫(きんぱく) 긴박

한벽
緊縮(きんしゅく)긴축 緊縛(きんばく)바싹 죄어 묶음 喫緊(きっきん)중요함

	漢字	訓	音	훈	뜻
口·6·N1	吉	길할 길	음 キチ, キツ	훈 없음	①좋다 ②길하다

吉日(きちじつ) 길일
吉兆(きっちょう) 길조
大吉(だいきち) 대길
不吉(ふきつ) 불길

한벽
吉(きち)길함 吉報(きっぽう)좋은 소식 吉祥(きっしょう)길조 吉凶(きっきょう)길흉

	漢字	訓	音	훈	뜻
口·12·N2	喫	먹을 끽	음 キツ	훈 없음	①먹다 ②피다 ③마시다

喫煙(きつえん) 흡연
満喫(まんきつ) 만끽

"본자(本字)는 喫이지요"

한벽
喫茶(きっさ)차를 마심 喫茶店(きっさてん)찻집 喫驚(きっきょう)깜짝 놀람 喫緊(きっきん)중요함

	漢字	訓	音	훈	뜻
β·7·N1	那	어찌 나	음 ナ	훈 없음	①어느

那落(ならく) 나락
刹那(せつな) 찰나
那辺(なへん) 어느 근방
旦那(だんな) 남편

	漢字	訓	音	훈	뜻
言·15·N1	諾	허락할 낙(락)	음 ダク	훈 없음	①허락하다 ②승낙하다

承諾(しょうだく) 승낙
許諾(きょだく) 허락
唯々諾々(いいだくだく) 유유낙낙
応諾(おうだく) 응낙, 승낙

"본자(本字)는 諾으로, ++의 1획이 더 많지요"

한벽
快諾(かいだく)흔쾌히 승낙 内諾(ないだく)비공식 승낙

| 女·10·N2 ☐☐☐ | 계집 **낭**(랑) | 음 없음 | 훈 むすめ | ①딸 ②처녀 |

娘

娘(むすめ) 딸, 처녀
小娘(こむすめ) 소녀
一人娘(ひとりむすめ) 외동딸

한벽
娘婿(むすめむこ)사위 娘心(むすめごころ)처녀 마음 孫娘(まごむすめ)손녀

| 而·9·N1 ☐☐☐ | 견딜 **내** | 음 タイ | 훈 た | ①견디다 ②오래 쓰다 |

耐

耐久(たいきゅう) 내구
耐震(たいしん) 내진
耐寒(たいかん) 내한
忍耐(にんたい) 인내

"부수 而는 말이을 이지요"

한벽
耐(た)える견디다 耐乏(たいぼう)내핍 耐性(たいせい)내성 耐火(たいか)불에 타지 않고 잘 견딤

| 勹·4·제외 ☐☐☐ | 향내 **내** | 음 없음 | 훈 にお | ①냄새 ②냄새나다 |

匂

匂(にお)い 냄새
匂(にお)う 냄새 나다
匂(にお)わす 냄새 풍기다

"일본 고유한자(和製漢字)인 국자(国字)이지요"

| 扌·11·제외 ☐☐☐ | 비틀 **념**(염) | 음 ネン | 훈 없음 | ①비틀다 ②꼬다 |

捻

捻挫(ねんざ) 염좌, 관절을 삠
捻出(ねんしゅつ) 염출, 어렵게 모음

| 宀·14·N1 ☐☐☐ | 편안할 **녕**(영) | 음 ネイ | 훈 없음 | ①편안 ②차분하다 |

寧

寧日(ねいじつ) 영일, 편안한 날
安寧(あんねい) 안녕
丁寧(ていねい)だ 정중하다

"본자(本字)는 寗이지요"

| 心·9·N2 ☐☐☐ | 성낼 **노**(로) | 음 ド | 훈 おこ, いか | ①성내다 ②꾸짖다 |

怒

怒気(どき) 노기
激怒(げきど) 격노
憤怒(ふんど) 분노
怒(おこ)る 성내다

한벽
怒(いか)り분노 怒(いか)る분노하다 怒声(どせい)성난 목소리 怒髪(どはつ)노발대발 怒鳴(どな)る고함치다

女·5·N1 ☐☐☐

종 노 　음 ド 　훈 やつ 　①종 ②노예

奴

奴隷(どれい) 노예
農奴(のうど) 농노
守銭奴(しゅせんど) 수전노
売国奴(ばいこくど) 매국노

氵·16·N2 ☐☐☐

짙을 농 　음 ノウ 　훈 こ 　①진하다 ②짙다

濃

濃度(のうど) 농도
濃密(のうみつ) 농밀
濃厚(のうこう) 농후
濃(こ)い 진하다

한벽쌤
濃淡(のうたん)짙음과 옅음 濃紺(のうこん)짙은 감색 濃霧(のうむ)짙은 안개 濃縮(のうしゅく)농축

忄·10·N2 ☐☐☐

번뇌할 뇌 　음 ノウ 　훈 なや 　①번뇌 ②잃다

悩

悩(なや)む 괴로워하다
悩殺(のうさつ) 뇌쇄
苦悩(くのう) 고뇌
煩悩(ぼんのう) 번뇌

"본자(本字)는 惱이지요"

한벽쌤
悩(なや)ます괴롭히다 悩(なや)ましい괴롭다 悩(なや)み事(ごと)고민거리 悩乱(のうらん)고뇌로 마음이 혼란함 思(おも)い悩(なや)む괴로워하다

尸·7·N1 ☐☐☐

오줌 뇨(요) 　음 ニョウ 　훈 없음 　①소변

尿

尿意(にょうい) 요의
尿道(にょうどう) 요도
糖尿(とうにょう) 당뇨
検尿(けんにょう) 검뇨

한벽쌤
尿(にょう)소변 夜尿症(やにょうしょう)야뇨증 尿尿(しにょう)배설물

糸·10·제외 ☐☐☐

끈 뉴(유) 　음 チュウ, ジュウ 　훈 ひも 　①끈

紐

紐(ひも) 끈
靴紐(くつひも) 신발끈
革紐(かわひも) 가죽끈
紐帯(ちゅうたい) 유대

"상용한자 외의 표외한자(表外漢字)인 인명한자(人名漢字)이지요"

尸·5·N1 ☐☐☐

여승 니 　음 ニ 　훈 あま 　①여승 ②비구니

尼

尼(あま) 비구니
比丘尼(びくに) 비구니
尼寺(あまでら) 여승 절
尼僧(にそう) 여승

泥

氵·8·N2 □□□

진흙 니(이) | 음 デイ | 훈 どろ | ①진흙 ②더럽다

泥(どろ) 진흙
泥棒(どろぼう) 도둑
泥沼(どろぬま) 수렁
泥土(でいど) 이토, 진흙

한벽돌
泥中(でいちゅう)진흙 속 泥酔(でいすい)만취 泥塀(どろべい)토담 雲泥(うんでい)구름과 진흙, 현격한 차이 汚泥(おでい)진흙탕

匿

匸·10·N1 □□□

숨길 닉(익) | 음 トク | 훈 없음 | ①숨기다 ②익명

匿名(とくめい) 익명
隠匿(いんとく) 은닉
秘匿(ひとく) 비닉, 몰래 감춤

"본자(本字)는 匿으로, ++의 1획이 더 많지요"

溺

氵·13·제외 □□□

빠질 닉(익) | 음 デキ | 훈 おぼ | ①물에 빠지다 ②빠지다

溺(おぼ)れる 물에 빠지다
溺(おぼ)れ死(じ)に 익사
溺死(できし) 익사
溺愛(できあい) 무턱대고 사랑함

"본자(本字)는 溺이지요"

한벽돌
惑溺(わくでき)미혹되어 탐닉

丹

丶·4·N1 □□□

붉은 단 | 음 タン | 훈 없음 | ①붉다 ②진심

丹念(たんねん) 정성
丹精(たんせい) 정성
丹田(たんでん) 단전
丹頂(たんちょう) 두루미

端

立·14·N1 □□□

끝 단 | 음 タン | 훈 はし, は, はた | ①끝 ②단서 ③단정하다

端緒(たんしょ) 단서
端正(たんせい) 단정
極端(きょくたん) 극단
発端(ほったん) 발단

한벽돌
端(はし)끝 端(はた)가장자리 端午(たんご)단오절 端然(たんぜん)바르고 단정함 端的(たんてき)だ단적이다 途端(とたん)마침 先端(せんたん)첨단 万端(ばんたん)만반 道端(みちばた)길가 堀端(ほりばた)도랑가 炉端(ろばた)화롯가 中途半端(ちゅうとはんぱ)엉거주춤함 半端(はんぱ)어중간하다

鍛

金·17·N1 □□□

쇠 불릴 단 | 음 タン | 훈 きた | ①쇠 불리다 ②단련하다

鍛練(たんれん) 단련
鍛鉄(たんてつ) 단철, 연철
鍛鋼(たんこう) 강철
鍛(きた)える 단련하다

한벽돌
鍛冶屋(かじや)대장장이

壇

土・16・N1 □□□

단 **단** | 음 タン, ダン | 훈 없음 | ①단 ②제터 ③모임

壇上(だんじょう) 단상
教壇(きょうだん) 교단
演壇(えんだん) 연단
花壇(かだん) 화단

한벽돌
土壇場(どたんば)막다른 곳 祭壇(さいだん)제단 仏壇(ぶつだん)불단 文壇(ぶんだん)문단

但

イ・7・N1 □□□

다만 **단** | 음 없음 | 훈 ただ | ①단 ②주의

但(ただ)し 단
但(ただ)し書(が)き 단서

旦

日・5・N1 □□□

아침 **단** | 음 タン, ダン | 훈 없음 | ①첫날 ②아침

元日(がんじつ) 설날
元旦(がんたん) 설날 아침
旦那(だんな) 남편

蛋

虫・11・제외 □□□

새알 **단** | 음 タン | 훈 없음 | ①단백질

蛋白質(たんぱくしつ) 단백질

"상용한자 외의 표외한자(表外漢字)인 인명한자(人名漢字)이지요"

淡

氵・11・N1 □□□

맑을 **담** | 음 タン | 훈 あわ | ①옅다 ②담백 ③싱겁다

淡水(たんすい) 담수
淡白(たんぱく) 담백
冷淡(れいたん) 냉담
淡(あわ)い 연하다

한벽돌
淡雪(あわゆき)얇게 깔린 눈
濃淡(のうたん)짙음과 옅음

曇

日・16・N2 □□□

흐릴 **담** | 음 ドン | 훈 くも | ①흐리다

曇(くも)る 흐리다
曇(くも)り 흐림
曇(くも)り空(ぞら) 흐린 하늘
曇天(どんてん) 흐린 날씨

胆

月・9・N1 ☐☐☐

쓸개 담　　음 タン　　훈 없음　　①쓸개 ②마음

胆力(たんりょく)　담력
落胆(らくたん)　낙담
大胆(だいたん)　대담
肝胆(かんたん)　간담

"본자(本字)는 膽이지요"

한벽돌 胆(たん)쓸개 胆嚢(たんのう)담낭 胆汁(たんじゅう)담즙

踏

足・15・N1 ☐☐☐

밟을 답　　음 トウ　　훈 ふ　　①밟다 ②걷다

踏(ふ)む　밟다
踏査(とうさ)　답사
踏破(とうは)　답파
未踏(みとう)　미답

한벽돌 踏(ふ)まえる입각하다 踏切(ふみきり)건널목 踏襲(とうしゅう)답습 高踏(こうとう)속세에 초연함 雑踏(ざっとう)붐빔 舞踏(ぶとう)무도, 춤

唐

口・10・N1 ☐☐☐

당나라 당, 당황할 당　　음 トウ　　훈 から　　①당나라 ②당돌하다

唐突(とうとつ)　당돌
荒唐(こうとう)　황당
唐詩(とうし)　당나라 시
遣唐使(けんとうし)　견당사

한벽돌 唐辛子(とうがらし)고추 頽唐(たいとう)퇴폐

袋

衣・11・N2 ☐☐☐

자루 대　　음 タイ　　훈 ふくろ　　①자루 ②주머니 ③껍질

袋(ふくろ)　봉투
手袋(てぶくろ)　장갑
郵袋(ゆうたい)　우편 주머니
福袋(ふくぶくろ)　복 주머니

한벽돌 袋小路(ふくろこうじ)막다른 골목 足袋(たび)버선 風袋(ふうたい)중량, 외관

戴

戈・17・N1 ☐☐☐

일 대　　음 タイ　　훈 없음　　①삼가 받다 ②머리에 이다

戴冠(たいかん)　대관
戴冠式(たいかんしき)　대관식
奉戴(ほうたい)　봉대, 공경하여 떠받듦

한벽돌 頂戴(ちょうだい)する삼가 받다

渡

氵・12・N2 ☐☐☐

건널 도　　음 ト　　훈 わた　　①건너다 ②이동하다

渡(わた)す　건네주다
渡(わた)る　건너다
渡航(とこう)　도항
譲渡(じょうと)　양도

한벽돌 渡米(とべい)도미 渡来(とらい)외국에서 건너옴 渡(わた)し舟(ぶね)나룻배 渡(わた)り鳥(どり)철새 橋渡(はしわた)し중개함

途 辶·10·N2 □□□

길 도 | 음 ト | 훈 みち | ①길 ②도정

途中(とちゅう) 도중
前途(ぜんと) 전도
別途(べっと) 별도
用途(ようと) 용도

"본자(本字)는 途이지요"

한벽着 途方(とほう)수단, 방법 途端(とたん)마침 途上(とじょう)도상 途切(とぎ)れる중단되다 途絶(とだ)える 두절되다 一途(いっと)한 가지 길 一途(いちず)외곬 帰途(きと)귀로 中途半端(ちゅうとはんぱ)엉거주춤

逃 辶·9·N2 □□□

도망할 도 | 음 トウ | 훈 に, のが | ①달아나다 ②놓치다

逃(に)げる 도망치다
逃亡(とうぼう) 도망
逃走(とうそう) 도주
逃避(とうひ) 도피

"본자(本字)는 逃이지요"

한벽着 逃(のが)す놓치다 逃(のが)れる달아나다 逃(に)がす놓치다 見逃(みのが)す빠뜨리고 못 보다

到 刂·8·N2 □□□

이를 도 | 음 トウ | 훈 없음 | ①이르다 ②찾아오다

到着(とうちゃく) 도착
到達(とうたつ) 도달
周到(しゅうとう) 주도
殺到(さっとう) 쇄도

한벽着 到底(とうてい)도저히

倒 イ·10·N2 □□□

넘어질 도 | 음 トウ | 훈 たお | ①쓰러지다 ②허물다

倒産(とうさん) 도산
圧倒(あっとう) 압도
卒倒(そっとう) 졸도
倒(たお)れる 쓰러지다

한벽着 倒(たお)す쓰러뜨리다 倒壊(とうかい)무너짐 面倒(めんどう)귀찮음 共倒(ともだお)れ함께 쓰러짐 蹴倒(けたお)す걷어차다

盗 皿·11·N2 □□□

훔칠 도 | 음 トウ | 훈 ぬす | ①훔치다 ②도둑

盗難(とうなん) 도난
盗用(とうよう) 도용
強盗(ごうとう) 강도
盗(ぬす)む 훔치다

"본자(本字)는 盗이지요"

한벽着 盗賊(とうぞく)도적 盗癖(とうへき)도벽 盗塁(とうるい)도루 盗作(とうさく)표절 窃盗(せっとう)절도

塗 土·13·N2 □□□

칠할 도 | 음 ト | 훈 ぬ | ①바르다 ②더러워지다

塗料(とりょう) 도료
塗布(とふ) 도포
塗装(とそう) 도장
塗(ぬ)る 칠하다

한벽着 漆塗(うるしぬ)り옻칠 朱塗(しゅぬ)り붉게 칠함 糊塗(こと)호도, 슬쩍 덮어버림

한자	훈음	음	훈	뜻	한벽돌
桃 (木·10·N1)	복숭아 도	トウ	もも	①복숭아	桜桃(おうとう)벚찌 桃源郷(とうげんきょう)무릉도원

桃(もも) 복숭아
桃色(ももいろ) 분홍색
桃源(とうげん) 도원
白桃(はくとう) 백도

挑 (扌·9·N1)	돋울 도	チョウ	いど	①도전 ②덤비다	

挑戦(ちょうせん) 도전
挑発(ちょうはつ) 도발
挑(いど)む 도전하다

跳 (足·13·N1)	뛸 도	チョウ	と, は	①뛰다 ②뛰어오르다	縄跳(なわと)び줄넘기 幅跳(はばと)び멀리뛰기

跳躍(ちょうやく) 도약
跳(と)ぶ 뛰어넘다
跳(は)ねる 뛰어오르다

稲 (禾·14·N2)	벼 도	トウ	いね, いな	①벼	稲妻(いなずま)번개 稲光(いなびかり)번개 水稲(すいとう)수도, 논 벼 陸稲(りくとう)육도, 밭벼 晩稲(ばんとう)만도, 늦벼

稲(いね) 벼
稲作(いなさく) 벼농사
稲穂(いなほ) 벼 이삭
稲刈(いねか)り 벼베기

"본자(本字)는 稻이지요"

悼 (忄·11·N1)	슬퍼할 도	トウ	いた	①애도하다 ②슬퍼하다	悼辞(とうじ)조사 悼惜(とうせき)애도

追悼(ついとう) 추도
哀悼(あいとう) 애도
悼(いた)む 애도하다

陶 (阝·11·N1)	질그릇 도	トウ	없음	①도기 ②이끌다	陶酔(とうすい)도취 薫陶(くんとう)훈도, 덕으로 감화함

陶器(とうき) 도기
陶磁器(とうじき) 도자기
陶芸(とうげい) 도예
陶工(とうこう) 도공

賭

貝·16·제외 ☐☐☐

내기 도

음 ト　　훈 か

① 내기

賭(かけ) 내기
賭(か)ける 내기 걸다
賭博(とばく) 도박
賭事(かけごと) 내기, 도박

한벽 賭碁(かけご) 내기 바둑

督

目·13·N1 ☐☐☐

감독할 독

음 トク　　훈 없음

① 감독　② 단속하다

督促(とくそく) 독촉
督励(とくれい) 독려
監督(かんとく) 감독
総督(そうとく) 총독

한벽 提督(ていとく) 해군 제독

篤

竹·16·N1 ☐☐☐

도타울 독

음 トク　　훈 없음

① 두텁다　② 집중　③ 위독하다

篤志家(とくしか) 독지가
篤実(とくじつ) 독실
危篤(きとく) 위독
篤学(とくがく) 독학, 학문에 충실함

한벽 篤信(とくしん) 깊고 성실하게 믿음
懇篤(こんとく) 친절하고 도타움 篤(あつ)い 두텁다

豚

豕·11·N1 ☐☐☐

돼지 돈

음 トン　　훈 ぶた

① 돼지

豚(ぶた) 돼지
豚肉(ぶたにく) 돼지고기
子豚(こぶた) 돼지 새끼
養豚(ようとん) 양돈

한벽 豚骨(とんこつ) 돼지 뼈 豚箱(ぶたばこ) 유치장 酢豚(すぶた) 탕수육

頓

頁·13·제외 ☐☐☐

조아릴 돈

음 トン　　훈 없음

① 조아리다　② 머무르다

整頓(せいとん) 정돈
頓挫(とんざ) 돈좌, 중도에서 꺾이거나 틀어짐

한벽 頓狂(とんきょう) 얼빠진 짓을 함 頓着(とんじゃく)괘념함 頓首(とんしゅ) 편지 끝맺음말 無頓着(むとんじゃく) 무신경함

突

穴·8·N2 ☐☐☐

갑자기 돌

음 ツ　　훈 つ

① 갑자기　② 찌르다

突然(とつぜん) 돌연
突進(とっしん) 돌진
追突(ついとつ) 추돌
衝突(しょうとつ) 충돌

"본자(本字)는 突이지요"

한벽 突(つ)く 찌르다 突堤(とってい) 제방 突飛(とっぴ) 엉뚱함 突如(とつじょ) 별안간 突(つ)き当(あ)たり 막다른 곳 煙突(えんとつ) 굴뚝

凍

冫・10・N2 ☐☐☐　얼 **동**　음 トウ　훈 こお, こご　①얼다 ②얼어붙다

凍結(とうけつ)	동결
凍死(とうし)	동사
冷凍(れいとう)	냉동
解凍(かいとう)	해동

한벽룸
凍(こお)る얼다 凍(こご)える손발이 얼다

棟

木・12・N1 ☐☐☐　마룻대 **동**　음 トウ　훈 むね, むな　①마룻대 ②병동

棟(むね)	용마루
別棟(べつむね)	별동
病棟(びょうとう)	병동

한벽룸
棟上(むねあ)げ상량 棟木(むなぎ)마룻대 목재 棟梁(とうりょう)마룻대와 들보, 도편수

胴

月・10・N1 ☐☐☐　몸통 **동**　음 ドウ　훈 없음　①동체

胴(どう)	동체
胴体(どうたい)	동체

한벽룸
胴着(どうぎ)방한용 속옷 胴衣(どうい)조끼 胴上(どうあ)げ헹가래

洞

氵・9・N1 ☐☐☐　골 **동**, 통할 **통**　음 ドウ　훈 ほら　①동굴 ②밝다 ③통하다

洞(ほら)	굴
洞窟(どうくつ)	동굴
空洞化(くうどうか)	공동화
洞察(どうさつ)	통찰

한벽룸
洞穴(ほらあな)동굴 洞穴(どうけつ)동굴

憧

忄・15・제외 ☐☐☐　동경할 **동**　음 ショウ　훈 あこが　①동경하다

憧(あこが)れる	동경하다
憧(あこが)れ	동경
憧憬(どうけい)	동경
憧憬(しょうけい)	동경

瞳

目・17・N1 ☐☐☐　눈동자 **동**　음 ドウ　훈 ひとみ　①눈동자

瞳(ひとみ)	눈동자
瞳孔(どうこう)	동공

| 斗·4·N1 | 말 두 | 음 ト | 훈 없음 | ①국자 모양 ②용적 단위 |

斗

北斗(ほくと) 북두
北斗七星(ほくとしちせい) 북두칠성
斗酒(としゅ) 말술
泰斗(たいと) 권위자

| 疒·12·N1 | 역질 두 | 음 トウ | 훈 없음 | ①역질 ②천연두 |

痘

水痘(すいとう) 수두
種痘(しゅとう) 종두
天然痘(てんねんとう) 천연두
痘痕(とうこん) 마맛자국

| 金·12·N2 | 둔할 둔 | 음 ドン | 훈 にぶ | ①둔하다 ②무디다 |

鈍

鈍感(どんかん) 둔감
鈍化(どんか) 둔화
鈍角(どんかく) 둔각
鈍器(どんき) 둔기

한벽돌
鈍(にぶ)い둔하다 鈍(にぶ)る둔해지다 鈍才(どんさい)둔재 愚鈍(ぐどん)우둔 利鈍(りどん)날카로움과 무딤

| 屮·4·N1 | 진칠 둔 | 음 トン | 훈 없음 | ①주둔 ②진 치다 |

屯

駐屯(ちゅうとん) 주둔
駐屯地(ちゅうとんち) 주둔지
屯営(とんえい) 주둔 군영
屯所(とんしょ) 주둔지

"부수 屮은 싹날 철이지요"

| 馬·20·N1 | 오를 등 | 음 トウ | 훈 없음 | ①뛰어오르다 ②가격 상승 |

騰

騰貴(とうき) 등귀
騰落(とうらく) 등락
暴騰(ぼうとう) 폭등
急騰(きゅうとう) 급등

"본자(本字)는 騰이지요"

한벽돌
沸騰(ふっとう)비등, 끓어오름 高騰(こうとう)앙등, 등귀

| 言·17·N1 | 베낄 등 | 음 トウ | 훈 없음 | ①베끼다 |

謄

謄本(とうほん) 등본
戸籍謄本(こせきとうほん) 호적등본
謄写(とうしゃ) 등사
謄写版(とうしゃばん) 등사판

"본자(本字)는 謄이지요"

藤

艹・18・N1 □□□

등나무 **등**　　音 トウ　　訓 ふじ　　①등나무

藤(ふじ) 　　　　등나무
藤色(ふじいろ)　 연보랏빛
葛藤(かっとう) 　갈등

"본자(本字)는 藤이지요"

羅

罒・19・N1 □□□

벌일 **라**(나)　　音 ラ　　訓 없음　　①망 ②벌리다

羅列(られつ) 　　　나열
羅針盤(らしんばん)　나침판
網羅(もうら) 　　　망라
新羅(しらぎ) 　　　신라

裸

衤・13・N1 □□□

벗을 **라**(나)　　音 ラ　　訓 はだか　　①나체 ②벌거숭이

裸(はだか) 　알몸
裸体(らたい) 나체
全裸(ぜんら) 전라
半裸(はんら) 반라

한벽을 裸身(らしん)벌거숭이 裸足(はだし)맨발 丸裸(まるはだか)벌거숭이 赤裸々(せきらら)적나라

絡

糸・12・N2 □□□

이을 **락**　　音 ラク　　訓 から　　①잇다 ②휘감다 ③조리

連絡(れんらく) 　연락
脈絡(みゃくらく)　맥락
短絡(たんらく) 　단락
絡(から)む　　　 휘감기다

한벽을 絡(から)める휘감다 絡(から)まる얽히다

酪

酉・13・N1 □□□

쇠젖 **락**(낙)　　音 ラク　　訓 없음　　①쇠젖 ②유제품

酪農(らくのう) 　낙농
羊酪(ようらく) 　양젖제품
牛酪(ぎゅうらく) 버터

欄

木・20・N1 □□□

난간 **란**(난)　　音 ラン　　訓 없음　　①난간 ②윤곽

欄(らん) 　　　　난간
欄干(らんかん)　　난간
空欄(くうらん) 　공란
投書欄(とうしょらん) 투서란

한벽을 欄外(らんがい)난외 ~欄(らん)~란

"본자(本字)는 欄이지요"

艹·19·제외 ☐☐☐	난초 **란**(난)	**음** ラン	**훈** 없음	①난, 난초 ②네덜란드
蘭	蘭(らん) 春蘭(しゅんらん) 蘭語(らんご) 蘭学(らんがく)	난, 난초 춘란 네덜란드어 서양 학문		"상용한자 외의 표외한자 (表外漢字)인 인명한자 (人名漢字)이지요"

辛·14·제외 ☐☐☐	매울 **랄**(날)	**음** ラツ	**훈** 없음	①맵다 ②엄하다
辣	悪辣(あくらつ) 辛辣(しんらつ) 辣腕(らつわん)	악랄 신랄 뛰어난 솜씨		

氵·18·N1 ☐☐☐	넘칠 **람**(남)	**음** ラン	**훈** 없음	①넘치다 ②함부로
濫	濫用(らんよう) 濫発(らんぱつ) 濫獲(らんかく) 氾濫(はんらん)	남용 남발 남획 범람		한벽동 濫造(らんぞう)마구 만듦

山·12·N1 ☐☐☐	남기 **람**	**음** ラン	**훈** あらし	①폭풍 ②산기운
嵐	嵐(あらし) 砂嵐(すなあらし) 雪嵐(ゆきあらし)	폭풍, 폭풍우 모래 폭풍 눈보라		

艹·18·N1 ☐☐☐	쪽 **람**(남)	**음** ラン	**훈** あい	①쪽 ②남색
藍	藍(あい) 藍色(あいいろ)	남빛 남색, 푸른빛과 자줏 빛의 중간색		"본자(本字)는 藍으로, 부 수는 艹(艸)로 1획이 더 많지요"

扌·8·제외 ☐☐☐	끌 **랍**(납)	**음** ラ	**훈** 없음	①잡아끌다 ②납치하다
拉	拉致(らち)	납치		

浪

氵·10·N1 ☐☐☐

물결 **랑**(낭) 　음 ロウ　　훈 없음　　①물결 ②함부로 ③헤매다 ④재수

浪費(ろうひ)	낭비
浪漫(ろうまん)	낭만
浮浪(ふろう)	부랑
放浪(ほうろう)	방랑

한벽돌
浪人(ろうにん)주군을 잃은 무사, 재수생 一浪(いちろう)재수 二浪(にろう)삼수 流浪(るろう)유랑 波浪(はろう)파랑, 물결

郎

阝·9·제외 ☐☐☐

사내 **랑**(낭)　　음 ロウ　　훈 없음　　①사내 ②남편

| 野郎(やろう) | 녀석 |
| 新郎(しんろう) | 신랑 |

"본자(本字)는 郞이지요"

廊

广·12·N1 ☐☐☐

행랑 **랑**(낭)　　음 ロウ　　훈 없음　　①행랑 ②복도

| 画廊(がろう) | 화랑 |
| 回廊(かいろう) | 회랑 |

"본자(本字)는 廊이지요"

한벽돌
廊下(ろうか)복도

滝

氵·13·N1 ☐☐☐

여울 **랑**, 비 올 **롱**　　음 없음　　훈 たき　　①폭포

滝(たき)	폭포
滝口(たきぐち)	폭포 떨어지는 곳의 시작점
滝川(たきがわ)	골짜기 급류
滝壷(たきつぼ)	용소

"본자(本字)는 瀧이지요"

涼

氵·11·N2 ☐☐☐

서늘할 **량**(양)　　음 リョウ　　훈 すず　　①서늘하다 ②상쾌 ③황량

涼(すず)しい	서늘하다
清涼(せいりょう)	청량
納涼(のうりょう)	납량
荒涼(こうりょう)	황량

한벽돌
涼(すず)む시원한 바람을 쐬다 夕涼(ゆうすず)み저녁에 시원한 바람을 쐬는 것 涼風(りょうふう)시원한 바람 涼気(りょうき)서늘한 기운

糧

米·18·N1 ☐☐☐

양식 **량**(양)　　음 リョウ, ロウ　　훈 かて　　①양식 ②식량

食糧(しょくりょう)	식량
糧(かて)	양식
糧米(りょうまい)	식량미
兵糧(ひょうろう)	병사의 식량

慮

心 · 15 · N1 □□□

생각할 려(여) 음 リョ 훈 없음 ① 깊게 생각하다 ② 고려하다

考慮(こうりょ)	고려
配慮(はいりょ)	배려
思慮(しりょ)	사려
憂慮(ゆうりょ)	우려

한벽둘
遠慮(えんりょ)사양 顧慮(こりょ)회상 熟慮(じゅくりょ)숙려

励

力 · 7 · N1 □□□

힘쓸 려 음 レイ 훈 はげ ① 힘쓰다 ② 격려하다

励(はげ)ます	격려하다
励(はげ)む	힘쓰다
激励(げきれい)	격려
奨励(しょうれい)	장려

"본자(本字)는 勵이지요"

한벽둘
励(はげ)み격려 励行(れいこう)힘써서 함 励声(れいせい)소리를 지름 督励(とくれい)독려

麗

鹿 · 19 · N1 □□□

고울 려(여) 음 レイ 훈 うるわ ① 곱다 ② 아름답다

麗句(れいく)	미사여구
華麗(かれい)	화려
美麗(びれい)	미려
麗(うるわ)しい	곱다

한벽둘
壮麗(そうれい)웅장하고 아름다움 高麗(こうらい)고구려 綺麗(きれい)だ예쁘다

戻

戸 · 7 · N2 □□□

어그러질 려 음 レイ 훈 もど ① 되돌리다 ② 갚다

戻(もど)る	되돌아오다
戻(もど)す	되돌리다
返戻(へんれい)	반려, 반환

"본자(本字)는 戾이지요"

한벽둘
払(はら)い戻(もど)し환불 払(はら)い戻(もど)す환불하다

侶

イ · 9 · 제외 □□□

짝 려 음 リョ 훈 없음 ① 짝 ② 승려

伴侶(はんりょ)	반려
僧侶(そうりょ)	승려

呂

口 · 7 · N1 □□□

법칙 려 음 ロ, リョ 훈 없음 ① 음악 ② 말씨

風呂(ふろ)	목욕, 욕탕
風呂場(ふろば)	욕실
露天風呂(ろてんぶろ)	노천탕

한벽둘
語呂(ごろ)어조 呂律(ろれつ)말투 風呂敷(ふろしき)보자기

暦

日·14·N1 □□□

책력 **력**(역)   음 レキ   훈 こよみ   ①달력

暦(こよみ)	달력
暦学(れきがく)	역학
陽暦(ようれき)	양력
陰暦(いんれき)	음력

"본자(本字)는 曆이지요"

한벽돌 暦年(れきねん)여러 해 西暦(せいれき)서기 還暦(かんれき)환갑 新暦(しんれき)양력 太陽暦(たいようれき)양력 旧暦(きゅうれき)음력 花暦(はなごよみ)개화 시기를 나타낸 달력

恋

心·10·N2 □□□

그리워할 **련**(연)   음 レン   훈 こいしい   ①그리워하다 ②사모하다

恋(こい)	사랑
恋(こい)する	사랑하다
恋愛(れんあい)	연애
失恋(しつれん)	실연

"본자(本字)는 戀이지요"

한벽돌 恋人(こいびと)애인 恋慕(れんぼ)연모 恋文(こいぶみ)연서 悲恋(ひれん)비련 片恋(かたこい)짝사랑 初恋(はつこい)첫사랑

練

金·16·N1 □□□

단련할 **련**(연)   음 レン   훈 없음   ①쇠 불리다 ②단련하다

鍛錬(たんれん)	단련
精錬(せいれん)	정련
製錬(せいれん)	제련
修錬(しゅうれん)	수련

"본자(本字)는 鍊이지요"

한벽돌 錬鉄(れんてつ)연철, 잘 단련된 쇠 錬金術(れんきんじゅつ)연금술

蓮

艹·13·제외 □□□

연꽃 **련**(연)   음 レン   훈 はす   ①연꽃

蓮(はす)	연꽃
蓮根(れんこん)	연근
木蓮(もくれん)	목련
蓮華(れんげ)	연꽃

"상용한자 외의 표외한자(表外漢字)인 인명한자(人名漢字)이며, 본자는 艹(艸) 부분이 1획이 더 많지요"

劣

力·6·N1 □□□

못할 **렬**(열)   음 レツ   훈 おと   ①뒤떨어지다 ②못하다

劣等(れっとう)	열등
劣勢(れっせい)	열세
優劣(ゆうれつ)	우열
卑劣(ひれつ)	비열

한벽돌 劣(おと)る뒤떨어지다 劣化(れっか)뒤떨어짐 拙劣(せつれつ)졸렬

烈

灬·10·N1 □□□

매울 **렬**(열)   음 レツ   훈 없음   ①격렬하다 ②기세 좋다

烈風(れっぷう)	열풍
強烈(きょうれつ)	강렬
激烈(げきれつ)	격렬
猛烈(もうれつ)	맹렬

한벽돌 烈火(れっか)맹렬히 타는 불 酷烈(こくれつ)혹렬, 혹독하고 심함

裂

衣・12・N1

찢어질 **렬**(열) **음** レツ **훈** さ ①찢다 ②갈라지다

裂傷(れっしょう)	열상, 열창
分裂(ぶんれつ)	분열
決裂(けつれつ)	결렬
破裂(はれつ)	파열

한벽돌
裂(さ)く찢다 裂(さ)ける찢어지다 滅裂(めつれつ)지리멸렬

廉

广・13・N1

청렴할 **렴**(염) **음** レン **훈** 없음 ①청렴하다 ②저렴하다

廉価(れんか)	염가
清廉(せいれん)	청렴
低廉(ていれん)	저렴
破廉恥(はれんち)	파렴치

"본자(本字)는 廉이지요"

한벽돌
廉売(れんばい)염가 판매 廉直(れんちょく)결백하고 정직함

猟

犭・11・N1

사냥할 **렵**(엽) **음** リョウ **훈** 없음 ①사냥 ②찾아다니다

猟師(りょうし)	엽사, 사냥꾼
猟銃(りょうじゅう)	엽총
狩猟(しゅりょう)	수렵
密猟(みつりょう)	밀렵

"본자(本字)는 獵이지요"

한벽돌
禁猟(きんりょう)사냥금지 猟犬(りょうけん)사냥개 猟奇(りょうき)엽기 猟期(りょうき)사냥하기에 좋은 철 渉猟(しょうりょう)섭렵

零

雨・13・N2

떨어질 **령**(영) **음** レイ **훈** 없음 ①0, 영 ②근소하다

零(れい)	0
零度(れいど)	0도
零下(れいか)	영하
零細(れいさい)	영세

한벽돌
零落(れいらく)영락, 몰락

齢

歯・17・N2

나이 **령**(영) **음** レイ **훈** 없음 ①나이

年齢(ねんれい)	연령
高齢(こうれい)	고령
妙齢(みょうれい)	묘령
老齢(ろうれい)	노령

"본자(本字)는 齡이지요"

霊

雨・15・N1

신령 **령**(영) **음** レイ, リョウ **훈** たま ①영혼 ②신비롭다

霊魂(れいこん)	영혼
霊感(れいかん)	영감
亡霊(ぼうれい)	망령
悪霊(あくりょう)	악령

"본자(本字)는 靈이지요"

한벽돌
霊(たま)영혼, 넋 霊峰(れいほう)신령스러운 산봉우리 幽霊(ゆうれい)유령

金·13·N1 ☐☐☐	방울 령(영)	음 レイ, リン	훈 すず	①방울 ②울리다
鈴	鈴(すず) 방울 鈴(りん) 방울 電鈴(でんれい) 종, 초인종 銀鈴(ぎんれい) 은방울			한벽돌 鈴蘭(すずらん)은방울꽃 呼(よ)び鈴(りん)초인종 風鈴(ふうりん)풍경, 처마 끝에 매다는 경쇠

隶·16·N1 ☐☐☐	종 례(예)	음 レイ	훈 없음	①노예 ②예서
隷	隷属(れいぞく) 예속 奴隷(どれい) 노예 隷書(れいしょ) 예서		"부수 隶는 미칠 이지요"	

雨·21·N1 ☐☐☐	이슬 로(노)	음 ロ, ロウ	훈 つゆ	①이슬 ②노출 ③러시아
露	露(つゆ) 이슬 露天(ろてん) 노천 露骨(ろこつ) 노골 暴露(ばくろ) 폭로			한벽돌 露店(ろてん)노점 露呈(ろてい)드러냄 日露(にちろ)러일 雨露(うろ)비와 이슬 夜露(よつゆ)밤이슬 披露(ひろう)피로, 널리 알림 吐露(とろ)토로

火·8·N1 ☐☐☐	화로 로(노)	음 ロ	훈 없음	①화로
炉	暖炉(だんろ) 난로 香炉(こうろ) 향로 原子炉(げんしろ) 원자로 溶鉱炉(ようこうろ) 용광로		"본자(本字)는 爐이지요"	한벽돌 炉辺(ろへん)난롯가 炉端(ろばた)하롯가

虍·13·N1 ☐☐☐	사로잡을 로(노)	음 リョ	훈 とりこ	①포로 ②사로잡다
虜	捕虜(ほりょ) 포로 虜囚(りょしゅう) 포로 虜(とりこ) 포로		"부수 虍는 범의 문채 호이며, 본자(本字)는 虜이지요"	

鹿·19·제외 ☐☐☐	산기슭 록(녹)	음 ロク	훈 ふもと	①산기슭
麓	麓(ふもと) 기슭, 산기슭 山麓(さんろく) 산기슭			

| 氵·13·N1 □□□ | 비 올 롱, 여울 랑 | 음 없음 | 훈 たき | ①폭포 |

滝

滝(たき)	폭포
滝口(たきぐち)	폭포 떨어지는 곳의 시작점
滝川(たきがわ)	골짜기 급류
滝壷(たきつぼ)	용소

"본자(本字)는 瀧이지요"

| 廾·7·제외 □□□ | 희롱할 롱(농) | 음 ロウ | 훈 もてあそ | ①희롱하다 ②가지고 놀다 |

弄

弄言(ろうげん)	농언
弄(もてあそ)ぶ	가지고 놀다
愚弄(ぐろう)	우롱
嘲弄(ちょうろう)	조롱

한벽롱
弄筆(ろうひつ)왜곡하여 씀 翻弄(ほんろう)번롱,농락

| 竹·22·N1 □□□ | 대바구니 롱(농) | 음 ロウ | 훈 かご, こ | ①대바구니 ②틀어박히다 |

籠

籠(かご)	바구니
籠城(ろうじょう)	농성
籠絡(ろうらく)	농락
灯籠(とうろう)	등롱

한벽롱
籠(こ)もる자욱하다 引(ひ)き籠(こ)もる두문불출하다 引(ひ)き籠(こ)もり은둔형 외톨이 揺(ゆ)り籠(かご)요람 屑籠(くずかご)쓰레기통 鳥籠(とりかご)새장

| 頁·16·N2 □□□ | 의지할 뢰 | 음 ライ | 훈 たよ, たの | ①의지하다 ②부탁하다 |

頼

依頼(いらい)	의뢰
信頼(しんらい)	신뢰
頼(たの)む	부탁하다
頼(たよ)る	의지하다

한벽뢰
頼(たの)もしい믿음직하다 無頼漢(ぶらいかん)불량배

"본자(本字)는 賴이지요"

| 雨·13·N1 □□□ | 우레 뢰(뇌) | 음 ライ | 훈 かみなり | ①천둥 ②우레 ③폭발 |

雷

雷(かみなり)	천둥
雷雨(らいう)	뇌우
雷同(らいどう)	뇌동
落雷(らくらい)	낙뢰

한벽뢰
雷鳴(らいめい)천둥소리 地雷(じらい)지뢰 魚雷(ぎょらい)어뢰 避雷針(ひらいしん)피뢰침 迅雷(じんらい)맹렬함

| 氵·19·N1 □□□ | 여울 뢰 | 음 없음 | 훈 せ | ①여울 ②급류 ③기회 |

瀬

瀬(せ)	여울
早瀬(はやせ)	여울, 급류
浅瀬(あさせ)	얕은 여울
瀬戸際(せとぎわ)	운명의 갈림길

"본자(本字)는 瀨이지요"

| 貝·13·제외 □□□ | 뇌물 뢰(뇌) | 음 ロ | 훈 없음 | ①뇌물 |

賂

賄賂(わいろ) 뇌물, 회뢰

| J·2·N2 □□□ | 마칠 료(요) | 음 リョウ | 훈 없음 | ①마치다 ②이해하다 |

了

終了(しゅうりょう) 종료
完了(かんりょう) 완료
修了(しゅうりょう) 수료, 졸업
魅了(みりょう) 매료

한벽돌: 了承(りょうしょう)승낙 了解(りょうかい)양해, 이해 了得(りょうとく)납득

| イ·14·N1 □□□ | 동료 료 | 음 リョウ | 훈 없음 | ①동료 ②관리 |

僚

同僚(どうりょう) 동료
官僚(かんりょう) 관료
閣僚(かくりょう) 각료

한벽돌: 僚友(りょうゆう)동료 幕僚(ばくりょう)참모 장교

| 宀·15·N1 □□□ | 동관 료 | 음 リョウ | 훈 없음 | ①기숙사 |

寮

寮(りょう) 기숙사
寮生(りょうせい) 기숙생
学寮(がくりょう) 학교 기숙사
独身寮(どくしんりょう) 독신자 기숙사

한벽돌: 寮長(りょうちょう)사감 入寮(にゅうりょう)기숙사 입사 退寮(たいりょう)기숙사 퇴실

| 疒·17·N2 □□□ | 병 고칠 료(요) | 음 リョウ | 훈 없음 | ①치료하다 |

療

療養(りょうよう) 요양
医療(いりょう) 의료
治療(ちりょう) 치료
診療(しんりょう) 진료

| 目·17·제외 □□□ | 밝을 료(요) | 음 リョウ | 훈 없음 | ①분명하다 |

瞭

明瞭(めいりょう) 명료
一目瞭然(いちもくりょうぜん) 일목요연

竜

竜・10・N1 □□□

용 룡(용)   음 リュウ   훈 たつ   ①용

竜(たつ)	용
竜(りゅう)	용
竜宮(りゅうぐう)	용궁
恐竜(きょうりゅう)	공룡

"본자(本字)는 龍이지요"

한벽술
竜巻(たつまき)회오리바람

涙

氵・10・N2 □□□

눈물 루(누)   음 ルイ   훈 なみだ   ①눈물

涙(なみだ)	눈물
涙声(なみだごえ)	울먹이는 목소리
涙腺(るいせん)	누선, 눈물샘
催涙(さいるい)	최루

"본자(本字)는 淚이지요"

한벽술
涙(なみだ)ぐむ눈물 머금다 落涙(らくるい)눈물을 흘림 感涙(かんるい)감격의 눈물 熱涙(ねつるい)감격해서 흘리는 눈물 血涙(けつるい)피눈물

楼

木・13・N1 □□□

다락 루(누)   음 ロウ   훈 없음   ①높은 건물

楼閣(ろうかく)	누각
楼門(ろうもん)	누문, 다락문
望楼(ぼうろう)	망루
鐘楼(しょうろう)	종루

"본자(本字)는 樓이지요"

한벽술
楼上(ろうじょう)다락 위 摩天楼(まてんろう)마천루 蜃気楼(しんきろう)신기루

漏

氵・14・제외 □□□

샐 루(누)   음 ロウ   훈 も   ①새다 ②실수하다

漏電(ろうでん)	누전
漏水(ろうすい)	누수
脱漏(だつろう)	탈루
漏(も)る	새다

한벽술
漏(も)らす새게 하다 漏(も)れる새다 雨漏(あまも)り비가 샘 遺漏(いろう)빠지거나 새어 나감, 실수

累

糸・11・N1 □□□

여러 루(누)   음 ルイ   훈 없음   ①겹치다 ②여러 ③연결하다

累計(るいけい)	누계
累進(るいしん)	누진
累積(るいせき)	누적
連累(れんるい)	연루

한벽술
累々(るいるい)겹겹이 累加(るいか)여러 차례로 보탬 累減(るいげん)여러 차례로 덜어냄 係累(けいるい)계루, 얽맴

塁

土・12・N1 □□□

보루 루(누)   음 ルイ   훈 없음   ①보루 ②작은 성

塁審(るいしん)	누심, 야구 심판
満塁(まんるい)	만루
盗塁(とうるい)	도루
残塁(ざんるい)	잔루

"본자(本字)는 壘이지요"

한벽술
本塁(ほんるい)본루, 홈 베이스 走塁(そうるい)주자가 달림

| 木·9·N1 □□□ | 버들 류(유) | 음 リュウ | 훈 やなぎ | ①버드나무 ②낭창낭창하다 |

柳

柳(やなぎ) 버드나무
花柳(かりゅう) 유곽, 화류계
柳眉(りゅうび) 미인의 눈썹
川柳(せんりゅう) 전통 시

| 石·12·N1 □□□ | 유황 류(유) | 음 リュウ | 훈 없음 | ①유황 ②황 |

硫

硫黄(いおう) 유황
硫酸(りゅうさん) 황산
硫化水素(りゅうかすいそ) 황화수소
硫安(りゅうあん) 황산암모늄

| 王·14·N1 □□□ | 맑은 유리 류(유) | 음 ル | 훈 없음 | ①유리 |

瑠

瑠璃(るり) 유리

| 氵·13·제외 □□□ | 처마물 류(유) | 음 リュウ | 훈 た | ①모으다 ②웅덩이 |

溜

溜(た)める 모으다
溜(た)まる 모이다
溜(た)め 모아 둠
溜(た)まり 괸

"상용한자 외의 표외한자(表外漢字)인 인명한자(人名漢字)이지요"

 한 벽 돌

溜(た)め息(いき)한숨 水溜(みずた)まり웅덩이

| イ·10·N1 □□□ | 인륜 륜(윤) | 음 リン | 훈 없음 | ①인간관계 ②인륜 |

倫

倫理(りんり) 윤리
人倫(じんりん) 인륜
不倫(ふりん) 불륜
絶倫(ぜつりん) 두드러지게 뛰어남

| 忄·13·제외 □□□ | 떨릴 률(율) | 음 リツ | 훈 없음 | ①떨리다 ②전율 |

慄

戦慄(せんりつ) 전율
慄然(りつぜん) 겁나고 소름끼침

栗

木・10・제외 □□□

밤 률(율)   음 リツ   훈 くり   ①밤

栗(くり)	밤
栗(くり)の木(き)	밤나무
甘栗(あまぐり)	단밤
割(わ)り栗石(ぐりいし)	쇄석, 밤자갈

"상용한자 외의 표외한자(表外漢字)인 인명한자(人名漢字)이지요"

隆

阝・11・N1 □□□

높을 륭(융)   음 リュウ   훈 없음   ①솟아오르다 ②성대하다

隆起(りゅうき)	융기
隆盛(りゅうせい)	융성
隆運(りゅううん)	융운, 성운
興隆(こうりゅう)	융성

"본자(本字)는 隆이지요"

陵

阝・11・N1 □□□

언덕 릉(능)   음 リョウ   훈 みささぎ   ①언덕 ②능묘

陵(みささぎ)	능
陵墓(りょうぼ)	능묘, 능과 묘
丘陵(きゅうりょう)	구릉
御陵(ごりょう)	능

吏

口・6・N1 □□□

관리 리   음 リ   훈 없음   ①관리 ②공무원

官吏(かんり)	관리
公吏(こうり)	공리
能吏(のうり)	유능한 관리

離

隹・19・N1 □□□

떠날 리(이)   음 リ   훈 はな   ①떠나다 ②떼다

離婚(りこん)	이혼
離脱(りだつ)	이탈
離陸(りりく)	이륙
距離(きょり)	거리

한벽着 離(はな)れる떨어지다 離(はな)す떼다 離(はな)れ離(ばな)れ뿔뿔이 離(はな)れ島(じま)외딴섬 隔離(かくり)격리

履

尸・15・N1 □□□

밟을 리(이)   음 リ   훈 は   ①밟다 ②실행하다 ③신발

履行(りこう)	이행
履修(りしゅう)	이수
履歴(りれき)	이력
履(は)く	신다, 하의를 입다

한벽着 履物(はきもの)신발 草履(ぞうり)조리, 전통 신발

痢
疒·12·N1 □□□

이질 **리**(이)   음 リ   훈 없음   ①이질 ②설사

- 赤痢(せきり) 이질
- 下痢(げり) 설사
- 疫痢(えきり) 이질

厘
厂·9·N1 □□□

다스릴 **리**   음 リン   훈 없음   ①비율 단위 ②구화폐

- 一厘(いちりん) 1리, 1엔의 1/1000
- 一分一厘(いちぶいちりん) 아주 조금
- 厘毛(りんもう) 극소

璃
王·15·N1 □□□

유리 **리**(이)   음 リ   훈 없음   ①구슬

- 瑠璃(るり) 유리
- 玻璃(はり) 유리, 수정

隣
阝·16·N1 □□□

이웃 **린**(인)   음 リン   훈 となり   ①이웃 ②가까이 살다

- 隣(となり) 이웃
- 隣接(りんせつ) 인접
- 隣家(りんか) 인가
- 近隣(きんりん) 근린

> **한벽돌**
> 隣人(りんじん)이웃사람 隣室(りんしつ)옆방 隣席(りんせき)옆자리

粒
米·11·N2 □□□

낟알 **립**(입)   음 リュウ   훈 つぶ   ①낟알 ②입자

- 粒(つぶ) 알맹이
- 粒子(りゅうし) 입자
- 顆粒(かりゅう) 과립
- 微粒子(びりゅうし) 미립자

> **한벽돌**
> 粒状(りゅうじょう)알맹이 모양

麻
麻·11·N1 □□□

삼 **마**   음 マ   훈 あさ   ①삼, 마 ②저리다

- 麻(あさ) 삼
- 麻糸(あさいと) 삼실
- 麻酔(ますい) 마취
- 麻薬(まやく) 마약

"본자(本字)는 麻이지요"

> **한벽돌**
> 大麻(たいま)대마 胡麻(ごま)참깨

石·16·N2 ☐☐☐	갈 **마**	음 マ	훈 みが	①갈다 ②닦다	
磨	磨(みがく) 닦다 磨耗(まもう) 마모 磨滅(まめつ) 마멸 研磨(けんま) 연마			"본자(本字)는 磨이지요"	한벽쌀 達磨(だるま)오뚝이, 달마 歯磨(はみが)き양치 歯磨(はみがき)粉(こ)치약

手·15·N1 ☐☐☐	문지를 **마**	음 マ	훈 없음	①문지르다 ②마모되다	
摩	摩擦(まさつ) 마찰 按摩(あんま) 안마 摩天楼(まてんろう) 마천루 揣摩(しま) 타인 사정을 헤아림			"본자(本字)는 摩이지요"	

鬼·21·N1 ☐☐☐	마귀 **마**	음 マ	훈 없음	①마귀 ②괴이하다	
魔	魔法(まほう) 마법 魔力(まりょく) 마력 魔女(まじょ) 마녀 悪魔(あくま) 악마			"본자(本字)는 魔이지요"	한벽쌀 邪魔(じゃま)방해 睡魔(すいま)수마

氵·13·N1 ☐☐☐	넓을 **막**	음 バク	훈 없음	①끝없다 ②무한히	
漠	漠然(ばくぜん) 막연 漠漠(ばくばく) 막막 砂漠(さばく) 사막 広漠(こうばく) 광막, 넓고 아득함			"본자(本字)는 漠으로 1획이 더 많지요"	

月·14·N1 ☐☐☐	꺼풀 **막**	음 マク	훈 없음	①막, 꺼풀	
膜	膜(まく) 막 結膜(けつまく) 결막 角膜(かくまく) 각막 腹膜(ふくまく) 복막			"본자(本字)는 膜으로 1획이 더 많지요"	한벽쌀 鼓膜(こまく)고막 粘膜(ねんまく)점막 網膜(もうまく)망막

忄·14·N1 ☐☐☐	거만할 **만**	음 マン	훈 없음	①태만하다 ②잘난 체하다 ③느리다	
慢	慢性(まんせい) 만성 怠慢(たいまん) 태만 自慢(じまん) 자만 緩慢(かんまん) 완만				한벽쌀 慢心(まんしん)거만한 마음 我慢(がまん)참음 喉自慢(のどじまん)노래자랑 高慢(こうまん)거만, 건방짐 傲慢(ごうまん)오만

漫

氵·14·N1 ☐☐☐

흩어질 **만** | 음 マン | 훈 없음 | ①흩어지다 ②부질없다

漫画(まんが) 만화
散漫(さんまん) 산만
浪漫(ろうまん) 낭만
放漫(ほうまん) 방만

한 벽 돌
漫才(まんざい)만담 漫談(まんだん)만담 漫然(まんぜん)목표가 없이 되는대로 漫然(まんぜん)과 산만하게 冗漫(じょうまん)장황함

湾

氵·12·N2 ☐☐☐

물굽이 **만** | 음 ワン | 훈 없음 | ①만 ②후미

湾(わん) 만
湾岸(わんがん) 만안, 만의 연안
港湾(こうわん) 항만
台湾(たいわん) 대만

"본자(本字)는 灣이지요"

한 벽 돌
湾曲(わんきょく)활처럼 굽음 湾口(わんこう)만의 입구 湾内(わんない)만의 안쪽

蛮

虫·12·N1 ☐☐☐

오랑캐 **만** | 음 バン | 훈 없음 | ①오랑캐 ②야만스럽다

蛮行(ばんこう) 만행
蛮声(ばんせい) 만성
蛮勇(ばんゆう) 만용
野蛮(やばん) 야만

"본자(本字)는 蠻이지요"

한 벽 돌
蛮人(ばんじん)미개인 南蛮(なんばん)남만, 야만인

抹

扌·8·N1 ☐☐☐

지울 **말** | 음 マツ | 훈 없음 | ①지우다 ②문지르다

抹殺(まっさつ) 말살
抹消(まっしょう) 말소
一抹(いちまつ) 일말
抹茶(まっちゃ) 가루차

忙

忄·6·N2 ☐☐☐

바쁠 **망** | 음 ボウ | 훈 いそが | ①바쁘다

忙(いそが)しい 바쁘다
多忙(たぼう) 다망, 매우 바쁨
忙中(ぼうちゅう) 바쁜 가운데
忙中閑(ぼうちゅうかん) 망중한

한 벽 돌
忙殺(ぼうさつ)몹시 바쁨 繁忙(はんぼう)번거롭고 바쁨 煩忙(はんぼう)번거롭고 바쁨

網

糸·14·N1 ☐☐☐

그물 **망** | 음 モウ | 훈 あみ | ①그물 ②망라

網(あみ) 그물
網膜(もうまく) 망막
漁網(ぎょもう) 어망
連絡網(れんらくもう) 연락망

한 벽 돌
網羅(もうら)망라 網戸(あみど)방충망 投網(とあみ)투망

부수·획수·급수	훈음	음	훈	뜻
女·6·제외	망령될 **망**	モウ, ボウ	없음	①어그러지다 ②망령되다

妄

妄想(もうそう)	망상
妄言(ぼうげん)	망언
虚妄(きょもう)	허망
妄信(もうしん)	망신, 그릇되게 믿음

한벽돌: 迷妄(めいもう)미혹

부수·획수·급수	훈음	음	훈	뜻
土·10·N2	묻을 **매**	マイ	う	①메우다 ②파묻다

埋

埋蔵(まいぞう)	매장
埋設(まいせつ)	매설
埋没(まいぼつ)	매몰
埋(う)める	메우다

한벽돌: 埋(う)まる메워지다 埋(う)もれる파묻히다 埋(うず)める파묻다 埋(うず)まる파묻히다 埋(う)め立(た)て매립 穴埋(あなう)め인원 보충

부수·획수·급수	훈음	음	훈	뜻
鬼·15·N1	매혹할 **매**	ミ	없음	①매혹하다 ②도깨비

魅

魅力(みりょく)	매력
魅了(みりょう)	매료
魅惑(みわく)	매혹

한벽돌: 魔魅(まみ)마귀 魑魅(ちみ)도깨비

부수·획수·급수	훈음	음	훈	뜻
女·12·N1	중매 **매**	バイ	없음	①중개하다 ②중매

媒

媒介(ばいかい)	매개
媒体(ばいたい)	매체
触媒(しょくばい)	촉매
溶媒(ようばい)	용매

한벽돌: 媒酌(ばいしゃく)중매, 중매인

부수·획수·급수	훈음	음	훈	뜻
日·9·제외	어두울 **매**	マイ	없음	①어둡다 ②모호하다

昧

曖昧(あいまい)だ	모호하다
三昧(さんまい)	삼매경

부수·획수·급수	훈음	음	훈	뜻
罒·15·제외	꾸짖을 **매**	バ	ののし	①꾸짖다 ②욕하다

罵

罵(ののし)る	욕하다
罵倒(ばとう)	매도
怒罵(どば)	노매, 화내어 욕함

한벽돌: 罵言(ばげん)욕설 罵声(ばせい)욕하는 소리

猛

犭·11·N1 ☐☐☐

사나울 맹　음 モウ　훈 없음　①사납다 ②격렬하다

猛烈(もうれつ) 맹렬
猛毒(もうどく) 맹독
猛威(もうい) 맹위
勇猛(ゆうもう) 용맹

한벽 쑥
猛獣(もうじゅう)맹수 猛暑(もうしょ)혹서 猛者(もさ)용감한 사람

盲

目·8·N1 ☐☐☐

소경 맹　음 モウ　훈 없음　①소경 ②도리를 모르다

盲点(もうてん) 맹점
盲信(もうしん) 맹신
盲目(もうもく) 맹목
文盲(もんもう) 문맹

한벽 쑥
盲進(もうしん)맹진 盲腸(もうちょう)맹장 盲導犬(もうどうけん)맹도견 色盲(しきもう)색맹 夜盲症(やもうしょう)야맹증

眠

目·10·N2 ☐☐☐

잘 면　음 ミン　훈 ねむ　①잠들다 ②졸리다

睡眠(すいみん) 수면
冬眠(とうみん) 동면
眠(ねむ)る 잠들다
眠(ねむ)い 졸리다

한벽 쑥
眠(ねむ)たい 졸리다 眠気(ねむけ)졸음 催眠(さいみん)최면 熟眠(じゅくみん)숙면 安眠(あんみん)안면 不眠症(ふみんしょう)불면증 居眠(いねむ)り 앉아서 잠

免

ル·8·N1 ☐☐☐

면할 면　음 メン　훈 まぬか　①면하다 ②허락 ③그만두다

免許(めんきょ) 면허
免除(めんじょ) 면제
免税(めんぜい) 면세
放免(ほうめん) 방면

"본자(本字)는 免 이지요"

한벽 쑥
免(まぬか)れる 면하다 免状(めんじょう)면허장 免疫(めんえき)면역 免租(めんそ)조세를 면함 免停(めんてい)면허정지 赦免(しゃめん)사면 罷免(ひめん)파면

麺

麦·16·제외 ☐☐☐

밀가루 면　음 メン　훈 없음　①밀가루 ②면류

麺(めん) 면
麺類(めんるい) 면류
麺粉(めんぷん) 밀가루
生麺(なまめん) 생면

"본자(本字)는 麵이지요"

滅

氵·13·N1 ☐☐☐

멸할 멸　음 メツ　훈 ほろ　①없어지다 ②멸망하다

滅亡(めつぼう) 멸망
滅菌(めっきん) 멸균
絶滅(ぜつめつ) 절멸
消滅(しょうめつ) 소멸

한벽 쑥
滅(ほろ)びる 멸망하다 滅(ほろ)ぼす 멸망시키다 滅私(めっし)멸사 滅相(めっそう)당치 않음 滅多(めった)に 좀처럼 滅茶苦茶(めちゃくちゃ)엉망진창이다 点滅(てんめつ)점멸 撲滅(ぼくめつ)박멸 隠滅(いんめつ)인멸 幻滅(げんめつ)환멸 撃滅(げきめつ)격멸 壊滅(かいめつ)괴멸 磨滅(まめつ)닳아 없어짐

蔑

艹·14·제외

업신여길 멸
- 음 ベツ
- 훈 さげす
- ①업신여기다 ②무시하다

蔑視(べっし) 멸시
軽蔑(けいべつ) 경멸
侮蔑(ぶべつ) 모멸

"본자(本字)는 蔑로, 부수는 艹(艸)로 1획이 더 많지요"

한벽돌
蔑(さげす)む 업신여기다 蔑如(べつじょ)멸시

銘

金·14·N1

새길 명
- 음 メイ
- 훈 없음
- ①새기다 ②고급

銘記(めいき) 명기
銘茶(めいちゃ) 명차
銘菓(めいか) 명과
感銘(かんめい) 감명

한벽돌
銘々(めいめい)제각기 銘柄(めいがら)상표 座右(ざゆう)の銘(めい)좌우명 碑銘(ひめい)비석에 새긴 글

冥

冖·10·제외

어두울 명
- 음 メイ, ミョウ
- 훈 없음
- ①어둡다 ②저승

冥福(めいふく) 명복
冥王星(めいおうせい) 명왕성
幽冥(ゆうめい) 저승
頑冥(がんめい) 완고

募

力·12·N2

모을 모
- 음 ボ
- 훈 つの
- ①모으다 ②널리 구하다

募集(ぼしゅう) 모집
募金(ぼきん) 모금
応募(おうぼ) 응모
公募(こうぼ) 공모

"본자(本字)는 募로, 艹(艸) 부분이 1획이 더 많지요"

한벽돌
募(つの)る 모집하다 募兵(ぼへい)모병 急募(きゅうぼ)급하게 모음 徴募(ちょうぼ)징집

慕

小·14·N1

그릴 모
- 음 ボ
- 훈 した
- ①그리워하다 ②사모하다

慕情(ぼじょう) 모정
思慕(しぼ) 사모
追慕(ついぼ) 추모
恋慕(れんぼ) 연모

"본자(本字)는 慕로, 艹(艸) 부분이 1획이 더 많지요"

한벽돌
慕(した)う사모하다 敬慕(けいぼ)경모, 흠모

冒

目·9·N1

무릅쓸 모
- 음 ボウ
- 훈 おか
- ①무릅쓰다 ②첫머리

冒険(ぼうけん) 모험
冒涜(ぼうとく) 모독
冒頭(ぼうとう) 모두, 첫머리
冒(おか)す 무릅쓰다

한벽돌
感冒(かんぼう)감기

巾·12·N2 □□□	모자 모	음 ボウ	훈 없음	①모자

帽

- 帽子(ぼうし) 모자
- 脱帽(だつぼう) 탈모
- 制帽(せいぼう) 제모
- 軍帽(ぐんぼう) 군모

> **한벽돌**
> 角帽(かくぼう)사각모자 学帽(がくぼう)학생모자

耒·10·N2 □□□	소모할 모	음 モウ, コウ	훈 없음	①소모 ②쇠퇴해지다

耗

- 消耗(しょうもう) 소모
- 磨耗(まもう) 마모
- 耗弱(こうじゃく) 쇠약
- 損耗(そんもう) 닳아 없어짐

亻·8·N1 □□□	업신여길 모	음 ブ	훈 あなど	①업신여기다 ②멸시하다

侮

- 侮辱(ぶじょく) 모욕
- 侮蔑(ぶべつ) 모멸
- 侮(あなど)る 경시하다
- 軽侮(けいぶ) 경모, 경멸

"본자(本字)는 侮이지요"

> **한벽돌**
> 外侮(がいぶ)외부로부터의 모멸

矛·5·N1 □□□	창 모	음 ム	훈 ほこ	①창

矛

- 矛(ほこ) 창
- 矛先(ほこさき) 창끝
- 矛盾(むじゅん) 모순

木·9·N1 □□□	아무 모	음 ボウ	훈 없음	①아무 ②어느

某

- 某月(ぼうげつ) 모월
- 某日(ぼうにち) 모일
- 某氏(ぼうし) 모씨
- 某国(ぼうこく) 모국, 어떤 나라

> **한벽돌**
> 某所(ぼうしょ)모처 某地(ぼうち)어느 곳

言·16·N1 □□□	꾀 모	음 ボウ, ム	훈 はか	①꾀하다 ②못된 일을 꾸미다

謀

- 謀略(ぼうりゃく) 모략
- 謀議(ぼうぎ) 모의
- 無謀(むぼう) 무모
- 陰謀(いんぼう) 음모

> **한벽돌**
> 隠謀(いんぼう)음모 謀反(むほん)모반 首謀(しゅぼう)주모

豸·14·제외	모양 모	음 ボウ	훈 없음	①모양 ②모습
貌	美貌(びぼう) 미모 容貌(ようぼう) 용모 変貌(へんぼう) 변모		"부수 豸는 발 없는 벌레 치이지요"	

目·13·N1	화목할 목	음 ボウ	훈 없음	①화목하다 ②친목
睦	親睦(しんぼく) 친목 和睦(わぼく) 화목			

氵·7·N1	빠질 몰	음 ボツ	훈 없음	①빠지다 ②몰두 ③죽다
没	没頭(ぼっとう) 몰두 没落(ぼつらく) 몰락 没収(ぼっしゅう) 몰수 出没(しゅつぼつ) 출몰		"본자(本字)는 沒이지요"	한벽둥 没(ぼっ)する 가라앉다 没入(ぼつにゅう)몰입 没取(ぼっしゅ)몰수 沈没(ちんぼつ)침몰 埋没(まいぼつ)매몰 陥没(かんぼつ)함몰 日没(にちぼつ)일몰

女·7·N2	묘할 묘	음 ミョウ	훈 없음	①뛰어나다 ②기묘하다
妙	妙案(みょうあん) 묘안 妙技(みょうぎ) 묘기 絶妙(ぜつみょう) 절묘 神妙(しんみょう) 신묘			한벽둥 妙(みょう)だ 묘하다 妙齢(みょうれい)묘령 微妙(びみょう)미묘 巧妙(こうみょう)교묘

犭·11·N2	고양이 묘	음 ビョウ	훈 ねこ	①고양이
猫	猫(ねこ) 고양이 子猫(こねこ) 새끼고양이 愛猫(あいびょう) 애묘 招(まね)き猫(ねこ) 초복 고양이		"본자(本字)는 猫로, ⺾(艸) 부분이 1획이 더 많지요"	한벽둥 猫(ねこ)かぶり 시치미 뗌 猫要(ねこい)らず 쥐약 猫舌(ねこじた)뜨거운 것을 잘 못 먹음 野良猫(のらねこ)길고양이

扌·11·N1	그릴 묘	음 ビョウ	훈 えが, か	①그리다 ②묘사
描	描写(びょうしゃ) 묘사 点描(てんびょう) 점묘 描(えが)く 그리다 描(か)く 그리다		"본자(本字)는 描로, ⺾(艸) 부분이 1획이 더 많지요"	한벽둥 描画(びょうが)그림을 그림 描出(びょうしゅつ)묘출, 그려 냄 線描(せんびょう)선묘, 선만으로 그림 素描(そびょう)소묘

한자	훈음	음	훈	의미
苗 (艹·8·N1)	모 묘	ビョウ	なえ, なわ	①모 ②모종 ③자손

苗(なえ) 모종
苗木(なえぎ) 묘목
種苗(しゅびょう) 씨앗과 모종

"본자(本字)는 苗로, 부수는 艹(艸)로 1획이 더 많지요"

한 벽 돌 苗字(みょうじ)성씨 苗代(なわしろ)못자리 早苗(さなえ)볏모

| 畝 (田·10·N1) | 이랑 묘, 이랑 무 | セ | うね | ①이랑 ②면적 단위 |

畝(うね) 밭두둑
畝間(うねま) 고랑
畝(せ) 면적 단위
一畝(いっせ) 약 30평

| 舞 (舛·15·N2) | 춤출 무 | ブ | ま, まい | ①춤추다 ②격려하다 |

舞台(ぶたい) 무대
舞踊(ぶよう) 무용
乱舞(らんぶ) 난무
舞(ま)う 춤추다

"부수 舛은 어그러질 천이지요"

한 벽 돌 舞子(まいこ)어린 기생 舞姫(まいひめ)무희 鼓舞(こぶ)고무 演舞(えんぶ)춤 연습 歌舞伎(かぶき)전통극, 가부키 見舞(みま)い 문안, 문병 仕舞(しま)い 끝 振舞(ふるま)い 행동거지

| 霧 (雨·19·N1) | 안개 무 | ム | きり | ①안개 |

霧(きり) 안개
霧散(むさん) 무산
濃霧(のうむ) 짙은 안개
噴霧(ふんむ) 분무

한 벽 돌 霧笛(むてき)안개 끼었을 때 경고 고동 霧氷(むひょう)얼음 霧雨(きりさめ)안개비

| 茂 (艹·8·N1) | 무성할 무 | モ | しげ | ①무성하다 ②풍부하다 |

茂林(もりん) 무림
茂(しげ)る 우거지다
茂(しげ)み 우거짐
繁茂(はんも) 번무, 무성

"본자(本字)는 茂로, 부수는 艹(艸)로 1획이 더 많지요"

| 畝 (田·10·N1) | 이랑 무, 이랑 묘 | セ | うね | ①이랑 ②면적 단위 |

畝(うね) 밭두둑
畝間(うねま) 고랑
畝(せ) 면적 단위
一畝(いっせ) 약 30평

撫

扌·15·제외 ☐☐☐ | 어루만질 **무** | 음 ブ | 훈 な | ①어루만지다 ②쓰다듬다

愛撫(あいぶ) 애무
撫(な)でる 쓰다듬다

"상용한자 외의 표외한자(表外漢字)인 인명한자(人名漢字)이지요"

墨

土·14·N1 ☐☐☐ | 먹 **묵** | 음 ボク | 훈 すみ | ①먹

墨(すみ) 먹
水墨(すいぼく) 수묵
白墨(はくぼく) 분필
筆墨(ひつぼく) 필묵

"본자(本字)는 墨이지요"

한벽률
墨絵(すみえ)묵화 墨汁(ぼくじゅう)먹물 墨筆(ぼくひつ)붓과 먹 眉墨(まゆずみ)눈썹먹 靴墨(くつずみ)구두약

黙

黒·15·N1 ☐☐☐ | 잠잠할 **묵** | 음 モク | 훈 だま | ①입 다물다 ②침묵

黙殺(もくさつ) 묵살
沈黙(ちんもく) 침묵
暗黙(あんもく) 암묵
黙(だま)る 침묵하다

"본자(本字)는 默이지요"

한벽률
黙秘(もくひ)묵비 黙認(もくにん)묵인 黙祷(もくとう)묵도 黙契(もっけい)묵계, 묵약 寡黙(かもく)과묵

紋

糸·10·N1 ☐☐☐ | 무늬 **문** | 음 モン | 훈 없음 | ①무늬 ②문양

紋章(もんしょう) 문장, 도안 이미지
紋様(もんよう) 문양
波紋(はもん) 파문
指紋(しもん) 지문

한벽률
紋付(もんつ)き가문 무늬를 넣은 일본 예복 家紋(かもん)가문의 도안 이미지

蚊

虫·10·N1 ☐☐☐ | 모기 **문** | 음 없음 | 훈 か | ①모기

蚊(か) 모기
蚊帳(かや) 모기장
蚊屋(かや) 모기장
蚊取(かと)り線香(せんこう) 모기향

匁

ク·4·제외 ☐☐☐ | 몸매 **문** | 음 없음 | 훈 もんめ | ①중량 단위

匁(もんめ) 일본 중량 단위, 3.75그램

"상용한자 외의 표외한자(表外漢字)인 인명한자(人名漢字)이며, 일본 고유한자(和製漢字)인 국자(国字)이지요"

勿	勹·4·제외	말 물	음 モチ, ブツ	훈 なか	①말다 ②아니다
		勿論(もちろん) 물론 勿(なか)れ 하지 말라			"상용한자 외의 표외한자(表外漢字)인 인명한자(人名漢字)이지요"

尾	尸·7·N1	꼬리 미	음 ビ	훈 お	①꼬리 ②생선 단위
		尾行(びこう) 미행 末尾(まつび) 말미 語尾(ごび) 어미 一尾(いちび) 생선 한 마리			**한벽툼** 尾(お)꼬리 尻尾(しっぽ)꼬리 尾翼(びよく)꼬리 날개 尾根(おね)능선 首尾(しゅび)머리와 꼬리 不首尾(ふしゅび)실패

微	彳·13·N1	작을 미	음 ビ	훈 かす	①극히 작다 ②미세
		微妙(びみょう) 미묘 微笑(びしょう) 미소 微細(びさい) 미세 軽微(けいび) 경미		"본자(本字)는 㣲이지요"	**한벽툼** 微塵(みじん)미진 微粒子(びりゅうし)미립자 微笑(ほほえ)み미소 微笑(ほほえ)む미소 짓다 微笑(ほほえ)ましい훈훈하다 顕微鏡(けんびきょう)현미경 隠微(いんび)드러나지 않아 모름

眉	目·9·제외	눈썹 미	음 ビ, ミ	훈 まゆ	①눈썹
		眉(まゆ) 눈썹 眉間(みけん) 미간 眉毛(まゆげ) 겉눈썹 白眉(はくび) 백미			**한벽툼** 眉墨(まゆずみ)눈썹먹 拝眉(はいび)삼가 만나 뵘 柳眉(りゅうび)미인의 눈썹

謎	言·17·N1	수수께끼 미	음 없음	훈 なぞ	①수수께끼
		謎(なぞ) 수수께끼 謎謎(なぞなぞ) 수수께끼 謎解(なぞと)き 수수께끼 풀기		"본자(本字)는 謎이지요"	

弥	弓·8·N1	미륵 미	음 ミ	훈 や	①미륵
		弥勒(みろく) 미륵 弥生(やよい) 음력 3월		"본자(本字)는 彌이지요"	

| 女·10·N1 ☐☐☐ | 민첩할 민 | 음 ビン | 훈 없음 | ①민첩하다 ②힘쓰다 |

敏感(びんかん) 민감
過敏(かびん) 과민
機敏(きびん) 기민
鋭敏(えいびん) 예민

"본자(本字)는 敏이지요"

한벽돌
敏速(びんそく)민첩하고 빠름 敏腕(びんわん)놀라운 솜씨 俊敏(しゅんびん)머리가 좋고 날렵 不敏(ふびん)어리석고 민첩하지 못함

| 虫·14·제외 ☐☐☐ | 꿀 밀 | 음 ミツ | 훈 없음 | ①꿀 ②벌꿀 |

蜜(みつ) 꿀
蜜月(みつげつ) 밀월
蜜蜂(みつばち) 꿀벌
蜂蜜(はちみつ) 벌꿀

한벽돌
餡蜜(あんみつ)
안미츠, 디저트 화과자

| 氵·8·N2 ☐☐☐ | 머무를 박 | 음 ハク | 훈 と | ①머무르다 ②정박하다 |

宿泊(しゅくはく) 숙박
停泊(ていはく) 정박
泊(と)まる 묵다
泊(と)める 정박시키다

한벽돌
泊地(はくち)정박지 漂泊(ひょうはく)유랑

| 扌·8·N1 ☐☐☐ | 칠 박 | 음 ハク, ヒョウ | 훈 없음 | ①치다 ②박자 |

拍手(はくしゅ) 박수
拍車(はくしゃ) 박차
拍動(はくどう) 박동
脈拍(みゃくはく) 맥박

한벽돌
拍子(ひょうし)박자 一拍(いっぱく)한 박자

| 辶·8·N1 ☐☐☐ | 핍박할 박 | 음 ハク | 훈 せま | ①다가오다 ②몰아넣다 |

迫害(はくがい) 박해
迫力(はくりょく) 박력
圧迫(あっぱく) 압박
迫(せま)る 다가오다

"본자(本字)는 迫이지요"

한벽돌
迫真(はくしん)박진 気迫(きはく)기백 切迫(せっぱく)절박 脅迫(きょうはく)협박 緊迫(きんぱく)긴박

| 舟·11·N1 ☐☐☐ | 배 박 | 음 ハク | 훈 없음 | ①큰 배 ②항해 |

船舶(せんぱく) 선박
舶来(はくらい) 박래, 외래
舶来品(はくらいひん) 외래품
舶用(はくよう) 선박용

薄
艹·16·N2 □□□ | 엷을 박 | 음 ハク | 훈 うす | ①엷다 ②얕다 ③적다

薄(うす)い — 얇다
薄情(はくじょう) — 박정
軽薄(けいはく) — 경박
浅薄(せんぱく) — 천박

"본자(本字)는 薄이지요"

한벽着
薄(うす)める엷게 하다 薄(うす)まる엷어지다 薄(うす)れる희미해지다 薄(うす)らぐ조금씩 엷어지다 薄着(うすぎ)얇게 입음 薄化粧(うすげしょう)엷은 화장 薄暗(うすぐら)い어두컴컴하다 肉薄(にくはく)육박 希薄(きはく)희박 稀薄(きはく)희박

縛
糸·16·N1 □□□ | 얽을 박 | 음 バク | 훈 しば | ①묶다 ②속박하다

束縛(そくばく) — 속박
捕縛(ほばく) — 포박
縛(しば)る — 묶다
緊縛(きんばく) — 긴박, 바싹 얽어맴

"본자(本字)는 縛이지요"

한벽着
縛帯(ばくたい)붕대

撲
扌·15·N1 □□□ | 칠 박 | 음 ボク | 훈 없음 | ①세게 치다 ②스모

撲滅(ぼくめつ) — 박멸
撲殺(ぼくさつ) — 박살
打撲(だぼく) — 타박

한벽着
相撲(すもう)스모 腕相撲(うでずもう)팔씨름

朴
木·6·N1 □□□ | 순박할 박 | 음 ボク | 훈 없음 | ①순박하다

素朴(そぼく) — 소박
純朴(じゅんぼく) — 순박
質朴(しつぼく)だ — 질박하다
淳朴(じゅんぼく) — 순박

한벽着
朴直(ぼくちょく)순박하고 정직함

剥
刂·10·N1 □□□ | 벗길 박 | 음 ハク | 훈 は | ①벗기다 ②깎다

剥製(はくせい) — 박제
剥奪(はくだつ) — 박탈
剥(は)がす — 벗기다
剥(は)げる — 벗겨지다

"剝으로도 표기하지요"

한벽着
剥(は)ぐ벗기다 剥(は)がれる벗겨지다 削剥(さくはく)깎아서 벗김

伴
亻·7·N1 □□□ | 짝 반 | 음 ハン, バン | 훈 ともな | ①짝 ②수반하다

伴奏(ばんそう) — 반주
伴侶(はんりょ) — 반려
同伴(どうはん) — 동반
随伴(ずいはん) — 수반

한벽着
伴(ともな)う수반하다 接伴(せっぱん)손님 대접

舟·10·N2 □□□	일반 반	음 ハン	훈 없음	①일반 ②가지 ③범어
般	一般(いっぱん) 일반 全般(ぜんぱん) 전반 諸般(しょはん) 제반 万般(ばんぱん) 만반			**한벽통** 般若(はんにゃ)반야 先般(せんぱん) 일전 今般(こんぱん)금번

扌·13·N1 □□□	옮길 반	음 ハン	훈 없음	①나르다 ②반출하다
搬	搬出(はんしゅつ) 반출 搬入(はんにゅう) 반입 運搬(うんぱん) 운반 伝搬(でんぱん) 전파			

頁·13·N1 □□□	나눌 반	음 ハン	훈 없음	①나누다 ②반포하다
頒	頒布(はんぷ) 반포 頒価(はんか) 실비 頒行(はんこう) 반포			

皿·15·N1 □□□	소반 반	음 バン	훈 없음	①쟁반 ②반석
盤	磐石(ばんじゃく) 반석 円盤(えんばん) 원반 岩盤(がんばん) 암반 地盤(じばん) 지반			**한벽통** 盤上(ばんじょう)반상 算盤(そろばん)주판 水盤(すいばん)수반 鍵盤(けんばん)건반 碁盤(ごばん)바둑판 羅針盤(らしんばん)나침판

田·10·N1 □□□	밭두둑 반	음 ハン	훈 없음	①밭두둑 ②물가
畔	湖畔(こはん) 호반 河畔(かはん) 강가		"본자(本字)는 畔이지요"	

文·12·제외 □□□	아롱질 반	음 ハン	훈 없음	①얼룩 ②반점
斑	斑点(はんてん) 반점 斑紋(はんもん) 얼룩무늬 黒斑(こくはん) 검은 반점			

抜

扌・7・N2 ☐☐☐

뽑을 **발** | 음 バツ | 훈 ぬ | ①빼다 ②뽑다 ③뛰어나다

抜群(ばつぐん) 발군
抜本(ばっぽん) 발본
抜擢(ばってき) 발탁
抜(ぬ)く 빼다

"본자(本字)는 拔이지요"

한벽돌 抜(ぬ)ける 빠지다 抜(ぬ)かす 빠뜨리다 抜(ぬ)かる 실수하다 抜粋(ばっすい)발췌 抜本的(ばっぽんてき)발본적 奇抜(きばつ)기발 海抜(かいばつ)해발 栓抜(せんぬ)き 병따개

髪

髟・14・N2 ☐☐☐

터럭 **발** | 음 ハ | 훈 かみ | ①머리털

髪(かみ) 머리털
髪(かみ)の毛(け) 머리카락
金髪(きんぱつ) 금발
毛髪(もうはつ) 모발

"부수 髟는 머리 늘어질 표이며, 본자(本字)는 髮이지요"

한벽돌 髪型(かみがた)머리 스타일 白髪(しらが)백발 洗髪(せんぱつ)머리를 감음 染髪(せんぱつ)머리 염색 理髪(りはつ)이발 断髪(だんぱつ)단발 怒髪(どはつ)노발대발

鉢

金・13・N1 ☐☐☐

바리때 **발** | 음 ハチ, ハツ | 훈 없음 | ①화분 ②사발

鉢(はち) 화분, 사발
鉢植(はちう)え 화분에 심음
植木鉢(うえきばち) 화분

한벽돌 鉢巻(はちまき)머리띠 衣鉢(いはつ)가사와 바리때 火鉢(ひばち)화로

勃

力・9・제외 ☐☐☐

노할 **발** | 음 ボツ | 훈 없음 | ①갑자기 일어나다 ②힘차다

勃発(ぼっぱつ) 발발, 갑자기 일어남
勃起(ぼっき) 발기, 갑자기 일어남
勃興(ぼっこう) 발흥, 진흥

肪

月・8・N1 ☐☐☐

기름 **방** | 음 ボウ | 훈 없음 | ①기름 ②지방

脂肪(しぼう) 지방
脂肪分(しぼうぶん) 지방분

紡

糸・10・N1 ☐☐☐

길쌈 **방** | 음 ボウ | 훈 つむ | ①실 뽑다 ②방직

紡績(ぼうせき) 방적
紡錘(ぼうすい) 방추
混紡(こんぼう) 혼방
綿紡(めんぼう) 면방

한벽돌 紡(つむ)ぐ실을 뽑다

戸·8·N1 ☐☐☐	방 **房**	음 ボウ	훈 ふさ	①방 ②송이
房	暖房(だんぼう) 난방 冷房(れいぼう) 냉방 乳房(ちぶさ) 유방 房(ふさ) 여러 가닥 술			한벽 一房(ひとふさ)한 송이 女房(にょうぼう)처 官房(かんぼう)관방 文房具(ぶんぼうぐ)문구 文房具屋(ぶんぼうぐや)문방구 厨房(ちゅうぼう)주방

土·7·N2 ☐☐☐	동네 **방**	음 ボウ, ボッ	훈 없음	①아가 ②중
坊	坊主(ぼうず) 중, 사내아이 坊(ぼっ)ちゃん 도련님 赤(あか)ん坊(ぼう) 갓난아기 お坊(ぼう)さん 스님			한벽 寝坊(ねぼう)늦잠 朝寝坊(あさねぼう)늦잠

⺾·7·N1 ☐☐☐	꽃다울 **방**	음 ホウ	훈 かんば	①향기롭다 ②존경하다
芳	芳香(ほうこう) 방향 芳香剤(ほうこうざい) 방향제 芳名録(ほうめいろく) 방명록 芳紀(ほうき) 방년		"본자(本字)는 芳으로, 부수는 ⺾(艸)로 1획이 더 많지요"	한벽 芳(かんば)しい향기롭다 芳情(ほうじょう)친절하고 애틋한 마음 芳志(ほうし)친절하고 애틋한 마음 芳恩(ほうおん)은혜로움

女·7·N1 ☐☐☐	방해할 **방**	음 ボウ	훈 さまた	①방해하다
妨	妨害(ぼうがい) 방해 妨(さまた)げる 방해하다			

亻·10·N1 ☐☐☐	본뜰 **방**	음 ホウ	훈 なら	①흉내 ②본뜨다
倣	模倣(もほう) 모방 倣(なら)う 모방하다 倣書(ほうしょ) 작가의 서풍을 본떠 시문을 씀			

亻·12·N1 ☐☐☐	곁 **방**	음 ボウ	훈 かたわ	①곁 ②옆
傍	傍(かたわ)ら 곁, 가 傍聴(ぼうちょう) 방청 傍観(ぼうかん) 방관 傍点(ぼうてん) 방점			한벽 傍若無人(ぼうじゃくぶじん) 방약무인

邦

阝·7·N1 □□□

나라 **방**　　음 ホウ　　훈 없음　　①나라 ②일본

邦人(ほうじん)	방인, 자국인
連邦(れんぽう)	연방
異邦人(いほうじん)	이방인
友邦(ゆうほう)	우방

한벽 邦楽(ほうがく)자기 나라 음악 邦字(ほうじ)자기 나라 문자 邦貨(ほうか)자기 나라 화폐 盟邦(めいほう)맹방, 동맹국

杯

木·8·N2 □□□

잔 **배**　　음 ハイ　　훈 さかずき　　①잔 ②술잔

一杯(いっぱい)	한 잔
乾杯(かんぱい)	건배
祝杯(しゅくはい)	축배
苦杯(くはい)	고배

한벽 杯(さかずき)술잔 杯盤(はいばん)술상, 술잔과 쟁반 杯中(はいちゅう)술잔 안 賜杯(しはい)하사된 술잔, 우승배

輩

車·15·N1 □□□

무리 **배**　　음 ハイ　　훈 없음　　①무리 ②뒤이어

輩出(はいしゅつ)	배출
先輩(せんぱい)	선배
後輩(こうはい)	후배
同輩(どうはい)	동배, 동년생

한벽 輩行(はいこう)동년배 친구

排

扌·11·제외 □□□

밀칠 **배**　　음 ハイ　　훈 없음　　①밀치다 ②밀어젖히다

排気(はいき)	배기
排水(はいすい)	배수
排出(はいしゅつ)	배출
排撃(はいげき)	배격

한벽 排斥(はいせき)배척 按排(あんばい)안배

陪

阝·11·N1 □□□

모실 **배**　　음 バイ　　훈 없음　　①따르다 ②더하다

陪審(ばいしん)	배심
陪席(ばいせき)	배석
陪食(ばいしょく)	높은 분과 식사 함

賠

貝·15·N1 □□□

물어줄 **배**　　음 バイ　　훈 없음　　①배상하다

賠償(ばいしょう)	배상

培

土·11·N1 ☐☐☐

북돋을 **배**

음 バイ **훈** つちか

① 늘어나다 ② 재배하다

培養(ばいよう) 배양
栽培(さいばい) 재배
培(つちか)う 배양하다
培地(ばいち) 배양지

伯

イ·7·N1 ☐☐☐

맏 **백**

음 ハク **훈** 없음

① 맏이 ② 뛰어나다

伯父(おじ) 백부
伯母(おば) 백모
伯爵(はくしゃく) 백작
画伯(がはく) 화백

한 벽 돌
茶伯(ちゃはく)다도 스승

翻

羽·18·N1 ☐☐☐

번역할 **번**

음 ホン **훈** ひるがえ

① 뒤집다 ② 번역하다

翻訳(ほんやく) 번역
翻案(ほんあん) 번안
翻意(ほんい) 번의

"본자(本字)는 飜이지요"

한 벽 돌
翻(ひるがえ)す뒤집다 翻(ひるがえ)る뒤집히다 翻弄(ほんろう)번롱, 농락

煩

火·13·N1 ☐☐☐

번거로울 **번**

음 ハン, ボン **훈** わずら

① 번거롭다 ② 고민하다

煩雑(はんざつ) 번잡
煩悩(ぼんのう) 번뇌
煩悶(はんもん) 번민
煩(わずら)わしい 번거롭다

한 벽 돌
煩(わずら)う고민하다 煩(わずら)わす번거롭게 하다 煩忙(はんぼう)번거롭고 바쁨

繁

糸·16·N1 ☐☐☐

번성할 **번**

음 ハン **훈** 없음

① 번성하다 ② 붐비다

繁栄(はんえい) 번영
繁盛(はんじょう) 번성
繁殖(はんしょく) 번식
頻繁(ひんぱん) 빈번

"본자(本字)는 繁으로, 부수는 ⁺⁺(艸)로 1획이 더 많지요"

한 벽 돌
繁華街(はんかがい)번화가 繁茂(はんも)번무, 무성 繁忙(はんぼう)번거롭고 바쁨 繁雑(はんざつ)번잡, 일이 많고 복잡

藩

⁺⁺·18·N1 ☐☐☐

울타리 **번**

음 ハン **훈** 없음

① 옛 행정구역

藩(はん) 번, 옛 행정구역
藩主(はんしゅ) 영주

"본자(本字)는 藩으로 1획이 더 많지요"

한 벽 돌
藩政(はんせい)영주 정치 藩閥(はんばつ)파벌 藩士(はんし)제후에 속하는 무사 廃藩置県(はいはんちけん)폐번치현

罰

网·14·N1 ☐☐☐

벌할 **벌**

음 バツ, バチ　　훈 없음

①벌하다 ②형벌

罰金(ばっきん) 벌금
罰則(ばっそく) 벌칙
刑罰(けいばつ) 형벌
処罰(しょばつ) 처벌

한벽돌
罰(ばち)벌, 천벌 罰(ばっ)する벌하다
罰当(ばちあ)たり천벌을 받음 責罰(せきばつ)꾸짖어 벌함 体罰(たいばつ)체벌

閥

門·14·N1 ☐☐☐

문벌 **벌**

음 バツ　　훈 없음

①집단 ②문벌

学閥(がくばつ) 학벌
門閥(もんばつ) 문벌
派閥(はばつ) 파벌
財閥(ざいばつ) 재벌

한벽돌
閥族(ばつぞく)나라에 공로가 많고 벼슬 경력이 많은 집안 党閥(とうばつ)파벌 藩閥(はんばつ)파벌

伐

亻·6·N1 ☐☐☐

칠 **벌**

음 バツ　　훈 없음

①베다 ②정벌하다

伐木(ばつぼく) 벌목
伐採(ばっさい) 벌채
征伐(せいばつ) 정벌
討伐(とうばつ) 토벌

한벽돌
間伐(かんばつ)간벌, 속아베기

凡

几·3·N1 ☐☐☐

무릇 **범**

음 ボン, ハン　　훈 없음

①보통 ②모든

凡人(ぼんじん) 범인
凡例(はんれい) 범례
非凡(ひぼん) 비범
平凡(へいぼん) 평범

한벽돌
凡打(ぼんだ)범타 凡庸(ぼんよう)평범하고 변변하지 못함 凡(およ)そ대강, 무릇 大凡(おおよそ)대강, 대체로

汎

氵·6·제외 ☐☐☐

넓을 **범**

음 ハン　　훈 없음

①넓다 ②광범위

汎論(はんろん) 범론
汎愛(はんあい) 범애, 박애
広汎(こうはん)だ 광범하다

帆

巾·6·N1 ☐☐☐

돛 **범**

음 ハン　　훈 ほ

①돛

帆(ほ) 돛
帆船(はんせん) 범선, 돛단배
出帆(しゅっぱん) 출범
白帆(しらほ) 백범, 흰 돛

한벽돌
帆走(はんそう)돛에 바람을 받아 항해함 帆布(はんぷ)범포, 돛 만드는 천 帆柱(ほばしら)돛대

氵·5·제외 □□□	넘칠 **범**	음 ハン	훈 없음	①넘치다
氾	氾濫(はんらん) 범람			

竹·15·N1 □□□	법 **범**	음 ハン	훈 없음	①규범 ②범위
範	範囲(はんい) 범위 範例(はんれい) 범례 模範(もはん) 모범 規範(きはん) 규범			한 벽 둘 範疇(はんちゅう)범주 垂範(すいはん)수범, 본보기가 됨

土·16·N2 □□□	벽 **벽**	음 ヘキ	훈 かべ	①벽 ②낭떠러지
壁	壁(かべ) 벽 壁画(へきが) 벽화 壁面(へきめん) 벽면 岩壁(がんぺき) 암벽			한 벽 둘 壁紙(かべがみ)벽지 岸壁(がんぺき)물가 벼랑 城壁(じょうへき)성벽 絶壁(ぜっぺき)절벽 胃壁(いへき)위벽 鉄壁(てっぺき)철벽

玉·18·제외 □□□	구슬 **벽**	음 ヘキ	훈 없음	①구슬 ②아름답고 훌륭하다
璧	完璧(かんぺき) 완벽 白璧(はくへき) 흰 구슬 双璧(そうへき) 쌍벽			

疒·18·N1 □□□	버릇 **벽**	음 ヘキ	훈 くせ	①버릇 ②습관
癖	癖(くせ) 버릇 潔癖(けっぺき) 결벽 盗癖(とうへき) 도벽 習癖(しゅうへき) 습벽, 버릇			한 벽 둘 口癖(くちぐせ)입버릇 悪癖(あくへき)나쁜 버릇 酒癖(さけぐせ)술 버릇

イ·8·N1 □□□	아우를 **병**	음 ヘイ	훈 あわ	①합치다 ②아우르다
併	併設(へいせつ) 병설 併用(へいよう) 병용 併合(へいごう) 병합 合併(がっぺい) 합병		"본자(本字)는 倂이지요"	한 벽 둘 併(あわ)せる아우르다 兼併(けんぺい)합병

한자	훈·음	음	훈	뜻
瓶 (瓦·11·N2)	병 병	ビン	없음	①병

瓶(びん) 병
花瓶(かびん) 꽃병
土瓶(どびん) 질 주전자
大瓶(おおびん) 큰 병

"본자(本字)는 瓶이지요"

한벽음 瓶詰(びんづめ)병조림 魔法瓶(まほうびん)보온병 哺乳瓶(ほにゅうびん)젖병

| 塀 (土·12·N1) | 담 병 | ヘイ | 없음 | ①담 |

塀(へい) 담
土塀(どべい) 토담
泥塀(どろべい) 토담
板塀(いたべい) 널판장

"본자(本字)는 塀이지요"

| 丙 (一·5·N1) | 남녘 병 | ヘイ | 없음 | ①셋째 천간 ②남녘 |

丙(へい) 병
丙種(へいしゅ) 병종, 셋째
甲乙丙(こうおつへい) 갑을병
丙(ひのえ) 병

| 柄 (木·9·N1) | 자루 병 | ヘイ | がら, え | ①자루 ②권세 ③몸집 |

柄(がら) 몸집
柄(え) 자루
身柄(みがら) 신병
柄物(がらもの) 무늬 있는 물건

한벽음 柄杓(ひしゃく)국자 家柄(いえがら)가문 人柄(ひとがら)인품 銘柄(めいがら)명품 상표 間柄(あいだがら)인간관계 事柄(ことがら)사항 役柄(やくがら)직무 성질, 직책이 있는 신분 権柄(けんぺい)권세로 누름 取(と)り柄(え)장점 大柄(おおがら)だ몸집이 크다 小柄(こがら)だ몸집이 작다 横柄(おうへい)だ건방지다

| 餅 (食·15·제외) | 떡 병 | ヘイ | もち | ①떡 |

餅(もち) 떡
月餅(げっぺい) 월병
画餅(がべい) 그림의 떡

"본자(本字)는 餅이지요"

한벽음 鏡餅(かがみもち)공물 떡, 정월에 신전에 바치는 떡 草餅(くさもち)쑥떡 菱餅(ひしもち)마름모 떡

| 普 (日·12·N2) | 넓을 보 | フ | 없음 | ①널리 ②보편적 |

普通(ふつう) 보통
普及(ふきゅう) 보급
普遍(ふへん) 보편

한벽음 普段(ふだん)평소 普段着(ふだんぎ)평상복 普請(ふしん)절 공사 普(あまね)く널리

譜	言·19·제외	족보 보	음 フ	훈 없음	①계보 ②족보
		楽譜(がくふ) 악보 年譜(ねんぷ) 연보 系譜(けいふ) 계보 棋譜(きふ) 기보, 바둑 기록			한벽출 譜面(ふめん)악보

伏	イ·6·N1	엎드릴 복	음 フク	훈 ふ	①엎드리다 ②숨기다
		伏線(ふくせん) 복선 伏兵(ふくへい) 복병 降伏(こうふく) 항복 起伏(きふく) 기복			한벽출 伏(ふ)せる엎드리다 伏(ふ)す엎드리다 潜伏(せんぷく)잠복

覆	西·18·N1	다시 복, 덮을 부	음 フク	훈 おお, くつがえ	①다시 ②덮다
		覆面(ふくめん) 복면 覆蓋(ふくがい) 복개 転覆(てんぷく) 전복 反覆(はんぷく) 반복			한벽출 覆(おお)う덮다 覆(くつがえ)す뒤집다 覆(くつがえ)る뒤집히다

僕	イ·14·N1	종 복	음 ボク	훈 없음	①종 ②나(남자)
		僕(ぼく) 나 忠僕(ちゅうぼく) 충복 公僕(こうぼく) 공복 家僕(かぼく) 가복			한벽출 僕達(ぼくたち)우리들 下僕(げぼく)하인

封	寸·9·N2	봉할 봉	음 フウ, ホウ	훈 없음	①봉하다 ②영역
		封建(ほうけん) 봉건 封印(ふういん) 봉인 開封(かいふう) 개봉 同封(どうふう) 동봉			한벽출 封(ふう)じる봉하다 封筒(ふうとう)봉투 封鎖(ふうさ)봉쇄 封切(ふうき)り개봉

奉	大·8·N1	받들 봉	음 ホウ, ブ	훈 たてまつ	①받들다 ②섬기다
		奉仕(ほうし) 봉사 奉公(ほうこう) 봉공 奉納(ほうのう) 봉납 信奉(しんぽう) 신봉			한벽출 奉(たてまつ)る받들다 奉献(ほうけん)봉헌,삼가 바침 奉還(ほうかん)웃어른께 돌려 드림 奉行(ぶぎょう)명을 받들어 행함

俸

イ・10・N1 ☐☐☐

녹 **봉**　　음 ホウ　　훈 없음　　①급료

俸給(ほうきゅう)	봉급
年俸(ねんぽう)	연봉
本俸(ほんぽう)	본봉
減俸(げんぽう)	감봉

縫

糸・16・N1 ☐☐☐

꿰맬 **봉**　　음 ホウ　　훈 ぬ　　①꿰매다 ②바느질

縫製(ほうせい)	봉제
縫合(ほうごう)	봉합
裁縫(さいほう)	재봉
縫(ぬ)う	꿰매다

한벽돌
縫(ぬ)い目(め) 솔기 縫(ぬ)いぐるみ 봉제(인형) 仮縫(かりぬ)い 가봉 手縫(てぬ)い 손바느질

峰

山・10・N1 ☐☐☐

봉우리 **봉**　　음 ホウ　　훈 みね　　①봉우리

最高峰(さいこうほう)	최고봉
霊峰(れいほう)	영봉
高峰(こうほう)	고봉
峰(みね)	봉우리

"峯과 이체자(異體字)이지요"

한벽돌
孤峰(こほう) 외따로이 떨어진 산봉우리 連峰(れんぽう) 이어진 산봉우리

蜂

虫・13・제외 ☐☐☐

벌 **봉**　　음 ホウ　　훈 はち　　①벌

蜂(はち)	벌
蜂蜜(はちみつ)	벌꿀
蜜蜂(みつばち)	꿀벌
養蜂(ようほう)	양봉

逢

辶・11・제외 ☐☐☐

만날 **봉**　　음 ホウ　　훈 あ　　①만나다

逢(あ)う	만나다
逢着(ほうちゃく)	봉착

"상용한자 외의 표외한자(表外漢字)인 인명한자(人名漢字)이며, 본자는 逢이지요"

浮

氵・10・N2 ☐☐☐

뜰 **부**　　음 フ　　훈 う　　①뜨다 ②덧없다

浮上(ふじょう)	부상
浮力(ふりょく)	부력
浮浪(ふろう)	부랑
浮動(ふどう)	부동, 떠다님

한벽돌
浮(う)かぶ 뜨다 浮(う)かべる 띄우다 浮(う)く 뜨다 浮(う)かれる 들뜨다 浮(うわ)つく 들썽거리다 浮気(うわき) 바람기 浮沈(ふちん) 부침 浮遊(ふゆう) 이리저리 떠다님 浮世絵(うきよえ) 전통 판화

符

竹·11·N2

부호 **부** | 음 フ | 훈 없음 | ①부호 ②기호

符号(ふごう) 부호
符合(ふごう) 부합
音符(おんぷ) 음부, 음표
終止符(しゅうしふ) 종지부

한벽돌
切符(きっぷ)표 符丁(ふちょう)표시, 암호

附

阝·8·N1

붙일 **부** | 음 フ | 훈 없음 | ①붙이다 ②제공

附近(ふきん) 부근
附属(ふぞく) 부속
附着(ふちゃく) 부착
寄附(きふ) 기부

腐

肉·14·N1

썩을 **부** | 음 フ | 훈 くさ | ①썩다 ②괴롭히다

腐敗(ふはい) 부패
腐食(ふしょく) 부식
豆腐(とうふ) 두부
陳腐(ちんぷ) 진부

한벽돌
腐(くさ)る 썩다 腐(くさ)れる 썩다 腐(くさ)らす 썩게 하다 腐心(ふしん)고심 防腐剤(ぼうふざい)방부제

赴

走·9·N1

다다를 **부** | 음 フ | 훈 おもむ | ①향하여 가다 ②다다르다

赴任(ふにん) 부임
単身赴任(たんしんふにん) 단신부임
赴任先(ふにんさき) 부임지
赴(おもむ)く 향하여 가다

扶

扌·7·N1

도울 **부** | 음 フ | 훈 없음 | ①돕다 ②지키다

扶養(ふよう) 부양
扶助(ふじょ) 부조
相扶(そうふ) 상부
扶育(ふいく) 부육, 도와서 양육함

剖

刂·10·N1

쪼갤 **부** | 음 ボウ | 훈 없음 | ①쪼개다 ②가르다

剖検(ぼうけん) 부검
解剖(かいぼう) 해부

300

女·15·N1 □□□ 敷	펼 부	음 フ	훈 し	①펴다 ②깔다
	敷設(ふせつ) 부설 敷地(しきち) 부지 敷衍(ふえん) 부연 敷(し)く 깔다		"본자(本字)는 敷이지요"	한벽출 敷物(しきもの)깔개 敷布(しきふ)깔개, 시트 敷石(しきいし)포석 屋敷(やしき)저택 座敷(ざしき)객실 風呂敷(ふろしき)보자기

竹·19·N1 □□□ 簿	장부 부	음 ボ	훈 없음	①장부 ②책자
	簿記(ぼき) 부기 名簿(めいぼ) 명부 帳簿(ちょうぼ) 장부 原簿(げんぼ) 원부			한벽출 簿外(ぼがい)장부에 기록되지 않음 家計簿(かけいぼ)가계부 記錄簿(きろくぼ)기록부

月·15·N2 □□□ 膚	살갗 부	음 フ	훈 없음	①살갗
	皮膚(ひふ) 피부			

貝·15·N1 □□□ 賦	부세 부	음 フ	훈 없음	①세금 부과 ②할당하다
	賦課(ふか) 부과 賦役(ふえき) 부역 賦税(ふぜい) 부세, 세금 부과 月賦(げっぷ) 월부			한벽출 賦与(ふよ)부여, 나누어 줌 天賦(てんぷ)천부

言·9·제외 □□□ 訃	부고 부	음 フ	훈 없음	①부고 ②부음
	訃告(ふこく) 부고 訃音(ふいん) 부음			

金·10·제외 □□□ 釜	가마 부	음 없음	훈 かま	①가마솥
	釜(かま) 가마, 솥 釜飯(かまめし) 가마솥밥 電気釜(でんきがま) 전기밥솥 茶釜(ちゃがま) 찻주전자			

覆
西・18・N1

덮을 부, 다시 복

음 フク **훈** おお, くつがえ ①다시 ②덮다

覆面(ふくめん) 복면
覆蓋(ふくがい) 복개
転覆(てんぷく) 전복
反覆(はんぷく) 반복

> 한벽쌈
> 覆(おお)う덮다 覆(くつがえ)す뒤집다 覆(くつがえ)る뒤집히다

奔
大・8・N1

달릴 분

음 ホン **훈** 없음 ①내달리다 ②서두르다

奔放(ほんぽう) 분망
奔走(ほんそう) 분주
狂奔(きょうほん) 광분
東奔西走(とうほんせいそう) 동분서주

> 한벽쌈
> 奔流(ほんりゅう)격류, 세차게 흐름

盆
皿・9・제외

동이 분

음 ボン **훈** 없음 ①쟁반 ②우란분재, 백중맞이

盆地(ぼんち) 분지
盆栽(ぼんさい) 분재
お盆(ぼん) 우란분재, 백중맞이(일본 추석), 쟁반
盆踊(ぼんおど)り 추석에 추는 춤

> 한벽쌈
> 旧盆(きゅうぼん)음력 백중맞이

墳
土・15・N1

무덤 분

음 フン **훈** 없음 ①무덤 ②묘

墳墓(ふんぼ) 분묘
古墳(こふん) 고분
土墳(どふん) 토분, 봉분 무덤

憤
忄・15・제외

분할 분

음 フン **훈** いきどお ①분하다

憤慨(ふんがい) 분개
憤怒(ふんど) 분노
悲憤(ひふん) 비분
発憤(はっぷん) 발분

> 한벽쌈
> 憤(いきどお)る분하다 憤激(ふんげき)격분 義憤(ぎふん)의분 鬱憤(うっぷん)울분

噴
口・15・제외

뿜을 분

음 フン **훈** ふく ①내뿜다

噴水(ふんすい) 분수
噴火(ふんか) 분화
噴射(ふんしゃ) 분사
噴出(ふんしゅつ) 분출

> 한벽쌈
> 噴煙(ふんえん)분연 噴(ふ)く뿜다

| 糸·10·N1 □□□ | 어지러울 분 | 음 フン | 훈 まぎ | ①헷갈리다 ②뒤얽히다 ③얼버무리다 |

紛

紛争(ふんそう) 분쟁
紛失(ふんしつ) 분실
紛糾(ふんきゅう) 분규
内紛(ないふん) 내분

한벽동
紛(まぎ)らす얼버무리다 紛(まぎ)らわす얼버무리다 紛(まぎ)れる혼동되다 紛(まぎ)らわしい헷갈리다 紛紛(ふんぷん)어수선하게 뒤섞임

| 雨·12·N1 □□□ | 눈 날릴 분 | 음 フン | 훈 없음 | ①공기 ②분위기 |

雰

雰囲気(ふんいき) 분위기

| 扌·5·N2 □□□ | 떨칠 불 | 음 フツ | 훈 はら | ①지불하다 ②제거하다 |

払

払(はら)う 지불하다
払拭(ふっしょく) 불식
支払(しはら)い 지불
後払(あとばら)い 후불

"본자(本字)는 拂이지요"

한벽동
払(はら)い込(こ)み납입 払(はら)い戻(もど)し환불 一括払(いっかつばら)い일시불 月払(つきばら)い월부 前払(まえばら)い선불 先払(さきばら)い선불 厄払(やくばら)い액막이 酔(よ)っ払(ぱら)い만취꾼

| 山·11·N1 □□□ | 무너질 붕 | 음 ホウ | 훈 くず | ①무너지다 ②왕의 서거 |

崩

崩壊(ほうかい) 붕괴
崩落(ほうらく) 붕락
崩(くず)す 무너뜨리다
崩(くず)れる 무너지다

한벽동
崩御(ほうぎょ)붕어, 왕의 서거 雪崩(なだれ)눈사태 山崩(やまくず)れ산사태 崖崩(がけくず)れ벼랑 붕괴 取(と)り崩(くず)し철거

| 木·12·N1 □□□ | 사다리 붕 | 음 없음 | 훈 たな | ①선반 |

棚

棚(たな) 선반
本棚(ほんだな) 책장
書棚(しょだな) 서가
戸棚(とだな) 찬장

한벽동
棚上(たなあ)げ보류 棚卸(たなおろ)し재고 조사 神棚(かみだな)신전 網棚(あみだな)그물 선반

| 十·9·N1 □□□ | 낮을 비 | 음 ヒ | 훈 いや | ①지위가 낮다 ②천하다 |

卑

卑劣(ひれつ) 비열
卑怯(ひきょう) 비겁
卑屈(ひくつ) 비굴
卑下(ひげ) 비하

"본자(本字)는 卑이지요"

한벽동
卑(いや)しい천하다 卑(いや)しめる멸시하다 卑(いや)しむ경멸하다 卑俗(ひぞく)비속 野卑(やひ)야비

氵·8·N2 ☐☐☐	끓을 **비**	음 フツ	훈 わ	①끓다	

沸

沸騰(ふっとう) 비등, 끓어오름
沸点(ふってん) 비점, 끓는점
沸(わ)かす 끓이다
沸(わ)く 끓다

> **한벽쓰** 煮沸(しゃふつ)펄펄 끓임

戸·12·N1 ☐☐☐	사립문 **비**	음 ヒ	훈 とびら	①문짝 ②사립문 ③책 표지

扉

扉(とびら) 문짝, 속 표지
門扉(もんぴ) 문짝, 대문
自動扉(じどうとびら) 자동문
鉄扉(てっぴ) 철문

> **한벽쓰** 開扉(かいひ)문짝을 엶

石·14·N1 ☐☐☐	비석 **비**	음 ヒ	훈 없음	①비석

碑

碑文(ひぶん) 비문
碑石(ひせき) 비석
墓碑(ぼひ) 묘비
記念碑(きねんひ) 기념비

> **한벽쓰** 碑(ひ)비석 碑銘(ひめい)비석에 새긴 글 石碑(せきひ)석비, 비석 口碑(こうひ)전설

"본자(本字)는 碑이지요"

女·6·N1 ☐☐☐	왕비 **비**	음 ヒ	훈 없음	①왕비

妃

妃殿下(ひでんか) 왕비전하
王妃(おうひ) 왕비
貴妃(きひ) 귀비
皇太子妃(こうたいしひ) 황태자비

氵·8·N1 ☐☐☐	분비할 **비**	음 ヒツ, ヒ	훈 없음	①분비 ②번지다

泌

泌尿器(ひにょうき) 비뇨기
泌乳(ひつにゅう) 분만 후 젖이 분비됨
分泌(ぶんぴ) 분비

氵·10·N1 ☐☐☐	물가 **빈**	음 ヒン	훈 はま	①물가 ②해변가

浜

浜(はま) 바닷가, 물가
浜風(はまかぜ) 해풍
海浜(かいひん) 해변
浜辺(はまべ) 해변

> **한벽쓰** 砂浜(すなはま)모래사장

"본자(本字)는 濱이지요"

| 頁·17·N1 □□□ | 자주 빈 | 음 ヒン | 훈 없음 | ①자주 ②신속히 |

頻

頻度(ひんど) 빈도
頻出(ひんしゅつ) 빈출
頻発(ひんぱつ) 빈발
頻繁(ひんぱん) 빈번

"본자(本字)는 頻이지요"

| 貝·15·N1 □□□ | 손 빈 | 음 ヒン | 훈 없음 | ①손님 ②고객 |

賓

主賓(しゅひん) 주빈
国賓(こくひん) 국빈
来賓(らいひん) 내빈
貴賓(きひん) 귀빈

"본자(本字)는 賓이지요"

한벽돌: 賓客(ひんきゃく)귀한 손님 賓辞(ひんじ)빈사, 빈개념

| 言·12·N1 □□□ | 속일 사 | 음 サ | 훈 없음 | ①속이다 ②거짓말 |

詐

詐欺(さぎ) 사기
詐称(さしょう) 사칭
詐取(さしゅ) 사취, 속여 빼앗음
詐術(さじゅつ) 속임수

| 亻·7·N2 □□□ | 엿볼 사 | 음 シ | 훈 うかが | ①찾아뵙다 ②여쭈다 |

伺

伺(うかが)う 찾아뵙다, 여쭈다
伺候(しこう) 웃어른께 문안을 드림

| 阝·8·N1 □□□ | 간사할 사 | 음 ジャ | 훈 없음 | ①거짓 ②사악하다 |

邪

邪悪(じゃあく) 사악
邪念(じゃねん) 사념
邪道(じゃどう) 사도
邪推(じゃすい) 사추, 그릇된 추측

한벽돌: 邪魔(じゃま)방해 風邪(かぜ)감기 正邪(せいじゃ)선악 無邪気(むじゃき)다순진무구하다

| 斗·11·N1 □□□ | 비낄 사 | 음 シャ | 훈 なな | ①경사 ②비끼다 |

斜

斜面(しゃめん) 경사면
斜線(しゃせん) 사선
傾斜(けいしゃ) 경사
斜(なな)めだ 경사지다

赦

赤·11·N1 ☐☐☐

용서할 **사** | 음 シャ | 훈 없음 | ①용서하다

赦免(しゃめん) 사면
特赦(とくしゃ) 특별사면
恩赦(おんしゃ) 특별사면
容赦(ようしゃ) 용사, 용서하여 놓아 줌

卸

卩·9·N1 ☐☐☐

풀 **사** | 음 없음 | 훈 おろ, おろし | ①도매 ②갈다

卸(おろ)す 도매하다
卸(おろ)し 도매
卸売(おろしう)り 도매
卸屋(おろしや) 도매상

한벽暑
卸商(おろししょう)도매상 卸値(おろしね)도맷값 卸相場(おろしそうば)도매 물가 시세 卸(おろ)す강판에 갈다 大根卸(だいこんおろ)し강판에 간 무

賜

貝·15·N1 ☐☐☐

줄 **사** | 음 シ | 훈 たまわ | ①내려 주시다

賜金(しきん) 하사금
下賜(かし) 하사
賜杯(しはい) 하사된 술잔
恩賜(おんし) 은사, 물건을 내려 줌주심

한벽暑
賜(たまわ)る내려 주시다 賜物(たまもの)하사품 賜暇(しか)나라에서 관리에게 주는 휴가

蛇

虫·11·N1 ☐☐☐

긴 뱀 **사** | 음 ジャ, ダ | 훈 へび | ①뱀

蛇(へび) 뱀
蛇足(だそく) 사족
毒蛇(どくじゃ) 독사
大蛇(だいじゃ) 큰 뱀

한벽暑
蛇口(じゃぐち)수도꼭지 蛇腹(じゃばら)주름 부분 長蛇(ちょうだ)の列(れつ)장사진

唆

口·10·N1 ☐☐☐

부추길 **사** | 음 サ | 훈 そそのか | ①부추기다

示唆(しさ) 시사
教唆(きょうさ) 교사
唆(そそのか)す 부추기다

嗣

口·13·N1 ☐☐☐

이을 **사** | 음 シ | 훈 없음 | ①잇다 ②계승하다

継嗣(けいし) 후계자
後嗣(こうし) 후사
嗣子(しし) 후계 아들
嗣君(しくん) 후계 아드님

| 氵·7·N1 □□□ | 모래 사 | 음 サ | 훈 すな | ①모래 ②골라내다 |

沙(すな) 모래
沙漠(さばく) 사막
平沙(へいさ) 평사, 평평한 모래펄
沙汰(さた) 사태, 소식

한벽
無沙汰(ぶさた)격조 手持(ても)ち
無沙汰(ぶさた)무료함

| 見·12·제외 □□□ | 엿볼 사 | 음 シ | 훈 のぞ | ①엿보다 |

覗(のぞ)く 엿보다

"상용한자 외의 표외한자
(表外漢字)인 인명한자
(人名漢字)이지요"

| 刂·9·N1 □□□ | 깎을 삭 | 음 サク | 훈 けず | ①깎다 ②삭제하다 |

削除(さくじょ) 삭제
削減(さくげん) 삭감
添削(てんさく) 첨삭
削(けず)る 깎다

"본자(本字)는 削이지요"

한벽
削岩(さくがん)바위에 구멍을 뚫음
掘削(くっさく)굴착

| 人·12·N1 □□□ | 우산 산 | 음 サン | 훈 かさ | ①우산 ②지배하다 |

傘(かさ) 우산
傘下(さんか) 산하
落下傘(らっかさん) 낙하산

한벽
傘寿(さんじゅ)80세 雨傘(あまがさ)
우산 日傘(ひがさ)양산

| 扌·15·제외 □□□ | 뿌릴 살 | 음 サン, サツ | 훈 ま | ①뿌리다 |

撒(ま)く 뿌리다
撒布(さっぷ) 살포
撒水(さっすい) 살수, 물 뿌림
撒水(さんすい) 살수, 물 뿌림

"상용한자 외의 표외한자
(表外漢字)인 인명한자
(人名漢字)이지요"

| 木·7·N1 □□□ | 삼나무 삼 | 음 없음 | 훈 すぎ | ①삼목 |

杉(すぎ) 삼나무
杉林(すぎばやし) 삼나무 숲
杉材(すぎざい) 삼나무 목재
杉並木(すぎなみき) 삼나무 가로수

挿 — 扌·10·N1

꽂을 삽 | 음 ソウ | 훈 さ | ①꽂다 ②끼우다

挿入(そうにゅう)	삽입
挿話(そうわ)	삽화, 에피소드
挿木(さしき)	삽목
挿(さ)す	꽂다

"본자(本字)는 挿이지요"

한벽돌: 挿絵(さしえ)삽화

渋 — 氵·11·N1

떫을 삽 | 음 ジュウ | 훈 しぶ | ①떫다 ②정체되다

渋(しぶ)い	떫다
渋々(しぶしぶ)	마지못해
難渋(なんじゅう)	난삽
苦渋(くじゅう)	쓰고 떫음

"본자(本字)는 澁이지요"

한벽돌: 渋(しぶ)る정체되다 渋味(しぶみ)떫은 맛, 고상함 渋面(じゅうめん)찡그린 얼굴 渋滞(じゅうたい)교통 정체, 삽체

詳 — 言·13·N1

자세할 상 | 음 ショウ | 훈 くわ | ①자세하다

詳細(しょうさい)	상세
詳述(しょうじゅつ)	상술
未詳(みしょう)	미상
詳(くわ)しい	상세하다

한벽돌: 詳報(しょうほう)상세히 보고 詳説(しょうせつ)상설, 상세히 설명 不詳(ふしょう)미상

床 — 广·7·N2

평상 상 | 음 ショウ | 훈 とこ, ゆか | ①잠자리 ②마루 ③도코노마

起床(きしょう)	기상
臨床(りんしょう)	임상
病床(びょうしょう)	병상
温床(おんしょう)	온상

한벽돌: 床(ゆか)마루 床(とこ)잠자리 床屋(とこや)이발소 床(とこ)の間(ま)전통 방 상좌에 바닥을 높인 공간

償 — 亻·17·N1

갚을 상 | 음 ショウ | 훈 つぐな | ①갚다 ②보상하다

償金(しょうきん)	보상금
賠償(ばいしょう)	배상
補償(ほしょう)	보상
辯償(べんしょう)	변상

한벽돌: 償(つぐな)う보상하다 償却(しょうきゃく)상각, 보상하여 상환 代償(だいしょう)대가 無償(むしょう)무상

霜 — 雨·17·N1

서리 상 | 음 ソウ | 훈 しも | ①서리

霜(しも)	서리
霜害(そうがい)	상해, 서리 피해
霜降(しもふり)	서리가 내림
星霜(せいそう)	세월

한벽돌: 初霜(はつしも)첫서리 霜柱(しもばしら)서릿발

尚

⺌·8·N1 □□□

오히려 **상** | 음 ショウ | 훈 없음 | ①귀히 여기다 ②아직 ③오히려 ④스님

尚武(しょうぶ) 상무
尚古(しょうこ) 상고
尚早(しょうそう) 시기상조
高尚(こうしょう) 고상

"본자(本字)는 尙이지요"

한 벽 尚更(なおさら)더 한층 和尚(おしょう,わじょう)스님

喪

口·12·N1 □□□

잃을 **상** | 음 ソウ | 훈 も | ①잃다 ②상

喪失(そうしつ) 상실
喪心(そうしん) 상심
喪服(もふく) 상복
喪中(もちゅう) 상중

한 벽 喪(も)상 喪主(もしゅ)상주 服喪(ふくも)상을 당함 阻喪(そそう)저상, 기운을 잃음

桑

木·10·N1 □□□

뽕나무 **상** | 음 ソウ | 훈 くわ | ①뽕나무

桑(くわ) 뽕나무
桑田(そうでん) 상전, 뽕나무 밭
桑畑(くわばたけ) 뽕나무 밭
桑園(そうえん) 뽕나무 밭

祥

ネ·10·N1 □□□

상서로울 **상** | 음 ショウ | 훈 없음 | ①상서롭다 ②조짐

発祥(はっしょう) 발상
不祥事(ふしょうじ) 불상사
不祥(ふしょう) 불길
吉祥(きっしょう) 길상, 상서

"본자(本字)는 祥이지요"

峠

山·9·N1 □□□

고개 **상** | 음 없음 | 훈 とうげ | ①고개 ②고비

峠(とうげ) 고개, 고비
峠道(とうげみち) 고갯길

"일본 고유한자(和製漢字)인 국자(国字)이지요"

爽

爻·11·제외 □□□

시원할 **상** | 음 ソウ | 훈 さわ | ①시원하다 ②상쾌하다

爽快(そうかい) 상쾌
爽(さわ)やかだ 상쾌하다
爽涼(そうりょう) 상쾌하고 시원함

"부수 爻는 점괘 효이지요"

双

又・4・N2 ☐☐☐

두 쌍　　음 ソウ　　훈 ふた　　①쌍 ②한 조

双(そう) 쌍
双方(そうほう) 쌍방
双眼鏡(そうがんきょう) 쌍안경

"본자(本字)는 雙이지요"

한벽을
双葉(ふたば)떡잎
双子(ふたご)쌍둥이

璽

玉・19・N1 ☐☐☐

옥새 새　　음 ジ　　훈 없음　　①옥새

国璽(こくじ) 국새
御璽(ぎょじ) 옥새

索

糸・10・N1 ☐☐☐

찾을 색　　음 サク　　훈 없음　　①찾다 ②새끼줄

索引(さくいん) 색인
検索(けんさく) 검색
模索(もさく) 모색
思索(しさく) 사색

한벽을
索条(さくじょう)삭조, 철사 끈 것을 감은 밧줄 捜索(そうさく)수색 探索(たんさく)탐색

塞

土・13・제외 ☐☐☐

변방 새, 막힐 색　　음 サク, ソク　　훈 ふさ　　①막히다 ②변방

閉塞(へいそく) 폐색
梗塞(こうそく) 경색
要塞(ようさい) 요새
塞翁(さいおう)が馬(うま) 새옹지마

塞

土・13・제외 ☐☐☐

막힐 색, 변방 새　　음 サク, ソク　　훈 ふさ　　①막히다 ②변방

閉塞(へいそく) 폐색
梗塞(こうそく) 경색
要塞(ようさい) 요새
塞翁(さいおう)が馬(うま) 새옹지마

牲

牛・9・N1 ☐☐☐

희생 생　　음 セイ　　훈 없음　　①희생 ②제물

犠牲(ぎせい) 희생
犠牲者(ぎせいしゃ) 희생자
犠牲打(ぎせいだ) 희생타

甥

生・12・제외 □□□

생질 생

- **음** 없음
- **훈** おい
- ①조카

甥(おい) 조카

"상용한자 외의 표외한자(表外漢字)인 인명한자(人名漢字)이지요"

誓

言・14・N1 □□□

맹세할 서

- **음** セイ
- **훈** ちか
- ①맹세

誓約(せいやく) 서약
誓願(せいがん) 서원
宣誓(せんせい) 선서
誓(ちか)う 맹세하다

緒

糸・14・N2 □□□

실마리 서

- **음** ショ, チョ
- **훈** お
- ①끈 ②실마리 ③시작

一緒(いっしょ) 함께
由緒(ゆいしょ) 유서
端緒(たんしょ) 단서
情緒(じょうちょ) 정서

"본자(本字)는 緖이지요"

한벽 緒(お)끈 緒論(しょろん)서론 緒戦(しょせん)최초의 싸움 内緒(ないしょ)비밀

叙

又・9・N1 □□□

펼 서

- **음** ジョ
- **훈** 없음
- ①순서 ②순서 매기다

叙情(じょじょう) 서정
叙述(じょじゅつ) 서술
叙景(じょけい) 서경
叙事詩(じょじし) 서사시

"본자(本字)는 敍이지요"

한벽 自叙伝(じじょでん)자서전 直叙(ちょくじょ)직서 略叙(りゃくじょ)약서, 약술

徐

彳・10・N1 □□□

천천히 할 서

- **음** ジョ
- **훈** 없음
- ①천천히 ②완만하다

徐行(じょこう) 서행
徐々(じょじょ)に 서서히
緩徐(かんじょ) 완서, 느리고 더딤

한벽 徐(おもむろ)に 완만히

庶

广・11・N1 □□□

여러 서

- **음** ショ
- **훈** 없음
- ①여러 ②많은 사람

庶民(しょみん) 서민
庶務(しょむ) 서무
庶子(しょし) 서자

逝

辶·10·N1 ☐☐☐

갈 서 음 セイ 훈 ゆ, い ①서거 ②죽다

逝去(せいきょ) 서거
逝(ゆ)く 죽다
逝(い)く 죽다
急逝(きゅうせい) 급서, 급사

"본자(本字)는 逝이지요"

한벽돌
長逝(ちょうせい)서거
夭逝(ようせい)요절

婿

女·12·N1 ☐☐☐

사위 서 음 セイ 훈 むこ ①사위

婿(むこ) 사위
花婿(はなむこ) 신랑
婿養子(むこようし) 데릴사위
娘婿(むすめむこ) 사위

한벽돌
婿入(むこい)り데릴사위로 들어감
女婿(じょせい)사위

惜

忄·11·N1 ☐☐☐

아낄 석 음 セキ 훈 お ①아쉬워하다 ②아끼다

惜別(せきべつ) 석별
惜敗(せきはい) 석패
痛惜(つうせき) 통석
哀惜(あいせき) 애석

한벽돌
惜(お)しい아깝다 惜(お)しむ아쉬워하다 悼惜(とうせき)애도 負(ま)け惜(お)しみ지기를 싫어함

析

木·8·N1 ☐☐☐

쪼갤 석 음 セキ 훈 없음 ①쪼개다 ②잘게 나누다

析出(せきしゅつ) 석출, 분리해 냄
分析(ぶんせき) 분석
解析(かいせき) 해석, 분석

釈

釆·11·N1 ☐☐☐

풀 석 음 シャク 훈 없음 ①풀다 ②설명 ③석가

釈放(しゃくほう) 석방
釈迦(しゃか) 석가
解釈(かいしゃく) 해석
注釈(ちゅうしゃく) 주석

"부수 釆은 분별할 변이며, 본자(本字)는 釋이지요"

한벽돌
釈明(しゃくめい)해명 会釈(えしゃく)가볍게 하는 인사

鮮

魚·17·N1 ☐☐☐

고울 선 음 セン 훈 あざ ①신선하다 ②선명하다

鮮明(せんめい) 선명
鮮度(せんど) 신선도
新鮮(しんせん) 신선
鮮(あざ)やかだ 산뜻하다

한벽돌
鮮魚(せんぎょ)물 좋은 생선

禅

ネ・13・N1 □□□

고요할 선 **음** ゼン **훈** 없음 ①선종 ②고요하다

禅(ぜん)	선
禅宗(ぜんしゅう)	선종
座禅(ざぜん)	좌선
参禅(さんぜん)	참선

한벽
禅寺(ぜんでら)선사 禅問答(ぜんもんどう)선문답

"본자(本字)는 禪이지요"

旋

方・11・N1 □□□

돌 선 **음** セン **훈** 없음 ①돌다 ②선회하다

旋回(せんかい)	선회
旋風(せんぷう)	선풍
旋律(せんりつ)	선율
周旋(しゅうせん)	주선

한벽
斡旋(あっせん)알선 凱旋(がいせん)개선 螺旋(らせん)나선

扇

戸・10・N1 □□□

부채 선 **음** セン **훈** おうぎ ①부채 ②부추기다

扇風機(せんぷうき)	선풍기
扇動(せんどう)	선동
換気扇(かんきせん)	환풍기

한벽
扇(おうぎ)부채, 쥘부채 扇子(せんす)쥘부채 団扇(うちわ)둥근 부채

"본자(本字)는 扇이지요"

繕

糸・18・제외 □□□

기울 선 **음** ゼン **훈** つくろ ①깁다 ②수선하다

修繕(しゅうぜん)	수선
繕(つくろ)う	수선하다
営繕(えいぜん)	건물 신축, 수리

仙

イ・5・N1 □□□

신선 선 **음** セン **훈** 없음 ①신선 ②성인

仙人(せんにん)	선인
仙界(せんかい)	선계
詩仙(しせん)	시선
神仙(しんせん)	신선

한벽
酒仙(しゅせん)주호 水仙(すいせん)수선화

羨

羊・13・제외 □□□

부러워할 선 **음** セン **훈** うらや ①부러워하다

羨(うらや)ましい	부럽다
羨(うらや)む	부러워하다
羨望(せんぼう)	선망

腺	月·13·N1 ☐☐☐	샘 선	음 セン	훈 없음	①생체 분비선
		汗腺(かんせん) 한선, 땀샘 涙腺(るいせん) 누선, 눈물샘			

膳	月·16·제외 ☐☐☐	선물 선, 반찬 선	음 ゼン	훈 없음	①밥상 ②한 그릇
		膳(ぜん) 밥상 配膳(はいぜん) 상을 차림 食膳(しょくぜん) 밥상 据(す)え膳(ぜん) 음식상			

銑	金·14·제외 ☐☐☐	무쇠 선	음 セン	훈 없음	①무쇠
		銑鉄(せんてつ) 선철, 무쇠		"상용한자 외의 표외한자 (表外漢字)인 인명한자 (人名漢字)이지요"	

繊	糸·17·N1 ☐☐☐	가늘 섬	음 セン	훈 없음	①가늘다 ②세밀하다
		繊維(せんい) 섬유 繊細(せんさい) 섬세 化繊(かせん) 화학섬유 合繊(ごうせん) 합성섬유		"본자(本字)는 纖이지요"	

渉	氵·11·N1 ☐☐☐	건널 섭	음 ショウ	훈 없음	①건너다 ②관계
		渉外(しょうがい) 섭외 渉猟(しょうりょう) 섭렵 干渉(かんしょう) 간섭 交渉(こうしょう) 교섭		"본자(本字)는 涉이지요"	

摂	扌·13·N1 ☐☐☐	당길 섭	음 セツ	훈 없음	①섭취 ②다스리다 ③섭씨
		摂理(せつり) 섭리 摂取(せっしゅ) 섭취 摂生(せっせい) 섭생 摂氏(せっし) 섭씨		"본자(本字)는 攝이지요"	한벽틈 摂政(せっしょう)섭정 包摂(ほうせつ)포섭 摂(と)る섭취하다

姓

女・8・N2 □□□

성 姓 　음 セイ, ショウ　훈 없음　①성씨 ②백성

- 姓名(せいめい) 성명
- 改姓(かいせい) 성을 바꿈
- 同姓(どうせい) 동성
- 別姓(べっせい) 별성

한벽돌 百姓(ひゃくしょう)농민 旧姓(きゅうせい)예전 성

醒

酉・16・제외 □□□

깰 성　음 セイ　훈 없음　①술을 깨다 ②각성하다

- 覚醒(かくせい) 각성
- 醒(さ)ます 흥을 깨다
- 醒(さ)める 흥이 깨지다, 술이 깨다

歳

止・13・N2 □□□

해 세　음 サイ, セイ　훈 없음　①나이, 세 ②1년

- 歳月(さいげつ) 세월
- 45歳(さい) 45살
- 万歳(ばんざい) 만세
- 二十歳(はたち) 20세

한벽돌 歳暮(せいぼ)연말, 연말선물 歳末(さいまつ)연말

"본자(本字)는 歲이지요"

貰

貝・12・제외 □□□

세낼 세　음 없음　훈 もら　①받다

- 貰(もら)う 받다

"상용한자 외의 표외한자(表外漢字)인 인명한자(人名漢字)이지요"

騒

馬・18・N1 □□□

떠들 소　음 ソウ　훈 さわ　①떠들다 ②시끄럽다

- 騒音(そうおん) 소음
- 騒動(そうどう) 소동
- 騒(さわ)ぐ 떠들다
- 騒(さわ)ぎ 소동

한벽돌 騒乱(そうらん)소란 大騒(おおさわ)ぎ대소동 物騒(ぶっそう)뒤숭숭하다

"본자(本字)는 騷이지요"

掃

扌・11・N2 □□□

쓸 소　음 ソウ　훈 は　①쓸다 ②청소하다

- 一掃(いっそう) 일소
- 掃(は)く 쓸다
- 清掃(せいそう) 청소
- 掃滅(そうめつ) 소멸, 쓸어서 없앰

한벽돌 掃除(そうじ)청소 大掃除(おおそうじ)대청소

"본자(本字)는 掃이지요"

咲

口·9·N2 ☐☐☐

필 소 **음** 없음 **훈** さ ①꽃피다

咲(さ)く 　　　　피다
早咲(はやざ)き 　이른 개화
遅咲(おそざ)き 　늦은 개화
返(かえ)り咲(ざ)き　제철 아닐 때 핌　"본자(本字)는 咲이지요"

紹

糸·11·N2 ☐☐☐

이을 소 **음** ショウ **훈** 없음 ①잇다

紹介(しょうかい)　소개

召

口·5·N2 ☐☐☐

부를 소 **음** ショウ **훈** め ①부르시다 ②드시다

召集(しょうしゅう)　소집
召喚(しょうかん)　소환
応召(おうしょう)　응소, 소집에 응함

한벽동
召(め)し上(あ)がる 드시다 召(め)す
부르시다, 드시다

訴

言·12·N1 ☐☐☐

호소할 소 **음** ソ **훈** うった ①호소하다 ②소송하다

訴訟(そしょう)　소송
告訴(こくそ)　고소
起訴(きそ)　기소
勝訴(しょうそ)　승소

한벽동
訴(うった)える 호소하다, 소송하다
泣訴(きゅうそ)읍소 訴状(そじょう)
소송장 控訴(こうそ)항소

沼

氵·8·N1 ☐☐☐

못 소 **음** ショウ **훈** ぬま ①늪 ②늪지

沼(ぬま)　늪
沼沢(しょうたく)　늪과 못
湖沼(こしょう)　호수와 늪
泥沼(どろぬま)　수렁

塑

土·13·N1 ☐☐☐

흙 빚을 소 **음** ソ **훈** 없음 ①흙 빚다 ②다른 형태로 만들어지다

塑像(そぞう)　소상, 찰흙 조각
彫塑(ちょうそ)　조소
塑性(そせい)　소성
可塑性(かそせい)　가소성

宀·10·N1 □□□	밤 소	음 ショウ	훈 よい	①저녁무렵 ②밤중
宵	宵(よい) 초저녁 宵寝(よいね) 초저녁잠 春宵(しゅんしょう) 봄밤 徹宵(てっしょう) 밤을 새움		"본자(本字)는 宵이지요"	

辶·13·제외 □□□	거스를 소	음 ソ	훈 さかのぼ	①거스르다 ②역행하다
遡	遡及(そきゅう) 소급 遡(さかのぼ)る 거슬러 올라가다 遡上(そじょう) 소상, 거슬러 올라감		"본자(本字)는 遡이지요"	

⺿·19·제외 □□□	되살아날 소	음 ソ, ス	훈 よみがえ	①되살아나다
蘇	蘇生(そせい) 소생, 되살아남 蘇(よみがえ)る 되살아나다		"상용한자 외의 표외한자(表外漢字)인 인명한자(人名漢字)이며, 본자(本字)는 蘇로, 부수는 ⺿(艸)로 1획이 더 많지요"	

疋·12·N1 □□□	성길 소	음 ソ	훈 うと	①성기다 ②소원하다
疎	疎通(そつう) 소통 疎外(そがい) 소외 疎遠(そえん) 소원 過疎(かそ) 과소		"부수疋은 발소변으로, 발 소 疋를 나타내지요"	한벽돌 疎(うと)む멀리하다 疎(うと)ましい 역겹다 疎(うと)い서먹하다 疎密(そみつ)밀도

疋·12·제외 □□□	트일 소	음 ソ	훈 없음	①트이다 ②소통하다
疏	疏通(そつう) 소통 疏水(そすい) 수로, 소수 注疏(ちゅうそ) 주해, 주소		"상용한자 외의 표외한자(表外漢字)인 인명한자(人名漢字)이며, 疎로도 표기하지요"	

亻·9·N1 □□□	풍속 속	음 ゾク	훈 없음	①세속 ②저속하다
俗	俗語(ぞくご) 속어 俗説(ぞくせつ) 속설 風俗(ふうぞく) 풍속 民俗(みんぞく) 민속			한벽돌 俗謡(ぞくよう)속요 卑俗(ひぞく)비속

辶・13・제외	겸손할 손	음 ソン	훈 없음	①겸손하다 ②낮추다
遜	遜色(そんしょく) 손색 謙遜(けんそん) 겸손 不遜(ふそん) 불손, 무례		"본자(本字)는 遜이요"	

言・11・N1	송사할 송	음 ショウ	훈 없음	①소송하다 ②송사
訟	訴訟(そしょう) 소송			

石・9・N1	부술 쇄	음 サイ	훈 くだ	①잘게 부수다
砕	砕氷(さいひょう) 쇄빙 砕石(さいせき) 쇄석 粉砕(ふんさい) 분쇄 破砕(はさい) 파쇄		"본자(本字)는 碎이요"	한벽 砕(くだ)く부수다 砕(くだ)ける 부서지다 玉砕(ぎょくさい)명예나 충절을 위해 깨끗이 죽음

金・18・N1	쇠사슬 쇄	음 サ	훈 くさり	①쇠사슬 ②연결 ③닫다
鎖	鎖国(さこく) 쇄국 連鎖(れんさ) 연쇄 封鎖(ふうさ) 봉쇄 閉鎖(へいさ) 폐쇄		"본자(本字)는 鎖이요"	한벽 鎖(くさり)쇠사슬 鎖骨(さこつ)쇄골

衣・10・N1	쇠할 쇠	음 スイ	훈 おとろ	①쇠약해지다 ②쇠퇴해지다
衰	衰退(すいたい) 쇠퇴 衰弱(すいじゃく) 쇠약 老衰(ろうすい) 노쇠 衰(おとろ)える 쇠약하다			한벽 盛衰(せいすい)성쇠 減衰(げんすい)감쇠, 힘이 점점 줄어 약해짐

禾・7・N1	빼어날 수	음 シュウ	훈 ひい	①빼어나다 ②뛰어나다
秀	秀才(しゅうさい) 수재 秀作(しゅさく) 수작 優秀(ゆうしゅう) 우수 俊秀(しゅんしゅう) 준수			한벽 秀(ひい)でる빼어나다 秀逸(しゅういつ)빼어남

誰

言·15·N1 ☐☐☐

누구 **수**   음 없음   훈 だれ   ①누구

誰(だれ)	누구
誰々(だれだれ)	아무개
誰彼(だれかれ)	누구나

需

雨·14·N1 ☐☐☐

쓰일 **수**   음 ジュ   훈 없음   ①구하다 ②필수

需要(じゅよう)	수요
需給(じゅきゅう)	수급
内需(ないじゅ)	내수
軍需(ぐんじゅ)	군수

한벽돌 必需品(ひつじゅひん)필수품 応需(おうじゅ)수요에 응할 준비

囚

口·5·N1 ☐☐☐

가둘 **수**   음 シュウ   훈 없음   ①수인 ②포로

囚人(しゅうじん)	수인
囚役(しゅうえき)	수역
囚獄(しゅうごく)	수옥
死刑囚(しけいしゅう)	사형수

한벽돌 虜囚(りょしゅう)포로 囚(とら)われる 사로잡히다

愁

心·13·N1 ☐☐☐

근심 **수**   음 シュウ   훈 うれ   ①근심하다 ②탄식하다

愁(うれ)い	근심
哀愁(あいしゅう)	애수
悲愁(ひしゅう)	비수
郷愁(きょうしゅう)	향수

한벽돌 愁(うれ)える슬픔에 잠기다 愁傷(しゅうしょう)슬퍼함 愁嘆(しゅうたん)근심하고 탄식함 憂愁(ゆうしゅう)근심과 걱정 旅愁(りょしゅう)객지에서의 쓸쓸한 마음

睡

目·13·N1 ☐☐☐

졸음 **수**   음 スイ   훈 없음   ①잠들다 ②졸음

睡眠(すいみん)	수면
睡魔(すいま)	수마
午睡(ごすい)	오수, 낮잠
昏睡(こんすい)	혼수

한벽돌 熟睡(じゅくすい)숙면

寿

寸·7·N1 ☐☐☐

목숨 **수**   음 ジュ   훈 ことぶき   ①장수 ②축하하다

寿命(じゅみょう)	수명
長寿(ちょうじゅ)	장수
天寿(てんじゅ)	천수
寿(ことぶき)	축하, 장수함

"본자(本字)는 壽이지요"

한벽돌 寿司(すし)초밥 米寿(べいじゅ)미수, 88세 喜寿(きじゅ)희수, 77세 傘寿(さんじゅ)80세 恵比寿(えびす)상점 수호신

殊

歹・10・N1 ☐☐☐

다를 **수** | 음 シュ | 훈 こと | ①특수 ②특히

殊勲(しゅくん) 수훈
特殊(とくしゅ) 특수
殊(こと)に 각별히
殊勝(しゅしょう) 수승, 특히 뛰어난 일

한벽着
殊更(ことさら)새삼스레

遂

辶・12・N1 ☐☐☐

드디어 **수** | 음 スイ | 훈 と | ①완수하다 ②드디어

遂行(すいこう) 수행
完遂(かんすい) 완수
未遂(みすい) 미수
遂(と)げる 완수하다

"본자(本字)는 遂이지요"

狩

犭・9・N1 ☐☐☐

사냥할 **수** | 음 シュ | 훈 か | ①사냥하다 ②채취하다

狩猟(しゅりょう) 수렵
狩(か)る 사냥하다
狩(か)り 사냥
狩(か)り場(ば) 사냥터

한벽着
紅葉狩(もみじが)り단풍놀이 潮干狩(しおひが)り조개잡이 葡萄狩(ぶどうが)り포도 수확

粋

米・10・N1 ☐☐☐

순수할 **수** | 음 スイ | 훈 いき | ①순수하다 ②세련 ③풍류

純粋(じゅんすい) 순수
精粋(せいすい) 정수
粋(いき)だ 세련되다

"본자(本字)는 粹이지요"

한벽着
粋人(すいじん)풍류인 粋狂(すいきょう)좀 색다른 것을 좋아함 抜粋(ばっすい)발췌

穂

禾・15・N ☐☐☐

이삭 **수** | 음 スイ | 훈 ほ | ①이삭

穂(ほ) 이삭
稲穂(いなほ) 벼이삭
穂状(すいじょう) 이삭 모양
出穂(しゅっすい) 이삭이 나옴

"본자(本字)는 穗이지요"

酬

酉・13・제외 ☐☐☐

갚을 **수** | 음 シュウ | 훈 없음 | ①갚다

報酬(ほうしゅう) 보수
応酬(おうしゅう) 응수

犭·16·N1 □□□ **獣**	짐승 **수**	음 ジュウ	훈 けもの	①짐승 ②야생동물
	獣(けもの) 짐승 怪獣(かいじゅう) 괴수 野獣(やじゅう) 야수 猛獣(もうじゅう) 맹수		"본자(本字)는 獸이지요"	한벽돌 獣医(じゅうい)수의사 獣類(じゅうるい)짐승류 獣(けだもの)짐승
扌·9·N1 □□□ **捜**	찾을 **수**	음 ソウ	훈 さが	①찾다 ②수색하다
	捜査(そうさ) 수사 捜索(そうさく) 수색 捜(さが)す 찾다 絵捜(えさが)し 그림 찾기		"본자(本字)는 搜이지요"	한벽돌 特捜(とくそう)특별수사 博捜(はくそう)여러 문헌에서 널리 찾음
阝·12·N1 □□□ **随**	따를 **수**	음 ズイ	훈 없음	①따르다 ②수행하다
	随筆(ずいひつ) 수필 随行(ずいこう) 수행 随時(ずいじ) 수시 付随(ふずい) 부수		"본자(本字)는 隨이지요"	한벽돌 随一(ずいいち)제일 随伴(ずいはん)수반 随意(ずいい)마음대로 随分(ずいぶん)상당히 追随(ついずい)추종 附随(ふずい)부수
骨·19·N1 □□□ **髄**	뼛골 **수**	음 ズイ	훈 없음	①뼛골 ②골자
	骨髄(こつずい) 골수 真髄(しんずい) 진수 脳髄(のうずい) 뇌수 精髄(せいずい) 정수		"본자(本字)는 髓이지요"	한벽돌 髄液(ずいえき)수액 髄脳(ずいのう)골수와 뇌 脊髄(せきずい)척수
巾·9·N1 □□□ **帥**	장수 **수**	음 スイ	훈 없음	①이끌다 ②장수
	元帥(げんすい) 원수 総帥(そうすい) 총수			
衤·10·N1 □□□ **袖**	소매 **수**	음 シュウ	훈 そで	①소매
	袖(そで) 소매 長袖(ながそで) 긴팔 半袖(はんそで) 반팔 袖無(そでなし) 민소매			한벽돌 領袖(りょうしゅう)영수, 우두머리 袖手(しゅうしゅ)수수, 팔짱을 낌 筒袖(つつそで)통소매 振(ふ)り袖(そで)미혼 여성 기모노 留(と)め袖(そで)기혼 여성 기모노

羊·11·제외 □□□	부끄러울 수	음 シュウ	훈 없음	①수치스럽다
羞	羞恥(しゅうち) 수치			

頁·12·N1 □□□	모름지기 수	음 ス	훈 없음	①필요로 하다
須	必須(ひっす) 필수			

疒·12·제외 □□□	여윌 수	음 ソウ	훈 やせ	①여위다 ②마르다
瘦	瘦(や)せる 마르다 瘦軀(そうく) 여윈 몸 瘦身(そうしん) 수신, 야윈 몸 瘦(や)せ我慢(がまん) 오기		"본자(本字)는 瘦이지요"	

糸·17·제외 □□□	수놓을 수	음 シュウ	훈 없음	①수놓다
繡	刺繡(ししゅう) 자수		"상용한자 외의 표외한자(表外漢字)인 인명한자(人名漢字)이며, 본자(本字)는 繡이지요"	

土·14·N1 □□□	글방 숙	음 ジュク	훈 없음	①보습학원
塾	塾(じゅく) 보습학원 学習塾(がくしゅうじゅく) 학원 塾生(じゅくせい) 학원생 塾長(じゅくちょう) 학원장		한 벽 私塾(しじゅく)사설 보습학원 義塾(ぎじゅく)의숙, 의연금으로 세운 교육기관	

又·8·N1 □□□	아재비 숙	음 シュク	훈 없음	①부모의 손아래 형제자매
叔	叔父(おじ) 아저씨 叔母(おば) 숙모 叔父(しゅくふ) 숙부 叔母(しゅくぼ) 숙모			

淑

氵·11·N1 ☐☐☐

맑을 숙 　음 シュク　훈 없음　①맑다 ②정숙하다

淑女(しゅくじょ)	숙녀
貞淑(ていしゅく)	정숙
淑徳(しゅくとく)	여성의 미덕
私淑(ししゅく)	본보기로 배움

粛

ヨ·11·제외 ☐☐☐

엄숙할 숙 　음 シュク　훈 없음　①엄숙하다 ②삼가다

粛然(しゅくぜん)	숙연
静粛(せいしゅく)	정숙
自粛(じしゅく)	자숙
厳粛(げんしゅく)	엄숙

한벽돌 "부수 크는 돼지 머리 계 이지요. 본자(本字)는 肅 이며, 본자의 부수는 聿 붓 율이지요"

粛清(しゅくせい)숙청 粛正(しゅくせい)숙정, 엄격히 다스려 바로잡음

瞬

目·18·N1 ☐☐☐

눈 깜짝일 순 　음 シュン　훈 またた　①깜박이다 ②순간

瞬間(しゅんかん)	순간
一瞬(いっしゅん)	일순
瞬(またた)く	깜빡이다
瞬時(しゅんじ)	순시, 순간

한벽돌 瞬刻(しゅんこく)순간 瞬刻(しゅんこく)순간 瞬発(しゅんぱつ)순발

循

彳·12·N1 ☐☐☐

돌 순 　음 ジュン　훈 없음　①돌다

循環(じゅんかん)	순환
因循(いんじゅん)	인순, 인습을 지킴

巡

巛·6·N1 ☐☐☐

돌 순 　음 ジュン　훈 めぐ　①돌아다니다 ②순회 ③일주

お巡(まわ)りさん	경찰
巡視(じゅんし)	순시
巡回(じゅんかい)	순회
巡(めぐ)る	돌다

"본자(本字)는 巡이지요."

한벽돌 巡礼(じゅんれい)순례 巡査(じゅんさ)순사 巡(めぐ)り会(あ)う해후하다 一巡(いちじゅん)한 바퀴 돎 一巡(ひとめぐ)り한 바퀴 돎 逡巡(しゅんじゅん)머뭇거림 思(おも)い巡(めぐ)らす여러모로 생각하다

旬

日·6·N1 ☐☐☐

열흘 순 　음 シュン, ジュン　훈 없음　①열흘 ②제철

初旬(しょじゅん)	초순
上旬(じょうじゅん)	상순
中旬(ちゅうじゅん)	중순
下旬(げじゅん)	하순

한벽돌 旬(しゅん)제철 旬(しゅん)の物(もの)제철 야채, 제철 생선

目·9·N1 □□□	방패 순	음 ジュン	훈 たて	①방패	

盾

盾(たて) 방패
後(うし)ろ盾(だて) 후원, 후원자
矛盾(むじゅん) 모순

口·10·N1 □□□	입술 순	음 シン	훈 くちびる	①입술	

唇

唇(くちびる) 입술
唇音(しんおん) 순음
唇歯(しんし) 순치, 입술과 이
口唇(こうしん) 입술

"본자(本字)는 脣이지요"

歹·10·N1 □□□	따라죽을 순	음 ジュン	훈 없음	①순직 ②따라 죽다	

殉

殉職(じゅんしょく) 순직
殉教(じゅんきょう) 순교
殉死(じゅんし) 따라 죽음
殉(しゅん)じる 몸을 바치다

山·11·N1 □□□	높을 숭	음 スウ	훈 없음	①숭고하다 ②공경하다	

崇

崇高(すうこう) 숭고
崇拝(すうはい) 숭배
崇敬(すうけい) 존경하고 사모함
尊崇(そんすう) 깊이 존경함

月·15·제외 □□□	무릎 슬	음 없음	훈 ひざ	①무릎	

膝

膝(ひざ) 무릎
膝下(ひざもと) 슬하
膝枕(ひざまくら) 무릎베개

氵·12·N2 □□□	젖을 습	음 シツ	훈 しめ	①젖다 ②축축하다	

湿

湿度(しつど) 습도
湿気(しっき, しっけ) 습기
湿地(しっち) 습지
多湿(たしつ) 다습

한벽룰
湿(しめ)る젖다 湿(しめ)す적시다 湿疹(しっしん)습진 湿気(しけ)る습기차다 乾湿(かんしつ)건습

"본자(本字)는 濕이지요"

襲

衣·22·N1 ☐☐☐

엄습할 **습**　**음** シュウ　**훈** おそ　①습격하다 ②엄습하다

襲撃(しゅうげき)　습격
世襲(せしゅう)　세습
夜襲(やしゅう)　야습
襲(おそ)う　습격하다

한벽쑝
襲来(しゅうらい)내습 襲名(しゅうめい)상호를 계승 奇襲(きしゅう)기습 逆襲(ぎゃくしゅう)역습 踏襲(とうしゅう)답습

昇

日·8·N2 ☐☐☐

오를 **승**　**음** ショウ　**훈** のぼ　①해, 달이 뜨다 ②단숨에 오르다

昇進(しょうしん)　승진
昇級(しょうきゅう)　승급
昇格(しょうかく)　승격
上昇(じょうしょう)　상승

한벽쑝
昇(のぼ)る해, 달이 뜨다 昇降(しょうこう)승강

僧

亻·13·N1 ☐☐☐

중 **승**　**음** ソウ　**훈** 없음　①중 ②승려

僧(そう)　승려
僧侶(そうりょ)　승려
高僧(こうそう)　고승
禅僧(ぜんそう)　선승

"본자(本字)는 僧이지요"

한벽쑝
僧院(そういん)승원, 절 僧衣(そうい)승려 옷 小僧(こぞう)어린 승려 大僧正(だいそうじょう)대승정 尼僧(にそう)여승

升

十·4·N1 ☐☐☐

되 **승**　**음** ショウ　**훈** ます　①곡식 측정 그릇 ②용적 단위

升(ます)　되
升目(ますめ)　되
升酒(ますざけ)　됫술
一升(いっしょう)　한 되, 1.8리터

是

日·9·N1 ☐☐☐

옳을 **시**, 이 **시**　**음** ゼ　**훈** 없음　①옳다 ②바르다 ③이

是非(ぜひ)　시비, 옳고 그름
是非(ぜひ)　부디
是正(ぜせい)　시정
是認(ぜにん)　시인

한벽쑝
国是(こくぜ)국시 社是(しゃぜ)사시, 회사의 방침 如是(にょぜ)이와 같음

侍

亻·8·N1 ☐☐☐

모실 **시**　**음** ジ　**훈** さむらい　①모시다 ②무사

侍従(じじゅう)　시종
侍医(じい)　시의
侍女(じじょ)　시녀
侍(さむらい)　무사

한벽쑝
近侍(きんじ)시종

施

方·9·N1 □□□

베풀 시 | 음 シ | 훈 ほど | ①베풀다 ②실행하다

施行(しこう) 시행
施設(しせつ) 시설
施策(しさく) 시책
実施(じっし) 실시

> 한벽룸
> 施(ほどこ)す베풀다 施政(せせい)시정 施肥(せひ)거름 주기 施錠(せじょう)자물쇠를 채움 布施(ふせ)보시

柿

木·9·제외 □□□

감나무 시 | 음 シ | 훈 かき | ①감

柿(かき) 감
干(ほ)し柿(がき) 곶감
柿渋(かきしぶ) 떫은 감즙
熟柿(じゅくし) 홍시

匙

匕·11·제외 □□□

숟가락 시 | 음 シ | 훈 さじ | ①숟가락

匙(さじ) 숟가락
匙加減(さじかげん) 손짐작

"상용한자 외의 표외한자(表外漢字)인 인명한자(人名漢字)이지요"

蒔

艹·13·제외 □□□

씨뿌릴 시 | 음 シ, ジ | 훈 ま | ①씨 뿌리다 ②파종하다

蒔(ま)く 씨 뿌리다
種蒔(たねま)き 파종

"상용한자 외의 표외한자(表外漢字)인 인명한자(人名漢字)이며, 본자(本字)는 蒔로, 부수는 艹(艸)로 1획이 더 많지요"

飾

食·13·N1 □□□

꾸밀 식 | 음 ショク | 훈 かざ | ①꾸미다 ②장식하다

飾(かざ)る 꾸미다
修飾(しゅうしょく) 수식
装飾(そうしょく) 장식
虚飾(きょしょく) 허식

> 한벽룸
> 首飾(くびかざ)り목걸이 着飾(きかざ)る꾸며 입다

殖

歹·12·제외 □□□

불릴 식 | 음 ショク | 훈 ふ | ①번식하다 ②불리다

養殖(ようしょく) 양식
生殖(せいしょく) 생식
増殖(ぞうしょく) 증식
繁殖(はんしょく) 번식

> 한벽룸
> 殖(ふ)やす번식시키다 殖(ふ)える번식하다 殖財(しょくざい)식재, 재산을 불리어 늘림 殖産(しょくさん)식산 拓殖(たくしょく)개척과 식민

씻을 식

扌·9·제외 ☐☐☐

음 ショク 훈 ふ, ぬぐ ①닦다

払拭(ふっしょく)	불식
拭(ふ)く	닦다
拭(ぬぐ)う	훔치다
手拭(てぬぐ)い	수건

매울 신

辛·7·N2 ☐☐☐

음 シン 훈 から ①맵다 ②가혹하다

辛(から)い	맵다
辛勝(しんしょう)	신승
辛酸(しんさん)	신산, 온갖 고초
香辛料(こうしんりょう)	향신료

한벽돌 辛(つら)い괴롭다 辛抱(しんぼう)인내 辛口(からくち)매운 것을 좋아함 辛苦(しんく)쓰라린 고통 辛辣(しんらつ)신랄 辛子(からし)겨자 塩辛(しおから)젓갈 塩辛(しおから)い짜다

펼 신

亻·7·N2 ☐☐☐

음 シン 훈 の ①펴다 ②늘이다

伸縮(しんしゅく)	신축
伸長(しんちょう)	신장
追伸(ついしん)	추신
伸(の)びる	펴지다

한벽돌 伸(の)ばす펴다 伸(の)べる늘이다 欠伸(あくび)하품 急伸(きゅうしん)급신장

삼갈 신

忄·13·N1 ☐☐☐

음 シン 훈 つつし ①삼가다 ②조심하다

慎重(しんちょう)	신중
謹慎(きんしん)	근신
慎(つつし)む	삼가다
慎(つつし)み	조심성

"본자(本字)는 愼이지요"

빠를 신

辶·6·N1 ☐☐☐

음 ジン 훈 없음 ①빠르다 ②신속하다

迅速(じんそく)	신속
奮迅(ふんじん)	분기
迅雷(じんらい)	맹렬함

"본자(本字)는 迅이지요"

띠 신

糸·11·N1 ☐☐☐

음 シン 훈 없음 ①신사

紳士(しんし)	신사

月·13·N1 ☐☐☐

腎

콩팥 **신** | 음 ジン | 훈 없음 | ①콩팥, 신장

腎(じん)	콩팥, 신장
腎臓(じんぞう)	신장
腎不全(じんふぜん)	신부전

女·10·N1 ☐☐☐

娠

아이밸 **신** | 음 シン | 훈 없음 | ①임신 ②아이 배다

| 妊娠(にんしん) | 임신 |

⺾·16·N1 ☐☐☐

薪

섶 **신** | 음 シン | 훈 たきぎ | ①장작

| 薪(たきぎ) | 장작 |
| 薪炭(しんたん) | 장작과 숯 |

"본자(本字)는 薪으로, 부수는 ⺾(艸)로 1획이 더 많지요"

宀·15·N1 ☐☐☐

審

살필 **심** | 음 シン | 훈 없음 | ①살피다 ②심사

審査(しんさ)	심사
審議(しんぎ)	심의
審判(しんぱん)	심판
主審(しゅしん)	주심

한벽돌
陪審(ばいしん)배심 塁審(るいしん)누심, 야구 심판 不審(ふしん)확실하지 않음 不審物(ふしんぶつ)수상한 물건

寸·12·N1 ☐☐☐

尋

찾을 **심** | 음 ジン | 훈 たず | ①묻다 ②길이 단위

尋(たず)ねる	묻다
尋問(じんもん)	심문
尋常(じんじょう)	예사스러움
千尋(せんじん)	천길

"본자(本字)는 尋이지요"

甘·9·N1 ☐☐☐

甚

심할 **심** | 음 ジン | 훈 はなは | ①심하다

甚大(じんだい)	심대
劇甚(げきじん)	극심
甚(はなは)だしい	심하다
甚(はなは)だ	심히

한벽돌
幸甚(こうじん)다행
激甚(げきじん)극심

⺾·7·제외 □□□

芯

골풀 **심**   음 シン   훈 없음   ①심 ②중심

| 芯(しん) | 심, 심지 |
| 芯地(しんじ) | 심지 |

"본자(本字)는 芯으로, 부수는 ⺾(艸)로 1획이 더 많지요"

二·7·N1 □□□

亜

버금 **아**   음 ア   훈 없음   ①버금 ②잇다 ③아시아

亜流(ありゅう)	아류
亜熱帯(あねったい)	아열대
亜寒帯(あかんたい)	아한대
亜鉛(あえん)	아연

"본자(本字)는 亞이지요"

한 벽
亜細亜(あじあ)아시아 欧亜(おうあ) 유럽과 아시아

食·15·N1 □□□

餓

주릴 **아**   음 ガ   훈 없음   ①굶주리다

餓死(がし)	아사
飢餓(きが)	기아
餓鬼(がき)	아귀, 개구쟁이

"본자(本字)는 餓이지요"

隹·13·N1 □□□

雅

맑을 **아**   음 ガ   훈 없음   ①우아하다 ②아담하다

雅楽(ががく)	아악
雅語(がご)	아어
雅量(がりょう)	아량
優雅(ゆうが)	우아

한 벽
雅(みやび)우아 高雅(こうが)고상하고 우아함 雅趣(がしゅ)우아한 취향

牙·4·제외 □□□

牙

어금니 **아**   음 ガ, ゲ   훈 きば   ①어금니 ②장수의 깃발

牙(きば)	어금니
牙城(がじょう)	아성
象牙(ぞうげ)	상아
歯牙(しが)	치아

山·8·N1 □□□

岳

큰 산 **악**   음 ガク   훈 たけ   ①높고 큰 산 ②위엄

山岳(さんがく)	산악
岳(たけ)	높은 산
岳父(がくふ)	장인

扌·12·N1 ☐☐☐	쥘 **악**	음 アク	훈 にぎ	①쥐다 ②잡다
握	握手(あくしゅ) 악수 握力(あくりょく) 악력 把握(はあく) 파악 掌握(しょうあく) 장악			**한벽돌** 握(にぎ)る 쥐다 お握(にぎ)り 주먹밥 一握(ひとにぎ)り 한 줌

頁·18·제외 ☐☐☐	턱 **악**	음 ガク	훈 あご	①턱
顎	顎(あご) 턱 上顎(じょうがく) 상악 下顎(かがく) 하악 顎髭(あごひげ) 턱수염			

隹·12·제외 ☐☐☐	기러기 **안**	음 ガン	훈 かり	①기러기
雁	雁(がん) 기러기 雁行(がんこう) 안항, 기러기 행렬 雁(かり) 기러기		"상용한자 외의 표외한자 (表外漢字)인 인명한자 (人名漢字)이지요"	

言·15·N1 ☐☐☐	뵐 **알**	음 エツ	훈 없음	①뵙다 ②알현하다
謁	謁見(えっけん) 알현 謁(えっ)する 알현하다 拝謁(はいえつ) 찾아가 뵘		"본자(本字)는 謁이지요"	

門·17·제외 ☐☐☐	숨을 **암**	음 없음	훈 やみ	①어둠 ②암흑
闇	闇(やみ) 어둠 暗闇(くらやみ) 암흑 闇市(やみいち) 암시장 闇夜(やみよ) 어두운 밤			**한벽돌** 夕闇(ゆうやみ) 땅거미 闇雲(やみくも) 아무렇게나

イ·10·N1 ☐☐☐	나 **암**	음 없음	훈 おれ	①나(남자)
俺	俺(おれ) 나			

癌

疒·17·제외 □□□

암 암   음 ガン   훈 없음   ①암

癌(がん) 암
癌細胞(がんさいぼう) 암세포
胃癌(いがん) 위암
肺癌(はいがん) 폐암

"상용한자 외의 표외한자(表外漢字)인 인명한자(人名漢字)이지요"

押

扌·8·N2 □□□

누를 압   음 オウ   훈 お   ①누르다 ②강요하다

押収(おうしゅう) 압수
押印(おういん) 압인, 날인
押(お)す 밀다
押(おさ)える 누르다

한벽톡
念押(ねんお)し 거듭 확인함

鴨

鳥·16·제외 □□□

오리 압   음 オウ   훈 かも   ①오리

鴨(かも) 오리

"상용한자 외의 표외한자(表外漢字)인 인명한자(人名漢字)이지요"

仰

イ·6·N1 □□□

우러를 앙   음 ギョウ, コウ   훈 あお   ①우러러보다 ②말씀

信仰(しんこう) 신앙
仰(あお)ぐ 우러러보다
仰天(ぎょうてん) 몹시 놀람
仰視(ぎょうし) 우러러봄

哀

口·9·N1 □□□

슬플 애   음 アイ   훈 あわ   ①슬프다 ②가엽다

哀(あわ)れだ 가련하다
哀願(あいがん) 애원
哀悼(あいとう) 애도
悲哀(ひあい) 비애

한벽톡
哀(あわ)れむ 가련히 여기다 可哀想(かわいそう)だ 가엽다

涯

氵·11·N1 □□□

물가 애   음 ガイ   훈 없음   ①물가 ②끝

生涯(しょうがい) 평생
天涯(てんがい) 천애
境涯(きょうがい) 처지와 환경

| 山·11·제외 □□□ | 언덕 **애** | 음 ガイ | 훈 がけ | ①낭떠러지 ②벼랑 |

崖

崖(がけ) — 낭떠러지
崖崩(がけくず)れ — 벼랑 붕괴
断崖(だんがい) — 단애, 깎아 세운 낭떠러지

| 日·17·제외 □□□ | 희미할 **애** | 음 アイ | 훈 없음 | ①희미하다 |

曖

曖昧(あいまい)だ — 모호하다

| 扌·10·제외 □□□ | 밀칠 **애** | 음 アイ | 훈 없음 | ①인사 ②밀치다 |

挨

挨拶(あいさつ) — 인사

| 厂·4·N1 □□□ | 액 **액** | 음 ヤク | 훈 없음 | ①재앙 ②액재 |

厄

厄(やく) — 액, 재앙
厄年(やくどし) — 액년
厄日(やくび) — 액일
災厄(さいやく) — 재액

> 한벽돌: 厄払(やくはら)い액막이 厄落(やくお)とし액막이 厄介(やっかい)だ성가시다

| 冫·7·제외 □□□ | 풀무 **야** | 음 ヤ | 훈 없음 | ①주조하다 ②요염하다 |

冶

冶金(やきん) — 야금, 제련
鍛冶(かじ) — 대장일
鍛冶屋(かじや) — 대장장이
艶冶(えんや) — 요염, 염야

| 足·21·N2 □□□ | 뛸 **약** | 음 ヤク | 훈 おど | ①뛰다 ②활약하다 |

躍

躍進(やくしん) — 약진
躍動(やくどう) — 약동
活躍(かつやく) — 활약
飛躍(ひやく) — 비약

"본자(本字)는 躍이지요"

> 한벽돌: 躍(おど)る뛰어오르다 躍起(やっき)안달남 一躍(いちやく)일약

揚
扌・12・N1 □□□
날릴 양
- 음 ヨウ
- 훈 あ
① 높게 날리다 ② 튀기다

揚水(ようすい)	양수
掲揚(けいよう)	게양
高揚(こうよう)	고양
抑揚(よくよう)	억양

> **한벽** 揚(あ)げる 높이 올리다, 튀기다
> 揚(あ)がる 오르다 揚(あ)げ物(もの) 튀김

嬢
女・16・N1 □□□
아가씨 양
- 음 ジョウ
- 훈 없음
① 아가씨 ② 따님

お嬢(じょう)さん	따님
令嬢(れいじょう)	영양, 따님
愛嬢(あいじょう)	영애, 따님

"본자(本字)는 孃이지요"

譲
言・20・N1 □□□
사양할 양
- 음 ジョウ
- 훈 ゆず
① 양보하다 ② 양도하다

譲歩(じょうほ)	양보
譲渡(じょうと)	양도
謙譲(けんじょう)	겸양
譲(ゆず)る	양보하다, 양도하다

"본자(本字)는 讓이지요"

> **한벽** 割譲(かつじょう) 할양, 쪼개서 양도
> 分譲(ぶんじょう) 분양

壌
土・16・N1 □□□
흙덩이 양
- 음 ジョウ
- 훈 없음
① 흙덩이 ② 비옥한 흙

壌土(じょうど)	양토, 경작에 적합한 흙
土壌(どじょう)	토양

"본자(本字)는 壤이지요"

醸
酉・20・N1 □□□
술 빚을 양
- 음 ジョウ
- 훈 かも
① 술 빚다

醸造(じょうぞう)	양조
醸成(じょうせい)	양성, 조성
醸酒(じょうしゅ)	양주, 술 담금
醸(かも)す	술 빚다

"본자(本字)는 釀이지요"

瘍
疒・14・제외 □□□
헐 양
- 음 ヨウ
- 훈 없음
① 헐다 ② 종기

潰瘍(かいよう)	궤양
腫瘍(しゅよう)	종양

彳·12·N2 □□□

거느릴 **어**   음 ギョ, ゴ   훈 おん, お, み   ①모시다 ②존경 ③제어하다

御飯(ごはん) 밥
御殿(ごてん) 어전, 대궐
制御(せいぎょ) 제어
防御(ぼうぎょ) 방어

한벽룸 御社(おんしゃ)귀사 御礼(おれい, おんれい)사례 御用(ごよう)용건 御中(おんちゅう)귀중 御輿(みこし)가마 御手洗(みたらし)신사의 손 씻는 곳 御利益(ごりやく)부처의 은혜 御璽(ぎょじ)옥새 崩御(ほうぎょ)붕어, 왕의 서거

方·8·제외 □□□

어조사 **어**   음 オ   훈 お   ①~에 ②~에서

~に於(お)いて ~에 있어서
~に於(お)ける ~에서의
於多福(おたふく) 추녀 탈

"상용한자 외의 표외한자(表外漢字)인 인명한자(人名漢字)이지요"

扌·7·N1 □□□

누를 **억**   음 ヨク   훈 おさ   ①억누르다

抑制(よくせい) 억제
抑圧(よくあつ) 억압
抑揚(よくよう) 억양
抑(おさ)える 억누르다

忄·16·N1 □□□

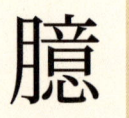

생각할 **억**   음 オク   훈 없음   ①마음에 새기다 ②추측하다

憶測(おくそく) 억측
記憶(きおく) 기억
追憶(ついおく) 추억

한벽룸 憶説(おくせつ)억지 주장 憶断(おくだん)터무니없는 판단

月·17·제외 □□□

가슴 **억**   음 オク   훈 없음   ①가슴 ②생각 ③기죽다

臆説(おくせつ) 억설
胸臆(きょうおく) 심중 생각
臆病(おくびょう)だ 겁이 많다

한벽룸 臆病者(おくびょうもの)겁쟁이 臆面(おくめん)주눅 들린 얼굴

一·3·N2 □□□

줄 **여**   음 ヨ   훈 あた   ①제공하다 ②관여하다

与党(よとう) 여당
寄与(きよ) 기여
授与(じゅよ) 수여
与(あた)える 제공하다

한벽룸 参与(さんよ)참여 賞与(しょうよ)상여 賦与(ふよ)부여, 나누어 줌 付与(ふよ)부여 附与(ふよ)부여

"본자(本字)는 與이지요"

부수·획수·급수	훈음	음	훈	뜻
女·6·N1 □□□ 如	같을 여	ジョ, ニョ	없음	①같다 ②어찌

如実(にょじつ) 여실
欠如(けつじょ) 결여
突如(とつじょ) 돌연

한벽
如才(じょさい)빈틈 如是(にょぜ)이와 같음 如来(にょらい)여래, 부처 蔑如(べつじょ)멸시

艹·9·제외 □□□ 茹	삶을 여	ジョ	ゆ	①삶다

茹(ゆ)でる 데치다
茹(ゆ)で卵(たまご) 삶은 달걀

"상용한자 외의 표외한자(表外漢字)인 인명한자(人名漢字)이며, 본자(本字)는 茹로, 부수는 艹(艸)로 1획이 더 많지요"

車·17·제외 □□□ 輿	수레 여	ヨ	こし	①수레 ②뭇 사람

輿論(よろん) 여론
神輿(しんよ) 가마
神輿(みこし) 가마
御輿(みこし) 가마

"상용한자 외의 표외한자(表外漢字)인 인명한자(人名漢字)이지요"

疒·9·N1 □□□ 疫	전염병 역	エキ, ヤク	없음	①감염병 ②전염병

疫病(えきびょう) 역병
防疫(ぼうえき) 방역
検疫(けんえき) 검역
免疫(めんえき) 면역

한벽
疫学(えきがく)역학
疫痢(えきり)이질

火·13·N2 □□□ 煙	연기 연	エン	けむ, けむり	①연기 ③냅다 ②담배

喫煙(きつえん) 흡연
禁煙(きんえん) 금연
煙(けむり) 연기
煙(けむ)い 냅다

한벽
煙(けむ)る연기가 끼다 煙(けむ)たい냅다 煙草(たばこ)담배 煙突(えんとつ)굴뚝 煙霧(えんむ)연무 紫煙(しえん)담배 연기 硝煙(しょうえん)초연 噴煙(ふんえん)연기를 뿜음

糸·15·제외 □□□ 縁	인연 연	エン	ふち	①인연 ②테두리

縁(えん) 인연
ご縁(えん) 인연
縁(ふち) 테두리
因縁(いんねん) 인연

"본자(本字)는 縁이지요"

한벽
縁故(えんこ)관계, 연줄 縁談(えんだん)혼담 縁側(えんがわ)툇마루 縁起(えんぎ)재수 縁起物(えんぎもの)길조 비는 물건 額縁(がくぶち)액자 絶縁(ぜつえん)절연 復縁(ふくえん)복연

宴

宀・10・N1 ☐☐☐

잔치 **연**　　音 エン　　訓 없음　　①잔치

宴会(えんかい) 연회
宴席(えんせき) 연회석
祝宴(しゅくえん) 축하연
披露宴(ひろうえん) 피로연

鉛

金・13・N1 ☐☐☐

납 **연**　　音 エン　　訓 なまり　　①납

鉛筆(えんぴつ) 연필
亜鉛(あえん) 아연
黒鉛(こくえん) 흑연
鉛(なまり) 납

한벽番
鉛版(えんばん)연판, 납판 鉛色(なまりいろ)납빛, 푸르스름한 잿빛

軟

車・11・N2 ☐☐☐

연할 **연**　　音 ナン　　訓 やわ　　①연하다 ②무르다

軟性(なんせい) 연성
軟骨(なんこつ) 연골
軟弱(なんじゃく) 연약
柔軟(じゅうなん) 유연

한벽番
軟(やわ)らかい부드럽다 軟(やわ)らかだ부드럽다 軟禁(なんきん)연금 硬軟(こうなん)단단함과 부드러움

咽

口・9・제외 ☐☐☐

삼킬 **연**, 목멜 **열**, 목구멍 **인**　　音 イン, エン, エツ　　訓 없음　　①목구멍 ②목메다 ③삼키다

咽喉(いんこう) 인후
咽頭(いんとう) 인두
耳鼻咽喉科(じびいんこうか) 이비인후과
嗚咽(おえつ) 오열

한벽番
咽下(えんか, えんげ) 연하, 삼켜서 넘김

燕

灬・16・제외 ☐☐☐

제비 **연**　　音 エン　　訓 つばめ　　①제비

燕(つばめ) 제비
燕雀(えんじゃく) 제비와 참새, 소인배
飛燕(ひえん) 나는 제비

"상용한자 외의 표외한자(表外漢字)인 인명한자(人名漢字)이지요"

閲

門・15・N1 ☐☐☐

볼 **열**　　音 エツ　　訓 없음　　①열람 ②지나다

閲覧(えつらん) 열람
閲兵(えっぺい) 열병
検閲(けんえつ) 검열
校閲(こうえつ) 교열

"본자(本字)는 閱이지요"

한벽番
閲読(えつどく)열독, 훑어 읽음

忄·10·N1 ☐☐☐	기쁠 **열**	음 エツ	훈 없음	①기쁘다 ②흠모하다	

悦

悦楽(えつらく) 기뻐하고 즐김
喜悦(きえつ) 희열
愉悦(ゆえつ) 유열
満悦(まんえつ) 만족하여 기뻐함   "본자(本字)는 悦이지요"

口·9·제외 ☐☐☐	목멜 **열**, 삼킬 **연**, 목구멍 **인**	음 イン, エン, エツ	훈 없음	①목구멍 ②목메다 ③삼키다	

咽

咽喉(いんこう)   인후
咽頭(いんとう)   인두
耳鼻咽喉科(じびいんこうか) 이비인후과
嗚咽(おえつ)   오열

> 한벽돌
> 咽下(えんか, えんげ)
> 연하, 삼켜서 넘김

火·8·N1 ☐☐☐	불꽃 **염**(렴)	음 エン	훈 ほのお	①불꽃 ②뜨겁다 ③염증	

炎

炎症(えんしょう)   염증
火炎(かえん)   화염
肺炎(はいえん)   폐렴
胃炎(いえん)   위염

> 한벽돌
> 炎(ほのお)불꽃 炎上(えんじょう)타오름 炎暑(えんしょ)혹서

色·19·N1 ☐☐☐	고울 **염**	음 エン	훈 つや	①곱다 ②요염하다	

艶

艶(つや)   윤기, 광택
艶書(えんしょ)   염서, 연애편지
濃艶(のうえん)   농염
妖艶(ようえん)   요염

辶·7·N2 ☐☐☐	맞을 **영**	음 ゲイ	훈 むか	①맞이하다 ②모시다	

迎

迎春(げいしゅん)   영춘
歓迎(かんげい)   환영
送迎(そうげい)   송영
迎(むか)える   맞이하다   "본자(本字)는 迎이지요"

> 한벽돌
> 迎合(げいごう)영합 迎賓(げいひん)영빈

彡·15·N1 ☐☐☐	그림자 **영**	음 エイ	훈 かげ	①그림자 ②빛	

影

影(かげ)   그림자
影響(えいきょう)   영향
撮影(さつえい)   촬영
投影(とうえい)   투영

> 한벽돌
> 影絵(かげえ)그림자 놀이 影武者(かげむしゃ)막후 인물 人影(ひとかげ)그림자 火影(ほかげ)불빛 面影(おもかげ)옛날 모습

詠

言·12·N1 □□□

읊을 영 | 음 エイ | 훈 よ | ①읊다 ②영탄 ③시가를 짓다

詠歌(えいか) 영가
詠嘆(えいたん) 영탄
詠唱(えいしょう) 영창
詠(よ)む 시가를 읊다

한벽을
詠(えい)じる시가를 읊다 朗詠(ろうえい)낭송 吟詠(ぎんえい)시가를 읊음

誉

言·13·N1 □□□

기릴 예 | 음 ヨ | 훈 ほま | ①명예 ②기리다

栄誉(えいよ) 영예
名誉(めいよ) 명예
誉(ほま)れ 명예

"본자(本字)는 譽이지요"

刈

刂·4·N1 □□□

벨 예 | 음 없음 | 훈 か | ①베다

刈(か)る 베다
刈(か)り入(い)れ 추수
草刈(くさか)り 풀베기
稲刈(いねか)り 벼 베기

한벽을
芝刈(しばか)り잔디 깎기 丸刈(まるが)り머리를 짧게 깎음

鋭

金·15·N2 □□□

날카로울 예 | 음 エイ | 훈 するどい | ①날카롭다 ②예리하다

鋭利(えいり) 예리
鋭敏(えいびん) 예민
精鋭(せいえい) 정예
鋭(するど)い 날카롭다

"본자(本字)는 銳이지요"

詣

言·13·제외 □□□

이를 예 | 음 ケイ | 훈 もう | ①수준이 깊다 ②참배하다

造詣(ぞうけい) 조예
参詣(さんけい) 참예, 참배
詣(もう)でる 참배하다
初詣(はつもう)で 새해 첫 참배

睨

目·13·제외 □□□

흘겨볼 예 | 음 ゲイ | 훈 にら | ①흘겨보다 ②곁눈질

睨(にら)む 노려보다
睨(にら)めっこ 눈싸움 놀이

"상용한자 외의 표외한자(表外漢字)인 인명한자(人名漢字)이지요"

338

汚

氵·6·N2 □□□

더러울 오　　음 オ　　훈 よご, けが, きたな　　①더럽다 ②추하다

汚染(おせん)　오염
汚名(おめい)　오명
汚(きたな)い　더럽다
汚(よご)れる　더러워지다

한벽
汚(よご)す더럽히다 汚(けが)す더럽히다 汚(けが)れる더럽히다 汚(けが)らわしい추잡스럽다 汚辱(おじょく)오욕 汚職(おしょく)권력 남용 汚濁(おだく)더럽고 흐림 貪汚(たんお)욕심이 많고 행동이 지저분함

奥

大·12·N2 □□□

속 오　　음 オウ　　훈 おく　　①안 ②깊은 속

奥(おく)　속
奥地(おくち)　오지
奥義(おうぎ)　오의, 깊은 뜻
深奥(しんおう)　심오

"본자(本字)는 奧이지요"

한벽
奥(おく)さん부인 奥様(おくさま)사모님 奥歯(おくば)어금니 奥行(おくゆ)き깊이 奥(おく)ゆかしい그윽하고 고상하다 秘奥(ひおう)심오한 곳

悟

忄·10·N1 □□□

깨달을 오　　음 ゴ　　훈 さと　　①깨닫다

覚悟(かくご)　각오
悟(さと)る　깨닫다
悔悟(かいご)　회오, 회개
悟性(ごせい)　오성, 지성

呉

口·7·N1 □□□

오나라 오　　음 ゴ　　훈 없음　　①오나라

呉音(ごおん)　오음, 오나라 음
呉越同舟(ごえつどうしゅう)　오월동주
呉服(ごふく)　비단 옷감

娯

女·10·N1 □□□

즐길 오　　음 ゴ　　훈 없음　　①즐기다

娯楽(ごらく)　오락
娯楽番組(ごらくばんぐみ)　오락프로

傲

亻·13·제외 □□□

거만할 오　　음 ゴウ　　훈 없음　　①거만하다

傲慢(ごうまん)　오만
倨傲(きょごう)　거오, 거만하고 오만함

灬·10·제외 ☐☐☐	까마귀 **오**	음 ウ	훈 からす	①까마귀

烏

烏(からす) 　　　　까마귀
烏合(うごう)の衆(しゅう) 　오합지졸
烏兎(うと) 　　　　금오옥토, 해와 달
三羽烏(さんばがらす) 　삼족오

"상용한자 외의 표외한자(表外漢字)인 인명한자(人名漢字)이지요"

犭·14·N1 ☐☐☐	옥 **옥**	음 ゴク	훈 없음	①감옥

獄

地獄(じごく) 　지옥
監獄(かんごく) 　감옥
出獄(しゅつごく) 　출옥
投獄(とうごく) 　투옥

한 벽 着
獄死(ごくし)옥사 入獄(にゅうごく)교도소에 들어감 脱獄(だつごく)탈옥 牢獄(ろうごく)감옥

氵·7·제외 ☐☐☐	기름질 **옥**	음 ヨク	훈 없음	①비옥하다

沃

沃地(よくち) 　옥토
肥沃(ひよく) 　비옥

禾·16·N1 ☐☐☐	편안할 **온**	음 オン	훈 おだ	①편안하다 ②온화하다

穩

穏和(おんわ) 　온화
穏健(おんけん) 　온건
穏(おだ)やかだ 　온화하다
平穏(へいおん) 　평온

"본자(本字)는 穩이지요"

扌·16·N1 ☐☐☐	낄 **옹**	음 ヨウ	훈 없음	①껴안다 ②감싸다

擁

擁護(ようご) 　옹호
擁立(ようりつ) 　옹립
抱擁(ほうよう) 　포옹

羽·10·N1 ☐☐☐	늙은이 **옹**	음 オウ	훈 없음	①영감 ②~옹(남자 노인 호칭)

翁

老翁(ろうおう) 　노인
~翁(おう) 　~옹
塞翁(さいおう)が馬(うま) 　새옹지마

"본자(本字)는 翁이지요"

渦

氵·12·N1 □□□

소용돌이 **와**　음 カ　훈 うず　①소용돌이 ②와중

渦(うず)	소용돌이
渦中(かちゅう)	와중
渦巻(うずま)く	소용돌이치다
渦巻(うずま)き	소용돌이

한벽
渦潮(うずしお)소용돌이 치는 조수
渦状(かじょう)소용돌이 모양

瓦

瓦·5·제외 □□□

기와 **와**　음 ガ　훈 かわら　①기와

瓦(かわら)	기와
煉瓦(れんが)	벽돌
瓦礫(がれき)	기왓조각과 자갈, 잡동사니

腕

月·12·N2 □□□

팔뚝 **완**　음 ワン　훈 うで　①팔 ②솜씨

腕(うで)	팔, 솜씨
腕力(わんりょく)	완력
腕章(わんしょう)	완장
手腕(しゅわん)	수완

한벽
腕前(うでまえ)솜씨 腕時計(うでどけい)손목시계 腕相撲(うでずもう)팔씨름 鉄腕(てつわん)무쇠 팔 敏腕(びんわん)놀라운 솜씨

緩

糸·15·N1 □□□

느릴 **완**　음 カン　훈 ゆる　①느리다 ②완만 ③느슨하다

緩慢(かんまん)	완만
緩和(かんわ)	완화
緩急(かんきゅう)	완급
緩(ゆる)い	느슨하다

"본자(本字)는 緩이지요"

한벽
緩(ゆる)やかだ느슨하다 緩(ゆる)める느슨하게 하다 緩(ゆる)む느슨해지다 緩衝(かんしょう)완충 弛緩(しかん)이완

頑

頁·13·N1 □□□

완고할 **완**　음 ガン　훈 없음　①완고하다 ②다부지다

頑固(がんこ)	완고
頑強(がんきょう)	완강
頑張(がんば)る	분발하다
頑張(がんば)り	분발

한벽
頑丈(がんじょう)だ튼튼하다

宛

宀·8·N1 □□□

완연할 **완**　음 없음　훈 あ　①편지 부치다 ②짐 부치다

宛名(あてな)	수신인명
宛先(あてさき)	수신인 주소
宛(あて)る	편지 보내다
~宛(あて)	~앞

한벽
宛字(あてじ)취음자

| 王·8·제외 ☐☐☐ | 즐길 **완** | 음 ガン | 훈 없음 | ①가지고 놀다 |

玩

玩具(がんぐ) 완구
玩具(おもちゃ) 장난감
愛玩(あいがん) 애완

| 石·13·제외 ☐☐☐ | 사발 **완** | 음 ワン | 훈 없음 | ①사발 |

碗

茶碗(ちゃわん) 밥공기
碗(わん) 공기
お碗(わん) 공기
一碗(ひとわん) 한 공기

"상용한자 외의 표외한자(表外漢字)인 인명한자(人名漢字)이지요"

| 日·8·제외 ☐☐☐ | 왕성할 **왕** | 음 オウ | 훈 없음 | ①왕성하다 |

旺

旺盛(おうせい) 왕성

| 田·9·제외 ☐☐☐ | 두려워할 **외** | 음 イ | 훈 おそ | ①공경하다 ②경외하다 |

畏

畏敬(いけい) 외경, 경외
畏(おそ)れる 두려워하다
畏(おそ)れ 경외
畏怖(いふ) 두려워함

| 言·16·N1 ☐☐☐ | 노래 **요** | 음 ヨウ | 훈 うた, うたい | ①노래 ②부르다 |

謠

歌謠(かよう) 가요
民謠(みんよう) 민요
童謠(どうよう) 동요
俗謠(ぞくよう) 속요

"본자(本字)는 謠이지요"

한벽동
謠(うたい)전통 노래 謠(うた)う가락을 붙여 노래하다

| 扌·12·N1 ☐☐☐ | 흔들 **요** | 음 ヨウ | 훈 ゆ | ①흔들리다 ②요동치다 |

搖

動搖(どうよう) 동요
搖(ゆ)れ 흔들림, 진동
搖(ゆ)れる 흔들리다
搖(ゆ)らぐ 흔들리다

"본자(本字)는 搖이지요"

한벽동
搖(ゆ)る흔들다 搖(ゆ)るぐ흔들리다 搖(ゆ)する흔들다 搖(ゆ)さぶる뒤흔들다 搖(ゆ)すぶる뒤흔들다 搖(ゆ)り籠(かご)요람

腰

月・13・N2 □□□

허리 요   음 ヨウ   훈 こし   ①허리 ②태세

- 腰(こし) — 허리
- 腰痛(ようつう) — 요통
- 腰部(ようぶ) — 허리 부분
- 足腰(あしこし) — 다리와 허리

한벽돌: 腰掛(こしかけ)걸상 強腰(つよごし)고자세 弱腰(よわごし)저자세 本腰(ほんごし)본격적으로 임함 柳腰(やなぎごし)미인의 가는 허리

窯

穴・15・N1 □□□

기와 가마 요   음 ヨウ   훈 かま   ①가마 ②도자기

- 窯(かま) — 가마
- 窯業(ようぎょう) — 요업
- 炭窯(すみがま) — 숯가마
- 石窯(いしがま) — 돌 가마

한벽돌: 窯元(かまもと)가마 굽는 곳

凹

凵・5・N1 □□□

오목할 요   음 オウ   훈 없음   ①오목 ②움푹 패이다

- 凹凸(おうとつ) — 요철
- 凹版(おうはん) — 요판
- 凹面(おうめん) — 오목면
- 凹(おう)レンズ — 오목렌즈

한벽돌: 凸凹(でこぼこ)울퉁불퉁 凹面鏡(おうめんきょう)오목 거울

妖

女・7・제외 □□□

요사할 요   음 ヨウ   훈 あや   ①요사하다 ②요염하다

- 妖精(ようせい) — 요정
- 妖艶(ようえん) — 요염
- 妖怪(ようかい) — 요괴
- 妖(あや)しい — 야릇하다

辱

辰・10・N1 □□□

욕될 욕   음 ジョク   훈 はずかし   ①욕 ②모욕

- 侮辱(ぶじょく) — 모욕
- 屈辱(くつじょく) — 굴욕
- 雪辱(せつじょく) — 설욕
- 恥辱(ちじょく) — 치욕

한벽돌: 辱(はずかし)める 욕보이다 辱知(じょくち)잘 아는 사이 汚辱(おじょく)오욕

溶

氵・13・N2 □□□

녹을 용   음 ヨウ   훈 と   ①녹다 ②풀리다

- 溶岩(ようがん) — 용암
- 溶液(ようえき) — 용액
- 溶解(ようかい) — 용해
- 水溶(すいよう) — 수용

한벽돌: 溶(と)く녹이다 溶(と)かす녹이다 溶(と)ける녹다 溶鉱炉(ようこうろ)용광로 溶接(ようせつ)용접

踊

足·14·N2 ☐☐☐

뛸 용　　음 ヨウ　　훈 おど　　①춤추다

踊(おど)り	춤
踊(おど)る	춤추다
舞踊(ぶよう)	무용
踊(おど)り子(こ)	무희

한벽룰
踊(おど)り場(ば)무도장 盆踊(ぼん おど)り본오도리, 추석에 추는 춤

庸

广·11·N1 ☐☐☐

떳떳할 용　　음 ヨウ　　훈 없음　　①떳떳하다 ②보통 ③쓰다

庸劣(ようれつ)	용렬
凡庸(ぼんよう)	범용, 평범
中庸(ちゅうよう)	중용
登庸(とうよう)	등용

冗

冖·4·N1 ☐☐☐

쓸데없을 용　　음 ジョウ　　훈 없음　　①쓸데없다 ②장황하다

冗談(じょうだん)	농담
冗費(じょうひ)	낭비
冗長(じょうちょう)	쓸데없이 김
冗漫(じょうまん)	장황함

湧

氵·12·제외 ☐☐☐

물 솟을 용　　음 ユウ　　훈 わ　　①솟다 ②들끓다

湧出(ゆうしゅつ)	용출
湧水(ゆうすい)	용수
湧(わ)く	솟다
湧(わ)き水(みず)	솟아나는 물

憂

心·15·N1 ☐☐☐

근심 우　　음 ユウ　　훈 うれ, う　　①우려하다 ②걱정하다

憂慮(ゆうりょ)	우려
憂愁(ゆうしゅう)	우수
憂国(ゆうこく)	우국
内憂(ないゆう)	내우

한벽룰
憂(うれ)い근심 憂(うれ)える걱정하다 憂(う)い괴롭다 憂鬱(ゆううつ)우울 杞憂(きゆう)기우 物憂(ものう)い몸이 나른하고 내키지 않다

又

又·2·N1 ☐☐☐

또 우　　음 없음　　훈 また　　①또 ②또한

又(また)	또
又(また)は	또는
又聞(またぎ)き	간접적으로 들음
又々(またまた)	거듭

한벽룰
又貸(またが)し전대
又借(またが)り전차

偶

イ・11・N2 ☐☐☐

짝 우

음 グウ　**훈** 없음

①짝 ②우연 ③인형

偶然(ぐうぜん) 우연
偶像(ぐうぞう) 우상
偶発(ぐうはつ) 우발
配偶者(はいぐうしゃ) 배우자

한벽돌
偶数(ぐうすう)짝수

遇

辶・12・N1 ☐☐☐

만날 우

음 グウ　**훈** 없음

①우연히 만나다 ②대우

待遇(たいぐう) 대우
処遇(しょぐう) 처우
遭遇(そうぐう) 조우
不遇(ふぐう) 불우

"본자(本字)는 遇이지요"

한벽돌
優遇(ゆうぐう)우대 境遇(きょうぐう)처지 冷遇(れいぐう)냉대

隅

阝・12・N2 ☐☐☐

모퉁이 우

음 グウ　**훈** すみ

①구석 ②모서리

隅(すみ) 모퉁이
一隅(いちぐう) 한쪽 구석
片隅(かたすみ) 한쪽 구석
隅々(すみずみ) 구석구석

愚

心・13・N1 ☐☐☐

어리석을 우

음 グ　**훈** おろ

①어리석다 ②겸손하다

愚(おろ)かだ 어리석다
愚問(ぐもん) 우문
愚鈍(ぐどん) 우둔
暗愚(あんぐ) 암우, 바보

한벽돌
愚痴(ぐち)푸념 愚説(ぐせつ)저의 말 賢愚(けんぐ)현명함과 어리석음

芋

艹・6・N1 ☐☐☐

토란 우

음 없음　**훈** いも

①토란 ②감자류

芋(いも) 토란
山芋(やまいも) 참마
じゃが芋(いも) 감자
さつま芋(いも) 고구마

"본자(本字)는 芋로, 부수는 艹(艸)로 1획이 더 많지요"

한벽돌
芋類(いもるい)감자류 芋蔓(いもづる)감자류 덩굴 焼(や)き芋(いも)군고구마 里芋(さといも)토란

虞

虍・13・N1 ☐☐☐

염려할 우

음 없음　**훈** おそれ

①염려하다 ②우려하다

虞(おそれ) 염려, 우려

"본자(本字)는 虞이지요"

尤 (尢·4·제외)

더욱 우 | 음 ユウ | 훈 もっと | ①가장 ②지당

尤(もっと)もだ — 지당하다
尤物(ゆうぶつ) — 가장 좋은 물건

"상용한자 외의 표외한자(表外漢字)인 인명한자(人名漢字)이지요"

韻 (音·19·N1)

운 운 | 음 イン | 훈 없음 | ①운 ②여운 ③운율

韻律(いんりつ) — 운율
韻文(いんぶん) — 운문
余韻(よいん) — 여운
音韻(おんいん) — 음운

한벽 韻字(いんじ)운, 운자

云 (二·4·제외)

이를 운 | 음 ウン | 훈 い | ①말하다

云々(うんぬん) — 운운
云(い)う — 말하다

"상용한자 외의 표외한자(表外漢字)인 인명한자(人名漢字)이지요"

鬱 (鬯·29·제외)

답답할 울 | 음 ウツ | 훈 없음 | ①우울 ②쌓이다

鬱(うつ) — 우울증
憂鬱(ゆううつ) — 우울
鬱憤(うっぷん) — 울분
暗鬱(あんうつ) — 암울

"부수 鬯은 울창주 창이지요"

한벽 鬱病(うつびょう)우울증

雄 (隹·12·N1)

수컷 웅 | 음 ユウ | 훈 お, おす | ①수컷 ②씩씩하다

雄(おす) — 수컷
雄弁(ゆうべん) — 웅변
雄大(ゆうだい) — 웅대
英雄(えいゆう) — 영웅

한벽 雄壮(ゆうそう)웅장 雄飛(ゆうひ)웅비 雄姿(ゆうし)웅장한 자태 雄犬(おすいぬ)수캐 雄牛(おうし)수소 雌雄(しゆう)자웅

猿 (犭·13·N1)

원숭이 원 | 음 エン | 훈 さる | ①원숭이

猿(さる) — 원숭이
猿人(えんじん) — 원인, 원시인
類人猿(るいじんえん) — 유인원
犬猿(けんえん) — 견원

한벽 猿猴(えんこう)원숭이 猿知恵(さるぢえ)얕은꾀 日本猿(にほんざる)일본 원숭이 野猿(やえん)야생 원숭이

援 (扌·12·N1)

도울 원 | 음 エン | 훈 없음 | ①돕다

- 援助(えんじょ) 원조
- 応援(おうえん) 응원
- 支援(しえん) 지원
- 声援(せいえん) 성원

"본자(本字)는 援이지요"

한벽: 援護(えんご)돕고 보살핌

垣 (土·9·N1)

담 원 | 음 없음 | 훈 かき | ①담 ②울타리

- 垣(かき) 담, 울타리
- 垣根(かきね) 울타리
- 石垣(いしがき) 돌담
- 竹垣(たけがき) 대나무 울타리

한벽: 垣網(かきあみ)유도 어망 人垣(ひとがき)사람들이 둘러쌈

怨 (心·9·제외)

원망할 원 | 음 エン, オン | 훈 없음 | ①원망하다

- 怨恨(えんこん) 원한
- 怨望(えんぼう) 원망
- 怨念(おんねん) 원한, 원념
- 宿怨(しゅくえん) 숙원

한벽: 私怨(しえん)개인적 원한

越 (走·12·N2)

넘을 월 | 음 エツ | 훈 こ | ①넘다 ②우수하다

- 越権(えっけん) 월권
- 優越(ゆうえつ) 우월
- 卓越(たくえつ) 탁월
- 超越(ちょうえつ) 초월

한벽: 越(こ)える넘다 越(こ)す넘어가다 越冬(えっとう)월동 越境(えっきょう)월경 繰越金(くりこしきん)이월금

違 (辶·13·N2)

어긋날 위 | 음 イ | 훈 ちが | ①다르다 ②어긋나다

- 違(ちが)う 다르다
- 違反(いはん) 위반
- 違法(いほう) 위법
- 違憲(いけん) 위헌

"본자(本字)는 違이지요"

한벽: 違和感(いわかん)위화감 違(ちが)える다르게 하다 相違(そうい)차이점 勘違(かんちがい)い착각 間違(まちが)い잘못, 틀림 間違(まちが)える잘못하다 間違(まちが)う잘못되다

偉 (イ·12·N2)

클 위 | 음 イ | 훈 えら | ①신분이 높다 ②크다

- 偉大(いだい) 위대
- 偉人(いじん) 위인
- 偉業(いぎょう) 위업
- 偉(えら)い 훌륭하다

한벽: 雄偉(ゆうい)웅장하고 뛰어남

為

灬·9·N1 □□□

할 위

음 イ　　**훈** 없음

① 행하다 ② 이루다

為政(いせい) 위정
行為(こうい) 행위
作為(さくい) 작위
無為(むい) 무위

"본자(本字)는 爲이지요"

한벽동
為替(かわせ)환, 외환 無作為(むさくい)무작위 為(ため)위함

偽

イ·11·N1 □□□

거짓 위

음 ギ　　**훈** いつわ, にせ

① 거짓 ② 위조 ③ 속이다

偽造(ぎぞう) 위조
偽証(ぎしょう) 위증
偽善(ぎぜん) 위선
真偽(しんぎ) 진위

"본자(本字)는 僞이지요"

한벽동
偽(いつわ)る 속이다 偽物(にせもの) 가짜 偽札(にせさつ)위조 지폐 虚偽(きょぎ)허위

緯

糸·16·N1 □□□

씨 위

음 イ　　**훈** 없음

① 씨줄 ② 위도

緯度(いど) 위도
緯線(いせん) 위선, 위도선
経緯(けいい) 경위
北緯(ほくい) 북위

威

女·9·N1 □□□

위엄 위

음 イ　　**훈** 없음

① 위엄 ② 엄숙 ③ 두려워하다

威厳(いげん) 위엄
威勢(いせい) 위세
威力(いりょく) 위력
権威(けんい) 권위

한벽동
威張(いば)る 으스대다 脅威(きょうい)위협 猛威(もうい)맹위

慰

心·15·N1 □□□

위로할 위

음 イ　　**훈** なぐさ

① 위로 ② 위안

慰労(いろう) 위로
慰問(いもん) 위문
慰安(いあん) 위안
安慰(あんい) 안위

한벽동
慰(なぐさ)める 위로하다 慰(なぐさ)む 위안이 되다 弔慰(ちょうい)유족을 위문

尉

寸·11·N1 □□□

벼슬 위

음 イ　　**훈** 없음

① 군대 계급

尉官(いかん) 위관(소위, 중위, 대위)
大尉(たいい) 대위
中尉(ちゅうい) 중위
少尉(しょうい) 소위

萎

艹・11・제외 □□□

시들 위　　음 イ　　훈 な　　①시들다 ②쇠하다

萎縮(いしゅく)　위축
萎弱(いじゃく)　위약
萎(な)える　시들다

"본자(本字)는 菱로, 부수는 艹(艸)로 1획이 더 많지요"

한 벽 돌
萎(しぼ)む오므라지다
萎(しお)れる시들다

柔

木・9・N2 □□□

부드러울 유　　음 ジュウ, ニュウ　　훈 やわ　　①부드럽다 ②상냥하다

柔(やわ)らかい　부드럽다
柔道(じゅうどう)　유도
柔軟(じゅうなん)　유연
柔和(にゅうわ)　유화

한 벽 돌
柔(やわ)らかだ부드럽다 柔弱(にゅじゃく)유약 懐柔(かいじゅう)회유 温柔(おんじゅう)온유

誘

言・14・N1 □□□

꾈 유　　음 ユウ　　훈 さそ　　①권유하다 ②야기하다

誘導(ゆうどう)　유도
誘発(ゆうはつ)　유발
勧誘(かんゆう)　권유
誘(さそ)う　권유하다

한 벽 돌
誘惑(ゆうわく)유혹 誘拐(ゆうかい)유괴 誘致(ゆうち)유치 誘因(ゆういん)어떤 상태를 야기하는 원인

裕

ネ・12・N1 □□□

넉넉할 유　　음 ユウ　　훈 없음　　①넉넉하다 ②풍족하다

裕福(ゆうふく)　유복
余裕(よゆう)　여유
富裕(ふゆう)　부유

維

糸・14・N1 □□□

벼리 유　　음 イ　　훈 없음　　①매다 ②벼리, 밧줄

維持(いじ)　유지
維新(いしん)　유신
繊維(せんい)　섬유
化学繊維(かがくせんい)　화학섬유

幽

玄・9・N1 □□□

그윽할 유　　음 ユウ　　훈 없음　　①그윽하다 ②깊다 ③저승

幽界(ゆうかい)　유계
幽霊(ゆうれい)　유령
幽谷(ゆうこく)　유곡
幽閉(ゆうへい)　유폐

한 벽 돌
幽玄(ゆうげん)유현, 깊고 오묘함

| イ・16・N1 | 선비 유 | 음 ジュ | 훈 없음 | ①유교 ②선비 |

儒

儒教(じゅきょう)　유교
儒学(じゅがく)　유학
儒者(じゅしゃ)　유학자
儒書(じゅしょ)　유학 서적

| 口・11・N1 | 오직 유 | 음 ユイ, イ | 훈 없음 | ①유일 ②수긍 |

唯

唯一(ゆいいつ)　유일
唯物(ゆいぶつ)　유물
唯心(ゆいしん)　유심
唯々諾々(いいだくだく)　유유낙낙

| 心・11・N1 | 멀 유 | 음 ユウ | 훈 없음 | ①느긋하다 ②유구하다 |

悠

悠久(ゆうきゅう)　유구
悠遠(ゆうえん)　유원, 유구
悠々(ゆうゆう)　유유

한벽음
悠然(ゆうぜん)침착하고 여유로움
悠長(ゆうちょう)침착하고 느림

| 言・16・N1 | 타이를 유 | 음 ユ | 훈 さと | ①깨우치다 ②타이르다 |

諭

諭旨(ゆし)　유지, 왕이 내리던 글
諭(さと)す　깨우치다
説諭(せつゆ)　설유, 설교
教諭(きょうゆ)　교유, 가르치고 타이름

"본자(本字)는 諭이지요"

| ↑・12・N1 | 즐거울 유 | 음 ユ | 훈 없음 | ①즐겁다 ②유쾌하다 |

愉

愉快(ゆかい)　유쾌
愉悦(ゆえつ)　유열

"본자(本字)는 愉이지요"

| 疒・18・N1 | 병 나을 유 | 음 ユ | 훈 い | ①병 낫다 |

癒

癒着(ゆちゃく)　유착
治癒(ちゆ)　치유
快癒(かいゆ)　쾌유
癒(いや)す　치유하다

"본자(本字)는 癒이지요"

한벽음
癒(い)える치유되다 癒(いや)し치유
平癒(へいゆ)완치

喩

ロ・12・제외 ☐☐☐

깨우칠 **유**　　음 ユ　　훈 さと, たと　　①깨우치다 ②비유하다

比喩(ひゆ)	비유
隠喩(いんゆ)	은유
直喩(ちょくゆ)	직유

猶

犭・12・N1 ☐☐☐

오히려 **유**　　음 ユウ　　훈 없음　　①유예 ②주저하다

猶予(ゆうよ)	유예

"본자(本字)는 猶이지요"

濡

氵・17・제외 ☐☐☐

젖을 **유**　　음 ジュ　　훈 ぬ　　①젖다

濡(ぬ)れる	젖다
濡(ぬ)らす	적시다

"상용한자 외의 표외한자(表外漢字)인 인명한자(人名漢字)이지요"

潤

氵・15・N1 ☐☐☐

윤택할 **윤**　　음 ジュン　　훈 うる　　①윤택하다 ②가꾸다

潤滑(じゅんかつ)	윤활
潤沢(じゅんたく)	윤택
利潤(りじゅん)	이윤
潤(うるお)う	윤택해지다

한벽돌 潤(うるお)す윤택하게 하다 潤(うる)む물기를 띠다 潤(うるお)い윤기 潤色(じゅんしょく)윤색 豊潤(ほうじゅん)풍부하고 윤택함

融

虫・16・N1 ☐☐☐

녹을 **융**　　음 ユウ　　훈 없음　　①녹다 ②통하다

融和(ゆうわ)	융화
融合(ゆうごう)	융합
融資(ゆうし)	융자
金融(きんゆう)	금융

한벽돌 融通(ゆうずう)융통 溶融(ようゆう)용융, 용해

隠

阝・14・N1 ☐☐☐

숨을 **은**　　음 イン　　훈 かく　　①숨다

隠居(いんきょ)	은거
隠匿(いんとく)	은닉
隠(かく)す	숨기다
隠(かく)れる	숨다

"본자(本字)는 隱이지요"

한벽돌 隠退(いんたい)은거 隠滅(いんめつ)인멸 隠謀(いんぼう)음모 隠蔽(いんぺい)은폐 惻隠(そくいん)측은 隠(かく)し芸(げい)숨은 재주

乙·1·N1 ☐☐☐	새 을	음 オツ	훈 없음	①둘째 천간 ②세련되다
	乙(おつ) 을 乙種(おつしゅ) 을종 甲乙(こうおつ) 갑을 乙(おつ)だ 멋지다			한벽을 乙女(おとめ)처녀

ß·11·N1 ☐☐☐	그늘 음	음 イン	훈 かげ	①그늘 ②음지 ③몰래
	陰(かげ) 그늘 陰暦(いんれき) 음력 陰性(いんせい) 음성 陰謀(いんぼう) 음모			한벽을 陰(かげ)る그늘지다 お陰(かげ)덕분 陰気(いんき)だ음침하다 日陰(ひかげ)음지 寸陰(すんいん)촌음 木陰(こかげ)나무 그늘

口·7·N1 ☐☐☐	읊을 음	음 ギン	훈 없음	①읊다 ②음미하다
	吟味(ぎんみ) 음미 吟遊(ぎんゆう) 음유 朗吟(ろうぎん) 낭음, 낭송 詩吟(しぎん) 시를 읊음			한벽을 吟詠(ぎんえい)시가를 읊음 吟行(ぎんこう)시가를 읊으며 걸음

氵·11·제외 ☐☐☐	음란할 음	음 イン	훈 みだ	①음란하다 ②외설
	淫乱(いんらん) 음란 姦淫(かんいん) 간음 淫行(いんこう) 음란행위 淫(みだ)らだ 음란하다		 "본자(本字)는 淫이지요"	

冫·16·N1 ☐☐☐	엉길 응	음 ギョウ	훈 こ	①엉기다 ②결리다 ③집중
	凝視(ぎょうし) 응시 凝集(ぎょうしゅう) 응집 凝固(ぎょうこ) 응고 凝結(ぎょうけつ) 응결			한벽을 凝(こ)る엉기다 凝(こ)らす엉기게 하다 凝血(ぎょうけつ)응혈 凝縮(ぎょうしゅく)응축 肩凝(かたこ)り어깨 결림

亻·8·N2 ☐☐☐	의지할 의	음 イ	훈 よ	①의지하다 ②원래
	依頼(いらい) 의뢰 依存(いぞん, いそん) 의존 依託(いたく) 의탁 帰依(きえ) 귀의			한벽을 依然(いぜん)として여전히 憑依(ひょうい)빙의

儀

イ·15·N1 □□□

거동 **의** | 음 ギ | 훈 없음 | ①예법 ②모형

儀式(ぎしき) 의식
儀礼(ぎれい) 의례
礼儀(れいぎ) 예의
葬儀(そうぎ) 장의, 장례

한벽
行儀(ぎょうぎ)예의범절 祝儀(しゅうぎ)축하 의식 お辞儀(じぎ)허리 숙여 절함 律儀(りちぎ)だ 올곧다

宜

宀·8·N1 □□□

마땅 **의** | 음 ギ | 훈 없음 | ①마땅하다

便宜(べんぎ) 편의
便宜上(べんぎじょう) 편의상
時宜(じぎ) 시의
適宜(てきぎ)だ 적의, 걸맞고 적당함

擬

扌·17·N1 □□□

비길 **의** | 음 ギ | 훈 없음 | ①본뜨다 ②흉내 내다

擬態語(ぎたいご) 의태어
擬声語(ぎせいご) 의성어
擬人化(ぎじんか) 의인화
模擬(もぎ) 모의

椅

木·12·제외 □□□

의자 **의** | 음 イ | 훈 없음 | ①의자 ②걸상

椅子(いす) 의자
長椅子(ながいす) 긴 의자

弐

戈·6·N1 □□□

두 **이** | 음 ニ | 훈 없음 | ①2, 둘

弐(に) 2
弐百(にひゃく) 이백
弐千(にせん) 이천
弐万(にまん) 이만

"영수증 등에서 첨삭의 혼란을 막고자 기입용 숫자 이 二를 나타내며, 본자(本字)는 貳이지요"

餌

食·15·제외 □□□

미끼 **이** | 음 ジ | 훈 えさ, え | ①먹이 ②사료

餌(えさ) 먹이
食餌(しょくじ) 식이
餌食(えじき) 먹이
給餌(きゅうじ) 먹이를 줌

"본자(本字)는 餌이지요"

伊

亻·6·제외

저 **이** | 음 イ | 훈 없음 | ①이탈리아

日伊(にちい) 일본과 이탈리아

"상용한자 외의 표외한자(表外漢字)인 인명한자(人名漢字)이지요"

翼

羽·17·N1

날개 **익** | 음 ヨク | 훈 つばさ | ①날개 ②좌우 부대

翼(つばさ) 날개
右翼(うよく) 우익
左翼(さよく) 좌익
尾翼(びよく) 꼬리 날개

"본자(本字)는 翼이지요"

한벽룸
主翼(しゅよく)비행기의 좌우 날개

刃

刀·3·N1

칼날 **인** | 음 ジン, ニン | 훈 は | ①칼날 ②베다

刃(は) 칼날
刃物(はもの) 칼류
刃先(はさき) 칼끝
自刃(じじん) 자인, 자결

한벽룸
白刃(はくじん)예리한 칼 凶刃(きょうじん)살인에 쓰는 칼

姻

女·9·N1

혼인 **인** | 음 イン | 훈 없음 | ①혼인 ②가족

婚姻(こんいん) 혼인
姻戚(いんせき) 인척
姻族(いんぞく) 인족, 인척

咽

口·9·제외

목멜 **열**, 목구멍 **인**, 삼킬 **연** | 음 イン, エン, エツ | 훈 없음 | ①목구멍 ②목메다 ③삼키다

咽喉(いんこう) 인후
咽頭(いんとう) 인두
耳鼻咽喉科(じびいんこうか) 이비인후과
嗚咽(おえつ) 오열

한벽룸
咽下(えんか, えんげ) 연하, 삼켜서 넘김

忍

心·7·N1

참을 **인** | 음 ニン | 훈 しのぶ | ①참다 ②잔인하다

忍耐(にんたい) 인내
忍苦(にんく) 인고
残忍(ざんにん) 잔인
忍(しの)ぶ 참다

한벽룸
忍(しの)ばせる잠입시키다 忍者(にんじゃ)밀정, 간첩 堪忍(かんにん)인내

逸

辶·11·N1 ☐☐☐

편안할 **일**

음 イツ   **훈** 없음

① 편안하다 ② 뛰어나다

逸話(いつわ) 일화
逸脱(いつだつ) 일탈
逸品(いっぴん) 일품, 우수한 물건
安逸(あんいつ) 안일

"본자(本字)는 逸이지요"

한벽돌
逸材(いつざい)뛰어난 인재 秀逸(しゅういつ)빼어남

壱

士·7·N1 ☐☐☐

한 **일**

음 イチ   **훈** 없음

① 1, 하나

壱(いち) 일
壱万(いちまん) 1만
壱億(いちおく) 1억
壱兆(いっちょう) 1조

"영수증 등에서 첨삭의 혼란을 막고자 기입용 숫자 일, 一을 나타내며, 본자(本字)는 壹이지요"

妊

女·7·N1 ☐☐☐

아이밸 **임**

음 ニン   **훈** 없음

① 임신 ② 아이 배다

妊娠(にんしん) 임신
妊婦(にんぷ) 임부, 임신부
不妊(ふにん) 불임
避妊(ひにん) 피임

한벽돌
懐妊(かいにん)회임, 임신

込

辶·5·N2 ☐☐☐

담을 **입**

음 없음   **훈** こ

① 붐비다 ② 담다

込(こ)む 붐비다
込(こ)める 담다
申(もう)し込(こ)み 신청
税込(ぜいこ)み 세금 포함

"일본 고유한자(和製漢字)인 국자(国字)이지요"

한벽돌
人込(ひとご)み붐빔 見込(みこ)み장래성 意気込(いきご)み분발함

剰

刂·11·N1 ☐☐☐

남을 **잉**

음 ジョウ   **훈** 없음

① 남아돌다 ② 여분

剰余(じょうよ) 잉여
過剰(かじょう) 과잉
余剰(よじょう) 여잉, 잉여
剰員(じょういん) 남는 인원

"본자(本字)는 剩이지요"

刺

刂·8·N2 ☐☐☐

찌를 **자**, 찌를 **척**

음 シ   **훈** さ

① 찌르다 ② 가시 ③ 비난

刺(さ)す 찌르다
刺客(しかく) 자객
風刺(ふうし) 풍자
刺殺(しさつ) 척살

한벽돌
刺(さ)さる찔리다 刺身(さしみ)회 刺激(しげき)자극 名刺(めいし)명함

慈

心·13·N1 □□□

사랑 **자** | 음 ジ | 훈 いつく | ①사랑 ②자애롭다

慈愛(じあい) 자애
慈悲(じひ) 자비
慈善(じぜん) 자선
仁慈(じんじ) 인자

한벽동
慈(いつく)しむ 자비를 베풀다 慈雨(じう)단비

煮

灬·12·제외 □□□

삶을 **자** | 음 シャ | 훈 に | ①삶다 ②조리다

煮(に)る 삶다
煮(に)える 삶아지다
煮物(にもの) 조림
煮付(につ)け 조림 요리

"본자(本字)는 煮이지요"

한벽동
煮(に)やす 익게 하다 煮出(にだ)し 맛국물 煮沸(しゃふつ) 펄펄 끓임 雜煮(ぞうに)일본 떡국 生煮(なまに)え 덜 삶아짐 甘煮(あまに)단 조림

紫

糸·12·N1 □□□

자줏빛 **자** | 음 シ | 훈 むらさき | ①자주색 ②보라

紫(むらさき) 자주, 보라
紫色(むらさきいろ) 자주색
紫外線(しがいせん) 자외선
紫煙(しえん) 자연, 담배 연기

한벽동
紫紺(しこん)자주빛을 띤 감색

雌

隹·14·N1 □□□

암컷 **자** | 음 シ | 훈 め, めす | ①암컷

雌(めす) 암컷
雌雄(しゆう) 자웅
雌犬(めすいぬ) 암캐
雌牛(めうし) 암소

諮

言·16·N1 □□□

물을 **자** | 음 シ | 훈 はか | ①자문하다 ②의논하다

諮問(しもん) 자문
諮(はか)る 자문하다

恣

心·9·제외 □□□

마음대로 **자**, 방자할 **자** | 음 シ | 훈 없음 | ①마음대로 하다 ②방자하다

恣意(しい) 자의, 멋대로 하는 생각
放恣(ほうし) 방자

| 髟·16·제외 □□□ | 수염 자 | 음 シ | 훈 ひげ | ①수염 |

髟

髭(ひげ) 수염
口髭(くちひげ) 콧수염
顎髭(あごひげ) 턱수염

"상용한자 외의 표외한자(表外漢字)인 인명한자(人名漢字)이지요"

| 酉·10·N1 □□□ | 잔질할 작, 술 부을 작 | 음 シャク | 훈 く | ①술을 따르다 ②헤아리다 |

酌

酌量(しゃくりょう) 작량, 참작
晩酌(ばんしゃく) 만작, 저녁 반주

한벽돌
酌(く)む술 따라 마시다, 참작하다

| ⺤·7·N1 □□□ | 벼슬 작 | 음 シャク | 훈 없음 | ①벼슬 ②작위 |

爵

爵位(しゃくい) 작위
公爵(こうしゃく) 공작
伯爵(はくしゃく) 백작
侯爵(こうしゃく) 후작

"부수 ⺤는 손톱조머리로 爪 손톱 조이고, 본자(本字)는 爵이지요"

| 勹·3·제외 □□□ | 구기 작 | 음 シャク | 훈 없음 | ①일본 용적 단위 ②일본 면적 단위 |

勺

勺(しゃく) 0.018리터, 0.033평방미터

"상용한자 외의 표외한자(表外漢字)인 인명한자(人名漢字)이지요"

| 隹·11·제외 □□□ | 참새 작 | 음 ジャク | 훈 すずめ | ①참새 |

雀

雀(すずめ) 참새
雀躍(じゃくやく) 작약, 좋아서 날뜀
燕雀(えんじゃく) 제비와 참새, 소인배

"상용한자 외의 표외한자(表外漢字)인 인명한자(人名漢字)이지요"

| 木·10·N1 □□□ | 사다리 잔 | 음 サン | 훈 없음 | ①사다리 ②가교 |

桟

桟道(さんどう) 잔도, 벼랑길
桟橋(さんばし) 선창, 부두
桟敷(さじき) 판자를 깔아 높게 만든 관람석

"본자(本字)는 棧이지요"

潜 — 氵·15·N1 ☐☐☐
잠길 잠
음 セン 훈 ひそ, もぐ ①잠기다 ②숨다

潜水(せんすい) 잠수
潜入(せんにゅう) 잠입
潜在(せんざい) 잠재
潜伏(せんぷく) 잠복

"본자(本字)는 潛이지요"

한벽 潛(ひそ)む가라앉다 潛(もぐ)る잠입하다 沈潛(ちんせん)침잠 原潛(げんせん)원자력 잠수함

暫 — 日·15·N1 ☐☐☐
잠깐 잠
음 ザン 훈 없음 ①잠시 ②잠깐

暫定(ざんてい) 잠정
暫時(ざんじ) 잠시
暫(しばら)く 잠시

壮 — 士·6·N1 ☐☐☐
씩씩할 장, 장할 장
음 ソウ 훈 없음 ①씩씩하다 ②크다

壮観(そうかん) 장관
壮快(そうかい) 장쾌
悲壮感(ひそうかん) 비장감
雄壮(ゆうそう) 웅장

"본자(本字)는 壯이지요"

한벽 壯大(そうだい)웅장 壯丁(そうてい)장정 壯麗(そうれい)웅장하고 아름다움 壯絶(そうぜつ)장하고 뛰어남 広壯(こうそう)넓고 큼

荘 — 艹·9·N1 ☐☐☐
장중할 장, 별장 장
음 ソウ 훈 없음 ①장엄하다 ②별장

荘厳(そうごん) 장엄
荘重(そうちょう) 장중
別荘(べっそう) 별장
山荘(さんそう) 산장

"본자(本字)는 莊이지요"

丈 — 一·3·N1 ☐☐☐
어른 장
음 ジョウ 훈 たけ ①길이 ②건장하다

丈(たけ) 키, 길이
身丈(みたけ) 옷길이
背丈(せたけ) 키

한벽 丈夫(じょうぶ)だ튼튼하다 大丈夫(だいじょうぶ)だ괜찮다 頑丈(がんじょう)だ옹골차다

奨 — 大·13·N1 ☐☐☐
장려할 장
음 ショウ 훈 없음 ①장려하다 ②권장하다

奨学(しょうがく) 장학
奨励(しょうれい) 장려
勧奨(かんしょう) 권장
推奨(すいしょう) 추장, 추천

"본자(本字)는 奬이지요"

粧

米・12・N1 □□□

단장할 장 　음 ショウ　훈 없음　①단장하다

化粧(けしょう)　　　화장
化粧品(けしょうひん)　화장품
薄化粧(うすげしょう)　엷은 화장
厚化粧(あつげしょう)　짙은 화장

匠

匚・6・N1 □□□

장인 장 　음 ショウ　훈 없음　①장인 ②궁리

巨匠(きょしょう)　거장
名匠(めいしょう)　명장
意匠(いしょう)　　의장, 세공
工匠(こうしょう)　공장

> **한벽** 匠気(しょうき)장인 기질 画匠(がしょう)화가 師匠(ししょう)스승 宗匠(そうしょう)예능 선생

掌

手・12・N1 □□□

손바닥 장 　음 ショウ　훈 없음　①손바닥 ②넣다

掌握(しょうあく)　장악
車掌(しゃしょう)　차장
合掌(がっしょう)　합장
管掌(かんしょう)　관장

> **한벽** 掌中(しょうちゅう)손바닥 안

葬

艹・12・N1 □□□

장사지낼 장 　음 ソウ　훈 ほうむ　①매장하다 ②장사 지내다

埋葬(まいそう)　매장
火葬(かそう)　　화장
葬儀(そうぎ)　　장의, 장례
葬(ほうむ)る　　매장하다

"본자(本字)는 葬으로, 부수는 艹(艸)로 1획이 더 많지요"

> **한벽** 葬式(そうしき)장례식 葬列(そうれつ)장례 행렬 冠婚葬祭(かんこんそうさい)관혼상제 社葬(しゃそう)사장, 회사가 맡아 치르는 장례

醬

酉・18・제외 □□□

장 장 　음 ショウ　훈 없음　①간장 ②장유

醬油(しょうゆ)　간장
醬(ひしお)　　　장
醬類(ひしおるい)　장유

"상용한자 외의 표외한자(表外漢字)인 인명한자(人名漢字)이지요"

載

車・13・N1 □□□

실을 재 　음 サイ　훈 の　①글을 싣다 ②싣다

記載(きさい)　　기재
掲載(けいさい)　게재
連載(れんさい)　연재
搭載(とうさい)　탑재

> **한벽** 載(の)せる게재하다 載(の)る게재되다 載録(さいろく)재록, 게재

| 木·10·N1 □□□ | 심을 재 | 음 サイ | 훈 없음 | ①심다 ②재배하다 |

栽

栽培(さいばい) 재배
盆栽(ぼんさい) 분재

| 宀·10·N1 □□□ | 재상 재 | 음 サイ | 훈 없음 | ①재상 ②관장하다 |

宰

宰相(さいしょう) 재상, 재신
主宰(しゅさい) 주재
宰領(さいりょう) 감독

| 斉·11·N1 □□□ | 재계할 재 | 음 サイ | 훈 없음 | ①재계하다 ②삼가다 ③방 |

斎

斎主(さいしゅ) 제사 주체자
斎場(さいじょう) 제단
斎服(さいふく) 제복
書斎(しょさい) 서재

"본자(本字)는 齋이지요"

潔斎(けっさい) 목욕재계

| 口·15·제외 □□□ | 웅성거릴 쟁 | 음 ソ, ソウ | 훈 없음 | ①된장 ②웅성거리다 |

噌

味噌(みそ) 된장
味噌汁(みそしる) 된장국

"상용한자 외의 표외한자(表外漢字)인 인명한자(人名漢字)이지요"

噌(かまびす)しい 떠들썩하다

| 扌·8·제외 □□□ | 막을 저 | 음 テイ | 훈 없음 | ①거스르다 ②대체로 |

抵

抵抗(ていこう) 저항
抵触(ていしょく) 저촉
抵当(ていとう) 저당
大抵(たいてい) 대저, 대체로

| 阝·8·N1 □□□ | 집 저 | 음 テイ | 훈 없음 | ①저택 |

邸

邸宅(ていたく) 저택
邸内(ていない) 저택 안
官邸(かんてい) 관저
私邸(してい) 사저

豪邸(ごうてい) 호화 저택

箸

竹・15・제외 □□□

젓가락 **저** 　音 없음 　訓 はし 　①젓가락

箸(はし)	젓가락
箸箱(はしばこ)	수저통
箸置(はしお)き	젓가락
割(わ)り箸(ばし)	나무젓가락 받침

"본자(本字)는 箸이지요"

狙

犭・8・제외 □□□

엿볼 **저** 　音 ソ 　訓 ねら 　①엿보다 ②겨누다

狙撃(そげき)	저격
狙(ねら)い	겨냥, 표적
狙(ねら)う	노리다

這

辶・10・제외 □□□

기어갈 **저** 　音 없음 　訓 は 　①기다

這(は)う	기다
横這(よこば)い	보합세

"상용한자 외의 표외한자(表外漢字)인 인명한자(人名漢字)이며, 본자(本字)는 這이지요"

寂

宀・11・N1 □□□

고요할 **적** 　音 ジャク, セキ 　訓 さび 　①한적하다 ②고요하다

寂(さび)しい	외롭다
静寂(せいじゃく)	정적
閑寂(かんじゃく)	한적
寂寞(せきばく)	적막

한 벽
寂(さび)그윽한 아취 寂(さび)れる 쓸쓸해지다 寂然(せきぜん)조용하고 쓸쓸함 物寂(ものさび)しい어쩐지 쓸쓸하다

跡

足・13・N2 □□□

발자취 **적** 　音 セキ 　訓 あと 　①발자취 ②유적

奇跡(きせき)	기적
遺跡(いせき)	유적
追跡(ついせき)	추적
筆跡(ひっせき)	필적

한 벽
跡(あと)흔적 跡地(あとち)철거지 跡継(あとつぎ)후계 足跡(あしあと)발자취 旧跡(きゅうせき)고적 城跡(しろあと)옛 성터 軌跡(きせき)궤적 傷跡(きずあと)상처 자국 形跡(けいせき)흔적

籍

竹・20・N2 □□□

문서 **적** 　音 セキ 　訓 없음 　①문서 ②호적

書籍(しょせき)	서적
国籍(こくせき)	국적
戸籍(こせき)	호적
本籍(ほんせき)	본적

貝·13·N1 □□□ **賊**	도적 적	음 ゾク	훈 없음	①도적
	盗賊(とうぞく) 도적 山賊(さんぞく) 산적 海賊(かいぞく) 해적 逆賊(ぎゃくぞく) 역적			한벽暑 国賊(こくぞく)역적 賊軍(ぞくぐん)역적 賊徒(ぞくと)역적 무리
扌·14·N1 □□□ **摘**	딸 적	음 テキ	훈 つ	①손끝으로 따다 ②적출하다
	摘発(てきはつ) 적발 摘出(てきしゅつ) 적출 指摘(してき) 지적 摘(つ)む 따다			한벽暑 摘要(てきよう)적요, 요점을 뽑아 적음 摘(つま)み손끝으로 집음, 안주
氵·14·N2 □□□ **滴**	물방울 적	음 テキ	훈 しずく, したた	①물방울
	滴(しずく) 물방울 点滴(てんてき) 낙숫물, 링거 一滴(いってき) 한 방울 滴(したた)る 방울지다			한벽暑 滴下(てきか)방울져 떨어짐 水滴(すいてき)물방울
女·14·N1 □□□ **嫡**	정실 적	음 チャク	훈 없음	①본처 ②본처 소생
	嫡子(ちゃくし) 적자 嫡孫(ちゃくそん) 적손 嫡出(ちゃくしゅつ) 적출 正嫡(せいちゃく) 정적, 적자			한벽暑 嫡男(ちゃくなん)적자 嫡流(ちゃくりゅう)적가의 계통
口·6·제외 □□□ **吊**	이를 적	음 チョウ	훈 つ, つる	①매달다
	吊(つ)る 매달다 吊(つる)す 달아매다 吊(つる)し 매닮 吊革(つりかわ) 매달린 손잡이			"상용한자 외의 표외한자(表外漢字)인 인명한자(人名漢字)이지요"
殳·13·N2 □□□ **殿**	전각 전	음 テン, デン	훈 との, どの	①전당 ②귀인
	殿堂(でんどう) 전당 宮殿(きゅうでん) 궁전 神殿(しんでん) 신전 仏殿(ぶつでん) 불전			한벽暑 殿様(とのさま)영주님 ~殿(どの)~님 御殿(ごてん)대궐 貴殿(きでん)귀하 沈殿(ちんでん)침전

| 木・10・N1 □□□ | 마개 전 | 음 セン | 훈 없음 | ①마개 ②마개 장치 |

栓

栓(せん) 　　　　마개
栓抜(せんぬ)き 　병따개
耳栓(みみせん) 　귀마개
消火栓(しょうかせん) 소화전

"본자(本字)는 栓이지요"

| 灬・13・제외 □□□ | 달일 전 | 음 セン | 훈 い | ①달이다 ②볶다 |

煎

煎(い)る 　　　　볶다, 지지다
煎茶(せんちゃ) 　일본 녹차
煎餅(せんべい) 　전병
香煎(こうせん) 　미숫가루

| 土・13・제외 □□□ | 메울 전 | 음 テン | 훈 없음 | ①메우다 |

塡

塡充(てんじゅう) 전충, 빈 곳을 메움
補塡(ほてん) 　　보전
装塡(そうてん) 　장전

| 言・13・제외 □□□ | 설명할 전 | 음 セン | 훈 없음 | ①명백히 설명하다 |

詮

詮議(せんぎ) 　　전의
詮索(せんさく) 　천착
所詮(しょせん) 　어차피

| 扌・12・제외 □□□ | 자를 전 | 음 セン | 훈 そろ | ①갖추어지다 |

揃

揃(そろ)える 　　모두 갖추다
揃(そろ)う 　　　갖추어지다
揃(そろ)い 　　　가지런함
一揃(ひとそろ)い 한 세트

"상용한자 외의 표외한자
(表外漢字)인 인명한자
(人名漢字)이지요"

| 竹・14・제외 □□□ | 기록할 전 | 음 セン | 훈 없음 | ①기록표 ②용지 |

箋

処方箋(しょほうせん) 처방전
便箋(びんせん) 　편지지

窃

穴·9·N1 ☐☐☐

훔칠 절　　**음** セツ　　**훈** 없음　　① 훔치다

窃取(せっしゅ)　절취
窃盗(せっとう)　절도
剽窃(ひょうせつ)　표절

"본자(本字)는 竊이지요"

占

卜·5·N2 ☐☐☐

점령할 占, 점칠 占　　**음** セン　　**훈** し, うらな　　① 점치다 ② 차지하다

占領(せんりょう)　점령
占拠(せんきょ)　점거
独占(どくせん)　독점
占(し)める　차지하다

한 벽돌
占(うらな)う 점치다 占(うらな)い師(し) 역술가 占星術(せんせいじゅつ) 점성술 寡占(かせん) 과점, 독점

粘

米·11·N1 ☐☐☐

붙을 점　　**음** ネン　　**훈** ねば　　① 달라붙다 ② 찰기

粘土(ねんど)　점토
粘液(ねんえき)　점액
粘膜(ねんまく)　점막
粘(ねば)る　잘 달라붙다

한 벽돌
粘(ねば)り 끈기, 찰기 粘(ねば)り強(づよ)い 끈기 있다 粘着(ねんちゃく) 점착, 끈끈하게 달라붙음

漸

氵·14·N1 ☐☐☐

점점 점　　**음** ゼン　　**훈** 없음　　① 점차적으로

漸次(ぜんじ)　점차
漸進(ぜんしん)　점진
漸増(ぜんぞう)　점증, 점점 증가

한 벽돌
漸(ようや)く 겨우, 간신히

蝶

虫·15·제외 ☐☐☐

나비 접　　**음** チョウ　　**훈** 없음　　① 나비

蝶(ちょう)　나비
蝶々(ちょうちょう)　나비
揚羽蝶(あげはちょう)　호랑나비
蝶番(ちょうつがい)　경첩

"상용한자 외의 표외한자(表外漢字)인 인명한자(人名漢字)이지요"

浄

氵·9·N1 ☐☐☐

깨끗할 정　　**음** ジョウ　　**훈** 없음　　① 깨끗하다 ② 맑다

浄化(じょうか)　정화
浄水(じょうすい)　정수
洗浄(せんじょう)　세정
清浄(せいじょう)　청정

한 벽돌
浄土(じょうど) 극락정토 不浄(ふじょう) 부정

"본자(本字)는 淨이지요"

亭

亠·9·N1 □□□

정자 **정** 음 テイ 훈 없음 ①주거공간 ②정자

料亭(りょうてい)	요리점
亭主(ていしゅ)	집 주인
駅亭(えきてい)	역참 주막

廷

廴·7·N1 □□□

조정 **정** 음 テイ 훈 없음 ①조정 ②법원

朝廷(ちょうてい)	조정
宮廷(きゅうてい)	궁정
法廷(ほうてい)	법정
出廷(しゅってい)	출정

한 벽 을: 廷臣(ていしん)조정의 신하

晶

日·12·N1 □□□

맑을 **정** 음 ショウ 훈 없음 ①맑다 ②밝다

水晶(すいしょう)	수정
結晶(けっしょう)	결정

貞

貝·9·N1 □□□

곧을 **정** 음 テイ 훈 없음 ①곧다 ②행실 바르다

貞操(ていそう)	정조
貞節(ていせつ)	정절
貞淑(ていしゅく)	정숙
不貞(ふてい)	부정

한 벽 을: 忠貞(ちゅうてい)충의와 정절 童貞(どうてい)동정

訂

言·9·N1 □□□

바로잡을 **정** 음 テイ 훈 없음 ①바로잡다 ②재다

訂正(ていせい)	정정
改訂(かいてい)	개정
校訂(こうてい)	교정

呈

口·7·N1 □□□

드릴 **정** 음 テイ 훈 없음 ①드리다 ②보여주다

贈呈(ぞうてい)	증정
謹呈(きんてい)	근정
進呈(しんてい)	진정, 진상

한 벽 을: 呈示(ていじ)꺼내어 보임 呈出(ていしゅつ)내놓음 露呈(ろてい)드러냄

| 丶·5·제외 □□□ | 사발 **정** | 음 없음 | 훈 どん, どんぶり | ①덮밥 ②덮밥 그릇 |

丼

- 丼(どんぶり) — 덮밥
- 牛丼(ぎゅうどん) — 소고기덮밥
- 天丼(てんどん) — 튀김덮밥
- 鰻丼(うなどん) — 장어덮밥

"일본 고유한자(和製漢字)인 국자(国字)이지요"

| 亻·11·N1 □□□ | 염탐할 **정** | 음 テイ | 훈 없음 | ①엿보다 ②정찰하다 |

偵

- 偵察(ていさつ) — 정찰
- 探偵(たんてい) — 탐정
- 密偵(みってい) — 밀정, 간첩
- 内偵(ないてい) — 내탐

| 亻·8·N1 □□□ | 칠 **정** | 음 セイ | 훈 없음 | ①치다 ②공격하다 |

征

- 征服(せいふく) — 정복
- 征伐(せいばつ) — 정벌
- 遠征(えんせい) — 원정
- 出征(しゅっせい) — 출정

| 金·16·N1 □□□ | 덩이 **정** | 음 ジョウ | 훈 없음 | ①정제 ②자물쇠 |

錠

- 錠剤(じょうざい) — 정제
- 錠(じょう) — 자물쇠
- 錠前(じょうまえ) — 자물쇠
- 手錠(てじょう) — 수갑

| 舟·13·N1 □□□ | 배 **정** | 음 テイ | 훈 없음 | ①작은 배 |

艇

- 艦艇(かんてい) — 함정
- 乗艇(じょうてい) — 승선
- 短艇(たんてい) — 보트
- 巡視艇(じゅんしてい) — 순시정

한벽 艇庫(ていこ)보트를 넣는 창고 舟艇(しゅうてい)작은 배

| 斉·8·N1 □□□ | 가지런할 **제** | 음 セイ | 훈 없음 | ①가지런하다 |

斉

- 一斉(いっせい) — 일제
- 一斉(いっせい)に — 일제히
- 斉唱(せいしょう) — 제창
- 整斉(せいせい) — 정제, 정돈

"상용한자 외의 표외한자(表外漢字)인 인명한자(人名漢字)이고, 본자(本字)는 齊이지요"

剤

リ・10・N1 □□□

약제 **제** | 음 ザイ | 훈 없음 | ①약

調剤(ちょうざい) 조제
洗剤(せんざい) 세제
錠剤(じょうざい) 정제
清涼剤(せいりょうざい) 청량제

"본자(本字)는 劑이지요"

한벽돌
薬剤師(やくざいし)약사 睡眠剤(すいみんざい)수면제 鎮痛剤(ちんつうざい)진통제 防腐剤(ぼうふざい)방부제

帝

巾・9・N1 □□□

임금 **제** | 음 テイ | 훈 없음 | ①제왕 ②임금

帝国(ていこく) 제국
帝政(ていせい) 제정
帝王(ていおう) 제왕
皇帝(こうてい) 황제

한벽돌
女帝(じょてい)여제, 여자 황제

堤

土・12・N1 □□□

둑 **제** | 음 テイ | 훈 つつみ | ①둑 ②제방

堤防(ていぼう) 제방
堤(つつみ) 둑
防波堤(ぼうはてい) 방파제
突堤(とってい) 제방, 둑, 돌제

粗

米・11・N1 □□□

거칠 **조** | 음 ソ | 훈 あら | ①거칠다 ②조악하다

粗(あら)い 거칠다
粗悪(そあく) 조악
粗雑(そざつ) 조잡
粗品(そしな) 조품, 변변치 못한 선물

한벽돌
粗筋(あらすじ)개요 粗密(そみつ)밀도 粗暴(そぼう)거칠고 난폭함 粗末(そまつ)허술하고 나쁨 精粗(せいそ)정밀함과 조잡함

眺

目・11・N1 □□□

바라볼 **조** | 음 チョウ | 훈 なが | ①바라보다 ②조망하다

眺望(ちょうぼう) 조망
眺(なが)め 전망
眺(なが)める 바라보다

彫

彡・11・N1 □□□

새길 **조** | 음 チョウ | 훈 ほ | ①새기다 ②파다

彫刻(ちょうこく) 조각
彫塑(ちょうそ) 조소
木彫(もくちょう) 목조
彫(ほ)る 새기다

한벽돌
彫像(ちょうぞう)조각상 彫金(ちょうきん)금속 조각 浮彫(うきぼり)부각

禾·10·N1 ☐☐☐	조세 **조**	음 ソ	훈 없음	①조세 ②빌리다	

租

租税(そぜい) 조세
租借(そしゃく) 조차
公租(こうそ) 공조, 조세
免租(めんそ) 면조, 조세를 면함

한벽돌: 地租(ちそ)토지세

| 言·12·N1 ☐☐☐ | 조서 **조** | 음 ショウ | 훈 みことのり | ①조서 ②왕의 말씀 |

詔

詔書(しょうしょ) 조서
詔勅(しょうちょく) 조칙, 조서
詔(みことのり) 조칙, 어명

| 日·11·제외 ☐☐☐ | 무리 **조** | 음 ソウ | 훈 없음 | ①관리 ②자위대 계급 |

曹

法曹(ほうそう) 법조
陸曹(りくそう) 하사관
軍曹(ぐんそう) 중사
曹司(ぞうし) 관청의 방

| 辶·14·N1 ☐☐☐ | 만날 **조** | 음 ソウ | 훈 あ | ①우연히 만나다 ②겪다 |

遭

遭難(そうなん) 조난
遭遇(そうぐう) 조우
遭(あ)う 안 좋은 일 당하다

"본자(本字)는 遭이지요"

| 木·15·N1 ☐☐☐ | 구유 **조** | 음 ソウ | 훈 없음 | ①구유 ②먹이통 |

槽

浴槽(よくそう) 욕조
水槽(すいそう) 수조

| 金·11·N1 ☐☐☐ | 낚시 **조** | 음 チョウ | 훈 つ | ①낚다 ②거스름돈 |

釣

釣(つり) 낚시, 거스름돈
釣(つ)る 낚다
釣魚(ちょうぎょ) 조어
夜釣(よづり) 밤낚시

한벽돌: 釣道具(つりどうぐ)낚시 도구 釣(つ)り堀(ぼり)유료 낚시터 釣鐘(つりがね)매다는 종 釣(つ)り銭(せん)거스름돈 釣(つ)り合(あ)う균형을 이루다

措

扌·11·N1 □□□ 둘 조 음 ソ 훈 없음 ①두다 ②처리하다

措置(そち) 조치
挙措(きょそ) 행동거지
措辞(そじ) 말 표현

燥

火·17·N2 □□□ 마를 조 음 ソウ 훈 없음 ①마르다

乾燥(かんそう) 건조
焦燥(しょうそう) 초조

繰

糸·19·N1 □□□ 고치 켤 조 음 없음 훈 く ①감다 ②끌어당기다

繰(く)る 감다
繰(く)り返(かえ)し 반복
繰(く)り返(かえ)す 반복하다

한벽돌
繰越金(くりこしきん)이월금 繰(く)り上(あ)げ앞당김 繰(く)り下(さ)げ뒤로 물림 手繰(たぐ)る끌어당기다

藻

艹·19·N1 □□□ 마름 조 음 ソウ 훈 も ①수초

海藻(かいそう) 해조
藻類(そうるい) 수초류
緑藻(りょくそう) 녹조
藻(も) 마름, 말, 수초

"본자(本字)는 藻로, 부수는 艹(艸)로 1획이 더 많지요"

한벽돌
藻場(もば)해초가 밀생하는 곳

弔

弓·4·N1 □□□ 조상할 조 음 チョウ 훈 とむら ①조상하다 ②조문하다

弔問(ちょうもん) 조문
弔辞(ちょうじ) 조사
弔意(ちょうい) 조의
慶弔(けいちょう) 경조

한벽돌
弔(とむら)う조문하다 弔電(ちょうでん)조전, 조의 전보

阻

阝·8·N1 □□□ 막힐 조 음 ソ 훈 はば ①막다 ②방해하다

阻(はば)む 저지하다
阻止(そし) 저지
阻害(そがい) 저해
険阻(けんそ) 험조, 험애

한벽돌
悪阻(おそ)입덧 阻喪(そそう)기운을 잃음

爪

爪・4・제외 □□□ 　손톱 조　음 없음　훈 つめ, つま　①손톱 ②발톱

爪(つめ)	손발톱
爪切(つめき)り	손톱깎이
爪先(つまさき)	손톱 끝
爪弾(つまび)く	현악 연주하다

"부수 爪는 손톱 조이지요"

拙

扌・8・N1 □□□ 　졸할 졸　음 セツ　훈 つたな　①서투르다 ②자기를 낮춤(겸양)

拙劣(せつれつ)	졸렬
拙文(せつぶん)	졸문
拙作(せっさく)	졸작
稚拙(ちせつ)	치졸

한벽쑴
拙(つたな)い졸렬하다 拙論(せつろん)졸론 拙著(せっちょ)졸저 巧拙(こうせつ)잘하고 못함

鐘

金・20・N1 □□□ 　쇠북 종　음 ショウ　훈 かね　①범종

鐘(かね)	종
鐘楼(しょうろう)	종루
警鐘(けいしょう)	경종
晩鐘(ばんしょう)	만종

한벽쑴
鐘声(しょうせい)종소리 暁鐘(ぎょうしょう)새벽종 釣鐘(つりがね)매다는 종

腫

月・13・제외 □□□ 　종기 종　음 シュ　훈 は　①붓다 ②종기

腫(は)れる	붓다
腫(は)らす	붓게 하다
腫瘍(しゅよう)	종양
浮腫(ふしゅ)	부종

한벽쑴
腫(は)れ物(もの)종기, 부스럼

踪

足・15・제외 □□□ 　자취 종　음 ソウ　훈 없음　①자취 ②행방

| 踪跡(そうせき) | 종적 |
| 失踪(しっそう) | 실종 |

綜

糸・14・제외 □□□ 　모을 종　음 ソウ　훈 없음　①모으다

| 綜合(そうごう) | 종합 |

"상용한자 외의 표외한자(表外漢字)인 인명한자(人名漢字)이며, 総로도 표기하지요"

踵

足·16·제외 □□□

발꿈치 **종**   음 없음   훈 かかと   ① 발꿈치

踵(かかと) 발꿈치
踵(きびす) 발꿈치

"상용한자 외의 표외한자(表外漢字)인 인명한자(人名漢字)이지요"

挫

扌·10·제외 □□□

꺾을 **좌**   음 ザ   훈 없음   ① 기세가 꺾이다 ② 좌절하다

挫折(ざせつ) 좌절
挫傷(ざしょう) 좌상, 타박상
頓挫(とんざ) 돈좌, 중도에 갑자기 꺾임

한벽
挫(くじ)く꺾다 挫(くじ)ける꺾이다

舟

舟·6·N2 □□□

배 **주**   음 シュウ   훈 ふね, ふな   ① 배

舟(ふね) 배
舟艇(しゅうてい) 작은 배
釣(つ)り舟(ぶね) 낚싯배
渡(わた)し舟(ぶね) 나룻배

한벽
舟航(しゅうこう)항해 舟唄(ふなうた)뱃노래 呉越同舟(ごえつどうしゅう)오월동주

駐

馬·15·N2 □□□

머무를 **주**   음 チュウ   훈 없음   ① 머무르다 ② 주둔하다

駐車(ちゅうしゃ) 주차
駐在(ちゅうざい) 주재
駐留(ちゅうりゅう) 주류
常駐(じょうちゅう) 상주

한벽
駐屯(ちゅうとん)주둔 駐輪(ちゅうりん)자전거 주차 駐輪場(ちゅうりんじょう)자전거 주차장 進駐(しんちゅう)진주, 타국 영토에 주둔함

朱

木·6·N1 □□□

붉을 **주**   음 シュ   훈 없음   ① 붉다 ② 주황

朱色(しゅいろ) 주황색
朱印(しゅいん) 도장 찍음
朱肉(しゅにく) 인주
朱筆(しゅひつ) 붉은 먹을 묻혀 쓰는 붓

珠

王·10·N1 □□□

구슬 **주**   음 シュ   훈 없음   ① 구슬 ② 진주

珠玉(しゅぎょく) 주옥
珠算(しゅざん) 주산
真珠(しんじゅ) 진주
数珠(じゅず) 염주

| 金·15·N1 □□□ | 쇠 부어 만들 **주** | 음 チュウ | 훈 い | ①주물 ②주조하다 |

鋳

鋳造(ちゅうぞう)	주조
鋳貨(ちゅうか)	주화
鋳鉄(ちゅうてつ)	주철
鋳型(いがた)	거푸집

"본자(本字)는 鑄이지요"

한벽着
鋳(い)る주조하다 鋳物(いもの)주물
改鋳(かいちゅう)고치어 다시 주조함

| 口·8·제외 □□□ | 빌 **주** | 음 ジュ | 훈 のろ | ①빌다 ②저주하다 |

呪

呪文(じゅもん)	주문
呪術(じゅじゅつ)	주술
呪(のろ)い	저주
呪(のろ)う	저주하다

| 月·7·제외 □□□ | 팔꿈치 **주** | 음 없음 | 훈 ひじ | ①팔꿈치 |

肘

| 肘(ひじ) | 팔꿈치 |
| 肘掛(ひじか)け | 팔걸이 |

| 酉·10·제외 □□□ | 전국술 **주** | 음 チュウ | 훈 없음 | ①진한 술 |

酎

焼酎(しょうちゅう)	소주
酎(ちゅう)	소주
酎(ちゅう)ハイ	소주에 탄산수 탄 음료

| 辶·15·N1 □□□ | 좇을 **준** | 음 ジュン | 훈 없음 | ①좇다 ②준수하다 |

遵

| 遵法(じゅんぽう) | 준법 |
| 遵守(じゅんしゅ) | 준수 |

"본자(本字)는 遵이지요"

| イ·9·N1 □□□ | 준걸 **준** | 음 シュン | 훈 없음 | ①준걸 ②뛰어나다 |

俊

俊才(しゅんさい)	준재
俊秀(しゅんしゅう)	준수
俊敏(しゅんびん)	준민
俊英(しゅんえい)	준영, 영준

한벽着
俊足(しゅんそく)걸음이 빠름,
뛰어나고 빼어남

准

氵·10·N1 □□□

비준 **준** 　음 ジュン　　훈 없음　　①비준 ②승인하다

准将(じゅんしょう)　준장
批准(ひじゅん)　비준

噂

口·15·제외 □□□

수근거릴 **준**　음 없음　　훈 うわさ　　①수근거리다 ②소문

噂(うわさ)　소문
噂話(うわさばなし)　소문 이야기

"상용한자 외의 표외한자(表外漢字)인 인명한자(人名漢字)이지요"

即

卩·7·N1 □□□

곧 **즉**　음 ソク　　훈 すなわ　　①곧 ②즉

即席(そくせき)　즉석
即決(そっけつ)　즉결
即死(そくし)　즉사
即興(そっきょう)　즉흥

"본자(本字)는 卽이지요"

한벽돌
即(そく)する 입각하다 即座(そくざ)に 즉석에서 即日(そくじつ) 바로 그 날, 당일

汁

氵·5·N1 □□□

즙 **즙**　음 ジュウ　　훈 しる　　①즙 ②국

汁(しる)　국물
汁液(じゅうえき)　즙액
果汁(かじゅう)　과즙
味噌汁(みそしる)　된장국

한벽돌
お汁粉(しるこ) 단팥죽 墨汁(ぼくじゅう) 먹물 苦汁(くじゅう) 쓴 즙

曽

曰·11·제외 □□□

일찍 **증**　음 ソウ, ゾ　　훈 없음　　①일찍이 ②예전

曽孫(そうそん)　증손
曽祖父(そうそふ)　증조부
曽祖母(そうそぼ)　증조모
未曽有(みぞう)　미증유

"본자(本字)는 曾이지요"

贈

貝·18·N2 □□□

줄 **증**　음 ゾウ, ソウ　　훈 おく　　①선물 보내다 ②선물

贈与(ぞうよ)　증여
贈呈(ぞうてい)　증정
贈(おく)る　선물 주다
寄贈(きぞう, きそう)　기증

"본자(本字)는 贈이지요"

한벽돌
贈(おく)り物(もの) 명절 선물 贈賄(ぞうわい) 증회, 뇌물 줌 恵贈(けいぞう) 혜사, 은혜를 베풀어 선물을 주심

憎

忄·14·N2 □□□

미워할 증   음 ゾウ   훈 にく   ①밉다 ②증오하다

憎悪(ぞうお)	증오
愛憎(あいぞう)	애증
憎(にく)い	밉다
憎(にく)む	미워하다

"본자(本字)는 憎이지요"

한벽을
憎(にく)しみ증오 憎(にく)らしい밉살스럽다

症

疒·10·N1 □□□

증세 증   음 ショウ   훈 없음   ①병세 ②증상

症状(しょうじょう)	증상
症候(しょうこう)	증후
炎症(えんしょう)	염증
重症(じゅうしょう)	중증

한벽을
熱中症(ねっちゅうしょう)열사병 不眠症(ふみんしょう)불면증 狭心症(きょうしんしょう)협심증 夜尿症(やにょうしょう)야뇨증

遅

辶·12·N2 □□□

늦을 지   음 チ   훈 おそ, おく   ①늦다 ②늦어지다

遅(おそ)い	늦다
遅(おく)れる	늦어지다
遅刻(ちこく)	지각
遅延(ちえん)	지연

"본자(本字)는 遲이지요"

한벽을
遅(おく)らす늦추다 遅出(おそで)늦게 출근함 遅(おそ)め약간 늦음 遅咲(おそざ)き철 늦게 핌

旨

日·6·N1 □□□

뜻 지   음 シ   훈 むね   ①뜻 ②생각 ③맛있다

趣旨(しゅし)	취지
主旨(しゅし)	주지
要旨(ようし)	요지
論旨(ろんし)	논지

한벽을
旨(むね)취지 旨(うま)い맛있다 旨味(うまみ)감칠맛 諭旨(ゆし)유지

脂

月·10·N2 □□□

기름 지   음 シ   훈 あぶら   ①기름 ②비계

脂(あぶら)	지방
脂肪(しぼう)	지방
脂質(ししつ)	지질
皮脂(ひし)	피지

한벽을
樹脂(じゅし)수지 油脂(ゆし)유지 脱脂(だっし)탈지 脂身(あぶらみ)비계

芝

艹·6·N1 □□□

지초 지   음 없음   훈 しば   ①잔디 ②지초

芝(しば)	잔디
芝草(しばくさ)	잔디
芝生(しばふ)	잔디
芝居(しばい)	연극

"본자(本字)는 芝로, 부수는 艹(艸)로 1획이 더 많지요"

漬

氵·14·N1 □□□

담글 지 | 음 없음 | 훈 つ | ①담그다 ②절이다

漬物(つけもの) 야채 절임
塩漬(しおづけ) 소금 절임
漬(つ)ける 절이다
漬(つ)かる 잠기다

> **한벽돌**
> お茶漬(ちゃづ)け오차즈케, 밥에 찻물 부은 음식

祉

ネ·8·N1 □□□

복 지 | 음 シ | 훈 없음 | ①복 ②행복

福祉(ふくし) 복지

"본자(本字)는 祉이지요"

肢

月·8·N1 □□□

팔다리 지 | 음 シ | 훈 없음 | ①팔다리 ②가지

肢体(したい) 지체, 수족과 몸
四肢(しし) 사지
下肢(かし) 하지
選択肢(せんたくし) 선다형 답

摯

手·15·제외 □□□

잡을 지 | 음 シ | 훈 없음 | ①진지하다

真摯(しんし) 진지함

只

口·5·제외 □□□

다만 지 | 음 シ | 훈 ただ | ①다만

只(ただ) 다만, 무료
只今(ただいま) 지금 막
只乗(ただの)り 무임승차

"상용한자 외의 표외한자(表外漢字)인 인명한자(人名漢字)이지요"

智

日·12·제외 □□□

지혜 지 | 음 チ | 훈 없음 | ①지혜 ②슬기롭다

智(ち) 지혜, 슬기
智恵(ちえ) 지혜
智恵袋(ちえぶくろ) 지식창고
叡智(えいち) 뛰어난 지혜

"상용한자 외의 표외한자(表外漢字)인 인명한자(人名漢字)이며, 知로도 표기하지요"

尸·6·N1 ☐☐☐	다할 진	음 ジン	훈 つ	①힘 다하다 ②전부
尽	尽力(じんりょく) 진력, 힘씀 無尽蔵(むじんぞう) 무진장 打尽(だじん) 타진 尽(つ)くす 최선 다하다		"본자(本字)는 盡이지요"	한벽돌 尽(つ)きる소진되다 尽(つ)かす소진하다 理不尽(りふじん)불합리함 蕩尽(とうじん)탕진

扌·10·N1 ☐☐☐	떨칠 진	음 シン	훈 ふ	①흔들다 ②활기 ③할당
振	振動(しんどう) 진동 振興(しんこう) 진흥 不振(ふしん) 부진 振(ふ)る 흔들다			한벽돌 振(ふ)れる흔들리다 振(ふ)るう떨치다 振替(ふりかえ)대체 振舞(ふるま)い행동거지 振幅(しんぷく)진폭 振(ふ)り向(む)く돌아보다 身振(みぶ)り몸짓 手振(てぶ)り손짓 素振(そぶ)り거동,기색

阝·10·N1 ☐☐☐	진칠 진	음 ジン	훈 없음	①진영 ②한 차례
陣	陣頭(じんとう) 진두 陣営(じんえい) 진영 敵陣(てきじん) 적진 論陣(ろんじん) 논진			한벽돌 陣中(じんちゅう)진중, 전쟁 중 初陣(ういじん)첫 출전 報道陣(ほうどうじん)보도진

阝·11·제외 ☐☐☐	베풀 진	음 チン	훈 없음	①진열 ②진술 ③진부하다
陳	陳列(ちんれつ) 진열 陳述(ちんじゅつ) 진술 陳情(ちんじょう) 진정 陳腐(ちんぷ) 진부			한벽돌 陳謝(ちんしゃ)진사, 사과하고 용서빎 新陳代謝(しんちんたいしゃ)신진대사

王·9·N2 ☐☐☐	보배 진	음 チン	훈 めずら	①진귀하다 ②보배
珍	珍(めずら)しい 진귀하다 珍貴(ちんき) 진귀 珍味(ちんみ) 진미 珍品(ちんぴん) 진품			한벽돌 珍客(ちんきゃく)귀한 손님 珍奇(ちんき)진기 珍妙(ちんみょう)진묘

雨·15·N2 ☐☐☐	우레 진	음 シン	훈 ふる	①떨리다 ②지진
震	震度(しんど) 진도 震動(しんどう) 진동 地震(じしん) 지진 余震(よしん) 여진			한벽돌 震(ふる)える흔들리다 震(ふる)う떨리다 震災(しんさい)지진 재해 震央(しんおう)진앙 大震災(だいしんさい)대지진 재해 身震(みぶる)い몸서리

| 言·12·N1 □□□ | 진찰할 진 | 음 シン | 훈 み | ①진찰 |

診

診察(しんさつ)	진찰
診断(しんだん)	진단
診療(しんりょう)	진료
検診(けんしん)	검진

> **한벽돌**
> 診(み)る진찰하다 往診(おうしん)왕진 誤診(ごしん)오진

| 金·18·N1 □□□ | 진압할 진 | 음 チン | 훈 しず | ①진정 ②진압 ③누르다 |

鎮

鎮圧(ちんあつ)	진압
鎮痛(ちんつう)	진통
鎮火(ちんか)	진화
文鎮(ぶんちん)	문진

"본자(本字)는 鎭이지요"

> **한벽돌**
> 津波(つなみ)해일

| 氵·9·N1 □□□ | 나루 진 | 음 シン | 훈 つ | ①나루 ②넘치다 |

津

津(つ)	나루터
興味津々(きょうみしんしん)	흥미진진
津々浦々(つつうらうら)	방방곡곡

| 貝·14·제외 □□□ | 넉넉할 진 | 음 シン | 훈 にぎ | ①활기치다 ②번화하다 |

賑

| 賑(にぎ)やかだ | 활기차다 |
| 賑(にぎ)わう | 활기를 띠다 |

"상용한자 외의 표외한자(表外漢字)인 인명한자(人名漢字)이지요"

| 疒·10·N1 □□□ | 병 질 | 음 シツ | 훈 없음 | ①병 ②재빠르다 |

疾

疾患(しっかん)	질환
疾病(しっぺい)	질병
疾走(しっそう)	질주
悪疾(あくしつ)	악질

> **한벽돌**
> 疾風(しっぷう)질풍 眼疾(がんしつ)안질, 눈병

| 禾·10·N1 □□□ | 차례 질 | 음 チツ | 훈 없음 | ①차례 ②순서 |

秩

| 秩序(ちつじょ) | 질서 |
| 秩然(ちつぜん) | 질서정연 |

| 穴·11·N1 □□□ | 막힐 **질** | 음 チツ | 훈 없음 | ①막히다 ②질소 |

窒

窒息(ちっそく) 질식
窒素(ちっそ) 질소

| 辶·8·N1 □□□ | 번갈아들 **질** | 음 テツ | 훈 없음 | ①바꾸다 ②교체하다 |

迭

更迭(こうてつ) 경질 "본자(本字)는 迭이지요"

| 口·5·N1 □□□ | 꾸짖을 **질** | 음 シツ | 훈 しか | ①꾸짖다 ②질책하다 |

叱

叱(しか)る 혼내다
叱責(しっせき) 질책
叱咤(しった) 질타

| 女·13·제외 □□□ | 미워할 **질** | 음 シツ | 훈 없음 | ①미워하다 ②샘내다 |

嫉

嫉妬(しっと) 질투

| 女·9·제외 □□□ | 조카 **질** | 음 없음 | 훈 めい | ①질녀, 조카딸 |

姪

姪(めい) 조카딸 "상용한자 외의 표외한자 (表外漢字)인 인명한자 (人名漢字)이지요"

| 月·10·N1 □□□ | 나 **짐** | 음 チン | 훈 없음 | ①짐(왕의 자칭) |

朕

朕(ちん) 짐 "본자(本字)는 朕이지요"

한자	뜻·음	음	훈	의미
執 (土·11·N1)	잡을 집	シツ, シュウ	と	①잡다 ②구애되다

執行(しっこう) 집행
執務(しつむ) 집무
執筆(しっぴつ) 집필
執念(しゅうねん) 집념

한벽돌 執(と)る사무보다 執着(しゅうちゃく)집착 確執(かくしつ)확집, 불화

| 澄 (氵·15·N1) | 맑을 징 | チョウ | す | ①맑다 |

清澄(せいちょう) 청징
明澄(めいちょう) 명징
澄(す)ます 맑게 하다
澄(す)む 맑다

| 徵 (彳·14·N1) | 부를 징 | チョウ | 없음 | ①상징 ②징수하다 |

徴候(ちょうこう) 징후
徴収(ちょうしゅう) 징수
特徴(とくちょう) 특징
象徴(しょうちょう) 상징

"본자(本字)는 徵이지요"

| 懲 (心·18·N1) | 징계할 징 | チョウ | こ | ①징계 ②징벌 ③질리다 |

懲役(ちょうえき) 징역
懲悪(ちょうあく) 징악
懲戒(ちょうかい) 징계
懲罰(ちょうばつ) 징벌

한벽돌 懲(こ)らす응징하다 懲(こ)らしめる 징계하다 懲(こ)りる질리다

| 且 (一·5·N1) | 또 차 | 없음 | か | ①또한 |

且(か)つ 또한

| 遮 (辶·14·N1) | 가릴 차 | シャ | さえぎ | ①가로막다 ②차단하다 |

遮断(しゃだん) 차단
遮断機(しゃだんき) 차단기
遮音(しゃおん) 차음
遮(さえぎ)る 가로막다

한벽돌 遮蔽(しゃへい)차폐, 가리거나 덮음

"본자(本字)는 遮이지요"

| 止·6·제외 ☐☐☐ | 이 **차** | 음 シ | 훈 こ | ①이 |

此

此(こ) 이
此(こ)の 이
此(こ)れ 이것
此処(ここ) 이곳

"상용한자 외의 표외한자(表外漢字)인 인명한자(人名漢字)이지요"

| 金·16·N1 ☐☐☐ | 어긋날 **착** | 음 サク | 훈 없음 | ①어긋나다 ②착각하다 |

錯

錯覚(さっかく) 착각
錯誤(さくご) 착오
錯亂(さくらん) 착란
交錯(こうさく) 교착

한벽돌
失錯(しっさく)실책 倒錯(とうさく)도착, 이상으로 어그러짐

| 扌·13·N1 ☐☐☐ | 짤 **착** | 음 サク | 훈 しぼ | ①쥐어짜다 |

搾

搾取(さくしゅ) 착취
搾乳(さくにゅう) 착유
圧搾(あっさく) 압착
搾(しぼ)る 쥐어짜다

| 扌·10·제외 ☐☐☐ | 잡을 **착** | 음 ソク | 훈 とら | ①파악하다 ②포착하다 |

捉

捉(とら)える 파악하다
捕捉(ほそく) 포착

| 言·22·제외 ☐☐☐ | 기릴 **찬** | 음 サン | 훈 없음 | ①기리다 ②칭찬하다 |

讃

讃辞(さんじ) 찬사
讃美(さんび) 찬미
自讃(じさん) 자찬

"상용한자 외의 표외한자(表外漢字)인 인명한자(人名漢字)이며, 본자는 讚이지요"

한벽돌
讃(たた)える 칭송하다

| 扌·17·N1 ☐☐☐ | 문지를 **찰** | 음 サツ | 훈 す | ①문지르다 |

擦

摩擦(まさつ) 마찰
擦(す)り傷(きず) 찰과상
擦(す)る 문지르다
擦(す)れる 스치다

한자	훈음	음	훈	뜻
刹 (リ·8·제외)	절 찰	サツ, セツ	없음	①절 ②찰나

刹那(せつな) 찰나
名刹(めいさつ) 명찰, 유명한 절

한자	훈음	음	훈	뜻
拶 (扌·9·제외)	짓누를 찰	サツ	없음	①인사 ②짓누르다

挨拶(あいさつ) 인사

한자	훈음	음	훈	뜻
惨 (忄·11·N1)	참혹할 참	サン, ザン	みじ	①참혹하다

惨事(さんじ) 참사
惨死(ざんし) 참사
惨殺(ざんさつ) 참살
悲惨(ひさん) 비참

"본자(本字)는 慘이지요"

한벽
惨(みじ)めだ비참하다 惨敗(さんぱい)참패 無惨(むざん)무참, 끔찍하고 참혹

한자	훈음	음	훈	뜻
斬 (車·11·제외)	벨 참	ザン	き	①베다 ②두드러지다

斬(き)る 베다
斬殺(ざんさつ) 참살, 베어 죽임
斬新(ざんしん) 참신

한자	훈음	음	훈	뜻
彰 (彡·14·N1)	드러날 창	ショウ	없음	①드러나다 ②명백히 밝히다

表彰(ひょうしょう) 표창
顕彰(けんしょう) 현창, 선행을 밝히어 알림

한자	훈음	음	훈	뜻
脹 (月·12·제외)	부을 창	チョウ	없음	①부풀다 ②팽창하다

脹満(ちょうまん) 창만
膨脹(ぼうちょう) 팽창

"상용한자 외의 표외한자(表外漢字)인 인명한자(人名漢字)이지요"

債

イ・13・N1 □□□

빚 **채** | **음** サイ | **훈** 없음 | ①빚 ②채무

債権(さいけん) 채권
債務(さいむ) 채무
負債(ふさい) 부채
国債(こくさい) 국채

한벽돌
債券(さいけん)채권, 유가 증권

彩

彡・11・N1 □□□

채색 **채** | **음** サイ | **훈** いろど | ①채색 ②윤기

彩色(さいしょく) 채색
水彩(すいさい) 수채
色彩(しきさい) 색채
光彩(こうさい) 광채

한벽돌
彩(いろど)る채색하다 多彩(たさい)だ다채롭다

采

爫・8・제외 □□□

풍채 **채** | **음** サイ | **훈** 없음 | ①풍채 ②손에 넣다

風采(ふうさい) 풍채
采配(さいはい) 지휘

柵

木・9・제외 □□□

울타리 **책** | **음** サク | **훈** 없음 | ①울타리 ②목책

柵(さく) 울타리, 울짱
木柵(もくさく) 목책
柵門(さくもん) 울타리 문

凄

冫・10・제외 □□□

쓸쓸할 **처** | **음** セイ | **훈** 없음 | ①굉장하다 ②섬뜩하다

凄惨(せいさん) 처참
凄絶(せいぜつ) 처절

한벽돌
凄(すご)い굉장하다 凄(すさ)まじい엄청나다

拓

扌・8・N1 □□□

넓힐 **척**, 박을 **탁** | **음** タク | **훈** 없음 | ①개척 ②베껴내다

拓本(たくほん) 탁본
拓殖(たくしょく) 척식, 개척과 식민
開拓(かいたく) 개척
干拓(かんたく) 간척

| 隹·10·N2 □□□ | 외짝 척 | 음 セキ | 훈 없음 | ①한 짝 ②배 단위 |

隻

隻眼(せきがん)　외눈
隻手(せきしゅ)　한쪽 손
一隻(いっせき)　배 한 척

| 斤·5·N1 □□□ | 물리칠 척 | 음 セキ | 훈 없음 | ①물리치다 |

斥

斥候(せっこう)　척후
斥力(せきりょく)　척력
排斥(はいせき)　배척

| 戈·11·제외 □□□ | 친척 척 | 음 セキ | 훈 없음 | ①친척 ②친족 |

戚

親戚(しんせき)　친척
姻戚(いんせき)　인척

| 扌·10·제외 □□□ | 칠 척 | 음 チョク | 훈 없음 | ①진척되다 |

捗

進捗(しんちょく)　진척

| 月·10·제외 □□□ | 등마루 척 | 음 セキ | 훈 없음 | ①등뼈 ②척추 |

脊

脊髄(せきずい)　척수
脊椎(せきつい)　척추

| 刂·8·N2 □□□ | 찌를 척, 찌를 자 | 음 シ | 훈 さ | ①찌르다 ②가시 ③비난 |

刺

刺(さ)す　찌르다
刺客(しかく)　자객
風刺(ふうし)　풍자
刺殺(しさつ)　척살

한 벽 돌
刺(さ)さる찔리다 刺身(さしみ)회 刺激(しげき)자극 名刺(めいし)명함

践 (足·13·N1)

밟을 천 | 음 セン | 훈 없음 | ①행하다 ②밟아나가다

実践(じっせん) — 실천

"본자(本字)는 踐이요"

遷 (辶·15·N1)

옮길 천 | 음 セン | 훈 없음 | ①옮기다 ②바뀌다

遷都(せんと) — 천도
遷延(せんえん) — 천연, 지체함
左遷(させん) — 좌천
変遷(へんせん) — 변천

"본자(本字)는 遷이요"

薦 (⺾·16·N1)

천거할 천 | 음 セン | 훈 すす | ①추천하다 ②천거하다

薦挙(せんきょ) — 천거
推薦(すいせん) — 추천
自薦(じせん) — 자천
薦(すす)める — 추천하다

"본자(本字)는 薦으로, 부수는 ⺾(艸)로 1획이 더 많지요"

哲 (口·10·N1)

밝을 철 | 음 テツ | 훈 없음 | ①진리

哲学(てつがく) — 철학
哲人(てつじん) — 철인
哲理(てつり) — 철리, 철학적 이치
先哲(せんてつ) — 선철, 선현

凸 (凵·5·N1)

볼록할 철 | 음 トツ | 훈 없음 | ①볼록하다 ②돌출되다

凸面(とつめん) — 철면, 볼록면
凸版(とっぱん) — 철판, 볼록판
凸(とつ)レンズ — 볼록렌즈
凹凸(おうとつ) — 요철

한 벽돌
凸凹(でこぼこ) 울퉁불퉁

撤 (扌·15·N1)

거둘 철 | 음 テツ | 훈 없음 | ①거두다 ②철수하다

撤回(てっかい) — 철회
撤収(てっしゅう) — 철수
撤去(てっきょ) — 철거
撤退(てったい) — 철퇴

한 벽돌
撤廃(てっぱい) 철폐

| 彳·15·N1 □□□ | 통할 **철** | 음 テツ | 훈 없음 | ①통과시키다 ②분명하다 |

徹

徹夜(てつや) 철야
徹底(てってい) 철저
貫徹(かんてつ) 관철
冷徹(れいてつ) 냉철

한벽돌
徹(てっ)する 사무치다
徹宵(てっしょう)철소, 밤을 새움
透徹(とうてつ)투철

| 氵·11·N1 □□□ | 더할 **첨** | 음 テン | 훈 そ | ①덧붙이다 ②첨부하다 |

添

添加(てんか) 첨가
添付(てんぷ) 첨부
添削(てんさく) 첨삭
別添(べってん) 별첨

한벽돌
添(そ)える 첨부하다 添(そ)う 더하다
添書(てんしょ)첨부편지 口添(くちぞ)え말을 거듦, 조언 寄(より)添(そ)う다가붙다

| 小·6·제외 □□□ | 뾰족할 **첨** | 음 セン | 훈 と | ①뾰족하다 |

尖

尖端(せんたん) 첨단
尖鋭(せんえい) 첨예
尖塔(せんとう) 첨탑
尖(とが)る 뾰족해지다

"상용한자 외의 표외한자(表外漢字)인 인명한자(人名漢字)이며, 先으로도 대체하지요"

| 田·12·N2 □□□ | 거듭할 **첩** | 음 ジョウ | 훈 たたみ, たた | ①다다미 ②접다 |

畳

畳(たたみ) 다다미
畳(たた)む 접다, 개다
畳語(じょうご) 첩어
重畳(じゅうじょう) 중첩

"본자(本字)는 疊이지요"

한벽돌
畳出(じょうしゅつ)첩출, 같은 물건이 거듭 나옴 一畳(いちじょう)다다미 한 장

| 貝·12·제외 □□□ | 붙일 **첩** | 음 チョウ | 훈 は | ①붙이다 |

貼

貼(は)る 붙이다
貼(は)り紙(がみ) 벽보

| 言·15·N1 □□□ | 청할 **청** | 음 セイ, シン | 훈 こ, う | ①청하다 ②부탁하다 |

請

請求(せいきゅう) 청구
請願(せいがん) 청원
要請(ようせい) 요청
申請(しんせい) 신청

"본자(本字)는 請이지요"

한벽돌
請(こ)う청하다 請(う)ける일을 맡다 請(う)け負(お)う청부 맡다 請(う)け合(あ)う보증하다 招請(しょうせい)초청 普請(ふしん)절 공사 下請(したう)け하청

聴

耳・17・N1 □□□

들을 **청** | 음 チョウ | 훈 き | ①듣다 ②청취하다

聴取(ちょうしゅ) 청취
聴衆(ちょうしゅう) 청중
聴覚(ちょうかく) 청각
視聴(しちょう) 시청

"본자(本字)는 聽이지요"

한 벽 돌
聴(き)く청취하다 傾聴(けいちょう)경청 傍聴(ぼうちょう)방청 謹聴(きんちょう)삼가 들음

替

日・12・N2 □□□

바꿀 **체** | 음 タイ | 훈 か | ①바꾸다 ②교체하다

交替(こうたい) 교체
代替(だいたい) 대체
替(か)える 교체하다
替(か)わる 교체되다

한 벽 돌
為替(かわせ)환, 외환 両替(りょうがえ)환전 振替(ふりかえ)대체 衣替(ころもが)え동복 하복 갈아입음 取(と)り替(か)える교환하다 着替(きが)える갈아입다

滞

氵・13・N1 □□□

막힐 **체** | 음 タイ | 훈 とどこお | ①막히다 ②머물다

滞留(たいりゅう) 체류
滞納(たいのう) 체납
停滞(ていたい) 정체
沈滞(ちんたい) 침체

"본자(本字)는 滯이지요"

한 벽 돌
滞(とどこお)る지체하다 滞在(たいざい)체류 渋滞(じゅうたい)교통 정체, 삽체

締

糸・15・N1 □□□

맺을 **체** | 음 テイ | 훈 し | ①맺다 ②체결하다

締結(ていけつ) 체결
締(し)める 죄다
締(し)まる 죄이다
締(し)め切(き)り 마감

한 벽 돌
戸締(とじ)まり문단속 取(と)り締(し)まり단속 取締役(とりしまりやく)최고경영자 取(と)り締(し)まる단속하다

逮

辶・11・N1 □□□

잡을 **체** | 음 タイ | 훈 없음 | ①붙잡다

逮捕(たいほ) 체포

"본자(本字)는 逮이지요"

逓

辶・10・N1 □□□

갈마들 **체** | 음 テイ | 훈 없음 | ①점차적으로 ②차례로

逓信(ていしん) 체신
逓送(ていそう) 체송
逓減(ていげん) 체감, 점차 감소
逓増(ていぞう) 체증, 점차 증가

"본자(本字)는 遞이지요"

| 言·16·제외 □□□ | 훈 살필 체 | 음 テイ | あきら | ①단념하다 ②중요한 일 |

諦

諦念(ていねん) 체념
諦(あきら)める 포기하다
諦観(ていかん) 체관, 단념
要諦(ようてい) 요체, 핵심

| 刂·9·제외 □□□ | 털 깎을 체 | 음 テイ | 훈 そ | ①깎다 |

剃

剃(そ)る 깎다
剃刀(かみそり) 면도칼

"상용한자 외의 표외한자
(表外漢字)인 인명한자
(人名漢字)이지요"

| 走·12·N2 □□□ | 뛰어넘을 초 | 음 チョウ | 훈 こ | ①수량이 넘다 ②뛰어나다 |

超

超過(ちょうか) 초과
超越(ちょうえつ) 초월
超(こ)える 기준을 넘다
超(こ)す 초과하다

한벽
超高速(ちょうこうそく)초고속 超能力(ちょうのうりょく)초능력 超然(ちょうぜん)초연 超克(ちょうこく)곤란을 극복함

| 月·7·N1 □□□ | 닮을 초 | 음 ショウ | 훈 없음 | ①닮다 |

肖

肖像(しょうぞう) 초상
肖像画(しょうぞうが) 초상화
肖像権(しょうぞうけん) 초상권
不肖(ふしょう) 불초

"본자(本字)는 肖이지요"

| 灬·12·N1 □□□ | 탈 초 | 음 ショウ | 훈 こ, あせ | ①그을리다 ②눋다 ③초조 |

焦

焦点(しょうてん) 초점
焦燥(しょうそう) 초조
焦(こ)げる 눋다
焦(こ)がす 태우다

한벽
焦(こ)がれる애태우다 焦(あせ)る초조하게 굴다 焦心(しょうしん)초조해 함 焦(こ)げ茶(ちゃ)짙은 갈색 焦(こ)げパン탄 빵

| 扌·7·N1 □□□ | 뽑을 초 | 음 ショウ | 훈 없음 | ①뽑다 ②발췌하다 |

抄

抄本(しょうほん) 초본
抄訳(しょうやく) 초역
抄録(しょうろく) 초록
詩抄(ししょう) 시초, 시 선집

| 石·18·N1 | 주춧돌 초 | 음 ソ | 훈 いしずえ | ①주춧돌 ②초석 |

礎

礎(いしずえ)	주춧돌
礎石(そせき)	초석
基礎(きそ)	기초
定礎(ていそ)	주춧돌을 놓음

| 酉·12·N1 | 초 초 | 음 サク | 훈 す | ①식초 ②시다 |

酢

酢(す)	식초
酢(す)の物(もの)	식초 친 요리
酢酸(さくさん)	초산
酢豚(すぶた)	탕수육

| 石·17·N1 | 암초 초 | 음 ショウ | 훈 없음 | ①수중 바위 |

礁

暗礁(あんしょう)	암초
座礁(ざしょう)	좌초
珊瑚礁(さんごしょう)	산호초
岩礁(がんしょう)	암초와 산호초

| 石·12·N1 | 화약 초 | 음 ショウ | 훈 없음 | ①초산, 질산 ②화약 |

硝

硝石(しょうせき)	초석
硝煙(しょうえん)	초연
硝酸(しょうさん)	초산, 질산

"본자(本字)는 硝이지요"

| 木·11·제외 | 나무 끝 초 | 음 ショウ | 훈 こずえ | ①나무 끝 ②말단 |

梢

| 梢(こずえ) | 나뭇가지 끝 |
| 末梢(まっしょう) | 말초 |

"상용한자 외의 표외한자(表外漢字)인 인명한자(人名漢字)이지요"

| 火·8·제외 | 볶을 초 | 음 없음 | 훈 い, いた | ①볶다 ②지지다 |

炒

炒(いた)める	볶다
炒(いた)め物(もの)	볶음 요리
炒(い)る	지지다

"상용한자 외의 표외한자(表外漢字)인 인명한자(人名漢字)이지요"

触 (角·13·N2)
닿을 촉 | 음 ショク | 훈 ふ, さわ | ①닿다 ②자극

- 触発(しょくはつ) 촉발
- 触覚(しょっかく) 촉각
- 感触(かんしょく) 감촉
- 接触(せっしょく) 접촉

"본자(本字)는 觸이지요"

한벽돌: 触(ふ)れる접촉하다 触(さわ)る만지다 触媒(しょくばい)촉매 触(ふ)れ合(あ)い교류 抵触(ていしょく)저촉 肌触(はだざわ)り촉감

促 (亻·9·N2)
재촉할 촉 | 음 ソク | 훈 うなが | ①재촉 ②짧아지다

- 促進(そくしん) 촉진
- 督促(とくそく) 독촉
- 促(うなが)す 재촉하다
- 促成(そくせい) 촉성

한벽돌: 促音(そくおん)촉음 催促(さいそく)재촉, 최촉

嘱 (口·15·N1)
부탁할 촉 | 음 ショク | 훈 없음 | ①부탁 ②분부하다

- 嘱託(しょくたく) 촉탁
- 嘱望(しょくぼう) 촉망
- 委嘱(いしょく) 위촉

"본자(本字)는 囑이지요"

燭 (火·17·제외)
촛불 촉 | 음 ソク | 훈 ともしび | ①촛불

- 燭台(しょくだい) 촛대
- 蝋燭(ろうそく) 양초
- 燭(ともしび) 촛불

"상용한자 외의 표외한자(表外漢字)인 인명한자(人名漢字)이지요"

銃 (金·14·N1)
총 총 | 음 ジュウ | 훈 없음 | ①총

- 銃(じゅう) 총
- 銃弾(じゅうだん) 총탄
- 銃砲(じゅうほう) 총포
- 銃声(じゅうせい) 총성

한벽돌: 銃創(じゅうそう)총상 猟銃(りょうじゅう)엽총 小銃(しょうじゅう)소총 拳銃(けんじゅう)권총

塚 (土·12·N1)
무덤 총 | 음 없음 | 훈 つか | ①무덤 ②언덕

- 塚(つか) 무덤
- 貝塚(かいづか) 패총
- 耳塚(みみづか) 이총
- 一里塚(いちりづか) 이정표

"본자(本字)는 塚이지요"

撮

扌·15·N1 □□□

찍을 촬 | 음 サツ | 훈 と | ①찍다 ②촬영하다

撮(と)る — 찍다
撮影(さつえい) — 촬영
盗撮(とうさつ) — 몰래 촬영, 도촬

한벽 撮要(さつよう)개요 特撮(とくさつ)특수 촬영 空撮(くうさつ)공중 촬영

催

亻·13·N1 □□□

재촉할 최 | 음 サイ | 훈 もよお | ①재촉하다 ②개최하다

催眠(さいみん) — 최면
催涙(さいるい) — 최루
開催(かいさい) — 개최
主催(しゅさい) — 주최

한벽 催(もよお)す개최하다 催促(さいそく)재촉, 최촉 共催(きょうさい)공동주최

抽

扌·8·N1 □□□

뽑을 추 | 음 チュウ | 훈 없음 | ①뽑다 ②추출하다

抽象(ちゅうしょう) — 추상
抽出(ちゅうしゅつ) — 추출
抽選(ちゅうせん) — 추첨

墜

土·15·N1 □□□

떨어질 추 | 음 ツイ | 훈 없음 | ①떨어지다 ②쇠하다

墜落(ついらく) — 추락
撃墜(げきつい) — 격추
失墜(しっつい) — 실추

"본자(本字)는 墜이지요"

醜

酉·17·N1 □□□

추할 추 | 음 シュウ | 훈 みにく | ①추하다 ②나쁘다

醜態(しゅうたい) — 추태
醜悪(しゅうあく) — 추악
美醜(びしゅう) — 미추
醜(みにく)い — 보기 흉하다

枢

木·8·N1 □□□

지도리 추 | 음 スウ | 훈 없음 | ①중심축

中枢(ちゅうすう) — 중추
枢要(すうよう) — 추요, 중요 부분
枢軸(すうじく) — 추축, 주축
枢密(すうみつ) — 추밀, 중요 기밀

"본자(本字)는 樞이지요"

椎
木·12·제외 □□□
등골 추, 쇠몽치 추 **음** ツイ **훈** 없음 ①척추

- 椎骨(ついこつ) 추골, 척추골
- 脊椎(せきつい) 척추
- 頸椎(けいつい) 경추
- 鉄椎(てっつい) 쇠 몽둥이

錘
金·16·제외 □□□
저울추 추 **음** スイ **훈** おもり, つむ ①저울추 ②방추

- 紡錘(ぼうすい) 방추
- 錘(おもり) 추
- 錘(つむ) 방추

"상용한자 외의 표외한자(表外漢字)인 인명한자(人名漢字)이지요"

畜
田·10·N2 □□□
짐승 축 **음** チク **훈** 없음 ①기르다 ②짐승

- 畜産(ちくさん) 축산
- 畜舎(ちくしゃ) 축사
- 家畜(かちく) 가축
- 牧畜(ぼくちく) 목축

한 벽 畜
畜生(ちくしょう)짐승

蓄
艹·13·제외 □□□
모을 축 **음** チク **훈** たくわ ①모으다 ②축적하다

- 蓄積(ちくせき) 축적
- 蓄財(ちくざい) 축재
- 貯蓄(ちょちく) 저축
- 含蓄(がんちく) 함축

"본자(本字)는 蓄으로, 부수는 艹(艸)로 1획이 더 많지요"

한 벽 蓄
蓄(たくわ)える대비해두다 蓄電(ちくでん)축전, 축전기 備蓄(びちく)비축

軸
車·12·N1 □□□
굴대 축 **음** ジク **훈** 없음 ①굴대 ②축

- 軸(じく) 굴대, 축
- 地軸(ちじく) 지축
- 車軸(しゃじく) 차축
- 中軸(ちゅうじく) 중축

한 벽 軸
掛(か)け軸(じく)족자 枢軸(すうじく)추축, 주축 縦軸(たてじく)세로축 横軸(よこじく)가로축

逐
辶·10·N1 □□□
쫓을 축 **음** チク **훈** 없음 ①쫓다 ②순서를 따르다

- 逐一(ちくいち) 축일, 차례대로
- 逐次(ちくじ) 축차, 차례차례로
- 駆逐(くちく) 구축
- 逐条(ちくじょう) 축조, 한 조목씩 좇음

"본자(本字)는 逐이지요"

한 벽 逐
放逐(ほうちく)방축, 추방

足·19·제외 □□□ **蹴**	찰 축 一蹴(いっしゅう) 蹴(け)る 蹴飛(けと)ばす 蹴倒(けたお)す	음 シュウ 일축 차다 걷어차다 차서 쓰러뜨리다	훈 け	①차다 ②축구 **한벽쌤** 蹴球(しゅうきゅう)축구
儿·6·N1 □□□ **充**	채울 충 充分(じゅうぶん) 充実(じゅうじつ) 充満(じゅうまん) 拡充(かくじゅう)	음 ジュウ 충분 충실 충만 확충	훈 あ, み	①꽉 차다 ②채우다 **한벽쌤** 充(あ)てる충당하다 補充(ほじゅう)보충
行·15·N1 □□□ **衝**	찌를 충 衝突(しょうとつ) 衝撃(しょうげき) 衝動(しょうどう) 要衝(ようしょう)	음 ショウ 충돌 충격 충동 요충	훈 없음	①찌르다 ②요점 **한벽쌤** 折衝(せっしょう)절충 緩衝(かんしょう)완충
衣·10·N1 □□□ **衷**	속마음 충 衷心(ちゅうしん) 苦衷(くちゅう) 折衷(せっちゅう) 和衷(わちゅう)	음 チュウ 충심 고충 절충 화충, 합심	훈 없음	①속마음 ②중간
走·15·제외 □□□ **趣**	뜻 취 趣味(しゅみ) 趣旨(しゅし) 趣向(しゅこう) 情趣(じょうしゅ)	음 シュ 취미 취지 취향 정취	훈 おもむき	①취향 ②취지 **한벽쌤** 趣(おもむ)き취향 興趣(きょうしゅ) 흥취 風趣(ふうしゅ)풍취, 풍경의 아취 雅趣(がしゅ)아취, 아담한 정취
火·8·N1 □□□ **炊**	불 땔 취 炊事(すいじ) 自炊(じすい) 炊(た)く 炊飯器(すいはんき)	음 スイ 취사 자취 밥 짓다 전기밥솥	훈 た	①밥 짓다 ②불 때다

한자	정보	뜻/음	음	훈	의미
吹	口·7·N2 ☐☐☐	불 취	スイ	ふ	①바람 불다 ②바람이 불다

吹(ふ)く 불다
吹奏(すいそう) 취주
鼓吹(こすい) 고취
吹管(すいかん) 취관

한벽돌
吹雪(ふぶき)눈보라 息吹(いぶき)숨결

| 臭 | 自·9·N1 ☐☐☐ | 냄새 취 | シュウ | くさ, にお | ①냄새 ②냄새나다 |

悪臭(あくしゅう) 악취
脱臭(だっしゅう) 탈취
臭(くさ)い 냄새나다
臭(にお)う 냄새나다

"본자(本字)는 臭이지요"

한벽돌
臭気(しゅうき)악취, 취기 臭覚(しゅうかく)후각 生臭(なまぐさ)い 비린내 나다 照(て)れ臭(くさ)い 겸연쩍다

| 酔 | 酉·11·N1 ☐☐☐ | 취할 취 | スイ | よ | ①취하다 ②심취 |

酔漢(すいかん) 취객
麻酔(ますい) 마취
心酔(しんすい) 심취
陶酔(とうすい) 도취

"본자(本字)는 醉이지요"

한벽돌
酔(よ)う취하다 酔(よ)っ払(ぱら)う만취하다 酔態(すいたい)취태, 술에 취한 모습 二日酔(ふつかよ)い숙취 車酔(くるまよ)い차멀미 船酔(ふなよ)い배멀미

| 恥 | 心·10·N2 ☐☐☐ | 부끄러울 치 | チ | はじ, は | ①부끄럽다 ②치욕 |

恥(は)ずかしい 부끄럽다
恥辱(ちじょく) 치욕
恥部(ちぶ) 치부
羞恥(しゅうち) 수치

한벽돌
恥(はじ)부끄러움 恥(は)じらう수줍어하다 恥(は)じる부끄러이 여기다 破廉恥(はれんち)파렴치

| 致 | 至·10·N1 ☐☐☐ | 이를 치 | チ | いた | ①이르다 ②모습 ③겸양 |

致死(ちし) 치사
致命的(ちめいてき) 치명적
合致(がっち) 합치
一致(いっち) 일치

한벽돌
致(いた)す(삼가)하옵다 極致(きょくち)극치 拉致(らち)납치 誘致(ゆうち)유치

| 痴 | 疒·13·N1 ☐☐☐ | 어리석을 치 | チ | 없음 | ①어리석다 ②색욕 |

痴漢(ちかん) 치한
痴情(ちじょう) 치정
音痴(おんち) 음치
白痴(はくち) 백치

"본자(本字)는 癡이지요"

한벽돌
痴呆(ちほう)치매 愚痴(ぐち)푸념

禾·13·N1 ☐☐☐	어릴 치	음 チ	훈 없음	①어리다 ②미숙하다
稚	稚気(ちき) 치기 稚魚(ちぎょ) 치어 稚拙(ちせつ) 치졸 幼稚(ようち) 유치			한벽晝 稚児(ちご)어린이

糸·16·제외 ☐☐☐	빽빽할 치	음 チ	훈 없음	①빽빽하다 ②치밀하다
緻	緻密(ちみつ) 치밀 細緻(さいち) 세치, 자세하고 면밀 精緻(せいち) 정치, 정교하고 치밀			

馬·13·제외 ☐☐☐	달릴 치	음 チ	훈 は	①달리다
馳	御馳走(ちそう) 진수성찬, 대접 馳(は)せる 달리다		"상용한자 외의 표외한자 (表外漢字)인 인명한자 (人名漢字)이지요"	

隹·13·제외 ☐☐☐	꿩 치	음 없음	훈 きじ	①꿩
雉	雉(きじ) 꿩		"상용한자 외의 표외한자 (表外漢字)인 인명한자 (人名漢字)이지요"	

力·9·N1 ☐☐☐	칙서 칙	음 チョク	훈 없음	①왕의 말씀 ②어명
勅	勅使(ちょくし) 칙사 勅書(ちょくしょ) 칙서 勅命(ちょくめい) 칙명 勅語(ちょくご) 칙어, 칙서		"본자(本字)는 敕이지요"	한벽晝 詔勅(しょうちょく)조칙, 조서 密勅 (みっちょく)비밀 칙서 違勅(いちょ く)명을 어김

氵·14·N1 ☐☐☐	훈 옻 칠	음 シツ	うるし	①옻 ②옻칠
漆	漆器(しっき) 칠기 漆工(しっこう) 칠공 漆黒(しっこく) 칠흑 漆(うるし) 옻나무, 옻칠			

寝

宀·13·N2 □□□
잘 **침**
음 シン
훈 ね
① 자다 ② 눕다

寝(ね)る — 자다
寝室(しんしつ) — 침실
寝台(しんだい) — 침대
寝具(しんぐ) — 침구

"본자(本字)는 寢이지요"

한벽돌
寝(ね)かす눕게 하다 寝坊(ねぼう)늦잠 寝言(ねごと)잠꼬대 寝返(ねがえ)り자다가 몸을 뒤침 寝間着(ねまき)잠옷 昼寝(ひるね)낮잠 転寝(うたたね)얕은 잠 二度寝(にどね)일어났다 다시 잠 就寝(しゅうしん)취침

沈

氵·7·N2 □□□
잠길 **침**
음 チン
훈 しず
① 가라앉다 ② 침체

沈黙(ちんもく) — 침묵
沈没(ちんぼつ) — 침몰
浮沈(ふちん) — 부침, 흥망
消沈(しょうちん) — 소침

한벽돌
沈(しず)む가라앉다 沈(しず)める가라앉히다 沈殿(ちんでん)침전 沈滞(ちんたい)침체 撃沈(げきちん)격침

枕

木·8·제외 □□□
베개 **침**
음 없음
훈 まくら
① 베개

枕(まくら) — 베개
枕元(まくらもと) — 베갯머리
枕木(まくらき) — 침목
腕枕(うでまくら) — 팔베개

浸

氵·10·N1 □□□
잠길 **침**
음 シン
훈 ひた
① 잠기다 ② 잠식되다

浸透(しんとう) — 침투
浸水(しんすい) — 침수
浸食(しんしょく) — 침식
浸(ひた)す — 물에 담그다

"본자(本字)는 浸이지요"

한벽돌
浸(ひた)る잠기다
水浸(みずびた)し침수

侵

イ·9·N1 □□□
침노할 **침**
음 シン
훈 おか
① 침해하다 ② 침범하다

侵略(しんりゃく) — 침략
侵入(しんにゅう) — 침입
侵害(しんがい) — 침해
侵攻(しんこう) — 침공

"본자(本字)는 侵이지요"

한벽돌
侵(おか)す침범하다
侵犯(しんぱん)침범

称

禾·10·N1 □□□
일컬을 **칭**
음 ショウ
훈 없음
① 칭호 ② 칭찬 ③ 균형 이루다

称賛(しょうさん) — 칭찬
称呼(しょうこ) — 칭호
名称(めいしょう) — 명칭
敬称(けいしょう) — 경칭

"본자(本字)는 稱이지요"

한벽돌
通称(つうしょう)통칭 呼称(こしょう)호칭 略称(りゃくしょう)약칭 詐称(さしょう)사칭 対称(たいしょう)대칭

| 女·7·N1 ☐☐☐ | 온당할 타 | 음 ダ | 훈 없음 | ①온화하다 ②안정되다 |

妥

妥協(だきょう) 타협
妥当(だとう) 타당
妥結(だけつ) 타결

| 土·12·N1 ☐☐☐ | 떨어질 타 | 음 ダ | 훈 없음 | ①떨어지다 ②나빠지다 |

堕

堕落(だらく) 타락
堕胎(だたい) 낙태, 타태

"본자(本字)는 墮이지요"

| ㅏ·12·N1 ☐☐☐ | 게으를 타 | 음 ダ | 훈 없음 | ①게으르다 ②타성 |

惰

惰性(だせい) 타성
惰弱(だじゃく) 나약, 타약
惰力(だりょく) 타성
怠惰(たいだ) 게으름

| 馬·14·N1 ☐☐☐ | 실을 타, 실을 태 | 음 ダ | 훈 없음 | ①짐 싣다 ②시시하다 ③신발 |

駄

駄馬(だば) 짐말
駄弁(だべん) 쓸데없는 잡담
駄作(ださく) 졸작

駄目(だめ)다소용없다 下駄(げた)게 타, 나막신 無駄遣(むだづか)い낭비 無駄(むだ)だ허사다

| 口·11·제외 ☐☐☐ | 침 타 | 음 ダ | 훈 つば | ①침 |

唾

唾(つば) 침
唾液(だえき) 타액
固唾(かたず) 마른 침
生唾(なまつば) 군침

| 十·8·제외 ☐☐☐ | 높을 탁 | 음 タク | 훈 없음 | ①탁자 ②탁월하다 |

卓

卓上(たくじょう) 탁상
卓球(たっきゅう) 탁구
食卓(しょくたく) 식탁
円卓(えんたく) 원탁

電卓(でんたく)전자계산기 卓越(たくえつ)탁월 卓見(たっけん)탁견

言·10·N1 ☐☐☐				
託	부탁할 **탁**	음 タク	훈 없음	①부탁하다 ②맡기다

託児(たくじ) 탁아
委託(いたく) 위탁
依託(いたく) 의탁
結託(けったく) 결탁

> **한 벽 품**
> 託(たく)す부탁하다 託(たく)する부탁하다 嘱託(しょくたく)촉탁 預託(よたく)예탁 受託(じゅたく)수탁

氵·17·N2 ☐☐☐				
濯	씻을 **탁**	음 タク	훈 없음	①씻다 ②헹구다

洗濯(せんたく) 세탁
洗濯物(せんたくもの) 빨래
洗濯機(せんたくき) 세탁기

"본자(本字)는 濯이지요"

氵·16·N1 ☐☐☐				
濁	흐릴 **탁**	음 ダク	훈 にご	①흐리다 ②더럽다

濁流(だくりゅう) 탁류
濁音(だくおん) 탁음
濁点(だくてん) 탁점
混濁(こんだく) 혼탁

> **한 벽 품**
> 濁(にご)る흐리다 濁(にご)す흐리게 하다 濁(にご)り탁점 清濁(せいだく)청탁, 맑음과 흐림 汚濁(おだく)더럽고 흐림

扌·8·N1 ☐☐☐				
拓	박을 **탁**, 넓힐 **척**	음 タク	훈 없음	①개척하다 ②베껴내다

拓本(たくほん) 탁본
拓殖(たくしょく) 척식, 개척과 식민
開拓(かいたく) 개척
干拓(かんたく) 간척

口·13·N1 ☐☐☐				
嘆	탄식할 **탄**	음 タン	훈 なげ	①탄식하다 ②한숨 ③놀라다

嘆声(たんせい) 탄성
嘆息(たんそく) 탄식
嘆願(たんがん) 탄원
悲嘆(ひたん) 비탄

"본자(本字)는 嘆이지요"

> **한 벽 품**
> 嘆(なげ)く한탄하다 嘆(なげ)かわしい한탄스럽다 慨嘆(がいたん)개탄 驚嘆(きょうたん)경탄 詠嘆(えいたん)영탄 感嘆(かんたん)감탄, 한탄

弓·12·N1 ☐☐☐				
弾	탄알 **탄**	음 ダン	훈 ひ, はず, たま	①탄알 ②튕기다 ③악기를 치다

弾(ひ)く 연주하다
弾圧(だんあつ) 탄압
弾力(だんりょく) 탄력
爆弾(ばくだん) 폭탄

"본자(本字)는 弾이지요"

> **한 벽 품**
> 弾(たま)탄알 弾(はず)む튕기다 弾劾(だんがい)탄핵 弾丸(だんがん)탄환 砲弾(ほうだん)포탄 糾弾(きゅうだん)규탄 銃弾(じゅうだん)총탄 爪弾(つまび)く현악 연주하다

綻

糸・14・제외 ☐☐☐

터질 **탄** | 음 タン | 훈 ほころ | ①풀리다 ②꽃봉오리 터뜨리다

破綻(はたん) — 파탄
綻(ほころ)びる — 터지다, 꽃봉오리 터뜨리다

脱

月・11・N1 ☐☐☐

벗을 **탈** | 음 ダツ | 훈 ぬ | ①벗다 ②제거하다 ③빠지다

脱(ぬ)ぐ — 벗다
脱出(だっしゅつ) — 탈출
脱落(だつらく) — 탈락
離脱(りだつ) — 이탈

"본자(本字)는 脫이지요"

한벽著
脱(ぬ)げる벗겨지다 脱(だっ)する벗어나다 脱税(だつぜい)탈세 脱臼(だっきゅう)탈구 脱脂(だっし)탈지 脱臭(だっしゅう)탈취 脱漏(だつろう)탈루 逸脱(いつだつ)일탈

奪

大・14・N1 ☐☐☐

빼앗을 **탈** | 음 ダツ | 훈 うば | ①빼앗다

奪取(だっしゅ) — 탈취
奪還(だっかん) — 탈환
略奪(りゃくだつ) — 약탈
争奪(そうだつ) — 쟁탈

한벽著
奪(うば)う빼앗다 強奪(ごうだつ)강탈 剝奪(はくだつ)박탈

搭

扌・12・N1 ☐☐☐

탈 **탑** | 음 トウ | 훈 없음 | ①타다

搭乗(とうじょう) — 탑승
搭載(とうさい) — 탑재

"본자(本字)는 搭으로 1획이 더 많지요"

塔

土・12・N2 ☐☐☐

탑 **탑** | 음 トウ | 훈 없음 | ①탑 ②고층건물

塔(とう) — 탑
鉄塔(てっとう) — 철탑
石塔(せきとう) — 석탑
管制塔(かんせいとう) — 관제탑

"본자(本字)는 塔으로 1획이 더 많지요"

한벽著
塔屋(とうおく)옥탑
尖塔(せんとう)첨탑

貪

貝・11・제외 ☐☐☐

탐낼 **탐** | 음 ドン | 훈 むさぼ | ①탐내다 ②욕심

貪欲(どんよく) — 탐욕
貪吏(どんり) — 탐관오리
貪(むさぼ)る — 탐내다

怠 게으를 태 — 心·9·N1
음 タイ 　훈 なま, おこた　①게으르다 ②경시하다

- 怠慢(たいまん) 태만
- 怠業(たいぎょう) 태업
- 倦怠(けんたい) 권태
- 怠(なま)ける 게으름 피우다

한벽
怠(おこた)る 태만히 하다 怠(なま)け者(もの)게으름뱅이 怠惰(たいだ)나태 過怠(かたい)과태

胎 아이 밸 태 — 月·9·N1
음 タイ　훈 없음　①태아 ②태생

- 胎動(たいどう) 태동
- 胎児(たいじ) 태아
- 胎生(たいせい) 태생
- 母胎(ぼたい) 모태

한벽
堕胎(だたい)낙태
受胎(じゅたい)임신

泰 클 태 — 氺·10·N1
음 タイ　훈 없음　①편안하다 ②크다

- 泰然(たいぜん) 태연
- 泰山(たいざん) 태산
- 泰平(たいへい) 태평
- 安泰(あんたい) 평안하고 태평함

한벽
泰斗(たいと)태두, 권위자

駄 실을 태, 실을 타 — 馬·14·N1
음 ダ　훈 없음　①짐 싣다 ②시시하다 ③신발

- 駄馬(だば) 짐말
- 駄弁(だべん) 쓸데없는 잡담
- 駄作(ださく) 졸작

한벽
駄目(だめ)다 소용없다 下駄(げた)게타, 나막신 無駄遣(むだづか)い낭비 無駄(むだ)다 허사다

殆 거의 태 — 歹·9·제외
음 タイ　훈 ほとん, あやう　①거의 ②위태롭다

- 殆(ほとん)ど 거의
- 危殆(きたい) 위태
- 危(あや)うい 위태롭다

"상용한자 외의 표외한자 (表外漢字)인 인명한자 (人名漢字)이지요"

汰 일 태 — 氵·7·제외
음 タ　훈 없음　①물에 씻다 ②도태되다

- 淘汰(とうた) 도태
- 沙汰(さた) 사태, 소식
- 無沙汰(ぶさた) 격조

択

扌・7・N1 □□□ 가릴 **택**　음 タク　훈 없음　①가리다 ②분류

- 択一(たくいつ)　택일
- 採択(さいたく)　채택
- 選択(せんたく)　선택
- 選択肢(せんたくし)　선다형 답

"본자(本字)는 擇이지요"

沢

氵・7・N1 □□□ 못 **택**　음 タク　훈 さわ　①못 ②윤택 ③혜택

- 潤沢(じゅんたく)　윤택
- 光沢(こうたく)　광택
- 恵沢(けいたく)　혜택
- 沢(さわ)　저습지

"본자(本字)는 澤이지요"

한벽률
沢山(たくさん)많이 沼沢(しょうたく)늪과 못 贅沢(ぜいたく)다사치스럽다

吐

口・6・N1 □□□ 토할 **토**　음 ト　훈 は　①토하다 ②구토

- 吐(は)く　토하다
- 吐露(とろ)　토로
- 嘔吐(おうと)　구토
- 吐血(とけつ)　토혈, 각혈

한벽률
吐気(はきけ)구역질, 토기 吐息(といき)한숨

兎

ル・7・제외 □□□ 토끼 **토**　음 ト　훈 うさぎ　①토끼

- 兎(うさぎ)　토끼
- 脱兎(だっと)　달아나는 토끼, 동작이 매우 빠름
- 烏兎(うと)　금오옥토, 해와 달

"상용한자 외의 표외한자(表外漢字)인 인명한자(人名漢字)이며, 兔로도 표기하지요"

한벽률
兎角(とかく)이것저것

筒

竹・12・N2 □□□ 통 **통**　음 トウ　훈 つつ　①대롱 ②관

- 筒(つつ)　대롱, 통
- 水筒(すいとう)　물통
- 円筒(えんとう)　원통
- 筒袖(つつそで)　통소매

한벽률
封筒(ふうとう)봉투 竹筒(たけづつ)죽통 筒型(つつがた)통 모양

洞

氵・9・N1 □□□ 통할 **통**, 골 **동**　음 ドウ　훈 ほら　①동굴 ②밝다 ③통하다

- 洞(ほら)　굴
- 洞窟(どうくつ)　동굴
- 空洞化(くうどうか)　공동화
- 洞察(どうさつ)　통찰

한벽률
洞穴(ほらあな)동굴
洞穴(どうけつ)동굴

堆

土 · 11 · 제외 ☐☐☐

쌓을 **퇴**   음 タイ   훈 없음   ①쌓이다

堆積(たいせき) 퇴적
堆肥(たいひ) 퇴비

闘

門 · 18 · N1 ☐☐☐

싸울 **투**   음 トウ   훈 たたか   ①싸우다

闘争(とうそう) 투쟁
戦闘(せんとう) 전투
苦闘(くとう) 고투
闘(たたか)う 싸우다

"본자(本字)는 鬪이지요"

한벽돌
闘魂(とうこん)투혼 健闘(けんとう)건투 格闘(かくとう)격투 乱闘(らんとう)난투 奮闘(ふんとう)분투 春闘(しゅんとう)춘계 임금투쟁 敢闘(かんとう)용감히 싸움

透

辶 · 10 · N1 ☐☐☐

사무칠 **투**   음 トウ   훈 す   ①통과하다 ②틈

透明(とうめい) 투명
透視(とうし) 투시
透徹(とうてつ) 투철
浸透(しんとう) 침투

"본자(本字)는 透이지요"

한벽돌
透(す)く틈이 나다 透(す)かす틈새를 만들다 透(す)ける비쳐 보이다 透(す)き通(とお)る투명하다

妬

女 · 8 · 제외 ☐☐☐

샘낼 **투**   음 ト   훈 ねた   ①샘내다 ②질투하다

嫉妬(しっと) 질투
妬(ねた)む 샘내다
妬心(としん) 질투심, 투심

把

扌 · 7 · N1 ☐☐☐

잡을 **파**   음 ハ   훈 없음   ①잡다 ②묶음

把握(はあく) 파악
把持(はじ) 꽉 쥠
大雑把(おおざっぱ)だ 대략적이다

罷

罒 · 15 · 제외 ☐☐☐

마칠 **파**   음 ヒ   훈 없음   ①마치다 ②그만두다 ③면직

罷免(ひねん) 파면
罷業(ひぎょう) 파업
罷業(ひぎょう) 파업
罷工(ひこう) 파공, 파업

婆

女・11・N1 ☐☐☐

할미 **파** | 음 バ | 훈 없음 | ①할머니

老婆(ろうば) 노파
婆心(ばしん) 노파심
お転婆(てんば) 말괄량이

販

貝・11・N2 ☐☐☐

팔 **판** | 음 ハン | 훈 없음 | ①팔다 ②판매하다

販売(はんばい) 판매
販路(はんろ) 판로
市販(しはん) 시판
自販機(じはんき) 자판기

한 벽돌
販価(はんか)판매가 通販(つうはん) 통신판매

覇

襾・19・N1 ☐☐☐

으뜸 **패** | 음 ハ | 훈 없음 | ①으뜸 ②제패하다

覇気(はき) 패기
覇権(はけん) 패권
制覇(せいは) 제패
連覇(れんぱ) 연패

한 벽돌
覇者(はしゃ)정복자 覇道(はどう)패도, 무력이나 권모로 다스림

唄

口・10・제외 ☐☐☐

염불 소리 **패** | 음 バイ | 훈 うた | ①노래

唄(うた) 노래
鼻唄(はなうた) 콧노래
子守唄(こもりうた) 자장가
舟唄(ふなうた) 뱃노래

膨

月・16・N1 ☐☐☐

불을 **팽** | 음 ボウ | 훈 ふく | ①부풀다 ②팽창하다

膨大(ぼうだい) 팽대
膨脹(ぼうちょう) 팽창
膨(ふく)らむ 부풀다
膨(ふく)れる 불룩해지다

한 벽돌
膨張(ぼうちょう)팽창 膨(ふく)れ上(あ)がる부풀어 오르다

遍

辶・12・N1 ☐☐☐

두루 **편** | 음 ヘン | 훈 없음 | ①두루 미치다 ②횟수

遍歴(へんれき) 편력
遍在(へんざい) 편재
普遍(ふへん) 보편

한 벽돌
遍路(へんろ)순례 遍遊(へんゆう)각지를 다님

"본자(本字)는 遍이지요"

偏

イ・11・N1 □□□

치우칠 편　**음** ヘン　**훈** かたよ　① 치우치다 ② 한쪽

偏見(へんけん) 편견
偏向(へんこう) 편향
偏差(へんさ) 편차
偏重(へんちょう) 편중

"본자(本字)는 偏이지요"

한벽돌 偏(かたよ)る치우치다 偏狭(へんきょう)편협 偏光(へんこう)편광 偏屈(へんくつ)성질이 비뚤어짐 満偏(まんべん)なく빠짐없이

坪

土・8・N1 □□□

들 평　**음** 없음　**훈** つぼ　① 평 ② 토지 면적

坪(つぼ) 평
坪数(つぼすう) 평수
建坪(たてつぼ) 건평
延坪(のべつぼ) 연평

"본자(本字)는 坪이지요"

한벽돌 一坪(ひとつぼ)한 평 坪庭(つぼにわ)안뜰

廃

广・12・N1 □□□

폐할 폐　**음** ハイ　**훈** すた　① 폐하다 ② 쇠퇴해지다

廃止(はいし) 폐지
廃品(はいひん) 폐품
廃物(はいぶつ) 폐물
撤廃(てっぱい) 철폐

"본자(本字)는 廢이지요"

한벽돌 廃(すた)れる쇠퇴하다 廃(すた)る쇠퇴하다 廃棄(はいき)폐기 廃坑(はいこう)폐갱 廃藩置県(はいはんちけん)폐번치현 荒廃(こうはい)황폐 老廃(ろうはい)노폐

幣

巾・15・N1 □□□

화폐 폐　**음** ヘイ　**훈** 없음　① 폐물 ② 화폐

貨幣(かへい) 화폐
紙幣(しへい) 지폐
造幣(ぞうへい) 조폐
造幣局(ぞうへいきょく) 조폐국

"본자(本字)는 幣이지요"

弊

廾・15・N1 □□□

폐단 폐　**음** ヘイ　**훈** 없음　① 폐단 ② 저희(겸양어)

弊害(へいがい) 폐해
弊習(へいしゅう) 폐습
語弊(ごへい) 어폐
疲弊(ひへい) 피폐

"본자(本字)는 弊이지요"

한벽돌 弊社(へいしゃ)저희 회사 弊店(へいてん)저희 가게 宿弊(しゅくへい)숙폐, 오랜 폐단 旧弊(きゅうへい)구폐, 구습의 폐단

蔽

艹・15・제외 □□□

덮을 폐　**음** ヘイ　**훈** 없음　① 덮다 ② 숨기다

隠蔽(いんぺい) 은폐
遮蔽(しゃへい) 차폐, 가리거나 덮음
障蔽(しょうへい) 칸막이

"본자(本字)는 蔽이지요"

한자	정보	뜻·음	음	훈	의미
吠	ロ・7・제외 □□□	짖을 **폐**	ハイ	ほ	①짖다

吠(ほ)える　짖다　　"상용한자 외의 표외한자(表外漢字)인 인명한자(人名漢字)이지요"

한자	정보	뜻·음	음	훈	의미
怖	忄・8・N2 □□□	두려워할 **포**	フ	こわ	①두렵다 ②무섭다

恐怖(きょうふ)　공포
怖(こわ)い　무섭다
怖(こわ)がる　무서워하다

한자	정보	뜻·음	음	훈	의미
抱	扌・8・N2 □□□	안을 **포**	ホウ	だ, いだ, かか	①안다 ②품다 ③껴안다

抱負(ほうふ)　포부
抱擁(ほうよう)　포옹
抱(だ)く　안다
抱(いだ)く　품다

"본자(本字)는 抱이지요"

한 벽돌
抱(かか)える껴안다 抱(だ)っこ안음
抱懐(ほうかい)회포 抱合(ほうごう)포합 介抱(かいほう)개호, 간호 辛抱(しんぼう)참음

한자	정보	뜻·음	음	훈	의미
泡	氵・8・N1 □□□	거품 **포**	ホウ	あわ	①거품 ②물거품

泡(あわ)　거품
水泡(すいほう)　수포
気泡(きほう)　기포
発泡(はっぽう)　발포

"본자(本字)는 泡이지요"

한 벽돌
泡立(あわだ)つ거품이 일다 泡影(ほうえい)포영, 덧없음

한자	정보	뜻·음	음	훈	의미
飽	食・13・N1 □□□	배부를 **포**	ホウ	あ	①물리다 ②충분하다

飽和(ほうわ)　포화
飽満(ほうまん)　포만
飽食(ほうしょく)　포식
飽(あ)きる　싫증나다

"본자(本字)는 飽이지요"

한 벽돌
飽(あ)かす물리게 하다

한자	정보	뜻·음	음	훈	의미
砲	石・10・N1 □□□	대포 **포**	ホウ	없음	①대포

砲丸(ほうがん)　포환
砲弾(ほうだん)　포탄
砲撃(ほうげき)　포격
大砲(たいほう)　대포

"본자(本字)는 砲이지요"

한 벽돌
鉄砲(てっぽう)총포 空砲(くうほう)공포, 빈탄 発砲(はっぽう)발포 無鉄砲(むてっぽう)무모함

胞

月·9·N1 ☐☐☐ 세포 **포** 음 ホウ 훈 없음 ①세포 ②포자

胞子(ほうし) 포자
細胞(さいぼう) 세포
同胞(どうほう) 동포

"본자(本字)는 胞이지요"

捕

扌·10·N2 ☐☐☐ 잡을 **포** 음 ホ 훈 と, つか ①붙잡다 ②붙들다

捕(つか)まえる 붙잡다
捕虜(ほりょ) 포로
捕獲(ほかく) 포획
逮捕(たいほ) 체포

한벽돌 捕(と)る잡다 捕(と)らえる붙잡다 捕(と)らわれる붙잡히다 捕(つか)まる잡히다 捕鯨(ほげい)포경 捕縛(ほばく)포박

浦

氵·10·N1 ☐☐☐ 물가 **포**, 개 **포** 음 없음 훈 うら ①물가 ②개, 갯가 ③만

浦(うら) 포구
浦人(うらびと) 어민
津々浦々(つつうらうら) 방방곡곡

한벽돌 浦波(うらなみ)밀려드는 파도 浦風(うらかぜ)갯바람 曲浦(きょくほ)굴곡이 있는 후미진 해안

舗

舌·15·N1 ☐☐☐ 펼 **포** 음 ホ 훈 없음 ①가게 ②펴다

舗装(ほそう) 포장도로
舗道(ほどう) 포도, 포장도로
店舗(てんぽ) 점포
老舗(しにせ) 노포

한벽돌 舗石(ほせき)포석, 도로 포장 돌 本舗(ほんぽ)본점 茶舗(ちゃほ)차 판매점

"본자(本字)는 舖이지요"

哺

口·10·제외 ☐☐☐ 먹일 **포** 음 ホ 훈 없음 ①먹여 기르다 ②씹다

哺乳(ほにゅう) 포유
哺乳類(ほにゅうるい) 포유류
哺育(ほいく) 포육, 먹여 기름

한벽돌 反哺(はんぽ)반포, 어버이의 은혜를 갚음

褒

衣·15·N1 ☐☐☐ 기릴 **포** 음 ホウ 훈 ほ ①칭찬하다 ②포상하다

褒(ほ)める 칭찬하다
褒賞(ほうしょう) 포상
褒章(ほうしょう) 포장, 칭찬하고 장려함

한벽돌 褒美(ほうび)포상 過褒(かほう)과찬

鞄

革・14・제외 ☐☐☐

가방 **포** | 음 ホウ | 훈 かばん | ①가방

鞄(かばん) 가방

"상용한자 외의 표외한자(表外漢字)인 인명한자(人名漢字)이지요"

幅

巾・12・N2 ☐☐☐

폭 **폭** | 음 フク | 훈 はば | ①폭 ②족자

幅(はば) 폭, 너비
振幅(しんぷく) 진폭
歩幅(ほはば) 보폭
増幅(ぞうふく) 증폭

한벽
幅跳(はばと)び멀리뛰기 幅広(はばひろ)い폭넓다 画幅(がふく)화폭 値幅(ねはば)시세폭 全幅(ぜんぷく)전체 너비 大幅(おおはば)대폭 小幅(こはば)소폭

爆

火・19・N2 ☐☐☐

불 터질 **폭** | 음 バク | 훈 없음 | ①폭발 ②기세 좋다

爆発(ばくはつ) 폭발
爆撃(ばくげき) 폭격
爆竹(ばくちく) 폭죽
爆弾(ばくだん) 폭탄

한벽
原爆(げんばく)원자폭탄 空爆(くうばく)공중폭격 爆破(ばくは)폭파

漂

氵・14・N1 ☐☐☐

떠다닐 **표** | 음 ヒョウ | 훈 ただよ | ①떠다니다 ②쬐다

漂流(ひょうりゅう) 표류
漂泊(ひょうはく) 표박, 표류
浮漂(ふひょう) 부표
漂(ただよ)う 떠돌다

한벽
漂着(ひょうちゃく)표착, 표류하다가 어떤 곳에 닿음

疲

疒・10・N2 ☐☐☐

피곤할 **피** | 음 ヒ | 훈 つか | ①지치다 ②피로하다

疲(つか)れ 피로
疲(つか)れる 피곤하다
疲労(ひろう) 피로
疲弊(ひへい) 피폐

한벽
疲(つか)らす 지치게 하다

彼

彳・8・N2 ☐☐☐

저 **피** | 음 ヒ | 훈 かれ, かの | ①그 ②저곳

彼(かれ) 그
彼女(かのじょ) 그녀
彼我(ひが) 피아
彼氏(かれし) 남자 친구

한벽
彼方(かなた)저쪽 彼岸(ひがん)일본 절기 誰彼(だれかれ)누구나

被

扌·10·N2 □□□

입을 **피** **음** ヒ **훈** こうむる

①손해 입다 ②뒤집어쓰다

被害(ひがい) 피해
被告(ひこく) 피고
被疑者(ひぎしゃ) 피의자
被(こうむ)る 손해 입다

> **한벽돌**
> 被災(ひさい)재해 입음 被災地(ひさいち)피해 지역 被服(ひふく)의복 法被(はっぴ)전통의복, 무가 머슴이 입던 옷 被(かぶ)る뒤집어쓰다 被(かぶ)せる씌우다

披

扌·8·N1 □□□

헤칠 **피** **음** ヒ **훈** 없음

①펼치다 ②널리 알리다

披露(ひろう) 피로
披露宴(ひろうえん) 피로연
披瀝(ひれき) 피력
披見(ひけん) 피견, 문서를 열어봄

避

辶·16·N1 □□□

피할 **피** **음** ヒ **훈** さける

①피하다

避難(ひなん) 피난
避暑(ひしょ) 피서
逃避(とうひ) 도피
回避(かいひ) 회피

"본자(本字)는 避이지요"

> **한벽돌**
> 避(さ)ける피하다 避妊(ひにん)피임 避雷針(ひらいしん)피뢰침 忌避(きひ)기피 退避(たいひ)퇴피, 물러나 피함

匹

匚·4·N2 □□□

짝 **필** **음** ヒツ **훈** ひき

①필적 ②동물 단위 ③하나

匹敵(ひってき) 필적
匹馬(ひっぱ) 한 필의 말
一匹(いっぴき) 한 마리
匹夫(ひっぷ) 필부

乏

丿·4·N1 □□□

모자랄 **핍** **음** ボウ **훈** とぼ

①모자라다 ②가난하다

欠乏(けつぼう) 결핍
耐乏(たいぼう) 내핍
窮乏(きゅうぼう) 궁핍
乏(とぼ)しい 부족하다

> **한벽돌**
> 貧乏(びんぼう)だ가난하다

霞

雨·17·제외 □□□

노을 **하** **음** カ **훈** かす

①노을 ②안개

霞(かすみ) 봄 안개
霞草(かすみそう) 안개꽃
霞(かす)む 안개가 끼다
雲霞(うんか) 운하

"상용한자 외의 표외한자(表外漢字)인 인명한자(人名漢字)이지요"

虍·9·N1 □□□	모질 **학**	음 ギャク	훈 しいた	①사납다 ②학대하다
虐	虐待(ぎゃくたい) 학대 虐殺(ぎゃくさつ) 학살 残虐(ざんぎゃく) 잔학 暴虐(ぼうぎゃく) 포학		"본자(本字)는 虐이지요"	한벽옴 虐(しいた)げる학대하다

鳥·21·N1 □□□	학 **학**	음 없음	훈 つる	①학
鶴	鶴(つる) 학 折鶴(おりづる) 종이학 一鶴(いっかく) 일학			

韋·18·N1 □□□	한국 **한**, 나라 **한**	음 カン	훈 없음	①한국
韓	韓国(かんこく) 한국 韓国語(かんこくご) 한국어 韓国人(かんこくじん) 한국인 大韓民国(だいかんみんこく) 대한민국		"부수 韋는 다룬 가죽 위지요"	

氵·6·N2 □□□	땀 **한**	음 カン	훈 あせ	①땀
汗	汗(あせ) 땀 汗腺(かんせん) 한선, 땀샘 発汗(はっかん) 발한			한벽옴 冷(ひ)や汗(あせ)식은땀 脂汗(あぶらあせ)진땀, 비지땀

忄·9·N1 □□□	한 **한**	음 コン	훈 うら	①한 ②애석하다
恨	痛恨(つうこん) 통한 悔恨(かいこん) 회한 恨(うら)む 원망하다 恨(うら)み 원망			한벽옴 恨(うら)めしい원망스럽다 遺恨(いこん)원한 多恨(たこん)한이 많음

門·12·N1 □□□	한가할 **한**	음 カン	훈 없음	①고요하다 ②한가 ③소홀
閑	閑散(かんさん) 한산 閑暇(かんか) 한가한 틈 閑寂(かんじゃく) 한적 農閑期(のうかんき) 농한기			한벽옴 閑談(かんだん)여담 閑静(かんせい)한가하고 고요함 森閑(しんかん)쥐죽은 듯 고요함 忙中閑(ぼうちゅうかん)망중한 等閑視(とうかんし)등한시

轄

車・17・N1 □□□

다스릴 **할** 　음 カツ　　훈 없음　　①다스리다 ②관할

管轄(かんかつ) 관할
直轄(ちょっかつ) 직할
統轄(とうかつ) 통할
所轄(しょかつ) 소할, 관할

> 한 벽 뚫
> 総轄(そうかつ)전체를 두루 살펴봄

含

口・7・N2 □□□

머금을 **함**　　음 ガン　　훈 ふく　　①포함하다 ②머금다

含有(がんゆう) 함유
含意(がんい) 함의
包含(ほうがん) 포함
含(ふく)む 포함되다

> 한 벽 뚫
> 含(ふく)める포함하다 含蓄(がんちく)함축 内含(ないがん)함의

陥

阝・10・N1 □□□

빠질 **함**　　음 カン　　훈 おちい, おとしいれ　　①완전히 떨어지다 ②빠지다 ③구멍

陥落(かんらく) 함락
陥没(かんぼつ) 함몰
欠陥(けっかん) 결함
陥(おちい)る 완전히 떨어지다

"본자(本字)는 陷이지요"

> 한 벽 뚫
> 陥(おとしい)れる빠뜨리다 失陥(しっかん)실함, 함락

艦

舟・21・N1 □□□

큰 배 **함**, 싸움배 **함**　　음 カン　　훈 없음　　①싸움배 ②함정

艦隊(かんたい) 함대
艦船(かんせん) 함선
艦長(かんちょう) 함장
軍艦(ぐんかん) 군함

> 한 벽 뚫
> 艦艇(かんてい)함정 戦艦(せんかん)전함 潜水艦(せんすいかん)잠수함

抗

扌・7・N1 □□□

대항할 **항**　　음 コウ　　훈 없음　　①맞서다 ②막다

抗議(こうぎ) 항의
抗争(こうそう) 항쟁
反抗(はんこう) 반항
抵抗(ていこう) 저항

> 한 벽 뚫
> 抗拒(こうきょ)항거

項

頁・12・N1 □□□

항목 **항**　　음 コウ　　훈 없음　　①항목 ②조목

項目(こうもく) 항목
事項(じこう) 사항
条項(じょうこう) 조항
要項(ようこう) 요항, 중요한 사항

恒

忄·9·N1 ☐☐☐

항상 **항**　　音 コウ　　訓 없음　　①항상 ②항구

恒星(こうせい)	항성
恒久(こうきゅう)	항구
恒例(こうれい)	항례
恒常(こうじょう)	항상

桁

木·10·제외 ☐☐☐

차꼬 **항**, 도리 **형**　　音 없음　　訓 けた　　①자릿수 ②규모 ③도리, 횡목

桁(けた)	자릿수, 도리
一桁(ひとけた)	한 자릿수
桁違(けたちが)い	현격한 차이
桁外(けたはず)れ	월등함

한벽돌
桁行(けたゆき)도리 칸수
橋桁(はしげた)다리 횡목

巷

巳·9·제외 ☐☐☐

거리 **항**　　音 コウ　　訓 ちまた　　①거리 ②항간

巷(ちまた)	항간
巷間(こうかん)	항간
巷説(こうせつ)	항설, 떠도는 말

"상용한자 외의 표외한자(表外漢字)인 인명한자(人名漢字)이며, 부수는 巳는 뱀 사로 부수로 쓰일 때는 己 몸 기의 다른 형태이지요."

該

言·13·N1 ☐☐☐

갖출 **해**, 마땅 **해**　　音 ガイ　　訓 없음　　①갖추다 ②충분 ③보편

該当(がいとう)	해당
該博(がいはく)	해박
当該(とうがい)	당해, 해당

諧

言·16·제외 ☐☐☐

화할 **해**　　音 カイ　　訓 없음　　①익살맞다 ②해학

| 諧謔(かいぎゃく) | 해학 |
| 俳諧(はいかい) | 일본 시 |

骸

骨·16·제외 ☐☐☐

뼈 **해**　　音 ガイ　　訓 없음　　①유골 ②시체

骸骨(がいこつ)	해골
遺骸(いがい)	유해
死骸(しがい)	사해, 시체

한벽돌
屍骸(しがい)시체, 송장

| 木·13·제외 □□□ | 본보기 해 | 음 カイ | 훈 없음 | ①해서(한자 서체) |

楷

楷書(かいしょ) — 해서

| 口·9·제외 □□□ | 기침 해 | 음 ガイ | 훈 せき | ①기침 |

咳

咳(せき) — 기침
空咳(からせき) — 마른기침, 헛기침

"상용한자 외의 표외한자(表外漢字)인 인명한자(人名漢字)이지요"

| 木·10·N1 □□□ | 씨 핵 | 음 カク | 훈 없음 | ①씨 ②핵 |

核

核(かく) — 핵
核心(かくしん) — 핵심
中核(ちゅうかく) — 중핵
核家族(かくかぞく) — 핵가족

한 벽 돌
実験(かくじっけん)핵실험 核武器(かくぶき)핵무기 核反応(かくはんのう)핵반응

| 力·8·N1 □□□ | 꾸짖을 핵 | 음 ガイ | 훈 없음 | ①죄를 조사하다 ②탄핵하다 |

劾

弾劾(だんがい) — 탄핵

| 亠·8·N1 □□□ | 누릴 향 | 음 キョウ | 훈 없음 | ①누리다 ②받다 |

享

享楽(きょうらく) — 향락
享年(きょうねん) — 향년
享有(きょうゆう) — 향유
享受(きょうじゅ) — 향수, 누림

| 言·20·N1 □□□ | 울릴 향 | 음 キョウ | 훈 ひび | ①울리다 ②끼치다 |

響

影響(えいきょう) — 영향
音響(おんきょう) — 음향
反響(はんきょう) — 반향
響(ひび)く — 울리다

"본자(本字)는 響이지요"

虚

虍・11・N1 □□□

빌 허

음 キョ, コ
훈 없음
① 텅 비다 ② 허구

虚栄(きょえい) 허영
虚礼(きょれい) 허례
空虚(くうきょ) 공허
謙虚(けんきょ) 겸허

"본자(本字)는 虛이지요"

> **한벽** 虚妄(きょもう)허망 虚飾(きょしょく)허식 虚空(こくう)공허 虚心(きょしん)빈 마음 虚偽(きょぎ)허위 虚無僧(こむそう)보화종 승려

嘘

口・14・제외 □□□

거짓말 허

음 キョ
훈 うそ
① 거짓말

嘘(うそ) 거짓말
嘘(うそ)つき 거짓말쟁이

"상용한자 외의 표외한자(表外漢字)인 인명한자(人名漢字)이며, 본자(本字)는 噓이지요"

軒

車・10・N2 □□□

집 헌, 처마 헌

음 ケン
훈 のき
① 집 ② 처마 ② 높이 솟다

軒数(けんすう) 집채수
軒(のき) 처마
一軒(いっけん) 한채
一軒屋(いっけんや) 단독주택

> **한벽** 軒下(のきした)처마 밑 軒先(のきさき)처마 끝 軒並(のきなみ)늘어선 집 軒昂(けんこう)의기가 당당함

献

犬・13・N1 □□□

드릴 헌

음 ケン, コン
훈 없음
① 드리다 ② 문헌

献金(けんきん) 헌금
献身(けんしん) 헌신
献血(けんけつ) 헌혈
貢献(こうけん) 공헌

"본자(本字)는 獻이지요"

> **한벽** 献立(こんだて)메뉴 文献(ぶんけん)문헌

嚇

口・17・N1 □□□

성낼 혁

음 かく
훈 없음
① 성내다 ② 위협하다

嚇怒(かくど) 혁노, 격노
威嚇(いかく) 위협

玄

玄・5・N1 □□□

검을 현

음 ゲン
훈 없음
① 검다 ② 깊숙하다

玄米(げんまい) 현미
玄関(げんかん) 현관
幽玄(ゆうげん) 유현, 그윽함
玄人(くろうと) 전문가

賢
貝·16·N2 □□□
어질 **현**   **음** ケン   **훈** かしこ   ①어질다 ②공경하다

賢人(けんじん)	현인
賢明(けんめい)	현명
賢者(けんじゃ)	현자
先賢(せんけん)	선현

한벽뚫
賢(かしこ)い현명하다
遺賢(いけん)숨은 인재

顕
頁·18·N1 □□□
나타날 **현**   **음** ケン   **훈** 없음   ①나타나다

顕著(けんちょ)だ	현저하다
顕微鏡(けんびきょう)	현미경
顕彰(けんしょう)	현창, 선행을 밝히어 알림

"본자(本字)는 顯이지요"

懸
心·20·N1 □□□
매달 **현**   **음** ケン, ケ   **훈** か   ①매달다 ②동떨어지다

懸賞(けんしょう)	현상
懸案(けんあん)	현안
一生懸命(いっしょうけんめい)	열심히

한벽뚫
懸(か)ける매달다 懸(か)かる걸리다
懸念(けねん)걱정 懸命(けんめい)だ
열심이다

舷
舟·11·제외 □□□
뱃전 **현**   **음** ゲン   **훈** 없음   ①배의 양쪽 가장자리

右舷(うげん)	우현
左舷(さげん)	좌현
舷灯(げんとう)	현등
舷窓(げんそう)	현창, 뱃전에 낸 창

呟
口·8·제외 □□□
소리 **현**   **음** ゲン   **훈** つぶ   ①투덜대다

呟(つぶや)く	투덜대다
呟(つぶや)き	중얼거림
呟(つぶや)き声(ごえ)	중얼대는 소리

"상용한자 외의 표외한자
(表外漢字)인 인명한자
(人名漢字)이지요"

弦
弓·8·N1 □□□
시위 **현**   **음** ゲン   **훈** つる   ①활시위 ②현악 ③달

弦楽(げんがく)	현악
管弦(かんげん)	관현
上弦(じょうげん)	상현(달)
下弦(かげん)	하현(달)

한벽뚫
弦(つる)활시위, 현줄 弦音(つるおと)
활시위 소리

| 糸・11・제외 ☐☐☐ | 줄 현 | 음 ゲン | 훈 없음 | ①악기 줄 |

絃楽(げんがく) 현악
絃楽器(げんがっき) 현악기
管絃(かんげん) 관현
管絃楽(かんげんがく) 관현악

"상용한자 외의 표외한자(表外漢字)인 인명한자(人名漢字)이며, 弦으로도 표기하지요"

| 女・13・N1 ☐☐☐ | 싫어할 혐 | 음 ケン, ゲン | 훈 きら, いや | ①싫어하다 ②의심하다 |

嫌(きら)いだ 싫어하다
嫌(いや)だ 싫다
嫌疑(けんぎ) 혐의
嫌悪(けんお) 혐오

"본자(本字)는 嫌이지요"

한 벽 辛
嫌気(いやけ)싫증 機嫌(きげん)기분 好(す)き嫌(きら)い호불호

| 扌・9・N2 ☐☐☐ | 낄 협 | 음 キョウ | 훈 はさ | ①끼우다 ②협공 |

挟(はさ)む 끼우다
挟(はさ)まる 끼이다
挟撃(きょうげき) 협격, 협공
挟(はさ)み撃(う)ち 협격, 협공

"본자(本字)는 挾이지요"

| 犭・9・N1 ☐☐☐ | 좁을 협 | 음 キョウ | 훈 せま, せば | ①좁다 ②편협하다 |

狭(せま)い 좁다
狭小(きょうしょう) 협소
狭義(きょうぎ) 협의
偏狭(へんきょう) 편협

"본자(本字)는 狹이지요"

한 벽 辛
狭(せば)める 좁히다 狭(せば)まる 좁아지다 狭軌(きょうき)협궤 狭心症(きょうしんしょう)협심증 広狭(こうきょう)넓음과 좁음

| 山・9・N1 ☐☐☐ | 골짜기 협 | 음 キョウ | 훈 없음 | ①골짜기 ②협소하다 |

峡谷(きょうこく) 협곡
海峡(かいきょう) 해협
地峡(ちきょう) 지협
山峡(さんきょう) 산협, 산속 골짜기

"본자(本字)는 峽이지요"

| 月・10・N1 ☐☐☐ | 위협할 협 | 음 キョウ | 훈 おど, おびや | ①위협하다 ②으르다 |

脅迫(きょうはく) 협박
脅威(きょうい) 협위, 위협
脅(おど)かす 으르다
脅(おど)す 위협하다

한 벽 辛
脅(おびや)かす 위협하다

月·10·N1 □□□	겨드랑이 협	음 없음	훈 わき	①겨드랑이 ②곁
脇	脇(わき) 겨드랑이 脇見(わきみ) 곁눈질 脇目(わきめ) 한눈 팔기 脇道(わきみち) 곁길			**한벽돌** 脇役(わきやく)보좌역 両脇(りょうわき)양 겨드랑이
頁·16·제외 □□□	뺨 협	음 チョウ	훈 ほお	①뺨
頬	頬(ほお) 뺨 頬(ほ)っぺた 뺨, 볼		"본자(本字)는 頰이지요"	
口·5·제외 □□□	맞을 협	음 없음	훈 かな	①이루어지다
叶	叶(かな)える 이루어주다 叶(かな)う 이루어지다		"상용한자 외의 표외한자 (表外漢字)인 인명한자 (人名漢字)이지요"	
リ·6·N1 □□□	형벌 형	음 ケイ	훈 없음	①형벌 ②벌하다
刑	刑事(けいじ) 형사 刑罰(けいばつ) 형벌 死刑(しけい) 사형 減刑(げんけい) 감형			**한벽돌** 処刑(しょけい)처형, 형벌에 처함
虫·11·N1 □□□	반딧불 형	음 ケイ	훈 ほたる	①반딧불이 ②형광
蛍	蛍(ほたる) 반딧불이, 개똥벌레 蛍光(けいこう) 형광 蛍光灯(けいこうとう) 형광등 蛍雪(けいせつ) 형설		"본자(本字)는 螢이지요"	
木·10·제외 □□□	도리 형, 차꼬 항	음 없음	훈 けた	①자릿수 ②규모 ③도리, 횡목
桁	桁(けた) 자릿수, 도리 一桁(ひとけた) 한 자릿수 桁違(けたちが)い 현격한 차이 桁外(けたはず)れ 월등함			**한벽돌** 桁行(けたゆき)도리 칸수 橋桁(はしげた)다리 횡목

衡

行·16·N1 □□□

저울대 **형**　음 コウ　훈 없음　①저울대 ②평형

均衡(きんこう)　균형
平衡(へいこう)　평형
度量衡(どりょうこう)　도량형

恵

心·10·N1 □□□

은혜 **혜**　음 ケイ, エ　훈 めぐ　①은혜 ②베풀다 ③현명하다

恵沢(けいたく)　혜택
恩恵(おんけい)　은혜
互恵(ごけい)　호혜
恵(めぐ)む　베풀다

한벽통 知恵(ちえ)지혜 恵(めぐ)まれる혜택을 받다 恵比寿(えびす)상점 수호신

"본자(本字)는 惠이지요"

互

二·4·N2 □□□

서로 **호**　음 ゴ　훈 たが　①서로 ②뒤섞이다

お互(たが)い　서로
互換(ごかん)　호환
互恵(ごけい)　호혜
相互(そうご)　상호

한벽통 互角(ごかく)호각, 막상막하 交互(こうご)번갈아

豪

豕·14·N1 □□□

호걸 **호**　음 ゴウ　훈 없음　①호걸 ②굉장하다 ③강하다

豪雨(ごうう)　호우
豪華(ごうか)　호화
強豪(きょうごう)　강호
文豪(ぶんごう)　문호

한벽통 豪気(ごうき)호기 豪放(ごうほう)호방 豪快(ごうかい)호쾌 豪傑(ごうけつ)호걸 豪邸(ごうてい)호화 저택 酒豪(しゅごう)술을 잘 마시는 사람

弧

弓·9·N1 □□□

활 **호**　음 コ　훈 없음　①활 ②휘다

括弧(かっこ)　괄호
円弧(えんこ)　원호
弧状(こじょう)　호형, 활 모양

縞

糸·16·제외 □□□

명주 **호**　음 없음　훈 しま　①줄무늬

縞(しま)　줄무늬
縞模様(しまもよう)　줄무늬
縞馬(しまうま)　얼룩말

"상용한자 외의 표외한자(表外漢字)인 인명한자(人名漢字)이지요"

虎 · 8 · N1 □□□

범 호

음 コ 훈 とら ①범, 호랑이

虎(とら) 호랑이
猛虎(もうこ) 맹호
白虎(びゃっこ) 백호
虎穴(こけつ) 호혈, 호랑이 굴

> **한벽돌**
> 虎(とら)の巻(まき)참고서

士 · 11 · 제외 □□□

항아리 호

음 コ 훈 つぼ ①항아리

壺(つぼ) 항아리
壺口(つぼくち) 단지 구멍
滝壺(たきつぼ) 용소
銅壺(どうこ) 주전자

"상용한자 외의 표외한자(表外漢字)인 인명한자(人名漢字)이며, 본자(本字)는 壺이지요"

心 · 12 · N1 □□□

미혹할 혹

음 ワク 훈 まど ①헤매다 ②미혹되다

惑星(わくせい) 혹성, 행성
疑惑(ぎわく) 의혹
誘惑(ゆうわく) 유혹
困惑(こんわく) 곤혹

> **한벽돌**
> 惑(まど)う망설이다 惑(まど)わす헷갈리게 하다 惑溺(わくでき)혹닉, 미혹되어 빠짐 迷惑(めいわく)폐 幻惑(げんわく)현혹 魅惑(みわく)매혹 思惑(おもわく)생각, 의도 戸惑(とまど)う어리둥절하다

酉 · 14 · N1 □□□

심할 혹

음 コク 훈 없음 ①심하다 ②혹독하다

酷評(こくひょう) 혹평
酷使(こくし) 혹사
冷酷(れいこく) 냉혹
残酷(ざんこく) 잔혹

> **한벽돌**
> 酷似(こくじ)매우 닮음 酷烈(こくれつ)혹렬, 혹독하고 심함 酷暑(こくしょ)혹서 酷寒(こっかん)혹한 苛酷(かこく)가혹 過酷(かこく)지나치게 가혹함

戈 · 8 · 제외 □□□

혹 혹

음 ワク 훈 あ, ある ①어느

或(あ)る 어느
或(ある) 어느
或(ある)いは 혹은

"상용한자 외의 표외한자(表外漢字)인 인명한자(人名漢字)이지요"

女 · 11 · N2 □□□

혼인할 혼

음 コン 훈 없음 ①혼인

婚姻(こんいん) 혼인
結婚(けっこん) 결혼
新婚(しんこん) 신혼
未婚(みこん) 미혼

> **한벽돌**
> 婚約(こんやく)약혼 婚期(こんき)혼기 既婚(きこん)기혼 離婚(りこん)이혼 早婚(そうこん)조혼 再婚(さいこん)재혼 晩婚(ばんこん)만혼

鬼·14·N1 ☐☐☐	넋 혼	음 コン	훈 たましい	①넋, 혼 ②정신
魂	魂(たましい) 영혼 霊魂(れいこん) 영혼 精魂(せいこん) 정혼, 심혈 闘魂(とうこん) 투혼			한벽쏭 魂胆(こんたん)혼백과 간담, 속셈 商魂(しょうこん)상혼, 상인의 심리

心·8·제외 ☐☐☐	갑자기 홀	음 コツ	훈 たちま, ゆるがせ	①갑자기 ②소홀하다
忽	忽(たちま)ち 금새 忽然(こつぜん) 홀연 忽(ゆるが)せ 소홀함		"상용한자 외의 표외한자(表外漢字)인 인명한자(人名漢字)이지요"	

忄·11·제외 ☐☐☐	황홀할 홀	음 コツ	훈 ほ, ぼ, とぼ	①이성에 반하다
惚	惚(ほ)れる 반하다 恍惚(こうこつ) 황홀 惚(ぼ)ける 의식이 흐려지다 惚(とぼ)ける 얼빠지다		"상용한자 외의 표외한자(表外漢字)인 인명한자(人名漢字)이지요"	한벽쏭 一目惚(ひとめぼ)れ 한눈에 반함

氵·9·N1 ☐☐☐	넓을 홍	음 コウ	훈 없음	①홍수
洪	洪水(こうずい) 홍수 洪積世(こうせきせい) 빙하시대 洪積層(こうせきそう) 빙하시대 지층			

虫·9·N1 ☐☐☐	무지개 홍	음 없음	훈 にじ	①무지개
虹	虹(にじ) 무지개 虹色(にじいろ) 무지개색			

⺿·10·N1 ☐☐☐	빛날 화	음 カ, ケ	훈 はな	①화려하다 ②중국
華	華麗(かれい) 화려 栄華(えいが) 영화 豪華(ごうか) 호화 華(はな)やかだ 화려하다		"본자(本字)는 華로, 부수는 ⺿(艸)로 1획이 더 많지요"	한벽쏭 華々(はなばな)しい 매우 화려하다 華美(かび)화려하고 아름다움 華商(かしょう)화상, 화교 華奢(きゃしゃ)だ연약하다 香華(こうげ)향과 꽃 공양물 繁華街(はんかがい)번화가 中華(ちゅうか)중화, 중국 中華料理(ちゅうかりょうり)중국음식 散華(さんげ)산화

靴

革·13·N2 □□□

구두 **화** **음** カ **훈** くつ ① 구두

靴(くつ) 신발
軍靴(ぐんか) 군화
製靴(せいか) 제화
長靴(ながぐつ) 장화

한벽돌
靴下(くつした)양말 革靴(かわぐつ) 가죽신발

禍

礻·13·N1 □□□

재앙 **화** **음** カ **훈** 없음 ① 재앙 ② 불행

禍根(かこん) 화근
禍福(かふく) 화복
災禍(さいか) 재화
舌禍(ぜっか) 설화

"본자(本字)는 禍이지요"

한벽돌
輪禍(りんか)교통사고
惨禍(さんか)참화

枠

木·8·제외 □□□

테두리 **화** **음** 없음 **훈** わく ① 테두리 ② 거푸집 ③ 범위

枠(わく) 테두리, 틀
枠内(わくない) 범위 안
枠外(わくがい) 범위 바깥
外枠(そとわく) 외측 선

"일본 고유한자(和製漢字)인 국자(国字)이지요"

한벽돌
窓枠(まどわく)창틀 枠組(わくぐみ)틀을 짬 枠型(わくがた)형틀 木枠(きわく)나무틀 別枠(べつわく)별도 기준

嘩

口·13·제외 □□□

떠들썩할 **화** **음** カ **훈** 없음 ① 시끄럽다

喧嘩(けんか) 싸움
口喧嘩(くちげんか) 말싸움
夫婦喧嘩(ふうふげんか) 부부 싸움

"상용한자 외의 표외한자(表外漢字)인 인명한자(人名漢字)이며, 본자(本字)는 嘩로, ⺿(艸) 부분이 1획이 더 많지요"

穫

禾·18·N1 □□□

거둘 **확** **음** カク **훈** 없음 ① 거두다 ② 수확하다

収穫(しゅうかく) 수확

"본자(本字)는 穫로, ⺿(艸) 부분이 1획이 더 많지요"

環

王·17·N1 □□□

고리 **환** **음** カン **훈** 없음 ① 고리 ② 순환

環境(かんきょう) 환경
環太平洋(かんたいへいよう) 환태평양
循環(じゅんかん) 순환
一環(いっかん) 일환

한벽돌
環視(かんし)두루 봄 環状(かんじょう)환상, 고리 모양

한자	뜻·음	음	훈	의미
還 (辶·16·N1)	돌아올 환	カン	없음	①돌아오다 ②다시

還元(かんげん) 환원
生還(せいかん) 생환
帰還(きかん) 귀환
返還(へんかん) 반환

"본자(本字)는 還이지요"

한벽돌: 還暦(かんれき)회갑 還付(かんぷ)환부 奪還(だっかん)탈환 奉還(ほうかん)봉환

한자	뜻·음	음	훈	의미
患 (心·11·N2)	근심 환	カン	わずら	①근심하다 ②앓다

患者(かんじゃ) 환자
患部(かんぶ) 환부
疾患(しっかん) 질환
急患(きゅうかん) 급환

한벽돌: 患(わずら)う 근심하다

한자	뜻·음	음	훈	의미
歓 (欠·15·N1)	기쁠 환	カン	없음	①기뻐하다 ②환희

歓声(かんせい) 환성
歓迎(かんげい) 환영
歓送(かんそう) 환송
歓談(かんだん) 환담

"본자(本字)는 歡이지요"

한벽돌: 歓待(かんたい)환대 歓喜(かんき)환희 哀歓(あいかん)애환 交歓(こうかん)다같이 기뻐함

한자	뜻·음	음	훈	의미
換 (扌·12·N2)	바꿀 환	カン	か	①바꾸다 ②치환하다

換算(かんさん) 환산
換気(かんき) 환기
交換(こうかん) 교환
転換(てんかん) 전환

한벽돌: 換(か)える 바꾸다 換(か)わる 바뀌다 換気扇(かんきせん)환풍기 乗(の)り換(か)え 환승

한자	뜻·음	음	훈	의미
喚 (口·12·N1)	부를 환	カン	없음	①부르짖다 ②외치다

喚起(かんき) 환기
喚問(かんもん) 환문
喚声(かんせい) 환성
召喚(しょうかん) 소환

한벽돌: 叫喚(きょうかん) 큰 소리로 부르짖음

한자	뜻·음	음	훈	의미
幻 (幺·4·N1)	허깨비 환	ゲン	まぼろし	①환상 ②어지럽히다

幻覚(げんかく) 환각
幻想(げんそう) 환상
幻滅(げんめつ) 환멸
夢幻(むげん) 몽환

한벽돌: 幻(まぼろし)환상 幻惑(げんわく)환혹, 현혹 幻影(げんえい)환영 変幻(へんげん)변환, 빠른 변화

滑 · 13 · N1 □□□
미끄러울 활, 익살스러울 골 **음** カツ, コツ **훈** すべ, なめ ①미끄럽다 ②익살스럽다

滑走(かっそう)	활주
滑降(かっこう)	활강
円滑(えんかつ)	원활
潤滑(じゅんかつ)	윤활

한 벽 뚫 滑(すべ)る미끄러지다 滑(なめ)らかだ매끄럽다 滑稽(こっけい)だ익살맞다

荒 · 9 · N2 □□□
거칠 황 **음** コウ **훈** あ, あら ①거칠다 ②난폭하다

荒(あら)い	거칠다
荒廃(こうはい)	황폐
荒野(こうや)	황야
荒涼(こうりょう)	황량

"본자(本字)는 荒으로, 부수는 艹(艸)로 1획이 더 많지요"

한 벽 뚫 荒(あ)れる거칠어지다 荒(あ)らす황폐하게 하다 荒天(こうてん)악천후 荒波(あらなみ)거센 파도 荒(あ)れ地(ち)황무지 凶荒(きょうこう)흉황, 흉작

慌 · 12 · N1 □□□
어리둥절할 황 **음** コウ **훈** あわ ①허둥대다 ②다급하다

慌(あわ)てる	허둥대다
恐慌(きょうこう)	공황
大恐慌(だいきょうこう)	대공황
慌(あわ)ただしい	분주하다

"본자(本字)는 慌으로 1획이 더 많지요"

한 벽 뚫 慌(あわ)て者(もの)덜렁이 大慌(おおあわ)て몹시 당황해함

況 · 8 · N2 □□□
상황 황 **음** キョウ **훈** 없음 ①상황 ②형편

状況(じょうきょう)	상황
近況(きんきょう)	근황
好況(こうきょう)	호황
不況(ふきょう)	불황

悔 · 9 · N1
뉘우칠 회 **음** カイ **훈** く, くや ①뉘우치다 ②후회 ③애도

悔(くや)しい	분하다
悔恨(かいこん)	회한
後悔(こうかい)	후회
悔(く)やむ	애석해 하다

"본자(本字)는 悔이지요"

한 벽 뚫 悔(く)いる후회하다 悔悟(かいご)회개 懺悔(ざんげ)참회

懐 · 16 · N1 □□□
품을 회 **음** カイ **훈** ふところ, なつ ①품 ②품다 ③따르다

懐疑(かいぎ)	회의
懐古(かいこ)	회고
懐柔(かいじゅう)	회유
述懐(じゅっかい)	술회

"본자(本字)는 懷이지요"

한 벽 뚫 懐(ふところ)품 懐(なつ)かしい그립다 懐(なつ)かしむ그리워하다 懐(なつ)く잘 따르다 懐(なつ)ける잘 따르게 하다 懐中(かいちゅう)주머니 속 懐中電灯(かいちゅうでんとう)손전등 懐妊(かいにん)회임

| 貝·13·N1 ☐☐☐ | 뇌물 회 | 음 ワイ | 훈 まかな | ①뇌물 ②변통 |

賄

賄賂(わいろ) — 뇌물
贈賄(ぞうわい) — 뇌물을 줌
収賄(しゅうわい) — 수뢰
賄(まかな)う — 조달하다

| 犭·16·N1 ☐☐☐ | 얻을 획 | 음 カク | 훈 え | ①얻다 ②획득하다 |

獲

獲得(かくとく) — 획득
捕獲(ほかく) — 포획
漁獲(ぎょかく) — 어획
濫獲(らんかく) — 남획

"본자(本字)는 獲으로, ⺾(艸) 부분이 1획이 더 많지요"

【한 벽 🛡】
獲(え)る 획득하다 獲物(えもの) 포획물 漁獲高(ぎょかくだか) 어획고

| 日·12·N1 ☐☐☐ | 새벽 효 | 음 ギョウ | 훈 あかつき | ①새벽 ②새벽녘 |

暁

暁(あかつき) — 새벽
暁星(ぎょうせい) — 효성, 샛별
暁鐘(ぎょうしょう) — 효종, 새벽종
暁光(ぎょうこう) — 효광, 새벽녘 하늘빛

"본자(本字)는 曉이지요"

【한 벽 🛡】
暁天(ぎょうてん) 새벽 하늘
今暁(こんぎょう) 금일 새벽

| 酉·14·N1 ☐☐☐ | 삭힐 효 | 음 コウ | 훈 없음 | ①발효 ②술 괴다 |

酵

酵素(こうそ) — 효소
酵母(こうぼ) — 효모
発酵(はっこう) — 발효

| イ·9·N1 ☐☐☐ | 제후 후 | 음 コウ | 훈 없음 | ①제후 ②귀족 |

侯

侯爵(こうしゃく) — 후작
侯王(こうおう) — 왕과 제후
諸侯(しょこう) — 제후

| 木·6·N1 ☐☐☐ | 썩을 후 | 음 キュウ | 훈 く | ①썩다 |

朽

不朽(ふきゅう) — 불후
老朽(ろうきゅう) — 노후
朽(く)ちる — 썩다
朽(く)ち木(き) — 썩은 나무

喉

口·12·제외 ☐☐☐

목구멍 후 | 음 コウ | 훈 のど | ①목구멍 ②인후

喉(のど)	안쪽 목
咽喉(いんこう)	인후
喉頭(こうとう)	후두
耳鼻咽喉科(じびいんこうか)	이비인후과

한벽을: 喉自慢(のどじまん)노래 자랑

嗅

口·13·제외 ☐☐☐

맡을 후 | 음 キュウ | 훈 か | ①냄새 맡다

嗅(か)ぐ	맡다
嗅覚(きゅうかく)	후각

勲

力·15·N1 ☐☐☐

공 훈 | 음 クン | 훈 없음 | ①공, 공적

勲章(くんしょう)	훈장
殊勲(しゅくん)	수훈
武勲(ぶくん)	무훈
叙勲(じょくん)	서훈, 훈장 수여

"본자(本字)는 勳이지요"

한벽을: 勲功(くんこう)공훈

薫

艹·16·N1 ☐☐☐

향풀 훈 | 음 クン | 훈 かお | ①향기 나다 ②감화

薫風(くんぷう)	훈풍
薫製(くんせい)	훈제
薫育(くんいく)	훈육
薫(かお)る	향기 나다

"본자(本字)는 薰이지요"

喧

口·12·제외 ☐☐☐

떠들썩할 훤 | 음 ケン | 훈 かまびす, やかま | ①떠들썩하다 ②싸움

喧嘩(けんか)	싸움
口喧嘩(くちげんか)	말싸움
夫婦喧嘩(ふうふげんか)	부부 싸움

"상용한자 외의 표외한자(表外漢字)인 인명한자(人名漢字)이지요"

한벽을: 喧(かまびす)しい떠들썩하다 喧(やかま)しい시끄럽다

毀

殳·13·제외 ☐☐☐

헐 훼 | 음 キ | 훈 없음 | ①헐다 ②훼손되다

毀損(きそん)	훼손

| 車·15·N1 □□□ | 빛날 휘 | 음 キ | 훈 かがや | ①빛나다 ②비추다 |

輝

輝石(きせき) 휘석
光輝(こうき) 광휘
輝(かがや)く 빛나다
輝(かがや)かしい 빛나다

| 彑·13·제외 □□□ | 무리 휘 | 음 イ | 훈 없음 | ①무리 ②모으다 |

彙

語彙(ごい) 어휘
彙報(いほう) 휘보, 종류별로 분류 편집

"부수 彑는 돼지 머리 계이지요"

| 扌·13·제외 □□□ | 이끌 휴 | 음 ケイ | 훈 たず | ①들다 ②이끌다 ③종사하다 |

携

携帯(けいたい) 휴대
提携(ていけい) 제휴
必携(ひっけい) 필수
携(たずさ)わる 종사하다

한벽돌 携(たずさ)える 휴대하다 携行(けいこう) 휴대하고 다님 連携(れんけい) 제휴

| 凵·4·N1 □□□ | 흉할 흉 | 음 キョウ | 훈 없음 | ①재앙 ②해하다 ③흉작 |

凶

凶器(きょうき) 흉기
凶作(きょうさく) 흉작
凶悪(きょうあく) 흉악
吉凶(きっきょう) 길흉

한벽돌 凶報(きょうほう)불길한 소식 凶刃(きょうじん)살인에 쓰는 칼 凶荒(きょうこう)흉황, 흉작

| 疒·11·제외 □□□ | 흔적 흔 | 음 コン | 훈 あと | ①흔적 ②흉터 |

痕

痕(あと) 흔적
痕跡(こんせき) 흔적
血痕(けっこん) 혈흔
弾痕(だんこん) 탄흔

| 牛·17·N1 □□□ | 희생 희 | 음 ギ | 훈 없음 | ①희생 ②제물 |

犠

犠牲(ぎせい) 희생
犠牲者(ぎせいしゃ) 희생자
犠牲打(ぎせいだ) 희생타
犠打(ぎだ) 희생타

"본자(本字)는 犧이지요"

女·10·N1 □□□

姬

계집 희 | 음 없음 | 훈 ひめ | ①아가씨 ②공주

姬(ひめ) 아가씨, 처녀
姬様(ひめさま) 공주님
舞姬(まいひめ) 무희
織姬(おりひめ) 직녀

"본자(本字)는 姬이지요"

한벽 姬君(ひめぎみ)아가씨

戈·15·N1 □□□

戲

놀 희 | 음 ギ | 훈 たわむ | ①놀이 ②연극 ③희롱하다

戲曲(ぎきょく) 희곡
遊戲(ゆうぎ) 유희
戲(たわむ)れる 희롱하다

"본자(本字)는 戲이지요"

한벽 戲画(ぎが)익살맞은 그림 悪戲(いたずら)장난 演戲(えんぎ)연희, 연극

禾·12·제외 □□□

稀

드물 희 | 음 キ, ケ | 훈 まれ | ①드물다

稀(まれ)だ 드물다
稀薄(きはく) 희박

"상용한자 외의 표외한자(表外漢字)인 인명한자(人名漢字)이지요"

女·15·제외 □□□

嬉

아름다울 희 | 음 キ | 훈 うれ | ①기쁘다

嬉(うれ)しい 기쁘다
嬉々(きき) 희희낙락

"상용한자 외의 표외한자(表外漢字)인 인명한자(人名漢字)이지요"

言·13·N2 □□□

詰

물을 힐, 꾸짖을 힐 | 음 キツ | 훈 つ | ①따지다 ②채우다

詰問(きつもん) 힐문
詰責(きっせき) 힐책
詰(つ)める 채우다
詰(つ)まる 가득 차다

한벽 詰(つ)む막히다 詰(なじ)る따지다 瓶詰(びんづめ)병조림 缶詰(かんづめ)통조림 難詰(なんきつ)힐난 面詰(めんきつ)면책

일본어 한자

부록

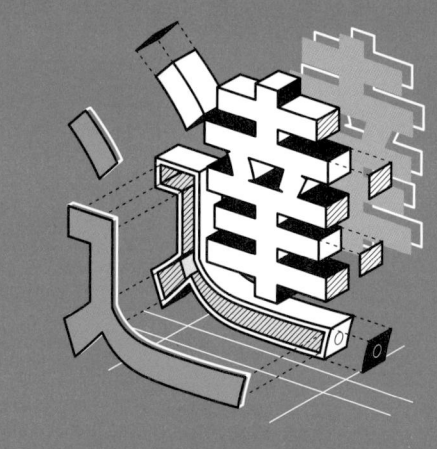

ㄱ

家	집 가	29p
歌	노래 가	29p
加	더할 가	106p
街	거리 가	108p
可	옳을 가	147p
仮	거짓 가	148p
価	값 가	148p
苛	가혹할 가	224p
架	시렁 가	224p
嫁	시집갈 가	224p
稼	심을 가	224p
佳	아름다울 가	224p
暇	틈 가	224p
角	뿔 각	30p
各	각각 각	108p
各	각자 각	108p
覚	깨달을 각	108p
刻	새길 각	194p
閣	집 각	186p
殻	껍질 각	225p
脚	다리 각	225p
却	물리칠 각	225p
間	사이 간	31p
刊	새길 간	149p
幹	줄기 간	150p
簡	간략할 간	187p
簡	대쪽 간	187p
干	방패 간	187p
看	볼 간	187p
肝	간 간	225p
姦	간사할 간	226p
懇	간절할 간	225p
墾	개간할 간	225p
褐	갈색 갈	226p
喝	꾸짖을 갈	226p
渇	목마를 갈	226p
葛	칡 갈	226p
感	느낄 감	66p
減	덜 감	155p
甘	달 감	226p
紺	감색 감	227p
敢	감히 감	227p
鑑	거울 감	227p
堪	견딜 감	227p
監	볼 감	227p
勘	헤아릴 감	227p
憾	섭섭할 감	228p
甲	갑옷 갑	228p
岬	곶 갑	228p
強	강할 강	33p
岡	산등성이 강	105p
康	편안 강	117p
講	욀 강	157p
講	익힐 강	157p
降	내릴 강	193p
鋼	강철 강	194p
江	강 강	228p
剛	굳셀 강	228p
綱	벼리 강	228p
開	열 개	65p
改	고칠 개	107p
個	낱 개	156p
介	낄 개	229p
箇	낱 개	229p
皆	다 개	229p
概	대개 개	229p
蓋	덮을 개	229p
慨	슬퍼할 개	229p
客	손 객	67p
坑	구덩이 갱	230p
更	다시 갱	230p
車	수레 거	15p
去	갈 거	68p
挙	들 거	112p
居	살 거	152p
拠	근거 거	230p
拒	막을 거	230p
距	상거할 거	230p
巨	클 거	230p
裾	옷자락 거	231p
据	의거할 거	231p
建	세울 건	115p
健	굳셀 건	115p
件	물건 건	154p
件	사건 건	154p
乾	마를 건	231p
巾	수건 건	231p
鍵	열쇠 건	231p
傑	뛰어날 걸	231p
乞	빌 걸	232p
検	검사할 검	155p
倹	검소할 검	232p
剣	칼 검	232p
掲	높이 들 게	232p
憩	쉴 게	232p
格	격식 격	149p
激	격할 격	190p
撃	칠 격	232p
隔	사이 뜰 격	233p
犬	개 견	12p
見	볼 견	12p
絹	비단 견	191p
肩	어깨 견	233p
繭	고치 견	233p
堅	굳을 견	233p
遣	보낼 견	233p
決	결단할 결	71p
欠	이지러질 결	115p
結	맺을 결	115p
潔	깨끗할 결	154p
兼	겸할 겸	233p
謙	겸손할 겸	234p
鎌	낫 겸	234p
京	서울 경	33p
軽	가벼울 경	70p
鏡	거울 경	112p

競	다툴 경	113p	古	예 고	35p	貢	바칠 공	239p
徑	길 경	114p	考	생각할 고	37p	攻	칠 공	239p
徑	지름길 경	114p	高	높을 고	38p	控	당길 공	240p
景	볕 경	114p	苦	쓸 고	69p	恐	두려울 공	240p
境	경계 경	153p	苦	괴로울 고	69p	科	과목 과	28p
境	지경 경	153p	庫	곳집 고	71p	果	과실 과	106p
経	지날 경	154p	固	굳을 고	116p	果	실과 과	106p
経	글 경	154p	故	연고	155p	課	과정 과	106p
耕	밭갈 경	156p	告	고할 고	158p	課	공부할 과	106p
敬	공경 경	190p	顧	돌아볼 고	237p	過	지날 과	148p
警	깨우칠 경	190p	枯	마를 고	237p	菓	과자 과	240p
鯨	고래 경	234p	稿	볏집 고	237p	鍋	노구솥 과	240p
更	고칠 경	234p	孤	외로울 고	237p	誇	자랑할 과	240p
硬	굳을 경	234p	雇	품 팔 고	237p	寡	적을 과	240p
傾	기울 경	234p	尻	꽁무니 고	238p	郭	둘레 곽	241p
憬	깨달을 경	235p	股	넓적다리 고	238p	館	집 관	66p
慶	경사 경	235p	叩	두드릴 고	238p	官	벼슬 관	109p
驚	놀랄 경	235p	錮	막을 고	238p	管	대롱 관	109p
梗	막힐 경	235p	鼓	북 고	238p	管	주관할 관	109p
頃	잠깐 경	235p	拷	칠 고	238p	観	볼 관	109p
梗	줄기 경	235p	谷	계곡 곡	39p	関	빗장 관	109p
茎	줄기 경	235p	谷	골 곡	39p	関	관계할 관	109p
計	셀 계	34p	曲	굽을 곡	69p	慣	익숙할 관	150p
階	계단 계	65p	穀	곡식 곡	194p	冠	갓 관	241p
階	섬돌 계	65p	困	곤할 곤	194p	貫	꿸 관	241p
界	지경 계	65p	哭	울 곡	239p	寛	너그러울 관	241p
係	맬 계	70p	昆	맏 곤	246p	款	항목 관	241p
械	기계 계	107p	骨	뼈 골	194p	缶	두레박 관	241p
季	계절 계	110p	滑	익살스러울 골	239p	串	꿸 관	242p
系	이어맬 계	190p	空	빌 공	11p	棺	널 관	242p
系	이을 계	190p	空	하늘 공	11p	括	묶을 괄	242p
届	이를 계	212p	公	공평할 공	36p	筈	오늬 괄	242p
鶏	닭 계	236p	工	장인 공	36p	光	빛 광	37p
契	맺을 계	236p	共	한가지 공	112p	広	넓을 광	37p
戒	경계할 계	236p	共	함께 공	112p	鉱	쇳돌 광	157p
啓	열 계	236p	功	공 공	116p	狂	미칠 광	242p
渓	시내 계	236p	供	이바지할 공	189p	掛	걸 괘	242p
継	이을 계	236p	恭	공손할 공	239p	怪	괴이할 괴	243p
稽	상고할 계	237p	孔	구멍 공	239p	壊	무너질 괴	243p

拐	후릴 괴	243p	国	나라 국	39p	近	가까울 근	34p
塊	흙덩이 괴	243p	局	판 국	69p	根	뿌리 근	72p
校	학교 교	13p	菊	국화 국	247p	勤	부지런할 근	189p
敎	가르칠 교	33p	君	임금 군	70p	筋	힘줄 근	189p
交	사귈 교	37p	軍	군사 군	113p	斤	근 근	250p
橋	다리 교	68p	群	무리 군	114p	僅	겨우 근	250p
郊	들 교	243p	郡	고을 군	114p	謹	삼갈 근	250p
較	견줄 교	243p	堀	굴 굴	247p	金	쇠 금	11p
巧	공교할 교	244p	窟	굴 굴	247p	今	이제 금	39p
嚙	깨물 교	244p	屈	굽힐 굴	247p	禁	금할 금	153p
絞	목맬 교	244p	掘	팔 굴	247p	琴	거문고 금	250p
矯	바로잡을 교	244p	弓	활 궁	32p	錦	비단 금	250p
九	아홉 구	11p	宮	집 궁	68p	襟	옷깃 금	251p
口	입 구	13p	窮	궁할 궁	247p	急	급할 급	67p
究	연구할 구	67p	窮	다할 궁	247p	級	등급 급	67p
球	공 구	68p	卷	책 권	187p	給	줄 급	111p
区	구분할 구	69p	券	문서 권	191p	扱	거둘 급	251p
区	구역 구	69p	權	권세 권	191p	及	미칠 급	251p
具	갖출 구	70p	勸	권할 권	248p	肯	즐길 긍	251p
求	구할 구	111p	圈	우리 권	248p	気	기운 기	10p
救	구원할 구	152p	拳	주먹 권	248p	汽	김 기	32p
旧	예 구	152p	潰	무너질 궤	248p	汽	물 끓는 김 기	32p
久	오랠 구	152p	軌	바퀴 자국 궤	248p	記	기록할 기	32p
句	글귀 구	153p	机	책상 궤	188p	起	일어날 기	66p
構	얽을 구	157p	帰	돌아갈 귀	32p	期	기약할 기	67p
購	살 구	244p	貴	귀할 귀	188p	岐	갈림길 기	110p
丘	언덕 구	244p	鬼	귀신 귀	248p	埼	갑 기	118p
欧	구라파 구	245p	亀	거북 귀	249p	器	그릇 기	110p
殴	때릴 구	245p	規	법 규	151p	旗	기 기	110p
懼	두려워할 구	245p	叫	부르짖을 규	249p	機	틀 기	111p
拘	잡을 구	245p	糾	얽힐 규	249p	崎	험할 기	118p
臼	절구 구	245p	均	고를 균	153p	基	터 기	150p
駆	몰 구	245p	菌	버섯 균	249p	紀	벼리 기	150p
勾	굽을 구	246p	亀	터질 균	249p	寄	부칠 기	151p
勾	올가미 구	246p	極	극진할 극	113p	技	재주 기	151p
鷗	갈매기 구	246p	極	다할 극	113p	己	몸 기	192p
溝	도랑 구	246p	劇	심할 극	190p	企	꾀할 기	251p
垢	때 구	246p	克	이길 극	249p	幾	몇 기	251p
駒	망아지 구	246p	隙	틈 극	250p	奇	기이할 기	252p

奇	기특할 기	252p	農	농사 농	91p	糖	엿 당	211p
忌	꺼릴 기	252p	濃	짙을 농	256p	唐	당나라 당	259p
祈	빌 기	252p	脳	골 뇌	213p	唐	당황할 당	259p
既	이미 기	252p	脳	뇌수 뇌	213p	大	큰 대	21p
肌	살갗 기	252p	悩	번뇌할 뇌	256p	台	대 대	49p
飢	주릴 기	252p	尿	오줌 뇨(요)	256p	台	토대 대	49p
騎	말탈 기	253p	紐	끈 뉴(유)	256p	待	기다릴 대	85p
棋	바둑 기	253p	能	능할 능	175p	対	대할 대	85p
碁	바둑 기	253p	尼	여승 니	256p	対	마주볼 대	85p
棄	버릴 기	253p	泥	진흙 니(이)	257p	代	대신할 대	85p
欺	속일 기	253p	溺	빠질 닉(익)	257p	帯	띠 대	129p
伎	재간 기	253p	匿	숨길 닉(익)	257p	貸	꿜 대	171p
畿	경기 기	254p				貸	빌릴 대	171p
緊	긴할 긴	254p				隊	무리 대	129p
吉	길할 길	254p		**ㄷ**		戴	일 대	259p
喫	먹을 끽	254p	多	많을 다	48p	袋	자루 대	259p
			茶	차 다	50p	宅	댁 댁	207p
			短	짧을 단	86p	徳	덕 덕	133p
	ㄴ		単	홑 단	130p	徳	큰 덕	133p
那	어찌 나	254p	断	끊을 단	172p	図	그림 도	45p
奈	어찌 나	133p	団	둥글 단	172p	刀	칼 도	52p
諾	허락할 낙(락)	254p	段	층계 단	208p	道	길 도	53p
暖	따뜻할 난(란)	208p	端	끝 단	257p	都	도읍 도	89p
難	어려울 난	212p	鍛	쇠 불릴 단	257p	度	법도 도	89p
男	사내 남	21p	丹	붉은 단	257p	島	섬 도	90p
南	남녘 남	54p	但	다만 단	258p	徒	무리 도	132p
納	들일 납	212p	旦	아침 단	258p	導	인도할 도	174p
娘	계집 낭(랑)	255p	壇	단 단	258p	渡	건널 도	259p
内	안 내	54p	蛋	새알 단	258p	途	길 도	260p
耐	견딜 내	255p	達	통달할 달	130p	倒	넘어질 도	260p
匂	향내 내	255p	談	말씀 담	86p	逃	도망할 도	260p
女	계집 녀(여)	16p	担	멜 담	208p	到	이를 도	260p
女	여자 녀(여)	16p	淡	맑을 담	258p	塗	칠할 도	260p
年	해 년(연)	24p	曇	흐릴 담	258p	盗	훔칠 도	260p
念	생각 념(염)	134p	胆	쓸개 담	259p	挑	돋울 도	261p
捻	비틀 념(염)	255p	答	대답 답	53p	跳	뛸 도	261p
寧	편안할 녕(영)	255p	踏	밟을 답	259p	稲	벼 도	261p
努	힘쓸 노	132p	当	마땅 당	52p	桃	복숭아 도	261p
怒	성낼 노(로)	255p	堂	집 당	174p	悼	슬퍼할 도	261p
奴	종 노	256p	党	무리 당	211p			

賭	내기 도	262p
陶	질그릇 도	261p
読	읽을 독	53p
毒	독 독	174p
独	홀로 독	175p
督	감독할 독	262p
篤	도타울 독	262p
豚	돼지 돈	262p
頓	조아릴 돈	262p
突	갑자기 돌	262p
冬	겨울 동	52p
東	동녘 동	52p
同	같을 동	53p
同	한가지 동	53p
童	아이 동	91p
動	움직일 동	91p
働	일할 동	132p
働	굼닐 동	132p
銅	구리 동	174p
洞	골 동	263p
瞳	눈동자 동	263p
憧	동경할 동	263p
棟	마룻대 동	263p
胴	몸통 동	263p
凍	얼 동	263p
頭	머리 두	53p
豆	콩 두	90p
斗	말 두	264p
痘	역질 두	264p
鈍	둔할 둔	264p
屯	진칠 둔	264p
得	얻을 득	174p
登	오를 등	90p
等	무리 등	90p
灯	등 등	132p
灯	등잔 등	132p
謄	베낄 등	264p
騰	오를 등	264p
藤	등나무 등	265p

ㄹ

羅	벌일 라(나)	265p
裸	벗을 라(나)	265p
楽	즐길 락(낙)	31p
落	떨어질 락(낙)	101p
酪	쇠젖 락(낙)	265p
絡	이을 락	265p
卵	알 란(난)	220p
乱	어지러울 란(난)	220p
欄	난간 란(난)	265p
蘭	난초 란(난)	266p
辣	매울 랄(날)	266p
覧	볼 람(남)	221p
嵐	남기 람	266p
濫	넘칠 람(남)	266p
藍	쪽 람(남)	266p
拉	끌 랍(납)	266p
朗	밝을 랑(낭)	221p
浪	물결 랑(낭)	267p
郎	사내 랑(낭)	267p
廊	행랑 랑(낭)	267p
滝	여울 랑	267p
来	올 래(내)	60p
冷	찰 랭(냉)	143p
略	간략할 략(약)	183p
略	다스릴 략(약)	183p
両	두 량(양)	102p
良	어질 량(양)	142p
良	좋을 량(양)	142p
量	헤아릴 량(양)	142p
涼	서늘할 량(양)	267p
糧	양식 량(양)	267p
旅	나그네 려(여)	101p
麗	고울 려(여)	268p
呂	법칙 려	268p
戾	어그러질 려	268p
慮	생각할 려(여)	268p
侶	짝 려	268p
励	힘쓸 려(여)	268p

力	힘 력(역)	26p
歴	지날 력(역)	183p
暦	책력 력(역)	269p
練	익힐 련(연)	102p
連	잇닿을 련(연)	144p
連	이을 련(연)	144p
恋	그리워할 련(연)	269p
錬	단련할 련(연)	269p
蓮	연꽃 련(연)	269p
列	벌일 렬(열)	102p
烈	매울 렬(열)	269p
劣	못할 렬(열)	269p
裂	찢어질 렬(열)	270p
廉	청렴할 렴(염)	270p
猟	사냥할 렵(엽)	270p
令	하여금 령(영)	143p
領	거느릴 령(영)	183p
齢	나이 령(영)	270p
零	떨어질 령(영)	270p
霊	신령 령(영)	270p
鈴	방울 령(영)	271p
礼	예도 례(예)	102p
例	법식 례(예)	143p
隷	종 례(예)	271p
路	길 로(노)	103p
老	늙을 로(노)	144p
労	일할 로(노)	144p
虜	사로잡을 로(노)	271p
露	이슬 로(노)	271p
炉	화로 로(노)	271p
鹿	사슴 록(녹)	121p
緑	푸를 록(녹)	102p
録	기록할 록(녹)	144p
麓	산기슭 록(녹)	271p
論	논할 론(논)	222p
籠	대바구니 롱(농)	272p
滝	비 올 롱	272p
弄	희롱할 롱(농)	272p
瀬	여울 뢰	272p

雷	우레 뢰(뇌)	272p
賴	의지할 뢰	272p
賂	뇌물 뢰(뇌)	273p
料	헤아릴 료(요)	142p
寮	동관 료	273p
僚	동료 료	273p
了	마칠 료(요)	273p
瞭	밝을 료(요)	273p
療	병 고칠 료(요)	273p
竜	용 룡(용)	274p
涙	눈물 루(누)	274p
楼	다락 루(누)	274p
塁	보루 루(누)	274p
漏	샐 루(누)	274p
累	여러 루(누)	274p
流	흐를 류(유)	101p
類	무리 류(유)	143p
留	머무를 류(유)	183p
瑠	맑은 유리 류(유)	275p
柳	버들 류(유)	275p
硫	유황 류(유)	275p
溜	처마물 류(유)	275p
六	여섯 륙(육)	27p
陸	뭍 륙(육)	142p
輪	바퀴 륜(윤)	143p
倫	인륜 륜(윤)	275p
率	비율 률(율)	171p
律	법칙 률(율)	221p
慄	떨릴 률(율)	275p
栗	밤 률(율)	276p
隆	높을 륭(융)	276p
陵	언덕 릉(능)	276p
吏	관리 리	276p
里	마을 리(이)	60p
理	다스릴 리(이)	61p
梨	배나무 리(이)	133p
利	이로울 리(이)	142p
利	이할 리(이)	142p
裏	속 리(이)	221p

離	떠날 리(이)	276p
履	밟을 리(이)	276p
厘	다스릴 리	277p
璃	유리 리(이)	277p
痢	이질 리(이)	277p
隣	이웃 린(인)	277p
林	수풀 림(임)	26p
臨	임할 림(임)	221p
立	설 립(입)	26p
粒	낟알 립(입)	277p

馬	말 마	54p
麻	삼 마	277p
磨	갈 마	278p
魔	마귀 마	278p
摩	문지를 마	278p
膜	꺼풀 막	278p
漠	넓을 막	278p
幕	장막 막	218p
万	일만 만	58p
満	찰 만	140p
晩	늦을 만	214p
慢	거만할 만	278p
湾	물굽이 만	279p
蛮	오랑캐 만	279p
漫	흩어질 만	279p
末	끝 말	139p
抹	지울 말	279p
望	바랄 망	139p
亡	망할 망	217p
忘	잊을 망	217p
網	그물 망	279p
忙	바쁠 망	279p
妄	망령될 망	280p
罵	꾸짖을 매	280p
買	살 매	55p
売	팔 매	55p
毎	매양 매	58p

妹	누이 매	58p
妹	손아래 누이 매	58p
梅	매화 매	134p
枚	낱 매	218p
魅	매혹할 매	280p
埋	묻을 매	280p
昧	어두울 매	280p
媒	중매 매	280p
麦	보리 맥	55p
脈	줄기 맥	181p
盟	맹세 맹	218p
猛	사나울 맹	281p
盲	소경 맹	281p
勉	힘쓸 면	97p
面	낯 면	98p
綿	솜 면	182p
免	면할 면	281p
麺	밀가루 면	281p
眠	잘 면	281p
滅	멸할 멸	281p
蔑	업신여길 멸	282p
名	이름 명	25p
明	밝을 명	58p
鳴	울 명	59p
皿	그릇 명	73p
命	목숨 명	97p
銘	새길 명	282p
冥	어두울 명	282p
母	어미 모	57p
毛	터럭 모	59p
毛	털 모	59p
暮	저물 모	217p
模	본뜰 모	219p
慕	그릴 모	282p
謀	꾀 모	283p
募	모을 모	282p
冒	무릅쓸 모	282p
帽	모자 모	283p
耗	소모할 모	283p

某	아무 모	283p	美	아름다울 미	93p	鉢	바리때 발	291p
侮	업신여길 모	283p	未	아닐 미	140p	拔	뽑을 발	291p
貌	모양 모	284p	迷	미혹할 미	182p	髮	터럭 발	291p
矛	창 모	283p	尾	꼬리 미	287p	方	모 방	57p
木	나무 목	25p	眉	눈썹 미	287p	放	놓을 방	97p
目	눈 목	26p	彌	미륵 미	287p	防	막을 방	180p
牧	칠 목	139p	謎	수수께끼 미	287p	訪	찾을 방	217p
睦	화목할 목	284p	微	작을 미	287p	肪	기름 방	291p
沒	빠질 몰	284p	敏	민첩할 민	288p	紡	길쌈 방	291p
夢	꿈 몽	181p	民	백성 민	140p	傍	곁 방	292p
墓	무덤 묘	180p	蜜	꿀 밀	288p	坊	동네 방	292p
猫	고양이 묘	284p	密	빽빽할 밀	218p	房	방 방	292p
描	그릴 묘	284p				妨	방해할 방	292p
妙	묘할 묘	284p		ㅂ		倣	본뜰 방	292p
苗	모 묘	285p	博	넓을 박	134p	芳	꽃다울 방	292p
畝	이랑 묘	285p	泊	머무를 박	288p	邦	나라 방	293p
無	없을 무	140p	舶	배 박	288p	北	달아날 배	58p
武	굳셀 무	178p	拍	칠 박	288p	配	나눌 배	91p
武	호반 무	178p	迫	핍박할 박	288p	配	짝 배	91p
務	힘쓸 무	181p	剝	벗길 박	289p	倍	곱 배	92p
貿	무역할 무	181p	朴	순박할 박	289p	背	등 배	213p
茂	무성할 무	285p	縛	얽을 박	289p	拜	절 배	213p
畝	이랑 무	285p	薄	엷을 박	289p	俳	배우 배	214p
霧	안개 무	285p	撲	칠 박	289p	陪	모실 배	293p
舞	춤출 무	285p	半	반 반	55p	輩	무리 배	293p
撫	어루만질 무	286p	反	돌아올 반	92p	賠	물어줄 배	293p
墨	먹 묵	286p	反	돌이킬 반	92p	排	밀칠 배	293p
黙	잠잠할 묵	286p	返	돌이킬 반	96p	杯	잔 배	293p
文	글월 문	25p	飯	밥 반	135p	培	북돋을 배	294p
聞	들을 문	56p	班	나눌 반	214p	伯	맏 백	294p
門	문 문	59p	伴	짝 반	289p	白	흰 백	24p
問	물을 문	98p	頒	나눌 반	290p	百	일백 백	24p
蚊	모기 문	286p	畔	밭두둑 반	290p	番	차례 번	55p
勿	몸매 문	286p	盤	소반 반	290p	煩	번거로울 번	294p
紋	무늬 문	286p	斑	아롱질 반	290p	繁	번성할 번	294p
物	물건 물	96p	搬	옮길 반	290p	翻	번역할 번	294p
勿	말 물	287p	般	일반 반	290p	藩	울타리 번	294p
米	쌀 미	57p	發	필 발	92p	閥	문벌 벌	295p
味	맛 미	97p	勃	노할 발	291p	罰	벌할 벌	295p

伐	칠 벌	295p	復	회복할 복	178p	簿	장부 부	301p
犯	범할 범	176p	覆	다시 복	298p	敷	펼 부	301p
汎	넓을 범	295p	腹	배 복	215p	覆	덮을 부	302p
凡	무릇 범	295p	伏	엎드릴 복	298p	北	북녘 북	58p
帆	돛 범	295p	僕	종 복	298p	粉	가루 분	179p
氾	넘칠 범	296p	本	근본 본	25p	分	나눌 분	56p
範	법 범	296p	棒	막대 봉	218p	奮	떨칠 분	215p
法	법 법	139p	封	봉할 봉	298p	奔	달릴 분	302p
璧	구슬 벽	296p	縫	꿰맬 봉	299p	盆	동이 분	302p
癖	버릇 벽	296p	俸	녹 봉	299p	墳	무덤 분	302p
壁	벽 벽	296p	逢	만날 봉	299p	憤	분할 분	302p
辺	가 변	138p	奉	받들 봉	298p	噴	뿜을 분	302p
弁	고깔 변	179p	蜂	벌 봉	299p	雰	눈 날릴 분	303p
弁	말씀 변	179p	峰	봉우리 봉	299p	紛	어지러울 분	303p
変	변할 변	138p	部	떼 부	95p	仏	부처 불	179p
便	똥오줌 변	138p	父	아비 부	56p	不	아닐 불	136p
弁	분별할 변	179p	負	질 부	95p	払	떨칠 불	303p
別	나눌 별	138p	付	부칠 부	136p	崩	무너질 붕	303p
別	다를 별	138p	府	마을 부	137p	棚	사다리 붕	303p
病	병 병	95p	府	관청 부	137p	鼻	코 비	94p
兵	병사 병	137p	富	부자 부	137p	悲	슬플 비	93p
並	나란히 병	215p	婦	며느리 부	178p	飛	날 비	135p
丙	남녘 병	297p	浮	뜰 부	299p	比	견줄 비	176p
塀	담 병	297p	赴	다다를 부	300p	肥	살찔 비	176p
餠	떡 병	297p	扶	도울 부	300p	備	갖출 비	177p
瓶	병 병	297p	釜	가마 부	301p	費	쓸 비	177p
柄	자루 병	297p	不	아닐 부	136p	非	아닐 비	177p
併	아우를 병	296p	夫	지아비 부	136p	批	비평할 비	214p
歩	걸음 보	57p	副	버금 부	137p	秘	숨길 비	215p
報	알릴 보	180p	阜	언덕 부	137p	卑	낮을 비	303p
報	갚을 보	180p	復	다시 부	178p	沸	끓을 비	304p
保	지킬 보	180p	否	아닐 부	214p	碑	비석 비	304p
補	기울 보	216p	符	부호 부	300p	扉	사립문 비	304p
宝	보배 보	217p	附	붙일 부	300p	妃	왕비 비	304p
普	넓을 보	297p	訃	부고 부	301p	泌	분비할 비	304p
譜	족보 보	298p	賦	부세 부	301p	貧	가난할 빈	177p
服	옷 복	95p	腐	썩을 부	300p	浜	물가 빈	304p
福	복 복	96p	膚	살갗 부	301p	賓	손 빈	305p
複	겹칠 복	178p	剖	쪼갤 부	300p	頻	자주 빈	305p

氷	얼음 빙	94p	赦	용서할 사	306p	桑	뽕나무 상	309p
			嗣	이을 사	306p	祥	상서로울 상	309p
ㅅ			賜	줄 사	306p	爽	시원할 상	309p
四	넉 사	14p	卸	풀 사	306p	尚	오히려 상	309p
糸	실 사	14p	削	깎을 삭	307p	喪	잃을 상	309p
思	생각 사	41p	山	메 산	14p	塞	변방 새	310p
寺	절 사	41p	山	뫼 산	14p	璽	옥새 새	310p
社	모일 사	42p	算	셈 산	40p	色	빛 색	44p
使	부릴 사	73p	産	낳을 산	119p	索	찾을 색	310p
使	하여금 사	73p	散	흩을 산	120p	塞	막힐 색	310p
仕	섬길 사	73p	酸	실 산	160p	生	날 생	18p
死	죽을 사	73p	傘	우산 산	307p	省	덜 생	125p
事	일 사	75p	殺	죽일 살	160p	牲	희생 생	310p
寫	베낄 사	76p	撒	뿌릴 살	307p	甥	생질 생	311p
司	맡을 사	120p	三	석 삼	13p	書	글 서	43p
辭	말씀 사	121p	森	수풀 삼	17p	西	서녘 서	46p
史	사기 사	161p	森	숲 삼	17p	暑	더울 서	79p
士	선비 사	161p	參	석 삼	119p	序	차례 서	164p
査	조사할 사	158p	杉	삼나무 삼	307p	署	마을 서	200p
似	닮을 사	162p	挿	꽂을 삽	308p	署	관청 서	200p
飼	기를 사	162p	渋	떫을 삽	308p	誓	맹세할 서	311p
師	스승 사	162p	上	위 상	17p	緖	실마리 서	311p
謝	사례할 사	163p	上	윗 상	17p	庶	여러 서	311p
舍	집 사	163p	商	장사 상	80p	徐	천천히 할 서	311p
砂	모래 사	195p	相	서로 상	83p	叙	펼 서	311p
私	사사 사	196p	想	생각 상	84p	逝	갈 서	312p
私	사사로울 사	196p	箱	상자 상	92p	婿	사위 서	312p
詞	말 사	197p	賞	상줄 상	165p	夕	저녁 석	18p
詞	글 사	197p	象	코끼리 상	165p	石	돌 석	19p
射	쏠 사	197p	常	떳떳할 상	166p	先	먼저 선	20p
捨	버릴 사	198p	常	항상 상	166p	船	배 선	47p
邪	간사할 사	305p	状	형상 상	166p	線	줄 선	47p
斜	비낄 사	305p	像	모양 상	170p	昔	예 석	83p
詐	속일 사	305p	傷	다칠 상	201p	潟	개펄 석	108p
伺	엿볼 사	305p	償	갚을 상	308p	席	자리 석	126p
蛇	긴 뱀 사	306p	霜	서리 상	308p	選	가릴 선	127p
唆	부추길 사	306p	詳	자세할 상	308p	選	고를 선	127p
沙	모래 사	307p	床	평상 상	308p	宣	베풀 선	204p
覗	엿볼 사	307p	峠	고개 상	309p	善	착할 선	205p

436

惜	아낄 석	312p	洗	씻을 세	204p	訟	송사할 송	318p
析	쪼갤 석	312p	貰	세낼 세	315p	刷	인쇄할 쇄	119p
釈	풀 석	312p	歳	해 세	315p	殺	빠를 쇄	160p
鮮	고울 선	312p	小	작을 소	16p	砕	부술 쇄	318p
禅	고요할 선	313p	少	적을 소	44p	鎖	쇠사슬 쇄	318p
繕	기울 선	313p	所	바 소	79p	衰	쇠할 쇠	318p
旋	돌 선	313p	昭	밝을 소	79p	手	손 수	15p
羨	부러워할 선	313p	消	사라질 소	80p	水	물 수	17p
扇	부채 선	313p	消	끌 소	80p	首	머리 수	43p
仙	신선 선	313p	笑	웃음 소	123p	数	셈 수	46p
銑	무쇠 선	314p	焼	사를 소	124p	数	셈할 수	46p
膳	반찬 선	314p	巣	새집 소	128p	守	지킬 수	76p
腺	샘 선	314p	素	본디 소	169p	受	받을 수	77p
膳	선물 선	314p	素	흴 소	169p	授	줄 수	163p
雪	눈 설	47p	騒	떠들 소	315p	修	닦을 수	164p
説	말씀 설	127p	掃	쓸 소	315p	輸	보낼 수	182p
設	베풀 설	169p	沼	못 소	316p	収	거둘 수	198p
舌	혀 설	204p	召	부를 소	316p	樹	나무 수	198p
繊	가늘 섬	314p	紹	이을 소	316p	垂	드리울 수	202p
渉	건널 섭	314p	訴	호소할 소	316p	秀	빼어날 수	318p
摂	당길 섭	314p	塑	흙 빚을 소	316p	囚	가둘 수	319p
星	별 성	46p	咲	필 소	316p	愁	근심 수	319p
声	소리 성	46p	遡	거스를 소	317p	酬	갚을 수	320p
城	성 성	124p	蘇	되살아날 소	317p	誰	누구 수	319p
城	재 성	124p	宵	밤 소	317p	寿	목숨 수	319p
成	이룰 성	125p	疎	성길 소	317p	需	쓰일 수	319p
省	살필 성	125p	疏	트일 소	317p	睡	졸음 수	319p
性	성품 성	167p	速	빠를 속	84p	殊	다를 수	320p
聖	성인 성	203p	束	묶을 속	128p	遂	드디어 수	320p
盛	성할 성	203p	続	이을 속	129p	狩	사냥할 수	320p
誠	정성 성	203p	属	무리 속	171p	粋	순수할 수	320p
醒	깰 성	315p	属	붙일 속	171p	穂	이삭 수	320p
姓	성 성	315p	俗	풍속 속	317p	袖	소매 수	321p
細	가늘 세	40p	損	덜 손	171p	帥	장수 수	321p
世	세상 세	82p	孫	손자 손	129p	獣	짐승 수	321p
世	인간 세	82p	遜	겸손할 손	318p	捜	찾을 수	321p
説	달랠 세	127p	率	거느릴 솔	171p	随	따를 수	321p
勢	형세 세	167p	送	보낼 송	83p	髄	뼛골 수	321p
税	세금 세	168p	松	소나무 송	123p	須	모름지기 수	322p

羞	부끄러울 수	322p	示	보일 시	162p	尋	찾을 심	328p
繡	수놓을 수	322p	視	볼 시	197p	芯	골풀 심	329p
瘦	여월 수	322p	侍	모실 시	325p	十	열 십	16p
宿	잘 숙	79p	是	옳을 시	325p	拾	열 십	77p
熟	익을 숙	200p	是	이 시	325p	双	두 쌍	310p
塾	글방 숙	322p	施	베풀 시	326p	氏	성씨 씨	120p
叔	아재비 숙	322p	匙	숟가락 시	326p			
淑	맑을 숙	323p	蒔	씨뿌릴 시	326p		**ㅇ**	
肅	엄숙할 숙	323p	食	먹을 식	44p	芽	싹 아	107p
順	순할 순	123p	食	밥 식	44p	兒	아이 아	121p
純	순수할 순	200p	式	법 식	75p	我	나 아	185p
瞬	눈 깜짝일 순	323p	植	심을 식	81p	雅	맑을 아	329p
巡	돌 순	323p	息	쉴 식	84p	亜	버금 아	329p
循	돌 순	323p	識	알 식	163p	牙	어금니 아	329p
旬	열흘 순	323p	飾	꾸밀 식	326p	餓	주릴 아	329p
唇	입술 순	324p	殖	불릴 식	326p	楽	음악 악	31p
殉	따라죽을 순	324p	拭	씻을 식	327p	悪	악할 악	61p
盾	방패 순	324p	新	새 신	45p	握	쥘 악	330p
術	재주 술	164p	神	귀신 신	81p	岳	큰 산 악	329p
述	펼 술	164p	申	납 신	81p	顎	턱 악	330p
崇	높을 숭	324p	申	아뢸 신	81p	顔	얼굴 안	32p
膝	무릎 슬	324p	身	몸 신	81p	顔	낯 안	32p
拾	주을 습	77p	臣	신하 신	124p	安	편안 안	61p
習	익힐 습	78p	信	믿을 신	125p	案	책상 안	103p
湿	젖을 습	324p	紳	띠 신	327p	岸	언덕 안	66p
襲	엄습할 습	325p	辛	매울 신	327p	眼	눈 안	150p
乗	탈 승	80p	迅	빠를 신	327p	雁	기러기 안	330p
縄	노끈 승	124p	慎	삼갈 신	327p	謁	뵐 알	330p
承	이을 승	201p	伸	펼 신	327p	岩	바위 암	31p
升	되 승	325p	薪	섶 신	328p	暗	어두울 암	61p
昇	오를 승	325p	娠	아이밸 신	328p	闇	숨을 암	330p
僧	중 승	325p	腎	콩팥 신	328p	癌	암 암	331p
柿	감나무 시	326p	室	집 실	42p	圧	누를 압	145p
市	저자 시	40p	実	열매 실	75p	押	누를 압	331p
矢	화살 시	41p	失	잃을 실	122p	鴨	오리 압	331p
時	때 시	42p	心	마음 심	45p	央	가운데 앙	64p
詩	시 시	74p	深	깊을 심	82p	仰	우러를 앙	331p
始	비로소 시	74p	審	살필 심	328p	愛	사랑 애	103p
試	시험 시	120p	甚	심할 심	328p	涯	물가 애	331p

哀	슬플 애	331p	俺	나 암	330p	炎	불꽃 염(렴)	337p
挨	밀칠 애	332p	厳	엄할 엄	192p	葉	잎 엽	100p
崖	언덕 애	332p	業	업 업	68p	営	경영할 영	146p
曖	희미할 애	332p	円	화폐 단위 엔	8p	影	그림자 영	337p
液	진 액	146p	如	같을 여	335p	永	길 영	145p
額	금액 액	149p	予	나 여	99p	泳	헤엄칠 영	63p
額	이마 액	149p	余	남을 여	182p	英	뛰어날 영	105p
厄	액 액	332p	余	나 여	182p	英	꽃부리 영	105p
桜	앵두 앵	147p	与	줄 여	334p	栄	영화 영	105p
野	들 야	59p	茹	삶을 여	335p	映	비칠 영	184p
夜	밤 야	59p	輿	수레 여	335p	迎	맞을 영	337p
冶	풀무 야	332p	駅	역 역	63p	詠	읊을 영	338p
弱	약할 약	42p	役	부릴 역	98p	予	미리 예	99p
薬	약 약	98p	易	바꿀 역	146p	預	맡길 예	219p
約	맺을 약	141p	逆	거스를 역	152p	預	미리 예	219p
若	같을 약	198p	域	지경 역	184p	誉	기릴 예	338p
躍	뛸 약	332p	訳	번역할 역	219p	鋭	날카로울 예	338p
羊	양 양	100p	疫	전염병 역	335p	刈	벨 예	338p
洋	큰바다 양	100p	研	갈 연	71p	詣	이를 예	338p
陽	볕 양	100p	然	그럴 연	127p	睨	흘겨볼 예	338p
様	모양 양	101p	演	펼 연	147p	五	다섯 오	13p
養	기를 양	141p	燃	탈 연	175p	午	낮 오	35p
揚	날릴 양	333p	沿	물 따라갈 연	185p	悪	미워할 오	61p
譲	사양할 양	333p	沿	따를 연	185p	誤	그르칠 오	192p
醸	술 빚을 양	333p	延	늘일 연	185p	傲	거만할 오	339p
嬢	아가씨 양	333p	煙	연기 연	335p	悟	깨달을 오	339p
瘍	헐 양	333p	縁	인연 연	335p	汚	더러울 오	339p
壌	흙덩이 양	333p	鉛	납 연	336p	奥	속 오	339p
魚	물고기 어	33p	軟	연할 연	336p	呉	오나라 오	339p
魚	고기 어	33p	宴	잔치 연	336p	娯	즐길 오	339p
語	말씀 어	36p	燕	제비 연	336p	烏	까마귀 오	340p
漁	고기 잡을 어	112p	咽	삼킬 연	336p	玉	구슬 옥	11p
御	거느릴 어	334p	熱	더울 열	134p	屋	집 옥	64p
於	어조사 어	334p	悦	기쁠 열	337p	沃	기름질 옥	340p
億	억 억	106p	咽	목멜 열	337p	獄	옥 옥	340p
臆	가슴 억	334p	閲	볼 열	336p	温	따뜻할 온	64p
抑	누를 억	334p	塩	소금 염	105p	穏	편안할 온	340p
憶	생각할 억	334p	染	물들 염	205p	擁	낄 옹	340p
言	말씀 언	35p	艶	고울 염	337p	翁	늙은이 옹	340p

瓦	기와 와	341p	牛	소 우	33p	委	맡길 위	62p
渦	소용돌이 와	341p	友	벗 우	60p	位	자리 위	104p
完	완전할 완	108p	宇	집 우	184p	圍	에워쌀 위	145p
緩	느릴 완	341p	優	넉넉할 우	219p	衛	지킬 위	146p
頑	완고할 완	341p	郵	우편 우	219p	胃	밥통 위	183p
宛	완연할 완	341p	又	또 우	344p	危	위태할 위	187p
腕	팔뚝 완	341p	遇	만날 우	345p	違	어긋날 위	347p
碗	사발 완	342p	隅	모퉁이 우	345p	偉	클 위	347p
玩	즐길 완	342p	愚	어리석을 우	345p	偽	거짓 위	348p
王	임금 왕	9p	虞	염려할 우	345p	尉	벼슬 위	348p
往	갈 왕	147p	偶	짝 우	345p	萎	시들 위	349p
旺	왕성할 왕	342p	芋	토란 우	345p	緯	씨 위	348p
外	바깥 외	30p	尤	더욱 우	346p	慰	위로할 위	348p
畏	두려워할 외	342p	雲	구름 운	27p	威	위엄 위	348p
曜	빛날 요	60p	運	나를 운	63p	爲	할 위	348p
要	요긴할 요	141p	運	옮길 운	63p	油	기름 유	99p
搖	흔들 요	342p	韻	운 운	346p	遊	놀 유	99p
窯	기와 가마 요	343p	云	이를 운	346p	由	말미암을 유	99p
謠	노래 요	342p	芸	재주 예	114p	有	있을 유	99p
凹	오목할 요	343p	鬱	답답할 울	346p	遺	남길 유	184p
妖	요사할 요	343p	熊	곰 웅	113p	乳	젖 유	212p
腰	허리 요	343p	雄	수컷 웅	346p	幼	어릴 유	220p
浴	목욕할 욕	141p	円	둥글 원	8p	幽	그윽할 유	349p
欲	하고자 할 욕	220p	員	관원 원	62p	誘	꾈 유	349p
辱	욕될 욕	343p	園	동산 원	28p	裕	넉넉할 유	349p
勇	날랠 용	141p	遠	멀 원	28p	維	벼리 유	349p
溶	녹을 용	343p	元	으뜸 원	34p	柔	부드러울 유	349p
庸	떳떳할 용	344p	原	언덕 원	35p	悠	멀 유	350p
踊	뛸 용	344p	員	인원 원	62p	癒	병 나을 유	350p
湧	물 솟을 용	344p	院	집 원	63p	儒	선비 유	350p
用	쓸 용	60p	媛	여자 원	105p	唯	오직 유	350p
容	얼굴 용	182p	願	원할 원	109p	愉	즐거울 유	350p
冗	쓸데없을 용	344p	源	근원 원	192p	諭	타이를 유	350p
憂	근심 우	344p	猿	원숭이 원	346p	喩	깨우칠 유	351p
雨	비 우	8p	垣	담 원	347p	猶	오히려 유	351p
右	오른 우	8p	援	도울 원	347p	濡	젖을 유	351p
右	오른쪽 우	8p	怨	원망할 원	347p	肉	고기 육	54p
羽	깃 우	27p	月	달 월	12p	育	기를 육	62p
羽	날개 우	27p	越	넘을 월	347p	潤	윤택할 윤	351p

融	녹을 융	351p	因	인할 인	145p	昨	어제 작	118p
隱	숨을 은	351p	仁	어질 인	202p	作	지을 작	40p
銀	은 은	69p	認	알 인	212p	勺	구기 작	357p
恩	은혜 은	185p	咽	목구멍 인	354p	爵	벼슬 작	357p
乙	새 을	352p	忍	참을 인	354p	酌	술 부을 작	357p
音	소리 음	9p	刃	칼날 인	354p	酌	잔질할 작	357p
飮	마실 음	63p	姻	혼인 인	354p	雀	참새 작	357p
陰	그늘 음	352p	一	한 일	8p	殘	남을 잔	120p
吟	읊을 음	352p	日	날 일	23p	棧	사다리 잔	357p
淫	음란할 음	352p	逸	편안할 일	355p	蠶	누에 잠	196p
泣	울 읍	111p	壱	한 일	355p	潛	잠길 잠	358p
應	응할 응	147p	任	맡길 임	175p	暫	잠깐 잠	358p
凝	엉길 응	352p	賃	품삯 임	210p	雜	섞일 잡	160p
意	뜻 의	62p	妊	아이밸 임	355p	藏	감출 장	206p
医	의원 의	62p	入	들 입	24p	場	마당 장	44p
衣	옷 의	104p	込	담을 입	355p	長	길 장	50p
議	의논할 의	111p	剩	남을 잉	355p	長	긴 장	50p
義	옳을 의	151p				章	글 장	80p
疑	의심할 의	188p	**ㅈ**			帳	장막 장	87p
依	의지할 의	352p	子	아들 자	14p	狀	문서 장	166p
儀	거동 의	353p	字	글자 자	14p	張	베풀 장	172p
宜	마땅 의	353p	姉	손윗누이 자	41p	將	장수 장	201p
擬	비길 의	353p	自	스스로 자	42p	障	막을 장	202p
椅	의자 의	353p	者	놈 자	76p	裝	꾸밀 장	206p
耳	귀 이	15p	者	사람 자	76p	臟	오장 장	207p
二	두 이	23p	茨	지붕 일 자	104p	腸	창자 장	210p
以	써 이	104p	滋	불을 자	121p	莊	별장 장	358p
移	옮길 이	145p	資	재물 자	162p	莊	장중할 장	358p
易	쉬울 이	146p	磁	자석 자	197p	壯	씩씩할 장	358p
異	다를 이	184p	姿	모양 자	196p	丈	어른 장	358p
弐	두 이	353p	刺	찌를 자	355p	奬	장려할 장	358p
餌	미끼 이	353p	恣	마음대로 자	356p	壮	장할 장	358p
伊	저 이	354p	諮	물을 자	356p	粧	단장할 장	359p
益	더할 익	146p	恣	방자할 자	356p	掌	손바닥 장	359p
翌	다음날 익	220p	慈	사랑 자	356p	醬	장 장	359p
翼	날개 익	354p	煮	삶을 자	356p	葬	장사지낼 장	359p
人	사람 인	17p	雌	암컷 자	356p	匠	장인 장	359p
引	끌 인	27p	紫	자줏빛 자	356p	才	재주 재	39p
印	도장 인	104p	髭	수염 자	357p	材	재목 재	118p

再	두 재	158p	転	구를 전	89p	静	고요할 정	126p
災	재앙 재	158p	畑	화전 전	92p	情	뜻 정	166p
在	있을 재	159p	戦	싸움 전	127p	政	정사 정	167p
財	재물 재	159p	典	법 전	131p	精	정할 정	167p
裁	옷마를 재	195p	伝	전할 전	132p	程	길 정	173p
載	실을 재	359p	専	오로지 전	204p	停	머무를 정	173p
栽	심을 재	360p	銭	돈 전	205p	程	한도 정	173p
斎	재계할 재	360p	展	펼 전	211p	頂	정수리 정	210p
宰	재상 재	360p	殿	전각 전	362p	浄	깨끗할 정	364p
争	다툴 쟁	128p	箋	기록할 전	363p	貞	곧을 정	365p
噌	웅성거릴 쟁	360p	煎	달일 전	363p	呈	드릴 정	365p
低	낮을 저	131p	栓	마개 전	363p	晶	맑을 정	365p
底	밑 저	131p	填	메울 전	363p	訂	바로잡을 정	365p
貯	쌓을 저	172p	詮	설명할 전	363p	亭	정자 정	365p
著	나타날 저	209p	揃	자를 전	363p	廷	조정 정	365p
抵	막을 저	360p	切	끊을 절	47p	錠	덩이 정	366p
邸	집 저	360p	折	꺾을 절	126p	艇	배 정	366p
狙	엿볼 저	361p	節	마디 절	126p	井	사발 정	366p
箸	젓가락 저	361p	絶	끊을 절	169p	偵	염탐할 정	366p
寂	고요할 적	361p	窃	훔칠 절	364p	征	칠 정	366p
這	기어갈 저	361p	店	가게 점	51p	弟	아우 제	51p
赤	붉을 적	19p	粘	붙을 점	364p	祭	제사 제	73p
笛	피리 적	88p	点	점 점	51p	第	차례 제	85p
積	쌓을 적	126p	占	점령할 점	364p	題	제목 제	86p
的	과녁 적	131p	占	점칠 점	364p	際	가 제	159p
績	길쌈 적	168p	漸	점점 점	364p	際	즈음 제	159p
適	맞을 적	173p	接	접할 접	168p	制	절제할 제	167p
敵	대적할 적	211p	接	이을 접	168p	製	지을 제	168p
籍	문서 적	361p	蝶	나비 접	364p	提	끌 제	173p
跡	발자취 적	361p	正	바를 정	18p	済	건널 제	195p
賊	도적 적	362p	町	밭두둑 정	22p	除	덜 제	201p
摘	딸 적	362p	町	마을 정	22p	諸	모두 제	201p
滴	물방울 적	362p	整	가지런할 정	83p	斉	가지런할 제	366p
吊	이를 적	362p	丁	고무래 정	87p	堤	둑 제	367p
嫡	정실 적	362p	丁	장정 정	87p	剤	약제 제	367p
田	밭 전	23p	庭	뜰 정	88p	帝	임금 제	367p
前	앞 전	48p	庭	마당 정	88p	早	이를 조	20p
電	번개 전	52p	定	정할 정	88p	組	짤 조	48p
全	온전 전	83p	井	우물 정	125p	鳥	새 조	50p

朝	아침 조	50p	鐘	쇠북 종	370p	重	무거울 중	78p
助	도울 조	79p	踪	자취 종	370p	仲	버금 중	130p
調	고를 조	87p	腫	종기 종	370p	衆	무리 중	199p
照	비칠 조	124p	踵	발꿈치 종	371p	即	곧 즉	373p
兆	억조 조	131p	左	왼 좌	13p	汁	즙 즙	373p
条	가지 조	165p	佐	도울 좌	117p	証	증거 증	165p
祖	할아비 조	169p	座	자리 좌	195p	増	더할 증	170p
造	지을 조	170p	挫	꺾을 좌	371p	蒸	찔 증	202p
操	잡을 조	206p	罪	허물 죄	160p	曾	일찍 증	373p
潮	밀물 조	210p	週	주일 주	43p	贈	줄 증	373p
潮	조수 조	210p	走	달릴 주	48p	憎	미워할 증	374p
粗	거칠 조	367p	昼	낮 주	50p	症	증세 증	374p
眺	바라볼 조	367p	主	임금 주	76p	止	그칠 지	40p
彫	새길 조	367p	主	주인 주	76p	紙	종이 지	41p
槽	구유 조	368p	州	고을 주	77p	地	따 지	49p
釣	낚시 조	368p	酒	술 주	77p	地	땅 지	49p
遭	만날 조	368p	住	살 주	78p	池	못 지	49p
曹	무리 조	368p	柱	기둥 주	87p	知	알 지	49p
詔	조서 조	368p	注	부을 주	87p	指	가리킬 지	74p
租	조세 조	368p	周	두루 주	122p	指	손가락 지	74p
繰	고치 켤 조	369p	株	그루 주	186p	持	가질 지	75p
措	둘 조	369p	宙	집 주	209p	枝	가지 지	161p
燥	마를 조	369p	奏	아뢸 주	205p	志	뜻 지	161p
藻	마름 조	369p	珠	구슬 주	371p	支	지탱할 지	161p
阻	막힐 조	369p	駐	머무를 주	371p	至	이를 지	196p
弔	조상할 조	369p	舟	배 주	371p	誌	기록할 지	197p
爪	손톱 조	370p	朱	붉을 주	371p	脂	기름 지	374p
足	발 족	20p	呪	빌 주	372p	遅	늦을 지	374p
族	겨레 족	84p	鋳	쇠 부이 만들 주	372p	旨	뜻 지	374p
尊	높을 존	207p	酎	전국술 주	372p	芝	지초 지	374p
存	있을 존	207p	肘	팔꿈치 주	372p	只	다만 지	375p
卒	마칠 졸	129p	竹	대 죽	21p	漬	담글지	375p
拙	졸할 졸	370p	竹	대나무 죽	21p	祉	복 지	375p
終	마칠 종	78p	準	준할 준	164p	摯	잡을 지	375p
種	씨 종	122p	遵	좇을 준	372p	智	지혜 지	375p
宗	마루 종	199p	俊	준걸 준	372p	肢	팔다리 지	375p
従	좇을 종	199p	准	비준 준	373p	直	곧을 직	51p
縦	세로 종	199p	噂	수근거릴 준	373p	職	직분 직	166p
綜	모을 종	370p	中	가운데 중	22p	織	짤 직	166p

進	나아갈 진	82p	錯	어긋날 착	380p	川	내 천	19p
真	참 진	82p	捉	잡을 착	380p	千	일천 천	19p
尽	다할 진	376p	搾	짤 착	380p	天	하늘 천	22p
振	떨칠 진	376p	贊	도울 찬	160p	浅	얕을 천	127p
陳	베풀 진	376p	讃	기릴 찬	380p	泉	샘 천	204p
珍	보배 진	376p	札	편지 찰	118p	践	밟을 천	384p
震	우레 진	376p	察	살필 찰	119p	遷	옮길 천	384p
陣	진칠 진	376p	参	참여할 참	119p	薦	천거할 천	384p
津	나루 진	377p	擦	문지를 찰	380p	鉄	쇠 철	88p
賑	넉넉할 진	377p	刹	절 찰	381p	撤	거둘 철	384p
鎮	진압할 진	377p	捗	짓누를 찰	381p	哲	밝을 철	384p
診	진찰할 진	377p	斬	벨 참	381p	凸	볼록할 철	384p
質	바탕 질	163p	惨	참혹할 참	381p	徹	통할 철	385p
秩	차례 질	377p	倉	곳집 창	128p	添	더할 첨	385p
疾	병 질	377p	彰	드러날 창	381p	尖	뾰족할 첨	385p
叱	꾸짖을 질	378p	唱	부를 창	123p	畳	거듭할 첩	385p
窒	막힐 질	378p	窓	창 창	205p	貼	붙일 첩	385p
嫉	미워할 질	378p	創	비롯할 창	206p	青	푸를 청	18p
迭	번갈아들 질	378p	脹	부을 창	381p	晴	갤 청	47p
姪	조카 질	378p	菜	나물 채	117p	清	맑을 청	125p
朕	나 짐	378p	採	캘 채	159p	庁	관청 청	209p
集	모을 집	78p	債	빚 채	382p	請	청할 청	385p
執	잡을 집	379p	彩	채색 채	382p	聴	들을 청	386p
澄	맑을 징	379p	采	풍채 채	382p	切	온통 체	47p
徴	부를 징	379p	責	꾸짖을 책	168p	体	몸 체	49p
懲	징계할 징	379p	策	꾀 책	195p	逓	갈마들 체	386p
			冊	책 책	196p	滞	막힐 체	386p
	ㅊ		柵	울타리 책	382p	締	맺을 체	386p
車	수레 차	15p	妻	아내 처	159p	替	바꿀 체	386p
茶	차 차	50p	処	곳 처	200p	逮	잡을 체	386p
次	버금 차	74p	凄	쓸쓸할 처	382p	諦	살필 체	387p
借	빌릴 차	122p	尺	자 척	198p	剃	털 깎을 체	387p
借	빌 차	122p	拓	넓힐 척	382p	梢	나무 끝 초	388p
差	다를 차	117p	脊	등마루 척	383p	草	풀 초	20p
遮	가릴 차	379p	斥	물리칠 척	383p	秒	분초 초	94p
且	또 차	379p	隻	외짝 척	383p	初	처음 초	123p
此	이 차	380p	戚	친척 척	383p	招	부를 초	165p
着	입을 착	86p	刺	찌를 척	383p	肖	닮을 초	387p
着	붙을 착	86p	捗	칠 척	383p	超	뛰어넘을 초	387p

抄	뽑을 초	387p
焦	탈 초	387p
炒	볶을 초	388p
礁	암초 초	388p
礎	주춧돌 초	388p
酢	초 초	388p
硝	화약 초	388p
触	닿을 촉	389p
嘱	부탁할 촉	389p
促	재촉할 촉	389p
燭	촛불 촉	389p
村	마을 촌	21p
寸	마디 촌	203p
総	거느릴 총	169p
総	다 총	169p
塚	무덤 총	389p
銃	총 총	389p
撮	찍을 촬	390p
最	가장 최	117p
催	재촉할 최	390p
秋	가을 추	43p
追	따를 추	88p
追	쫓을 추	88p
推	밀 추	203p
椎	등골 추	390p
墜	떨어질 추	390p
抽	뽑을 추	390p
枢	지도리 추	390p
醜	추할 추	390p
椎	쇠몽치 추	391p
錘	저울추 추	391p
軸	굴대 축	391p
蓄	모을 축	391p
祝	빌 축	122p
築	쌓을 축	172p
縮	줄일 축	200p
畜	짐승 축	391p
逐	쫓을 축	391p
蹴	찰 축	392p
春	봄 춘	43p
出	날 출	16p
虫	벌레 충	22p
沖	화할 충	130p
忠	충성 충	209p
衷	속마음 충	392p
衝	찌를 충	392p
充	채울 충	392p
取	가질 취	77p
取	취할 취	77p
就	나아갈 취	199p
趣	뜻 취	392p
炊	불 땔 취	392p
臭	냄새 취	393p
吹	불 취	393p
酔	취할 취	393p
側	곁 측	128p
測	헤아릴 측	170p
層	층 층	206p
歯	이 치	74p
治	다스릴 치	121p
置	둘 치	130p
値	값 치	209p
恥	부끄러울 치	393p
痴	어리석을 치	393p
致	이를 치	393p
雉	꿩 치	394p
馳	달릴 치	394p
緻	빽빽할 치	394p
稚	어릴 치	394p
則	법칙 칙	170p
勅	칙서 칙	394p
親	친할 친	45p
七	일곱 칠	15p
漆	옻 칠	394p
針	바늘 침	202p
枕	베개 침	395p
寝	잘 침	395p
沈	잠길 침	395p
浸	잠길 침	395p
侵	침노할 침	395p
称	일컬을 칭	395p

ㅋ

| 快 | 쾌할 쾌 | 148p |

ㅌ

他	다를 타	84p
打	칠 타	85p
駄	실을 타	396p
惰	게으를 타	396p
堕	떨어질 타	396p
妥	온당할 타	396p
唾	침 타	396p
度	헤아릴 탁	89p
卓	높을 탁	396p
託	부탁할 탁	397p
濯	씻을 탁	397p
濁	흐릴 탁	397p
拓	박을 탁	397p
炭	숯 탄	86p
誕	낳을 탄	208p
嘆	탄식할 탄	397p
弾	탄알 탄	397p
綻	터질 탄	398p
脱	벗을 탈	398p
奪	빼앗을 탈	398p
探	찾을 탐	208p
貪	탐낼 탐	398p
搭	띨 탑	398p
塔	탑 탑	398p
湯	끓을 탕	90p
糖	엿 탕	211p
太	클 태	48p
台	태풍 태	49p
態	모습 태	171p
殆	거의 태	399p
怠	게으를 태	399p

駄	실을 태	399p
汰	일 태	399p
泰	클 태	399p
胎	아이 밸 태	399p
宅	집 택	207p
択	가릴 택	400p
沢	못 택	400p
土	흙 토	23p
討	칠 토	211p
兎	토끼 토	400p
吐	토할 토	400p
通	통할 통	51p
統	거느릴 통	173p
痛	아플 통	210p
筒	통 통	400p
洞	통할 통	400p
推	밀 퇴	203p
退	물러날 퇴	207p
堆	쌓을 퇴	401p
投	던질 투	89p
透	사무칠 투	401p
妬	샘낼 투	401p
鬪	싸울 투	401p
特	특별할 특	133p

ㅍ

波	물결 파	91p
破	깨뜨릴 파	175p
派	갈래 파	213p
罷	마칠 파	401p
把	잡을 파	401p
婆	할미 파	402p
板	널 판	93p
坂	비탈 판	93p
坂	언덕 판	93p
阪	언덕 판	135p
判	판단할 판	176p
版	판목 판	176p
弁	외씨 판	179p

販	팔 판	402p
覇	으뜸 패	402p
八	여덟 팔	24p
貝	조개 패	10p
敗	패할 패	134p
唄	염불 소리 패	402p
膨	불을 팽	402p
便	편할 편	138p
編	엮을 편	179p
片	조각 편	216p
遍	두루 편	402p
偏	치우칠 편	403p
平	평평할 평	96p
評	평할 평	177p
坪	들 평	403p
肺	허파 폐	213p
閉	닫을 폐	216p
陛	대궐섬돌 폐	216p
蔽	덮을 폐	403p
弊	폐단 폐	403p
廢	폐할 폐	403p
幣	화폐 폐	403p
吠	짖을 폐	404p
包	쌀 포	139p
布	베 포	178p
布	펼 포	178p
砲	대포 포	404p
泡	거품 포	404p
怖	두려워할 포	404p
飽	배부를 포	404p
抱	안을 포	404p
浦	개 포	405p
褒	기릴 포	405p
哺	먹일 포	405p
浦	물가 포	405p
胞	세포 포	405p
捕	잡을 포	405p
鋪	펼 포	405p
鞄	가방 포	406p

暴	사나울 포	181p
暴	사나울 폭	181p
爆	불 터질 폭	406p
幅	폭 폭	406p
表	겉 표	94p
票	표 표	135p
標	표할 표	136p
俵	나누어 줄 표	215p
漂	떠다닐 표	406p
品	물건 품	95p
風	바람 풍	56p
豊	풍년 풍	180p
皮	가죽 피	93p
彼	저 피	406p
疲	피곤할 피	406p
被	입을 피	407p
避	피할 피	407p
披	헤칠 피	407p
筆	붓 필	94p
必	반드시 필	135p
匹	짝 필	407p
乏	모자랄 핍	407p

ㅎ

下	아래 하	9p
何	어찌 하	28p
夏	여름 하	28p
荷	멜 하	65p
荷	짐 하	65p
賀	하례할 하	107p
河	강 하	148p
河	물 하	148p
霞	노을 하	407p
学	배울 학	10p
虐	모질 학	408p
鶴	학 학	408p
寒	찰 한	65p
寒	추울 한	65p
漢	한나라 한	66p

限	한할 한	155p	享	누릴 향	411p	型	모형 형	154p
韓	나라 한	408p	響	울릴 향	411p	刑	형벌 형	415p
韓	한국 한	408p	許	허락할 허	153p	桁	도리 형	415p
汗	땀 한	408p	噓	거짓말 허	412p	蛍	반딧불 형	415p
恨	한 한	408p	虛	빌 허	412p	衡	저울대 형	416p
閑	한가할 한	408p	憲	법 헌	191p	惠	은혜 혜	416p
轄	다스릴 할	409p	軒	집 헌	412p	戶	집 호	35p
割	벨 할	186p	軒	처마 헌	412p	湖	호수 호	71p
含	머금을 함	409p	献	드릴 헌	412p	号	이름 호	72p
陷	빠질 함	409p	験	시험 험	115p	好	좋을 호	116p
艦	싸움배 함	409p	険	험할 험	154p	護	도울 호	156p
艦	큰 배 함	409p	革	가죽 혁	186p	呼	부를 호	192p
合	합할 합	38p	嚇	성낼 혁	412p	縞	명주 호	416p
港	항구 항	72p	見	뵈올 현	12p	虎	범 호	417p
航	물 건널 항	157p	県	고을 현	71p	互	서로 호	416p
航	배 항	157p	現	나타날 현	155p	豪	호걸 호	416p
降	항복할 항	193p	玄	검을 현	412p	弧	활 호	416p
抗	대항할 항	409p	顕	나타날 현	413p	壺	항아리 호	417p
項	항목 항	409p	懸	매달 현	413p	惑	미혹할 혹	417p
巷	거리 항	410p	舷	뱃전 현	413p	酷	심할 혹	417p
桁	차꼬 항	410p	呟	소리 현	413p	混	섞을 혼	158p
恒	항상 항	410p	弦	시위 현	413p	或	혹 혹	417p
海	바다 해	30p	賢	어질 현	413p	婚	혼인할 혼	417p
害	해할 해	107p	絃	줄 현	414p	魂	넋 혼	418p
解	풀 해	149p	血	피 혈	70p	忽	갑자기 홀	418p
該	갖출 해	410p	穴	구멍 혈	191p	惚	황홀할 홀	418p
該	마땅 해	410p	穴	굴 혈	191p	洪	넓을 홍	418p
骸	뼈 해	410p	嫌	싫어할 혐	414p	紅	붉을 홍	193p
諧	화할 해	410p	協	도울 협	112p	虹	무지개 홍	418p
咳	기침 해	411p	協	화할 협	112p	火	불 화	9p
楷	본보기 해	411p	峽	골짜기 협	414p	花	꽃 화	10p
核	씨 핵	411p	挟	낄 협	414p	化	될 화	64p
劾	꾸짖을 핵	411p	脅	위협할 협	414p	画	그림 화	29p
行	갈 행	38p	狭	좁을 협	414p	話	말씀 화	61p
行	다닐 행	38p	脇	겨드랑이 협	415p	和	화할 화	103p
幸	다행 행	72p	叶	맞을 협	415p	貨	재물 화	106p
向	향할 향	72p	頰	뺨 협	415p	靴	구두 화	419p
香	향기 향	116p	形	모양 형	34p	華	빛날 화	418p
郷	시골 향	189p	兄	형 형	34p	嘩	떠들썩할 화	419p

枠	테두리 화	419p
禍	재앙 화	419p
確	굳을 확	149p
拡	넓힐 확	186p
穫	거둘 확	419p
丸	둥글 환	31p
環	고리 환	419p
患	근심 환	420p
歓	기쁠 환	420p
還	돌아올 환	420p
換	바꿀 환	420p
喚	부를 환	420p
幻	허깨비 환	420p
活	살 활	31p
滑	미끄러울 활	421p
黄	누를 황	38p
皇	임금 황	193p
荒	거칠 황	421p
況	상황 황	421p
慌	어리둥절할 황	421p
回	돌 회	29p
回	돌아올 회	29p
会	만날 회	30p
会	모일 회	30p
絵	그림 회	30p
栃	상수리나무 회	133p
灰	재 회	185p
悔	뉘우칠 회	421p
懐	품을 회	421p
賄	뇌물 회	422p
画	그을 획	29p
獲	얻을 획	422p
横	가로 횡	64p
効	본받을 효	156p
孝	효도 효	193p
酵	삭힐 효	422p
暁	새벽 효	422p
後	뒤 후	36p
候	기후 후	116p

厚	두터울 후	156p
后	왕후 후	193p
后	임금 후	193p
朽	썩을 후	422p
侯	제후 후	422p
嗅	맡을 후	423p
喉	목구멍 후	423p
訓	가르칠 훈	113p
勲	공 훈	423p
薫	향풀 훈	423p
喧	떠들썩할 훤	423p
毀	헐 훼	423p
揮	휘두를 휘	188p
彙	무리 휘	424p
輝	빛날 휘	424p
休	쉴 휴	11p
携	이끌 휴	424p
胸	가슴 흉	189p
凶	흉할 흉	424p
黒	검을 흑	39p
痕	흔적 흔	424p
吸	마실 흡	188p
興	일 흥	157p
希	바랄 희	110p
喜	기쁠 희	151p
犠	희생 희	424p
戯	놀 희	425p
稀	드물 희	425p
嬉	아름다울 희	425p
姫	계집 희	425p
詰	꾸짖을 힐	425p
詰	물을 힐	425p